Andreas Wisler

Informationssicherheitsmanagement nach ISO 27001

Norm, Umsetzung, Best Practices

Rheinwerk
Computing

Liebe Leserin, lieber Leser,

über Sicherheit wird viel gesprochen. Geht es um die Absicherung von Unternehmensdaten und IT-Infrastrukturen, stoßen Sie auf eine überwältigende Fülle an Vorschriften, Richtlinien, Ideen und gut gemeinten Ratschlägen. Den Überblick zu behalten, ist dabei fast so anspruchsvoll wie die eigentliche Umsetzung der Sicherheitsvorgaben.

Statt in blinden Aktionismus zu verfallen oder Sicherheitslücken nur reaktiv zu schließen, empfiehlt sich daher ein strukturierter, geplanter Ansatz, der sich an etablierten Standards orientiert. Die ISO 27001 bietet hierfür ein solides Fundament, auf dem Sie ein tragfähiges und nachhaltiges Sicherheitskonzept aufbauen können.

Wie Sie dabei konkret vorgehen und die Anforderungen der Norm praxisnah umsetzen, zeigt Ihnen Andreas Wisler. Seit mehr als 20 Jahren unterstützt er Organisationen beim Aufbau von Systemen zum Informationssicherheitsmanagement, bereitet sie auf Zertifizierungen vor und führt selbst Audits durch. Ich bin überzeugt, dass Ihnen die Erläuterungen und Hinweise dieses Leitfadens dabei helfen werden, die Daten und Informationen Ihrer Organisation wirksam und dauerhaft zu schützen.

Bevor Sie sich in die Lektüre stürzen, noch ein kurzer Hinweis in eigener Sache: Dieses Buch wurde mit großer Sorgfalt geschrieben, lektoriert und produziert. Aber wo Menschen arbeiten, passieren Fehler. Wenn Sie Korrekturen oder inhaltliche Anregungen haben, scheuen Sie sich nicht, mit mir Kontakt aufzunehmen. Ihre Fragen und Änderungswünsche sind jederzeit herzlich willkommen.

Ihr Dr. Christoph Meister
Lektorat Computing

christoph.meister@rheinwerk-verlag.de
www.rheinwerk-verlag.de
Rheinwerk Verlag • Rheinwerkallee 4 • 53227 Bonn

Auf einen Blick

Wir hoffen, dass Sie Freude an diesem Buch haben und sich Ihre Erwartungen erfüllen. Falls Sie Anregungen, Wünsche und Kommentare haben, lassen Sie es uns wissen: **service@rheinwerk-verlag.de**.

Informationen zu unserem Verlag und Kontaktmöglichkeiten finden Sie auf unserer Verlagswebsite **www.rheinwerk-verlag.de**. Dort können Sie sich auch umfassend über unser aktuelles Programm informieren und unsere Bücher und E-Books bestellen.

Autor Andreas Wisler
Lektorat Christoph Meister
Copy-Editing Friederike Daenecke
Typografie & Layout Vera Brauner
Satz SatzPro, Krefeld
Herstellung Nadine Preyl
Covergestaltung Mai Loan Nguyen Duy
Coverbilder iStockphoto: 1489414357 © gorodenkoff, 2224999291 © tonioyumui
Druck Beltz Grafische Betriebe, Bad Langensalza

FSC www.fsc.org MIX Papier | Fördert gute Waldnutzung FSC® C089473

Dieses Buch wurde mit mineralölfreien Farben auf FSC®-zertifiziertem Papier aus nachhaltiger Waldwirtschaft gedruckt. Hergestellt in Deutschland.

Bibliografische Information der Deutschen Nationalbibliothek:
Die Deutsche Nationalbibliothek verzeichnet diese Publikation in der Deutschen Nationalbibliografie; detaillierte bibliografische Daten sind im Internet über *http://dnb.dnb.de* abrufbar.

ISBN 978-3-367-10978-4

1. Auflage 2026

Rheinwerk Verlag GmbH • Rheinwerkallee 4 • 53227 Bonn
service@rheinwerk-verlag.de

Inhalt

Geleitwort des Fachgutachters

Informationssicherheit ist seit Mitte der 1990er Jahre ein festes Thema in der Unternehmensrealität. Als 2005 die erste Version der ISO/IEC 27001 veröffentlicht wurde, begann eine Entwicklung, die diese Norm zu einer der wichtigsten Managementsystemnormen werden ließ. Anfangs haben Unternehmen noch zögerlich begonnen, sich mit Informationssicherheitsmanagementsystemen auseinanderzusetzen. Checklisten und detaillierte Bausteinkataloge hatten zuerst das Feld dominiert. Was bequem in der Anwendung ist – wie das Abhaken von Checklisten – geht häufig an der Realität vorbei. Zu schnell ändern sich heute die Risiken für Unternehmen; aber auch die wirtschaftliche Leistungsfähigkeit auf Bedrohungen zu reagieren variiert stark. In Gesetzen ist der Begriff »angemessen« immer dann zu lesen, wenn es um Maßnahmen zum Schutz von Informationen und Daten geht. Diese Angemessenheit aber ist subjektiv, schwer zu greifen und wenn es darauf ankommt, immer diskussionswürdig.

Ein Informationssicherheitsmanagementsystem gibt uns also Flexibilität, auf der Basis eines etablierten Risikomanagements. Gerade für KMU stellt sich die Frage, wie ein solches Managementsystem aufgebaut, betrieben und verbessert werden soll. Genau hier greift das Buch von Andreas Wisler an: nachvollziehbar und mit greifbaren Beispielen unterlegt, nimmt er die ISO/IEC 27001 unter die Lupe und gibt Anwenderinnen und Anwendern Tipps, wie es gehen kann.

Als Auditor, der seit 20 Jahren Informationssicherheitsmanagementsysteme auditiert und weit über 1000 Auditorinnen und Auditoren selbst ausgebildet hat weiß ich, wie interpretationswürdig Normen sind. Mit diesem Buch haben Sie eine Hilfestellung in der Hand, um den »Normensprech« anwendbar zu machen. Dabei macht Andreas weder vor dem PDCA-Zyklus, noch vor dem Anhang der Norm mit den »Controls« halt. Dieses Buch bietet einen kompletten Überblick über die ganze Norm und übersetzt sie in verständliche Sprache.

Beim Lesen wünsche ich nicht nur Spaß und Freude, sondern vor allem Erkenntnisse und Einblicke, wie ein ISMS gelingen kann. Ein ISMS, das Risiken ausreichend und wirksam reduziert, dabei aber auch wirtschaftlich vernünftig bleibt. Und ich danke Andreas Wisler für seine harte Arbeit an diesem Buch, in das jahrzehnte seiner wertvollen Erfahrung eingeflossen sind.

Uwe Rühl
Resilience Operations Center GmbH

Kapitel 1
Einleitung

Die Anforderungen an die Informationssicherheit steigen stetig. Täglich ist von neuen Schwachstellen zu lesen, Angriffe auf Firmen und Privatpersonen nehmen zu, und die gesetzlichen und regulativen Anforderungen sind immer aufwendiger zu erfüllen. Die Norm ISO 27001 definiert die Anforderungen an ein Informationssicherheitsframework, das den Umgang mit diesen Themen für das eigene Unternehmen vereinfacht.

Die digitale Welt bietet viele Chancen, doch in ihr lauern auch Gefahren. Angesichts von Cyber-Angriffen, Datenschutzverletzungen und regulatorischen Vorgaben wie der NIS-2-Richtlinie oder dem Cyber-Resilience-Act (CRA) ist es für Unternehmen heute unerlässlich, Informationssicherheit zu gewährleisten. Die Frage ist, wie man Sicherheit systematisch und nachhaltig aufbauen kann.

An dieser Stelle setzt die ISO 27001 an. Als international anerkannte Norm für Informationssicherheits-Managementsysteme (nachfolgend als ISMS abgekürzt) bietet sie einen strukturierten Rahmen, um Risiken zu identifizieren, geeignete Schutzmaßnahmen einzuführen und die Sicherheit kontinuierlich zu verbessern. Die Norm ist für viele trotz ihrer Bedeutung eine abstrakte Sammlung von Anforderungen. Sie ist zu Beginn schwer greifbar und nicht so leicht umsetzbar.

Das vorliegende Buch ist kein trockenes Normenkompendium, sondern ein praxisorientierter Leitfaden, der Schritt für Schritt zeigt, wie ein ISMS aufgebaut, gelebt und erfolgreich zertifiziert werden kann. Dabei gehen wir über die reine Theorie hinaus. Hier finden Sie verständliche Erklärungen – auch für Leserinnen und Leser ohne Vorkenntnisse:

- **konkrete Beispiele** – dafür, wie Unternehmen unterschiedlicher Größe ein ISMS einführen
- **praktische Tipps** – von der Risikoanalyse bis zum Audit
- **aktuelle Bezüge** – zu anderen Normen und Anforderungen wie NIS-2 oder CRA

1.1 Für wen ist dieses Buch?

Ob Sie IT-Sicherheitsbeauftragter, Geschäftsführerin oder Berater sind – dieses Buch richtet sich an alle, die ein ISMS verstehen, einführen oder optimieren wollen. Es eignet sich sowohl als Einstiegslektüre für Personen, die sich zum ersten Mal mit dem Thema ISMS befassen, als auch als Nachschlagewerk für erfahrene Praktiker und Praktikerinnen.

1.2 Was erwartet Sie?

Dieses Werk ist kein theoretisches Kompendium zur Informationssicherheit, sondern ein praxisorientierter Leitfaden, der aufzeigt, wie ein ISMS gemäß ISO/IEC 27001 konzipiert, verstanden und in der täglichen Praxis implementiert werden kann. Es richtet sich an Personen, die Verantwortung tragen – Führungskräfte, Verantwortliche für IT und Sicherheit, Auditorinnen und Auditoren sowie an diejenigen, die in kleinen und mittleren Unternehmen (KMU) erstmals vor der Herausforderung stehen, Informationssicherheit systematisch zu gestalten.

Das Ziel besteht darin, Ihnen nicht nur die Sprache der Norm zu vermitteln, sondern auch das zugrunde liegende Denken. Informationssicherheit ist kein Selbstzweck, keine Ansammlung von Kontrollmechanismen, sondern ein Instrument zum Risikomanagement. Dieses Buch führt Sie Schritt für Schritt durch diesen Prozess – von der Bedeutung von Informationen bis hin zu gelebten Sicherheitskulturen.

Informationssicherheit verstehen

Zunächst wird die grundlegende Bedeutung von Informationen aufgezeigt und warum sie heutzutage als die bedeutendste Ressource jeder Organisation angesehen werden. In diesen Kapiteln erlangen Sie ein Verständnis dafür, dass Informationssicherheit über den Schutz der Informationstechnologie hinausgeht und wie die drei Prinzipien *Vertraulichkeit*, *Integrität* und *Verfügbarkeit* angewendet werden.

Auf dieser Grundlage werden die weiterführenden Sicherheitsprinzipien der *Authentizität*, *Nachvollziehbarkeit*, *Verbindlichkeit* und *Verantwortlichkeit* beschrieben. Diese Begriffe haben nicht nur einen theoretischen Bezug, sondern sind praktisch relevant, etwa im Zusammenhang mit digitalen Signaturen, Vertragsverhältnissen oder der Sicherstellung der Nachweisbarkeit in Prozessen.

Ein besonderes Augenmerk liegt auch auf den Grundbegriffen. Das Kapitel 4, »Begriffe zur Informationssicherheit«, vermitteln Ihnen das erforderliche Vokabular, um sich mit Auditoren, Experten und Führungskräften auf Augenhöhe austauschen zu können.

Die Normenreihe ISO 27000 begreifen

Die ISO-27000-Familie hat eine interessante Entwicklungsgeschichte. Sie begann als britischer Standard BS 7799 und umfasst heute internationale Normen wie die ISO 27001, die ISO 27002 und viele weitere Standards. Diese Geschichte wird in Kapitel 5, »Einführung in die Normenreihe ISO 27000«, behandelt. Sie erfahren, wie sich diese Dokumente unterscheiden, was sie jeweils enthalten, welche Ziele sie verfolgen und wie ihr logischer Aufbau gestaltet ist.

Es ist wichtig, insbesondere den PDCA-Zyklus (Plan–Do–Check–Act) zu verstehen, da er das Grundprinzip des kontinuierlichen Verbesserungsprozesses beschreibt. Sie lernen, wie dieser Zyklus auf das ISMS angewendet wird und warum er die Grundlage jeder erfolgreichen Implementierung ist, besonders in KMUs, in denen Ressourcen begrenzt und Verantwortlichkeiten oft gebündelt sind.

Der Aufbau eines Informationssicherheitsmanagementsystems (ISMS)

Das Buch fokussiert sich auf die Umsetzung der ISO/IEC 27001:2022. Ab Kapitel 6, »Die ISO 27001 verstehen«, wird schrittweise erläutert, wie ein ISMS geplant, aufgebaut, betrieben und überprüft wird. Sie lernen, wie der organisatorische Kontext festgelegt wird, wie interne sowie externe Einflussfaktoren analysiert werden, wie die Erwartungen der Interessengruppen erkannt werden und wie daraus der Anwendungsbereich des ISMS abgeleitet wird.

Auf diese Weise wird deutlich, wie Risikomanagement in der Praxis funktioniert, nämlich als ein zentrales Steuerungsinstrument. Es werden Ansätze beschrieben, um Risiken zu erkennen, zu bewerten und zu behandeln, und ich zeige Ihnen, wie daraus ein nachvollziehbarer Risikobehandlungsplan erstellt werden kann. Die Erstellung der Erklärung zur Anwendbarkeit (*Statement of Applicability*, SoA) wird ebenfalls umfassend erläutert, da sie ein zentrales Element jeder Zertifizierung ist.

Die Umsetzung der Maßnahmen

Das umfangreiche Kapitel 7 behandelt Anhang A der ISO 27001:2022, der 93 Kontrollen umfasst. Diese Maßnahmen werden einzeln erklärt, in ihren praktischen Kontext eingeordnet und mit Beispielen dargestellt.

Sie lernen, wie Sie aus diesen Kontrollen ein wirksames Sicherheitskonzept entwickeln. Es wird aufgezeigt, wie sich organisatorische, personelle, physische und technische Maßnahmen ergänzen, wie Verantwortlichkeiten zugewiesen und Prozesse dokumentiert werden.

Das Ziel: Informationssicherheit im Alltag etablieren

Sie lernen, wie ein ISMS nicht nur implementiert, sondern auch im Unternehmen verankert werden kann. Das Kapitel 8, »Wie wird ein ISMS umgesetzt?«, beschreibt den Weg von der formalen Einführung zur gelebten Sicherheitskultur. Es zeigt Best Practice-Ansätze, Stolpersteine sowie die minimal notwendigen Dokumente.

Die geschilderten typischen Fehler in der Informationssicherheit von KMUs leiten sich aus meinen Erfahrungen mit vielen Projekten ab, zu denen ich hinzugezogen wurde. So herrscht in KMUs oft das Missverständnis vor, dass Informationssicherheit nur ein IT-Thema sei; es wird übermäßige Bürokratie betrieben, und das Management ist nicht beteiligt.

Die praxisnahen Abschnitte zeigen, dass ein ISMS kein festgelegtes Regelwerk ist, sondern ein System, das lernt. Es entwickelt sich zusammen mit der Organisation, den involvierten Rollen und den gemachten Erfahrungen.

Messung, Bewertung und Verbesserung

Ein weiteres zentrales Thema dieses Buches ist die Bewertung des ISMS. Im Kapitel 9, »Informationssicherheit messen«, erkläre ich, wie Sie die Effektivität der umgesetzten Maßnahmen messen können, nämlich durch Kennzahlen, Indikatoren und Reifegradmodelle, die auf dem international anerkannten CMMI-Ansatz basieren. Mit diesem Modell können Sie den Fortschritt des ISMS objektiv bewerten, Schwächen identifizieren und Verbesserungen gezielt steuern.

Das Buch listet mögliche Kennzahlen auf, die von technischen Indikatoren (wie der Reaktionszeit auf Vorfälle) bis zu verschiedenen Metriken (wie der Teilnahmequote an Awareness-Schulungen) reichen.

Audit und Zertifizierung

Wenn das ISMS fertig aufgebaut ist, gilt es, dieses auditieren und im nächsten Schritt zertifizieren zu lassen. Eine akkreditierte Stelle wird Ihr ISMS überprüfen. Die Vorbereitung darauf wie auch der Ablauf der Zertifizierung werden in Kapitel 10, »Audits«, und Kapitel 11, »Zertifizierung«, beschrieben.

Beispiel-Dokumente und weitere Normen

Die ISO-27000er-Reihe umfasst inzwischen über 75 weitere Normen. Einige, die beim Aufbau des eigenen ISMS nützlich sein können, werden In Kapitel 12, »Weitere Normen bzw. Standards«, etwas näher beleuchtet.

Neben der ISO 27000 gibt es weitere Standards, die helfen, ein ISMS aufzubauen. Dazu gehören unter anderem CISIS12, VdS10000, die DIN SPEC 27076 oder die BSI-Standards sowie das NIST Cybersecurity Framework. Auch diese werden kurz beschrieben.

Den Abschluss bilden die gesetzlichen Anforderungen aus dem Datenschutz, dem Cyber Resilience Act (CRA), derNIS-2 Richtlinie und TISAX 6. Diese Schnittstellen finden Sie in Kapitel 13, »Gesetzliche Anforderungen«.

Der Start ist immer eine Herausforderung. Damit das ISMS nicht von Grund auf neu erstellt werden muss, sind in Anhang A, »Beispieldokumente«, 13 Beispiel-Dokumente enthalten, die Ihnen helfen, die Basis für Ihr ISMS zu schaffen. Dazu gehört ein Projektplan, der alle Schritte bis zur Zertifizierung enthält. Aber auch der Kontext und sein Anwendungsbereich werden beschrieben. Zum Abschluss finden Sie im Anhang den Text Norm im Wortlaut.

Fazit

Das Ziel dieses Buches ist es, die Informationssicherheit verständlich und praktikabel zu gestalten. Es zeigt, wie ein ISMS gemäß ISO/IEC 27001:2022 aufgebaut wird, welche Überlegungen den einzelnen Kapiteln der Norm zugrunde liegen und wie die Anforderungen in der Praxis sinnvoll verknüpft werden können. Die Methoden, Beispiele und Modelle helfen Ihnen, das ISMS nicht nur formal einzuführen, sondern es so zu gestalten, dass es im Alltag funktioniert.

Die Inhalte dieses Buches stellen eine Grundlage dar, um die Informationssicherheit strategisch und langfristig aufzubauen und zu steuern. Auf diese Weise wird das ISMS nicht als Zusatzaufgabe verstanden, sondern als ein fester Teil in das gesamte Unternehmen integriert.

Kapitel 2

Was ist ein ISMS?

Ein Information Security Management System (ISMS) ist kein IT-Projekt, sondern eine strategische Entscheidung. Es geht nicht nur um Firewalls oder Passwörter, sondern darum, Sicherheit als ganzheitlichen Prozess zu verstehen – von der Unternehmensleitung bis zum einzelnen Mitarbeiter.

Ein *Informationssicherheitsmanagementsystem*, abgekürzt ISMS, ist ein strukturiertes Framework, das Unternehmen und Organisationen dabei unterstützt, ihre Strategien zum Schutz von Informationen zu erstellen, umzusetzen, zu überwachen und kontinuierlich zu verbessern. Es ist wichtig, nicht nur einzelne technische Maßnahmen umzusetzen, sondern ein umfassendes Verständnis von Informationssicherheit als einen ganzheitlichen und organisatorischen Prozess zu fördern. Ein ISMS schafft die Basis für eine dauerhafte Integration der Informationssicherheit in die Unternehmenskultur, indem es klare **Verantwortlichkeiten** festlegt und verbindliche Prozesse etabliert.

Die grundlegende Idee hinter einem ISMS ist es, **Risiken** zu steuern und zu managen. Jede Firma hat spezifische Risiken, die von ungesicherten E-Mails bis zu gezielten Attacken durch externe Angreifer reichen können. Ein ISMS hilft dabei, diese möglichen Gefahren auf eine methodische Weise zu erkennen, sie zu analysieren und ihnen durch passende **Schutzmaßnahmen** zu begegnen. Es ist wichtig zu erkennen, dass es nicht vorrangig darum geht, Sicherheit lückenlos zu garantieren; vielmehr sollte zwischen dem Schutzbedarf und dem Aufwand, der zum Erreichen des Schutzes nötig ist, angemessen abgewogen werden.

Der **Umfang und die Tiefe** eines ISMS sind abhängig von den eigenen Anforderungen, der Größe des Unternehmens und dem definierten Anwendungsbereich. Es lohnt sich, hier einiges an Zeit zu investieren, wenn man den Rahmen des ISMS und die Schnittstellen definiert.

Außerdem umfasst ein ISMS diverse **Richtlinien und Verfahren**. Sie geben grundlegende Regeln zum Umgang mit Informationen vor. Diese Regeln können sowohl organisatorische wie auch technische Elemente umfassen. Weitere Schwerpunkt sind die Definition von **Rollen** und den damit verbundenen Verantwortlichkeiten. Es ist erforderlich, eine klare Zuordnung der (Sicherheits-)Aufgaben zu festzulegen. Der Satz »Tue Gutes und sprich darüber« kann bei einem ISMS sinngemäß als »Tue Gutes und schreib darüber« abgewandelt werden: Die **Dokumentation** der vorhandenen Sicherheitskonzepte, Notfallpläne und Prozessbeschreibungen bildet eine Grundlage für die Umsetzung der Informationssicherheitsziele.

Ein Dreh- und Angelpunkt eines ISMS ist das **Risikomanagement**. Daher ist diesem Buch ein Einschub zum Risikomanagement gewidmet (siehe Abschnitt 6.4). Der Risikoprozess umfasst die Identifikation von Risiken, also die Erkennung von Bedrohungen (z. B. Hackerangriffe, Datenlecks), die anschließende Risikobewertung, beispielsweise die Analyse von Eintrittswahrscheinlichkeit und möglichen Auswirkungen, und schlussendlich die Risikobehandlung mit Maßnahmen zur Vermeidung, Reduzierung oder Akzeptanz von Risiken.

Bei der Umsetzung kommen klassische **technische und organisatorische Maßnahmen** (oft als TOMs abgekürzt) zur Anwendung. Beispiele sind:

- **Zugriffskontrolle:** Authentifizierung, Berechtigungsmanagement
- **Verschlüsselung:** Schutz sensibler Daten
- **Incident-Management:** Reaktion auf Sicherheitsvorfälle
- **Netzwerksicherheit:** Firewalls, Intrusion Detection/Prevention Systems (IDS/IPS)
- **Notfallplanung:** Business Continuity Management (BCM), Disaster Recovery

Ein wichtiger Baustein ist die **Mitarbeitersensibilisierung**. Die definierten Prozesse müssen den Mitarbeitern und Mitarbeiterinnen durch Schulungen nahegebracht werden. Dazu gehören auch Awareness-Maßnahmen zur Phishing-Prävention oder zur Passwortsicherheit. Auch sollten Cyberangriffe simuliert werden. Nur wer die Schritte kennt, kann unter Druck schnell und richtig reagieren.

Doch mit der Definition von Prozessen und Aufgaben und mit der Umsetzung eines ISMS ist es nicht getan. Das gesamte System muss **kontinuierlich überwacht und verbessert** werden. Dazu gehören Audits und Penetration-Tests. Sie umfassen unter anderem interne und externe Überprüfungen des ISMS.

Auch Bedrohungen oder die Anforderungen an das eigene ISMS können sich ändern. Daher gilt es, das ISMS regelmäßig an die aktuelle Situation **anzupassen**.

2.1 Ziele und Vorteile eines ISMS

Ein ISMS verfolgt das Ziel, die Vertraulichkeit, Integrität und Verfügbarkeit von Informationen sicherstellen, also die drei klassischen Schutzziele der Informationssicherheit (siehe dazu Abschnitt 4.2, »Die CIA-Triade«). Zudem verfolgt ein ISMS das Ziel, die Sicherheitsmaßnahmen ständig zu optimieren. Die kontinuierliche Weiterentwicklung ist von entscheidender Bedeutung, da sich Bedrohungen, Technologien und Rahmenbedingungen ständig verändern. Ein statisches Sicherheitskonzept ist schnell veraltet. Ein ISMS hingegen wird durch regelmäßige Abstimmungen zwischen internem Anspruch und externen Anforderungen, zwischen Risiken und getroffenen Maßnahmen stetig optimiert und verbessert.

Ein weiterer positiver Aspekt eines ISMS ist die Transparenz und Nachvollziehbarkeit. Die Informationssicherheit wird durch dokumentierte Strukturen, Richtlinien, Prozesse und Aufzeichnungen messbar und überprüfbar – sowohl intern als auch extern. Dadurch entsteht nicht nur für die Geschäftsführung Sicherheit, sondern auch Vertrauen bei Partnern, Kunden und Aufsichtsbehörden. Ein ISMS bietet Unternehmen, die ISO-27001-zertifiziert sind oder eine solche Zertifizierung anstreben, die notwendige Grundlage, um dieses Vertrauen nachweislich zu demonstrieren.

Die folgende Aufzählung beschreibt zehn wichtige Ziele. Diese sehen zwar für jedes Unternehmen oder jede Organisation anders aus, helfen Ihnen aber bei der eigenen Ausrichtung:

1. **Schutz der Vertraulichkeit:** Damit wird sichergestellt, dass Informationen nur für berechtigte Personen zugänglich sind. Dazu gehören Rollenkonzepte oder technische Maßnahmen wie die Verschlüsselung.
2. **Wahrung der Integrität:** Damit soll gewährleistet werden, dass Daten unverändert und korrekt sind. Sollten unerlaubt Veränderungen vorgenommen worden sein, muss dies erkannt werden können.
3. **Sicherstellen der Verfügbarkeit, Authentizität und Robustheit:** Der Zugriff auf Informationen soll dann möglich sein, wenn dies notwendig ist. Dies kann zum Beispiel durch Redundanzen sichergestellt werden.
4. **Einhaltung gesetzlicher und regulatorischer Anforderungen:** Die Anforderungen von verschiedenen Stellen müssen bekannt sein und entsprechend umgesetzt werden. Dazu gehören im Bereich des Datenschutzes die DSGVO oder bei der Informationssicherheit die NIS-2.
5. **Effektives Risikomanagement:** Wie ich bereits erwähnt habe, ist das Risikomanagement ein zentraler Faktor eines ISMS. Die Risiken müssen identifiziert, bewertet und nach Bedarf behandelt werden.
6. **Stärkung des Sicherheitsbewusstseins:** Dazu gehören Schulungen und die Sensibilisierung aller involvierten Personen. Die Prozesse müssen bekannt sein, damit sie auch eingehalten werden können. Auch das korrekte Verhalten bei einem Vorfall muss trainiert werden.
7. **Verhinderung von Sicherheitsvorfällen:** Die proaktive Pflege von Systemen, zum Beispiel durch das Patchen von Betriebssystemen und Anwendungen, erhöht die Hürde für einen erfolgreichen Angriff. Außerdem gehören das Monitoring von Systemen oder die Nutzung von Intrusion-Detection-Systemen dazu.
8. **Schnelle Reaktion auf Sicherheitsvorfälle:** Sollte doch einmal ein Sicherheitsvorfall eintreten, gilt es, schnell die richtigen Schritte einzuleiten und den Vorfall genau zu untersuchen. Ein umfassendes Incident-Management kann den möglichen Schaden begrenzen.

9. **Business Continuity und schnelle Wiederherstellung im Notfall:** Weitet sich ein Sicherheitsvorfall aus, muss die Geschäftskontinuität schnell wiederhergestellt werden. Dazu gehören proaktive Business-Impact-Analysen und die aus ihnen abgeleiteten Notfallpläne.
10. **Kontinuierliche Verbesserung:** Ein ISMS muss regelmäßig überprüft und angepasst werden. Die Anforderungen und Umstände verändern sich, und das ISMS muss diesen entsprechen.

Ein umgesetztes ISMS bringt auch in folgenden Bereichen Vorteile für Ihr Unternehmen:

1. **Risikosteuerung:** Durch den strukturierten Ansatz der Risikoanalyse werden Bedrohungen proaktiv identifiziert und bewertet. In der Folge können Maßnahmen ergriffen werden, bevor ein Schaden entsteht. Beispiel: Die Risikoanalyse deckt auf, dass unverschlüsselte USB-Sticks im Unternehmen genutzt werden – durch Richtlinien und technische Maßnahmen (z. B. Device-Kontrolle) wird das Risiko eliminiert.
2. **Rechtssicherheit:** Da bei der Planung des ISMS die einzuhaltenden gesetzlichen, regulativen und normativen Anforderungen identifiziert werden, können diese einbezogen und in die Prozesse integriert werden. Dies kann auch mögliche Bußgelder bei Nichteinhaltung verhindern.
3. **Steigerung des Vertrauens:** Ein strukturiertes (und zertifiziertes) ISMS ist eine vertrauensbildende Maßnahme für das eigene Unternehmen, aber auch für Lieferanten, Partner und Kunden. Ein Zertifikat kann ein Türöffner bei Ausschreibungen und potenziellen Neukunden sein.
4. **Verbesserte Datensicherheit:** Durch die von der ISO 27001 geforderten Maßnahmen wird die Datensicherheit in allen Bereichen erhöht. Dies kann beispielsweise durch Zugriffskontrollen, Logging oder das Verschlüsseln von Informationen erfolgen.
5. **Höhere Betriebsstabilität:** Durch Analysen können die Anforderungen an die Informationssicherheit festgestellt werden. Monitoring, redundante Systeme und Notfallpläne minimieren mögliche Ausfallzeiten.
6. **Kosteneinsparungen:** Definierte und gelebte Prozesse können die Kosten der eingesetzten Systeme reduzieren. So müssen beispielsweise bei einem Vorfall keine teuren »Ad-hoc«-Maßnahmen getroffen werden. Zudem verlangen Versicherungen bei Cyber-Policen oft den Nachweis eines ISMS. Ohne ISMS kann die Versicherung die Versicherungssumme reduzieren oder die Prämie erhöhen.
7. **Reputationsschaden verhindern:** Schlagzeilen wie »Datenpanne bei Firma XY« können einen langfristigen Schaden nach sich ziehen; bestehende Kunden verlassen das Unternehmen, neue können nur mit viel Aufwand gewonnen werden. Das ISMS hilft mit den strukturierten Prozessen als Prävention sowie mit Notfallplänen.
8. **Strukturierte Prozesse:** Ein ISMS verlangt die Definition von Rollen und Verantwortlichkeiten. Auch müssen in verschiedenen Bereichen Prozesse beschrieben und umgesetzt werden.

9. **Wettbewerbsvorteil:** Bei vielen Ausschreibungen wird ein ISMS als Kann-Option verlangt. Ein Unternehmen mit zertifiziertem ISMS hebt sich daher von den Mitbewerbern ab und verschafft sich einen Vorsprung. In einigen Branchen, z. B. bei Cloud-Anbietern, ist ein ISMS unerlässlich, um überhaupt im Markt bestehen zu können.

Sie haben gesehen, dass ein ISMS einen klaren Nutzen mit sich bringt. Seine Nachteile möchte ich aber auch nicht verschweigen:

1. **Aufwand:** Der initiale Aufwand wie auch der Aufwand für die Aufrechterhaltung dürfen nicht unterschätzt werden. Gerade wenn noch nicht viel Wissen vorhanden ist, muss dieses aufgebaut werden. Von Vorteil kann es sein, auf externe Unterstützung zu setzen, was jedoch externe Kosten verursacht. Auch die Zeit für Workshops, z. B. bei der Risikoanalyse oder der Business-Impact-Analyse, darf nicht unterschätzt werden. Mit der erstmaligen Umsetzung ist es aber noch nicht getan: Das ISMS muss aktiv gesteuert und verbessert werden.
2. **Kosten:** Zu den Kosten für die (empfohlene) externe Unterstützung kommen die Kosten für die Zertifizierung hinzu. Sie wird jährlich durch eine akkreditierte Stelle durchgeführt. Bei vielen Personen im Anwendungsbereich oder bei vielen Standorten können hohe Auslagen entstehen.
3. **Infrastrukturkosten:** Durch das umfassende Monitoring und Logging sowie durch den Einsatz von redundanten Systemen entstehen höhere Ausgaben für die Infrastruktur.
4. **»Verlangsamte« Prozesse:** Durch strenge Sicherheitsregeln können Arbeitsprozesse verlangsamt werden – gerade dann, wenn eine Freigabe durch eine weitere Person notwendig ist. Hier müssen Sie im Vorfeld schon Redundanzen und Stellvertreterregelungen bestimmen.
5. **»Bürokratie«:** Zu viele Weisungen und Vorgaben können die involvierten Personen frustrieren. Müssen zu viele Anforderungen oder Vorgaben erfüllt werden, kann es geschehen, dass die Mitarbeitenden »kreativ« werden und Prozesse umgehen.
6. **Keine Garantie:** Auch ein zertifiziertes und gelebtes ISMS bedeutet nicht, dass nicht doch ein Hacker-Angriff erfolgen kann. Es darf keine »Checkbox-Mentalität« entstehen, sondern geplante und bereits getroffene Maßnahmen müssen regelmäßig hinterfragt werden.
7. **Gebundene Ressourcen:** Durch die diversen Workshops und regelmäßigen Audits werden interne Ressourcen gebunden, die eventuell an einer anderen Stelle benötigt werden.

Trotz der Nachteile überwiegen die Vorteile eines ISMS. Strukturierte Prozesse geben Sicherheit, reduzieren die Angriffsfläche und helfen bei der Einhaltung von Gesetzen und Vorschriften.

2.2 Abgrenzung zu anderen Managementsystemen

Viele Managementsysteme folgen einer harmonisierten Struktur. Hinter der Definition der Anforderungen an die Managementsysteme steht die Internationale Organisation für Normung (*International Organization for Standardization* (ISO), *https://www.iso.org/*). Sie ist eine unabhängige, nichtstaatliche Organisation mit Sitz in Genf (Schweiz), die weltweit anerkannte Standards entwickelt, um die Qualität, Sicherheit und Effizienz von Produkten, Dienstleistungen und Systemen zu gewährleisten.

Die Managementsysteme werden nach Typ A und Typ B unterschieden. *Typ A* enthält Anforderungen, deren Einhaltung eine Organisation nachweisen muss, während ein Managementsystem des *Typs B* dies nicht tut.

Um die Konformität mit einer Norm zu erfüllen, muss eine Organisation nachweisen, dass sie die Anforderungen erfüllt. Der Nachweis wird in der Regel durch ein Audit erbracht. Es gibt drei Arten von Audits: Erst-, Zweit- und Drittparteien-Audits. *Erstparteien-Audits* sind interne Audits. Zweit- und Drittparteien-Audits sind externe Audits. *Ein Drittparteien-Audit* kann zu einer Zertifizierung führen.

Eine *Zertifizierung* kann nur anhand eines Dokuments erfolgen, das Anforderungen enthält. Daher können Managementsysteme vom Typ B nicht zertifiziert werden. Der Audit-Prozess wird in Abschnitt 10, »Audits«, umfassend erläutert.

Harmonisierte Normen haben die gleiche Struktur und enthalten identische Begriffe und Definitionen (mehr dazu lesen Sie in Abschnitt 4.4, »Grundbegriffe«). Dies ist besonders nützlich für Organisationen, die sich für ein einziges Managementsystem entscheiden (manchmal als »integriertes Managementsystem« bezeichnet), das die Anforderungen von zwei oder mehr Managementsystem-Normen gleichzeitig erfüllen kann.

Alle Managementsysteme sind unter *https://www.iso.org/management-system-standards-list.html* aufgeführt. Insgesamt werden 66 Managementsysteme vom Typ A und 68 vom Typ B unterschieden. Von diesen 134 Systemen folgen 66 der harmonisierten Struktur.

Es ist an dieser Stelle nicht möglich, alle Managementsysteme zu vergleichen (was auch wenig sinnvoll wäre). An dieser Stelle nehme ich nur einen Vergleich der ISO-Normen 9001 (Qualität), 22301 (Business Continuity), 27001 (Informationssicherheit) und 27701 (Datenschutz) vor. Einen Überblick liefern Tabelle 2.1 und Abbildung 2.1.

ISO 9001	ISO 22301	ISO 27001	ISO 27701
Qualität	Geschäftsfortführung	Informationssicherheit	Datenschutz
Quality Management	Business Continuity Management	Information Security Management	Privacy Information Management

Tabelle 2.1: Managementsysteme mit ihren deutschen und englischen Bezeichnungen

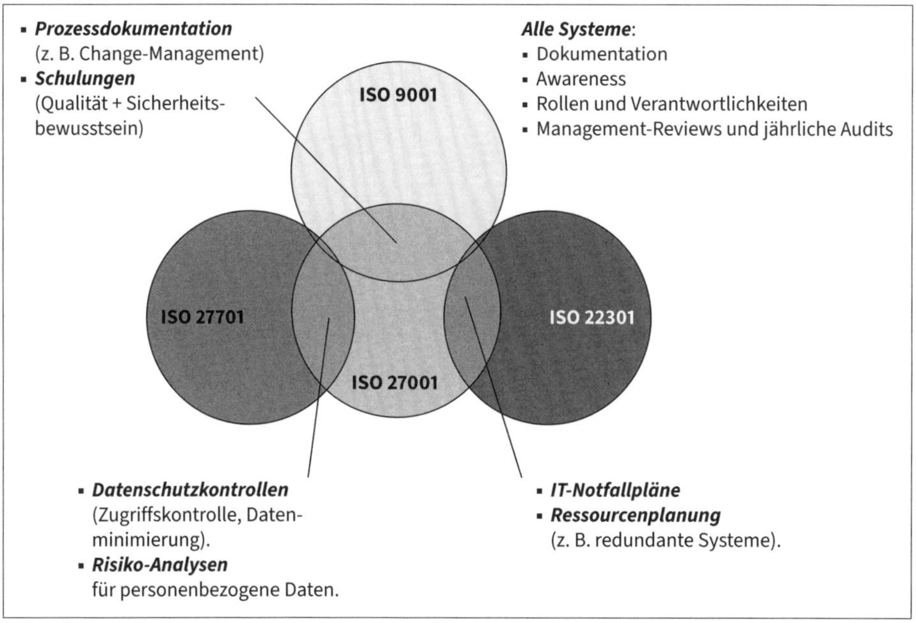

Abbildung 2.1: Normen-Vergleich

2.2.1 ISO 9001 (Qualitätsmanagementsystem)

Die ISO 27001 wird gern mit der ISO 9001 kombiniert. Die ISO 9001 dient dabei als Basis für das Managementsystem.

- **Fokus:** Kundenzufriedenheit und Produkt- und Dienstleistungsqualität
- **Gemeinsamkeit:** Beide nutzen den PDCA-Zyklus und fordern eine Dokumentation.

2.2.2 ISO 22301 (Business Continuity Management System)

Ein ISMS liefert die Grundlage für IT-Notfallpläne, die in der ISO 22301 auf die gesamte Organisation erweitert werden.

- **Fokus:** Business Continuity, Ausfalltoleranz
- **Gemeinsamkeit:** Vorbereitung auf einen Notfall

2.2.3 ISO 27701 (Datenschutz-Managementsystem)

Während ein ISMS den Fokus auf die Informationssicherheit legt, verfolgt die ISO 27701 die Einhaltung des Datenschutzes inklusive der dazugehörenden Prozesse.

- **Fokus:** Datenschutz
- **Gemeinsamkeit:** Compliance-Anforderungen erfüllen

Kapitel 3

Warum auch Sie ein ISMS verwenden sollten?

Ein ISMS kann heute nicht mehr isoliert betrachtet werden. Informationen stellen einen wichtigen Erfolgsfaktor dar. Diese sind auch für Hacker von großer Bedeutung und müssen entsprechend geschützt werden. Aber auch die rechtlichen Anforderungen müssen erfüllt werden. Verstöße können zu hohen Bußgeldern führen.

Ein ISMS sollte nicht isoliert, sondern in einen Gesamtkontext betrachtet werden. Das Dreieck in Abbildung 3.1 zeigt den Zusammenhang zwischen den verschiedenen ISMS-Themenbereichen.

Abbildung 3.1: ISMS-Themenbereiche

- **Governance:** Damit sind die Führung und Steuerung des Unternehmens gemeint. Wie ist das Unternehmen strukturiert? Welche Funktionen sind vorhanden? Welche Rechte und Pflichten sind mit diesen Funktionen und Aufgaben verbunden? Daraus abgeleitet, werden die Funktionen und Aufgaben beschrieben.

- **Risikomanagement:** Das Risikomanagement stellt eine Schlüsselposition dar. Gefahren müssen erkannt werden, und das mit ihnen verbundene Risiko muss bewertet werden. Entsprechend der Einstufung muss dieses Risiko dann behandelt werden.
- **Compliance:** Damit ist die Einhaltung von Gesetzen, Verträgen, aber auch von internen Richtlinien gemeint. Das Unternehmen muss die für es geltenden Gesetze, die regulativen und die vertraglichen Anforderungen festhalten. Denn nur was bekannt ist, kann auch eingehalten werden.
- **Information und Kommunikation:** Rund um diese Themen gilt es sicherzustellen, dass alle involvierten Stellen die notwendigen Informationen auch erhalten. Wenn ich die (internen) Regeln nicht kenne, wie soll ich diese dann einhalten? Eine saubere Kommunikation über alle Stufen muss sichergestellt sein, damit der Informationsfluss nicht versiegt.

Die Themenbereiche auf dem Dreieck stehen aber nicht für sich allein; von außen wirken verschiedene Kräfte auf Ihre Organisation ein, die Sie ebenfalls mit dem ISMS abdecken müssen:

- **Erwartungen des Marktes:** Der Markt entwickelt sich stetig weiter und damit verbunden auch die Erwartungen von Kunden, Partnern und Lieferanten. Diese gilt es im Auge zu behalten, um frühzeitig auf Veränderungen reagieren zu können.
- **Geschäftsstrategie:** Was sieht die Strategie Ihrer Organisation vor? Ist ein Wachstum geplant? Werden neue Geschäftsfelder akquiriert? Die Strategie muss mit der Informationssicherheit in Einklang gebracht werden.
- **Erwartungen der Anteilseigner:** Was erwarten die Anteilseigner eines Unternehmens? Das kann »nur« eine Dividende sein, aber auch eine stabile Firma, genügend finanzielle Reserven, eine gesunde Wachstumsstrategie usw. können Ziele sein.
- **Technologische Entwicklungen:** Die vergangenen Jahre haben gezeigt: Was heute noch neu ist, ist morgen Standard und übermorgen bereits wieder veraltet. Ein Unternehmen muss sich immer schneller mit neuen Technologien auseinandersetzen. Welche Chancen, aber auch welche Risiken sind damit verbunden?
- **Rechtliche und regulative Anforderungen:** Auch auf der rechtlichen bzw. regulativen Seite ist vieles im Umbruch. Neue gesetzliche oder regulative Anforderungen müssen erfüllt werden. Für ein Unternehmen ist es essenziell, früh genug zu erkennen, welche Veränderungen anstehen und welche neuen Maßnahmen dadurch umzusetzen sind.

3.1 Bedeutung der Informationssicherheit

Informationen sind das heutige Gold. Viele Prozesse sind digitalisiert, greifen auf Informationen von verschiedenen Systemen zu, werten diese aus und liefern Ergebnisse. Ohne Informationen geht heute immer weniger. Sie sind damit die Basis für unternehmerische Entscheidungen, ermöglichen die Steuerung von komplexen Geschäftsprozessen, bilden das Fundament für Kundenbeziehungen und helfen bei der Wettbewerbsfähigkeit. Dabei fallen sehr viele Informationen an, die Unternehmen täglich verarbeiten müssen. Auch die Abhängigkeit von ihnen wird größer, und der potenzielle Schaden bei einem Verlust oder Missbrauch kann enorm werden – er reicht von hohen Strafen bis hin zu einem Konkurs.

Die Informationssicherheit kümmert sich darum, dass diese Daten geschützt werden. Dies geschieht auf eine systematische, methodische und ganzheitliche Art und Weise. Es geht dabei nicht nur um digitale Daten, obwohl diese heute den größten Teil ausmachen. Auch physische Informationen wie Akten, Verträge oder vertrauliche Gesprächsinhalte müssen geschützt werden. Damit ist *Informationssicherheit* eine Art Sammelbegriff für alle möglichen Formen von Informationen – egal, ob sie gerade gespeichert, übertragen, verarbeitet oder eben erst erzeugt werden.

Im Zentrum der Informationssicherheit stehen drei zentrale Schutzziele. Wie bereits im vorherigen Kapitel erwähnt, sind dies die Vertraulichkeit, die Integrität und die Verfügbarkeit:

- Die *Vertraulichkeit* von Informationen bedeutet, dass diese nur denjenigen Personen zugänglich sind, die dazu berechtigt sind.
- Die *Integrität* gewährleistet die Korrektheit und Vollständigkeit von Informationen sowie Prozessen.
- Die *Verfügbarkeit* stellt sicher, dass Informationen und Systeme stets dann zur Verfügung stehen, wenn sie benötigt werden.

Diese drei Ziele sollten bei allen sicherheitsrelevanten Maßnahmen betrachtet werden und dürfen nicht isoliert voneinander behandelt werden. Denn selbst eine sorgfältig geschützte Information verliert ihren Wert, wenn sie im entscheidenden Moment nicht zur Verfügung steht. Eine hohe Verfügbarkeit ist nur von begrenztem Nutzen, wenn die Integrität nicht mehr gewährleistet ist bzw. wenn die Information ungewollt verändert wurde.

Berücksichtigt werden müssen auch die Anforderungen aus Gesetzen wie der DSGVO (zum Beispiel Artikel 32, »Sicherheit der Verarbeitung«,) oder Richtlinien wie der NIS-2 (Maßnahmen in den Bereichen Risikoanalyse, Incident-Handling, Business Continuity, Lieferkettensicherheit, Zugriffskontrollen, Kryptografie und Schulung von Mitarbeitenden).

Die Anforderungen an die Informationssicherheit nehmen von verschiedenen Seiten zu, sei es von der Wirtschaft, der Gesellschaft ganz allgemein, aber auch von den Gesetzgebern. Kunden erwarten heute, dass ihre Daten sicher behandelt werden. Geschäftspartner verlangen von ihren Zulieferern ein professionelles Sicherheitsniveau. Regulierungsbehörden fordern die Umsetzung von Maßnahmen, die über reine IT-Kontrollen hinausgehen. Informationssicherheit ist damit nicht mehr nur ein Thema für die IT-Abteilung, sondern eine gesamtunternehmerische Aufgabe. Dies ist auch in der ISO 27001 ein wichtiger Bestandteil: Gerade für die oberste Leitung sind verbindliche Vorgaben definiert.

Diese vielfältigen Themen und auch die Breite der Anforderungen stellen eine besondere Herausforderung dar. Informationssicherheit lässt sich nicht mehr allein mit technischen Mitteln umsetzen. Es braucht ein Verständnis für die Bedeutung von Informationen, ein Bewusstsein für mögliche Risiken und ein organisatorisches Rahmenwerk, das Sicherheitsziele in den betrieblichen Alltag integriert.

Ein wichtiger Punkt ist, sich von der reinen IT-Sicherheit abzugrenzen. Informationssicherheit umfasst mehr als nur die technische Sicherung von IT-Systemen mit Firewalls, Verschlüsselung und Zugriffsrechten. Die Informationssicherheit geht darüber hinaus: Sie konzentriert sich darauf, Informationen zu schützen, egal wo oder wie sie gespeichert oder verarbeitet werden. Ein Gespräch im Flur, eine gedruckte Präsentation im Besprechungsraum oder ein USB-Stick mit wichtigen Informationen sind genauso riskant wie ein ungesichertes WLAN oder eine Schwachstelle in einer Webseite. Um die Informationssicherheit zu gewährleisten, werden Lösungen benötigt, die technisch, physisch, organisatorisch und/oder personenbezogen sind (dies sind auch die vier Kapitel des Anhang A.5 bis A.8 der ISO 27001).

Dass die Informationssicherheit eine immer größere Bedeutung hat, zeigt sich an der Abhängigkeit von der Verlässlichkeit und Verfügbarkeit von Informationen. Viele Geschäftsprozesse sind heutzutage mit technischen Mitteln automatisiert. Produktionsanlagen werden über Netzwerke gesteuert, Dienstleistungen online abgewickelt, Verträge digital unterzeichnet, Kundendaten in Echtzeit analysiert. Ein Ausfall oder eine Störung in diesen Prozessen – etwa durch einen Cyberangriff, eine Fehlkonfiguration oder einen Stromausfall – kann gravierende Folgen haben: Stillstand, Datenverlust, Vertragsverletzungen, Imageschäden oder gar existenzbedrohende Konsequenzen. Es geht also nicht mehr nur um den Schutz vor Angriffen, sondern vor allem um die Aufrechterhaltung der eigenen Prozesse und Abläufe.

Ein weiterer wichtiger Erfolgsfaktor ist das Vertrauen. Meldungen über einen Datenmissbrauch, Identitätsdiebstahl oder Manipulationen von Daten tragen nicht dazu bei, das notwendige Vertrauen aufzubauen. Kunden geben ihre Daten nur dann preis, wenn sie davon ausgehen können, dass diese auch entsprechend geschützt werden. Dies gilt ebenfalls für Lieferanten und Partner. Auch sie müssen sich auf darauf verlassen können, dass die Informationssicherheit eingehalten wird. Die eigenen Mitarbeitenden müssen ebenfalls darauf vertrauen können, dass persönliche Informationen, z. B. ein Arztzeugnis, nicht in die falschen Hände geraten. Daher muss ein Unternehmen alles daransetzen, Informationen zu schützen und auf diese Weise Vertrauen aufzubauen.

Ein ISMS hilft, dieses wichtige Vertrauen zu erzeugen und zu wahren. Eine erfolgreiche Zertifizierung ist ein Nachweis, dass sowohl organisatorische wie auch technische Maßnahmen umgesetzt wurden, um die Informationen vor Verlust oder Manipulation zu schützen.

3.2 Risiken und Bedrohungen für Unternehmen

Jedes Unternehmen ist Risiken ausgesetzt. Diese zu steuern, ist eine wichtige Aufgabe. Es gibt keinen wirtschaftlichen Erfolg ohne gewisse Unsicherheiten. Während früher vor allem mit unsicheren Marktentwicklungen, Lieferengpässen oder rechtlichen Veränderungen gerechnet werden musste, rücken heute ganz andere Gefahren in den Vordergrund: gezielte Cyberangriffe, Datendiebstahl, Systemausfälle oder die Kompromittierung sensibler Informationen. Die Bedrohungslage hat sich verändert, sowohl in der Art und Weise wie auch in der erhöhten Geschwindigkeit. Die Tragweite eines Ausfalls in der global vernetzten Welt kann dabei weitreichende Folgen haben.

Eine Vernetzung mit anderen kann Vorteile mit sich bringen, eröffnet aber gleichzeitig neue Angriffsflächen. Ohne IT geht heute wenig bis nichts mehr: Ob Buchhaltung, Produktionssteuerung, Kommunikation nach innen und außen, der Kundendienst – ohne funktionierende IT-Infrastruktur kommt der Betrieb in kürzester Zeit zum Erliegen. Und genau das machen sich Angreifer zunutze. Cyber-Angriffe erfolgen nicht mehr allein von Skript-Kiddies aus einem dunklen Keller heraus, sondern durch professionelle, gut organisierte Banden, die wie ein Unternehmen geführt werden und global agierende Strukturen aufweisen. Sie suchen gezielt Schwachstellen und nutzen diese aus. Dies kann automatisiert erfolgen, aber auch individuell auf ein Unternehmen zugeschnitten.

Abbildung 3.2: Schlagzeile im »Blick Online« vom 28. Februar 2020

Schwachstellen im Betriebssystem, in Applikationen oder Netzwerken sind genauso bedeutend wie soziale Angriffe, die dazu führen, dass Mitarbeitende durch geschickte Täuschung zu Handlungen verleitet werden, die die Sicherheit gefährden. Hacker nutzen Phishing-E-Mails, um nach vertraulichen Zugangsdaten zu fragen, oder verwenden Ransomware-Angriffe, bei denen ganze Systeme verschlüsselt werden und Lösegeld erpresst wird. Auch die unbeabsichtigte Offenlegung sensitiver Informationen während eines Gesprächs, das versehentliche Veröffentlichen von vertraulichen Dokumenten oder ein verlorener Laptop mit unverschlüsselten Daten sind realistische Gefahren, vor denen sich ein Unternehmen schützen muss. Informationssicherheit zu gewährleisten, wird zu einer anspruchsvollen Herausforderung, die sowohl technische, organisatorische als auch menschliche Aspekte gleichermaßen berücksichtigen muss.

Diese Risiken sind nicht starr. Sie verändern sich stetig, entwickeln sich weiter und treten dabei immer häufiger auf. Auch der Einsatz von künstlicher Intelligenz (KI) wird von Hackern vermehrt genutzt. Mit simplen Anfragen werden Telefonskripte (»Hier ist der Microsoft-Support. Sie haben einen Virus auf Ihrem Computer. Aber ich kann Ihnen helfen«), komplexe Phishing-Angriffe oder Skripte zur Suche nach bekannten Schwachstellen erstellt.

Zudem werden heute Computersysteme auch an Stellen verwendet, an denen es nicht erwartet wird, beispielsweise in einer intelligenten Lampe, einer vollautomatisierten Klima-Steuerung oder in Zutrittssteuerungen in Gebäuden. Überall begegnen uns vernetzte Computersysteme. Dies eröffnet neue Gefahren und Risiken, die erkannt und adressiert werden müssen.

Leider unterschätzen viele Unternehmen nach wie vor das Ausmaß dieser Bedrohungen. Oft wird Informationssicherheit erst dann ernst genommen, wenn ein Vorfall eingetreten ist. Doch dann ist es meist zu spät. Die Folgen können gravierend sein, nicht nur finanziell, sondern auch rechtlich und in Hinblick auf die Reputation. Besonders heikel wird es, wenn personenbezogene Daten betroffen sind, denn hier greifen die Vorgaben der verschiedenen Datenschutzgesetze. Die Folgen können hohe Bußgelder sein.

Aber auch der Verlust von Geschäftsgeheimnissen, strategischen Plänen oder geistigem Eigentum kann schwerwiegende Auswirkungen haben, etwa dann, wenn Wettbewerber sich einen Vorteil verschaffen oder Innovationen kompromittiert werden.

Ein weiterer Aspekt ist die Vernetzung. Zwischen verschiedenen Systemen werden digitale Schnittstellen eingerichtet. Dies erleichtert zwar den Datenaustausch und die Zusammenarbeit zwischen Unternehmen, kann aber auch eine neue Angriffsfläche bieten. Wird eines der angebundenen Unternehmen oder Partner Opfer eines erfolgreichen Angriffs, kann sich dieser auch auf das eigene Unternehmen auswirken. Diese sogenannten *Lieferketten-Angriffe* müssen stärker ins Bewusstsein gerückt werden. Schwachstellen in einer Lieferkette, bei Dienstleistern oder Partnern können sich unmittelbar auf das eigene Unternehmen auswirken. Daher geht auch die ISO 27001 auf diesen Punkt ein.

Ein weiteres Problem besteht in der fehlenden Sichtbarkeit von Risiken. Viele Bedrohungen sind unsichtbar, treten schleichend auf oder bleiben oft über Wochen oder Monate hinweg unbemerkt. Angreifer nutzen diese Zeit, um Informationen abzugreifen, Systeme zu manipulieren oder sich dauerhaft Zugriff auf Systeme oder kritische Infrastrukturen zu verschaffen. Besonders perfide ist dabei die sogenannte *Advanced Persistent Threat* (APT), bei dem Angreifer über lange Zeiträume unentdeckt in Systemen sind.

Risikomanagement beinhaltet somit auch die Akzeptanz von Unsicherheiten, jedoch mit dem Ziel, sie zu kontrollieren. Es macht einen Unterschied, ob ein Unternehmen unerwartet Opfer eines Vorfalls wird oder ob es einen vermeidbaren Vorfall erleidet, weil es Risiken ignoriert hat. Durch die Implementierung eines strukturierten Risikomanagements erhalten Unternehmen die notwendigen Informationen, um Schutzmaßnahmen gezielt und kosteneffizient zu implementieren. Das Risikomanagement ist ein zentrales Element eines ISMS. Für seine Umsetzung werden das Wissen und die Erfahrung von verschiedenen Seiten benötigt. Es kann nicht mehr isoliert in der Geschäftsleitung oder IT betrachtet werden. Die daraus resultierenden Maßnahmen sollen an die Risiken angepasst geplant und behandelt werden.

3.3 Wirtschaftliche und rechtliche Notwendigkeit

Wie ich bereits erwähnt habe, gehört die Informationssicherheit zur unternehmerischen Sorgfaltspflicht. Wer sie ignoriert, riskiert einen Sicherheitsvorfall, eine Datenschutzverletzung, aber auch rechtliche Konsequenzen oder den Verlust von Vertrauen.

Aus wirtschaftlicher Sicht ist Informationssicherheit in vielen Unternehmen ein (leidiges) Investitionsthema. Dabei steht nicht die reine Vermeidung von Kosten im Vordergrund, sondern die Sicherung des Geschäftserfolgs. Unternehmen schützen damit auch ihre Wettbewerbsfähigkeit. Ein einziger Vorfall kann den Verlust jahrelanger Entwicklungsarbeit oder den Verlust von Kunden zur Folge haben. Auch das Vertrauen von Geschäftspartnern und Investoren hängt wesentlich davon ab, wie ein Unternehmen mit seinen Informationen umgeht.

Die richtige Information zur richtigen Zeit an der richtigen Stelle zur Verfügung zu haben, ist eine Hauptaufgabe für jedes Unternehmen. Jedes Unternehmen muss mit Störungen und Angriffen umgehen können, um diese Aufgabe gewährleisten zu können. Auch Versicherungen achten vermehrt auf diesen Umstand. Bei der Bewertung eines Unternehmens wird darauf geachtet, wie mit Risiken umgegangen wird und wie die Informationssicherheit gesteuert wird – insbesondere auch, ob ein funktionierendes ISMS vorhanden ist. Wer nachweisen kann, dass Informationssicherheit systematisch betrieben wird, erhält bessere Bedingungen oder kann überhaupt erst eine Versicherung abschließen.

Ein oft unterschätzter Aspekt ist der ökonomische Nutzen, der sich aus Effizienzgewinnen ergibt. Ein ISMS zwingt Unternehmen dazu, Prozesse zu durchleuchten, Verantwortlichkeiten klar zu regeln und Strukturen zu schaffen, die Wiederholbarkeit und Transparenz fördern. Typischerweise werden Mängel in der Dokumentation, der Kommunikation oder der Awareness der Mitarbeitenden erkannt. Durch das Aufdecken und Beheben solcher Lücken verbessern sich Prozesse, reduzieren sich Redundanzen und steigen Qualität und Verlässlichkeit der betrieblichen Abläufe.

Auch die rechtlichen Anforderungen haben in den letzten Jahren erheblich an Bedeutung gewonnen. Zahlreiche gesetzliche und regulatorische Vorgaben verlangen heute von Unternehmen den Schutz von Informationen. In Europa ist insbesondere die Datenschutz-Grundverordnung (DSGVO) zu nennen, die klare Anforderungen an die Vertraulichkeit, Integrität und Verfügbarkeit personenbezogener Daten stellt. Auch Anforderungen aus der NIS-2 oder CRA müssen Unternehmen umsetzen. Sie sind verpflichtet, geeignete technische und organisatorische Maßnahmen zu ergreifen, um die Sicherheit der Verarbeitung zu gewährleisten. Verstöße können zu hohen Bußgeldern führen. Ein ISMS adressiert auch die rechtlichen Anforderungen. Idealerweise wird dazu auch ein Datenschutz-Managementsystem (DSMS) aufgebaut, beispielsweise nach der ISO 27701.

Neben der DSGVO gibt es zahlreiche weitere Regelwerke oder Standards, die Anforderungen an die Informationssicherheit enthalten. Dazu gehören etwa nationale Datenschutzgesetze, branchenspezifische Vorgaben wie das FINMA-Rundschreiben (*Finanz-Markt-Aufsicht*) in der Schweiz oder internationale Standards wie PCI DSS (*Payment Card Industry Data Security Standard*) für den Umgang mit Kreditkartendaten. Auch im Bereich der kritischen Infrastrukturen greifen inzwischen gesetzliche Verpflichtungen. Organisationen, die in Bereichen wie Energie, Gesundheit, Verkehr oder Telekommunikation tätig sind, unterliegen oft spezifischen Melde- und Sicherheitsvorgaben.

In einem ISMS gilt es, alle diese Anforderungen zu kennen und in Einklang zu bringen. Viele Prozesse können auch für andere Anforderungen genutzt werden. Ein ISMS bietet damit eine Struktur, um neue Anforderungen einzuordnen, bestehende Prozesse anzupassen und Nachweise gezielt zu sammeln. Das ist insbesondere in Unternehmen mit mehreren Standorten, komplexen Lieferketten oder grenzüberschreitender Tätigkeit von unschätzbarem Wert.

Die Geschäftsleitung kann sich nicht mehr darauf verlassen, dass die IT-Abteilung das schon regelt. In vielen Ländern haften Geschäftsleitungsmitglieder persönlich, wenn grobe Sicherheitsverstöße oder das Vernachlässigen von Maßnahmen zu Schäden führen. Informationssicherheit ist damit auch eine Frage der Haftungsvermeidung und der Wahrnehmung unternehmerischer Verantwortung.

Ein weiteres Argument für die wirtschaftliche Notwendigkeit von Informationssicherheit ist der Wettbewerb. Unternehmen, die ein funktionierendes ISMS betreiben – idealerweise mit einer Zertifizierung nach ISO 27001 –, signalisieren nach außen: Wir nehmen Informationssicherheit ernst. Das kann bei Ausschreibungen, bei der Zusammenarbeit mit internationalen Partnern oder in regulierten Märkten ein entscheidendes Kriterium sein. Bei vielen Ausschreibungen, nicht nur im behördlichen Umfeld, wird heute ein zertifiziertes ISMS vorausgesetzt. Unternehmen, die hier keine Nachweise erbringen können, laufen Gefahr, in Ausschreibungen nicht mehr berücksichtigt zu werden.

Kapitel 4
Begriffe zur Informationssicherheit

Informationen sind für Unternehmen heute Gold wert. Daher müssen sie ihre Informationen über den gesamten Lebenszyklus steuern und schützen. Dabei geht es nicht nur um die Vertraulichkeit, sondern auch um die Integrität und die Verfügbarkeit dieser Informationen im richtigen Moment.

4.1 Was sind Informationen?

Der Begriff *Information* ist heutzutage allgegenwärtig und wird häufig im Zusammenhang mit »Informationszeitalter« oder »Informationsaustausch« verwendet – aber was bedeutet er eigentlich genau? Besonders im Bereich der Informationssicherheit ist ein klares Verständnis dieses Begriffs von entscheidender Bedeutung: Alle Maßnahmen und Schutzkonzepte zielen letztendlich darauf ab, Informationen zu sichern. Ohne eine genaue Vorstellung davon, was eine Information ist, bleibt unklar, was überhaupt gesichert werden soll.

Praxistipp

In der Informationssicherheit werden die Begriffe *Daten* und *Informationen* oft synonym verwendet, obwohl sie nicht dasselbe bedeuten:

- **Daten** sind zunächst einmal rohe, unverarbeitete Zeichen, Zahlen oder Messwerte, die noch keine unmittelbare Bedeutung haben.
- **Informationen** entstehen erst durch Kontext, Interpretation und Nutzung.

Abbildung 4.1 zeigt, wie aus Zeichen Information entsteht. Der Mensch hat schon früh begonnen, Zeichen zu malen. So zum Beispiel die Ägypter. Nur wer wusste, wie diese Zeichen zu interpretieren sind, konnte aus ihnen etwas herauslesen. Diesen Zeichen wurde somit eine Bedeutung zugewiesen. Daraus entstand Information.

Eine *Information* ist also mehr als nur ein Datenpunkt. Sie entsteht erst durch Kontext, Interpretation und Bedeutung. *Daten* sind zunächst nur rohe, ungeordnete Zeichen, etwa Zahlen, Wörter oder Symbole. Erst wenn diese Daten in einen sinnvollen Zusammenhang gebracht werden, also wenn sie von einem Menschen oder einer Maschine interpretiert werden können, sprechen wir von Information. Ein Beispiel macht das deutlich: Die Zahl »42« ist für sich genommen ein Datum. Erst wenn wir wissen, dass sie sich auf das Alter einer Person, den Preis eines Produkts oder die Temperatur in Grad Celsius bezieht, wird daraus eine Information.

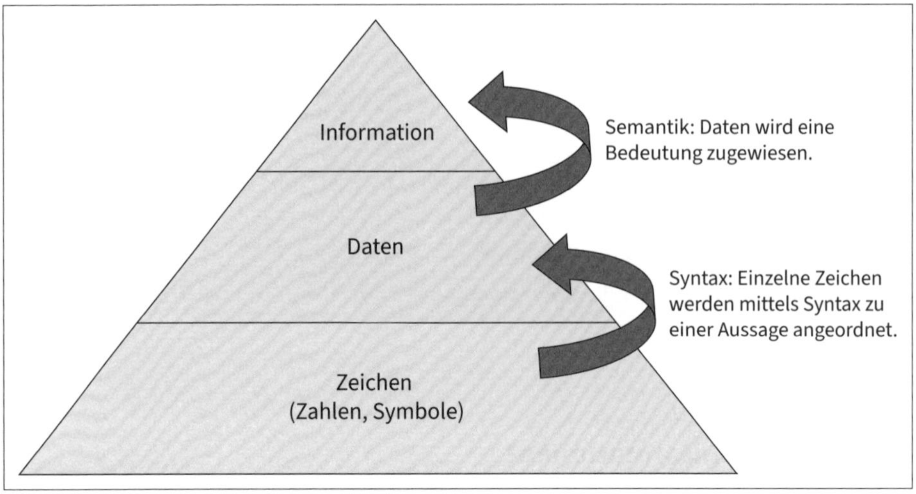

Abbildung 4.1: Entstehen von Information (angelehnt an Raffael Herrmann, http://www.derwirtschaftsinformatiker.de)

Information kann in verschiedenen Formaten existieren, digital als E-Mail oder als Datensätze sowie physisch auf Papier oder Whiteboards. Sie kann sogar mündlich in Besprechungen oder Gesprächen in der Kaffeeküche übermittelt werden. Für die Sicherheit von Informationen ist es wichtig zu beachten, dass nicht nur digitale Systeme geschützt werden sollten.

Ein wesentlicher Aspekt von Informationen ist ihr *Wert*. Nicht alle Informationen sind gleich schützenswert. Der Schutzbedarf einer öffentlich verfügbaren Marketingbroschüre ist ein anderer als der Schutzbedarf eines vertraulichen Vertragsdokuments oder eines Konstruktionsplans. Die Schutzwürdigkeit einer Information hängt dabei maßgeblich von ihrer Vertraulichkeit, ihrem Einfluss auf das Unternehmen und ihrer Relevanz für Dritte ab. Aus diesem Grund ist es in der Informationssicherheit von entscheidender Bedeutung, Informationen zu klassifizieren. Um geeignete Schutzmaßnahmen definieren und umsetzen zu können, ist es unerlässlich, im Vorfeld festzulegen, welche Informationen als besonders kritisch einzustufen sind. In Abschnitt 7.2.12, »NA A.5.12 – Klassifizierung von Informationen«, gehe ich genauer auf die Klassifizierung von Informationen ein.

Weiter zu berücksichtigen ist die Abhängigkeit von der Zeit und dem Kontext. Eine Information kann heute wertvoll, aber morgen ohne Nutzen sein oder umgekehrt. Ein einmaliger Zugangscode, zum Beispiel aus einer SMS oder einer Authenticator-App, ist nur für kurze Zeit gültig. Ebenso kann eine Information, die in einem Zusammenhang harmlos erscheint, in einem anderen schützenswert sein. Nehmen wir als Beispiel eine Liste mit Namen und Telefonnummern: Im internen Firmenverzeichnis mag sie unkritisch sein (aber bitte nicht offen herumliegen lassen), im Zusammenhang mit einem Projekt aber einen hohen Schutzbedarf aufweisen.

Informationen können auch miteinander verknüpft werden. Ein einzelnes Dokument, ein Gespräch oder ein Screenshot wirken auf den ersten Blick unscheinbar. In Kombination mit weiteren Informationen entsteht jedoch möglicherweise ein vollständiges Bild, das weitreichende Schlussfolgerungen erlaubt. Das Zusammenführen von Informationen stellt eine besondere Herausforderung dar, weil Sicherheitslücken häufig nicht in der einzelnen Information, sondern in ihrer Verbindung liegen.

Außerdem gilt es, den Lebenszyklus von Informationen zu kennen. Dieser kann in dem Kreislauf aus Abbildung 4.2 zusammengefasst werden:

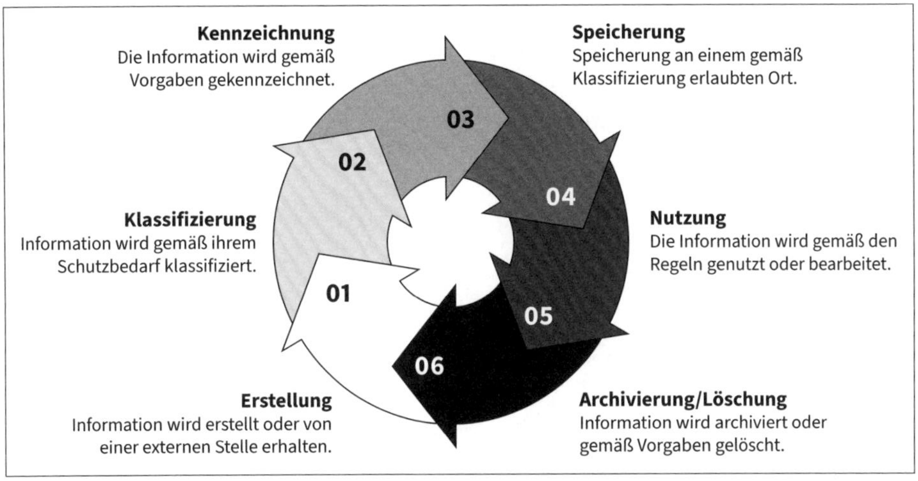

Abbildung 4.2: Kreislauf einer Information

1. **Erstellen** (oder Erhalt von einer externen Stelle): Die involvierte Person übernimmt die Rolle des Eigentümers der Information und ist dafür verantwortlich, dass diese Information gemäß den bestehenden Richtlinien behandelt wird.
2. Das **Klassifizieren** erfolgt gemäß dem Wert, den die Information für das Unternehmen hat.
3. Dann folgt die **Kennzeichnung** der Information (falls technisch möglich), damit die Klassifizierung auch für andere Personen ersichtlich ist.
4. Die **Speicherung** wird in einem Speicherort entsprechend der Klassifizierung vorgenommen.
5. Die **Nutzung** geschieht unter Berücksichtigung der Handlungsregeln, die für die jeweilige Klassifizierung gelten.
6. Die **Archivierung** erfolgt unter Berücksichtigung gesetzlicher und regulatorischer Anforderungen.
7. Die **Löschung** der Information findet statt, sobald diese nicht mehr benötigt wird oder die gesetzliche Aufbewahrungsfrist abgelaufen ist.

Für ein Unternehmen ist es also wichtig zu wissen, welche Informationen in welchem Status vorhanden sind und wie diese zu schützen sind. Ein klassischer Fehler ist es, sich dabei nur auf digitale Daten zu konzentrieren. Ein Beispiel aus der Praxis: Ein mittelständischer Maschinenbauer hatte seine CAD-Zeichnungen zwar verschlüsselt, doch ein Angreifer kopierte einfach die physischen Baupläne aus dem ungesicherten Archiv.

4.2 Die CIA-Triade

Wenn von Informationssicherheit die Rede ist, ist fast zwangsläufig die sogenannte *CIA-Triade* ein Thema. Hinter dieser Abkürzung verbirgt sich kein Geheimdienst, sondern ein Konzept, das die drei zentralen Schutzziele der Informationssicherheit zusammenfasst: *Confidentiality*, *Integrity* und *Availability* – auf Deutsch: Vertraulichkeit, Integrität und Verfügbarkeit. Abbildung 4.3 verdeutlicht ihr Zusammenwirken.

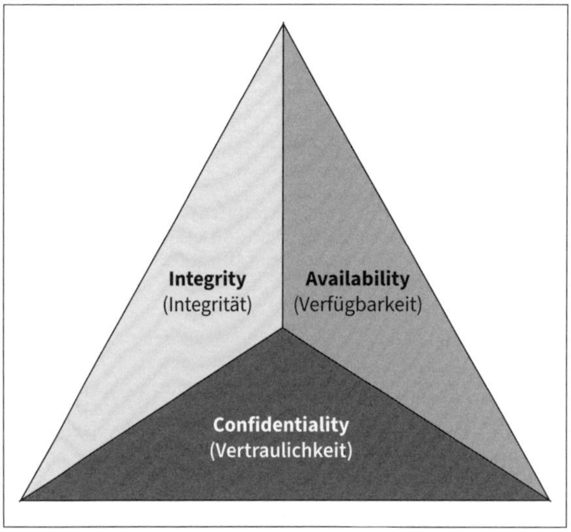

Abbildung 4.3: Die CIA-Triade

- **Vertraulichkeit** bezeichnet die Beschränkung des Zugangs zu Informationen auf autorisierte Personen, Systeme oder Prozesse. Das Ziel besteht darin, unbefugten Zugriff zu verhindern und damit die Inhalte vor Missbrauch, Spionage oder Datenabfluss zu schützen. In der Praxis ist dieses Ziel insbesondere im Umgang mit personenbezogenen Daten, Geschäftsgeheimnissen oder sensiblen Strategiedokumenten von Relevanz. Um die Vertraulichkeit der Informationen zu gewährleisten, werden verschiedene Maßnahmen ergriffen. Dazu zählen unter anderem Zugriffskontrollen, Verschlüsselung, Rollen- und Rechtemanagement sowie physische Schutzmaßnahmen. Ziel ist es, Informationen nur jenen zugänglich zu machen, die sie wirklich benötigen – nach dem sogenannten *Need-to-know*-Prinzip. Im Falle eines Verstoßes gegen die Vertraulichkeit können schwerwiegende Folgen entstehen. Sie können zu einem Vertrauensverlust bei den

Kunden, zu Imageschäden, zu rechtlichen Konsequenzen oder sogar zu wirtschaftlichen Nachteilen führen.

- **Integrität** beschreibt die Richtigkeit und Vollständigkeit von Informationen und ihrer Verarbeitung. Die unbeabsichtigte oder unbefugte Veränderung von Informationen, sei es durch technische Fehler oder gezielte Manipulation, ist zu verhindern. Der Fokus liegt also auf dem Schutz vor Datenverfälschung, Verlust von Genauigkeit oder vor unerwünschten Eingriffen. In Bezug auf gespeicherte Daten sowie während der Übertragung und Verarbeitung ist es von entscheidender Bedeutung, Integrität zu gewährleisten. Aus technischer Sicht wird sie beispielsweise durch Prüfsummen, digitale Signaturen oder Versionierung unterstützt. Auch organisatorische Maßnahmen, beispielsweise das Vier-Augen-Prinzip oder Änderungsprotokolle, tragen maßgeblich zu einem reibungslosen Ablauf bei. Ein Verlust der Integrität kann gravierende Auswirkungen haben. Dies kann etwa der Fall sein, wenn fehlerhafte Daten zu falschen Entscheidungen führen oder wenn manipulierte Informationen in automatisierten Prozessen unentdeckt weiterverarbeitet werden.
- **Verfügbarkeit** bezeichnet den Zustand, dass Informationen und die sie verarbeitenden Systeme dann zur Verfügung stehen, wenn sie benötigt werden. Es ist unerlässlich, dass die Verfügbarkeit sowohl im Alltagsbetrieb als auch im Krisenfall gewährleistet ist. Sollte es zu einem Ausfall eines E-Mail-Systems, einer Datenbank oder eines Kundenportals kommen, kann dies zu einem vollständigen Ausfall ganzer Geschäftsprozesse führen. Aus diesem Grund fokussiert sich dieses Schutzziel auf die Gewährleistung einer stabilen, zuverlässigen und belastbaren Infrastruktur. Die Verfügbarkeit wird durch redundante Systeme, Notfallpläne, Backup-Strategien, Monitoring oder auch durch Schutz vor physischen Schäden wie Feuer oder Wasser sichergestellt.

Diese drei Ziele sollten nicht isoliert voneinander betrachtet werden. Zwischen diesen Schutzzielen bestehen Verbindungen. Unter Umständen kann eine maximale Verfügbarkeit die Vertraulichkeit gefährden, etwa wenn der Zugriff auf Systeme zu wenig eingeschränkt wird, um jederzeit erreichbar zu sein. Eine sehr strikte Zugriffskontrolle kann sich ebenfalls negativ auf die Verfügbarkeit auswirken, wenn im Notfall kein schneller Zugriff auf benötigte Informationen möglich ist. Informationssicherheit erfordert daher stets einen ausgewogenen Ansatz, der sich an den spezifischen Anforderungen und Risiken des eigenen Unternehmens orientiert.

4.3 Authentizität und Verbindlichkeit

Neben der CIA-Triade gibt es weitere Schutzziele, die eine immer wichtiger werdende Rolle spielen. Zwei davon sind Authentizität und Verbindlichkeit. Sie erweitern die klassischen Konzepte um Aspekte, die besonders im Zusammenhang mit der digitalen Kommunikation, mit elektronischen Identitäten und mit rechtsverbindlichen Handlungen an Bedeutung gewinnen:

- Der Begriff *Authentizität* bezeichnet im Kern die Echtheit einer Information oder einer Identität. Es ist von Bedeutung, die Authentizität einer Information zu gewährleisten. Dies betrifft sowohl den Menschen als auch Systeme oder Prozesse. In der Praxis bedeutet Authentizität, dass ein empfangenes Dokument tatsächlich vom angegebenen Absender stammt und während des Transports nicht verändert oder ausgetauscht wurde. Ebenso ist es unerlässlich, dass sich Nutzerinnen und Nutzer eindeutig identifizieren lassen, bevor sie auf Systeme oder Informationen zugreifen dürfen.

  Der Schutz der Authentizität ist von Relevanz, da elektronische Informationen mit geringem Aufwand gefälscht oder manipuliert werden können. Während bei einem handschriftlich unterschriebenen Papierdokument oft bereits durch Haptik, Layout oder Unterschrift eine gewisse Sicherheit in Hinblick auf seine Echtheit gegeben ist, fehlen solche Merkmale bei einer E-Mail oder einem digitalen Dokument. Um die Authentizität in der digitalen Kommunikation sicherzustellen, sind technische Verfahren wie digitale Signaturen, Zertifikate oder kryptografische Hashwerte erforderlich. Der Einsatz von Zwei-Faktor-Authentifizierung oder biometrischer Identifikation verfolgt letztlich dasselbe Ziel: Nur wer nachweisen kann, die Person oder Entität zu sein, der er/sie vorgibt zu sein, erhält Zugriff oder kann eine Aktion ausführen.

- Der Begriff *Verbindlichkeit* ist eng mit dem der Authentizität verbunden. Im Englischen spricht man meist von *non-repudiation*. Verbindlichkeit bezeichnet die Nachweisbarkeit einer Handlung. Insbesondere bedeutet das, dass der Urheber seine Handlung nicht nachträglich abstreiten kann. Im Kontext der Informationssicherheit meint man damit, dass eine gesendete Nachricht oder eine durchgeführte Transaktion einer bestimmten Person oder Entität eindeutig zugeordnet werden kann und diese Zurechnung auch im Nachhinein beweisbar bleibt. Dies ist insbesondere dann relevant, wenn Verträge digital abgeschlossen, Zahlungen ausgelöst oder kritische Entscheidungen dokumentiert werden.

  Analog gilt dies auch in umgekehrter Richtung. Auch der Empfang einer Nachricht darf nicht abgeschritten werden können (siehe Abbildung 4.4 und Abbildung 4.5).

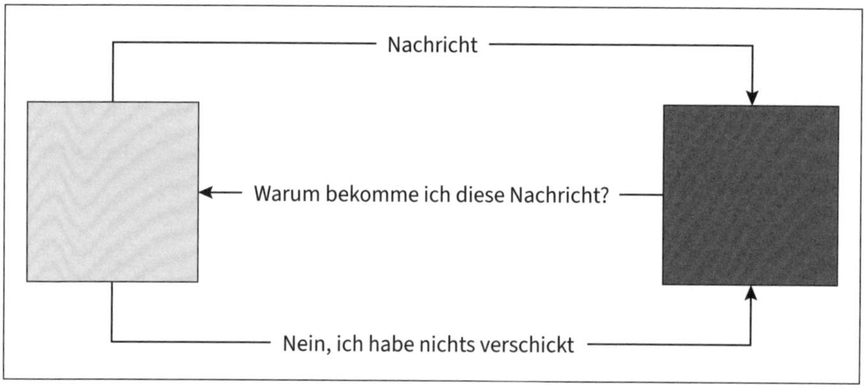

Abbildung 4.4: Bestreiten des Versands von Nachrichten (»non-repudiation of origin«). Hier bestreitet der Absender einer Nachricht, die Nachricht versandt zu haben.

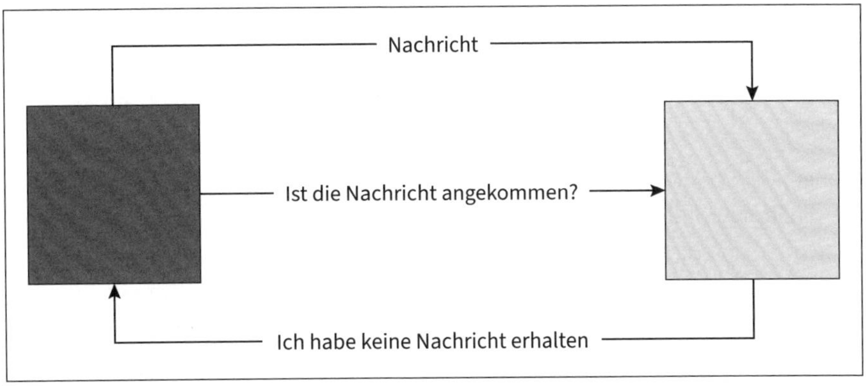

Abbildung 4.5: Bestreiten des Empfangs von Nachrichten (»non-repudiation of receipt«). Hier bestreitet der Empfänger einer Nachricht, die Nachricht erhalten zu haben.

Im Rechtsverkehr spielt die Verbindlichkeit eine zentrale Rolle. In vielen Ländern sind digitale Signaturen, die bestimmte Sicherheitsanforderungen erfüllen, juristisch den handschriftlichen Signaturen gleichgestellt. Dies bedeutet, dass bei einer digitalen Unterzeichnung die gleiche rechtliche Verpflichtung besteht wie bei einer physischen Unterschrift. Damit dies gelingt, sind neben technischen Lösungen auch Vertrauen in die Identitäten und Prozesse sowie in deren Zuverlässigkeit unerlässlich. Die Grundlage dieser Vertrauensinfrastruktur bilden Zertifizierungsstellen, Identitätsprovider und revisionssichere Protokollierungen.

In Organisationen bedeutet Verbindlichkeit zudem, dass Verantwortlichkeiten klar geregelt sind. Wer hat welche Entscheidung getroffen? Wer hat wann auf ein bestimmtes System zugegriffen oder eine Transaktion durchgeführt? Diese Fragen sind nicht nur im Kontext der Sicherheit, sondern auch für Audits, Haftungsfragen und Compliance-Anforderungen von zentraler Bedeutung.

4.4 Grundbegriffe

Bevor ich genauer auf das ISMS eingehe, muss ich noch einige Begriffe einführen. In der ISO 27001 wird in jedem Satz von »muss« gesprochen, in der ISO 27002 von »sollte«, »darf« oder »kann«. Was wird damit gemeint?

In der ISO 27000 werden die Verbformen wie folgt definiert:

- **muss** (engl. *shall*) bezeichnet eine Anforderung.
- **sollte** (engl. *should*) bezeichnet eine Empfehlung.
- **darf** (engl. *may*) bezeichnet eine Erlaubnis.
- **kann** (engl. *can*) bezeichnet eine Möglichkeit oder Fähigkeit.

Diese Begriffe orientieren sich am *Request for Comments* (RFC) 2119, der unter *https://www.ietf.org/rfc/rfc2119.txt* abrufbar ist.

Die Norm verwendet verschiedene Begriffe, die nachfolgend kurz erläutert werden:

- Die *interessierten Parteien* (engl. *interested parties*) sind natürliche oder juristische Personen, die von der Informationssicherheit einer Organisation betroffen sein können – direkt oder indirekt. Dazu zählen Mitarbeitende, Kunden, Partner, Aufsichtsbehörden oder Lieferanten. Das ISMS berücksichtigt ihre Erwartungen und Anforderungen, etwa in Bezug auf Datenschutz, Vertraulichkeit oder Verfügbarkeit von Diensten (siehe dazu Abschnitt 6.1.2, »NA 4.2 – Verstehen der Erfordernisse und Erwartungen interessierter Parteien«).
- Ein wichtiger Aspekt ist der *Kontext* (engl. *context*). Dies beinhaltet sowohl den internen, aber auch den externen Kontext. Damit ist das Umfeld gemeint, in dem die Organisation versucht, ihre Ziele zu erreichen (siehe dazu Abschnitt 6.1.1, »NA 4.1 – Verstehen der Organisation und ihres Kontextes«).
- Bei der *Geschäftsleitung* (engl. *executive management*) handelt es sich um eine Person oder Personengruppe, die die Verantwortung für die Umsetzung von Strategien und Richtlinien trägt, um die Ziele der Organisation zu erreichen. Die Geschäftsleitung wird manchmal auch als *oberste Leitung* bezeichnet. Dazu können die Geschäftsführer, Finanzverantwortlichen, die Verantwortlichen für die Informationsverarbeitung und ähnliche Rollen gehören.
- Bei der *Sicherheitsrichtlinie* (engl. *security policy*) handelt es sich um ein Statement der obersten Leitung, das die Absichten und Prinzipien im Umgang mit der Informationssicherheit schriftlich festhält. Die Richtlinie ist eine Art Grundgesetz des ISMS und bildet die Basis für die weiteren Maßnahmen (siehe dazu Abschnitt 6.2.2, »NA 5.2 – Politik«).

Praxistipp

Die drei Begriffe *Politik*, *Richtlinie* und *Leitlinie* werden oft vermischt. Es ist wichtig, diese im ISMS unterschiedlich zu verwenden:

- Die **Politik** (in der Norm wird der Begriff »Politik« verwendet, oft wird stattdessen **Strategie** benutzt) legt die langfristige Ausrichtung und die übergeordneten Ziele fest. Sie erläutert die Relevanz eines Themas und welche Bedeutung es im Gesamtbild des Unternehmens hat. Sie definiert unter anderem, welches Schutzniveau angestrebt wird, welche Risiken akzeptiert werden und wie die Informationssicherheit die Unterstützung der Geschäftsziele fördern soll. Die Strategie gibt die Richtung vor, ist aber bewusst nicht operativ.
- Eine Ebene tiefer sind die **Richtlinien** angesiedelt. Sie setzen die strategischen Vorgaben in verbindliche Regeln um und konkretisieren sie. Richtlinien bestimmen, was erlaubt ist, was verpflichtend eingehalten werden muss und wer die Verant-

wortung trägt. In der Informationssicherheit legen Richtlinien fest, wie beispielsweise mit Passwörtern, Zugriffsrechten oder mobilen Arbeitsplätzen umgegangen wird. Sie haben einen verbindlichen Charakter, gelten über die gesamte Organisation hinweg und sind die Basis für Kontrolle und Nachweisbarkeit.

- Im Gegensatz dazu sind **Leitlinien** dazu da, Orientierung zu bieten. Sie unterstützen die Mitarbeitenden dabei, die Richtlinien im Alltag umzusetzen.

- Ein *Asset* – oft als Vermögenswert oder kurz **Wert** übersetzt – bezeichnet in der Informationssicherheit alles, was für das Unternehmen von einem Wert ist. Das können nicht nur Informationen selbst sein, sondern auch Geräte, Software, Standorte, Personal oder auch die Reputation. Der Schutz dieser Assets ist ein Kernziel des ISMS (siehe dazu Abschnitt 7.2.9, »NA A.5.9 – Inventar der Informationen und anderen damit verbundenen Werte«).
- Der Begriff der *Risikobewertung* (engl. *risk assessment*) umfasst alle Aktivitäten, mit denen potenzielle Bedrohungen identifiziert, analysiert und bewertet werden. Das Ziel ist es, Risiken nachvollziehbar zu priorisieren, um angemessene Maßnahmen abzuleiten (siehe dazu Abschnitt 6.3.1, »NA 6.1 – Maßnahmen zum Umgang mit Risiken und Chancen«).
- An verschiedenen Stellen verlangt die Norm *dokumentierte Informationen* (engl. *documented information*). Dies können Dokumentationen des ISMS, aber auch Informationen für den Betrieb sowie Audit-Nachweise sein. Diese dokumentierten Informationen müssen gelenkt und aufrechterhalten werden, inklusive des Mediums, auf dem sie gespeichert sind.
- Bei *sensitiven Personendaten* (engl. *sensitive personal data*) handelt es sich um Informationen, die Auskunft geben über ethnischen Ursprung, politische Meinungen, religiösen oder philosophischen Ansichten, Mitgliedschaft in einer Gewerkschaft, genetische oder biometrische Identifikationsdaten einer Person.
- Die Norm verlangt, dass in regelmäßigen Abständen *Audits* (engl. *audit*) durchgeführt werden. Ein Audit ist ein systematischer, unabhängiger und dokumentierter Prozess. Sein Ziel ist es, einen Nachweis über die Effektivität des ISMS zu erlangen. Dazu werden für jedes Audit Kriterien bestimmt (siehe dazu Abschnitt 6.7.2, »NA 9.2 – Internes Audit«).
- *Kontinuierliche Verbesserung* (engl. *continual improvement*): Die Informationssicherheit ist kein statischer Zustand, sondern ein dynamischer Prozess. Die Norm verlangt deshalb, dass das ISMS regelmäßig überprüft, angepasst und verbessert wird – sowohl auf der Basis interner Audits als auch durch Management-Reviews, Vorfallanalysen und neue Risikobewertungen (siehe dazu Abschnitt 6.8.1, »NA 10.1 – Fortlaufende Verbesserung«).

- Ein *Control*, auf Deutsch oft als »Maßnahme« übersetzt, ist jede organisatorische oder technische Handlung, die ein Informationssicherheitsrisiko minimieren oder ausschließen soll. In ISO 27001 sind diese Controls in Anhang A aufgelistet, und sie werden in ISO 27002 ausführlich beschrieben. Controls reichen von Zugangskontrollen über die Verschlüsselung bis hin zu Sicherheitsrichtlinien, Mitarbeiterschulungen oder Notfallplänen.
- Der *Informationssicherheitsvorfall* (engl. *information security incident*) beschreibt jede beobachtete oder vermutete Schwachstelle oder Verletzung der Sicherheitsrichtlinien, die die Schutzziele gefährden könnte. Dies umfasst sowohl technische Vorfälle – etwa einen Malware-Befall – als auch organisatorische oder menschliche Fehler, wie das unbefugte Offenlegen von sensiblen Informationen (siehe dazu Abschnitt 7.2.24, »NA A.5.24 – Planung und Vorbereitung der Handhabung von Informationssicherheitsvorfällen«).

Wenn Sie den Gebrauch dieser Begriffe verinnerlicht haben, sind Sie in der Lage, sich um den Aufbau des ISMS zu kümmern.

Kapitel 5

Einführung in die Normenreihe ISO 27000

Bereits Anfang der 1990er-Jahre wurde der Grundstein für die heutige ISO-27000-Normfamilie gelegt. Aus dem British Standard 7799 wurden in den vergangenen Jahren über 75 Normen rund um die Informationssicherheit erstellt.

Die Geschichte der ISO-27000-Normenreihe beginnt nicht in Genf, wo der Sitz der Internationalen Organisation für Normung (ISO) ist, sondern in London. Die Wurzeln der Normenreihe liegen in der britischen Norm *BS 7799*, die Anfang der 1990er-Jahre vom *Department of Trade and Industry* (DTI) entwickelt und 1995 erstmals von der *British Standards Institution* (BSI) veröffentlicht wurde. Das Internet steckte zu diesem Zeitpunkt noch in den Kinderschuhen, doch dass Sicherheit kein Nischenthema mehr war, zeigten die ersten Hackerangriffe und Datenpannen. BS 7799 wurde in zwei Teile gegliedert: Teil 1 listete Best Practices für Sicherheitsmaßnahmen auf, Teil 2 definierte Anforderungen an Managementsysteme.

Aufgrund der großen internationalen Bedeutung und Akzeptanz der BS 7799 wurde dieser Standard Anfang der 2000er-Jahre von der ISO übernommen und überarbeitet. Der erste Teil der ursprünglichen BS 7799 wurde als ISO/IEC 17799 übernommen, die die empfohlene Sammlung von Sicherheitsmaßnahmen (*Controls*) enthielt. Diese Norm wurde später zur heutigen ISO/IEC 27002 weiterentwickelt. Im Jahr 2005 erschien die erste Version von ISO/IEC 27001, die den zweiten Teil der BS-7799-Reihe ablöste und als offizieller internationaler Standard für die Zertifizierung eines ISMS anerkannt wurde.

Im Laufe der Zeit hat sich aus der ursprünglichen Norm ein umfassendes Normenwerk entwickelt: die ISO/IEC-27000-Familie. Diese umfasst heute über 75 Einzelnormen, die spezifische Aspekte der Informationssicherheit vertiefen: themenspezifische wie etwa Risikomanagement (ISO 27005), Monitoring und Messung (ISO 27004, siehe dazu Kapitel 9, »Informationssicherheit messen«), Sicherheitsaspekte in der Lieferkette (ISO 27036) oder sektorspezifische Anforderungen wie im Gesundheitswesen (ISO 27799) oder in Cloud-Umgebungen (ISO 27017).

Die ISO/IEC 27000 selbst, d. h. die gleichnamige Norm innerhalb der Reihe, definiert die Begriffe, die in allen Normen dieser Familie verwendet werden, und stellt eine übergeordnete Einführung in das Normensystem dar. Sie bildet somit die Grundlage für ein einheitliches Vokabular und eine gemeinsame Sichtweise auf Informationssicherheit.

Ein wichtiger Meilenstein in der Weiterentwicklung war die Revision der ISO/IEC 27001 im Jahr 2013, bei der die Norm an die sogenannte *High-Level Structure* (HLS) der ISO angepasst wurde (siehe Abschnitt 2.2, »Abgrenzung zu anderen Managementsystemen«). Bei der Überarbeitung wurde zudem ein Fokus auf ein risikobasiertes Vorgehen gelegt.

Die aktuelle Version der ISO/IEC 27001 wurde 2022 veröffentlicht und enthält zahlreiche inhaltliche und strukturelle Anpassungen, unter anderem eine Modernisierung des Kontrollkatalogs (Annex A).

Praxistipp

Die Jahreszahlen der Normen stellen eine erste Herausforderung dar.

Die englischen Ausgaben der ISO 27001 und der ISO 27002 stammen aus dem Jahr 2022. Die Schweizer Ausgabe der ISO 27001 datiert aus dem Jahr 2023, die ISO 27002 aus dem Jahr 2022. Die deutschen Ausgaben der ISO 27001 und 27002 sind aus dem Jahr 2024. Die österreichische ISO 27001 stammt aus dem Jahr 2024 und die ISO 27002 aus dem Jahr 2023.

Alles klar?

5.1 Inhalt und Aufbau

Die Normen ISO/IEC 27000, 27001 und 27002 bilden den Kern der 27000er-Normenfamilie. Sie ergänzen sich gegenseitig, adressieren aber unterschiedliche Ebenen. Zusammen bilden sie die Grundlage für ein strukturiertes und effektives ISMS. An dieser Stelle werden die drei Normen kurz beschrieben, inklusive des PDCA- und des Security-Kreislaufs.

5.1.1 ISO/IEC 27000

Die ISO/IEC 27000 (offizieller Titel: *Informationstechnik – Sicherheitsverfahren – Informationssicherheitsmanagementsysteme – Überblick und Terminologie*) bietet einen Einstieg in das Thema ISMS.

Im dritten Kapitel der Norm werden über 70 zentrale Begriffe rund um das ISMS definiert, beispielsweise »Zugangssteuerung«, »Audit« oder »Risiko«. Die Begriffsdefinitionen sind mit Anmerkungen versehen. Einige dieser Begriffe habe ich bereits in Kapitel 4, »Begriffe zur Informationssicherheit«, erklärt.

Das Kernstück der Norm ist ihr viertes Kapitel, das sich ausschließlich mit dem Verständnis und der Implementierung eines ISMS befasst. Es beginnt mit einer allgemeinen Einführung in das Konzept und beschreibt dessen Grundprinzipien. Die Norm erläutert, was unter einem Managementsystem zu verstehen ist und warum ein prozessorientierter Ansatz für das effektive Erreichen von Informationssicherheitszielen entscheidend ist. Dieses Kapitel hat folgende Struktur:

- **4.1 Allgemeines:** Überblick über die Rolle und Bedeutung von ISMS
- **4.2 Was ist ein ISMS:** Definition und Grundprinzipien, inklusive Begriffe wie Information, Informationssicherheit, Management und Managementsystem
- **4.3 Prozessorientierter Ansatz:** Erläuterung der Steuerung durch Prozesse
- **4.4 Warum ein ISMS wichtig ist:** Beschreibung des Nutzens eines ISMS zur Risikobeherrschung
- **4.5 Einführung, Überwachung, Pflege und Verbesserung eines ISMS:** Leitfaden für Implementierung, Identifizierung, Beurteilung und Behandlung von Informationssicherheitsanforderungen und -risiken, Überwachung und kontinuierliche Verbesserung, inklusive Maßnahmen-Definition
- **4.6 Kritische Erfolgsfaktoren:** notwendige Voraussetzungen für ein wirksames ISMS
- **4.7 Nutzen der ISMS-Normenfamilie:** Erklärung, wie die verschiedenen Normen der 27000er-Familie zusammenwirken

In Kapitel 5 der Norm folgt schließlich eine systematische Einordnung der gesamten ISMS-Normenfamilie (siehe Abbildung 5.1):

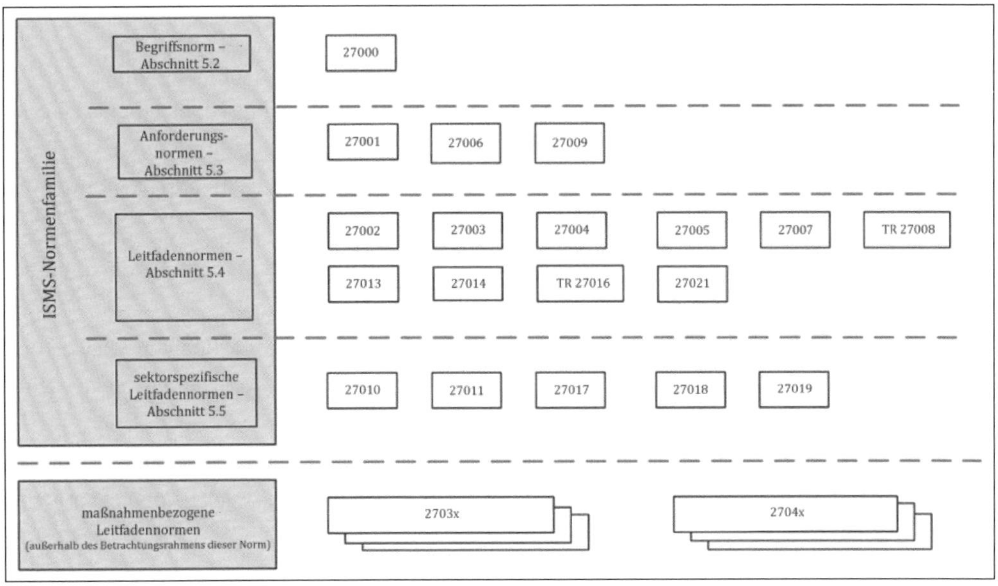

Abbildung 5.1: Zusammenhänge der ISMS-Normenfamilie (Quelle: ISO/IEC 27000:2020)

- **5.1 Allgemeines:** Einführung in die ISMS-Normenfamilie
- **5.2 Norm, die einen Überblick und die Terminologie beschreibt:** Damit ist die ISO/IEC 27000 selbst gemeint.
- **5.3 Normen, die Anforderungen festlegen:** z. B. ISO/IEC 27001 (Anforderungen an ISMS), ISO/IEC 27006 (Zertifizierungsstellen), ISO/IEC 27009 (sektorspezifische Anpassung)

- **5.4 Normen, die allgemeine Leitfäden beschreiben:** z. B. ISO/IEC 27002 (Maßnahmenkatalog), ISO/IEC 27003 bis ISO/IEC 27021
- **5.5 Normen, die branchenspezifische Leitfäden beschreiben:** z. B. für Telekommunikation, Cloud, Energie, Gesundheitswesen (u. a. ISO/IEC 27010 bis 27799)

5.1.2 ISO/IEC 27001

Die Norm ISO/IEC 27001 mit dem offiziellen Titel *Informationssicherheit, Cybersicherheit und Datenschutz – Informationssicherheitsmanagement-systeme – Anforderungen* umfasst zehn Kapitel und einen normativen Anhang. Ihre Kapitel 1 bis 3 enthalten allgemeine Informationen (Anwendungsbereich, normative Verweise und Begriffe). Ab Kapitel 4 beginnt der normative Teil, der die Anforderungen an ein ISMS beschreibt:

- **Kapitel 4 – Kontext der Organisation:** Verlangt die systematische Auseinandersetzung mit internen und externen Rahmenbedingungen (Kontext), interessierten Parteien und dem Geltungsbereich des ISMS.
- **Kapitel 5 – Führung:** Legt die Verantwortung der obersten Leitung fest, etwa durch die Definition der Informationssicherheitspolitik, das Setzen von Zielen und das Zuweisen von Rollen.
- **Kapitel 6 – Planung:** Beinhaltet die Risikobewertung, die Risikobehandlung sowie die Ableitung und Planung von Maßnahmen. Ebenfalls wird die Erstellung einer Erklärung zur Anwendbarkeit verlangt.
- **Kapitel 7 – Unterstützung:** Regelt Ressourcen, Kompetenzen, Schulungen, Kommunikation sowie die Dokumentation im Rahmen des ISMS.
- **Kapitel 8 – Betrieb:** Beschreibt die konkrete Umsetzung und Steuerung der geplanten (Risiko-)Maßnahmen und Prozesse im operativen Alltag.
- **Kapitel 9 – Bewertung der Leistung:** Verlangt Messung, Überwachung und Bewertung der Wirksamkeit des ISMS. Hier sind interne Audits und das Management-Review zentrale Elemente.
- **Kapitel 10 – Verbesserung:** Behandelt den Umgang mit Nicht-Konformitäten, das Ergreifen von Korrekturmaßnahmen und die kontinuierliche Weiterentwicklung des ISMS.

Zusätzlich enthält Anhang A einen Verweis auf eine strukturierte Liste von 93 Sicherheitsmaßnahmen (*Controls*), die zur Risikobehandlung herangezogen werden können. Diese Controls werden jedoch nicht in der Norm selbst erklärt. Jedes Control ist einem einzigen Satz beschrieben. Details zur Umsetzung sind in der ISO/IEC 27002 zu finden.

5.1.3 Der PDCA-Kreislauf

Ein zentrales Prinzip eines ISMS ist der *PDCA-Kreislauf*, ein Modell zur kontinuierlichen Verbesserung, das sich in vielen Managementsystemen der ISO-Welt wiederfindet (siehe

Abbildung 5.2). Die vier Buchstaben stehen für *Plan-Do-Check-Act*. Der Zyklus beschreibt die kontinuierliche Steuerung und Weiterentwicklung von Prozessen, Maßnahmen und Zielen und bildet das Herzstück des ISMS.

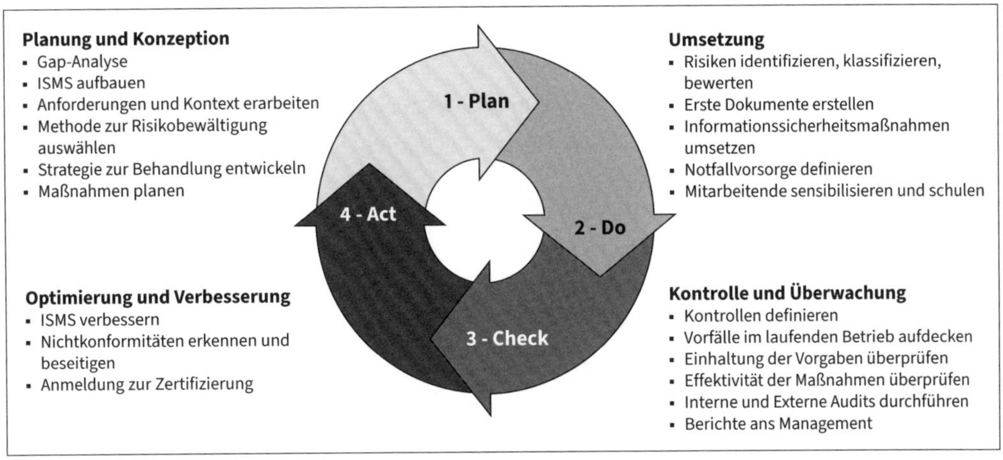

Abbildung 5.2: Der PDCA-Kreislauf

- In der **Plan-Phase** plant die Organisation ihr ISMS. Dazu gehört zunächst die Erfassung des organisatorischen Kontextes: Welche internen und externen Faktoren beeinflussen die Informationssicherheit? Welche Anforderungen stellen Gesetze, Kunden oder Partner? Darauf aufbauend werden Risiken identifiziert, bewertet und priorisiert. Die Organisation setzt sich Ziele, definiert Sicherheitsrichtlinien, identifiziert notwendige Ressourcen und entscheidet, welche Maßnahmen zur Risikobewältigung umgesetzt werden sollen. Diese Phase bildet das strategische Fundament des ISMS und setzt den Rahmen für alle weiteren Aktivitäten.
- In der **Do-Phase** werden die geplanten Maßnahmen umgesetzt. Verantwortlichkeiten werden zugewiesen, Mitarbeitende geschult, Prozesse eingeführt sowie technische und organisatorische Kontrollen etabliert. Dabei geht es nicht nur um Einzelmaßnahmen, sondern um die Integration der Sicherheitsaktivitäten in den täglichen Betrieb. Die Wirksamkeit der Umsetzung hängt in dieser Phase stark davon ab, inwieweit das ISMS von der gesamten Organisation getragen wird.
- In der **Check-Phase** wird die Wirksamkeit der getroffenen Maßnahmen überprüft. Dies geschieht durch interne Audits, Kennzahlen, Überwachung von Sicherheitsvorfällen und regelmäßige Bewertungen. Auch der Fortschritt in Bezug auf die gesetzten Ziele wird erfasst. Die Organisation fragt sich in dieser Phase: Funktionieren unsere Maßnahmen? Sind die Sicherheitsziele erreicht? Gibt es Schwachstellen oder Verbesserungsmöglichkeiten?
- In der **Act-Phase** werden die Erkenntnisse aus dem Audit in konkrete Maßnahmen umgesetzt. Zeigt ein Audit beispielsweise Lücken im Zutrittsmanagement auf, werden Verbesserungsmaßnahmen abgeleitet und umgesetzt. Auch geänderte gesetzliche An-

forderungen oder neue Bedrohungen können Anlass sein, das ISMS anzupassen. Die Organisation reagiert auf Veränderungen und stellt sicher, dass sich das Managementsystem kontinuierlich weiterentwickelt.

5.1.4 Der Security-Kreislauf

Um den PDCA-Kreislauf optimal in ein ISMS umzusetzen, habe ich einen Security-Kreislauf erstellt (siehe Abbildung 5.3). Die verschiedenen Themengebiete der ISO/IEC 27001 werden in ihm berücksichtigt.

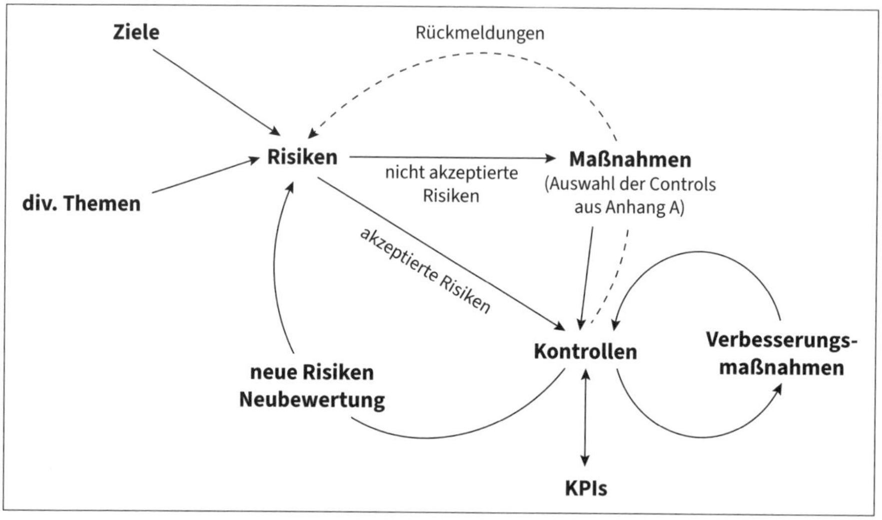

Abbildung 5.3: Der Security-Kreislauf

Nachfolgend werden die einzelnen Schritte kurz beschrieben:

- **Ziele:** Die Ziele des ISMS werden von der Firmenvision, -mission und -strategie abgeleitet. Sie bestimmen die Vorgaben zur Implementierung und zum Betrieb des ISMS.
- **Risiken:** Die Ziele des ISMS sind einer Vielzahl von Bedrohungen ausgesetzt, die ihrer Erreichung entgegenstehen. Das Schadenspotenzial dieser Bedrohungen hängt von verschiedenen Faktoren ab: einerseits von den Zielen selbst, andererseits von dem Geschäftsumfeld, der IT-Landschaft, dem Benutzerverhalten, externen Bedürfnissen etc. Die Analyse wird in einem Risikoregister festgehalten, das als Grundlage für die Behandlung ebendieser Risiken dient.
- **Maßnahmen:** Die Risiken werden entweder durch Maßnahmen reduziert oder gar eliminiert oder sie werden ohne Behandlung akzeptiert, weil eine Reduktion nicht möglich ist oder unverhältnismäßigen Aufwand erfordert.
- **Kontrollen:** Die getroffenen Maßnahmen basieren entweder auf den Controls im Anhang A der ISO-27001-Norm oder auf anderen Quellen. Sie bilden die Kontrollpunkte, die in regelmäßig stattfindenden Audits überprüft werden.

- **KPI:** *Key Performance Indicators* (KPIs, dt. *Leistungskennzahlen*) sind quantitative Beurteilungskriterien für die Kontrollen, mit deren Hilfe die Wirksamkeit des ISMS gemessen werden kann.
- **Verbesserungsmaßnahmen:** Durch die Implementierung der getroffenen Maßnahmen soll die Wirksamkeit des ISMS stetig verbessert werden.
- **Neubeurteilung von Risiken:** Es ist notwendig, die Risiken regelmäßig neu zu überprüfen, da sowohl die Bedrohungen selbst als auch das Geschäftsumfeld der Organisation in stetigem Wandel begriffen sind.

Beispiel: Das Ziel der Organisation ist es, keinen Datenverlust zu erleiden. Mögliche Risiken, die im Weg stehen, sind zum Beispiel Hacker-Angriffe, Fehlbedienung, Systemausfall etc.

Als Maßnahme wird daher ein Backup erstellt. Die Kontrolle kann lauten: »Ist das Backup letzte Nacht erfolgreich durchgelaufen?«.

Der KPI könnte sein: »Wie viele Backups sind im letzten Monat fehlgeschlagen?«

In einer grafischen Anzeige könnten 0 Fehlschläge als Grün definiert sein, 1 Fehlschlag könnte als Orange dargestellt werden, ab 2 Fehlschlägen könnte das Resultat in Rot markiert sein. Durch die Umsetzung des Backups kann das Risiko entsprechend reduziert werden.

5.1.5 ISO/IEC 27002

Die ISO/IEC 27002:2022 (offizieller Titel: *Informationssicherheit, Cybersicherheit und Schutz der Privatsphäre – Informationssicherheitsmaßnahmen*) ist die Ergänzung zur ISO/IEC 27001. Während die ISO/IEC 27001 das »Was« vorgibt, beantwortet ISO/IEC 27002 die Fragen nach dem »Wie«.

Im Zentrum der Norm stehen 93 konkrete Maßnahmen (*Controls*), die auf Basis internationaler Erfahrungen entwickelt wurden. Diese Maßnahmen sind in vier Themenbereiche unterteilt:

- Bei den **organisatorischen Maßnahmen** stehen übergeordnete Steuerungs- und Managementthemen im Vordergrund. Dazu gehören unter anderem die Formulierung und Pflege einer Informationssicherheitspolitik und entsprechender Richtlinien, die klare Definition von Rollen und Verantwortlichkeiten, der strukturierte Umgang mit externen Dienstleistern sowie das Management von Sicherheitsvorfällen und Notfällen. Auch Vorgaben zur sicheren Gestaltung von Projekten und Veränderungen, etwa im Change-Management, sind verankert.
- Die **personenbezogenen Maßnahmen** umfassen alle Aspekte, die direkt das Verhalten und die Einbindung der Mitarbeiterinnen und Mitarbeiter betreffen. Dazu gehören verpflichtende Schulungen zur Sensibilisierung für Sicherheitsrisiken, Regelungen zum vertraulichen Umgang mit Informationen, das strukturierte Ausscheiden von Mitarbei-

tenden (*Offboarding*) sowie Richtlinien für sicheres Arbeiten im Home-Office oder unterwegs. Das Ziel dieser Maßnahmen ist es, ein Sicherheitsbewusstsein zu schaffen und menschliche Fehler zu minimieren.

- Die **physischen Maßnahmen** betreffen den Schutz der Infrastruktur und der Umgebung, in der Informationen verarbeitet oder gespeichert werden. Dazu gehören die Einrichtung von Zugangskontrollen, die Sicherung besonders schützenswerter Bereiche (z. B. des Serverraums) innerhalb von Gebäuden, die sichere Aufbewahrung von Informationswerten (z. B. in abschließbaren Schränken) sowie der Schutz von Geräten vor Diebstahl, Manipulation oder Umwelteinflüssen.
- Bei den **technologischen Maßnahmen** geht es um den direkten Schutz von IT-Systemen, Netzwerken und Anwendungen. Dazu gehören der Einsatz starker Authentisierungsverfahren, der gezielte Einsatz kryptografischer Methoden wie Verschlüsselung und digitale Signaturen, die Absicherung von Netzwerken, ein regelmäßiges Schwachstellenmanagement sowie Anforderungen an die sichere Entwicklung von Software.

Diese Gliederung in vier Kapitel ersetzt die frühere Struktur mit 14 Domänen. Zusätzlich wurden bei der letzten Überarbeitung sogenannte Attribute eingeführt, mit denen sich jede Maßnahme mehrfach klassifizieren lässt, und zwar nach Schutzziel (Vertraulichkeit, Integrität, Verfügbarkeit), nach ihrer Funktion im Sicherheitsprozess (präventiv, detektiv, korrektiv) oder nach ihrer Zuordnung zu Cybersecurity-Konzepten wie *Identifizieren*, *Schützen* oder *Reagieren* (siehe Abbildung 5.4).

Maßnahmenart	Informationssicherheitseigenschaften	Konzepte zur Cybersicherheit	Betriebsfähigkeit	Sicherheitsdomänen
#Präventiv	#Vertraulichkeit #Integrität #Verfügbarkeit	#Identifizieren	#Governance	#Governance_und_Ökosystem #Resilienz

Abbildung 5.4: Attributtabelle für das Control 5.1, »Informationssicherheitspolitik und -richtlinien«

Jede einzelne Maßnahme ist in der Norm nach einem festen Schema aufgebaut:

- **Maßnahmenüberschrift:** ein kurzer, prägnanter Titel
- **Attributtabelle:** eine Übersicht, welche Eigenschaften mit der Maßnahme verknüpft sind
- **Beschreibung der Maßnahme:** Was soll konkret getan werden?
- **Zweck:** Warum ist die Maßnahme relevant?
- **Anleitung:** Beschreibt, wie die Umsetzung in der Praxis erfolgen kann.
- **Weitere Informationen:** Erläuterungen, Beispiele oder Querverweise zu anderen Normen

Kapitel 6

Die ISO 27001 verstehen

In diesem Kapitel erhalten Sie einen Überblick über die wichtigsten Anforderungen der ISO 27001, indem die wesentlichen Inhalte der Normkapitel 4 bis 10 erläutert werden. Die Struktur der Norm wird verständlich dargestellt, und die Beziehungen zwischen den verschiedenen Abschnitten werden aufgezeigt.

Zum Einstieg jedes Abschnitts finden Sie den Originaltext der Norm, den ich im Anschluss kontextualisieren und einordnen möchte. Die Normtexte sind mit einem grauen Balken markiert. Den gesamten Text der Norm finden Sie in Anhang B. Folgende Abkürzungen werden in den Überschriften verwendet, um Ihnen die Orientierung zu erleichtern:

- NK: Norm-Kapitel
- NA: Norm-Abschnitt

Und ein wichtiger Hinweis schon einmal vorab …

Hinweis
Gemäß den Vorgaben der Norm ist es bei der Gestaltung eines ISMS nicht zulässig, Anforderungen aus Kapitel 4 bis Kapitel 10 auszuschließen. Alle Normanforderungen sind umzusetzen!

6.1 NK 4 – Kontext der Organisation

Das erste relevante Normkapitel beinhaltet die vier Schwerpunkte *Kontext*, *interessierte Parteien*, den *Anwendungsbereich* und das *ISMS*.

Der Kontext umfasst alle relevanten Fakten, Vorgaben und Erwartungen, die das ISMS und dessen Ergebnisse beeinflussen und steuern könnten. Zunächst werden Informationen über den Zweck und die (geschäftlichen) Tätigkeiten einer Organisation bereitgestellt. Es werden auch Erwartungen, Ziele und Vorgaben festgelegt, die das ISMS betreffen.

Erfahrungsgemäß benötigt die Erarbeitung des Kontexts einiges an zeitlichem Aufwand. Hierzu kann nicht nur die Firmenwebseite kopiert werden, sondern das Unternehmen sollte sich vertiefter mit diesem Thema auseinandersetzen. Es handelt sich um mehr als nur um eine einfache Umfeldanalyse: Es ist entscheidend, das ISMS an die aktuelle Situation und die Besonderheiten der eigenen Organisation anzupassen.

6.1.1 NA 4.1 – Verstehen der Organisation und ihres Kontextes

> **4.1 Verstehen der Organisation und ihres Kontextes**
>
> Die Organisation muss externe und interne Themen bestimmen, die für ihren Zweck relevant sind und sich auf ihre Fähigkeit auswirken, die beabsichtigten Ergebnisse ihres Informationssicherheitsmanagementsystems zu erreichen.
>
> Die Organisation muss bestimmen, ob Klimawandel ein relevantes Thema ist.

Der *Kontext* einer Organisation umfasst interne und externe Faktoren, die für das Erreichen der Sicherheitsziele von Relevanz sind. Der Kontext ist jedoch nicht konstant, er ändert sich mit dem Umfeld, je nach technologischer oder wirtschaftlicher Entwicklung sowie abhängig von der rechtlichen Basis. Daher verlangt die Norm, dass der Kontext ständig überwacht wird, damit das ISMS immer auf dem aktuellen Stand basiert.

Die Analyse hat folgende Ziele:

- Verständnis des Kontexts, um den Umfang des ISMS festzulegen,
- Analyse des Kontexts, um Risiken und Chancen zu ermitteln, und
- Sicherstellung, dass das ISMS an sich ändernde externe und interne Themen angepasst ist.

Externe Faktoren sind solche, die außerhalb der Kontrolle der Organisation liegen. Dies wird oft als »das Umfeld der Organisation« bezeichnet. Die externen Faktoren umfassen gesetzliche Vorschriften, Marktanforderungen, technologische Entwicklungen, politische Ereignisse oder soziale Erwartungen. Auch der Klimawandel bzw. die Folgen für das eigene Unternehmen sind dabei in die Überlegungen miteinzubeziehen. Ein Unternehmen im stark regulierten Finanzdienstleistungs- oder Gesundheitsbereich steht vor ganz anderen Herausforderungen als ein Start-up im Modebereich. Selbst kleine Organisationen unterliegen aber dem Einfluss von Kunden, Partnern, Lieferanten oder staatlichen Organisationen. Auf Basis dieser Faktoren wird ein angemessenes Niveau der Informationssicherheit dargestellt.

Der von der Arbeitsgruppe ISO/IEC JTC 1/SC27 herausgegebene *Practical Guide* listet folgende Beispiele auf:

- **wirtschaftliche Faktoren**, die sich auf das Unternehmen und sein ISMS auswirken können, wie z. B. die Wirtschaft im Allgemeinen, Wechselkurse, Zinssätze, Inflation, Verfügbarkeit von Krediten, Löhne, Transportkosten
- **soziale Faktoren**, wie z. B. Arbeitslosenquoten, Sicherheitsanforderungen, Bildungsniveau, Öffentlichkeit, Kultur
- **politische Bedingungen**, wie z. B. politische Stabilität, öffentliche Investitionen, lokale Infrastruktur, internationale Handelsabkommen

- **technologische Trends**, die sich auf das Unternehmen und sein ISMS auswirken können, z. B. neue Technologien, neue Softwareversionen, neue Hardware
- **vertragliche Beziehungen** zu Kunden und Lieferanten und Berücksichtigung der jeweiligen Anforderungen an die Informationssicherheit, soweit dies für die Dienstleistungen und Produkte relevant ist
- **gesetzliche und regulatorische Faktoren**, wie z. B. Datenschutzbestimmungen, Cybersicherheitsgesetze, Arbeitsrecht, Wettbewerbsvorschriften, Import-/Exportbeschränkungen oder Branchenvorschriften

Im Februar 2024 wurde eine Änderung veröffentlicht (»Amendment 1«). Sie verlangt, dass in Kapitel 4.1 am Ende des Unterabschnitts folgender Satz hinzugefügt wird: »Die Organisation muss feststellen, ob der Klimawandel ein relevantes Thema ist.«

Je nach akkredierter Zertifizierungsstelle wird diese Anforderung enger oder weiter aufgefasst. Jedes Unternehmen muss diesen Punkt bei den Faktoren berücksichtigen.

Interne Faktoren sind genauso wichtig und beziehen sich auf die organisatorische Struktur, Ressourcen, Unternehmenskultur, strategische Ausrichtung sowie auf bereits vorhandene Managementsysteme. Eine Organisation mit starken Hierarchien wird ein anderes Sicherheitsverständnis haben als eine Organisation mit flachen Hierarchien und agilen Praktiken. Die IT-Landschaft, die Fähigkeiten der Mitarbeitenden oder bereits gemachte Erfahrung mit Sicherheitsvorfällen spielen ebenfalls eine Rolle im Kontext.

Die ISO 27003 listet auch für interne Faktoren einige Beispiele auf. Es handelt sich dabei um:

- Kultur der Organisation
- Richtlinien, Ziele und Strategien
- Governance, Organisationsstruktur, Rollen und Verantwortlichkeiten
- Standards, Leitlinien und Modelle innerhalb der Organisation
- Prozesse und Verfahren
- physische Infrastruktur und Umgebung
- Informationssysteme, Informationsflüsse und Entscheidungsprozesse
- frühere Audits und frühere Ergebnisse der Risikobewertung

Die Norm ist jedoch nicht spezifisch dazu, wie alles dokumentiert oder aufgezeichnet werden soll. In der Praxis sind strukturierte Analysen des Kontexts üblich, beispielsweise durch eine *SWOT*-Analyse, durch das *PESTEL-Framework* (das Kürzel steht für: politisch, wirtschaftlich, sozial, technologisch, ökologisch, rechtlich) oder durch eine Umfeldanalyse mit Bezug auf die interessierten Parteien. Die Analysen sollten helfen, das abstrakte Konzept zu konkretisieren und seinen Einfluss besser zu verstehen.

Die organisatorische Kontextanalyse bedeutet jedoch auch, dass diese Erkenntnisse in alles einfließen, was die Organisation tut. Nur einmal eine Analyse zu erstellen, bringt nur kurzfristig einen Erfolg. Die gewonnenen Erkenntnisse müssen die Grundlage für alles sein, was zu tun ist, um die Informationssicherheit sicherzustellen und auf einem hohen Niveau zu halten.

Schließlich kann das Verstehen des Kontexts dazu beitragen, dass die Risikobeurteilung angemessen ist, und es kann helfen, Aktivitäten und Anforderungen zu priorisieren.

6.1.2 NA 4.2 – Verstehen der Erfordernisse und Erwartungen interessierter Parteien

> **4.2 Verstehen der Erfordernisse und Erwartungen interessierter Parteien**
>
> Die Organisation muss Folgendes bestimmen:
>
> a) die interessierten Parteien, die für ihr Informationssicherheitsmanagementsystem relevant sind;
>
> b) die relevanten Anforderungen dieser interessierten Parteien;
>
> c) welche dieser Anforderungen durch das Informationssicherheitsmanagementsystem behandelt werden.
>
> ANMERKUNG Die Anforderungen interessierter Parteien können gesetzliche und regulatorische Vorgaben sowie vertragliche Verpflichtungen beinhalten.
>
> ANMERKUNG 2 Relevante interessierte Parteien können Anforderungen in Bezug auf den Klimawandel haben.

Ein ISMS ist nicht nur für das eigene Unternehmen gedacht. Es ist wichtig, Informationen zu schützen, weil ihr Verlust oder ihre Veränderung schwerwiegende Folgen für eine Vielzahl von Beteiligten haben kann.

Deshalb verlangt die ISO/IEC 27001:2022 in Abschnitt 4.2, dass Organisationen sich mit den Stellen auseinandersetzen, die von ihrer Informationssicherheit betroffen sind oder Erwartungen daran haben. Diese werden als *interessierte Parteien* oder auch als *Stakeholder* bezeichnet. Das können Kunden, Lieferanten, Behörden oder weitere Interessensgruppen sein.

Praxistipp

In der ISO 27000:2020 steht in der nationalen Fußnote N1: »In ISO/IEC 27001 wird anstatt des Begriffes ›Stakeholder‹ durchgängig der Begriff ›interessierte Partei‹ verwendet.«

Somit dürfen diese Begriffe als Synonym benutzt werden. Der Begriff wird wie folgt definiert: »Person oder Organisation, die eine Entscheidung oder Tätigkeit beeinflussen, davon beeinflusst werden oder sich davon beeinflusst fühlen kann.«

Diese *Interessengruppen*, im Englischen auch als *Interested Parties* bezeichnet, umfassen alle Personen, Gruppen oder Organisationen, die einen Bedarf an Informationssicherheit haben oder von einer Verletzung der Informationssicherheit betroffen sein könnten. Dabei sollte nicht nur an Kunden oder Behörden gedacht werden, sondern auch an Mitarbeitende, Eigentümer, Geschäftspartner, Lieferanten, Versicherungen oder sogar an die Öffentlichkeit. Interessierte Parteien einer Organisation haben oft sehr unterschiedliche Interessen, Einflussmöglichkeiten und rechtliche Verbindungen zum Unternehmen. Aufgrund dieser Vielfalt ist es umso wichtiger, sich strukturiert mit deren Erwartungen zu beschäftigen.

Die Norm verlangt, dass Organisationen zunächst herausfinden müssen, wer ihre interessierten Parteien sind. Dies kann durch interne Workshops, Interviews, Stakeholder-Analysen oder durch die Nutzung bereits verfügbarer Informationen aus Verträgen oder Vorschriften erfolgen. Darüber hinaus ist es wichtig, die relevanten Bedürfnisse und Erwartungen dieser Gruppen zu verstehen. Dabei werden bewusst nicht nur gesetzliche Anforderungen berücksichtigt, sondern auch vertragliche Verpflichtungen, ethische Erwartungen oder branchenspezifische Standards. So erwartet beispielsweise ein Kunde, dass seine Daten vertraulich behandelt werden, während eine Aufsichtsbehörde den Nachweis verlangt, dass die gesetzlichen Anforderungen an den Datenschutz erfüllt sind. Mitarbeitende legen Wert darauf, dass ihre persönlichen Daten nicht ohne ihre Zustimmung weitergegeben oder eingesehen werden.

Ein nicht zu unterschätzender Aspekt ist, dass sich die Erwartungen interessierter Parteien im Laufe der Zeit ändern können. Neue Gesetze, Sicherheitsvorfälle, technologische Entwicklungen oder gesellschaftliche Veränderungen führen dazu, dass bisherige Anforderungen angepasst oder neue formuliert werden. Aus diesem Grund muss auch diese Analyse regelmäßig durchgeführt und aktualisiert werden. Sie ist ein wichtiger Teil der kontinuierlichen Verbesserung des ISMS.

Der dritte Punkt der Normanforderung verlangt, dass aufgezeigt wird, welche Anforderungen durch das ISMS behandelt werden. Es empfiehlt sich, eine Tabelle zu erstellen: Die interessierten Parteien werden in der ersten Spalte aufgeführt, die relevanten Anforderungen in der zweiten, und in der dritten Spalte steht, welche dieser Anforderungen behandelt werden – beziehungsweise besser *wie* diese behandelt werden.

In der Praxis zeigt sich immer wieder, dass viele Sicherheitsanforderungen, die an ein Unternehmen gestellt werden, auf den ersten Blick nicht als solche zu erkennen sind. Kundenverträge mit Vertraulichkeitsklauseln, IT-Dienstleistungsverträge mit Anforderungen an die Verfügbarkeit oder branchenspezifische Audit-Anforderungen beinhalten häufig indirekte Anforderungen an das ISMS. Nur wer sich die Mühe macht, diese sorgfältig zu analysieren und zu systematisieren, wird in der Lage sein, diese im ISMS zu berücksichtigen.

Wie bereits im vorherigen Abschnitt erwähnt, wurde im Februar 2024 eine Änderung veröffentlicht (»Amendment 1«). Diese hat auch eine Erweiterung dieses Normpunkts zur

Folge. Am Ende des Unterabschnitts muss folgender Hinweis ergänzt werden: »Relevante interessierte Parteien können Anforderungen im Zusammenhang mit dem Klimawandel haben.« Daher gehören auch diese Anforderungen in die Auflistung der möglichen Anforderungen.

6.1.3 NA 4.3 – Festlegen des Anwendungsbereichs des ISMS

> **4.3 Festlegen des Anwendungsbereichs des Informationssicherheitsmanagementsystems**
>
> Die Organisation muss die Grenzen und die Anwendbarkeit des Informationssicherheitsmanagementsystems bestimmen, um dessen Anwendungsbereich festzulegen.
>
> Bei der Festlegung des Anwendungsbereichs muss die Organisation Folgendes berücksichtigen:
>
> a) die unter 4.1 genannten externen und internen Themen;
>
> b) die unter 4.2 genannten Anforderungen;
>
> c) Schnittstellen und Abhängigkeiten zwischen Tätigkeiten, die von der Organisation selbst durchgeführt werden, und Tätigkeiten, die von anderen Organisationen durchgeführt werden.
>
> Der Anwendungsbereich muss als dokumentierte Information verfügbar sein.

Die erarbeiteten Punkte bilden in der Folge die Grundlage für den *Anwendungsbereich* (im Englischen als *Scope* bezeichnet) und somit für alle weiteren Maßnahmen im ISMS. Der Anwendungsbereich legt fest, welche Informationen, Prozesse, Standorte, Systeme und Einheiten in das Schutzkonzept mit einbezogen werden – und welche nicht. Diese Entscheidung beeinflusst direkt den Umfang der Risikoanalyse, die anzuwendenden Sicherheitsmaßnahmen und die Aussagekraft eines möglichen Zertifikats.

Die Bestimmung des Anwendungsbereichs sollte gut geplant sein. Die Grundlage sind die Ergebnisse aus Kapitel 4.1 (»Verstehen des Kontexts der Organisation«) und Kapitel 4.2 (»Verstehen der interessierten Parteien und ihrer Anforderungen«). Nur wenn die Struktur der Organisation, bestehende Abhängigkeiten und Risiken sowie zu erfüllende Anforderungen bekannt sind, kann sinnvoll bestimmt werden, was das ISMS tatsächlich beinhalten muss. Die Norm schreibt ausdrücklich vor, dass die Organisation interne und externe Themen, interessierte Parteien sowie deren Anforderungen berücksichtigt, um einen fundierten und begründbaren Geltungsbereich zu bestimmen.

Praktisch heißt das, dass nicht unbedingt die gesamte Organisation abgedeckt werden muss. Insbesondere größere Unternehmen wählen häufig den Weg, das ISMS zunächst auf bestimmte Geschäftsbereiche, Länderorganisationen oder sogar einzelne Services zu beschränken. Solange diese Einschränkung begründet, dokumentiert und transparent kommuniziert wird, ist sie zulässig. Ein häufiges Kriterium ist zum Beispiel die entscheidende Bedeutung eines Bereichs für das Kerngeschäft, besonders hohe regulatorische Anforderungen oder die Notwendigkeit, schnell auf Kundenanforderungen reagieren zu können.

Die Norm mahnt jedoch zur Vorsicht: Der Anwendungsbereich darf nicht absichtlich verkleinert werden, um kritische Systeme oder Bereiche gezielt auszuschließen. Auslassungen dieser Art würden das ISMS als unglaubwürdig erscheinen lassen und bei einer Zertifizierung wahrscheinlich auffallen. Ausschlüsse, die nicht abgedeckte Aspekte darstellen, sind nur dann erlaubt, wenn sie keine Auswirkungen auf die Fähigkeit des ISMS haben, die angestrebten Ergebnisse zu erzielen. Die Organisation selbst trägt die Verantwortung für die Abgrenzung und muss erklären können, warum der gewählte Anwendungsbereich angemessen ist.

Ein wichtiger Aspekt bei der Bestimmung des Anwendungsbereichs ist der Abschnitt c). Die Organisation muss die Schnittstellen und Abhängigkeiten zwischen intern durchgeführten Tätigkeiten und solchen, die von Dritten übernommen werden, berücksichtigen. Diese Anforderung nimmt Bezug darauf, dass die Informationsverarbeitung selten vollständig selbstständig erfolgt. Externe IT-Dienstleister, Cloud-Anbieter, Supportfirmen, ausgelagerte Geschäftsprozesse sowie globale Lieferketten – all diese Konstellationen erzeugen technische und organisatorische Abhängigkeiten, die direkte Auswirkungen auf die Informationssicherheit haben.

Praktisch heißt das: Wenn ein externes Unternehmen beispielsweise für den Betrieb von IT-Systemen, das Hosting von Anwendungen oder den Support von Endbenutzern verantwortlich ist, muss das Unternehmen die Informationssicherheit dieser Tätigkeiten trotzdem überprüfen. Selbst wenn der technische Betrieb extern vergeben ist, muss das ISMS diese Schnittstellen einbeziehen. Die Kontrolle kann beispielsweise durch Lieferanten-Audits erfolgen.

Es ist erforderlich festzulegen, wer welche Aufgaben übernimmt, wo die Übergabepunkte genau liegen und wie Kontrollmechanismen an den Schnittstellen definiert sind. Nicht nur für die Sicherheit, sondern auch für die Auditierbarkeit des Systems zu einem späteren Zeitpunkt sind diese Überlegungen relevant. Auch der Auditor wird überprüfen, ob ausgelagerte Prozesse ausreichend in das ISMS integriert sind – beispielsweise durch vertragliche Verpflichtungen, Zugriffsregelungen oder Kontrollrechte.

Wichtig ist bei allen Überlegungen, dass der Anwendungsbereich nicht nur intern bekannt ist, sondern auch dokumentiert und veröffentlicht wird.

Praxistipp

Die Beschreibung des Anwendungsbereichs erscheint auch auf dem Zertifikat. Dieser Satz könnte beispielsweise wie folgt lauten: »Das ISMS umfasst die Planung, den Betrieb und die Überwachung aller IT-Systeme der Hauptniederlassung an Standort A, die für die Verarbeitung von Kundendaten der X AG zuständig sind.«

Diese Beschreibung kann je nach Bedarf entweder sehr konkret oder eher allgemein sein – wichtig ist, dass der Umfang nachvollziehbar und im Rahmen eines Audits überprüfbar ist.

6.1.4 NA 4.4 – Informationssicherheitsmanagementsystem

> **4.4 Informationssicherheitsmanagementsystem**
>
> Die Organisation muss entsprechend den Anforderungen dieses Dokuments ein Informationssicherheitsmanagementsystem aufbauen, verwirklichen, aufrechterhalten und fortlaufend verbessern, einschließlich der benötigten Prozesse und ihrer Wechselwirkungen.

Abschnitt 4.1 bis Abschnitt 4.3 behandeln im Wesentlichen die Vorbereitung, das Verstehen des organisatorischen Kontexts, der Erwartungen relevanter Parteien und die Abgrenzung des Anwendungsbereichs. Abschnitt 4.4 schließt diese vorbereitenden Schritte und kennzeichnet den Übergang von der Analyse zur tatsächlichen Umsetzung: Es wird gefordert, dass die Organisation ein ISMS etabliert, implementiert, aufrechterhält und kontinuierlich verbessert.

Ein ISMS beinhaltet weit mehr als nur eine Ansammlung technischer Maßnahmen oder einen Ordner voller Richtlinien. Es ist ein systematischer Ansatz, um die Informationssicherheit bewusst zu steuern.

Es gibt keine detaillierten Vorgaben in der Norm, wie ein ISMS genau aussehen sollte. Die Norm bietet vielmehr den strukturellen Rahmen, in dem jede Organisation ihr System an ihren spezifischen Gegebenheiten ausrichten kann. Egal, wie die Organisation strukturiert ist – ob klein oder groß, staatlich oder privat, lokal oder international –, die Anforderungen sind für alle die Gleichen.

Die Umsetzung braucht viel Zeit und sorgt für Aufwand. Dabei ist es wichtig, die Organisation, den Kontext, die Prozesse und Schnittstellen zu verstehen. Aus der Praxis höre ich häufig, dass bestimmte Zusammenhänge und Abhängigkeiten erst durch diese Analysen sichtbar wurden und daraufhin ein zielgerichtetes ISMS umgesetzt werden konnte.

Praxistipp

Investieren Sie genügend Zeit in die vorbereitenden Schritte. Sie bilden die Basis für alle weiteren Maßnahmen im Rahmen des ISMS. Hier zu sparen, rächt sich im Verlauf des Projekts, und im schlimmsten Fall müssen diese Schritte wiederholt werden.

6.2 NK 5 – Führung

Ein ISMS ist nur dann wirksam, wenn es nicht isoliert in der IT-Abteilung betrieben wird, sondern es muss fest in der Organisation verankert sein. Aus diesem Grund stellt Kapitel 5 der Norm die Bedeutung der obersten Leitung in den Fokus. Ungeachtet dessen, wie ausgeklügelt die Sicherheitsrichtlinien ausformuliert sind oder wie professionell die technischen Maßnahmen realisiert werden, ohne die Unterstützung seitens der Unternehmensleitung bleiben solche Initiativen häufig ineffektiv, gehen im operativen Alltag unter oder scheitern aufgrund mangelnder Unterstützung auf strategischer Ebene.

Kapitel 5 der Norm macht deutlich, dass Führung mehr umfasst als nur die Genehmigung von Richtlinien. Es geht um aktives Mitwirken, das Demonstrieren eines sicherheitsbewussten Verhaltens, Prioritätensetzung und die Bereitstellung von Ressourcen. Die Informationssicherheit ist als Führungsaufgabe zu verstehen: Sie gehört zum unternehmerischen Verantwortungsbereich und kann nicht einfach delegiert werden.

Drei zentrale Themen werden im Kapitel benannt: die *Verpflichtung der Führung*, die *Ausarbeitung einer Informationssicherheitspolitik* sowie die *Festlegung von Rollen und Verantwortlichkeiten*. Diese Elemente bilden die Grundlage für eine glaubwürdige, nachhaltige und über die Zeit hinweg effektive Sicherheitskultur. Ein ISMS kann gemäß der Norm nur dann aufgebaut und auch wirklich gelebt werden, wenn die oberste Leitung ihre Verantwortung wahrnimmt.

6.2.1 NA 5.1 – Führung und Verpflichtung

> Die oberste Leitung muss in Bezug auf das Informationssicherheitsmanagementsystem Führung und Verpflichtung zeigen, indem sie
>
> a) sicherstellt, dass die Informationssicherheitspolitik und die Informationssicherheitsziele festgelegt und mit der strategischen Ausrichtung der Organisation vereinbar sind;
>
> b) sicherstellt, dass die Anforderungen des Informationssicherheitsmanagementsystems in die Prozesse der Organisation integriert werden;
>
> c) sicherstellt, dass die für das Informationssicherheitsmanagementsystem erforderlichen Ressourcen zur Verfügung stehen;
>
> d) die Bedeutung eines wirksamen Informationssicherheitsmanagements sowie die Wichtigkeit der Erfüllung der Anforderungen des Informationssicherheitsmanagementsystems vermittelt;
>
> e) sicherstellt, dass das Informationssicherheitsmanagementsystem sein beabsichtigtes Ergebnis bzw. seine beabsichtigten Ergebnisse erzielt;

> f) Personen anleitet und unterstützt, damit diese zur Wirksamkeit des Informationssicherheitsmanagementsystems beitragen können;
>
> g) fortlaufende Verbesserung fördert; und
>
> h) andere relevante Rollen unterstützt, um deren Führung in ihren jeweiligen Verantwortungsbereichen deutlich zu machen.
>
> ANMERKUNG Wenn in diesem Dokument das Wort »Geschäft« (en: Business) verwendet wird, kann dieses im weiteren Sinne verstanden werden und bezieht sich auf Tätigkeiten, die für die Existenz der Organisation entscheidend sind.

Nachdem das ISMS definiert ist, werden Anforderungen an die oberste Leitung definiert. Dabei gilt es als Erstes zu definieren, wer die oberste Leitung überhaupt ist.

Schauen wir dazu wieder in die ISO 27000:2020. Dazu steht: *»Person oder Personengruppe, die eine Organisation auf der obersten Ebene führt und steuert.«*

Dazu gehören drei Anmerkungen:

- *Anmerkung 1: Die oberste Leitung ist innerhalb der Organisation in der Lage, Verantwortung zu delegieren und Ressourcen bereitzustellen.*
- *Anmerkung 2: Wenn der Anwendungsbereich des Managementsystems nur einen Teil einer Organisation umfasst, bezieht sich »oberste Leitung« auf diejenigen, die diesen Teil der Organisation führen und steuern.*
- *Anmerkung 3: Die oberste Leitung wird manchmal »executive management« genannt und kann »Chief Executive Officer«, »Chief Financial Officer«, »Chief Information Officer« und vergleichbare Rollen beinhalten.*

Im Englischen wird die oberste Leitung als *Top Management* bezeichnet, was ebenfalls oft in deutschen Beschreibungen gelesen werden kann.

Es ist sinnvoll zu definieren, wer dieses Top Management ist. Handelt es sich hierbei um die Geschäftsleitung oder gar um den Verwaltungsrat? Bei einem eingeschränkten Anwendungsbereich kann es auch der IT-Leiter oder ein Bereichsleiter sein.

Die Norm verlangt von der Leitungsebene nicht nur, dem ISMS zuzustimmen, sondern auch eine aktive, sichtbare und kontinuierliche Unterstützung. Die Norm verwendet bewusst diese Wortwahl: Sie verwendet den Begriff »Verpflichtung« anstelle von »Billigung«. Diese Formulierung verdeutlicht, dass Führung nicht passiv erfolgen kann. Es genügt nicht, das Projektteam für Informationssicherheit zu engagieren oder eine Richtlinie zu unterzeichnen, die oberste Leitung muss sich vielmehr nachhaltig und persönlich einbringen. Sie soll die Vorgaben für die Richtung definieren, Prioritäten festlegen und sicherstellen, dass Anforderungen eingehalten werden.

Dies bedeutet in der Praxis unter anderem, dass die Leitung dafür sorgen muss, dass das ISMS mit der strategischen Ausrichtung der Organisation übereinstimmt. Die Informationssicherheit muss sich nahtlos in die Gesamtstrategie des Unternehmens einfügen und darf kein Fremdkörper sein. Das umfasst auch, dass Risiken behandelt werden, genügend Ressourcen zur Verfügung gestellt und Zielkonflikte angegangen werden.

Ein weiterer wesentlicher Punkt der Verpflichtung ist die Einbindung des ISMS in die bereits vorhandenen Geschäftsprozesse. Es ist wichtig, dass Informationssicherheit nicht isoliert betrachtet wird, sondern in alle Aspekte des Tagesgeschäfts integriert ist, sei es im Einkauf, in der Produktentwicklung, im Vertrieb oder in der Personalverwaltung. Ein ISMS kann nur dann effektiv sein, wenn Sicherheitsaspekte an den Stellen berücksichtigt werden, an denen operative Entscheidungen getroffen werden. Die oberste Leitung ist verantwortlich dafür, diese Integration zu fördern und zu überwachen.

Genügend Ressourcen bereitzustellen, ist ebenfalls ein Zeichen des Engagements. Es handelt sich dabei nicht nur um finanzielle Mittel, sondern auch um Zeit, Fachkompetenz, organisatorische Hilfe und Infrastruktur. Um die Informationssicherheit als strategische Aufgabe ernst zu nehmen, ist es unerlässlich, dass die benötigten Ressourcen dauerhaft und angemessen bereitgestellt werden.

Die Norm verlangt auch ein eindeutiges Zeichen an die Mitarbeitenden. Die Leitung soll das Bewusstsein für die Wichtigkeit der Informationssicherheit stärken, klare Erwartungen formulieren und durch ihr Verhalten als Vorbild fungieren. Eine über die formalen Richtlinien hinausgehende Sicherheitskultur entsteht nur dann, wenn die Mitarbeitenden erfahren, dass Informationssicherheit von der Führungsebene unterstützt und eingefordert wird.

Praxistipp

Führungskräfte unterstützen die Informationssicherheit dann, wenn sie erkennen, dass das ISMS kein Selbstzweck ist, sondern ein Werkzeug zur Steuerung von Risiken, Haftung und Geschäftskontinuität. Es ist entscheidend, Informationssicherheit in der Sprache des Managements zu kommunizieren: als Beitrag zur Stabilität, zur Einhaltung von Vorschriften und zum Schutz der Reputation sowie der Geschäftsmodelle.

Führungskräfte sollten nicht nur informiert werden, sondern gezielt in Entscheidungen eingebunden sein, zum Beispiel bei der Festlegung von Sicherheitszielen, bei der Bewertung wesentlicher Risiken oder bei der Genehmigung von Maßnahmen.

Letztendlich spiegelt sich Führung vor allem im eigenen Verhalten wider. Das ISMS wird im Unternehmen als relevant wahrgenommen, wenn Führungskräfte Richtlinien einhalten, Sicherheitsfragen proaktiv angehen und die Informationssicherheit in den Alltag einbeziehen. Diese Vorbildfunktion hat oft mehr Wirkung als jede formale Vorgabe.

6.2.2 NA 5.2 – Politik

> Die oberste Leitung muss eine Informationssicherheitspolitik festlegen, die:
>
> a) für den Zweck der Organisation angemessen ist;
>
> b) Informationssicherheitsziele (siehe 6.2) beinhaltet oder den Rahmen zum Festlegen von Informationssicherheitszielen bietet;
>
> c) eine Verpflichtung zur Erfüllung zutreffender Anforderungen mit Bezug zur Informationssicherheit enthält;
>
> d) eine Verpflichtung zur fortlaufenden Verbesserung des Informationssicherheitsmanagementsystems enthält.
>
> Die Informationssicherheitspolitik muss:
>
> e) als dokumentierte Information verfügbar sein;
>
> f) innerhalb der Organisation bekanntgemacht werden;
>
> g) soweit angemessen für interessierte Parteien verfügbar sein.

In der deutschen Normausgabe wurde das Wort »Policy« mit »Politik« übersetzt. In der deutschen Sprache sind mit Politik jedoch andere Themen gemeint, daher wird häufig auch von »Richtlinie« gesprochen.

Bereits bei den Anforderungen an die oberste Leitung wurde diese unter Punkt a) verlangt. Es geht dabei nicht darum, nur ein Stück Papier zu erstellen, sondern es geht darum, festzulegen, welche Bedeutung Informationssicherheit im Unternehmen hat.

Jedes Managementsystem benötigt einen klaren Rahmen, der das Ziel, die geltenden Werte und die zu erfüllenden Erwartungen beschreibt. Die Informationssicherheitspolitik stellt für das ISMS diesen Rahmen dar. Es handelt sich um ein zentrales Dokument.

Die Informationssicherheitspolitik dient nicht nur als Pflichtdokument für die Zertifizierung, sondern spiegelt auch die Einstellung der obersten Leitung zur Informationssicherheit wider. Sie soll als Orientierung dienen, den Rahmen für Handlungen abstecken und die strategische Relevanz des Themas verdeutlichen. Ihre Wirkung ist ähnlich der einer Verfassung für das ISMS: Sie legt die Richtlinien fest, an denen sich Ziele, Maßnahmen und Verhaltensweisen orientieren.

Die Norm verlangt, dass die Informationssicherheitspolitik für die Organisation angemessen und zweckdienlich ist. Das heißt: Sie darf nicht generisch formuliert werden, sondern muss auf die Größe, Branche, Komplexität und Risikosituation des Unternehmens abgestimmt sein. Eine Sicherheitsrichtlinie, die aus dem Internet abgeschrieben wurde oder deren Inhalt zu allgemein ist, erreicht dieses Ziel nicht. Es ist wichtig, dass die Politik ein klares Bekenntnis zur Bedeutung der Informationssicherheit darstellt und konkretisiert, welche Absichten die Organisation verfolgt.

Auch die Politik muss mit den strategischen Zielen der Organisation in Einklang stehen. Die Informationssicherheit darf nicht den geschäftlichen Interessen widersprechen, sondern muss diese fördern. Wenn zum Beispiel Innovation, Kundenorientierung oder Compliance zu den festgelegten strategischen Zielen gehören, sollte dies auch in der Informationssicherheitspolitik reflektiert werden, beispielsweise durch eine Fokussierung auf Datenschutz, Verfügbarkeit oder proaktive Risikovorsorge.

Die Norm verlangt weiter, dass aus der Politik konkrete Zielvorgaben hervorgehen. In späteren Kapiteln des ISMS festgelegte Sicherheitsziele sollen sich auf die in der Politik formulierten Grundsätze stützen. So entsteht eine lückenlose Verbindung zwischen strategischer Zielsetzung und praktischer Umsetzung.

In größeren Organisationen könnte es vorkommen, dass vielfältige oder sehr komplexe Ziele vorhanden sind. In solchen Fällen sollten in der Politik nur Grundsätze formuliert werden. Jeder Bereich kann davon abgeleitet weitere Informationssicherheitsziele formulieren.

Zudem ist es notwendig, die Informationssicherheitspolitik zu dokumentieren, zu kommunizieren und natürlich umzusetzen. Sie soll nicht nur für Auditoren existieren oder in einer Schublade verschwinden, sondern allen Mitarbeitenden und da, wo es relevant ist, auch den interessierten Parteien zugänglich gemacht werden. Es ist wichtig, dass ihre Inhalte verstanden und akzeptiert werden, damit sie in die tägliche Arbeit integriert werden können. Das bedeutet, dass sie regelmäßig kontrolliert und nötigenfalls angepasst werden muss. Mit der Weiterentwicklung der Organisation verändern sich auch die Anforderungen an die Informationssicherheit. Eine Politik, die vor Jahren erstellt und seither nicht aktualisiert wurde, kann nicht die Grundlage für ein dynamisches Managementsystem sein.

Praxistipp

Die Politik muss, wie von der Norm gefordert, von der obersten Leitung freigegeben werden.

Im Abschnitt A.2, »Informationssicherheitspolitik« finden Sie ein Beispiel für eine Informationssicherheitspolitik.

6.2.3 NA 5.3 – Rollen, Verantwortlichkeiten und Befugnisse in der Organisation

> Die oberste Leitung muss sicherstellen, dass die Verantwortlichkeiten und Befugnisse für Rollen mit Bezug zur Informationssicherheit zugewiesen und innerhalb der Organisation bekanntgemacht werden.
>
> Die oberste Leitung muss die Verantwortlichkeit und Befugnis zuweisen für:

> a) das Sicherstellen, dass das Informationssicherheitsmanagementsystem die Anforderungen dieses Dokuments erfüllt;
>
> b) das Berichten an die oberste Leitung über die Leistung des Informationssicherheitsmanagementsystems.
>
> ANMERKUNG Die oberste Leitung kann auch Verantwortlichkeiten und Befugnisse für das Berichten über die Leistung des Informationssicherheitsmanagementsystems innerhalb der Organisation zuweisen.

Ein ISMS ist nur dann effektiv, wenn die Verantwortlichkeiten klar verteilt sind. Die Sicherheit von Informationen kann nicht nur einer Abteilung überlassen werden; sie braucht eine Zusammenarbeit, die alle Ebenen und Funktionen umfasst. Um diesem Umstand Rechnung zu tragen, verlangt die Norm in Abschnitt 5.3 eine eindeutige Definition und Kommunikation von Rollen, Verantwortlichkeiten und Befugnissen in Bezug auf das ISMS.

Es ist nicht nur aus organisatorischen Gründen nötig, dass dies klar ist. Auch Verbindlichkeit und Nachvollziehbarkeit setzen es voraus. Ohne Klarheit darüber, wer die Entscheidungen trifft, wer die Aufgaben umsetzt und wer für die Wirksamkeit verantwortlich ist, wird die Informationssicherheit willkürlich. Die Norm schreibt vor, dass die oberste Leitung sicherstellt, dass Zuständigkeiten klar zugewiesen und allen relevanten Personen bekannt sind. Das betrifft sowohl das strategische Niveau – wie die Verantwortung für die Zielsetzung und Steuerung des ISMS – als auch die operative Umsetzung und Überwachung der einzelnen Maßnahmen.

Die oberste Leitung trägt die Hauptverantwortung für das ISMS. Selbst wenn operative Aufgaben übertragen werden, trägt sie die Verantwortung dafür, dass das Managementsystem wirksam ist und den Anforderungen gerecht wird.

In der Praxis wird oft eine Person mit der Rolle des/der *Informationssicherheitsbeauftragten* (ISB) betraut, die dann für die Koordination des Tagesgeschäfts, die Bewertung von Risiken, die Überwachung von Maßnahmen und die Unterstützung der Umsetzung zuständig ist. Aber auch hier gilt: Die Verantwortung liegt nicht beim ISB, sondern bei der Leitung, die sicherstellt, dass diese Rolle effektiv funktioniert und mit den notwendigen Ressourcen ausgestattet ist.

Im englischen Sprachgebrauch wird vom *Chief Information Security Officer*, kurz *CISO*, gesprochen. Obwohl ein »C« an erster Stelle steht, muss diese Rolle nicht der Geschäftsleitung angehören.

Praxistipp

Obwohl das Thema Informationssicherheit oft aus der IT heraus angestoßen wird, heißt das nicht, dass der ISB zur IT-Abteilung gehören muss. Es gehören auch Informationssicherheitsthemen wie HR oder Facility Management dazu.

Oft handelt es sich um eine Stabsfunktion, die an die Geschäftsleitung rapportiert. Es muss sichergestellt werden, dass die Leitung regelmäßige Informationen über die Leistung des ISMS erhält. Dabei ist es egal, ob das durch Managementberichte, interne Audits oder konkrete Status-Updates geschieht. Ein fortlaufender Informationsfluss ist notwendig, um eine optimale Steuerung zu ermöglichen.

Es ist auch wichtig, neben der zentralen Steuerung dezentrale Verantwortlichkeiten zu berücksichtigen. Prozesse, Daten und Systeme in jeder Organisation werden von verschiedenen Personen oder Abteilungen betreut, z. B. in der IT, in der Personalabteilung, im Vertrieb oder in der Produktion. Jede betrifft die Informationssicherheit. Daher muss gewährleistet werden, dass auch in diesen Bereichen Verantwortlichkeiten festgelegt sind, sei es für die Verwaltung von Zugriffsrechten, für die Umsetzung von Richtlinien oder für das Berichten über Sicherheitsvorfälle.

Ein weiterer wesentlicher Aspekt ist die *Kompetenz*, sprich die Frage, wer unter welchen Bedingungen berechtigt ist, Entscheidungen zu treffen. Rollen, die keine Entscheidungsbefugnis beinhalten, verursachen in der Praxis häufig Verzögerungen oder führen zu Unsicherheiten. Die Norm verlangt daher, dass neben der Zuweisung von Aufgaben auch eindeutig festgelegt wird, wer berechtigt ist, Entscheidungen zu treffen, beispielsweise bei der Genehmigung von Sicherheitsmaßnahmen, bei der Freigabe von Budgets oder bei der Durchführung von Schulungen.

Es reicht nicht, dass die Rollen nur auf Papier existieren, sie müssen allen wichtigen Personen gut bekannt sein. Viele Organisationen nutzen dafür Organigramme, *RACI*-Matrizen (*Responsible*, *Accountable*, *Consulted*, *Informed*) oder Rollenkataloge. Auch Weiterbildungen und interne Kommunikation sind entscheidend, um ein gemeinsames Verständnis von Zuständigkeiten zu unterstützen.

RACI

- **Responsible** bezeichnet die Person oder Rolle, die eine Aufgabe tatsächlich ausführt.
- **Accountable** ist die Instanz, die die Gesamtverantwortung trägt und letztlich entscheidet.
- **Consulted** umfasst diejenigen, die fachlich eingebunden werden und deren Meinung eingeholt wird.
- **Informed** sind Personen oder Stellen, die über Ergebnisse oder Entscheidungen informiert werden müssen, ohne aktiv beteiligt zu sein.

Die einzelnen Rollen sollten beschrieben werden. Dazu gehören die Verantwortlichkeiten, wie auch die notwendigen Kompetenzanforderungen.

In Abschnitt A.3, »Rollenbeschreibungen«, sind mögliche Rollen und eine RACI-Matrize abgebildet.

6.3 NK 6 – Planung

Nachdem in Norm-Kapitel 4 die Grundlagen des ISMS festgelegt und im Norm-Kapitel 5 die Führungsverantwortung definiert wurden, richtet sich der Fokus in Kapitel 6 auf die proaktive Steuerung des Systems. Die Planung ist das Bindeglied zwischen den strategischen Zielen und der Umsetzung in der Praxis. Ohne eine durchdachte und methodische Planung ist die Informationssicherheit häufig reaktiv und fragmentiert. Das bedeutet, sie läuft Gefahr, nur auf akute Probleme zu reagieren, anstatt proaktiv Risiken und Chancen zu managen.

Die ISO/IEC 27001:2022 betrachtet Planung nicht als einmaligen Schritt zu Beginn eines Projekts, sondern als eine kontinuierliche Aufgabe, die in den gesamten Lebenszyklus des ISMS integriert ist. Sie beinhaltet sowohl die systematische Analyse als auch den Umgang mit Risiken und Chancen sowie die Festlegung konkreter Informationssicherheitsziele. Dabei geht es nicht nur um das »Was« also um die Ziele selbst, sondern auch um das »Wie«: Welche Ressourcen sind erforderlich, wer trägt die Verantwortung, und wie wird der Fortschritt gemessen?

Ein zentrales Merkmal der Planung gemäß der Norm ist, dass sie auf einer klaren Verbindung zwischen den Erkenntnissen aus dem Kontext der Organisation, den Anforderungen der interessierten Parteien und den strategischen Zielsetzungen basiert. Nur wenn diese Elemente harmonisch zusammenwirken, kann das ISMS seine volle Wirksamkeit entfalten und kontinuierlich verbessert werden.

6.3.1 NA 6.1 – Maßnahmen zum Umgang mit Risiken und Chancen

> **6.1.1 Allgemeines**
>
> Bei Planungen für das Informationssicherheitsmanagementsystem muss die Organisation die in 4.1 genannten Themen und die in 4.2 genannten Anforderungen berücksichtigen sowie die Risiken und Chancen bestimmen, die behandelt werden müssen, um
>
> a) sicherzustellen, dass das Informationssicherheitsmanagementsystem seine beabsichtigten Ergebnisse erzielen kann;
>
> b) unerwünschte Auswirkungen zu verhindern oder zu verringern;
>
> c) fortlaufende Verbesserung zu erreichen.
>
> Die Organisation muss planen:
>
> d) Maßnahmen zum Umgang mit diesen Risiken und Chancen; und

e) wie

1) die Maßnahmen in die Informationssicherheitsmanagementsystemprozesse der Organisation integriert und dort umgesetzt werden; und

2) die Wirksamkeit dieser Maßnahmen bewertet wird.

Der Norm-Abschnitt 6.1.1 präzisiert den Umgang mit Risiken und Chancen. Er regelt zuallererst, dass eine Organisation auf allgemeiner Ebene dafür Vorsorge treffen muss, damit die Grundsätze bei der Planung des ISMS beachtet werden.

Die »allgemeinen« Grundsätze bilden die notwendige Voraussetzung für die Anforderungen zur Risikoidentifikation und zur Risikobewertung in den Folgeabschnitten 6.1.2 und 6.1.3. Diese bewusste Strukturierung hat das Ziel, dass alle Planungsschritte, die danach kommen, im Einklang mit einem gemeinsamen Planungsziel stehen und nicht als separate Maßnahmen angesehen werden können.

Was ist hier mit *Chancen* gemeint? Chancen sind die positiven Auswirkungen auf ein Unternehmen; die *Risiken* sind mögliche negative Auswirkungen. Grundsätzlich soll bei allen Analysen in beide Richtungen gedacht werden. Tatsächlich findet man in den weiteren Norm-Anforderungen jedoch nur noch das Wort »Risiko«. Es spricht aber nichts dagegen, auch die Chancen in die Analysen einzubeziehen: Chancen sind eben »positive« Risiken und können auch so dargestellt werden, z. B. wird anstatt der Schadenhöhe bei einer Chance der »Gewinn« für das Unternehmen benannt.

Da in dieses Unterkapitel der Norm eine Einführung ist, muss nichts umgesetzt werden.

6.1.2 Informationssicherheitsrisikobeurteilung

Die Organisation muss einen Prozess zur Informationssicherheitsrisikobeurteilung festlegen und anwenden, der:

a) Informationssicherheitsrisikokriterien festlegt und aufrechterhält, die Folgendes beinhalten:

1) die Kriterien zur Risikoakzeptanz; und

2) Kriterien für die Durchführung von Informationssicherheitsrisikobeurteilungen;

b) sicherstellt, dass wiederholte Informationssicherheitsrisikobeurteilungen zu konsistenten, gültigen und vergleichbaren Ergebnissen führen;

c) die Informationssicherheitsrisiken identifiziert:

1) Anwendung des Prozesses zur Informationssicherheitsrisikobeurteilung, um Risiken im Zusammenhang mit dem Verlust der Vertraulichkeit, Integrität und Verfügbarkeit von Informationen innerhalb des Anwendungsbereichs des ISMS zu ermitteln; und

2) Identifizierung der Risikoeigentümer;

> d) die Informationssicherheitsrisiken analysiert:
>
> 1) Abschätzung der möglichen Folgen bei Eintritt der nach 6.1.2 c) 1) identifizierten Risiken;
>
> 2) Abschätzung der realistischen Eintrittswahrscheinlichkeiten der nach 6.1.2 c) 1) identifizierten Risiken; und
>
> 3) Bestimmung der Risikoniveaus;
>
> e) die Informationssicherheitsrisiken bewertet:
>
> 1) Vergleich der Ergebnisse der Risikoanalyse mit den nach 6.1.2 a) festgelegten Risikokriterien; und
>
> 2) Priorisierung der analysierten Risiken für die Risikobehandlung.
>
> Die Organisation muss dokumentierte Information über den Informationssicherheitsrisikobeurteilungsprozess aufbewahren.

Die Bewertung von Risiken ist das zentrale Element eines ISMS. In diesem Abschnitt der Norm wird beschrieben, wie Organisationen systematisch vorgehen sollten, um Risiken für die Informationssicherheit zu erkennen, zu analysieren und zu bewerten. Die Norm betont, dass dieser Prozess festgelegt, umgesetzt und aufrechterhalten werden muss – es handelt sich also nicht um eine einmalige Aufgabe, sondern um einen fortlaufenden Prozess, der regelmäßig überprüft und bei Bedarf angepasst werden sollte.

Das Ziel der Risikobewertung ist es, Klarheit darüber zu gewinnen, welche Bedrohungen und Schwachstellen für die Organisation von Bedeutung sind, wie wahrscheinlich ihr Eintreten ist und welche möglichen Auswirkungen sie haben könnten. Die Norm gibt keine spezifische Methodik oder Bewertungsmodelle vor. Es können qualitative, quantitative oder hybride Ansätze umgesetzt werden. Wichtig ist, dass die gewählte Methode konsistent, nachvollziehbar und passend für die jeweilige Organisation ist.

Die Risikobewertung beginnt mit der Festlegung von Kriterien. Dazu zählen unter anderem die Akzeptanzschwelle für Risiken, die Definition relevanter Auswirkungen sowie die Bewertungsskala für Eintrittswahrscheinlichkeiten und Schadenshöhen. Diese Kriterien sind der Maßstab, um Risiken vergleichbar zu machen und um darüber hinaus fundierte Entscheidungen über den Umgang mit Risiken zu ermöglichen.

Im nächsten Schritt werden die Risiken identifiziert – zum Beispiel durch Workshops mit Fachabteilungen, Interviews, technische Prüfungen, die Auswertung von Vorfällen oder Bedrohungsanalysen. Jedes identifizierte Risiko wird dann analysiert, um seine Ursachen, seine Eintrittswahrscheinlichkeit und seine potenziellen Auswirkungen zu verstehen. Auf Basis dieser Analysen erfolgt schließlich die Bewertung der Risiken im Verhältnis zu den zuvor festgelegten Kriterien. Wesentlich ist, dass dieser Prozess dokumentiert wird.

6.1.3 Informationssicherheitsrisikobehandlung

Die Organisation muss einen Prozess für die Informationssicherheitsrisikobehandlung festlegen und anwenden, um:

a) angemessene Optionen für die Informationssicherheitsrisikobehandlung unter Berücksichtigung der Ergebnisse der Risikobeurteilung auszuwählen;

b) alle Maßnahmen, die zur Umsetzung der gewählten Option(en) für die Informationssicherheitsrisikobehandlung erforderlich sind, festzulegen;

ANMERKUNG 1 Organisationen können Maßnahmen nach Bedarf gestalten oder aus einer beliebigen Quelle auswählen.

c) die nach 6.1.3 b) festgelegten Maßnahmen mit den Maßnahmen in Anhang A zu vergleichen und zu überprüfen, dass keine erforderlichen Maßnahmen ausgelassen wurden;

ANMERKUNG 2 Anhang A enthält eine Liste von möglichen Informationssicherheitsmaßnahmen. Anwender dieses Dokuments werden auf Anhang A verwiesen, um sicherzustellen, dass keine wichtigen Informationssicherheitsmaßnahmen übersehen wurden.

ANMERKUNG 3 Die in Anhang A aufgeführten Informationssicherheitsmaßnahmen sind nicht erschöpfend und können bei Bedarf durch zusätzliche Informationssicherheitsmaßnahmen ergänzt werden.

d) eine Erklärung zur Anwendbarkeit zu erstellen, die Folgendes enthält:

— die erforderlichen Maßnahmen [siehe 6.1.3 b) und c)];

— Gründe für deren Einbeziehung;

— ob die erforderlichen Maßnahmen umgesetzt sind oder nicht; sowie

— Gründe für die Nichteinbeziehung von Maßnahmen aus Anhang A;

e) einen Plan für die Informationssicherheitsrisikobehandlung zu formulieren; und

f) bei den Risikoeigentümern eine Genehmigung des Plans für die Informationssicherheitsrisikobehandlung sowie ihre Akzeptanz der Informationssicherheitsrestrisiken einzuholen.

Die Organisation muss dokumentierte Information über den Informationssicherheitsrisikobehandlungsprozess aufbewahren.

ANMERKUNG 4 Der in diesem Dokument genannte Prozess für die Informationssicherheitsrisikobeurteilung und -behandlung steht im Einklang mit den Grundsätzen und allgemeinen Leitlinien in ISO 31000 [5].

Nachdem im Abschnitt 6.1.2 der Norm die Risiken identifiziert, analysiert und bewertet wurden, geht es in ihrem Abschnitt 6.1.3 darum, wie mit diesen Risiken umgegangen wird. Der entscheidende Schritt, um aus der Analyse konkrete Maßnahmen abzuleiten, ist die *Risikobehandlung*. Die Absicht ist es, die Risiken auf ein Niveau zu minimieren, das die Organisation akzeptieren kann – oder, wenn es um Chancen geht, diese bewusst zu nutzen.

Die Norm verlangt, dass Organisationen für jedes identifizierte Risiko eine oder mehrere Behandlungsoptionen auswählen. In der Praxis gibt es vier gängige Ansätze:

- Risiken vermeiden,
- Risiken vermindern,
- Risiken übertragen oder
- Risiken akzeptieren.

Die Wahl des Ansatzes hängt von der Art des Risikos, den geschäftlichen Rahmenbedingungen und der Risikobereitschaft der Organisation ab. Die Norm hebt hervor, dass alle Entscheidungen klar dokumentiert werden müssen – einschließlich der Gründe für den gewählten Ansatz und der geplanten Maßnahmen.

Ein zentrales Element dieses Kapitels ist dabei der *Risikobehandlungsplan*. Dieser Plan beschreibt, welche Maßnahmen ergriffen werden sollen, wer dafür verantwortlich ist, welche Ressourcen benötigt werden und in welchem Zeitrahmen die Umsetzung stattfinden soll. Der Plan dient nicht nur als Arbeitsdokument für die Umsetzung, sondern auch als Steuerungsinstrument, um den Fortschritt zu überwachen und gegebenenfalls Anpassungen vorzunehmen. Dieser Plan muss zwingend von dem bzw. den Risiko-Eigentümer(n) genehmigt werden. Auch die Akzeptanz von (Rest-)Risiken muss von den Risiko-Eigentümern ausgehen.

Bei diesem Normpunkt wird auch der Bezug zum Anhang A der ISO 27001 hergestellt, den ich in Kapitel 7 vorstelle. In diesem Anhang sind 93 Sicherheitsmaßnahmen aufgelistet, die bei der Risikobehandlung in Erwägung gezogen werden können. Die Norm fordert, dass geprüft wird, welche dieser Maßnahmen relevant sind, und dass begründet wird, warum bestimmte Maßnahmen angewendet oder bewusst nicht umgesetzt werden.

Dazu ist eine sogenannte *Erklärung zur Anwendbarkeit* (im Englischen als *Statement of Applicability*, oder kurz *SoA*, mit kleinem »o«) zu erstellen.

Die SoA muss zwingend versioniert werden. Bei den internen wie auch den externen Audits muss die SoA referenziert werden, um festzuhalten, wie der Stand des ISMS bzw. dessen Maßnahmen zu diesem Zeitpunkt aussah. Noch ein Hinweis an dieser Stelle: Die Norm spricht in der deutschen Ausgabe von »Maßnahmen«, im Englischen wird von »Controls« gesprochen. Hin und wieder werden Sie im Deutschen das Wort »Kontrollen« lesen. Eine Kontrolle ist aber im Kontext eines ISMS etwas anderes.

6.3.2 NA 6.2 – Informationssicherheitsziele und Planung zu deren Erreichung

> Die Organisation muss Informationssicherheitsziele für relevante Funktionen und Ebenen festlegen.
>
> Die Informationssicherheitsziele müssen:
>
> a) im Einklang mit der Informationssicherheitspolitik stehen;
>
> b) messbar sein (sofern machbar);
>
> c) anwendbare Informationssicherheitsanforderungen sowie die Ergebnisse der Risikobeurteilung und Risikobehandlung berücksichtigen;
>
> d) überwacht werden;
>
> e) vermittelt werden;
>
> f) soweit erforderlich aktualisiert werden;
>
> g) als dokumentierte Information verfügbar sein.
>
> Die Organisation muss dokumentierte Information zu den Informationssicherheitszielen aufbewahren.
>
> Bei der Planung, wie die Informationssicherheitsziele erreicht werden, muss die Organisation bestimmen:
>
> h) was getan wird;
>
> i) welche Ressourcen erforderlich sind;
>
> j) wer verantwortlich ist;
>
> k) wann es abgeschlossen wird; und
>
> l) wie die Ergebnisse bewertet werden.

Ein ISMS kann nur dann effektiv gesteuert werden, wenn es auf klar definierte Ziele ausgerichtet ist. Abschnitt 6.2 der ISO/IEC 27001:2022 beschreibt, wie Organisationen konkrete Informationssicherheitsziele festlegen und deren Erreichung systematisch planen sollten.

Die Norm verlangt, dass diese Ziele aus der Informationssicherheitspolitik (Norm-Abschnitt 5.2) abgeleitet werden und im Einklang mit den strategischen Zielsetzungen der Organisation stehen. Sie müssen relevant für den Schutz der Informationen sein und sich an den identifizierten Risiken, Chancen sowie gesetzlichen und regulatorischen Anforderungen orientieren.

Ein entscheidender Punkt ist, dass die Ziele messbar sind. Vage Formulierungen wie »Wir wollen die Informationssicherheit verbessern« sind nicht ausreichend. Stattdessen sollten klare Kriterien festgelegt werden, anhand derer der Fortschritt objektiv bewertet werden kann, zum Beispiel durch Kennzahlen, Schwellenwerte oder zeitlich gebundene Zielvorgaben.

Oft wird in diesem Zusammenhang das Akronym *SMART* verwendet. Dies stellt sicher, dass Informationssicherheitsziele tatsächlich messbar und erreichbar sind.

SMART steht für

- **Specific** (Spezifisch) bedeutet, dass das Ziel eindeutig formuliert ist und keinen Interpretationsspielraum lässt.
- **Measurable** (Messbar) heißt, dass der Fortschritt anhand klarer Kriterien oder Kennzahlen überprüft werden kann.
- **Achievable** (Akzeptiert) bedeutet, dass das Ziel erreichbar ist – unter Berücksichtigung der vorhandenen Ressourcen und Rahmenbedingungen.
- **Relevant** (Realistisch) heißt, dass das Ziel mit anderen geschäftlichen Zielen abgestimmt ist, damit es sich lohnt.
- **Time-bound** (Terminierbar) schließlich fordert eine zeitliche Vorgabe, bis wann das Ziel erreicht sein muss.

Hinweis: Es gibt für diese Abkürzung auch weitere Begriffe.

Die Norm fordert außerdem, dass für jedes Ziel ein Umsetzungsplan erstellt wird. Dieser Plan beschreibt, welche Maßnahmen erforderlich sind, welche Ressourcen eingesetzt werden, wer die Verantwortung trägt und in welchem Zeitrahmen das Ziel erreicht werden soll. So wird sichergestellt, dass die Ziele nicht nur auf dem Papier existieren, sondern aktiv verfolgt und gesteuert werden. Dazu kann der in Abschnitt 5.1.3 beschriebene Der PDCA-Kreislauf verwendet werden.

Ein weiterer wichtiger Aspekt ist die Kommunikation. Informationssicherheitsziele müssen allen relevanten Personen in der Organisation bekannt sein. Nur wenn die Mitarbeitenden verstehen, welche Ziele verfolgt werden und wie ihre eigene Arbeit dazu beiträgt, entsteht ein gemeinsames Sicherheitsbewusstsein.

Abschließend betont die Norm, dass die Ziele regelmäßig überprüft und bei Bedarf angepasst werden müssen.

6.3.3 NA 6.3 – Planung von Änderungen

> Wenn die Organisation die Notwendigkeit von Änderungen am Informationssicherheitsmanagementsystem ermittelt, müssen diese in geplanter Weise durchgeführt werden.

Die Norm setzt voraus, dass Änderungen im ISMS nicht ad hoc oder unkontrolliert implementiert werden, sondern einer proaktiven Planung unterliegen. Angestrebt wird damit, sicherzustellen, dass Anpassungen keine unbeabsichtigten Nebenwirkungen herbeiführen, bestehende Prozesse nicht beeinflussen und die Effektivität des Systems nicht gefährden.

Welche Änderungen sind hier gemeint? Dazu zählen zum Beispiel Änderungen am Kontext, eine Reorganisation von Rollen und Verantwortlichkeiten, die Anpassung, Veränderung oder Erweiterung des Anwendungsbereichs des ISMS, die Aktualisierung der Sicherheitsrichtlinie, Anpassungen bei Kriterien und Verfahren, die Einbeziehung neuer Dienstleister oder Anpassungen in der IT.

Eine gründliche Änderungsplanung beinhaltet die sorgfältige Bewertung, ob und in welchem Umfang Anpassungen notwendig sind. Dabei werden auch die Auswirkungen auf Prozesse, Rollen und Ressourcen geprüft. Zudem werden geeignete Maßnahmen festgelegt, um mögliche Risiken zu minimieren.

Besonders wichtig ist, dass Änderungen koordiniert werden. Das bedeutet, dass alle relevanten Parteien rechtzeitig informiert und in den Prozess einbezogen werden. Auch muss die Dokumentation des ISMS entsprechend angepasst werden, damit jederzeit nachvollziehbar bleibt, wie und warum bestimmte Änderungen vorgenommen wurden.

6.4 Einschub: Praxisbeispiel Risikomanagement

Die ISO 27001:2022 gibt kein explizites Modell oder Vorgehen vor. Eine Möglichkeit ist die Nutzung der ISO 27005. Diese Norm lässt sich auch allein anwenden. Neben der ISO 27005 gibt es weitere Hilfestellungen, zum Beispiel den BSI-Standard 200-3 des IT-Grundschutzes, das NIST Risk Management Framework oder das Whitepaper zum Risikomanagement der VDI-ISA.

Praxistipp

Die ISO 27005 basiert auf der ISO 31000, die das unternehmensweite Risikomanagement beschreibt. Falls nicht nur ein ISMS aufgebaut werden soll, sondern beispielsweise auch die ISO 9001 (siehe Abschnitt 2.2.1, ISO 9001 (Qualitätsmanagementsystem)) oder die ISO 14001 (Umweltmanagement) angewendet werden soll, lohnt es sich, auf die ISO 31000 zurückzugreifen.

6.4.1 Bedrohungen

Nachfolgend sind einige Bedrohungen aufgelistet. Das BSI hat eine Liste von 47 elementaren Gefährdungen veröffentlicht, die ebenfalls zurate gezogen werden kann. Sie ist unter *https://www.bsi.bund.de/dok/10099762* abrufbar.

- **Physische Bedrohungen**

  Darunter fallen z. B. Wassereinbrüche, Feuer, Blitzschlag, Sturm, Erdbeben usw. Auch in unserer modernen Welt können solche Ereignisse häufig auftreten. Beispiele sind:

- Sturm, der das Dach abdeckt
- Blitzschlag
- Brand
- unzulässige Temperatur und Luftfeuchtigkeit
- Wasserleitungsbrüche/Hochwasser
- Erdrutsch
- Erdbeben
- Schneelast
- Bäume
- Anflugschneise des Flughafens
- Staub, Verschmutzung
- Stromzuführungen und Kurzschlüsse
- Gasleitungen

■ **Bedrohungen im IT-Bereich**

Entsprechend den geschäftskritischen Prozessen mit IT-Unterstützung müssen hier die Bedrohungen gegen Hardware, Programme und Datenbestände beachtet werden:

- Ausfall von Netzteilen
- Datenverlust, da das Recovery des Backups fehlschlägt
- Viren-Befall durch fehlende Patches oder Upgrades
- Nach Upgrades laufen nicht mehr alle Programme.
- Nach Neuinstallation von Betriebssystemen sind bisherige Daten und Einstellungen verschwunden.
- Netzwerkausfälle wegen schlechter Verkabelung
- Passworte sind mehreren Personen bekannt.
- Teile von Datenbeständen werden auf persönliche Computer geladen.
- Installationen und Konfigurationen sind nicht dokumentiert.
- Entwickler installieren und betreiben Applikationen.

■ **Bedrohungen im Telekommunikationsbereich**

Um die aktuellen Bedrohungen im Bereich der Telekommunikation zu verstehen, ist es wichtig, die verschiedenen Technologien und Geschäftsprozesse zu kennen.

Malware hat immer noch Hochkonjunktur. Zugenommen haben vor allem *Ransomware* (das Verschlüsseln der Daten, und nur gegen Bezahlung eines »Lösegelds« wird der Schlüssel zum Entschlüsseln der Daten herausgegeben), *Phishing* sowie *Botnetze* mit dem Ziel von Betriebsspionage oder dem Auslesen von Passwörtern und Kreditkartennummern sowie Identitätsdiebstahl. Die Online-Attacken verlagern sich immer mehr vom Stören und Zerstören mit Malware hin zu schädlichem Code in Browserinhalten (über infizierte Webseiten, sogenannter *Drive-by*). Oft kommt dabei nicht nur ein Mittel zum Einsatz, sondern eine Kombination mehrerer.

Zu Vorsicht ist auch beim Einsatz von *Voice-over-IP* (VoIP) geraten: Die unverschlüsselte Übertragung von Sprachdiensten übers Internet kann von Fachleuten abgehört werden.

- **Bedrohungen bei mobilen Endgeräten**

  Grundsätzlich gelten hier auch fast alle Bedrohungen aus dem Bereich der Telekommunikation. Erschwerend kommt dazu, dass sich die Benutzer der Bedrohungen und Schwachstellen ihrer Geräte nicht bewusst sind und oft große, sensible Datenbestände mit sich führen.

  Die vorhandenen Risiken können durch entsprechende Vorschriften (nur absolut notwendige Daten auf den mobilen Geräten), restriktive Zugriffseinschränkungen, starke Authentifizierung und effektive Verschlüsselung reduziert werden.

- **Bedrohungen im Identitätsbereich**

  Der technische Aspekt ist oben beim Stichwort »Bedrohungen im Telekommunikationsbereich« zu finden. Die neuesten Technologien erlauben es, dass jemand die Identität einer anderen Person heimlich stiehlt. Damit sind Tür und Tor für Missbrauch geöffnet. Das Einkaufen auf Rechnung für jemand anderen stellt bereits eine harmlose Form von Identitätsdiebstahl dar. Spionage von Geschäftsgeheimnissen und Patentmissbrauch sind schwerwiegendere Formen davon.

  Nachdem wir nun einige Bedrohungen erarbeitet haben, wenden wir uns der Risikobewertung zu.

6.4.2 Risikobewertung

Abbildung 6.1 zeigt ein mögliches Vorgehen für die Risikobewertung.

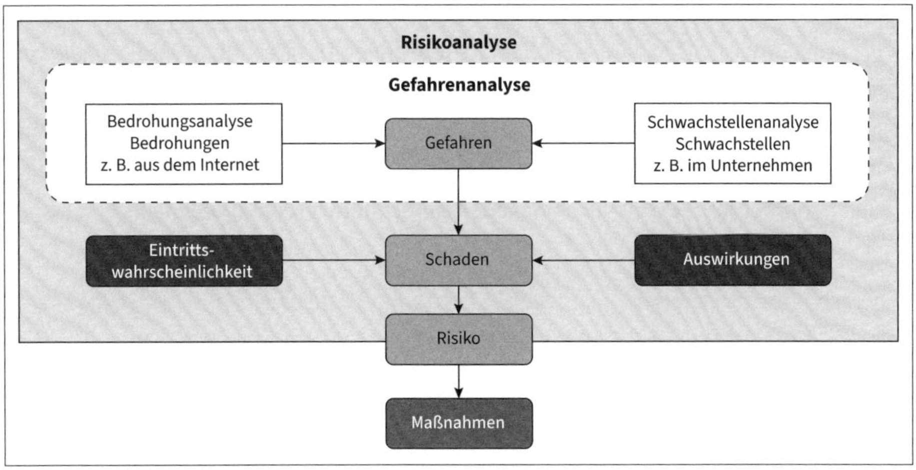

Abbildung 6.1: Risikomanagement

In einem ersten Schritt werden die vorhandenen *Assets* (auf Deutsch »Werte«) erfasst und die möglichen Bedrohungen aufgelistet und eingestuft (z. B. als niedrig, mittel, hoch). Im zweiten Schritt werden mögliche Schwachstellen beschrieben. Trifft eine Gefährdung auf eine Schwachstelle, dann existiert eine Gefahr. Aus einer Gefahr kann mit einer entsprechenden *Eintrittswahrscheinlichkeit* ein Schaden mit einer gewissen *Auswirkung* entstehen. Dies ergibt ein *Risiko*.

Nachdem ein Risiko identifiziert wurde, muss es einer verantwortlichen Person zugewiesen werden. Dies ist der *Risikoeigentümer*. Diese Person legt die definitive Einschätzung fest.

Hinweis

Die Norm verwendet den Begriff *Folgen*. In der Praxis wird jedoch meistens der Begriff *Auswirkungen* benutzt.

Für die Bewertung der Folgen werden zwei Methoden benutzt: die quantitative und die qualitative Risikoberechnung.

Quantitative Risikoberechnung

Die *quantitative Risikoberechnung* verwendet absolute Zahlen. Dazu müssen folgende Voraussetzungen erfüllt sein:

- schützenswerte Assets mit deren Wert
- Gefahren und deren Risiken
- Auswirkung und Eintrittswahrscheinlichkeit

Ein Weg der Berechnung sieht wie folgt aus:

1. Schätzung des potenziellen Schadens: Dazu wird der Prozentsatz des Assetverlusts angewendet. Beispielsweise werden bei einem Brand nicht alle Assets zerstört. Dieser Prozentsatz wird als *Exposure Factor (EF)* bezeichnet. Das Resultat wird als *Single Loss Expectancy (SLE)* bezeichnet.
2. Im zweiten Schritt wird festgehalten, wie oft innerhalb eines Jahres das Ereignis eintritt. Dies wird als *Annualized Rate of Occurrence (ARO)* bezeichnet.
3. Nun kann der jährlich mögliche Schaden berechnet werden, die *Annualized Loss Expectancy (ALE)*.

Er berechnet sich wie folgt:

$ALE = Asset\ Value \times EF \times ARO$

Beispiel: Beim Brand eines Serverraums mit Brandfrüherkennung und Löschanlage werden 10 % der vorhandenen Infrastruktur zerstört. Ihr Wert wird auf 500.000 € geschätzt. Mit einem Brand wird alle 20 Jahre gerechnet.

ALE = 500.000 € × 0.1 × 0,05 = 2.500 €

Oft ist es schwierig, an absolute Zahlen zu gelangen. Während große Beratungsfirmen auf eigene Statistiken zugreifen können, müssen Unternehmen Schätzungen vornehmen. Absolute Zahlen ergeben in diesem Fall wenig Sinn. Es wird daher oft auf Einschätzungen zurückgegriffen.

Tabelle 6.1 hilft, eine Einschätzung der Auswirkungen vorzunehmen.

Auswirkung	Beschreibung
Vernachlässigbar	Die Schadensauswirkungen sind gering und können vernachlässigt werden. Der finanzielle Schaden ist irrelevant (0–5.000 €). Der Imageverlust ist gering (gelegentliche Beschwerden). Es kommt zu keiner Datenschutzverletzung. Es entstehen geringe interne Unkosten, die außerhalb jedoch nicht bemerkt werden.
Begrenzt	Die Schadensauswirkungen sind begrenzt und überschaubar. Der finanzielle Schaden ist tragbar (5.001–50.000 €). Der Imageverlust ist bemerkbar (gelegentliche Kritik in den Medien). Kurzzeitige negative Auswirkungen sind möglich. Es kommt zu einer Preisgabe weniger sensibler Daten. Die Kosten sind spürbar und von außen sichtbar.
Beträchtlich	Die Schadensauswirkungen können beträchtlich sein. Der finanzielle Schaden ist spürbar (50.001–100.000 €). Der Imageverlust ist groß (schwere Kritik in den Medien). Ernsthafte negative Auswirkungen sind möglich. Mögliche Datenschutzverletzung. Erhebliche Kosten sind zur Behebung notwendig.

Tabelle 6.1: Definition der Auswirkungen

Auswirkung	**Beschreibung**
Existenzbedrohend	Die Auswirkungen des Schadens können ein existenziell bedrohliches, katastrophales Ausmaß erreichen. Der finanzielle Schaden bedroht die Existenz (> 100.001 €) Es ist mit einem bleibenden Schaden zu rechnen. Verlust von Leben / schwere Rufschädigung. Mögliche Datenschutzverletzung. Erhebliche Störung des Betriebs; es besteht die Gefahr, dass das Unternehmen nicht überlebt.

Tabelle 6.1: Definition der Auswirkungen (Forts.)

Die Eintrittswahrscheinlickeit könnte wie folgt definiert werden:

Eintrittswahrscheinlickeit	**Beschreibung**
Selten	Das Ereignis tritt weniger als alle fünf Jahre einmal ein.
Mittel	Das Ereignis tritt einmal alle fünf Jahre bis einmal im Jahr ein.
Häufig	Das Ereignis tritt einmal im Jahr bis einmal pro Monat ein.
Sehr häufig	Das Ereignis tritt mehrmals im Monat ein.

Tabelle 6.2: Definition der Eintrittswahrscheinlichkeit

Um die Beziehungen zwischen den einzelnen Risiken besser sehen zu können und um zu deren Reduktion Schwerpunkte bei den Maßnahmen zu setzen, werden die Risiken anschließend am besten in eine Grafik eingetragen. Abbildung 6.2 zeigt ein Beispiel.

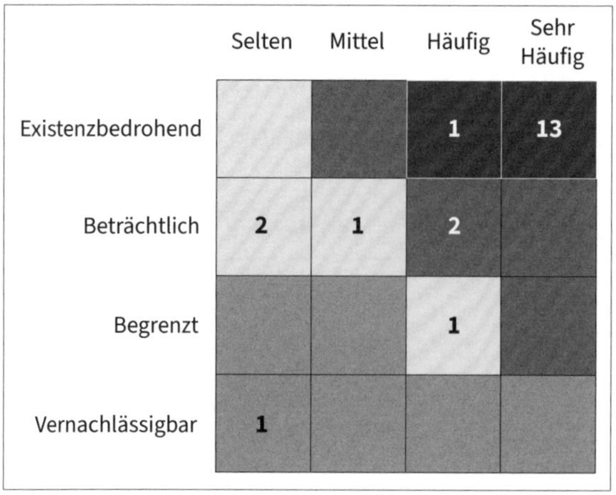

Abbildung 6.2: Risikomatrix

Die verwendeten Farben (als *Risikostufe* oder in der Norm als *Risikoniveau* bezeichnet) sind dabei wie in Tabelle 6.3 definiert:

Farbe	Beschreibung
Grün	**Gering:** Die bereits umgesetzten oder zumindest im Sicherheitskonzept vorgesehenen Sicherheitsmaßnahmen bieten einen ausreichenden Schutz. Das Risiko wird akzeptiert, jedoch wird die Gefährdung beobachtet.
Gelb	**Mittel:** Die bereits umgesetzten oder zumindest im Sicherheitskonzept vorgesehenen Sicherheitsmaßnahmen reichen möglicherweise nicht aus.
Rot	**Hoch:** Die bereits umgesetzten oder zumindest im Sicherheitskonzept vorgesehenen Sicherheitsmaßnahmen bieten keinen ausreichenden Schutz vor der jeweiligen hohen Gefährdung.
Dunkelrot	**Sehr hoch:** Die bereits umgesetzten oder zumindest im Sicherheitskonzept vorgesehenen Sicherheitsmaßnahmen bieten keinen ausreichenden Schutz vor der jeweiligen sehr hohen Gefährdung. Diese Risiken werden selten akzeptiert, sondern sollten behandelt werden.

Tabelle 6.3: Definition der Risikostufe

Die Norm verlangt außerdem die Kriterien zur Risikoakzeptanz. Die folgende Auflistung zeigt eine mögliche Definition:

- Risiken der Kategorie »gering« werden akzeptiert.
- Risiken der Kategorie »mittel« können akzeptiert oder behandelt werden. Dies entscheidet beispielsweise die Geschäftsleitung zusammen mit dem Risikoeigentümer.
- Risiken der Kategorien »hoch« und »sehr hoch« müssen zwingend behandelt werden. Ist eine Maßnahme nicht möglich, muss dies schriftlich durch den Risikoeigentümer festgehalten werden.

Qualitative Risikoberechnung

Bei der *qualitativen Risikoberechnung* wird nicht mit absoluten Zahlen gearbeitet, sondern mit Szenarien. Eine erprobte Möglichkeit ist dabei die *Delphi-Technik*, eine Gruppen-Entscheidungsmethode, die garantiert, dass jeder Teilnehmer eine ehrliche Antwort gibt. Dazu schreibt jeder Teilnehmer seine Meinung zu den Risiken offen oder anonym auf eine Karte. Die Antworten werden evaluiert und zusammengefasst und wieder verteilt. Jeder Teilnehmer schreibt wiederum seinen Kommentar auf eine Karte. Dies wird so lange wiederholt, bis ein Konsens gefunden wurde.

> **Praxistipp**
> Alternative Methoden sind Brainstorming, Fokus-Gruppen, Befragungen, Checklisten, Interviews usw.

6.4.3 Risikobehandlung

Nicht akzeptierte Risiken werden behandelt. Dies könnte wie in Abbildung 6.3 aussehen:

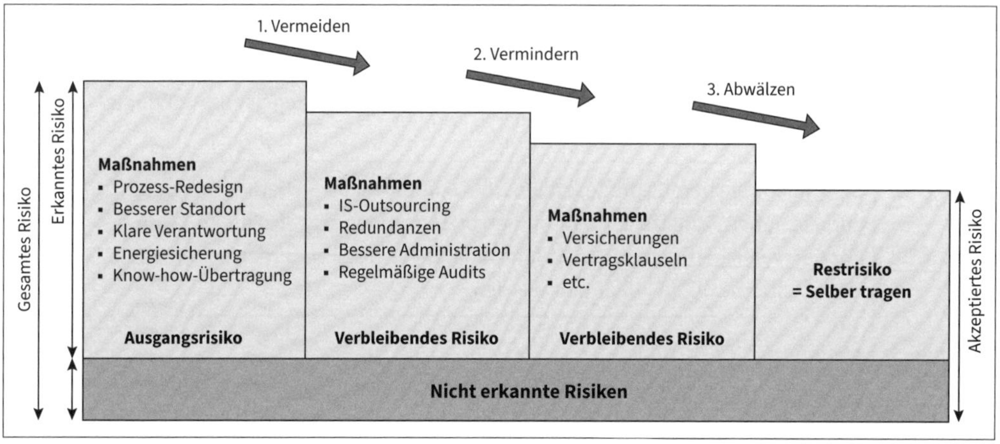

Abbildung 6.3: Risikobehandlung

Nicht außer Acht gelassen werden dürfen die Kosten. Sie sollten in Verhältnis zum Wert des Assets stehen. Der Wert muss dabei nicht zwingend der Kaufpreis sein. Folgende Fragen können helfen, den Wert zu bestimmen:

- Welche Kosten sind angefallen, um das Asset zu entwickeln oder zu kaufen?
- Welche Kosten fallen an, um das Asset zu unterhalten oder zu schützen?
- Was ist der Preis, den andere für das Asset bezahlen würden?
- Mit welcher Summe haftet die Organisation, falls das Asset kompromittiert wird?
- Wie hoch ist der Wert der Asset-Patente?

6.5 NK 7 – Unterstützung

Ein ISMS braucht eine stabile Grundlage, um erfolgreich zu funktionieren. Diese Basis bilden die *Ressourcen*, die *Kompetenzen*, das *Bewusstsein* und die *Kommunikation innerhalb der Organisation*. Diese Elemente werden in Kapitel 7 der ISO/IEC 27001:2022 unter dem Begriff *Unterstützung* zusammengefasst. Es liegt damit zwischen den beiden PDCA-Schritten *Plan* und *Do*.

In Kapitel 7 werden die praktischen Voraussetzungen erörtert, die notwendig sind, um das ISMS im Alltag zu implementieren. Die vorangegangenen Kapitel haben den Rahmen und die Ziele abgesteckt. Ohne ausreichende Ressourcen, geschulte Mitarbeitende, klare Kommunikationswege und eine konsistente Dokumentation wird es schwierig, das ISMS umzusetzen und aktuell zu halten.

Dieses Kapitel ist inhaltlich unabhängig von der Informationssicherheit. Es ist oft wortwörtlich in anderen Normen wie der ISO 9001 oder ISO 27701 zu finden.

6.5.1 NA 7.1 – Ressourcen

> Die Organisation muss die erforderlichen Ressourcen für den Aufbau, die Verwirklichung, die Aufrechterhaltung und die fortlaufende Verbesserung des Informationssicherheitsmanagementsystems bestimmen und bereitstellen.

Ohne die Bereitstellung angemessener Mittel kann kein Managementsystem funktionieren. Kapitel 7.1 der ISO/IEC 27001:2022 verpflichtet die Organisation daher dazu, alle notwendigen Ressourcen bereitzustellen, um das ISMS einzuführen, zu betreiben, aufrechtzuerhalten und kontinuierlich zu verbessern. Ressourcen beinhalten nicht nur finanzielle Mittel, sondern auch personelle, technische und organisatorische Aspekte.

Finanzielle Ressourcen sind eine wesentliche Voraussetzung, um erforderliche Sicherheitsmaßnahmen umsetzen zu können. Eine der schwierigsten Aufgaben besteht darin, die Kosten für Informationssicherheit gegenüber dem Nutzen und den Risiken abzuwägen. Hier erscheint es sehr wichtig, zunächst in besonders effektive Maßnahmen oder solche Maßnahmen zu investieren, die gegen besonders hohe Risiken schützen. Um angemessene Sicherheitsmaßnahmen auswählen zu können, ist es unerlässlich, die Abhängigkeit der Geschäftsprozesse zu kennen.

Aber Geld allein reicht nicht aus. Ebenso essenziell sind qualifizierte Mitarbeitende. Die Organisation muss sicherstellen, dass sie über genügend Fachkräfte mit der erforderlichen Expertise verfügt, um das ISMS inhaltlich zu unterstützen und weiterzuentwickeln.

Des Weiteren sind technische und organisatorische Ressourcen von entscheidender Bedeutung. Dazu gehören funktionierende IT-Systeme, passende Arbeitsmittel, klare Prozesse und Strukturen sowie die Unterstützung durch begleitende Dienste wie die interne Revision oder die Compliance-Abteilung. Auch Zeit ist eine Ressource: Informationssicherheit erfordert fortwährende Aufmerksamkeit und darf nicht zur Nebensache werden.

Ein weiterer entscheidender Punkt ist die Fähigkeit der Organisation, auf neue Herausforderungen zu reagieren. Die Ressourcen müssen nicht nur aktuell ausreichen, sondern auch so geplant werden, dass sie den Anforderungen einer sich wandelnden Bedrohungslandschaft gerecht werden. Die Leitung ist dafür verantwortlich, Ressourcen regelmäßig zu überprüfen, Engpässe zu identifizieren und frühzeitig Anpassungen vorzunehmen.

6.5.2 NA 7.2 – Kompetenz

> Die Organisation muss:
>
> a) für Personen, die unter ihrer Aufsicht Tätigkeiten verrichten, welche die Informationssicherheitsleistung der Organisation beeinflussen, die erforderliche Kompetenz bestimmen;
>
> b) sicherstellen, dass diese Personen auf Grundlage angemessener Ausbildung, Schulung oder Erfahrung kompetent sind;
>
> c) sofern anwendbar, Maßnahmen einleiten, um die benötigte Kompetenz zu erwerben, und die Wirksamkeit der getroffenen Maßnahmen bewerten; und
>
> d) angemessene dokumentierte Information als Nachweis der Kompetenz aufbewahren.
>
> ANMERKUNG Geeignete Maßnahmen können zum Beispiel sein: Schulung, Mentoring oder Versetzung von gegenwärtig angestellten Personen oder Anstellung oder Beauftragung kompetenter Personen.

Ohne das notwendige Wissen und die entsprechenden Fähigkeiten der Mitarbeitenden sind Technik und Prozesse allein nicht ausreichend, damit diese ihre Rolle im ISMS wirksam wahrnehmen können. Gemäß den Vorgaben in Kapitel 7.2 der ISO/IEC 27001:2022 müssen Organisationen sicherstellen, dass alle Personen, die unter ihrer Kontrolle arbeiten und Aufgaben mit Einfluss auf die Informationssicherheit ausführen, über die erforderliche Kompetenz verfügen.

Dabei umfasst Kompetenz weit mehr als nur Fachwissen. Sie entwickelt sich durch die Kombination aus Ausbildung, praktischer Erfahrung und gezielten Schulungen. Ein Administrator benötigt beispielsweise technisches Wissen über Netzwerksicherheit, aber auch die Erfahrung, dieses Wissen im Alltag unter Zeitdruck und in komplexen Situationen korrekt anzuwenden. Ebenso wichtig ist es, dass Führungskräfte die Kompetenz besitzen, Informationssicherheit in strategische Entscheidungen einzubeziehen und Zielkonflikte zu erkennen.

Praxistipp

In vielen Firmen sind bereits Stellenprofile vorhanden. Die Anforderungen an die Informationssicherheit sollten in diesen Profilen ergänzt werden. Auch können notwendige Zertifizierungen festgehalten werden.

Die Norm verlangt von Organisationen, dass sie die erforderlichen Kompetenzen systematisch ermitteln und mit den Fähigkeiten ihrer Mitarbeitenden abgleichen. Werden Lücken festgestellt, sind diese zu schließen – sei es durch Schulungen, Mentoring, externe Weiterbildungen oder den gezielten Einsatz von (externen) Fachkräften. Dies betrifft nicht nur das technische Personal, sondern alle Personen, die einen Einfluss auf die Informationssicherheit haben – von der Geschäftsleitung über die Personalabteilung bis hin zum operativen Support.

Ein weiterer wichtiger Aspekt ist die Dokumentation der Kompetenzen. Es ist erforderlich, dass Organisationen belegen können, dass sie die Kompetenz ihrer Mitarbeitenden überprüft und entsprechende Maßnahmen ergriffen haben, sollten diese nicht genügen. Dieser Nachweis ist nicht nur für Audits von Bedeutung, sondern auch für die eigene Planung: Nur wer die vorhandenen Fähigkeiten kennt, kann Ressourcen sinnvoll einsetzen.

Praxistipp

Mitarbeitende sollten darauf hingewiesen werden, bei Weiterbildungen immer einen Nachweis, zum Beispiel in Form eines Zertifikats, zu verlangen und dieses unaufgefordert der Personalabteilung abzugeben. So kann es in der Personalakte abgelegt werden und steht bei Audits ohne langes Suchen sofort zur Verfügung.

6.5.3 NA 7.3 – Bewusstsein

> Personen, die unter Aufsicht der Organisation Tätigkeiten verrichten, müssen sich des Folgenden bewusst sein:
>
> a) der Informationssicherheitspolitik;
>
> b) ihres Beitrags zur Wirksamkeit des Informationssicherheitsmanagementsystems, einschließlich der Vorteile einer verbesserten Informationssicherheitsleistung; und
>
> c) der Folgen einer Nichterfüllung der Anforderungen des Informationssicherheitsmanagementsystems.

Neben der formalen Kompetenz ist das *Bewusstsein* der Mitarbeitenden und involvierten Dritten entscheidend für die Wirksamkeit des ISMS. Wissen allein reicht nicht aus, wenn das Verständnis für die Informationssicherheit fehlt. Aus diesem Grund verlangt Kapitel 7.3 der ISO/IEC 27001:2022, dass Organisationen sicherstellen, dass alle Personen, die unter ihrer Kontrolle arbeiten, die Relevanz und die Auswirkungen ihrer Tätigkeiten auf die Informationssicherheit kennen.

Dieses Bewusstsein lässt sich auf verschiedenen Ebenen betrachten. Zunächst ist es wichtig, dass Mitarbeitende verstehen, warum Informationssicherheit für die Organisation von Bedeutung ist und welche Folgen Verstöße haben können – sowohl für das Unternehmen als auch für sie persönlich. Das beinhaltet das Wissen über die geltenden Richtlinien und Verfahren sowie das Verständnis, wie das eigene Verhalten die Gesamtsicherheit beeinflusst. Ein Mitarbeitender, der beispielsweise unbedacht mit Passwörtern umgeht oder vertrauliche Dokumente nicht sorgfältig genug behandelt, kann große Schäden verursachen, obwohl er grundsätzlich fachlich kompetent ist.

Außerdem schreibt die Norm vor, dass Mitarbeitende ihre Rolle im ISMS kennen müssen. Alle müssen erkennen, welche Verantwortung sie haben und wie sie zur Erreichung der Sicherheitsziele beitragen können. Ein kontinuierlicher Prozess der Sensibilisierung ist notwendig, um dieses Bewusstsein zu schaffen. Einmalige Schulungen reichen dafür nicht aus. Es gehören regelmäßige Schulungen, interne Kampagnen sowie praktische Übungen wie Phishing-Simulationen dazu.

Awareness-Schulungen, die sich an alle Mitarbeitenden richten, sind ideal, um Themen wie sicheres Passwortmanagement, den Umgang mit Phishing-E-Mails, mobiles Arbeiten oder den Schutz vertraulicher Daten zu behandeln. Diese Schulungen können als Präsenzveranstaltungen, E-Learning-Kurse oder interaktive Workshops angeboten werden. Das Ziel besteht darin, den Mitarbeitenden zu zeigen, wie wichtig ihr eigenes Verhalten ist, und sie für alltägliche Risiken zu sensibilisieren. Wiederholung und Aktualisierung sind entscheidend, da mit der Zeit die Aufmerksamkeit und das Wissen nachlassen.

Ein weiterer wichtiger Punkt ist die enge Verbindung zwischen Informationssicherheit und Unternehmenskultur. Mitarbeitende sollten verstehen, dass Sicherheitsbewusstsein kein zusätzlicher Aufwand ist, sondern ein fester Bestandteil ihrer täglichen Arbeit sein sollte. Ein gelebtes Bewusstsein manifestiert sich in kleinen Gewohnheiten – seien es der Umgang mit E-Mails, das Melden von Auffälligkeiten oder die Einhaltung von Prozessen.

Praxistipp

In Audits werden gerne auch Mitarbeitende interviewt. Daher sollten diese mindestens folgende Fragen beantworten können:

- Was steht in der Informationssicherheitspolitik?
- Welche weiteren Richtlinien gelten für mich?
- Wie müssen Vorfälle gemeldet werden?
- Welchen Beitrag kann und muss ich für die Informationssicherheit leisten?
- Was können Folgen bei einer Nichteinhaltung sein?

Eine besondere Rolle spielen ISO-27001-spezifische Schulungen, die eine direkte Verbindung zum Managementsystem herstellen. Hier gibt es verschiedene Stufen und Anbieter, die international anerkannt sind:

- **ISO/IEC 27001 Foundation:** Diese Grundlagenschulung vermittelt einen Überblick über die Struktur, die Ziele und die Anforderungen der Norm. Sie richtet sich an Mitarbeitende, die das ISMS verstehen, aber nicht selbst implementieren müssen.
- **ISO/IEC 27001 Lead Implementer:** Diese Ausbildung ist für Personen gedacht, die ein ISMS aufbauen oder weiterentwickeln. Sie behandelt detailliert die Anforderungen der

Norm, Methoden zur Umsetzung sowie praxisnahe Vorgehensweisen. Absolventen sind in der Lage, ein ISMS zu planen, einzuführen und zu steuern.

- **ISO/IEC 27001 Internal Auditor:** Diese kompaktere Ausbildung richtet sich an Mitarbeitende, die interne Audits im Unternehmen durchführen sollen, um die Wirksamkeit des ISMS zu überprüfen.
- **ISO/IEC 27001 Lead Auditor:** Diese Schulung richtet sich an Personen, die interne oder externe Audits nach ISO 27001 durchführen wollen. Sie vermittelt Audit-Methoden, Interviewtechniken, Prüfverfahren und das Wissen, wie Konformität beurteilt wird. Der erfolgreiche Abschluss qualifiziert häufig auch zur Mitarbeit als externer Auditor bei Zertifizierungsstellen.

Diese zertifizierten Schulungen enden in der Regel mit einer Prüfung und führen zu international anerkannten Qualifikationen. Diese Personen-Zertifikate sollten ebenfalls in der Personalakte abgelegt werden.

6.5.4 NA 7.4 – Kommunikation

> Die Organisation muss die Erfordernis einer internen und externen Kommunikation in Bezug auf das Informationssicherheitsmanagementsystem bestimmen, einschließlich:
>
> a) worüber kommuniziert wird;
>
> b) wann kommuniziert wird;
>
> c) mit wem kommuniziert wird;
>
> d) wie kommuniziert wird.

Eine klare, konsistente und nachvollziehbare *Kommunikation von Informationen* innerhalb der Organisation sowie mit relevanten externen Parteien ist Voraussetzung für die effektive Umsetzung eines Informationssicherheitsmanagementsystems. Aus diesem Grund schreibt die ISO/IEC 27001:2022 in ihrem Kapitel 7.4 vor, dass Organisationen geeignete Kommunikationsprozesse etablieren und aufrechterhalten müssen.

Dies betrifft sowohl die interne als auch die externe Kommunikation. Daher ist es für alle Beteiligten – vom Management bis zu den Mitarbeitenden – wichtig, regelmäßig Informationen über Richtlinien, Sicherheitsvorfälle, neue Bedrohungen oder geplante Maßnahmen auszutauschen. So wird gewährleistet, dass alle ein gemeinsames Verständnis davon haben, wie sie zur Informationssicherheit beitragen können und was im Ernstfall von ihnen erwartet wird. Extern bezieht sich die Kommunikation auf Kunden, Lieferanten, Partner, Behörden oder andere interessierte Parteien. Diese möchten oder müssen informiert werden, beispielsweise bei Sicherheitsvorfällen, zur Einhaltung vertraglicher Verpflichtungen oder zur Erfüllung gesetzlicher Meldepflichten.

Wichtig ist dabei aber auch, festzuhalten, wann nicht informiert werden darf. Gerade gegenüber der Presse oder Externen gilt es genaue Formulierungen vorzubereiten und zu definieren, wer diese Kommunikation übernehmen darf.

Die Norm fordert von Organisationen, dass sie Folgendes festlegen:

- Was wird kommuniziert?
- Wann?
- Mit wem?
- Durch wen?
- Über welche Kanäle?

Dadurch wird sichergestellt, dass die Kommunikation zielgenau und effektiv verläuft und Missverständnisse vermieden werden. In Notfallsituationen kann ein durchdachtes Kommunikationskonzept darüber entscheiden, ob Schäden begrenzt werden können und das Vertrauen aufrechterhalten werden kann.

Praxistipp

Folgende Punkte können Anlässe für eine Kommunikation sein:

- Änderungen am Kontext der Organisation
- neue oder geänderte Richtlinien und Weisungen
- Sicherheitsvorkommnisse (Es ist wichtig, offen darüber zu kommunizieren.)
- interne Awareness-Maßnahmen
- Rückmeldungen zum ISMS
- bevorstehende Audits und im Nachgang deren Ergebnisse

Ein wesentlicher Punkt ist, dass Kommunikation nicht nur eine Bringschuld darstellt, sondern auch das Zuhören beinhaltet. Organisationen müssen gewährleisten, dass ihre Mitarbeitenden Rückmeldungen geben können, beispielsweise wenn sie Sicherheitsprobleme feststellen oder Verbesserungsvorschläge haben. Ebenso wichtig ist die ernsthafte Berücksichtigung von Rückmeldungen von Kunden oder Aufsichtsbehörden und deren Einbeziehung in die Weiterentwicklung des ISMS.

Ein Beispiel ist in Abschnitt A.5, »Interne und externe Kommunikation«, zu finden.

6.5.5 NA 7.5 – Dokumentierte Information

> **7.5.1 Allgemeines**
>
> Das Informationssicherheitsmanagementsystem der Organisation muss beinhalten:
>
> a) die von diesem Dokument geforderte dokumentierte Information; und

b) dokumentierte Information, welche die Organisation als notwendig für die Wirksamkeit des Managementsystems bestimmt hat.

ANMERKUNG Der Umfang dokumentierter Information für ein Informationssicherheitsmanagementsystem kann sich von Organisation zu Organisation unterscheiden, und zwar aufgrund:

1) der Größe der Organisation und der Art ihrer Tätigkeiten, Prozesse, Produkte und Dienstleistungen;

2) der Komplexität der Prozesse und deren Wechselwirkungen; und

3) der Kompetenz der Personen.

7.5.2 Erstellen und Aktualisieren

Beim Erstellen und Aktualisieren dokumentierter Information muss die Organisation Folgendes sicherstellen:

a) angemessene Kennzeichnung und Beschreibung (z. B. Titel, Datum, Autor oder Referenznummer);

b) angemessenes Format (z. B. Sprache, Softwareversion, Graphiken) und Medium (z. B. Papier, elektronisches Medium); und

c) angemessene Überprüfung und Genehmigung im Hinblick auf Eignung und Angemessenheit.

7.5.3 Steuerung dokumentierter Information

Die für das Informationssicherheitsmanagementsystem erforderliche und von diesem Dokument geforderte dokumentierte Information muss gesteuert werden, um sicherzustellen, dass sie:

a) verfügbar und für die Verwendung geeignet ist, wo und wann sie benötigt wird; und

b) angemessen geschützt wird (z. B. vor Verlust der Vertraulichkeit, unsachgemäßem Gebrauch oder Verlust der Integrität).

Zur Steuerung dokumentierter Information muss die Organisation, falls zutreffend, folgende Tätigkeiten berücksichtigen:

c) Verteilung, Zugriff, Auffindung und Verwendung;

d) Ablage/Speicherung und Erhaltung, einschließlich Erhaltung der Lesbarkeit;

e) Überwachung von Änderungen (z. B. Versionskontrolle); und

f) Aufbewahrung und Verfügung über den weiteren Verbleib.

Dokumentierte Information externer Herkunft, die von der Organisation als notwendig für Planung und Betrieb des Informationssicherheitsmanagementsystems bestimmt wurde, muss angemessen gekennzeichnet und gesteuert werden.

> ANMERKUNG Zugriff kann eine Entscheidung voraussetzen, mit der die Erlaubnis erteilt wird, dokumentierte Information lediglich zu lesen, oder die Erlaubnis und Befugnis zum Lesen und Ändern dokumentierter Information usw.

Die Nachvollziehbarkeit ist für jedes Managementsystem von entscheidender Bedeutung. Fehlende Dokumentation führt dazu, dass im Zweifelsfall keine konsistente Anwendung oder Überprüfung möglich ist. Kapitel 7.5 der ISO/IEC 27001:2022 behandelt das Thema *dokumentierte Information* und definiert die Anforderungen an deren Erstellung, Steuerung und Pflege.

Die Norm definiert dokumentierte Informationen als alle Unterlagen, die für das ISMS erforderlich sind. Dazu gehören Vorgaben wie Richtlinien und Prozesse sowie Nachweise über deren Umsetzung in Form von Protokollen, Berichten oder Aufzeichnungen. Von Bedeutung ist, dass die Organisation nicht zufällig Dokumente erstellt, sondern gezielt bestimmt, welche Informationen erforderlich sind, um das Managementsystem effektiv zu betreiben und die Einhaltung der Normanforderungen nachweisen zu können.

Die Norm differenziert zwei Ebenen. Einerseits umfasst sie die Dokumentation des Systems, beispielsweise die Informationssicherheitspolitik, Risikoanalyseverfahren oder die Erklärung zur Anwendbarkeit. Andererseits gibt es Nachweise, die demonstrieren, dass das System tatsächlich funktioniert, wie beispielsweise Ergebnisse von internen Audits, Managementbewertungen oder Schulungsnachweise.

Ein zentrales Anliegen ist die *Steuerung dokumentierter Informationen*. Das bedeutet, dass festgelegt werden muss, wer für die Erstellung, Prüfung, Genehmigung und Verteilung von Dokumenten zuständig ist. Versionen und Modifikationen müssen nachvollziehbar sein, damit jederzeit ersichtlich ist, welche Dokumente aktuell gültig sind. Darüber hinaus sind auch die Aufbewahrung, der Schutz vor unbefugtem Zugriff und eine ordnungsgemäße Archivierung Teil der Steuerung.

Die ISO/IEC 27001 schreibt dabei keine bestimmte Form vor. Dokumentierte Informationen können in Papierform oder elektronisch vorliegen. Sie sind entweder in einem zentralen Managementsystem gespeichert oder über verschiedene Anwendungen verteilt. Entscheidend ist nicht die Form, sondern dass die Dokumente zugänglich, aktuell und zuverlässig sind.

Praxistipp

Im Internet sind zahlreiche Templates verfügbar. Darunter finden Sie gute, aber auch viele schlechte Vorlagen. Die Templates sind zwar eine Unterstützung, nehmen Ihnen aber die Arbeit nicht ab. Generische Dokumente können oft mit wenigen Anpassungen übernommen werden. Die Beschreibung der umgesetzten Sicherheitsmaßnahmen hingegen müssen Sie selbst erstellen.

In Abschnitt 8.3, »Mindestens notwendige Dokumente«, ist eine Liste aller von der Norm geforderten Dokumentationen zu finden.

6.6 NK 8 – Betrieb

Nachdem in Norm-Kapitel 6 die Planung und in Norm-Kapitel 7 die notwendige Unterstützung behandelt wurden, richtet sich der Blick in Norm-Kapitel 8 auf die operative Umsetzung des ISMS. Es geht darum, die geplanten Maßnahmen tatsächlich in die Praxis umzusetzen und sicherzustellen, dass sie im täglichen Geschäft wirksam angewendet werden.

Mit dem Begriff *Betrieb* wird in diesem Zusammenhang verlangt, dass Informationssicherheit nicht nur theoretisch behandelt, sondern im Alltag praktiziert und gesteuert wird. Dies umfasst die Umsetzung von Abläufen, die Einhaltung festgelegter Verfahren, die regelmäßige Kontrolle von Risiken und den strukturierten Umgang mit Änderungen. Der *Betrieb* beinhaltet präventive Maßnahmen sowie Reaktionen auf Sicherheitsvorfälle. Er stellt somit den dynamischen Teil des ISMS dar und zeigt, ob die Planung und Unterstützung tatsächlich Wirkung zeigen.

Das Norm-Kapitel 8 sorgt dafür, dass das ISMS nicht nur auf strategischer Ebene verankert ist, sondern auch operativ wirkt. Es fordert Organisationen dazu auf, ihre eigenen Risiken konsequent anzugehen, dokumentierte Verfahren anzuwenden und sich auf den Ernstfall vorzubereiten. Der Betrieb bildet somit das Herzstück des ISMS: Hier entscheidet sich, ob Informationssicherheit nur ein Papierkonzept bleibt oder zu einem gelebten System wird, das die Organisation tatsächlich schützt.

6.6.1 NA 8.1 – Betriebliche Planung und Steuerung

> Die Organisation muss die notwendigen Prozesse zur Erfüllung der Anforderungen und zur Durchführung der in Abschnitt 6 bestimmten Maßnahmen planen, verwirklichen und steuern, indem sie
>
> – Kriterien für die Prozesse festlegt;
>
> – die Steuerung der Prozesse in Übereinstimmung mit den Kriterien verwirklicht.
>
> Dokumentierte Information muss im erforderlichen Umfang verfügbar sein, damit darauf vertraut werden kann, dass die Prozesse wie geplant durchgeführt wurden.
>
> Die Organisation muss geplante Änderungen steuern sowie die Folgen unbeabsichtigter Änderungen überprüfen und, falls notwendig, Maßnahmen ergreifen, um jegliche negativen Auswirkungen zu vermindern.

> Die Organisation muss sicherstellen, dass extern bereitgestellte Prozesse, Produkte oder Dienstleistungen, die für das Informationssicherheitsmanagementsystem relevant sind, gesteuert werden.

In Kapitel 8.1 der ISO/IEC 27001:2022 wird von Organisationen verlangt, dass sie ihre sicherheitsrelevanten Prozesse planen, steuern und überwachen. Dadurch wird ein Zusammenhang zwischen der im 6. Norm-Kapitel beschriebenen Planung und ihrer praktischen Anwendung im Alltag hergestellt.

Ein wichtiger Aspekt ist es, Kriterien für die Prozesse zu definieren. Diese Kriterien legen fest, welche Leistungen ein Prozess erbringen soll, welche Ergebnisse zu erwarten sind und wie man deren Effektivität bewerten soll. Auf diese Weise können Organisationen garantieren, dass Prozesse nicht nur formal existieren, sondern auch zielgerichtet arbeiten und messbare Beiträge zu den Sicherheitszielen leisten. Vorgaben zur Reaktionszeit bei Sicherheitsvorfällen, Mindeststandards für die Qualität von Passwörtern oder definierte Prüfpunkte in Change-Management-Prozessen können mögliche Kriterien sein.

Darauf aufbauend fordert die Norm, dass die Prozesse gemäß den festgelegten Kriterien *gesteuert* werden. Das heißt, die Organisation legt nicht nur theoretische Standards fest, sondern überwacht auch aktiv, ob diese im Alltag eingehalten werden. Es ist notwendig, Abweichungen zu erkennen, zu bewerten und sie gegebenenfalls zu korrigieren. *Steuerung* umfasst daher nicht nur das Festlegen von Regeln, sondern auch einen kontinuierlichen Prozess der Überprüfung und Anpassung.

Schließlich betont der Norm-Abschnitt 8.1 die Notwendigkeit einer klaren *Dokumentation*. Organisationen müssen nachweisen können, dass Prozesse nicht nur geplant, sondern auch tatsächlich wie vorgesehen umgesetzt werden. Hierzu zählen Arbeitsanweisungen, Protokolle, Monitoring-Berichte und andere geeignete Dokumentationen.

6.6.2 NA 8.2 – Informationssicherheitsrisikobeurteilung

> Die Organisation muss in geplanten Abständen Informationssicherheitsrisikobeurteilungen vornehmen oder immer dann, wenn erhebliche Änderungen vorgeschlagen werden oder auftreten; dabei sind die in 6.1.2 a) festgelegten Kriterien zu berücksichtigen.
>
> Die Organisation muss dokumentierte Information über die Ergebnisse der Informationssicherheitsrisikobeurteilungen aufbewahren.

Dieser Norm-Abschnitt ist sehr kurz. In Norm-Abschnitt 6.1.2 wurden bereits die Kriterien definiert, die es nun umzusetzen gilt. Risiken sind in der Folge zu identifizieren und nach den definierten Kriterien zu bewerten.

Praxistipp

Risiken sollten nicht von einer Person allein oder durch die IT identifiziert werden. Möglichst viele Abteilungen sollten eingebunden sein. Vor allem sollten Personen beteiligt sein, die die Prozesse der verschiedenen Abteilungen kennen. Ein ideales Vorgehen ist, dies in Form eines gemeinsamen Risiko-Workshops durchzuführen.

Die Norm schreibt vor, dass die Risikobeurteilung in *geplanten Abständen* zu erfolgen hat. Was dies in der Praxis bedeutet, definiert die Norm hingegen nicht, sondern die Organisation muss selbst festlegen, in welchen Zyklen diese Beurteilungen durchgeführt werden. In der Praxis hat es sich etabliert, dies als jährlich zu verstehen. Ist ein Unternehmen ständig veränderten oder neuen Risiken ausgesetzt, sollte das Intervall verkürzt werden. Eine Verlängerung auf anderthalb oder mehr Jahre sollte vermieden werden. In den Audits wird ein großes Augenmerk auf den Umgang mit Risiken gelegt. Wird festgestellt, dass Risiken in längeren Zeitabständen nicht angeschaut wurden, könnte dies zu längeren Diskussionen führen oder es könnte sogar der gesamte Prozess infrage gestellt werden.

Die Norm verlangt darüber hinaus, dass die Risikobewertung auch bei *erheblichen Änderungen* durchgeführt wird. Damit sind Veränderungen gemeint, die potenziell einen erheblichen Einfluss auf die Informationssicherheit haben können. Beispiele hierfür sind die Einführung neuer IT-Systeme, das Auslagern kritischer Geschäftsprozesse an Dienstleister, organisatorische Umstrukturierungen, der Eintritt in neue Märkte oder Änderungen gesetzlicher Anforderungen.

6.6.3 NA 8.3 – Informationssicherheitsrisikobehandlung

> Die Organisation muss den Plan für die Informationssicherheitsrisikobehandlung umsetzen.
>
> Die Organisation muss dokumentierte Information über die Ergebnisse der Informationssicherheitsrisikobehandlung aufbewahren.

Die Organisation muss den Plan zur Behandlung von Informationssicherheitsrisiken umsetzen. Es reicht nicht aus, Risiken zu bewerten und einen Plan zu erstellen – die *Umsetzung* ist unbedingt erforderlich.

Im Risikobehandlungsplan wird für jedes Risiko festgelegt, welche Maßnahmen geplant sind, wer für deren Umsetzung zuständig ist, welche Ressourcen verwendet und in welchem Zeitrahmen sie umgesetzt werden sollen.

Es ist wichtig, dass die Organisation nachweisen kann, dass der Plan bzw. die Maßnahmen realisiert wurden. Es soll gezeigt werden, ob die umgesetzten Maßnahmen die Risiken tatsächlich auf das akzeptierte Niveau verringert haben. Nur so lässt sich feststellen, ob die Entscheidungen, die im Risikomanagement getroffen wurden, wirksam sind oder ob Anpassungen erforderlich sind.

6.7 NK 9 – Bewertung der Leistung

Der Erfolg eines ISMS zeigt sich erst bei regelmäßiger Überprüfung seiner Wirksamkeit. Das Norm-Kapitel 9 der ISO/IEC 27001:2022 widmet sich deshalb der Messung, Überwachung und Bewertung der Leistung des ISMS.

Die Norm fordert von Organisationen, geeignete Verfahren zu entwickeln, mit denen sie die Effektivität (das umfasst die Wirksamkeit, die Eignung und die Angemessenheit) ihres ISMS fortlaufend überprüfen können. Dabei geht es nicht nur um technische Kennzahlen, sondern auch um organisatorische und prozessuale Aspekte. Werden die Sicherheitsziele erreicht? Werden die festgelegten Abläufe wie vorgesehen umgesetzt? Werden Abweichungen rechtzeitig erkannt und korrigiert?

Die Bewertung der Leistung beinhaltet auch, Transparenz zu schaffen – sowohl für die interne Steuerung als auch für externe Stakeholder. Die Ergebnisse dieser Bewertungen sind die Basis für Verbesserungen, fördern das Vertrauen und liefern der obersten Führung die Informationen, die sie für weitere Entscheidungen benötigt.

6.7.1 NA 9.1 – Überwachung, Messung, Analyse und Bewertung

> Die Organisation muss bestimmen:
>
> a) was überwacht und gemessen werden muss, einschließlich der Informationssicherheitsprozesse und Maßnahmen;
>
> b) die Methoden zur Überwachung, Messung, Analyse und Bewertung, sofern zutreffend, um gültige Ergebnisse sicherzustellen. Die ausgewählten Methoden sollten zu vergleichbaren und reproduzierbaren Ergebnissen führen, um als gültig betrachtet zu werden;
>
> c) wann die Überwachung und Messung durchzuführen ist;
>
> d) wer überwachen und messen muss;
>
> e) wann die Ergebnisse der Überwachung und Messung zu analysieren und zu bewerten sind;
>
> f) wer diese Ergebnisse analysieren und bewerten muss.
>
> Dokumentierte Information muss als Nachweis der Ergebnisse verfügbar sein.
>
> Die Organisation muss die Informationssicherheitsleistung und die Wirksamkeit des Informationssicherheitsmanagementsystems bewerten.

Ein ISMS kann nicht nur allein durch Planung und Umsetzung gesteuert werden. Es ist notwendig, regelmäßig zu kontrollieren, ob die ergriffenen Maßnahmen tatsächlich effektiv sind und die gewünschten Ergebnisse liefern. Genau dafür ist der Norm-Abschnitt 9.1 da: Die Organisation muss geeignete Verfahren zur *Überwachung*, *Messung*, *Analyse* und *Bewertung* ihres ISMS implementieren.

Im Wesentlichen geht es um die systematische Erfassung von Daten, deren Auswertung und um die darauf basierende Entscheidungsfindung. Welche Kennzahlen oder Indikatoren verwendet werden müssen, ist in der Norm nicht festgelegt. Die Norm verlangt von der Organisation, dass sie selbst bestimmt, was überwacht und gemessen wird, wie die Messungen durchgeführt werden, wann sie stattfinden und wer dafür zuständig ist. Entscheidend ist, dass die gewählten Messgrößen geeignet sind, um die Wirksamkeit des ISMS objektiv zu bewerten.

Beispiele für solche Kennzahlen sind die Anzahl und Schwere von Sicherheitsvorfällen, die Ergebnisse interner Audits, die Erfüllung von Schulungsquoten, die Effektivität von Zugriffskontrollen oder die Reaktionszeiten im Notfallmanagement. Von Bedeutung ist, dass diese Werte nicht isoliert, sondern im Zusammenhang mit den Zielen der Organisation betrachtet werden. Nur so kann beurteilt werden, ob die angestrebten Verbesserungen erreicht wurden.

Es ist wichtig, die erhobenen Daten nicht nur zu sammeln, sondern auch zu analysieren und zu bewerten. Das bedeutet, die Organisation muss Trends erkennen, die Ursachen für Abweichungen untersuchen und Schlüsse für die Weiterentwicklung des ISMS ziehen. Die Norm verlangt mehr, als nur Zahlen ohne Analyse zusammenzustellen.

Auch die Dokumentation ist ein wesentlicher Aspekt. Die Organisation ist dafür verantwortlich, Nachweise dafür zu erbringen, dass die Überwachung und Messungen tatsächlich vorgenommen sowie die Ergebnisse bewertet wurden. Diese Nachweise sind sowohl für die interne Steuerung als auch für Audits und Managementreviews notwendig.

Praxistipp

Die ISO 27004 bietet eine Hilfestellung zur Messung von Maßnahmen. Mehr dazu ist in Kapitel 9, »Informationssicherheit messen«, zu finden.

6.7.2 NA 9.2 – Internes Audit

9.2.1 Allgemeines

Die Organisation muss in geplanten Abständen interne Audits durchführen, um Informationen darüber zur Verfügung zu stellen, ob das Informationssicherheitsmanagementsystem:

> a) folgende Anforderungen erfüllt:
>
> 1) die eigenen Anforderungen der Organisation an ihr Informationssicherheitsmanagementsystem;
>
> 2) die Anforderungen dieses Dokuments;
>
> b) wirksam verwirklicht und aufrechterhalten wird.
>
> **9.2.2 Internes Auditprogramm**
>
> Die Organisation muss ein oder mehrere Auditprogramme planen, aufbauen, verwirklichen und aufrechterhalten, einschließlich der Häufigkeit von Audits Methoden, Verantwortlichkeiten, Anforderungen an die Planung und Berichterstattung.
>
> Beim Aufbau des/der internen Auditprogramms/Auditprogramme muss die Organisation die Bedeutung der betroffenen Prozesse und die Ergebnisse vorheriger Audits berücksichtigen.
>
> Die Organisation muss:
>
> a) für jedes Audit die Auditkriterien sowie den Umfang festlegen;
>
> b) Auditoren so auswählen und Audits so durchführen, dass die Objektivität und Unparteilichkeit des Auditprozesses sichergestellt sind;
>
> c) sicherstellen, dass die Ergebnisse der Audits gegenüber der zuständigen Leitung berichtet werden.
>
> Dokumentierte Information muss als Nachweis der Umsetzung des Auditprogramms/der Auditprogramme und der Auditergebnisse verfügbar sein.

Das *interne Audit* ist eine wesentliche Grundlage für die Bewertung des ISMS. Abschnitt 9.2 der ISO/IEC 27001:2022 schreibt vor, dass Organisationen interne Audits in regelmäßigen Abständen durchführen müssen, um zu überprüfen, ob ihr Managementsystem den eigenen Vorgaben und den Normanforderungen gerecht wird. Das interne Audit ist somit ein zentrales Instrument zur Selbstkontrolle und bereitet zugleich auf externe Zertifizierungsaudits vor.

Die Zielsetzung von internen Audits umfasst zwei Aspekte: Einerseits müssen sie dafür sorgen, dass alles den Vorgaben der Organisation entsprechend umgesetzt wird, und so die Konformität gewährleisten. Auf der anderen Seite sollen sie die Wirksamkeit der umgesetzten Maßnahmen bewerten und prüfen, ob sie wirklich geeignet sind, die gesetzten Ziele in der Informationssicherheit zu erreichen. Ein Prozess kann auch dann ineffizient sein, wenn er formal korrekt dokumentiert ist. Genau an dieser Stelle setzt das interne Audit an.

Die Norm schreibt vor, dass Organisationen ein (oder mehrere) Auditprogramm(e) festlegen müssen. Dieses Programm legt fest, wie häufig Audits durchgeführt werden, welche Bereiche und Prozesse überprüft werden und nach welchen Kriterien dies erfolgt. Dabei sind die Bedeutung der jeweiligen Prozesse, die Resultate früherer Audits und die identifizierten Risiken zu berücksichtigen. Audits dürfen nicht willkürlich oder zufällig durchgeführt werden, sondern erfordern eine systematische Planung.

Die Unabhängigkeit der Auditoren ist ein wesentlicher Grundsatz. Die Personen, die einen Prozess auditieren, sollten nicht auch für diesen Prozess verantwortlich sein. Nur so kann sichergestellt werden, dass die Beurteilung objektiv und unbeeinflusst ist. In der Praxis bedeutet dies, dass entweder Auditoren aus anderen Abteilungen hinzugezogen werden oder dass speziell geschultes Personal eingesetzt wird, das eine gewisse Unabhängigkeit gewährleisten kann. Es ist ebenfalls möglich, eine externe Firma mit der Durchführung des internen Audits zu beauftragen. Deren Mitarbeiter haben einen neutralen Blick auf das ISMS und können dank ihrer Erfahrung und Expertise Möglichkeiten zur Verbesserung aufzeigen.

Die Ergebnisse von internen Audits sind festzuhalten und den zuständigen Entscheidungsträgern mitzuteilen. Bei festgestellten Abweichungen sind Korrekturmaßnahmen einzuleiten und ist deren Umsetzung zu überwachen. Interne Audits sind also nicht nur ein Kontrollinstrument; sie sind auch ein Werkzeug für den kontinuierlichen Verbesserungsprozess.

Hinweis

Verwechseln Sie nicht die Begriffe *Audit-Programm* und *Audit-Plan*. Ein *Audit-Programm* ist die übergeordnete Planung aller internen Audits innerhalb einer Organisation – meist für ein Jahr oder einen längeren Zeitraum. Es beschreibt das »Was, wann und wie oft«:

- Welche Bereiche, Prozesse oder Standorte sollen auditiert werden?
- In welchen Zeitabständen sollen die Audits durchgeführt werden?
- Welche Ressourcen (z. B. Auditoren, Zeit, Budget) werden benötigt?
- Welche Kriterien gelten für die Auswahl und Priorisierung (z. B. risikobasierte Schwerpunkte oder Ergebnisse früherer Audits)?

Das Audit-Programm ist also ein strategischer Rahmen, der sicherstellt, dass das gesamte ISMS regelmäßig und angemessen überprüft wird.

Der *Audit-Plan* hingegen ist die detaillierte Planung für ein einzelnes Audit. Er beschreibt das »Wie genau«, also:

- den konkreten Audit-Termin oder -Zeitraum
- welche Prozesse, Abteilungen oder Systeme im Audit geprüft werden
- den Ablauf, die Methoden und die Verantwortlichkeiten während des Audits.
- welche Dokumente und Nachweise benötigt werden
- wer interviewt oder beobachtet wird

Der Audit-Plan ist also ein operatives Dokument, das Auditoren und auditierten Bereichen eine klare Orientierung gibt, wie das einzelne Audit durchgeführt wird.

Audits können in unterschiedlicher Form auftreten, je nachdem, wer sie durchführt und welchem Ziel sie dienen:

- Die wichtigste und zugleich verpflichtende Form ist das **interne Audit**, das von der Organisation selbst durchgeführt wird. Es dient dazu, zu überprüfen, ob das ISMS sowohl die Anforderungen der ISO/IEC 27001 als auch die eigenen internen Vorgaben erfüllt. Solche Audits finden regelmäßig statt, meist jährlich.
- Daneben gibt es das **externe Audit**, das häufig von Kunden oder Partnern initiiert wird. Sein Ziel ist es, sicherzustellen, dass vertragliche oder regulatorische Anforderungen eingehalten werden. Typische Beispiele sind Lieferantenaudits, bei denen geprüft wird, ob ein Dienstleister über angemessene Sicherheitsmaßnahmen verfügt. Es kann auch sein, dass Lieferanten und Partner einer Organisation fordern, bei der Organisation ein Audit durchzuführen..
- Das wohl bekannteste Audit ist das **Zertifizierungsaudit**, das von einer unabhängigen und akkreditierten Zertifizierungsstelle durchgeführt wird. Es dient dem offiziellen Nachweis, dass das ISMS den Anforderungen der ISO/IEC 27001 entspricht. Mehr dazu folgt in Kapitel 10, »Audits«.
- Ergänzend dazu können **Compliance-Audits** durchgeführt werden, die den Schwerpunkt auf gesetzliche oder regulatorische Anforderungen legen, etwa auf die Datenschutz-Grundverordnung. Auch hier kann die Durchführung sowohl durch interne als auch durch externe Auditoren erfolgen.
- Darüber hinaus existieren **technische** oder **fachspezifische Audits**, die sich gezielt auf bestimmte Sicherheitsmaßnahmen oder Prozesse konzentrieren. So kann beispielsweise ein Audit zum Incident-Management oder zur Backup-Strategie durchgeführt werden, um die Wirksamkeit einzelner Kontrollen zu prüfen. Auch zählen Penetration-Tests oder Security-Audits dazu.

6.7.3 NA 9.3 – Managementbewertung

> **9.3.1 Allgemeines**
>
> Die oberste Leitung muss das Informationssicherheitsmanagementsystem der Organisation in geplanten Abständen bewerten, um dessen fortdauernde Eignung, Angemessenheit und Wirksamkeit sicherzustellen.
>
> **9.3.2 Eingaben für die Managementbewertung**
>
> Die Managementbewertung muss folgende Aspekte behandeln:
>
> a) den Status von Maßnahmen vorheriger Managementbewertungen;

b) Veränderungen bei externen und internen Themen, die das Informationssicherheitsmanagementsystem betreffen;

c) Veränderungen bei den Erfordernissen und Erwartungen von interessierten Parteien, die das Informationssicherheitsmanagementsystem betreffen;

d) Rückmeldung über die Informationssicherheitsleistung, einschließlich Entwicklungen bei:

1) Nichtkonformitäten und Korrekturmaßnahmen;

2) Ergebnissen von Überwachungen und Messungen;

3) Auditergebnissen;

4) Erreichung von Informationssicherheitszielen;

e) Rückmeldung von interessierten Parteien;

f) Ergebnissen der Risikobeurteilung und Status des Risikobehandlungsplans;

g) Möglichkeiten zur fortlaufenden Verbesserung.

9.3.3 Ergebnisse der Managementbewertung

Die Ergebnisse der Managementbewertung müssen Entscheidungen zu Möglichkeiten der fortlaufenden Verbesserung sowie jeglichen Änderungsbedarf am Informationssicherheitsmanagementsystem enthalten.

Dokumentierte Information muss als Nachweis der Ergebnisse von Managementbewertungen verfügbar sein.

Damit ein ISMS dauerhaft wirksam sein kann, muss die oberste Leitung es regelmäßig überprüfen und steuern. Diese Aufgabe wird in Abschnitt 9.3 der ISO/IEC 27001:2022 behandelt. Dort wird eine *Managementbewertung* gefordert, die eine strukturierte, dokumentierte und regelmäßige Überprüfung des ISMS durch das Top-Management umfasst.

Mithilfe der Managementbewertung soll die fortdauernde Angemessenheit, Eignung und Wirksamkeit des ISMS sichergestellt werden. Während interne Audits Schwachstellen und Abweichungen eher auf der operativen Ebene aufdecken, konzentriert sich die Managementbewertung auf die strategische Ebene. Sie ermöglicht es der Leitung zu überprüfen, ob das System die Unternehmensziele unterstützt, ob es an die aktuellen Rahmenbedingungen angepasst ist und ob ausreichend Ressourcen vorhanden sind.

Die Norm schreibt vor, dass diese Bewertungen in festgelegten Intervallen erfolgen müssen. Oft wird ein jährlicher Zyklus gewählt, häufig in Verbindung mit dem Jahresabschluss oder der strategischen Unternehmensplanung. Der Zeitpunkt wird von der Organisation festgelegt, solange gewährleistet ist, dass die Überprüfung kontinuierlich und nicht nur anlassbezogen stattfindet.

Die Managementbewertung umfasst verschiedene inhaltliche Aspekte: Dazu zählen die Ergebnisse interner und externer Audits, Rückmeldungen von Stakeholdern, das Erreichen der festgelegten Ziele zur Informationssicherheit, der Fortschritt bei Maßnahmen aus vorangegangenen Managementbewertungen sowie Änderungen im internen oder externen Umfeld. Auch die Einschätzung von Vorfällen, Risiken und Chancen fließt in die Analyse ein. So wird sichergestellt, dass der Leitung ein umfassendes Bild vom Zustand des ISMS vorliegt.

Praxistipp

Wichtig ist, dass kein geforderter Punkt aus der Norm weggelassen wird. Sollte zu einem Punkt nichts vorliegen, wird dies so vermerkt. Ansonsten wird der Eindruck erweckt, dass etwas vergessen oder bewusst oder unbewusst weggelassen wurde. Dies kann bei Zertifizierungsaudits zu einer Nichtkonformität führen.

Von Bedeutung ist, dass die Managementbewertung nicht nur eine Rückschau bietet, sondern auch konkrete Entscheidungen und Maßnahmen hervorbringt. Dies umfasst unter anderem die Anpassung der Informationssicherheitspolitik, die Bereitstellung zusätzlicher Ressourcen, die Modifikation von Zielvorgaben oder die Priorisierung neuer Maßnahmen. Um sicherzustellen, dass die beschlossenen Verbesserungen umgesetzt werden, müssen die Ergebnisse dokumentiert und den zuständigen Stellen mitgeteilt werden.

Praxistipp

Es lohnt sich, die Managementbewertung nicht nur einmal pro Jahr durchzuführen, sondern regelmäßiger. Es bieten sich monatliche Treffen oder Jour-Fixe-Termine an. Diese müssen selbstverständlich nicht immer alle Punkte enthalten, sondern aktuelle Rückmeldungen und Vorfälle. In die Managementbewertung sollten Aussagen zur aktuellen Bedrohungslage wie auch geänderte Dokumente einfließen.

6.8 NK 10 – Verbesserung

Kein Managementsystem ist jemals vollkommen. Die Informationssicherheit ist dynamisch und entwickelt sich kontinuierlich weiter, um technologischen Entwicklungen, neuen gesetzlichen Anforderungen und sich verändernden Bedrohungslagen gerecht zu werden. Kapitel 10 der ISO/IEC 27001:2022 trägt diesem Umstand Rechnung und widmet sich dem Thema Verbesserung.

Die Norm verlangt, dass Organisationen ihr ISMS als einen fortlaufenden Verbesserungsprozess betrachten und nicht als ein statisches System. Anomalien, Schwächen oder Fehler sind keine Mängel; sie sind Chancen, die Sicherheit zu verbessern und Abläufe zu optimieren.

In diesem Zusammenhang bedeutet *Verbesserung*, aus den Ergebnissen von Überwachung, Audits und Managementbewertungen konkrete Maßnahmen abzuleiten. Dies umfasst die systematische Behandlung von Nichtkonformitäten, die Einleitung von Korrekturmaßnahmen und die Gewährleistung, dass ähnliche Probleme in Zukunft nicht mehr auftreten. Zudem ist es wichtig, Chancen aktiv zu nutzen, um das ISMS leistungsfähiger und robuster zu gestalten.

Kapitel 10 schließt den PDCA-Zyklus ab. Nach Planung, Umsetzung und Überprüfung folgt nun das Handeln. Damit wird der Kreislauf geschlossen, der sicherstellt, dass das ISMS nicht nur aufrechterhalten, sondern auch kontinuierlich weiterentwickelt wird.

6.8.1 NA 10.1 – Fortlaufende Verbesserung

> Die Organisation muss die Eignung, Angemessenheit und Wirksamkeit des Informationssicherheitsmanagementsystems fortlaufend verbessern.

Jedes Managementsystem kann kontinuierlich verbessert werden. Die Sicherheit von Informationen sollte nicht als eine Aufgabe betrachtet werden, die nach der Einführung einmalig erledigt wurde, sondern als einen kontinuierlichen Prozess.

Mit *fortlaufender Verbesserung* ist gemeint, dass praktische Erfahrungen, Audit-Ergebnisse, Erkenntnisse aus der Überwachung sowie Rückmeldungen von Mitarbeitenden und interessierten Parteien aktiv genutzt werden, um das System effektiver und effizienter zu gestalten. Jede Abweichung, jeder Vorfall und jede neue Anforderung bieten Anreize zur Verfeinerung des ISMS.

Es geht nicht nur darum, erkannte Schwächen zu beheben, sondern auch Chancen zu nutzen. Das Sicherheitsniveau kann durch neue Technologien, verbesserte Prozesse oder optimierte Trainingsansätze insgesamt angehoben werden. Die Verbesserung geschieht also nicht nur reaktiv, sondern auch proaktiv: Aktiv wird nach Wegen gesucht, um das ISMS an neue Rahmenbedingungen anzupassen und es weiterzuentwickeln.

Praxistipp

Alle Mitarbeitenden sowie auch Externe können und sollen zusätzliche Verbesserungen am Managementsystem vorschlagen. Dazu kann auch ein Vorschlagsbriefkasten eingerichtet werden.

Änderungen am ISMS sollten immer über den Change-Prozess erfolgen.

6.8.2 NA 10.2 – Nichtkonformität und Korrekturmaßnahmen

> Wenn eine Nichtkonformität auftritt, muss die Organisation:
>
> a) darauf reagieren und, falls zutreffend:
>
> 1) Maßnahmen zur Überwachung und zur Korrektur ergreifen;
>
> 2) mit den Folgen umgehen;
>
> b) die Notwendigkeit von Maßnahmen zur Beseitigung der Ursachen von Nichtkonformitäten bewerten, damit diese nicht erneut oder an anderer Stelle auftreten, und zwar durch:
>
> 1) Überprüfen der Nichtkonformität;
>
> 2) Bestimmen der Ursachen der Nichtkonformität; und
>
> 3) Bestimmen, ob vergleichbare Nichtkonformitäten bestehen oder möglicherweise auftreten könnten;
>
> c) jegliche erforderliche Maßnahme einleiten;
>
> d) die Wirksamkeit jeglicher ergriffener Korrekturmaßnahme überprüfen; und
>
> e) sofern erforderlich, das Informationssicherheitsmanagementsystem ändern.
>
> Korrekturmaßnahmen müssen den Auswirkungen der aufgetretenen Nichtkonformitäten angemessen sein.
>
> Dokumentierte Information muss verfügbar sein als Nachweis:
>
> f) der Art der Nichtkonformität sowie jeder daraufhin getroffenen Maßnahme;
>
> g) der Ergebnisse jeder Korrekturmaßnahme.

Kein System ist fehlerfrei und auch in einem ISMS wird es immer wieder Abweichungen von den Vorgaben geben. In der ISO/IEC 27001:2022 werden diese nicht als Misserfolg, sondern als Chance zur Optimierung betrachtet. Aus diesem Grund befasst sich der Norm-Abschnitt 10.2 mit dem strukturierten Umgang mit Nichtkonformitäten und den daraus abzuleitenden Korrekturmaßnahmen.

Die Norm definiert eine *Nichtkonformität* als jede Abweichung von den festgelegten Anforderungen – unabhängig davon, ob es sich um die Vorgaben der ISO/IEC 27001, gesetzliche oder vertragliche Verpflichtungen oder interne Richtlinien und Verfahren handelt. Eine Nichtkonformität umfasst alles von formalen Mängeln in der Dokumentation und technischen Schwächen bis zu gravierenden sicherheitsrelevanten Vorfällen. Wichtig ist, dass diese Abweichungen identifiziert, dokumentiert und systematisch behoben werden.

Hinweis

Obwohl die Norm keinen Hinweis auf die Einstufung gibt, werden Nichtkonformitäten oft in zwei Stufen unterteilt: in *kritische* und *geringfügige*. Tabelle 6.4 unterstützt Sie bei der Einstufung von Nichtkonformitäten.

Merkmal	Geringfügige Nichtkonformität	Kritische Nichtkonformität
Schwere der Auswirkung	Hat einen minimalen Einfluss auf die Wirksamkeit des ISMS.	Hat eine erhebliche Auswirkung auf die Wirksamkeit des ISMS.
Wahrscheinlichkeit des Auftretens	Isolierter Vorfall oder einmaliges Vorkommnis	Systemisches Problem, das zu ernsthaften Informationssicherheitsrisiken führen könnte
Behebung	Relativ schnell und einfach	Sofortige Abhilfemaßnahmen erforderlich
Auswirkung auf die Zertifizierung	Sollte die Zertifizierung nicht beeinträchtigen.	Kann die Zertifizierung beeinträchtigen.

Tabelle 6.4: Merkmale und Beschreibung von Nichtkonformitäten

Zunächst ist eine sofortige Reaktion auf die Nichtkonformität notwendig. Die Organisation muss handeln, um unmittelbare Auswirkungen zu begrenzen und das Risiko zusätzlicher Schäden zu verringern. Anschließend soll eine Analyse der Ursachen erfolgen. Das Ziel besteht darin, nicht nur das Symptom zu beheben, sondern auch die tatsächliche Ursache zu identifizieren, beispielsweise fehlende Schulungen, unklare Prozesse oder unzureichende technische Schutzmaßnahmen. Die Ursache kann durch die *5-Why-Methode* (siehe *https://de.wikipedia.org/wiki/5-Why-Methode*) bestimmt werden. Dazu wird so lange »Warum« gefragt, bis die Ursache eingegrenzt wurde (es kann auch mehr als fünf »Warum«-Fragen erfordern).

Auf Basis dieser Analyse sind Korrekturmaßnahmen zu definieren und durchzuführen. Mit diesen Maßnahmen soll eine dauerhafte Beseitigung der Ursachen erreicht und ein erneuter Fall von Nichtkonformität verhindert werden. Zudem ist zu überprüfen, ob vergleichbare Risiken in anderen Bereichen vorliegen und ob Anpassungen notwendig sind.

Folgende Fragen sollten beantwortet werden:

- Was sollte getan werden, um das Problem zu beheben?
- Wer sollte für die Durchführung verantwortlich sein?
- Wann und wie oft sollte die Korrektur durchgeführt werden?

- Wie sollte die Dokumentation der Korrektur erfolgen?
- Wie kann sichergestellt werden, dass diese Korrektur eine Wiederholung des Vorfalls verhindert?

Außerdem fordert die Norm eine Einschätzung der Wirksamkeit. Es genügt nicht, Maßnahmen zu ergreifen: Um sicherzustellen, dass das Problem tatsächlich gelöst wurde, müssen die Maßnahmen überprüft werden. Dazu ist es notwendig, alle Schritte zu dokumentieren – von der Feststellung der Nichtkonformität über die Ursachenanalyse bis zur Wirksamkeitsprüfung.

Praxistipp

Werden in einem Zertifizierungsaudit Nichtkonformitäten festgestellt, muss das Unternehmen schriftlich Stellung dazu nehmen. Der Auditor gibt danach eine Frist zur Behebung vor. Die Behebung inklusive Wirksamkeitsprüfung muss zu einem definierten Zeitpunkt mitgeteilt werden.

Bei kritischen Nichtkonformitäten erfolgt oft ein zusätzliches Audit, bei dem nur diese Behebung geprüft wird. Bei geringfügigen Nichtkonformitäten erfolgt die Umsetzungskontrolle beim nächsten geplanten Audit.

Kapitel 7

Die Anhänge der ISO 27001: die Controls A.5 bis A.8

Der Anhang A der ISO/IEC 27001:2022 ist ein normativer Bestandteil der Norm und enthält insgesamt 93 Maßnahmen zur Behandlung von Informationssicherheitsrisiken. Diese Maßnahmen sind in vier Kapitel gegliedert, die sich mit organisatorischen, personellen, physischen und technologischen Sicherheitsaspekten befassen.

Anhang A der ISO/IEC 27001:2022 ist das Hauptinstrument für konkrete Maßnahmen zur Informationssicherheit. Während die Hauptabschnitte der Norm vor allem die Anforderungen an den Aufbau, den Betrieb und die Verbesserung des ISMS beschreiben, bietet Anhang A eine normative Referenzliste von Maßnahmen, an der sich Organisationen bei der Risikobehandlung orientieren müssen.

Der Anhang umfasst in seiner derzeitigen Version 93 Maßnahmen und bietet damit einen Rahmen für ein effektives Sicherheitsmanagement. Diese Maßnahmen sind nicht willkürlich ausgewählt, sondern in eine logische Struktur mit vier Bereichen unterteilt. Die Maßnahmen, im Englischen als *Controls* bezeichnet, wurden in die folgenden Kapitel unterteilt:

- A5: Organisatorische Maßnahmen, insgesamt 37 Maßnahmen
- A6: Personenbezogene Maßnahmen, insgesamt 8 Maßnahmen
- A7: Physische Maßnahmen, insgesamt 14 Maßnahmen
- A8: Technologische Maßnahmen, insgesamt 34 Maßnahmen

Hier ist zunächst eine kurze Übersicht über die vier Anhang-Kapitel:

- **Anhang-Kapitel 5 – Organisatorische Maßnahmen**

  In diesem Kapitel finden Sie die Maßnahmen, die sich mit der Steuerung, der Struktur und der übergeordneten Organisation der Informationssicherheit befassen. Dazu gehören etwa Richtlinien, Rollen und Verantwortlichkeiten, das Management von Projekten, die Beziehung zu Lieferanten oder die Steuerung im Fall von Vorfällen. Der Fokus liegt hier auf Governance, strategischer Steuerung und organisatorischem Rahmenwerk.

- **Anhang-Kapitel 6 – Personenbezogene Maßnahmen**

  Dieses Anhang-Kapitel widmet sich dem Faktor Mensch. Die hier aufgeführten Maßnahmen stellen sicher, dass Mitarbeitende und andere Beteiligte ihre Rolle im Bereich der Informationssicherheit verstehen und entsprechend handeln. Dazu gehören Anforderungen an die Schulung, Sensibilisierung, das Management von Rollenwechseln oder das Verhalten bei Beendigung von Arbeitsverhältnissen. Das Ziel ist es, das Sicherheitsbewusstsein und die Kompetenz der Menschen zu fördern.

- **Anhang-Kapitel 7 – Physische Maßnahmen**

  Hier werden Maßnahmen beschrieben, die den Schutz von Gebäuden, Anlagen und physischen Ressourcen sicherstellen. Dazu zählen Zutrittskontrollen, der Schutz von Einrichtungen gegen physische und umweltbedingte Bedrohungen, der Umgang mit Arbeitsplätzen oder die Sicherung von Geräten.

- **Anhang-Kapitel 8 – Technologische Maßnahmen**

  Das letzte Kapitel des Norm-Anhangs befasst sich mit technischen Kontrollen, die in IT-Systemen umgesetzt werden. Dazu gehören Maßnahmen zur Zugriffskontrolle, zur Kryptografie, zur Netzwerksicherheit, zur Systemhärtung, zur Protokollierung oder zur Überwachung. Hier liegt der Fokus darauf, durch technische Lösungen die Vertraulichkeit, Integrität und Verfügbarkeit von Informationen sicherzustellen.

Jede Maßnahme wird in die folgenden Unterkapitel aufgegliedert:

- **Maßnahmenüberschrift:** Kurzbezeichnung der Maßnahme
- **Attribut-Tabelle:** Die Tabelle zeigt die Werte der einzelnen Attribute für die jeweilige Maßnahme.
- **Maßnahme:** Hier wird beschrieben, wie die Maßnahme aussieht.
- **Zweck:** Hier wird erklärt, warum die Maßnahme umgesetzt werden sollte.
- **Anleitung:** Hier erfahren Sie, wie die Maßnahme umgesetzt werden sollte.
- **Weitere Informationen:** An dieser Stelle stehen erläuternder Text oder Verweise auf andere Dokumente oder Normen.

7.1 Die Attribut-Tabelle

Im Rahmen der letzten Revision im Jahr 2022 wurde in der ISO 27002 eine Attribut-Tabelle eingeführt, die den Maßnahmen eine zusätzliche Dimension verleiht. Sie kann beispielsweise so wie in Abbildung 7.1 aussehen.

Maßnahmenart	Informationssicherheitseigenschaften	Konzepte zur Cybersicherheit	Betriebsfähigkeit	Sicherheitsdomänen
#Präventiv	#Vertraulichkeit #Integrität #Verfügbarkeit	#Identifizieren	#Governance	#Governance_und_Ökosystem #Resilienz

Abbildung 7.1: Attribut-Tabelle am Beispiel von Maßnahme A.5.1 »Informationssicherheitspolitik und -richtlinien«

Die Attribut-Tabelle ermöglicht einen zusätzlichen Blick auf die Maßnahmen, während sie in den früheren Versionen von Anhang A nur nach Kategorien und Kapiteln strukturiert waren. Alle Maßnahmen bekommen neue Merkmale, die eine erleichterte Kategorisierung, Priorisierung und praktische Anwendung ermöglichen.

Die Tabelle umfasst fünf Attribute:

- **Maßnahmenart:** Dieses Attribut beschreibt die grundlegende Art der Maßnahme, also ob sie **präventiv**, **detektiv** oder **korrektiv** wirkt. Damit wird erkennbar, ob eine Maßnahme vorrangig darauf abzielt, Vorfälle zu verhindern, diese zu erkennen oder auf sie zu reagieren.
- **Informationssicherheitseigenschaften:** Dieses Attribut ordnet die Maßnahme einem oder mehreren der bekannten Schutzziele zu: **Vertraulichkeit**, **Integrität** oder **Verfügbarkeit**. Dadurch lässt sich besser nachvollziehen, welchen Aspekt der Informationssicherheit die Maßnahme besonders adressiert.
- **Konzepte zur Cybersicherheit:** Dieses Attribut klassifiziert die Maßnahme anhand gängiger Sicherheitsprinzipien in **Identifizieren**, **Schützen**, **Erkennen**, **Reagieren** und **Wiederherstellen**. Damit orientiert sich die Norm auch stärker an Rahmenwerken wie dem *NIST Cybersecurity Framework*. Ebenso gibt es eine Verknüpfung mit der ISO/IEC TS 27110:2021 mit dem Titel: »Information technology, cybersecurity and privacy protection – Cybersecurity framework development guidelines«.
- **Betriebsfähigkeit:** Dieses Attribut zeigt, in welchem Kontext die Maßnahme am wirksamsten ist: auf der organisatorischen Ebene, im Betrieb, im technologischen Bereich oder im Zusammenspiel mehrerer Ebenen. Die Attributwerte umfassen:
  - **Governance**
  - **Asset Management**
  - **Informationsschutz**
  - **Sicherheit der Humanressourcen**
  - **Physische Sicherheit**
  - **System- und Netzwerksicherheit**
  - **Anwendungssicherheit**
  - **Sichere Konfiguration**
  - **Identitäts- und Zugangsverwaltung**
  - **Bedrohungs- und Schwachstellenmanagement**
  - **Aufrechterhaltung**
  - **Lieferantenbeziehungen**
  - **Recht und Compliance**
  - **Handhabung von Informationssicherheitsereignissen**
  - **Vertrauenswürdigkeit in Bezug auf die Informationssicherheit**

Mit der Betriebsfähigkeit wird eine Verbindung zur ISO 27001:2013 hergestellt. In dieser Ausgabe waren es 114 Maßnahmen, die in 14 Kapitel unterteilt waren. Jedoch ist es nun möglich, eine Maßnahme nicht nur einer Betriebsfähigkeit zuzuweisen.

Hinweis

Einige Übersetzungen sind etwas seltsam oder nicht selbsterklärend. Anstelle von »Humanressourcen« wird normalerweise von »Personalsicherheit« gesprochen. Solche missverständlichen Übersetzungen sind an weiteren Stellen zu finden.

- **Sicherheitsdomänen:** Dieses Attribut gruppiert die Maßnahmen in vier thematische Domänen: **Governance und Ökosystem**, **Schutz**, **Verteidigung** und **Resilienz**. Das erleichtert die Verknüpfung mit bestimmten Verantwortlichkeiten im Unternehmen. Die Norm führt weiter aus:

  Governance und Ökosystem umfasst:

  - Governance und Risikomanagement für die Sicherheit von Informationssystemen
  - Cybersicherheitsmanagement im Ökosystem (einschließlich interner und externer interessierter Parteien)

  Schutz umfasst:

  - IT-Sicherheitsarchitektur
  - IT-Sicherheitsverwaltung
  - Identitäts- und Zugangsverwaltung
  - IT-Sicherheitswartung
  - physische und umgebungsbezogene Sicherheit

  Verteidigung umfasst:

  - Erkennung
  - Management von Computersicherheitsvorfällen

  Resilienz umfasst:

  - Betriebskontinuität
  - Krisenmanagement

7.1.1 Praxisbeispiel

Die Maßnahme A.5.15 »Zugangssteuerung« verlangt, dass der Zugang zu Informationen und anderen damit verbundenen Werten auf der Grundlage von Geschäfts- und Informationssicherheitsanforderungen aufgestellt und umgesetzt wird. Damit wird sichergestellt, dass nur autorisierte Nutzer oder Dienste Zugriff erhalten.

In der Attribut-Tabelle ist diese Maßnahme mit folgenden Eigenschaften versehen:

- **Kontrolltyp: Präventiv**

  Das Ziel ist es, unbefugten Zugriff von vornherein zu verhindern und sicherzustellen, dass nur Berechtigte Zugriff auf Systeme und Daten erhalten.

- **Informationssicherheitseigenschaft: Vertraulichkeit, Integrität und Verfügbarkeit**

  Die Maßnahme schützt die Vertraulichkeit, indem sie unberechtigte Einsicht verhindert, und die Integrität, indem unbefugte Änderungen ausgeschlossen werden. Die Verfügbarkeit stellt sicher, dass der Zugang dann möglich ist, wenn er benötigt wird.

- **Konzepte zur Cybersicherheit: Schützen**

  Die Zugangssteuerung gehört zum Konzept »Schützen«, da sie Informationen und Systeme aktiv gegen unbefugten Zugriff absichert.

- **Betriebsfähigkeit: Identitäts- und Zugangsverwaltung**

  Die Umsetzung erfolgt über organisatorische und technische Verfahren im Bereich des Identitäts- und Zugriffsmanagements, etwa durch Berechtigungsmodelle, Rollenmanagement oder zentrale IAM-Systeme.

- **Sicherheitsdomäne: Schutz**

  Diese Maßnahme ist Teil der »Schutz«-Domäne, da sie einen grundlegenden Mechanismus zur Abwehr von Bedrohungen darstellt.

Praxistipp

Anhang A der ISO 27001 ist normativ. Das heißt, die in ihm geforderten Maßnahmen müssen umgesetzt oder begründet abgelehnt werden. Dies ergibt sich auch bereits aus der Anforderung aus dem Norm-Abschnitt 6.1.3.d, welche die Erstellung einer Erklärung zur Anwendbarkeit der Maßnahmen aus Anhang A verlangt.

Jede der 93 Maßnahmen ist in nur einem einzigen Satz beschrieben – auch wenn so ein Satz hin und wieder sehr lang ausfallen kann. Nicht immer erschließt sich aus diesem Satz, was genau zu tun ist.

An dieser Stelle kommt die ISO 27002 ins Spiel. In ihr wird jede Maßnahme ausführlich beschrieben. Teilweise sind auch Beispiele aufgeführt. Die Umsetzung ist aber informativ. Die Maßnahmen müssen nicht exakt so umgesetzt werden. Jede Organisation kann selbst bestimmen, wie sie die Anforderung erfüllen möchte.

Praxistipp

Zu Verwirrung führt immer wieder der Umstand, dass in der ISO 27001 jeder Maßnahmen-Satz das Modalverb »muss« enthält, während die ISO 27002 das Verb »sollte« verwendet. Dies hängt damit zusammen, dass die ISO 27001 normativ (also verbindlich), die ISO 27002 aber informativ ist.

Warum beginnen aber die Themen bei Kapitel 5, wo sind die Kapitel 1 bis 4 in Anhang A zu finden? Die Antwort liegt in der Struktur der ISO 27002. Die Norm enthält die gleichen Basiskapitel »Anwendungsbereich«, »Normative Verweise« und »Begriffsdefinitionen«, bevor mit den Maßnahmen begonnen wird.

Insgesamt wurden 38 neue Begriffe hinzugefügt (jeweils auf Englisch und Deutsch):

- access control, asset, attack, authentication, authenticity, chain of custody, confidential information, control , disruption, endpoint device, entity, information processing facility, information security breach, information security event, information security incident, information security incident management, information system, interested party (preferred term) / stakeholder (admitted term), non-repudiation, personnel, personally identifiable information PII, PII principal, PII processor, Policy, privacy impact assessment PIA, procedure, process, record, recovery point objective RPO, recovery time objective RTO, reliability, rule, sensitive information, threat, topic-specific policy, user, vulnerability
- Zugangssteuerung, Wert, Angriff, Authentisierung, Authentizität, Kontrollkette, vertrauliche Informationen, Steuerung, Störung, Endpunktgerät, Entität, informationsverarbeitende Einrichtung, Informationssicherheitsverletzung, Informationssicherheitsereignis, Informationssicherheitsvorfall, Handhabung von Informationssicherheitsvorfällen, Informationssystem, interessierte Partei, Anspruchsgruppe, Nichtabstreitbarkeit, Personal, personenbezogene Daten, Betroffene/r, Auftragsdatenverarbeiter, Politik, Datenschutz-Folgenabschätzung, Verfahren, Prozess, Aufzeichnung, Wiederherstellungspunkt, Wiederherstellungsdauer, Zuverlässigkeit, Regel, sensible Informationen, Bedrohung, themenspezifische Richtlinie, Benutzer, Endpunktgerät des Benutzers, Schwachstelle

Neu im Norm-Kapitel 3 ist zudem die Einführung von Abkürzungen. Dies war bisher nicht der Fall. In der englischen Version sind es 33, in der deutschen sind es 45 Begriffe.

Im Norm-Kapitel 4 werden anschließend der Aufbau und die Struktur des Dokuments beschrieben. Die eigentlichen Maßnahmen folgen ab Norm-Kapitel 5. Die Zahlen sind damit bei der ISO 27001 und der ISO 27002 identisch, was eine einfache Zuordnung ermöglicht.

7.2 NK A.5 – Organisatorische Maßnahmen

Technische und physische Kontrollen sind zwar wichtige Elemente, doch der Grundstein wird auf der Ebene von Strukturen, Prozessen und Verantwortlichkeiten gelegt. Durch die organisatorischen Maßnahmen stellen Organisationen die nötigen Regeln und Rahmenbedingungen her, um Informationssicherheit systematisch in der gesamten Unternehmung zu verankern.

Das Anhang-Kapitel A.5 beinhaltet insgesamt 37 Maßnahmen, die ein breites Spektrum abdecken. Zu den relevanten Themen zählen unter anderem folgende Punkte:

- Richtlinien und Rollen,
- der Umgang mit Lieferanten,
- Sicherheit im Projektmanagement,
- Incident-Prevention,
- der sichere Betrieb von Cloud-Diensten sowie
- die Integration der Informationssicherheit in strategische und betriebliche Abläufe.

Viele dieser Maßnahmen weisen zudem einen Governance-Charakter auf. Sie sorgen dafür, dass die Informationssicherheit nicht nur in der IT-Abteilung verankert ist, sondern ein Teil der gesamten Organisationskultur wird.

Festzuhalten ist, dass organisatorische Maßnahmen immer eine steuernde und unterstützende Rolle haben. Sie legen das »Wie« und das »Wer« fest und schaffen den verbindlichen Rahmen für eine effektive Umsetzung technischer und physischer Kontrollen. Fehlen eindeutige organisatorische Vorgaben, besteht die Gefahr, dass technische Sicherheitslösungen wirkungslos bleiben oder widersprüchlich angewendet werden.

7.2.1 NA A.5.1 – Informationssicherheitspolitik und -richtlinien

> Informationssicherheitspolitik und themenspezifische Richtlinien müssen definiert, von der Geschäftsleitung genehmigt, veröffentlicht, dem zuständigen Personal und den interessierten Parteien mitgeteilt und von diesen zur Kenntnis genommen sowie in geplanten Abständen und bei wesentlichen Änderungen überprüft werden.

Die Maßnahme A.5.1 sieht vor, dass Organisationen Richtlinien zur Informationssicherheit erstellen und pflegen. Diese Richtlinien stellen die Grundlage für alle weiteren Sicherheitsmaßnahmen dar. Es ist unerlässlich, dass die oberste Leitung diese Richtlinien genehmigt, um ihnen die notwendige Autorität und Verbindlichkeit zu verleihen.

Die Richtlinien erfüllen dabei verschiedene Zwecke. Zu Beginn geben sie allen Mitarbeitenden eine Orientierung und zeigen den richtigen Umgang mit Informationen. Es werden grundlegende Prinzipien definiert, die sicherstellen, dass vertrauliche Daten besonders geschützt werden, indem Zugriffe ausschließlich nach dem Need-to-know-Prinzip erlaubt sind und Sicherheitsvorfälle umgehend gemeldet werden müssen.

Gemäß der Norm ist es zudem erforderlich, dass innerhalb der Organisation Richtlinien zur Informationssicherheit bekannt gemacht werden. Sie müssen allen relevanten Mitarbeitenden zur Verfügung stehen und in einer verständlichen Form verfasst sein. Eine Richtlinie, die nicht angewendet wird oder deren Inhalt unbekannt ist, erreicht nicht ihr Ziel. In diesem Kontext umfasst Kommunikation mehr als nur die Bereitstellung von Dokumenten. Ein wichtiger Aspekt ist dabei die Sensibilisierung und Schulung der Mitarbeitenden. Es darf nicht vorkommen, dass jemand sagt: »Ich wusste nicht, dass diese Richtlinie auch für mich gilt.«

Ebenso sind regelmäßige Überprüfungen und Aktualisierungen notwendig. Die Informationssicherheit unterliegt einem ständigen Wandel. Es ist wichtig, sich darüber im Klaren zu sein, dass sich Bedrohungen wandeln und dass sich Gesetze und regulatorische Anforderungen und auch die Geschäftsprozesse innerhalb der Organisation verändern können. Um die Korrektheit und die Wirksamkeit zu erhalten, ist es notwendig, die Richtlinie in festgelegten Intervallen zu überprüfen und gegebenenfalls anzupassen. In der Praxis hat sich eine jährliche Prüfung als ideal erwiesen.

Die Verantwortung für die Einhaltung dieser Richtlinien liegt nicht nur bei der IT-Abteilung, sondern auf allen Stufen. Die Genehmigung durch die oberste Leitung stellt sicher, dass Informationssicherheit als strategisches Thema verstanden wird.

Praxisbeispiel

Ein Unternehmen veröffentlicht eine umfassende Sicherheitsrichtlinie, die Themen wie den sicheren Umgang mit Passwörtern, die Nutzung mobiler Geräte, die Einhaltung von Datenschutzvorgaben und die Meldepflicht bei Sicherheitsvorfällen behandelt. Die Geschäftsführung verabschiedet diese Richtlinie offiziell, und sie wird an alle Mitarbeitenden verteilt, in Schulungen erklärt und jährlich von einem Gremium überprüft. Dies gewährleistet, dass allen Beteiligten die Existenz von Regeln bewusst ist und sie über deren Bedeutung und die Befolgung im Alltag informiert sind.

7.2.2 NA A.5.2 – Informationssicherheitsrollen und -verantwortlichkeiten

> Die Aufgaben und Zuständigkeiten im Bereich der Informationssicherheit müssen entsprechend den Erfordernissen des Unternehmens definiert und zugewiesen werden.

Die Festlegung der Rollen erfolgt in enger Abstimmung mit der übergeordneten Informationssicherheitspolitik und den spezifischen Themenrichtlinien. Dadurch wird sichergestellt, dass die Verantwortlichkeiten konsistent sind und mit den bereits festgelegten Vorgaben der Organisation übereinstimmen.

Die Norm betont bestimmte zentrale Bereiche, in denen Zuständigkeiten klar festgelegt werden müssen. Zunächst umfasst dies den Schutz von Informationen und den Schutz der mit ihnen verbundenen Werte. Für jede Information – unabhängig davon, ob es sich um digitale Daten, physische Dokumente oder immaterielle Werte handelt – ist eine verantwortliche Stelle zu bestimmen, die für ihre Sicherheit sorgt.

Darüber hinaus ist es erforderlich, Zuständigkeiten für die Umsetzung spezifischer Verfahren der Informationssicherheit zu definieren. Hierzu gehören operative Abläufe wie Zugriffskontrollen, Patch-Management oder das Behandeln von Sicherheitsvorfällen. Es ist wichtig, dass diese Verfahren genau definiert werden. Es müssen benannte Personen oder Funktionen angegeben werden, die für ihre Durchführung verantwortlich sind.

Ein wichtiger Punkt ist das Risikomanagement. Es ist von großer Bedeutung, dass Organisationen festlegen, wer die Verantwortung dafür trägt, Risiken zu erkennen, zu bewerten und zu behandeln. Es ist auch notwendig, dass bestimmt wird, wer über die Akzeptanz von Restrisiken entscheidet. Normalerweise liegt diese Verantwortung bei den Risikoeigentümern, die auch die Verpflichtungen erfüllen müssen, die sich daraus ergeben.

Die Norm betont, dass die Verantwortung für die Informationssicherheit bei allen liegt, die mit den Werten und Informationen der Organisation umgehen, nicht nur bei der IT-Abteilung. Deshalb ist es entscheidend, dass allen Mitarbeitenden klare Erwartungen zu ihrer Rolle im Umgang mit Informationen zugewiesen werden.

Die Zuweisung von Verantwortlichkeiten kann je nach Größe und Struktur der Organisation unterschiedlich gehandhabt werden. In großen Unternehmen gibt es oft spezielle Positionen wie einen Informationssicherheitsbeauftragten (ISB) oder CISO. In kleineren Organisationen werden die Verantwortlichkeiten häufig neben den bereits bestehenden Aufgaben übernommen. In jedem Fall ist es entscheidend, dass Rollen definiert, dokumentiert und kommuniziert werden und dass die betroffenen Personen über die erforderlichen Kenntnisse und Fähigkeiten verfügen, wie dies bereits in Abschnitt 7.2 und Abschnitt 7.3 der Norm verlangt wird.

7.2.3 NA A.5.3 – Aufgabentrennung

> Sich widersprechende Aufgaben und Verantwortungsbereiche müssen voneinander getrennt werden.

Um diese Maßnahme umzusetzen, müssen alle sicherheitsrelevanten Prozesse analysiert werden. Vorgänge, die einer Aufgabentrennung bedürfen, sind beispielsweise die Entwicklung, Freigabe und Umsetzung von Änderungen an Informationssystemen, die Verwaltung privilegierter Zugänge sowie die Genehmigung und Ausführung von Zahlungen. Es sollte stets darauf geachtet werden, dass mindestens zwei unterschiedliche Rollen (oder Personen) involviert sind. Dies kann beispielsweise durch das Vier-Augen-Prinzip oder durch eine klare funktionale Aufteilung zwischen Entwicklung, Betrieb und Kontrolle gewährleistet werden.

Die Norm weist darauf hin, dass es in der Praxis nicht immer möglich oder wirtschaftlich sinnvoll ist, eine vollständige Trennung aller Aufgaben umzusetzen. Insbesondere in kleinen Organisationen können begrenzte Ressourcen es unmöglich machen, für jede Aufgabe individuelle Rollen zu definieren. In solchen Fällen sollten kompensierende Maßnahmen ergriffen werden, wie etwa eine Überwachung, unabhängige Kontrollen oder regelmäßige Prüfungen durch eine zweite Instanz.

Die Maßnahme erfordert zudem eine regelmäßige Überprüfung und gegebenenfalls Anpassung der Aufgabentrennung. Es kann sein, dass bestehende Rollentrennungen angepasst werden müssen oder dass neue Risiken entstehen, wenn Änderungen an Abläufen, Personalstrukturen oder verwendeten Technologien vorgenommen werden.

Die Umsetzung obliegt der Leitungsebene; sie arbeitet dabei mit dem Informationssicherheitsteam zusammen. Es ist entscheidend, dass alles – von Rollenbeschreibungen über Arbeitsanweisungen bis hin zu technischen Systemen – die Aufgabentrennung fördert. Zugriffsrechte, Prozessabläufe und Kontrollmechanismen müssen so gestaltet werden, dass niemand eine gesamte kritische Tätigkeit von Anfang bis Ende ohne Kontrolle ausführen kann.

7.2.4 NA A.5.4 – Verantwortlichkeiten der Leitung

> Die Leitung muss vom gesamten Personal verlangen, dass es die Informationssicherheit im Einklang mit der eingeführten Informationssicherheitspolitik, und den themenspezifischen Richtlinien und Verfahren der Organisation umsetzt.

Diese Maßnahme ergänzt die bereits beschriebenen Anforderungen aus dem Kapitel 5.1 der ISO 27001 (siehe Abschnitt 6.2.1, »NA 5.1 – Führung und Verpflichtung«).

Ein zentraler Aspekt dieser Verantwortung besteht darin, dass alle Mitarbeitenden über ihre Rollen und Aufgaben informiert werden, bevor sie auf Informationen und Werte zugreifen (dürfen). Hierzu zählt die Verpflichtung zur Einhaltung der Informationssicherheitspolitik und der weiteren Richtlinien sowie von Schulungs- und Sensibilisierungsmaßnahmen, die auf die jeweiligen Rollen abgestimmt sind. Das Management ist dafür verantwortlich, sicherzustellen, dass die Mitarbeiter die erforderlichen Kompetenzen und Qualifikationen erwerben und diese durch kontinuierliche Fortbildung bewahren.

Darüber hinaus ist ein sicherer und vertraulicher Meldeweg zu etablieren, über den Mitarbeitende Verstöße gegen die Informationssicherheitspolitik, Richtlinien oder Verfahren melden können. Um Whistleblower vor Repressalien zu schützen, sind auch anonyme Meldungen möglich. So wird sichergestellt, dass Regelwidrigkeiten rechtzeitig erkannt und angegangen werden können und dass die Mitarbeitenden keine Angst haben, sicherheitsbezogene Vorfälle oder Probleme zu melden.

Darüber hinaus ist die Leitung dafür verantwortlich, dass ausreichend Ressourcen – sowohl in Bezug auf das Personal als auch auf die Finanzen – zur Verfügung stehen und dass sicherheitsrelevante Maßnahmen bei der Projektplanung angemessen berücksichtigt werden. Nur wenn diese Unterstützung gewährleistet ist, können Richtlinien und Verfahren tatsächlich in die Praxis umgesetzt werden.

7.2.5 NA A.5.5 – Kontakt mit Behörden

> Die Organisation muss mit den zuständigen Behörden Kontakt aufnehmen und halten.

Das Ziel dieser Maßnahme besteht darin, im Bedarfsfall schnell und verlässlich auf Informationen, Hilfestellungen oder regulatorische Vorgaben zugreifen zu können.

Hierzu zählen insbesondere Aufsichts- und Regulierungsbehörden, Strafverfolgungsstellen sowie staatliche Institutionen, die für Informationssicherheit, Datenschutz oder Cybersicherheit verantwortlich sind. Es ist wichtig, einen Notfallkontakt zu benennen und regelmäßig mit den Behörden in Kontakt zu treten. Auf diese Weise bleibt das Unternehmen stets über aktuelle gesetzliche Vorgaben, Bedrohungen und Ratschläge informiert.

Praxistipp

Nachfolgend sind die wichtigsten Stellen in Deutschland, Österreich und der Schweiz aufgelistet.

Deutschland

- BSI – Bundesamt für Sicherheit in der Informationstechnik

  Nationale Behörde für IT-Sicherheit, zentrale Meldestelle für Vorfälle nach NIS-2 und KRITIS-Regelungen.

  https://www.bsi.bund.de/
- BfDI – Bundesbeauftragter für den Datenschutz und die Informationsfreiheit

  Zuständig für Datenschutzaufsicht auf Bundesebene.

  https://www.bfdi.bund.de/
- Landesdatenschutzbehörden

  Ansprechpartner für Datenschutz in den Bundesländern (bei Unternehmen meist zuständig).
- Polizei / Zentrale Ansprechstellen Cybercrime (ZAC)

  Spezialisierte Einheiten für Cybercrime, angesiedelt bei den Landeskriminalämtern.

  https://www.polizei.de/Polizei/DE/Einrichtungen/ZAC/zac_node.html

Österreich

- CERT.at – Austrian Computer Emergency Response Team

  Nationale Meldestelle für IT-Sicherheitsvorfälle.

  https://www.cert.at/
- DSB – Datenschutzbehörde Österreich

  Zuständig für die Überwachung und Durchsetzung der Datenschutzgesetze.

  https://dsb.gv.at/

- Cybercrime Competence Center (C4) des Bundeskriminalamts
  Zentrale Ermittlungsstelle für Cyberkriminalität.
  against-cybercrime@bmi.gv.at
- GovCERT Austria
  Operative Einheit im Bereich Cybersicherheit, zuständig für die öffentliche Verwaltung und Betreiber kritischer Infrastrukturen.
- *https://www.govcert.gv.at/*

Schweiz

- BACS – Bundesamt für Cybersicherheit (vormals MELANI)
  Zentrale Anlaufstelle des Bundes für Cybervorfälle, Bedrohungslagen und Beratung.
  https://www.ncsc.admin.ch/ncsc/de/home.html
- EDÖB – Eidgenössischer Datenschutz- und Öffentlichkeitsbeauftragter
  Zuständig für Datenschutzfragen, insbesondere bei Meldepflichten gemäß DSG.
  https://www.edoeb.admin.ch/de
- Kantonale Polizeikorps / Bundesamt für Polizei (fedpol)
  Ansprechpartner bei strafrechtlich relevanten Sicherheitsvorfällen.
  https://cybercrimepolice.ch/de

Die Organisation muss definieren, wer innerhalb des Unternehmens für die Pflege dieser Kontakte zuständig ist. Dadurch wird sichergestellt, dass im Ernstfall klare Kommunikationswege bestehen und keine wertvolle Zeit durch organisatorische Abstimmungen verloren geht. In größeren Unternehmen wird diese Aufgabe in der Regel von der Rechtsabteilung oder der Abteilung für Informationssicherheit übernommen. In kleineren Organisationen kann es vorkommen, dass die Verantwortung einer einzelnen Führungskraft übertragen wird.

Die Aktualität der Kontaktdaten ist ebenfalls zu gewährleisten. Um im Notfall eine sofortige Verfügbarkeit sicherzustellen, ist eine regelmäßige Überprüfung der Telefonnummern, E-Mail-Adressen und Eskalationswege erforderlich. Zahlreiche Organisationen stellen diese Daten in einem Krisenhandbuch dar oder deponieren sie ausgedruckt an einem zentralen Ort, um sie auch bei einem IT-Ausfall zugänglich zu machen.

Diese Maßnahme trägt auch dazu bei, die Einhaltung rechtlicher und regulatorischer Vorgaben sicherzustellen. Im Ernstfall erwarten die Behörden eine eindeutige und vertrauenswürdige Kommunikation mit der Organisation. Sollten vorab keine Kontakte zur Verfügung stehen, kann dies die Reaktionszeit verlängern und im Falle der Nichtbeachtung von Meldepflichten zu Sanktionen führen.

Praxistipp

Es empfiehlt sich, auch die Telefonnummern der lokalen Polizei, Feuerwehr, des nächsten Arztes oder Spitals (Krankenhauses), des Strom- und Netzwerkanbieters, der städtischen Werke (Stadtwerke) und weiterer Stellen griffbereit zu haben.

7.2.6 NA A.5.6 – Kontakt mit speziellen Interessensgruppen

> Die Organisation muss mit speziellen Interessensgruppen oder sonstigen sicherheitsorientierten Expertenforen und Fachverbänden Kontakt aufnehmen und halten.

Das Ziel dieser Maßnahme besteht darin, durch Zusammenarbeit und Austausch von Informationen zusätzliche Kenntnisse, Erfahrungen und Ressourcen zu nutzen, die über das eigene Unternehmen hinausgehen.

Die Norm geht auf besondere Interessensgruppen ein, insbesondere auf Branchenverbände, Facharbeitskreise, Zertifizierungs- und Standardisierungsgremien sowie Netzwerke, die sich mit Cybersicherheit, Datenschutz oder branchenspezifischen Sicherheitsanforderungen beschäftigen. Auch Arbeitsgruppen von Industrie- und Handelskammern, IT-Sicherheitsinitiativen oder sektorielle CERTs können dazugehören.

Diese Kontakte haben den Vorteil, dass die Organisation Zugang zu aktuellen Informationen über Bedrohungen, Schwachstellen und Sicherheitsvorfälle erhält und bewährte Verfahren (*Best Practices*) austauschen kann. Darüber hinaus können Organisationen Standards beeinflussen, indem sie aktiv in solchen Gruppen mitwirken und sich frühzeitig über regulatorische Entwicklungen informieren.

Auch hier ist es wichtig, die Zuständigkeiten für den Aufbau und die Pflege dieser Kontakte festzulegen. In der Regel wird diese Aufgabe von der Compliance-Abteilung oder dem Informationssicherheitsbeauftragten übernommen. Es ist von Bedeutung, dass der Kontakt nicht nur formal besteht, sondern auch aktiv genutzt wird, etwa durch die Teilnahme an Arbeitsgruppen, den regelmäßigen Austausch oder die Weitergabe relevanter Informationen innerhalb der Organisation.

Solche Netzwerke sind in Krisensituationen besonders wertvoll. Wenn Organisationen von Angriffen oder Störungen betroffen sind, können Informationen von Interessengruppen helfen, die Ursachen schneller zu finden und die Reaktionen besser aufeinander abzustimmen.

Praxistipp

Folgende Interessengruppen sollten Sie kennen und (je nach Land) kontaktieren:

Deutschland

- TeleTrusT – Bundesverband IT-Sicherheit e. V. (u. a. Träger des IT-Sicherheitsgütesiegels »IT Security made in Germany«):
  https://www.teletrust.de/
- eco – Verband der Internetwirtschaft e. V. mit eigener Kompetenzgruppe Sicherheit:
  https://www.eco.de/themen/sicherheit/
- Allianz für Cyber-Sicherheit (ACS) des BSI – Netzwerk für Unternehmen aller Größen mit Informations- und Austauschplattform:
  https://www.allianz-fuer-cybersicherheit.de/
- BITKOM e. V. – Branchenverband, mit Arbeitskreisen zu IT-Sicherheit und Datenschutz:
  https://www.bitkom.org/

Österreich

- Austrian Trust Circle (ATC) – Kooperationsplattform für Betreiber kritischer Infrastrukturen:
  https://www.austriantrustcircle.at/
- Cyber Security Austria (CSA) – Verein mit Fokus auf Informationssicherheit, nationale Wettbewerbe und Awareness:
  https://verbotengut.at/
- Österreichische Computer Gesellschaft (OCG) – Arbeitskreise zu IT-Sicherheit und Privacy:
  https://www.ocg.at/

Schweiz

- SWITCH-CERT – Computer Emergency Response Team für Hochschulen und Forschungseinrichtungen in der Schweiz:
  https://www.switch.ch/de/cert
- ISSS – Information Security Society Switzerland – Berufsverband für IT-Sicherheit, Networking und Erfahrungsaustausch:
  https://isss.ch/
- Swiss Cyber Institute – Globales Zentrum für Bildung in Cybersicherheit und KI:
  https://swisscyberinstitute.com
- Allianz Digitale Sicherheit Schweiz – Förderung der digitalen Innovation:
  https://www.digitalsecurityswitzerland.ch/de/

International

- FIRST – Forum of Incident Response and Security Teams – globales Netzwerk von CERTs und CSIRTs:
  https://www.first.org/
- ENISA – European Union Agency for Cybersecurity – europäische Behörde, bietet u. a. Studien, Leitfäden und Netzwerke für den Austausch:
  https://www.enisa.europa.eu/
- ISACA – internationale Vereinigung mit starkem Fokus auf Governance, Risiko- und Compliance-Themen, aktiv in DACH durch Chapter:
  https://www.isaca.org/
- (ISC)² – globaler Berufsverband für Informationssicherheit, bekannt für Zertifizierungen wie CISSP:
  https://www.isc2.org/
- Cloud Security Alliance (CSA) – internationales Netzwerk zu Sicherheitsfragen im Cloud-Computing:
  https://cloudsecurityalliance.org/

7.2.7 NA A.5.7 – Informationen über die Bedrohungslage

> Informationen über Bedrohungen der Informationssicherheit müssen erhoben und analysiert werden, um Erkenntnisse über Bedrohungen zu gewinnen.

Das Ziel dieser Maßnahme besteht darin, Risiken frühzeitig zu identifizieren, angemessene Schritte zu ergreifen und damit die Resilienz gegen Angriffe zu verbessern.

Die Norm versteht unter einer *Bedrohungslage* nicht nur die Reaktion auf bereits eingetretene Vorfälle, sondern vor allem die vorausschauende Analyse. Organisationen sollten Informationen über Angreifer, deren Tools, Strategien und Vorgehensweisen sowie über Schwachstellen in Systemen und Prozessen sammeln. Diese Erkenntnisse ermöglichen eine präzise Ausrichtung der Sicherheitsvorkehrungen und eine Anpassung der eigenen Schutzmaßnahmen an die aktuellen Bedrohungen.

Bedrohungsinformationen stammen aus verschiedenen Quellen. Hierzu zählen öffentliche Meldungen von CERTs, Sicherheitshinweise von Herstellern, branchenspezifische Austauschplattformen sowie kommerzielle Threat-Intelligence-Dienste. Auch interne Quellen wie Logdaten, Ergebnisse von Schwachstellenscans oder forensische Analysen nach Vorfällen können verwendet werden.

Die Norm verlangt, dass diese Informationen in einen systematischen Prozess einfließen und nicht unstrukturiert gesammelt werden. Dies umfasst die Einschätzung der Relevanz, die Priorisierung basierend auf möglichen Risiken sowie die Kommunikation der Ergebnisse an die für Informationssicherheit zuständigen Personen. Es ist von Bedeutung, dass Bedrohungsinformationen in konkrete Maßnahmen umgesetzt werden, um die Sicherheit zu gewährleisten.

Die Norm unterteilt die Bedrohungslage in drei Ebenen, die alle berücksichtigt werden sollten. In Tabelle 7.1 werden die Aktivitäten beschrieben, die auf der jeweiligen Ebene stattfinden sollten.

Ebene	Aktivitäten
Strategisch	Die Bedrohungslandschaft im Auge behalten, die Arten der Angriffe und Angreifergruppen beobachten. Diese Berichte werden meistens jährlich erstellt und dienen vor allem der Identifizierung von Trends. Anhand dieser Informationen kann sich die Organisation einen Überblick über das Gesamtbedrohungsniveau verschaffen. Je nach Schwere der Bedrohungslage fließen diese Bedrohungen in den Risikobewertungsprozess ein.
Taktisch	Auf dieser Ebene geht es konkret um die *Taktiken*, *Techniken* und *Prozesse* (TTPs) sowie um die Werkzeuge und Technologien, die aktuell eingesetzt werden, um sich Zugang zu Systemen zu verschaffen oder um anderweitige Bedrohungen auszulösen. Diese Informationen müssen regelmäßig gesammelt und innerhalb der Organisation rasch kommuniziert werden. **Hinweis:** Eine Möglichkeit dafür ist die MITRE ATT&CK-Plattform, zu finden unter *https://attack.mitre.org/*. Auf dieser Seite werden die Phasen eines Hackerangriffs sowie typische Angriffsmethoden und Möglichkeiten, um diese zu erkennen, beschrieben.
Operativ	An dieser Stelle werden die Informationen, sofern möglich, in Echtzeit gesammelt und verarbeitet. Hier bezieht sich die Information konkret auf spezifische und potenziell laufende Angriffe. Damit besteht auch eine enge Verbindung zum Information-Security-Incident-Management-Prozess sowie zum Patch- und Schwachstellenmanagement.

Tabelle 7.1: Ebenen der Bedrohungslage

Ein weiterer wichtiger Punkt ist die Aktualität. Weil sich Angriffsarten und Schwachstellen schnell verändern, ist eine fortlaufende Bedrohungsaufklärung unerlässlich. Ein einmaliger Bericht ist in diesem Fall unzureichend; es braucht einen kontinuierlichen Prozess, der in das ISMS eingebunden wird.

In der Regel ist der Informationssicherheitsbeauftragte oder ein spezialisiertes Team für die Sammlung von Bedrohungsinformationen verantwortlich. Die Resultate sind zu dokumentieren und in Risikoanalysen, Sicherheitsmaßnahmen sowie Schulungen zu berücksichtigen.

Praxistipp

Abonnieren Sie von allen eingesetzten Produkten den Newsletter der entsprechenden Herstellerfirma. Im Internet sind zudem verschiedene Webseiten und RSS-Feeds mit entsprechenden Informationen verfügbar. Hier folgt eine kleine Auswahl:

- MISP (Malware Information Sharing Platform): Open-Source-Plattform zur Sammlung, Strukturierung und automatisierten Weitergabe von Indikatoren (IoCs) zwischen CERTs, SOCs und staatlichen Stellen: *https://www.misp-project.org/*
- LevelBlue Labs Open Threat Exchange: *https://levelblue.com/open-threat-exchange*
- CAPEC (Common Attack Pattern Enumerations and Classifications): *https://capec.mitre.org/*
- Heise Security: *https://www.heise.de/security* oder als RSS-Feed: *https://www.heise.de/security/feed.xml*
- Security Insider: *https://www.security-insider.de/* oder als RSS-Feed: *http://www.security-insider.de/rss/news.xml*
- Sammlung verschiedener Quellen als RSS-Feed: *https://zapier.com/engine/rss/4291448/SecurityNews/*
- The Hacker News: *https://thehackernews.com/* oder als RSS-Feed: *http://thehackernews.com/feeds/posts/default*

7.2.8 NA A.5.8 – Informationssicherheit im Projektmanagement

> Die Informationssicherheit muss in das Projektmanagement integriert werden.

Das Ziel dieser Maßnahme besteht darin, Informationssicherheit in jedem Projekt zu berücksichtigen und Maßnahmen frühzeitig einzuleiten.

In allen Projekten einer Organisation – sei es in der IT, im Bauwesen, bei organisatorischen Änderungen oder bei der Einführung neuer Dienstleistungen – sollte die Informationssicherheit immer beachtet werden. Es ist wichtig, Sicherheitsaspekte von Anfang an einzuplanen, anstatt sie erst nachträglich hinzuzufügen, wenn schon Entscheidungen getroffen worden sind.

In der Anfangsphase des Projekts sind Analysen durchzuführen, um potenzielle Risiken für die Informationssicherheit zu identifizieren. Die Analyse von Gefahren, die durch neue Technologien, Prozesse oder Anbieter entstehen können, gehört dazu. Schon in der Planungsphase ist es wichtig, die Risiken sorgfältig zu bewerten und passende Schutzmaßnahmen festzulegen. So wird vermieden, dass Sicherheitslücken später mit viel Aufwand und hohen Kosten geschlossen werden müssen.

Ein wichtiger Aspekt ist es, die Sicherheitsanforderungen bereits in die Projektplanung aufzunehmen. Das umfasst die Festlegung von spezifischen Sicherheitszielen, die Bestimmung der Verantwortlichkeiten und das Einbeziehen relevanter Normen, Gesetze und regulatorischer Vorgaben. Die Informationssicherheit ist daher nicht nur ein technischer Nebenaspekt, sondern ein zentraler Bestandteil der Projekt-Governance.

Außerdem verlangt die Maßnahme, dass in Projekten eine angemessene Fachkompetenz zur Informationssicherheit eingebracht wird. Es gibt unterschiedliche Ansätze, um dieses Ziel zu erreichen. Entweder wird der Informationssicherheitsbeauftragte direkt eingebunden oder es werden interne oder externe Fachleute hinzugezogen. Eine andere Option besteht darin, im Verlauf des Projekts festgelegte Prüfpunkte zu setzen.

Die Resultate der Risikobetrachtung sowie die ergriffenen Maßnahmen müssen dokumentiert werden und überprüfbar sein. So wird sichergestellt, dass die Informationssicherheit nicht dem Ermessen einzelner Projektteams überlassen wird, sondern dass sie nachvollziehbar gesteuert wird.

Praxistipp

Schulen Sie Personen, die Projekte durchführen so, dass diese schon zum Start eines Projekts zwei Fragen beantworten können:

- Werden personenbezogene Daten verarbeitet? Wenn ja, dann ist der Datenschutzbeauftragte hinzuzuziehen.
- Betrifft das Projekt Informationen und/oder IT-Systeme oder werden neue Technologien eingeführt? Wenn ja, dann ist der Informationssicherheitsbeauftragte hinzuzuziehen.

7.2.9 NA A.5.9 – Inventar der Informationen und anderen damit verbundenen Werte

> Ein Inventar der Informationen und anderen damit verbundenen Werte, einschließlich der Eigentümer, muss erstellt und gepflegt werden.

Das Ziel dieser Maßnahme besteht darin, einen umfassenden Überblick über die schützenswerten Ressourcen zu erlangen, um sie angemessenen verwalten zu können und einen effektiven Schutz zu gewährleisten.

Die Norm definiert *Werte* nicht nur als digitale Informationen, sondern auch als die Systeme, Dienste, Infrastruktur, Personen und Prozesse, die mit ihrer Verarbeitung in Verbindung stehen. Ein Inventar muss daher alle Aspekte berücksichtigen und sowohl immaterielle als auch materielle Elemente einbeziehen.

Praxistipp

Die deutsche Übersetzung als »Werte« wird oft nur auf materielle Elemente bezogen. Im Englischen wird von »assets« gesprochen, was alle Arten von materiellen und immateriellen Elementen umfasst.

Das Inventar ist strukturiert und nachvollziehbar zu führen. Zu den typischen Merkmalen gehören eine eindeutige Bezeichnung, eine Beschreibung, die Angabe des Werte-Verantwortlichen, die Zuordnung zu Geschäftsprozessen sowie die Klassifizierung nach Schutzbedarf. Dadurch wird nicht nur transparent, welche Werte existieren, sondern auch, wer deren Schutz verantwortet und welchen Stellenwert diese Werte innerhalb der Organisation haben.

Das Inventar muss mit großer Sorgfalt gepflegt und immer aktuell gehalten werden; das ist besonders wichtig. Ein Verzeichnis zu erstellen, ist nur der erste Schritt. Es muss kontinuierlich aktualisiert werden, um die Aktualität zu gewährleisten, wenn neue Werte hinzugefügt oder bestehende außer Betrieb genommen werden.

In der Regel obliegt die Inventarisierung den Asset-Ownern, teilweise in Zusammenarbeit mit dem Informationssicherheitsbeauftragten. Diese sind dazu verpflichtet, die Richtigkeit, Vollständigkeit und Aktualität der Daten zu garantieren. In vielen Organisationen wird ein zentrales Asset-Management-System verwendet, das Verbindungen zu IT- und Facility-Management-Systemen ermöglicht. Damit ist es auch möglich, diese mit den erkannten Risiken zu verknüpfen.

Das Inventar bildet die Grundlage für weitere Maßnahmen wie die Klassifizierung von Informationen (A.5.12), die Zuweisung von Verantwortlichkeiten (A.5.2) oder die Durchführung von Risikoanalysen (Norm-Kapitel 6).

Praxisbeispiel

Werte können für die einfachere Erfassung in *essenzielle* und in *wichtige Werte* unterteilt werden:

Essenzielle Werte sind für die Firma schwierig oder gar nicht zu ersetzen, z. B.:

- Reputation des Unternehmens
- Marken, geistiges Eigentum (*Intellectual Property*), Rezepte und Mixturen
- wichtige Kunden
- Personen (Ideengeber etc.)
- Know-how, Rezepte, Prozesse, Erfahrungen
- Informationen, Daten (z. B. für CRM, Direktmarketing, kundenindividuelle Anpassungen etc.)

Wichtige Werte sind für den Fortbestand wichtig, aber können ersetzt werden (was unter Umständen jedoch viel Energie und Geld kostet). Zu ihnen zählen z. B.:

- Produktionsstätten und Maschinen
- Infrastruktur inklusive ICT, Hardware, Software, Gebäude/Büros, Klima, Energie
- Lager
- Services (Reparatur und Unterhalt von z. B. Kundensystemen)
- Gebäude, Büros etc.
- ausgelagerte Dienstleistungen, Outsourcing, Hosting, IaaS, SaaS

Werte werden typischerweise in Kategorien zusammengefasst, wie z. B.:

- Prozesse
- Dokumente
- Anwendungen und Datenbanken
- Personengruppen
- Server, Notebooks, Desktops und andere IT-Infrastruktur
- externe Services, ausgegliederte Prozesse

Für die Risikoanalyse empfiehlt das BSI (Bundesamt für Sicherheit in der Informationstechnik) Werte zu gruppieren. Diese dürfen als ein Objekt behandelt werden, wenn sie

- vom gleichen Typ sind,
- ähnliche Aufgaben haben,
- ähnlichen Rahmenbedingungen unterliegen und
- den gleichen Schutzbedarf aufweisen.

Bei technischen Objekten gilt das, wenn sie

- ähnlich konfiguriert sind,
- ähnlich in das Netz eingebunden sind (z. B. im gleichen Netzsegment) und
- ähnlichen administrativen und infrastrukturellen Rahmenbedingungen unterliegen,
- ähnliche Anwendungen bedienen und
- den gleichen Schutzbedarf aufweisen.

7.2.10 NA A.5.10 – Zulässiger Gebrauch von Informationen und anderen damit verbundenen Werten

> Regeln für den zulässigen Gebrauch und Verfahren für den Umgang mit Informationen und anderen damit verbundenen Werten müssen aufgestellt, dokumentiert und angewendet werden.

Das Ziel dieser Maßnahme besteht darin, sicherzustellen, dass alle Mitarbeitenden und relevante Dritte die ihnen bereitgestellten Assets gemäß den Sicherheitsanforderungen und Geschäftszielen nutzen.

Im Mittelpunkt steht die Festlegung klarer Nutzungsrichtlinien. Dazu gehört, welche Informationen, Systeme, Geräte oder Dienste in welcher Weise verwendet werden dürfen. Außerdem sollten Regeln für die Nutzung von E-Mail, Internetzugang, Cloud-Diensten oder mobilen Geräten festgelegt werden. Regelungen, die bestimmte Handlungen ausdrücklich verbieten, sind von ebenso großer Bedeutung. Dazu gehören beispielsweise das Verbot, vertrauliche Informationen an Unbefugte weiterzugeben, oder die Installation nicht genehmigter Software.

Es ist entscheidend, dass diese Regeln klar (und einfach) formuliert und allen, die betroffen sind, zugänglich gemacht werden. Es ist nicht genug, nur zu protokollieren. Es liegt in der Verantwortung der Organisation, sicherzustellen, dass die Mitarbeitenden sich mit den Regeln vertraut gemacht haben, dass sie diese verstanden haben und dass die Regeln im Berufsalltag befolgt werden können. Typische Optionen sind Schulungen, verpflichtende Bestätigungen bei Neueinstellungen oder die Aufnahme der Regeln in ein Verhaltenskodex-Dokument.

In diese Richtlinien gehören auch Anforderungen für das Arbeiten im Homeoffice. Mehr dazu folgt in Abschnitt 7.3.7, »NA A.6.7 – Remote-Arbeit«.

Ein weiterer wesentlicher Punkt ist die Verantwortlichkeit der Nutzer. Die Vorgaben betonen, dass jede und jeder die Verantwortung trägt, die Informationen, Systeme und Geräte zu schützen, die ihr bzw. ihm anvertraut sind. Deshalb ist es entscheidend, dass Verstöße gegen die akzeptable Nutzung klar festgelegt sind. Solche Verstöße können disziplinarische oder rechtliche Konsequenzen haben (siehe dazu auch Abschnitt 7.3.4, »NA A.6.4 – Maßregelungsprozess«).

In Abschnitt A.6, »IT-Nutzungsrichtlinie«, finden Sie ein Beispiel für das, was alles in diese Nutzungsrichtlinie gehören kann.

7.2.11 NA A.5.11 – Rückgabe von Werten

> Das Personal und gegebenenfalls andere interessierte Parteien müssen alle Werte der Organisation, die sich in ihrem Besitz befinden, bei Änderung oder Beendigung ihres Beschäftigungsverhältnisses, Vertrags oder ihrer Vereinbarung zurückgeben.

Das Ziel dieser Maßnahme besteht darin, die lückenlose Verfolgung von Informationen, Geräten und anderen Ressourcen zu gewährleisten und unkontrollierte Zugriffe oder Datenlecks zu vermeiden. Sie betrifft nicht nur die eigenen Mitarbeitenden, sondern auch andere interessierte Parteien, die Assets der Organisation erhalten.

Zu den zurückzugebenden Assets zählen insbesondere IT-Geräte wie Laptops und Smartphones sowie Datenträger, Zutritts- und Zugangsmittel wie Schlüssel, Karten oder Tokens. Ebenso sind Dokumente und Informationen zurückzugeben, egal ob sie physisch oder digital vorliegen. Auch geistiges Eigentum oder vertrauliche Dokumente, die Mitarbeitende während ihrer Tätigkeit erstellt oder verwendet haben, sind zu berücksichtigen.

Es ist äußerst wichtig, dass die Rückgabe durch klar festgelegte Verfahren geregelt wird. Dazu gehören Checklisten für den Offboarding-Prozess, dokumentierte Übergaben und die Bestätigung durch die betroffenen Personen sowie die verantwortlichen Stellen. Es ist wichtig, die Verantwortlichkeiten für die Rückgabe festzulegen, zum Beispiel durch die Einbindung der HR- und der IT-Abteilung.

Der Umgang mit digital gespeicherten Informationen erfordert besondere Aufmerksamkeit. Es ist wichtig, dass keine Kopien von Geschäftsdaten auf Geräten oder in persönlichen Cloud-Speichern oder E-Mailboxen verbleiben.

Diese Maßnahme findet nicht nur dann Anwendung, wenn Mitarbeitende die Organisation verlassen, sondern auch bei Änderungen von Rollen oder Aufgaben. Bei internen Transfers ist es ebenfalls notwendig zu überprüfen, ob Assets zurückgegeben oder neu zugewiesen werden müssen, um unbefugten Zugriff zu verhindern.

7.2.12 NA A.5.12 – Klassifizierung von Informationen

> Informationen müssen entsprechend den Informationssicherheitserfordernissen der Organisation auf der Grundlage von Vertraulichkeit, Integrität, Verfügbarkeit und relevanten Anforderungen der interessierten Parteien klassifiziert werden.

Das Ziel dieser Maßnahme ist es, sicherzustellen, dass Informationen entsprechend ihrer Kritikalität und Sensibilität behandelt und geschützt werden.

Die Klassifizierung bildet die Grundlage für den gesamten Umgang mit Informationen. Sie definiert, welche Schutzmaßnahmen notwendig sind, um die Vertraulichkeit, Integrität und Verfügbarkeit der Daten zu gewährleisten. Fehlt eine formale Einstufung, besteht das Risiko, dass mit sensiblen Informationen nicht angemessen umgegangen wird – sie könnten entweder übermäßig exponiert oder unnötig eingeschränkt behandelt werden.

Die Norm verlangt die Entwicklung und Dokumentation eines Klassifizierungsschemas. Das Schema muss Kriterien beinhalten, die den Schutzbedarf eindeutig festlegen. Häufig orientieren sich Organisationen an Stufen wie »öffentlich«, »intern«, »vertraulich« oder »streng vertraulich« (teilweise auch »geheim«). Es ist wichtig, dass die Kriterien eindeutig beschrieben und konsistent angewandt werden können. Daher ist festzulegen, wie mit den Informationen entsprechend umgegangen werden darf.

Die Klassifizierung muss zudem den rechtlichen, regulatorischen und vertraglichen Anforderungen entsprechen. Es ist wichtig, dass der Umgang mit personenbezogenen

Daten stets mit den geltenden Datenschutzgesetzen (wie der DSGVO oder dem schweizerischen DSG) konform ist. In manchen Fällen können auch branchenspezifische Vorgaben zu zusätzlichen Einstufungen führen (z. B. die Einstufung »eingeschränkt« oder »restricted«).

Die Einstufung wird in der Regel von den Informationseigentümern (Asset-Ownern) vorgenommen. Sie müssen sicherstellen, dass jede Information, für die sie verantwortlich sind, einer definierten Schutzstufe zugeordnet wird.

Es ist außerdem notwendig, die Klassifizierungsvorgaben zu dokumentieren und zu kommunizieren, damit alle Nutzer klare Anweisungen für den Umgang und die Arbeitsweise mit den Informationen erhalten.

Die Norm betont auch die regelmäßige Überprüfung. Informationen können sich im Laufe der Zeit ändern, etwa dann, wenn vertrauliche Projekte abgeschlossen sind oder rechtliche Anforderungen angepasst werden. Um die Wirksamkeit der Klassifizierung sicherzustellen, ist daher eine regelmäßige Neubewertung erforderlich.

In Abschnitt A.4, »Klassifizierungsrichtlinie«, finden Sie ein Beispiel für eine Klassifizierungsrichtlinie.

Die Klassifizierung bildet die Grundlage für weitere Maßnahmen wie die Kennzeichnung (A.5.13), den Umgang mit Speichermedien (A.5.14) und die Zugangssteuerung (A.5.15).

7.2.13 NA A.5.13 – Kennzeichnung von Informationen

> Ein angemessener Satz von Verfahren zur Kennzeichnung von Informationen muss entsprechend dem von der Organisation eingesetzten Informationsklassifizierungsschema entwickelt und umgesetzt werden.

Die Maßnahme A.5.13 baut unmittelbar auf der Klassifizierung nach A.5.12 auf. Das Ziel ist es, dass die zuvor festgelegte Schutzstufe einer Information für alle Nutzer sichtbar und verständlich ist, damit der Umgang mit ihr konsistent und regelkonform erfolgt.

Die Kennzeichnung erfolgt auf der Grundlage des Klassifizierungsschemas der Organisation. Die Maßnahme A.5.12 legt die Schutzstufen fest, während die Maßnahme A.5.13 dafür sorgt, dass diese Einstufung sichtbar wird. Dokumente, Dateien, physische Akten oder weitere digitale Datensätze können mit einem Label versehen werden, das auf ihren Schutzbedarf hinweist. Zu den typischen Kennzeichnungen zählen Markierungen wie »vertraulich« oder »streng vertraulich«. Das Label kann farblich oder als digitales Wasserzeichen angebracht werden.

Die definierten Verfahren zur Kennzeichnung sind zu dokumentieren und konsistent anzuwenden. Hierzu zählen Vorgaben darüber, welche Arten von Informationen gekennzeichnet werden sollen, wie die Kennzeichnung durchzuführen ist und wie sie bei Übertragungen oder bei der Speicherung erhalten bleibt. Bei elektronischen Informationen kommen Metadaten, automatisierte Klassifizierungstools oder DLP-Systeme (*Data Loss Prevention*) zum Einsatz, während bei physischen Dokumenten üblicherweise Stempel oder Aufdrucke verwendet werden.

Es ist wichtig, dass die Kennzeichnung verhältnismäßig ist. Sie darf nicht fehlen, sollte aber auch nicht übermäßig restriktiv ausfallen. Ein unsicherer oder inkonsistenter Umgang mit Informationen kann die Folge fehlender Kennzeichnungen sein, während übermäßig strenge Kennzeichnungen die Arbeitsprozesse behindern und dazu führen können, dass Regeln ignoriert oder umgangen werden. Beachtet werden sollte dies auch beim Austausch von Informationen mit interessierten Parteien. Eventuell hat die andere Partei abweichende Regeln oder Kennzeichnungen, was zu Diskrepanzen und Missverständnissen führen kann.

Definiert werden sollte auch der Umgang mit eingehenden Informationen, z. B. mit der Post. Werden diese Informationen auch gekennzeichnet? Wie soll dies erfolgen? Aufgepasst werden muss dabei bei Verträgen oder Informationen, die wieder zurückgeschickt werden müssen.

Die Organisation muss gleichzeitig sicherstellen, dass die Kennzeichnung den rechtlichen, regulatorischen und vertraglichen Vorgaben entspricht. Gerade bei personenbezogenen Daten sollten klare Vorgaben definiert sein.

Praxistipp

Es empfiehlt sich, eine Standardklassifizierung zu definieren. Alle Dokumente, die nicht gekennzeichnet sind, fallen in diese Kategorie. Beispielsweise kann dies »intern« sein. Nachteilig ist dabei Folgendes: Sollte die Klassifizierung vergessen worden sein, können vertrauliche Informationen nicht auf den ersten Blick als solche erkannt werden.

Wenn alle nicht gekennzeichneten Informationen in die Kategorie »vertraulich« fallen, können Prozesse behindert werden, zum Beispiel der Austausch mit internen und externen Stellen. Jedoch wird mit dieser Einstufung der Druck auf die Asset-Owner erhöht, alle Informationen von Beginn an richtig zu kennzeichnen.

7.2.14 NA A.5.14 – Informationsübermittlung

> Für alle Arten von Übermittlungseinrichtungen innerhalb der Organisation und zwischen der Organisation und anderen Parteien müssen Regeln, Verfahren oder Vereinbarungen zur Informationsübermittlung vorhanden sein.

Diese Maßnahme meint dabei jede Form der Übertragung, egal ob sie elektronisch über Netzwerke, physisch durch den Transport von Datenträgern oder in Form mündlicher Kommunikation erfolgt. Das Ziel dieser Maßnahme ist es, dass Vertraulichkeit, Integrität und Verfügbarkeit der Werte während der Übertragung nicht gefährdet werden.

Gemäß der Norm müssen für alle relevanten Übertragungswege klare Verfahren und Schutzmaßnahmen festgelegt werden. Bei der elektronischen Übertragung von Daten werden in der Regel kryptografische Methoden wie TLS, VPN oder Ende-zu-Ende-Verschlüsselung wie S/MIME oder PGP eingesetzt. Beim Transport physischer Medien werden üblicherweise organisatorische Maßnahmen wie Siegel, Kurierdienste mit Tracking oder gesicherte Umschläge eingesetzt. Auch für die mündliche Kommunikation von sensiblen Informationen sollten Vorgaben definiert werden. Dies kann beispielsweise Vorgaben umfassen, welche Inhalte nicht in öffentlichen Bereichen (zum Beispiel im Zug oder in einem Restaurant) oder über unsichere Kommunikationskanäle (zum Beispiel bei Telefongesprächen oder unverschlüsselter SIP-Telefonie) besprochen werden dürfen.

Hinweis zu gesicherten Umschlägen

Gesicherte Umschläge sind spezielle Verpackungsformen. Typische Merkmale solcher Umschläge sind:

- Sicherheitsverschlüsse oder Klebestreifen, die sich beim Öffnen nicht zerstörungsfrei lösen lassen. Versucht jemand, den Umschlag unbefugt zu öffnen, bleibt ein sichtbarer Hinweis zurück (z. B. VOID-Markierungen oder Farbveränderungen).
- reißfeste und manipulationssichere Materialien, die das unauffällige Öffnen erschweren
- teilweise fälschungssichere Beschichtungen oder Hologramme, um Manipulationen zusätzlich zu erschweren

Diese Umschläge bieten zwar keinen physischen Diebstahlschutz, erhöhen jedoch die Nachweisbarkeit und sind eine Art Abschreckung, da Manipulationen unmittelbar erkennbar sind.

Ein weiterer Fokus liegt auf der Verantwortung. Es ist zu bestimmen, wer während der Übertragung für den Schutz der Werte verantwortlich ist. Dies schließt sowohl die Person oder Stelle ein, die den Transfer initiiert hat, als auch jene, die den Empfang bestätigen. Eine lückenlose Nachvollziehbarkeit sollte, wo es möglich ist, sichergestellt werden, zum Beispiel durch Protokollierungen, Empfangsbestätigungen oder digitale Signaturen.

Die Umsetzung dieser Maßnahme benötigt eine Abstimmung mit den Klassifizierungs- und Kennzeichnungsregeln (siehe die vorherigen Abschnitte zu A.5.12 und A.5.13). Daten, die als vertraulich klassifiziert werden und entsprechend markiert sind, erfordern bei der Übertragung einen besonders hohen Schutz.

Auch bei dieser Maßnahme ist es wichtig, dass regelmäßige Überprüfungen stattfinden. Unter Umständen sind Anpassungen erforderlich, wenn sich die Übertragungswege ändern, technologische Veränderungen eintreten oder rechtliche Anforderungen angepasst werden.

7.2.15 NA A.5.15 – Zugangssteuerung

> Regeln zur Steuerung des physischen und logischen Zugriffs auf Informationen und andere damit verbundene Werte müssen auf der Grundlage von Geschäfts- und Informationssicherheitsanforderungen aufgestellt und umgesetzt werden.

Das Ziel dieser Maßnahme ist es, sicherzustellen, dass nur autorisierte Nutzer, Geräte oder Dienste Zugriff erhalten, während unbefugte Zugriffe konsequent verhindert werden.

Die Grundlage für die Zugangssteuerung ist eine themenspezifische Richtlinie, die die Anforderungen beschreibt. Sie muss allen relevanten Beteiligten zur Verfügung stehen. Die Richtlinie sollte sowohl den physischen Zugang zu Gebäuden und Anlagen als auch den logischen Zugang zu IT-Systemen, Anwendungen und Daten berücksichtigen. Sie legt fest, welche Personen oder Systeme auf welche Informationen zugreifen dürfen, welche Einschränkungen für privilegierte Zugriffe gelten und wie das Prinzip der Aufgabentrennung umgesetzt werden soll.

Die Norm betont, dass Informationen nur dann zugänglich sein dürfen, wenn sie für die jeweilige Aufgabe erforderlich sind. Das Prinzip der geringsten Rechte (*Need-to-know*-Prinzip) stellt sicher, dass Berechtigungen stets auf das erforderliche Minimum beschränkt sind. Die Vergabe von Zugriffsrechten sollte auf Basis von Anträgen erfolgen sowie dokumentiert und in regelmäßigen Abständen überprüft werden. Auch die Verteilung sensibler Daten sowie die Verwendung privilegierter Funktionen unterliegen klaren Vorgaben, um unkontrollierte Zugriffe zu verhindern.

Bei der praktischen Umsetzung können verschiedene Modelle zur Zugangssteuerung zum Einsatz kommen. Um die Verwaltung von Rechten effizient und konsistent zu gestalten, werden häufig rollenbasierte oder attributbasierte Modelle verwendet. Darüber hinaus erwähnt die Norm, dass Zugangsentscheidungen nicht statisch sind, sondern auch dynamische Faktoren wie Kontext, Ort, Zeit oder die Art der Verbindung berücksichtigen können. Um diese Anforderungen abzudecken, werden in der Regel IAM-Systeme (*Identity-Access-Management*) genutzt.

Bei der Umsetzung der Maßnahme sollte eine Abstimmung mit weiteren Kontrollmaßnahmen erfolgen. Es ist notwendig, sicherzustellen, dass die Zugangssteuerung mit der Klassifizierung und Kennzeichnung von Informationen übereinstimmt und dass Verfahren für Identitätsmanagement, Authentifizierung und Verwaltung von Zugriffsrechten konsistent darauf basieren.

Als Zugangssteuerungsmodelle kommen in der Regel die folgenden vor:

Modell	Erklärung
MAC, *Mandatory Access Control*	MAC ist ein restriktives Zugangssteuerungsmodell, bei dem Zugriffsrechte zentral durch eine Autorität festgelegt werden. Nutzer können ihre Berechtigungen nicht selbst ändern. Es wird typischerweise in sicherheitskritischen Umgebungen wie beim Militär verwendet, wo Informationen nach Sicherheitsstufen klassifiziert sind.
DAC, *Discretionary Access Control*	DAC ist ein flexibleres Modell, bei dem der Eigentümer einer Ressource entscheidet, wer Zugriff erhält. Oft werden Gruppen definiert und Benutzeraccounts diesen Gruppen zugeordnet. Dies ermöglicht individuelle Freigaben, birgt aber das Risiko unkontrollierter Berechtigungsvergabe. DAC ist häufig in klassischen Betriebssystemen wie Windows oder Unix zu finden.
RBAC, *Role-Based Access Control*	Bei RBAC werden Rechte auf Basis von Rollen vergeben, die mit bestimmten Aufgaben oder Funktionen in der Organisation verknüpft sind. Nutzer erhalten ihre Zugriffsrechte durch die Zuweisung zu einer Rolle. Dieses Modell erleichtert die Verwaltung, da Rollen zentral gepflegt werden.
ABAC, *Attribute-Based Access Control*	Bei ABAC beruhen Zugangsentscheidungen auf Attributen wie Nutzermerkmalen, Ressourceneigenschaften, Kontextfaktoren (z. B. Zeit) oder Umgebungsbedingungen. Damit ist eine feingranulare und dynamische Steuerung möglich, etwa zeit- oder standortabhängige Zugriffe. Besonders relevant ist ABAC in Cloud- und Zero-Trust-Umgebungen.

Tabelle 7.2: Zugangssteuerungsmodelle

7.2.16 NA A.5.16 – Identitätsmanagement

> Der gesamte Lebenszyklus von Identitäten muss verwaltet werden.

Das Ziel der Maßnahme ist es, sicherzustellen, dass jede Identität innerhalb der Organisation eindeutig erfasst, verwaltet und kontrolliert wird, sodass der Zugriff auf Informationen und Systeme stets einer klar definierten Entität zugeordnet werden kann.

Eine Identität kann sowohl eine natürliche Person als auch eine Maschine, ein Gerät, eine Anwendung oder ein Dienst sein. Damit wird deutlich, dass das Identitätsmanagement die herkömmliche Benutzerverwaltung deutlich erweitert. Um eine sichere Authentifizierung und die Vergabe von Zugriffsrechten zu gewährleisten, benötigt jede dieser Entitäten eine eindeutige digitale Identität.

Um die Nachvollziehbarkeit über den gesamten Lebenszyklus einer Identität zu gewährleisten, ist die Definition entsprechender Abläufe oder Prozesse unerlässlich. Dazu gehören die erstmalige Registrierung, die Zuweisung notwendiger Attribute, die Verwaltung während der gesamten Nutzung, Anpassungen bei Rollen- oder Aufgabenänderungen sowie die endgültige Deaktivierung und Löschung bei Austritt oder Außerbetriebnahme. Diese Steuerung gewährleistet, dass ungenutzte oder verwaiste Identitäten nicht bestehen bleiben und somit kein Sicherheitsrisiko darstellen.

Ein wichtiger Aspekt dieser Maßnahme ist die Eindeutigkeit. Damit Handlungen nachvollzogen und protokolliert werden können, muss jeder Identität eindeutig einer Entität zugeordnet werden. Die Norm macht deutlich, dass Pseudonyme oder Sammelkonten problematisch sind, weil sie die Verantwortlichkeiten verschleiern können. Falls solche Konten aus technischer Sicht notwendig sind, müssen sie durch zusätzliche Kontrollmechanismen ergänzt werden, um sicherzustellen, dass die Nutzung transparent ist.

Die Maßnahme unterstreicht außerdem die Relevanz der Konsistenz über unterschiedliche Systeme und Plattformen hinweg. Identitäten müssen so verwaltet werden, dass ein einheitlicher Zugriff auf alle relevanten Systeme gewährleistet ist. Dies wird häufig durch den Einsatz von zentralen Identitätsmanagementlösungen oder föderierten Identitätsdiensten erreicht, die Single Sign-on (SSO) und standardisierte Authentisierungsprotokolle unterstützen.

Mögliche Prozesse für die Registrierung, Änderung, Löschung und Überprüfung von Benutzerrechten finden Sie in Abschnitt A.7, »Zugriffskontrollkonzept«.

Praxistipp

Ein Namenskonzept könnte so aussehen: Benutzernamen werden mit dem Nachnamen (ohne Umlaute) und dem ersten Buchstaben des Vornamens gebildet.

Hans Möckli hat den Benutzernamen `moecklih`. Aus François Mérchand wird `merchandf`. Falls ein Benutzername bereits existiert, wird der zweite Buchstabe dazu genommen (`moeckliha`). Falls zwei Benutzer denselben Vor- und Nachnamen haben, muss eine Nummerierung hinzugefügt werden (`moecklih2`).

E-Mail-Adressen werden mit dem ersten Vornamen und dem ersten Nachnamen (Ausnahme bei Doppelnamen) gebildet. Auch hier werden Umlaute »vereinfacht«. So erhält z. B. Katrin Müller die Adresse `katrin.mueller@`. Falls zwei Benutzer denselben Vor- und Nachnamen haben, wird (falls es ihn gibt) der erste Buchstabe des zweiten Vornamens ergänzt, z. B. `rolf.k.schmid`, ansonsten wird ebenfalls nummeriert.

7.2.17 NA A.5.17 – Authentisierungsinformationen

> Die Zuweisung und Verwaltung von Authentisierungsinformationen muss durch einen Managementprozess gesteuert werden, der auch die Beratung des Personals über den angemessenen Umgang mit Authentisierungsinformationen umfasst.

Das Ziel der Maßnahme ist es, sicherzustellen, dass nur autorisierte Personen oder Systeme auf Informationen und andere Werte zugreifen können und dass die eingesetzten Verfahren widerstandsfähig gegenüber Angriffen sind.

Authentisierungsinformationen umfassen Passwörter, kryptografische Schlüssel, Token, biometrische Merkmale und vergleichbare Verfahren zur Überprüfung der Identität einer Entität. Die Norm fordert, dass deren Verwaltung sowohl die Erstellung und Verteilung als auch die Speicherung, Nutzung und Löschung umfasst. Um die Vertraulichkeit und Integrität der Authentifizierungsinformationen zu gewährleisten, ist es unerlässlich, dass alle Phasen dieses Lebenszyklus sorgfältig geplant und umgesetzt werden.

Die Anforderungen betreffen in erster Linie die Sicherheit der Aufbewahrung. Passwörter sollten durch geeignete Verfahren wie *Hashing* und *Salting* geschützt werden, anstatt sie im Klartext zu speichern. Bei der Erstellung kryptografischer Schlüssel sind bestimmte Vorgaben zu berücksichtigen, um die Sicherheit zu gewährleisten. Dazu zählen die sichere Generierung, die Speicherung in *Hardware-Sicherheitsmodulen* (HSM) und die kontrollierte Nutzung. Auch bei biometrischen Verfahren ist es unerlässlich, dass die zugrunde liegenden Daten nicht missbraucht oder manipuliert werden können.

Ebenso wichtig ist der Umgang mit Authentisierungsinformationen. Es muss definiert werden, wie die Verteilung von Initialpasswörtern, die Bereitstellung von Tokens oder die Aktivierung biometrischer Merkmale durchgeführt werden, damit keine unbefugten Dritten diese Informationen abfangen oder missbrauchen können. Ein Initialpasswort sollte daher nicht per E-Mail oder auf einem Post-it übermittelt werden.

Regelmäßige Aktualisierungen sind ebenfalls ein wichtiger Punkt, der in der Maßnahme hervorgehoben wird. Die Aktualisierung von Authentifizierungsinformationen in regelmäßigen Abständen ist wichtig, um das Risiko von Kompromittierungen zu minimieren. Außerdem sind Widerrufsverfahren erforderlich, wenn Informationen kompromittiert wurden oder eine Identität nicht mehr genutzt wird.

Wichtig ist, dass die Komplexität und Stärke der Authentifizierung dem jeweiligen Risiko angepasst sind. Für besonders sensible Informationen oder privilegierte Konten ist eine einfache Passwortabfrage nicht ausreichend. In solchen Fällen empfiehlt sich der Einsatz mehrstufiger Verfahren, wie etwa die Multi-Faktor-Authentisierung.

Praxistipp

Allgemeine Regeln zum Gebrauch von Passwörtern könnten wie folgt lauten:

- Die Länge sollte mindestens zwölf Zeichen betragen.
- Mindestens eine Zahl, je ein Groß- und Kleinbuchstabe und ein Sonderzeichen sollten enthalten sein.
- Für kritische Anwendungen sollte das Passwort mindestens alle 12 Monate geändert werden.
  - **Hinweis:** Unter Sicherheitsexperten ist eine kontroverse Diskussion über das Ändern von Passwörtern entstanden. Ein zu häufiges Wechseln führt oft dazu, dass Mitarbeitende sich ihr Passwort nicht merken können und deswegen Passwörter hochzählen oder an einer unsicheren Stelle aufschreiben (das klassische Post-it am Monitor oder unter der Tastatur).
  - **Bemerkung:** Die Passwortlänge ist wesentlich wichtiger als die Komplexität. So kann es sinnvoll sein, anstelle eines sehr komplexen Passworts einen »Passwort-Spruch« zu verwenden, also eine Folge von Wörtern oder einen kurzen Satz, der einfach zu merken ist und in den noch einige »Tippfehler« und einige Sonderzeichen einfügt wurden.
- Niemals Passwörter im Browser für automatisches Login speichern!
- Unterschiedliche Passwörter für jede Applikation verwenden!
- Nie Passwörter aufschreiben! (außer, wenn diese sicher verwahrt werden, z. B. in einem Tresor)
- Passwörter, die für private Zwecke genutzt werden, dürfen nicht für Geschäftszwecke benutzt werden.
- Niemals Passwörter per E-Mail verschicken. Dazu sollte besser SMS oder ein Ende-zu-Ende-verschlüsselter Messaging-Service wie Threema, Signal oder WhatsApp verwendet werden.
- Ein Passwort muss sofort geändert werden, sobald der Verdacht besteht, dass es kompromittiert worden ist.

7.2.18 NA A.5.18 – Zugangsrechte

> Zugangsrechte zu Informationen und anderen damit verbundenen Werten müssen in Übereinstimmung mit der themenspezifischen Richtlinie und den Regeln der Organisation für die Zugangssteuerung bereitgestellt, überprüft, geändert und entfernt werden.

Das Ziel der Maßnahme ist es, sicherzustellen, dass jede Identität nur die Rechte erhält, die sie für ihre Aufgaben benötigt, und dass diese Rechte jederzeit aktuell und angemessen sind.

Die Einrichtung von Zugangsrechten sollte auf einem formalen Prozess basieren. Der Zugriff auf eine Person oder ein System ist nur möglich, wenn zuvor ein Antrag gestellt und von der zuständigen Stelle genehmigt wurde. Erst danach dürfen Berechtigungen eingerichtet werden. Auf diese Weise wird sichergestellt, dass Zugriffe nachvollziehbar autorisiert sind und nicht willkürlich vergeben werden.

Ein wesentlicher Aspekt ist dabei die Trennung von Verantwortlichkeiten. Um Missbrauch zu verhindern, sollen die Zugriffsrechte nicht von ein und derselben Person beantragt, genehmigt und technisch umgesetzt werden. Auch Änderungen und der Entzug von Rechten müssen durch festgelegte Verfahren geregelt werden.

Die Norm hebt auch die Anforderung regelmäßiger Überprüfungen hervor. Im Laufe der Zeit können die benötigten Zugriffsrechte angepasst werden, sei es durch einen Rollenwechsel, das Ende von Projekten oder durch organisatorische Änderungen. Deshalb ist es wichtig, Rechte in regelmäßigen, festgelegten Intervallen zu überprüfen. Es wird überprüft, ob der Zugang noch erforderlich ist; nicht mehr benötigte Rechte müssen entzogen werden.

Ein besonderes Augenmerk sollte auf den Umgang mit privilegierten Zugriffsrechten gelegt werden. Aufgrund des erhöhten Risikos sind eine besonders strenge Kontrolle und Überwachung erforderlich. Für ihre Vergabe und Nutzung gelten strengere Vorschriften, die unter anderem eine sorgfältige Protokollierung und regelmäßige Überprüfung beinhalten, zum Beispiel mindestens vierteljährlich. (Siehe dazu auch Abschnitt 7.5.2, »NA A.8.2 – Privilegierte Zugangsrechte«.)

Schließlich ist eine lückenlose Dokumentation aller vergebenen Zugriffsrechte erforderlich. Dies ist notwendig, um im Falle eines Vorfalls oder einer Revision die Nachvollziehbarkeit sicherzustellen. Diese Dokumentation bildet die Grundlage für Audits und die kontinuierliche Optimierung der Zugriffskontrollen.

7.2.19 NA A.5.19 – Informationssicherheit in Lieferantenbeziehungen

> Es müssen Prozesse und Verfahren festgelegt und umgesetzt werden, um die mit der Nutzung der Produkte oder Dienstleistungen des Lieferanten verbundenen Informationssicherheitsrisiken zu beherrschen.

Das Ziel der Maßnahme ist es, sicherzustellen, dass auch externe Parteien, die Zugang zu Informationen, Systemen oder Infrastrukturen haben, die gleichen Sicherheitsstandards einhalten wie die Organisation selbst.

Zu den Lieferantenbeziehungen zählen neben traditionellen Dienstleistern auch Outsourcing-Partner, Cloud-Anbieter, Beratungsunternehmen, Wartungsfirmen sowie andere externe Parteien, die Dienstleistungen für die Organisation liefern. Besonders in Fällen, in denen die Zusammenarbeit den Zugang zu vertraulichen Informationen, IT-Systemen oder physischen Werten ermöglicht, sind Sicherheitsanforderungen verbindlich zu regeln.

Es ist von großer Bedeutung, dass die Anforderungen an die Informationssicherheit noch vor Vertragsabschluss definiert und in den Vereinbarungen festgehalten werden. Dazu gehören unter anderem Regelungen zur Vertraulichkeit, zum Schutz personenbezogener Daten, zur Nutzung von Informationen, zur Meldepflicht bei Sicherheitsvorfällen und zu den Kontrollrechten (Audit-Recht) der Organisation.

Die Norm verlangt zudem, dass die Einhaltung dieser Anforderungen über die gesamte Dauer der Geschäftsbeziehung überwacht und überprüft wird. Lieferanten-Audits in festgelegten Abständen, Sicherheitsberichte, Zertifizierungsnachweise oder eine fortlaufende Leistungsüberwachung sind mögliche Indikatoren. Die Sicherheitseinstufung von Lieferanten ist nicht statisch; sie sollte kontinuierlich neu bewertet werden.

Ein weiterer Aspekt ist die Abhängigkeit von Lieferanten. Bei der Unterstützung wesentlicher Geschäftsprozesse durch externe Partner ist zu beachten, dass Sicherheitsvorfälle bei diesen auch direkte Auswirkungen auf die Organisation haben können (sogenannte *Supply-Chain-Risiken*). Daher ist es unerlässlich, dass diese Risiken identifiziert und in das eigene Risikomanagement integriert werden.

Die Norm erwähnt auch die Beendigung der Zusammenarbeit mit einem Lieferanten. Die Organisation muss sicherstellen, dass mit der Vertragsbeendigung alle Zugriffe des Lieferanten auf Systeme, Netzwerke oder Gebäude unterbunden werden und alle überlassenen Werte wie Geräte, Datenträger, Schlüssel oder vertrauliche Informationen zurückgegeben oder sicher vernichtet werden. Es muss auch untersucht werden, ob Daten, die gespeichert waren, nachweislich gelöscht oder korrekt archiviert wurden. Mit dieser Methode wird sichergestellt, dass nach Vertragsende keine unkontrollierten Sicherheitsrisiken bestehen.

7.2.20 NA A.5.20 – Behandlung von Informationssicherheit in Lieferantenvereinbarungen

> Je nach Art der Lieferantenbeziehung müssen die entsprechenden Anforderungen an die Informationssicherheit festgelegt und mit jedem Lieferanten vereinbart werden.

Das Ziel der Maßnahme ist es, sicherzustellen, dass Informationssicherheit nicht nur in internen Prozessen, sondern auch in den rechtlich bindenden Dokumenten einer Lieferantenbeziehung verankert ist.

Die Norm erwähnt 26 Anforderungen, die in Vereinbarungen mit Lieferanten berücksichtigt werden sollten. Zunächst sind die Anforderungen an die Sicherheit beim Zugriff auf Informationen sowie die Modalitäten für deren Verarbeitung, Übertragung, Speicherung und Löschung eindeutig festzulegen. Der Lieferant ist verpflichtet, geeignete technische und organisatorische Maßnahmen zu ergreifen, die den Schutz der Informationen jederzeit sicherstellen.

Ein weiterer Aspekt betrifft die Verantwortungszuteilung. Es muss klar in den Vereinbarungen festgelegt werden, welche Partei für welche Schutzmaßnahmen verantwortlich ist. Dies schließt auch die Pflicht ein, alle relevanten rechtlichen, regulatorischen und vertraglichen Vorgaben zu beachten und deren Einhaltung zu belegen.

Darüber hinaus hebt die Norm hervor, dass es notwendig ist, Meldewege für Sicherheitsvorfälle verbindlich festzulegen. Lieferanten sind verpflichtet, relevante Vorfälle unverzüglich zu melden, um eine zeitnahe Reaktion der Organisation zu ermöglichen. Ebenso sollten die Anforderungen an die Kontinuität der Dienstleistungen und die Wiederaufnahme des Betriebs nach Störungen abgestimmt werden.

Darüber hinaus sind das Recht, Audits oder Inspektionen durchzuführen, die Vorlage von Sicherheitszertifizierungen sowie die Verpflichtung, regelmäßige Sicherheitsberichte bereitzustellen, zu berücksichtigen. Des Weiteren sollen Vereinbarungen die Anforderungen an Unterauftragsverhältnisse festhalten, um sicherzustellen, dass auch nachgelagerte Dienstleister denselben Standards entsprechen (siehe dazu auch die folgende Maßnahme).

7.2.21 NA A.5.21 – Umgang mit der Informationssicherheit in der IKT-Lieferkette

> Es müssen Prozesse und Verfahren festgelegt und umgesetzt werden, um die mit der IKT-Produkt- und Dienstleistungslieferkette verbundenen Informationssicherheitsrisiken zu beherrschen.

Das Ziel der Maßnahme ist es, Risiken, die durch die Nutzung externer Produkte und Dienstleistungen entstehen, zu steuern und die Integrität, Verfügbarkeit und Vertraulichkeit über die gesamte Lieferkette hinweg zu gewährleisten.

Die Norm betont, dass die Informationssicherheit über die direkte Lieferantenbeziehung hinausgeht. Selbst nachgelagerte Parteien sollten in die Analyse einfließen. Dies betrifft vor allem das Bereitstellen von Komponenten, Software oder Dienstleistungen. Das heißt, dass jeder Schritt – von der Entwicklung und Bereitstellung über die Wartung bis zur Außerbetriebnahme – sicherheitsrelevant sein kann.

Es ist besonders darauf zu achten, die Anforderungen festzulegen, die entlang der Lieferkette zu berücksichtigen sind. Die in den vorherigen Norm-Punkten genannten Maßnahmen sind dabei zu berücksichtigen. Das beinhaltet Vorgaben für die sichere Entwicklung und Bereitstellung von Services und Produkten, Anforderungen an die Integrität von Software und Hardware, den Schutz vor Manipulationen sowie die Verpflichtung zur Offenlegung relevanter Schwachstellen.

Es ist außerdem erforderlich, dass die Organisation sicherstellt, dass es in der Lieferkette klare Verantwortlichkeiten gibt. Es ist wichtig, dass die direkten Lieferanten ihre Subunternehmer ebenfalls vertraglich zur Einhaltung der Sicherheitsanforderungen verpflichten. Auf diese Weise wird gewährleistet, dass keine Sicherheitslücken durch indirekte Partner entstehen, die nicht selbst kontrolliert werden können.

Ein weiterer wichtiger Punkt ist die Kontrolle und Bewertung der Lieferkette. Es ist von Bedeutung, dass Organisationen Ansätze einführen, um sicherzustellen, dass die festgelegten Anforderungen erfüllt werden. Sicherheitsberichte, Zertifizierungen, Audits oder die Verwendung von Informationsquellen zur Bedrohungslage in Lieferketten sind mögliche Maßnahmen.

7.2.22 NA A.5.22 – Überwachung, Überprüfung und Änderungsmanagement von Lieferantendienstleistungen

> Die Organisation muss regelmäßig die Informationssicherheitspraktiken der Lieferanten und die Erbringung von Dienstleistungen überwachen, überprüfen, bewerten und Änderungen steuern.

Das Ziel der Maßnahme ist es, sicherzustellen, dass die vereinbarten Anforderungen an Vertraulichkeit, Integrität und Verfügbarkeit auch während des gesamten Lebenszyklus der Lieferantenbeziehung eingehalten werden.

Organisationen müssen geeignete Verfahren zur kontinuierlichen Überwachung der Leistungen ihrer Lieferanten einrichten. Ein wichtiger Punkt ist hierbei, dass die tatsächliche Servicequalität mit den vertraglich vereinbarten Anforderungen abgeglichen wird. Abweichungen sollten schnellstmöglich erkannt werden. Es muss also nicht nur die Dienstleistungsqualität geprüft werden, sondern es ist besonders wichtig, zu überprüfen, ob die zugesicherten Sicherheitsmaßnahmen auch wirklich wirksam umgesetzt werden.

Ein weiterer Schwerpunkt ist die regelmäßige Überprüfung. In geplanten Abständen oder bei Bedarf sollten Organisationen überprüfen, ob ihre Sicherheitsanforderungen noch angemessen und wirksam sind. Wiederum können Audits, Zertifizierungen, Prüfberichte oder Nachweise von unabhängigen Stellen als Grundlage dienen. Die Überprüfungen haben nicht nur die Aufgabe, den aktuellen Stand der Sicherheit zu bestätigen; sie sollen auch frühzeitig mögliche Schwachstellen oder Veränderungen erkennen, die die Sicherheit gefährden könnten.

Außerdem behandelt die Maßnahme das Änderungsmanagement. Änderungen an den Systemen, Prozessen oder Dienstleistungen eines Lieferanten können die Sicherheit der Organisation unmittelbar beeinflussen. Geplante Änderungen müssen von Lieferanten daher rechtzeitig angekündigt werden und die Auswirkungen dieser Änderungen auf die Sicherheit müssen offengelegt werden. Bevor die Organisation Änderungen beim Lieferanten oder Sublieferanten umsetzt, sollten diese geprüft, bewertet und genehmigt werden.

Ein wichtiger Punkt ist zudem, dass die Organisation und der Lieferant eng zusammenarbeiten. Änderungen können nur dann ohne unerwartete Risiken umgesetzt werden, wenn Kommunikationswege klar definiert sind und ein kontinuierlicher Informationsfluss sichergestellt ist.

7.2.23 NA A.5.23 – Informationssicherheit für die Nutzung von Cloud-Diensten

> Die Verfahren für den Erwerb, die Nutzung, die Verwaltung und den Ausstieg aus Cloud-Diensten müssen in Übereinstimmung mit den Informationssicherheitsanforderungen der Organisation festgelegt werden.

Das Ziel dieser Maßnahme ist es, Risiken, die aus der Nutzung von Cloud-Umgebungen entstehen, zu erkennen und durch angemessene technische und organisatorische Maßnahmen zu behandeln.

Die Norm verdeutlicht, dass Cloud-Dienste spezielle Anforderungen an die Informationssicherheit stellen. Der Grund dafür ist, dass Daten, Systeme und Prozesse in einer Infrastruktur verarbeitet werden, die außerhalb der direkten Kontrolle der Organisation liegt. Dies führt zu möglichen Risiken, wie etwa zu einem Mangel an Transparenz bezüglich der Speicherung, zu begrenzten Einflussmöglichkeiten auf Sicherheitsmaßnahmen oder zu der Abhängigkeit von einem einzigen Anbieter.

Es ist entscheidend, dass eindeutige Sicherheitsanforderungen an den Cloud-Anbieter festgelegt werden. Es ist notwendig, diese Anforderungen noch vor Vertragsabschluss zu definieren und verbindlich im Vertrag zu regeln. Dazu zählen unter anderem Anforderungen

- an die Vertraulichkeit, Integrität und Verfügbarkeit von Daten,
- an deren Lokalisierung (dazu gehört, in welchem Land oder in welchen Ländern die Daten verarbeitet werden),
- an Notfall- und Wiederanlaufstrategien,
- an Meldepflichten bei Sicherheitsvorfällen sowie
- an Kontroll- und Audit-Rechte.

Darüber hinaus verdeutlicht die Maßnahme die Wichtigkeit der gemeinsamen Übernahme von Verantwortung. Es ist entscheidend, in Cloud-Umgebungen zu verstehen, wie die Aufteilung der Sicherheitsaufgaben zwischen dem Anbieter und der nutzenden Organisation aussieht. Das *Shared-Responsibility-Modell* variiert je nach Service-Modell (*IaaS*, *PaaS* oder *SaaS*) und erfordert eine klare Dokumentation und Steuerung. Nehmen wir als Beispiel die Zuständigkeit für das Backup: Es muss klar sein, wer dieses und wie oft durchführt.

Ein weiterer Aspekt ist die kontinuierliche Überwachung der Cloud-Dienste. Es ist für Organisationen entscheidend, dass sie sicherstellen, dass die während der gesamten Nutzungsdauer vereinbarten Sicherheitsanforderungen eingehalten werden. Dies umfasst regelmäßige Berichterstattung, Nachweise über Zertifizierungen wie ISO/IEC 27017 oder 27018 sowie eigene Prüfungen, sofern dies möglich (und erlaubt) ist.

Die Norm weist ebenfalls darauf hin, dass auch die Beendigung der Cloud-Nutzung geregelt werden sollte. Das beinhaltet Ansätze, die garantieren, dass Daten zurückgeführt oder gelöscht werden, dass Zugänge deaktiviert werden und dass verhindert wird, dass Informationen nach Vertragsende unkontrolliert beim Cloud-Anbieter verbleiben.

7.2.24 NA A.5.24 – Planung und Vorbereitung der Handhabung von Informationssicherheitsvorfällen

> Die Organisation muss die Handhabung von Informationssicherheitsvorfällen planen und vorbereiten, indem sie Prozesse, Rollen und Verantwortlichkeiten für die Handhabung von Informationssicherheitsvorfällen definiert, einführt und kommuniziert.

Das Ziel dieser Maßnahme ist es, im Falle eines Vorfalls nicht improvisieren zu müssen, sondern über klar definierte Verfahren, Rollen und Ressourcen zu verfügen, um wirksam und koordiniert reagieren zu können.

Die Norm verlangt die Entwicklung eines Vorfallmanagementplans, der die grundlegenden Abläufe beschreibt. Hierzu zählen Prozesse zum Erfassen, Bewerten, Klassifizieren und Bearbeiten von Ereignissen der Informationssicherheit sowie zu deren Eskalation. Der Plan definiert die Priorisierung des Vorfalls, die einzuhaltenden Kommunikationswege und die Koordination zwischen den beteiligten Stellen.

Ein weiterer entscheidender Punkt ist die Festlegung der Verantwortlichkeiten. Um sicherzustellen, dass jeder weiß, wer was macht, ist es wichtig, Rollen und Verantwortlichkeiten klar zu definieren: Wer nimmt Vorfälle entgegen? Wer entscheidet über deren Relevanz? Wer führt die Analysen durch und wer steuert die erforderlichen Maßnahmen? Es muss gewährleistet werden, dass nur geschultes und qualifiziertes Personal mit der Bearbeitung betraut wird.

Die Definition geeigneter Meldewege gehört ebenfalls zur Vorbereitung. Es ist äußerst wichtig, dass alle internen Mitarbeitenden und externen Partner wissen, wer die Ansprechpartner sind und welche Meldewege es gibt, falls ein Vorfall eintritt. Es ist zudem notwendig, Verfahren für externe Meldepflichten zu schaffen, beispielsweise gegenüber Datenschutzaufsichtsbehörden, Kunden oder Cybersicherheitsbehörden.

Die Berücksichtigung realistischer Szenarien gehört ebenfalls dazu. Der Vorfallmanagementplan sollte neben allgemeinen Vorgaben insbesondere auf die spezifischen Gefahrenlagen der Organisation abgestimmt sein. Hierzu zählen sowohl technische Vorfälle, wie etwa Malware-Infektionen oder Denial-of-Service-Angriffe, als auch organisatorische Situationen, wie der Verlust vertraulicher Dokumente.

7.2.25 NA A.5.25 – Beurteilung und Entscheidung über Informationssicherheitsereignisse

> Die Organisation muss Informationssicherheitsereignisse beurteilen und entscheiden, ob sie als Informationssicherheitsvorfälle eingestuft werden müssen.

Das Ziel der Maßnahme ist es, eine klare Abgrenzung zwischen alltäglichen Ereignissen und sicherheitsrelevanten Vorfällen zu schaffen, um Ressourcen gezielt einsetzen und angemessen reagieren zu können.

Die Norm betont, dass nicht jedes Ereignis automatisch als Vorfall gilt. Auch wenn Anmeldeversuche, Netzwerkaktivitäten oder Fehlermeldungen zunächst unbedenklich erscheinen, können sie auf eine Schwachstelle oder einen Angriff hindeuten. Aus diesem Grund ist es notwendig, ein Verfahren einzuführen, mit dem solche Ereignisse nach definierten Kriterien bewertet und klassifiziert werden.

Zu den Kriterien gehören unter anderem

- die potenziellen Auswirkungen auf die Vertraulichkeit, Integrität und Verfügbarkeit von Informationen,
- die betroffenen Systeme oder Abläufe sowie
- die mögliche rechtliche oder regulatorische Relevanz.

Ein Ereignis wird gemäß A.5.24 (siehe vorheriger Abschnitt) in den Prozess überführt, wenn es die genannten Kriterien erfüllt.

Ein weiterer Fokus liegt auf der Konsistenz der Entscheidungen. Um zu gewährleisten, dass alle relevanten Stellen einheitliche Bewertungen vornehmen, ist es unerlässlich, die Kriterien zu dokumentieren und sicherzustellen, dass diese allen relevanten Rollen bekannt sind. Dies gewährleistet, dass ähnliche Vorfälle konsistent klassifiziert werden.

Die Norm verlangt zudem, dass eine Dokumentation der Bewertung ein Teil des Verfahrens ist. Jedes bewertete Ereignis ist nachvollziehbar zu protokollieren, unabhängig von seiner Einstufung als Vorfall. Dies kann zum Beispiel in einem Ticketing-System erfolgen. Die Aufzeichnungen dienen nicht nur der Nachvollziehbarkeit, sondern auch der Optimierung des Prozesses und gegebenenfalls auch als rechtlich verwendbare Nachweise.

Praxistipp

Eine Einstufung könnte wie folgt erfolgen:

- **Sicherheitsschwachstelle oder Ereignis**

  Es ist kein Vorfall aufgetreten, jedoch könnte das mit einem System, Prozess oder einer Organisation in Zusammenhang stehende Ereignis in naher oder ferner Zukunft einen Vorfall zur Folge haben.
- **Geringer Vorfall**

  Als gering gilt ein Vorfall, der keine bedeutende Auswirkung auf die Vertraulichkeit oder Integrität von Informationen hat und keinen längerfristigen Ausfall der Verfügbarkeit verursachen kann.
- **Erheblicher Vorfall**

  Als erheblich gilt ein Vorfall, der spürbaren Schaden durch den Verlust der Vertraulichkeit oder Integrität von Informationen verursachen kann oder der eine Unterbrechung der Verfügbarkeit von Informationen und/oder Prozessen über eine inakzeptable Zeitspanne verursachen könnte.
- **Datenschutzverletzung**

  Das ist ein Vorfall, der rechtliche Folgen in Bezug auf den Datenschutz haben kann. Er muss unabhängig von der Schwere des Vorfalls gemeldet werden.

In einem zweiten Schritt wird die Priorisierung definiert. Diese kann sich im Verlauf der Zeit und mit den Umständen verändern.

Um die *Incident-Dringlichkeit* zu bestimmen, wird die höchste zutreffende Kategorie ausgewählt (siehe Tabelle 7.3):

Kategorie	Beschreibung
Gering	■ Der vom Vorfall verursachte Schaden nimmt im Verlauf der Zeit nur unwesentlich zu. ■ Die Aufgaben, die von den Mitarbeitenden nicht erfüllt werden können, sind nicht zeitkritisch.

Tabelle 7.3: Incident-Dringlichkeit

Kategorie	Beschreibung
Mittel	■ Der vom Vorfall verursachte Schaden nimmt im Verlauf der Zeit substanziell zu. ■ Die Aufgaben, die von den Mitarbeitenden nicht erfüllt werden können, sind nur mäßig zeitkritisch. ■ Einzelne Benutzende sind betroffen.
Hoch	■ Der vom Vorfall verursachte Schaden nimmt im Verlauf der Zeit schnell zu. ■ Die Aufgaben, die von den Mitarbeitenden nicht erfüllt werden können, sind zeitkritisch. ■ Mehrere Benutzende sind betroffen.
Kritisch	■ Der vom Vorfall verursachte Schaden nimmt im Verlauf der Zeit schnell zu. ■ Die Aufgaben, die von den Mitarbeitenden nicht erfüllt werden können, sind sehr wichtig. ■ Viele Benutzende sind betroffen.

Tabelle 7.3: Incident-Dringlichkeit (Forts.)

Um die *Incident-Auswirkung* zu bestimmen, wird die höchste zutreffende Kategorie ausgewählt (siehe Tabelle 7.4):

Kategorie	Beschreibung
Vernachlässigbar	Die Schadensauswirkungen sind gering und können vernachlässigt werden. ■ Der finanzielle Schaden ist irrelevant (0–5.000 €). ■ Der Imageverlust ist gering (es gibt gelegentliche Beschwerden). ■ Preisgabe wenig sensibler Daten ■ geringe interne Unkosten, außerhalb nicht bemerkbar
Begrenzt	Die Schadensauswirkungen sind begrenzt und überschaubar. ■ Der finanzielle Schaden ist tragbar (5.001–50.000 €). ■ Der Imageverlust ist bemerkbar (es gibt gelegentlich Kritik in den Medien). ■ Kurzzeitige negative Auswirkungen sind möglich. ■ keine Datenschutzverletzung ■ Kosten spürbar, von außen sichtbar

Tabelle 7.4: Incident-Auswirkungen

Kategorie	Beschreibung
Beträchtlich	Die Schadensauswirkungen können beträchtlich sein. ■ Der finanzielle Schaden ist spürbar (50.001–100.000 €). ■ Der Imageverlust ist groß (schwere Kritik in den Medien). ■ Ernsthafte negative Auswirkungen sind möglich. ■ mögliche Datenschutzverletzung ■ Erhebliche Kosten sind zur Behebung notwendig.
Existenz-bedrohend	Die Schadensauswirkungen können ein existenziell bedrohliches, katastrophales Ausmaß erreichen. ■ Der finanzielle Schaden bedroht die Existenz (> 100.001 €) ■ Es ist mit bleibendem Schaden zu rechnen. ■ Verlust von Leben / schwere Rufschädigung ■ mögliche Datenschutzverletzung ■ Erhebliche Störung des Betriebs; es besteht die Gefahr, dass das Unternehmen nicht überlebt.

Tabelle 7.4: Incident-Auswirkungen (Forts.)

Aus den beiden Werten *Dringlichkeit* und *Auswirkung* ergibt sich die Prioritätenmatrix, die Sie in Abbildung 7.2 sehen:

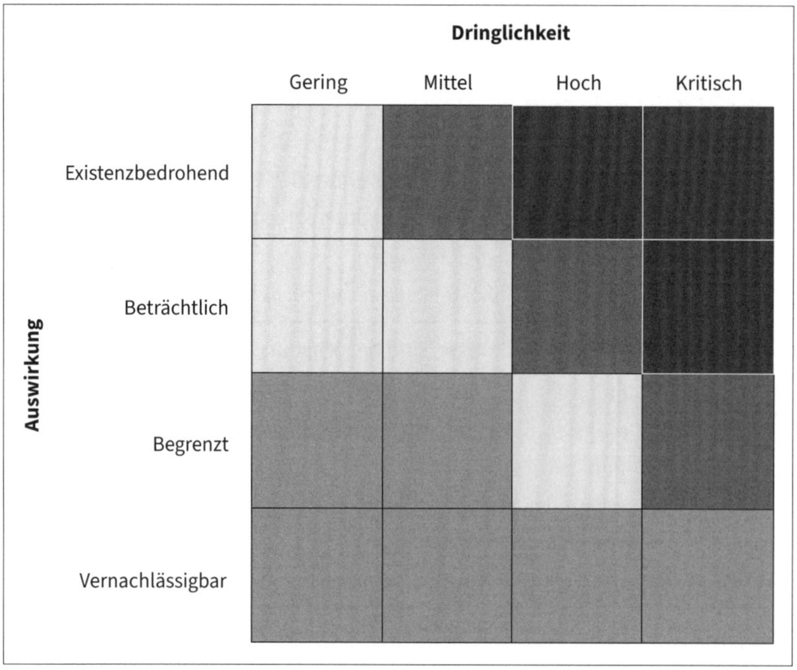

Abbildung 7.2: Incident-Priorität

Die Farben stehen für folgende Prioritäten:

Priorität	Beschreibung	Reaktionszeit Vorgabe	Angestrebte Lösungszeit
1 (Rot)	Kritisch	30 Minuten	4 Stunden
2 (Hellrot)	Hoch	1 Stunde	1 Tag
3 (Gelb)	Mittel	8 Stunden	5 Tage
4 (Grün)	Niedrig	2 Tage	2 Wochen

Tabelle 7.5: Priorität

7.2.26 NA A.5.26 – Reaktion auf Informationssicherheitsvorfälle

> Auf Informationssicherheitsvorfälle muss entsprechend den dokumentierten Verfahren reagiert werden.

Das Ziel dieser Maßnahme ist es, die Auswirkungen einzudämmen, Folgeschäden zu verhindern und die Organisation schnellstmöglich wieder in einen stabilen Zustand zu versetzen.

In erster Linie erfolgt die Reaktion auf Vorfälle durch operative Maßnahmen, die an den jeweiligen Kontext angepasst sind. Erforderliche Maßnahmen sind unter anderem, betroffene Systeme vom Netz zu nehmen, kompromittierte Konten zu sperren und fehlerhafte Konfigurationen sofort zu korrigieren. Der Prozess umfasst auch organisatorische Maßnahmen, wie das Informieren von Schlüsselpersonen oder das Eskalieren an Krisenstäbe. Dies umfasst auch die Kommunikation mit internen und externen Akteuren wie Behörden, externen Interessengruppen und Foren, Lieferanten sowie Kunden. Diese Aktionen müssen unbedingt in einer synchronen Reihenfolge umgesetzt werden, die den festgelegten Zuständigkeiten entspricht.

Ein weiterer entscheidender Aspekt ist der Zeitfaktor. Die Entwicklungen rund um Informationssicherheitsvorfälle und ihre Folgen können sich sehr schnell ändern. Eine Verzögerung kann den Schaden erheblich vergrößern. Deshalb ist es wichtig, dass die Organisation sofort wirksame Gegenmaßnahmen ergreift. Um sicherzustellen, dass alle Beteiligten reibungslos zusammenarbeiten, sind neben technischen Lösungen auch bewährte Kommunikationswege von großer Bedeutung.

Außerdem betont die Norm, dass während des Vorfalls eine Kontinuität gewahrt werden muss. Eine Reaktion umfasst die Schritte bis zur vollständigen Wiederherstellung der normalen Betriebsbedingungen und endet nicht mit der ersten Eindämmung. Das beinhaltet zum Beispiel das Entfernen schädlicher Elemente, das Absichern betroffener Systeme und die Bestätigung, dass die ergriffenen Maßnahmen wirksam sind.

Darüber hinaus ist auch bei diesem Schritt eine nachvollziehbare Dokumentation der durchgeführten Schritte erforderlich. Um Transparenz zu gewährleisten und eine Basis für spätere Analysen und Verbesserungen zu schaffen, ist es notwendig, jede durchgeführte Maßnahme, jede Entscheidung sowie jedes Resultat zu dokumentieren. Dies ist auch wichtig für die folgende Maßnahme.

7.2.27 NA A.5.27 – Erkenntnisse aus Informationssicherheitsvorfällen

> Aus Informationssicherheitsvorfällen gewonnene Erkenntnisse müssen zur Verstärkung und Verbesserung der Informationssicherheitsmaßnahmen genutzt werden.

Das Ziel dieser Maßnahme ist es, nicht nur die unmittelbaren Auswirkungen eines Vorfalls zu beseitigen, sondern auch dauerhafte Lerneffekte zu erzielen, die die Resilienz der Organisation erhöhen.

Im Mittelpunkt steht die strukturierte Nachbereitung von Vorfällen. Im Anschluss an die Behebung des Informationssicherheitsvorfalls sollten eine Analyse der Ereignisse sowie eine Überprüfung der ergriffenen Maßnahmen erfolgen. Hierbei geht es nicht nur um technische Einzelheiten wie Angriffsvektoren oder Schwachstellen, sondern auch um organisatorische Faktoren wie die Effektivität der Kommunikation, die Effizienz von Eskalationswegen oder die Angemessenheit der verwendeten Verfahren.

Die Norm betont, dass die Auswertung und Analyse nicht im Verborgenen erfolgen sollten, sondern dokumentiert und nachvollziehbar sein muss. Erkenntnisse aus Vorfällen sollten mit den relevanten Stakeholdern geteilt werden, um breit angelegte Verbesserungen umzusetzen. Hierzu zählen die Anpassung von Richtlinien, die Aktualisierung von Verfahren, die Implementierung zusätzlicher Kontrollen oder die Optimierung von Awareness-Maßnahmen.

Ein weiterer wesentlicher Aspekt ist die Einbindung in das Risikomanagement. Ereignisse zeigen häufig, dass die Risiken falsch eingeschätzt werden oder dass es weitere Bedrohungen gibt, die bislang nicht berücksichtigt wurden. Es ist notwendig, dass die Erkenntnisse in die Risikobewertung und die Planung neuer Sicherheitsmaßnahmen aufgenommen werden.

Praxistipp

Die Ergebnisse sind ideal zur Sensibilisierung und Ausbildung nutzbar. Konkrete Vorfälle aus der eigenen Organisation sind besonders geeignet, um Mitarbeitenden die Praxisrelevanz der Informationssicherheit und ein vertieftes Bewusstsein für Risiken näherzubringen.

7.2.28 NA A.5.28 – Sammeln von Beweismaterial

> Die Organisation muss Verfahren für die Ermittlung, Sammlung, Beschaffung und Aufbewahrung von Beweismaterial im Zusammenhang mit Informationssicherheitsereignissen einführen und umsetzen.

Das Ziel dieser Maßnahme ist es, sicherzustellen, dass im Falle eines Vorfalls die relevanten Informationen so erfasst und aufbewahrt werden, dass sie in rechtlichen, regulatorischen oder disziplinarischen Verfahren genutzt werden können.

Die Sammlung von Beweismitteln muss geplant werden und darf nicht zufällig erfolgen. Es ist notwendig, klare Abläufe festzulegen, die bestimmen, welche Daten zu sichern sind, wie sie dokumentiert werden sollen und welche Anforderungen an ihre Integrität gelten. Ein wichtiger Punkt ist, dass Beweismittel unverändert und nachvollziehbar aufbewahrt werden müssen, um ihre Verlässlichkeit zu sichern.

Ein wichtiger Punkt ist die Wahrung der Beweiskette. Es ist entscheidend, dass jederzeit eindeutig erkennbar ist, wer Zugang zu den Beweismitteln hatte und welche Schritte bei ihrer Erhebung und Speicherung unternommen wurden. Das Verfahren nennt sich *Chain of Custody* und sorgt dafür, dass Beweise ihre Verwertbarkeit behalten. Dies betrifft nicht nur physische Papier-Unterlagen, sondern auch Daten, wie etwa auf Festplatten.

Außerdem hebt die Norm hervor, dass das Beweismittelsammeln nur von geschultem Personal durchgeführt werden sollte. Fehler während der Datenerhebung (wie das unsachgemäße Handling digitaler Speichermedien oder eine mangelhafte Dokumentation) können dazu führen, dass Beweise in einem Verfahren nicht anerkannt werden. Deshalb sind regelmäßige Schulungen und Fachwissen in diesem Bereich unerlässlich. Fehlt dieses Wissen, ist es ratsam, externe Firmen einzubeziehen. Solche IT-Forensik-Firmen sollten vor einem Vorfall gesucht werden, anstatt sie erst zu kontaktieren, wenn Hilfe benötigt wird. Oft kann eine Vereinbarung abgeschlossen werden, um eine Alarmierung rund um die Uhr einzurichten. Auch Cyber-Versicherungen stellen eine Option dar. Sie stellen bei Bedarf eigene Fachpersonen zur Verfügung.

Durch diese Maßnahme wird auch deutlich gemacht, dass die Erhebung immer im Einklang mit den gesetzlichen und regulatorischen Vorgaben stehen muss. Das schließt insbesondere Datenschutz-Gesetze, arbeitsrechtliche Regelungen und die Vorgaben der Strafprozessordnungen in den jeweiligen Rechtsgebieten ein.

7.2.29 NA A.5.29 – Informationssicherheit bei Störungen

> Die Organisation muss planen, wie die Informationssicherheit während einer Störung auf einem angemessenen Niveau gehalten werden kann.

Das Ziel dieser Maßnahme ist es, sicherzustellen, dass Vertraulichkeit, Integrität und Verfügbarkeit von Informationen nicht verloren gehen, wenn ungeplante Unterbrechungen oder Krisensituationen eintreten.

Durch Störungen können Prozesse, Systeme oder weitere Elemente beeinträchtigt sein – sei es durch technische Ausfälle, Naturereignisse oder Cyberangriffe. Unabhängig von der Ursache ist sicherzustellen, dass die Schutzmaßnahmen für Informationen auch in diesen Situationen wirksam bleiben. Es genügt nicht, Prozesse einfach wieder aufzunehmen, um die Geschäftskontinuität zu wahren. Es ist außerdem zu beachten, wie die Schutzmaßnahmen während der Bewältigung von Störungen sichergestellt werden.

Ein wesentlicher Punkt dieser Maßnahme ist es, die Sicherheitsvorkehrungen auf den Notfallbetrieb abzustimmen. Systeme, die im Krisenmodus eingesetzt werden, sollten mit Schutzmechanismen ausgestattet sein, um mindestens ein grundlegendes Maß an Informationssicherheit zu gewährleisten. Als Maßnahmen gelten unter anderem die Absicherung vorläufiger Kommunikationswege, die Kontrolle über Notfallzugriffe sowie die Sicherung temporär genutzter Systeme und Datenspeicher.

Die Organisation sollte dabei die Wechselwirkung zwischen Informationssicherheit und Geschäftskontinuitätsmaßnahmen berücksichtigen. Es ist äußerst wichtig, dass Notfalllösungen keine neuen Sicherheitsrisiken schaffen, wie etwa durch den unregulierten Einsatz privater Geräte oder unsicherer Cloud-Dienste. Alles, was von den üblichen Verfahren abweicht, aber notwendig ist, sollte bewusst geplant, dokumentiert und auf einen bestimmten Zeitraum begrenzt werden.

Der Fokus liegt auf der kontinuierlichen Überwachung von Störungen. Um zu vermeiden, dass Risiken unbemerkt eskalieren, ist es wichtig, dass sicherheitsrelevante Ereignisse im Notfallbetrieb erfasst und bewertet werden.

7.2.30 NA A.5.30 – IKT-Bereitschaft für Business-Continuity

> Die IKT-Bereitschaft muss auf der Grundlage von Business-Continuity-Zielen und IKT-Kontinuitätsanforderungen geplant, umgesetzt, aufrechterhalten und geprüft werden.

Das Ziel der Maßnahme ist es, die notwendige Verfügbarkeit und Widerstandsfähigkeit sicherzustellen, sodass kritische Prozesse auch in Krisensituationen fortgeführt oder zeitnah wiederaufgenommen werden können.

Um die Geschäftskontinuität zu wahren, sind *Informations- und Kommunikationstechnologien* (ITK) unerlässlich. Wenn die IT-Infrastruktur oder die Kommunikationswege ausfallen, kann das die Leistungsfähigkeit einer Organisation stark beeinträchtigen. Es ist daher unerlässlich, die Anforderungen an die Verfügbarkeit, Integrität und Belastbarkeit von IKT im Voraus zu definieren und sie durch technische und organisatorische Maßnahmen umzusetzen.

Ein wichtiger Punkt ist, dass die Ergebnisse der Business-Impact-Analyse berücksichtigt werden. Anhand dieser Informationen wird bestimmt, welche Systeme und Dienste als besonders kritisch gelten, welche Wiederanlaufzeiten akzeptabel sind und welche Ressourcen dafür bereitgestellt werden müssen. Auf dieser Grundlage können dann passende Lösungen wie redundante Systeme, alternative Kommunikationswege oder Notfallarbeitsplätze entworfen werden.

Regelmäßige Tests und Übungen sind außerdem von großer Bedeutung. Die Wirksamkeit der in den Notfallplänen vorgesehenen Maßnahmen und die Einhaltung der festgelegten Wiederanlaufzeiten können nur durch die praktische Prüfung getestet werden. Erfahrungen zeigen, dass der erste Durchgang einige Stolpersteine und vergessene Punkte aufdecken wird.

Ein weiterer Aspekt ist die Abhängigkeit von externen Dienstleistern, vor allem von Cloud- und Telekommunikationsdiensten. Es ist für Organisationen entscheidend, dass sie sicherstellen, dass diese Dienstleister vertraglich verpflichtet sind, ein angemessenes Niveau der Business-Continuity-Unterstützung zu bieten. Außerdem ist es ratsam, in regelmäßigen Abständen entsprechende Nachweise anzufordern.

In Abschnitt A.10 finden Sie ein entsprechendes BCM-Konzept.

7.2.31 NA A.5.31 – Juristische, gesetzliche, regulatorische und vertragliche Anforderungen

> Rechtliche, gesetzliche, behördliche und vertragliche Anforderungen, die für die Informationssicherheit relevant sind, und die Vorgehensweise der Organisation zur Erfüllung dieser Anforderungen müssen ermittelt, dokumentiert und auf dem neuesten Stand gehalten werden.

Das Ziel dieser Maßnahme ist es, sicherzustellen, dass die Informationssicherheit im Einklang mit verbindlichen Vorgaben steht und Verstöße vermieden werden.

Anforderungen können dabei aus unterschiedlichen Quellen stammen. Hierzu zählen nationale Gesetze wie Datenschutz- oder Strafvorschriften, branchenspezifische Regulierungen, internationale Standards sowie interne und externe Verträge mit Sicherheitsauflagen. Es ist wichtig, systematisch vorzugehen, um sicherzustellen, dass keine relevanten Bestimmungen übersehen werden.

Ein wichtiger Bestandteil dieser Maßnahme ist es, ein Anforderungsverzeichnis zu erstellen und es zu pflegen. Damit dieses Verzeichnis aktuell bleibt, ist es wichtig, dass alle relevanten Rollen in der Organisation Zugriff auf es haben. Es ist auch die Basis dafür, dass alle rechtlichen und vertraglichen Vorgaben bei der Planung und Umsetzung von Sicherheitsmaßnahmen beachtet werden.

Es ist wichtig, die Anforderungen regelmäßig zu überprüfen. Gesetze, Regulierungen und Verträge können geändert werden. Die Organisation kann auch neue Verpflichtungen eingehen, indem sie internationale Geschäftstätigkeiten oder neue Partnerschaften verfolgt. Es ist entscheidend, alle Änderungen zu kennen und sie in die Sicherheitsprozesse einzufügen, um die Sicherheit zu gewährleisten.

Eine erfolgreiche Umsetzung dieser Maßnahme erfordert, dass die betroffenen Fachabteilungen, das Informationssicherheitsmanagement, die Rechtsabteilung und die Compliance eng zusammenarbeiten. Um sicherzustellen, dass die inhaltlichen Vorgaben richtig verstanden werden und die technischen sowie organisatorischen Maßnahmen genau umgesetzt werden können, ist die Zusammenarbeit entscheidend.

Praxisbeispiel

In Tabelle 7.6 sind mögliche Quellen für die Identifikation der Anforderungen aufgeführt, und es ist angegeben, welche Kommunikationsmethoden dazu verwendet werden können.

Team/Organisation	Bereich	Kommunikationsmethode
Rechtsabteilung	Die für die Informationssicherheit relevanten Gesetze, einschließlich Datenschutz	regelmäßige Treffen E-Mail-Benachrichtigungen
Externer Rechtsberater	Die für die Informationssicherheit relevanten Gesetze, einschließlich Datenschutz	E-Mail Newsletter Treffen zu bestimmten Themen
Governance-, Risiko- und Compliance-Team	Regulatorische Rahmenbedingungen und Anforderungen	regelmäßige Treffen E-Mail
Interessierte Parteien	Vertragliche Vereinbarungen, aktuelle und neue Verträge	Treffen zu bestimmten Themen (z. B. Vertragsabschluss) E-Mail
Branchenverbände	Gesetze und Vorschriften und andere für die Branche relevante Themen	Seminare Newsletter

Tabelle 7.6: Quellen für das Identifizieren von Anforderungen

Team/Organisation	Bereich	Kommunikationsmethode
Regulierungsbehörde	Anforderungen von Regulierungsbehörden, regulatorische Berichterstattung	offizielle Mitteilungen offizielle Veranstaltungen
Berufsverbände für Informationssicherheit	Allgemeine rechtliche, regulatorische und vertragliche Fragen zur Informationssicherheit	Meetings Newsletter Weiterbildungen
Nationale und regionale Unternehmensgruppen	Allgemeine rechtliche, regulatorische und vertragliche Fragen für die Organisation	Meetings Newsletter Weiterbildungen

Tabelle 7.6: Quellen für das Identifizieren von Anforderungen (Forts.)

7.2.32 NA A.5.32 – Geistige Eigentumsrechte

> Die Organisation muss geeignete Verfahren zum Schutz der Rechte an geistigem Eigentum einführen.

Das Ziel dieser Maßnahme ist es, die unbefugte Nutzung, Vervielfältigung oder Verbreitung von urheberrechtlich geschützten Materialien und anderen immateriellen Gütern zu verhindern und gleichzeitig rechtliche Risiken zu vermeiden.

Eine Vielzahl von Schutzrechten, darunter Urheberrechte an Software, Texten oder Dokumentationen, Marken- und Patentrechte, Datenbanken, Designrechte sowie Geschäftsgeheimnisse, fallen unter den Begriff des *geistigen Eigentums*. Es ist ratsam, dass Organisationen eindeutige Verfahren schaffen, um sicherzustellen, dass diese Rechte eingehalten werden.

Ein wichtiger Aspekt ist die Verwendung von Software und digitalen Inhalten. Organisationen müssen unbedingt darauf achten, dass sie nur lizenziertes Material verwenden und die Lizenzbedingungen einhalten. Dies umfasst Richtlinien für den Erwerb, die Installation, die Nutzung und die regelmäßige Überprüfung von Softwarelizenzen. Das gilt auch für Bilder, Texte, Musik oder andere Werke, die von der Organisation genutzt werden.

Die Organisation sollte jedoch auch proaktiv ihre eigenen immateriellen Güter schützen. Dazu zählen Ansätze zum Kennzeichnen, Dokumentieren und Verwalten von geistigem Eigentum sowie zur vertraglichen Absicherung von Nutzungs- und Verwertungsrechten bei Kooperationen oder Auftragsarbeiten.

Ein weiterer wichtiger Aspekt ist die Schulung der Mitarbeitenden. Es ist wichtig, dass sie die rechtlichen Vorgaben zum Umgang mit geistigem Eigentum verstehen, die Risiken kennen, die Verstöße mit sich bringen, und wissen, welche internen Verfahren beachtet werden müssen.

7.2.33 NA A.5.33 – Schutz von Aufzeichnungen

> Aufzeichnungen müssen vor Verlust, Zerstörung, Fälschung, unbefugtem Zugriff und unbefugter Veröffentlichung geschützt sein.

Das Ziel dieser Maßnahme ist es, die Integrität, Verfügbarkeit und Vertraulichkeit von Aufzeichnungen über den gesamten Zeitraum ihrer Aufbewahrung zu gewährleisten.

Aufzeichnungen sind Dokumente oder Daten, die geschäftliche Aktivitäten, rechtliche Verpflichtungen oder regulatorische Anforderungen belegen. Dazu zählen Verträge, Finanzdokumente, Audit-Protokolle, Nachweise von Schulungen, Sicherheitsberichte oder gesetzlich geforderte Meldungen. Sie besitzen oft einen hohen Beweiswert und können bei Auseinandersetzungen oder Überprüfungen maßgeblich sein.

Es ist wichtig, dass die Organisation klare Verfahren für den Lebenszyklus von Aufzeichnungen festlegt. Das beinhaltet, Verantwortliche zu benennen, Aufbewahrungsfristen festzulegen und die Aufzeichnungen sicher zu archivieren. Es ist von Bedeutung, dass Aufzeichnungen während der gesamten Aufbewahrungsdauer weder verfälscht noch unbemerkt verändert werden können. Das schließt auch die Festlegung des gewünschten Formats ein. Besonders wenn elektronische Speichermedien genutzt werden, ist es wichtig, dass Verfahren festgelegt werden, die sicherstellen, dass die Aufzeichnungen während ihrer gesamten Aufbewahrungszeit zugänglich sind (was die Lesbarkeit der Speichermedien und das Format betrifft), um einen Datenverlust durch zukünftige technische Entwicklungen zu verhindern.

Ein weiterer Schwerpunkt ist die Kontrolle des Zugriffs. Nur berechtigte Personen dürfen die Aufzeichnungen einsehen, sie verändern oder vernichten. Technische und organisatorische Maßnahmen, wie Verschlüsselung, Zugriffsbeschränkungen und Protokollierung, sind erforderlich, um die Sicherheit der Daten zu gewährleisten. Wenn Verschlüsselungen genutzt werden, ist es wichtig, die entsprechenden Schlüssel zu speichern, damit eine Entschlüsselung zu einem späteren Zeitpunkt möglich ist.

7.2.34 NA A.5.34 – Datenschutz und Schutz von personenbezogenen Daten (PbD)

> Die Organisation muss die Anforderungen an die Wahrung der Privatsphäre und den Schutz personenbezogener Daten nach den geltenden Gesetzen und Vorschriften sowie den vertraglichen Anforderungen ermitteln und erfüllen.

Das Ziel dieser Maßnahme ist es, durch geeignete Verfahren und Kontrollen sicherstellen, dass die Datensicherheit gewährleistet ist und gleichzeitig die einschlägigen rechtlichen und regulatorischen Anforderungen eingehalten werden.

Personenbezogene Daten (PbD) sind alle Informationen, die sich auf eine identifizierte oder identifizierbare natürliche Person beziehen. Dazu zählen Informationen wie Namen und Adressen sowie digitale Identifikatoren, Standortdaten oder biometrische Angaben. Weil ein Missbrauch nicht nur rechtliche Konsequenzen, sondern auch erhebliche Reputationsschäden für die Organisation zur Folge haben kann, verdienen diese Informationen besonderen Schutz.

Ein wesentlicher Aspekt dieser Maßnahme besteht darin, die Vorgaben des Datenschutzes einzuhalten. Hierzu zählen beispielsweise die Datenschutz-Grundverordnung (DSGVO) in der EU, das Schweizer Datenschutzgesetz (DSG) sowie vergleichbare Bestimmungen in anderen Rechtsordnungen. Es ist erforderlich, dass Organisationen garantieren, dass die Verarbeitung personenbezogener Daten immer auf einer rechtlichen Basis erfolgt, transparent ist und durch geeignete Sicherheitsvorkehrungen geschützt wird.

Von großer Relevanz sind dabei die technischen und organisatorischen Schutzmaßnahmen. Hierzu zählen Methoden wie Datenminimierung, Pseudonymisierung und Verschlüsselung sowie eindeutige Zugriffsregelungen und Schulungen für Mitarbeitende, die mit personenbezogenen Daten arbeiten.

Außerdem muss der Datenschutz im gesamten Lebenszyklus personenbezogener Daten berücksichtigt werden. Es ist wichtig, dass die festgelegten Vorgaben während des gesamten Prozesses eingehalten werden, d. h. von der Erhebung über die Speicherung und Nutzung bis hin zur Löschung. Ein zentraler Aspekt ist auch die sichere Vernichtung von Daten, sobald sie nicht mehr benötigt werden.

7.2.35 NA A.5.35 – Unabhängige Überprüfung der Informationssicherheit

> Die Vorgehensweise der Organisation für die Handhabung der Informationssicherheit und deren Umsetzung einschließlich der Mitarbeiter, Prozesse und Technologien müssen auf unabhängige Weise in planmäßigen Abständen oder jeweils bei erheblichen Änderungen überprüft werden.

Das Ziel dieser Maßnahme ist es, eine objektive Einschätzung darüber zu erhalten, ob die implementierten Prozesse, Kontrollen und Maßnahmen wirksam sind und ob sie den festgelegten Anforderungen entsprechen.

Besonders wichtig ist die Unabhängigkeit bei solchen Überprüfungen. Das Ziel besteht darin, eine Beeinflussung der Bewertung durch Eigeninteresse oder Betriebsblindheit zu verhindern. In diesem Zusammenhang bedeutet Unabhängigkeit, dass die Prüfenden nicht für die Umsetzung der geprüften Maßnahmen verantwortlich sein dürfen und nicht in deren tägliche Anwendung involviert sein dürfen. Dies kann entweder durch interne Stellen, die organisatorisch voneinander getrennt sind, oder durch externe Auditoren, die eine neutrale Perspektive einbringen, erfolgen.

Die regelmäßige Durchführung solcher Prüfungen ist ein zentraler Bestandteil dieser Maßnahme. Die Überprüfungen sollten nicht als einmalige Aktionen, sondern in regelmäßigen, geplanten Intervallen durchgeführt werden. Dadurch wird sichergestellt, dass Veränderungen in der Organisation, neue Bedrohungen oder angepasste regulatorische Anforderungen berücksichtigt werden.

Die Ergebnisse der unabhängigen Überprüfung sind festzuhalten und der Führungsebene (auf Normendeutsch: der obersten Leitung) zu berichten. Erst wenn sie sich über die Stärken und Schwächen sowie über das Verbesserungspotenzial im Klaren sind, können die verantwortlichen Entscheidungsträger geeignete Maßnahmen zur Weiterentwicklung des Sicherheitsniveaus der Organisation ergreifen.

Außerdem kann die unabhängige Überprüfung dazu genutzt werden, um externe Anforderungen zu erfüllen. Unabhängige Prüfungen sind für viele regulatorische Vorgaben oder Zertifizierungsprogramme Pflicht. Diese Maßnahme erfüllt also nicht nur den Zweck der internen Steuerung, sondern dient auch als Nachweis für die Rechenschaftspflicht gegenüber Aufsichtsbehörden, Geschäftspartnern und Kunden.

In Abschnitt 12.4 »ISO 27007 – Leitfaden für das Auditieren«, wird kurz die ISO 27007 vorgestellt, die sich mit den internen Überprüfungen beschäftigt.

7.2.36 NA A.5.36 – Einhaltung von Richtlinien, Vorschriften und Normen für die Informationssicherheit

> Die Einhaltung der Informationssicherheitspolitik der Organisation und ihrer themenspezifischen Richtlinien, Regeln und Normen muss regelmäßig überprüft werden.

Das Ziel der Maßnahme ist es, zu überprüfen, ob die festgelegten Vorgaben tatsächlich eingehalten werden, und Abweichungen rechtzeitig zu erkennen, bevor sie zu Risiken oder Verstößen führen.

Richtlinien, Standards und Vorschriften sollten nicht nur formal vorhanden sein, sondern im Alltag konsequent umgesetzt werden müssen. Dies umfasst, dass Mitarbeitende, externe Partner und alle weiteren betroffenen Parteien die geltenden Anforderungen kennen, verstehen und in ihrer täglichen Arbeit berücksichtigen.

Ein wichtiger Punkt dieser Maßnahme ist, dass die Einhaltung regelmäßig überwacht wird. Systematische Kontrollen (wie interne Audits, Management-Reviews oder andere Formen) können dabei helfen. Es wird nicht nur berücksichtigt, dass es Vorgaben gibt, sondern vor allem, wie sie praktisch umgesetzt werden. Wenn Abweichungen festgestellt werden, ist es wichtig, passende Korrekturmaßnahmen zu ergreifen.

Die Einhaltung der Vorgaben ist nicht nur die Aufgabe der Informationssicherheitsabteilung, sondern auch aller anderen Bereiche der Organisation. Die Sicherheitsorganisation hat die Aufgabe, die Verfahren festzulegen und deren Umsetzung zu kontrollieren. Die Fachabteilungen sind für die tägliche Anwendung verantwortlich.

7.2.37 NA A.5.37 – Dokumentierte Betriebsabläufe

> Die Betriebsverfahren für Informationsverarbeitungsanlagen müssen dokumentiert und dem Personal, das sie benötigt, zur Verfügung gestellt werden.

Das Ziel dieser Maßnahme ist es, durch eine einheitliche, nachvollziehbare und kontrollierte Dokumentation sicherzustellen, dass die Integrität und Verlässlichkeit von Prozessen unterstützt werden und dass Fehler oder Missbrauch vermieden werden.

Die Norm hebt hervor, wie wichtig dokumentierte Abläufe für die Konsistenz und die Nachvollziehbarkeit sind. Prozessabläufe können nur dann korrekt und fehlerfrei ausgeführt werden, wenn sie klar beschrieben und allgemein bekannt sind. In Bereichen, in denen eine hohe Verfügbarkeit und Sicherheit unerlässlich sind (wie etwa in Rechenzentren oder bei kritischen Geschäftsanwendungen), ist dies besonders wichtig.

Ein wesentlicher Bestandteil dieser Maßnahme ist die Pflege und Aktualisierung der Dokumentation. Betriebsabläufe verändern sich im Laufe der Zeit durch technische Anpassungen, organisatorische Umstellungen oder neue regulatorische Anforderungen. Eine regelmäßige Überprüfung und entsprechende Anpassungen sind notwendig, um die Gültigkeit der Dokumente zu gewährleisten. Abläufe, die nicht mehr dem aktuellen Stand der Technik entsprechen oder sich gegenseitig widersprechen, können ein erhebliches Risiko darstellen.

Wichtig ist es, die Dokumentation den betroffenen Mitarbeitenden zugänglich zu machen. Es reicht nicht aus, dass die Verfahren vorhanden sind; sie müssen auch so bereitgestellt werden, dass die Mitarbeitenden sie im Bedarfsfall rasch finden und anwenden können.

Ein weiterer Fokus liegt auf der Kontrolle von Änderungen. Neue oder angepasste Betriebsabläufe müssen vor ihrer Einführung geprüft und genehmigt werden. Dadurch wird sichergestellt, dass jede Anpassung sowohl aus technischer als auch aus sicherheitsbezogener Perspektive geeignet ist.

Die Norm listet einige organisatorische und technische Aspekte auf. Diese werden in Norm-Kapitel 8 detailliert beschrieben. Daher wird auf eine Auflistung an dieser Stelle verzichtet.

7.3 NK A.6 – Personenbezogene Maßnahmen

Das Anhang-Kapitel A.6 behandelt die personenbezogenen Maßnahmen der Informationssicherheit und stellt den Menschen als zentralen Faktor in den Vordergrund. Unabhängig von technischen oder organisatorischen Schutzmaßnahmen stellen Mitarbeitende, externe Personen und Vertragspartner ein erhebliches Risiko dar; sie können jedoch auch eine entscheidende Schutzinstanz sein. Die Regelungen in diesem Normanhang-Kapitel legen fest, wie Verantwortlichkeiten, Bewusstsein und korrektes Verhalten über das gesamte Beschäftigungsverhältnis sichergestellt werden.

7.3.1 NA A.6.1 – Sicherheitsüberprüfung

> Alle Personen, die in die Belegschaft aufgenommen werden, müssen vor dem Eintritt in die Organisation und fortlaufend unter Berücksichtigung geltender Gesetze, Vorschriften und ethischer Grundsätze einer Sicherheitsüberprüfung unterzogen werden und diese Überprüfung muss in einem angemessenen Verhältnis zu den geschäftlichen Anforderungen, der Einstufung der einzuholenden Informationen und den wahrgenommenen Risiken stehen.

Das Ziel dieser Maßnahme ist es, sicherzustellen, dass nur Personen mit einer angemessenen Vertrauenswürdigkeit und Eignung für bestimmte Tätigkeiten eingestellt oder beauftragt werden, insbesondere wenn sie Zugang zu sensiblen Informationen oder kritischen Systemen erhalten.

Diese Sicherheitsüberprüfungen gelten sowohl für neue Mitarbeitende als auch für externe Parteien, wie beispielsweise Auftragnehmer, Dienstleister oder Berater. Bei den externen Parteien wird dies oft über die Vereinbarung geregelt (siehe dazu auch Abschnitt 7.2.19, »NA A.5.19 – Informationssicherheit in Lieferantenbeziehungen«). Der Umfang und die Tiefe der Überprüfungen variieren je nach Art der Tätigkeit, den zu schützenden Werten und dem Risikoprofil. In besonders kritischen Positionen, wie etwa der Systemadministration oder dem Sicherheitsmanagement, müssen die Prüfungen strenger ausfallen als in Fällen, in denen das Risiko gering ist.

Ein wesentlicher Aspekt ist die Überprüfung von Qualifikationen und Referenzen. Organisationen sind dazu verpflichtet, sicherzustellen, dass Bewerber die erforderlichen fachlichen und persönlichen Voraussetzungen für die jeweilige Rolle erfüllen. Darüber hinaus können Hintergrundüberprüfungen vorgesehen werden, wie die Kontrolle des Lebenslaufs und von Referenzen oder die Überprüfung auf Vorstrafen.

Sicherheitsüberprüfungen sollten nicht nur vor der Einstellung, sondern auch während des Arbeitsverhältnisses durchgeführt werden. Dies ist insbesondere von Relevanz, wenn Mitarbeitende in neue, sicherheitskritischere Rollen wechseln oder wenn besondere Vorfälle eine Neubewertung erforderlich machen.

Diese Kontrollen sollen dabei immer im Einklang mit den gesetzlichen Vorgaben stehen und die Persönlichkeitsrechte der Betroffenen sollen gewahrt bleiben. Organisationen sind verpflichtet, die gesetzlichen Vorgaben, besonders im Bereich des Datenschutzes und Arbeitsrechts, einzuhalten und sicherzustellen, dass die Prüfungen verhältnismäßig sind.

7.3.2 NA A.6.2 – Beschäftigungs- und Vertragsbedingungen

> In den arbeitsvertraglichen Vereinbarungen müssen die Verantwortlichkeiten des Personals und der Organisation für die Informationssicherheit festgelegt werden.

Das Ziel dieser Maßnahme ist es, sicherzustellen, dass Mitarbeitende wie auch externe Vertragspartner ihre Verantwortung für den Schutz von Informationen kennen und akzeptieren, bevor sie Zugriff auf Systeme oder vertrauliche Daten erhalten.

Die Anforderungen an die Informationssicherheit müssen schon vor Beginn einer Tätigkeit vertraglich festgelegt sein. Es müssen klare Regeln für den sicheren Umgang mit Informationen in Arbeits- und Dienstleistungsverträgen festgehalten werden. Das umfasst unter anderem die Verpflichtung zur Einhaltung interner Vorgaben (z. B. beim Umgang mit klassifizierten Informationen), zur Einhaltung der Vertraulichkeit, zur Einhaltung von Gesetzen und die Verpflichtung, Sicherheitsvorfälle umgehend zu melden. Ein Teil dieser Vorgaben sollte auch die Rückgabe von Informationen und Vermögenswerten sein, wenn ein Arbeits- oder Vertragsverhältnis endet.

Ein weiterer wichtiger Punkt sind klare Zuständigkeiten und Verantwortlichkeiten. Es ist unerlässlich, dass Mitarbeitende ihre Rolle im Informationssicherheitsmanagement verstehen und wissen, welche Folgen Verstöße gegen die vereinbarten Regeln haben können. Es ist notwendig, diese Verantwortlichkeiten nicht nur allgemein zu beschreiben, sondern sie an die jeweilige Tätigkeit anzupassen.

Zusätzlich können Verträge Klauseln beinhalten, die den Gebrauch von Systemen und Ressourcen festlegen. Dadurch ist es möglich, verbindliche Regeln für die Nutzung von E-Mail, Internetzugängen oder mobilen Geräten festzulegen. So wird garantiert, dass Mitarbeitende und Vertragspartner diese Ressourcen nur dann nutzen, wenn dies mit den Sicherheitszielen der Organisation vereinbar ist.

7.3.3 NA A.6.3 – Informationssicherheitsbewusstsein, -ausbildung und -schulung

> Das Personal der Organisation und relevante interessierte Parteien müssen ein angemessenes Bewusstsein für die Informationssicherheit, eine entsprechende Ausbil-

> dung und Schulung sowie regelmäßige Aktualisierungen der Informationssicherheitspolitik der Organisation, themenspezifischer Richtlinien und Verfahren erhalten, die für ihr berufliches Arbeitsgebiet relevant sind.

Das Ziel dieser Maßnahme ist es, sicherzustellen, dass alle Mitarbeitenden sowie relevante externe Parteien über die notwendigen Kenntnisse und das richtige Verhalten verfügen, um Risiken zu erkennen und angemessen zu handeln.

Mitarbeitende müssen verstehen, warum Informationssicherheit für die Organisation wesentlich ist und welche Rolle sie selbst dabei spielen. Dies umfasst auch die Sensibilisierung für typische Bedrohungen wie Phishing, Social Engineering oder den falschen Umgang mit Informationen.

Um relevantes Wissen zu vermitteln, sind spezifische Trainings erforderlich. Allgemeine Schulungen für Mitarbeiterinnen und Mitarbeiter haben das Ziel, grundlegende Kenntnisse zu vermitteln, vor allem über den sicheren Umgang mit Passwörtern und vertraulichen Daten. In bestimmten Fällen sind für Funktionen und Rollen zusätzlich vertiefte Inhalte erforderlich. Administratoren, Entwickler und Sicherheitsverantwortliche brauchen erweiterte Kenntnisse, die speziell auf ihre Aufgaben zugeschnitten sind.

Zentral ist auch die stetige Weiterbildung. Da sich Bedrohungen, Technologien und regulatorische Anforderungen ändern, ist eine einmalige Schulung nicht ausreichend. Um sicherzustellen, dass das Wissen der Mitarbeitenden stets auf dem neuesten Stand ist, sollten Organisationen regelmäßige Auffrischungen und aktualisierte Inhalte anbieten. Diese sollten jedoch nicht immer stur im gleichen Stil sein. Gamification, Phishing-Simulationen oder externe Referenten sind eine Möglichkeit für Abwechslung. Awareness-Plattformen werden von verschiedenen Anbietern im Internet beworben. Diese Tools machen die Arbeit des Sicherheitsverantwortlichen einfacher, aber sie müssen an die eigene Organisation angepasst werden, und die Inhalte sollten nicht eins zu eins übernommen werden.

Ein weiterer Punkt betrifft die Dokumentation und den Nachweis. Es ist unerlässlich, Schulungen und Trainingsmaßnahmen nachvollziehbar zu dokumentieren, um damit jederzeit nachweisen zu können, dass die Mitarbeitenden entsprechend ihrer Rolle geschult wurden. Dies ist auch im Hinblick auf Audits und externe Nachweise von Bedeutung. Als Nachweise können Unterschriften, Teilnahmebestätigungen oder Logs von Online-Systemen dienen. Auch Zertifikate und Prüfungen sind ein idealer Nachweis.

7.3.4 NA A.6.4 – Maßregelungsprozess

> Ein Maßregelungsprozess muss formalisiert und kommuniziert werden, um Schritte gegen Mitarbeiter und andere interessierte Parteien zu ergreifen, die einen Verstoß gegen die Informationssicherheitspolitik begangen haben.

Das Ziel dieser Maßnahme ist es, sicherzustellen, dass Fehlverhalten konsequent behandelt wird und dass alle Beteiligten wissen, welche Folgen ein Verstoß gegen Sicherheitsrichtlinien oder -anforderungen haben kann.

Hinweis: Stören Sie sich bitte nicht am Begriff »Maßregelung«. Im deutschen Entwurf stand noch »Disziplinarmaßnahmen«, was dem englischen Original »disciplinary process« eher entspricht.

Dieser Prozess muss im Vorfeld dokumentiert und veröffentlicht werden. Es ist äußerst wichtig, dass Mitarbeitende und externe Partner wissen, welche Konsequenzen Regelverstöße haben und nach welchen Kriterien sie bewertet werden. Damit wird es transparent und verlässlich, wie mit sicherheitswidrigem Verhalten umgegangen wird.

Der Grundsatz der Verhältnismäßigkeit ist entscheidend. Es ist wichtig, dass der Prozess gestaffelt abläuft und berücksichtigt, wie schwer der Verstoß war und in welcher Form der Verstoß stattgefunden hat. Ein einmaliger, geringfügiger Verstoß sollte nicht die gleichen Konsequenzen haben wie absichtliche oder wiederholte Verstöße. Durch diese Differenzierung wird Willkür ausgeschlossen und es entsteht Vertrauen in die Fairness des Prozesses.

Es ist jedoch von entscheidender Bedeutung, dass der Maßregelungsprozess den geltenden arbeitsrechtlichen, gesetzlichen und vertraglichen Vorgaben entspricht. Es ist unerlässlich, dass Organisationen garantieren, dass ihre Verfahren rechtlich zulässig sind und die Rechte der Betroffenen achten. Das schließt auch ein, dass Mitarbeitende sich äußern oder Einspruch einlegen können.

Zusätzlich betont die Maßnahme, dass die Nutzung des Prozesses mehr als nur eine reaktive Komponente umfasst. Ein wichtiger Aspekt der Prävention besteht darin, Verstöße konsequent zu behandeln. Es ist offensichtlich, dass Regelverletzungen nicht akzeptiert werden.

7.3.5 NA A.6.5 – Verantwortlichkeiten bei Beendigung oder Änderung der Beschäftigung

> Verantwortlichkeiten und Pflichten im Bereich der Informationssicherheit, die auch nach Beendigung oder Änderung von Beschäftigungsverhältnissen bestehen bleiben, müssen festgelegt, durchgesetzt und den betreffenden Mitarbeitern und anderen interessierten Parteien mitgeteilt werden.

Das Ziel dieser Maßnahme ist es, sicherzustellen, dass Zugriffe, Verantwortlichkeiten und Verpflichtungen im Zusammenhang mit Informationssicherheit ordnungsgemäß angepasst oder aufgehoben werden, sobald eine Person ihre Rolle verlässt oder verändert.

Beim Beenden eines Arbeits- oder Vertragsverhältnisses oder bei der Übernahme einer neuen Funktion ist es wichtig, dass nur die Rechte und Zugriffe bestehen bleiben, die für die aktuelle Aufgabe notwendig sind. Dies bedeutet, dass bei einer Beendigung alle Berechtigungen widerrufen und alle übergebenen Werte der Organisation zurückgegeben werden müssen. Wenn die Funktion gewechselt wird, müssen die bisherigen Rechte überprüft und eventuell reduziert oder neu vergeben werden.

Ein systematischer Entzug von Zugriffsrechten ist ein entscheidendes Element. Konten in IT-Systemen, physische Zutrittsrechte oder Berechtigungen für Kommunikationsdienste dürfen nicht länger aktiv bleiben, wenn sie nicht mehr benötigt werden. Ohne entsprechende Maßnahmen könnten ehemalige Mitarbeitende oder Vertragspartner unberechtigt Zugriff auf die Informationen erhalten.

Darüber hinaus muss von den ehemaligen Mitarbeitenden die Wahrung der Vertraulichkeit auch nach Beendigung eines Arbeits- oder Vertragsverhältnisses verlangt werden. Diese Verpflichtungen müssen klar und den beteiligten Parteien bekannt sein. In vielen Fällen wird dies durch entsprechende Vertragsklauseln sichergestellt, die über die eigentliche Beschäftigungsdauer hinaus gültig bleiben.

Unternehmen müssen sicherstellen, dass eine Beendigung oder Änderung des Arbeitsverhältnisses nach einem standardisierten Verfahren mit technischen und organisatorischen Maßnahmen erfolgt. Dazu gehören die Rückgabe von Geräten und Dokumenten, die Aktualisierung von Verteilerlisten oder die Information an die zuständigen Abteilungen. Eine Offboarding-Checkliste hilft, nichts zu vergessen.

Praxistipp

Bei einem Austritt sollten Schlussgespräche durchgeführt werden. Hier muss nochmals auf die Vertraulichkeit hingewiesen werden. Idealerweise erhält die Person, die das Unternehmen verlässt, ein Informationsblatt, das ihre Verpflichtungen beschreibt. Sie sollte den Empfang dieses Informationsblatts schriftlich bestätigen.

7.3.6 NA A.6.6 – Vertraulichkeits- oder Geheimhaltungsvereinbarungen

> Vertraulichkeits- oder Geheimhaltungsvereinbarungen, welche den Bedarf der Organisation am Schutz von Informationen widerspiegeln, müssen identifiziert, dokumentiert, regelmäßig überprüft und von den Mitarbeitern und anderen interessierten Parteien unterzeichnet werden.

Das Ziel dieser Maßnahme ist es, sicherzustellen, dass sensible Informationen, zu denen Personen im Rahmen ihrer Tätigkeit Zugang erhalten, vor unbefugter Offenlegung oder Nutzung geschützt bleiben.

Wichtig bei der Erstellung von Vereinbarungen ist es, dass diese verpflichtend und rechtlich durchsetzbar sein müssen. Sie bilden die Grundlage dafür, dass Mitarbeitende und externe Partner dazu verpflichtet werden, vertrauliche Informationen ausschließlich im vorgesehenen Rahmen zu verwenden und sie nicht absichtlich oder fahrlässig an Unbefugte weiterzugeben oder für andere Zwecke zu verwenden.

Ein zentraler Punkt dieser Vereinbarungen ist die Festlegung des Schutz-Umfangs. Dies beinhaltet die Bestimmung, welche Arten von Informationen als vertraulich gelten, wie diese behandelt werden sollten und unter welchen Bedingungen eine Offenlegung erlaubt ist (etwa bei gesetzlich geforderten Meldungen). Die Klassifizierungsvorgaben sind dabei ebenfalls zu beachten. Es sollten auch Regelungen zu Verstößen und den damit verbundenen Konsequenzen getroffen werden. Auch die Festlegung der Dauer der Vertraulichkeit (und weiterer Aspekte), die häufig über das Ende des Arbeits- oder Vertragsverhältnisses hinausgeht, ist Teil dieser Vereinbarungen.

Wichtig ist auch, dass Vereinbarungen regelmäßig kontrolliert und gegebenenfalls angepasst werden sollten. Dies gilt auch für externe Dienstleister und Freelancer.

Zudem ist es erforderlich, dass Vertraulichkeitsvereinbarungen mit anderen relevanten Anforderungen übereinstimmen, zum Beispiel mit Datenschutzgesetzen, branchenspezifischen Vorschriften oder bestehenden Verträgen mit Geschäftspartnern.

7.3.7 NA A.6.7 – Remote-Arbeit

> Es müssen Sicherheitsmaßnahmen ergriffen werden, wenn Mitarbeiter aus der Ferne arbeiten, um Informationen zu schützen, die außerhalb der Räumlichkeiten des Unternehmens abgerufen, verarbeitet oder gespeichert werden.

Das Ziel dieser Maßnahme ist es, die Informationssicherheit auch dann zu gewährleisten, wenn Mitarbeitende außerhalb der physischen Standorte der Organisation arbeiten und dabei auf Systeme, Daten und Kommunikationsmittel zugreifen.

Die Remote-Arbeit ist mit besonderen Risiken verbunden. Zu diesen gehören ungesicherte Netzwerke, die Verwendung privater Geräte, der Zugriff aus gemeinsam mit Dritten genutzten Räumen sowie Social-Engineering-Attacken. Daher ist es für Organisationen notwendig, diese Risiken mit geeigneten technischen und organisatorischen Maßnahmen zu kontrollieren.

Ein erster Punkt sind klare Richtlinien für die Remote-Arbeit. Darin ist festzulegen, welche Geräte zugelassen sind, wie Zugriffe zu sichern sind und welche Verfahren bei der Verarbeitung sensibler Daten zu beachten sind. Hierzu zählen insbesondere die Nutzung von VPN-Verbindungen, die konsequente Nutzung von Multi-Faktor-Authentifizierung und der richtige Gebrauch von verschlüsselten Speichermedien (dazu gehören unter anderem Festplatten und USB-Sticks).

Ein zusätzlicher Punkt sind klare Richtlinien für das Home-Office. Hierzu zählt die Verpflichtung, ausschließlich genehmigte Geräte sowie gesicherte Netzwerke zu nutzen. Für private WLAN-Verbindungen sind aktuelle Verschlüsselungsverfahren erforderlich, während der Zugriff auf Unternehmenssysteme wie bereits erwähnt über VPN und mit Multi-Faktor-Authentifizierung erfolgen muss. Bei der Einrichtung von Homeoffice-Arbeitsplätzen ist darauf zu achten, dass Unbefugte, etwa Mitbewohner oder Besucher, keinen Zugriff auf geschäftliche Informationen haben.

Bei der erlaubten Nutzung privater Endgeräte (BYOD) sind zusätzliche Kontrollen erforderlich. Es ist essenziell, dass die Mitarbeitenden die Sicherheit dieser Geräte gewährleisten können (und müssen). Dies kann durch die Verwendung aktueller Betriebssysteme und Programme inklusive aller installierter Patches, durch die Implementierung eines Virenschutzes, durch die Verschlüsselung der Festplatte (z. B. mit BitLocker von Microsoft) und durch die Trennung von geschäftlicher und privater Nutzung erfolgen. In vielen Fällen ist der Einsatz von Mobile-Device-Management-Systemen erforderlich, die eine zentrale Verwaltung und Durchsetzung von Sicherheitsrichtlinien ermöglichen.

Ebenso ist der sichere Umgang mit Papierdokumenten zu regeln. Vertrauliche Dokumente dürfen zu Hause nicht offen herumliegen oder unterwegs ungeschützt aufbewahrt werden. Geeignete Möglichkeiten sind abschließbare Schränke und Aktenvernichter. Besondere Vorsicht ist beim Transport von Unterlagen zu beachten, damit es zu keinem absichtlichen oder unabsichtlichen Verlust oder zu unbefugtem Zugriff kommt.

Außerdem sind Vorgaben für Reisen erforderlich. Verschlüsselte Geräte zu nutzen, beim Surfen über öffentliche WLANs Vorsicht walten zu lassen, Bildschirminhalte vor unbefugten Blicken zu schützen und Datenträger sicher zu verwahren – das sind alles wichtige Maßnahmen. In Gebieten mit erhöhtem Risiko könnten zusätzliche Maßnahmen erforderlich sein, wie die Nutzung spezieller Reise-Laptops mit eingeschränkten Funktionen oder das Verbot, sensible Daten mitzuführen.

Wichtig ist es, die Mitarbeitenden entsprechend zu schulen, zum Beispiel dazu, wie Remote-Arbeitsplätze eingerichtet und sicher genutzt werden können. Sie sollen verstehen, wie sie vertrauliche Informationen auch außerhalb der Organisation schützen können. Ebenfalls gehört das Verbot von unsicheren Cloud-Speichern dazu.

Ein weiterer Aspekt betrifft die Überwachung und Einhaltung der Vorgaben. Es ist für Organisationen entscheidend, dass sie Verfahren einrichten, um sicherzustellen, dass die Richtlinien zur Remote-Arbeit eingehalten werden.

7.3.8 NA A.6.8 – Meldung von Informationssicherheitsereignissen

> Die Organisation muss einen Mechanismus bereitstellen, der es den Mitarbeitern ermöglicht, beobachtete oder vermutete Informationssicherheitsereignisse über geeignete Kanäle rechtzeitig zu melden.

Das Ziel dieser Maßnahme ist es, dass Hinweise auf mögliche Informationssicherheitsvorfälle aus der gesamten Organisation ohne Verzögerung an eine zentrale Stelle gemeldet werden, damit eine Bewertung und gegebenenfalls die Einstufung als Vorfall erfolgen kann. Mitarbeitende, externe Dienstleister und sonstige Berechtigte müssen wissen, was zu melden ist, an wen gemeldet wird und wie die Meldung erfolgt – und zwar unabhängig davon, ob bereits eine Diagnose oder eine Ursachenanalyse vorliegt.

Es müssen klare Meldewege eingerichtet werden, die innerhalb der Organisation, aber auch aus dem Home-Office und von unterwegs funktionieren. Dazu muss die Erreichbarkeit, beispielsweise über einen Service Desk oder ein SOC, gegeben sein. Meldungen müssen mindestens den beobachteten Sachverhalt, den Zeitpunkt, die betroffenen Anwendungen oder Systeme und – sofern bekannt – erste Auswirkungen umfassen. Die empfangende Stelle ist für die Erfassung und Registrierung verantwortlich. Die Dokumentation aller Meldungen sollte mit einem Zeitstempel erfolgen. Anschließend werden die Meldungen zur weiteren Beurteilung weitergeleitet. Informationen dazu finden Sie im Abschnitt 7.2.25, »NA A.5.25 – Beurteilung und Entscheidung über Informationssicherheitsereignisse«.

Das Melden sollte einfach und ohne Sanktionen möglich sein. Menschen, die einen Verdacht äußern, sollen nicht bestraft werden. Meldungen, die sich als zutreffend erweisen, werden belohnt und nicht bestraft. Es ist äußerst wichtig, die Vertraulichkeit der Person, die meldet, zu wahren. Außerdem sollten anonyme Meldungen möglich sein, wenn es angebracht ist. Mit diesen Grundsätzen wird eine hohe Bereitschaft zur Meldung gefördert, sodass Beobachtungen, die möglicherweise sicherheitsrelevant sind, nicht aus Unsicherheit zurückgehalten werden. Es ist wichtig, dass die Person, die das Verhalten gemeldet hat, ebenfalls ein Feedback erhält.

Das Meldeverfahren muss bekannt, erprobt und überprüfbar sein. In Schulungen sollten die Mitarbeitenden über die typischen Anzeichen für Ereignisse, über den Unterschied zwischen Ereignis und Vorfall sowie über das korrekte Verhalten im Meldeprozess informiert werden. Die Kontaktinformationen sollten in Betriebsanweisungen, auf Intranet-Seiten und in Onboarding-Unterlagen zu finden sein.

Im Rahmen des Meldeprozesses ist es unerlässlich, die Nachvollziehbarkeit und den Schutz der Informationen zu gewährleisten. Alle Einträge sind revisionsfähig, sensible Inhalte werden adäquat geschützt, und der Zugriff auf die Meldedaten ist auf autorisierte Rollen beschränkt.

7.4 NK A.7 – Physische Maßnahmen

Im Anhang-Kapitel A.7 werden die physischen Maßnahmen der Informationssicherheit behandelt; es geht darum, Gebäude, Räume, Geräte und Infrastrukturen zu schützen.

Physische Sicherheitslücken sind ein grundlegender Bestandteil des ISMS, da sie technische und organisatorische Schutzmaßnahmen wirkungslos machen können. Die Kontrollen, die in diesem Kapitel vorgestellt werden, haben das Ziel, unbefugten Zugang, Manipulationen und Umwelteinflüsse zu verhindern oder sie frühzeitig zu erkennen.

7.4.1 NA A.7.1 – Physische Sicherheitsperimeter

> Zum Schutz von Bereichen, in denen sich Informationen und andere damit verbundene Werte befinden, müssen Sicherheitsperimeter festgelegt und verwendet werden.

Das Ziel dieser Maßnahme ist es, unbefugten Zutritt zu verhindern und sicherzustellen, dass nur autorisierte Personen physischen Zugang zu Einrichtungen oder Bereichen erhalten, die für die Informationssicherheit von Bedeutung sind.

Ein physischer Sicherheitsperimeter kann Schutzvorrichtungen wie Zäune, Mauern, Türen, Zugangskontrollsysteme, Empfangsbereiche oder Sicherheitspersonal umfassen. All diese Maßnahmen haben das Ziel, eine Barriere gegen unbefugten Zutritt zu errichten. Es ist wichtig, zwischen öffentlich zugänglichen Zonen, internen Arbeitsbereichen und besonders geschützten Bereichen – wie Serverräumen, Rechenzentren oder Archiven – zu unterscheiden.

Die Anforderungen umfassen sowohl bauliche als auch organisatorische Maßnahmen. Die Grundlage wird durch bauliche Elemente wie Zugangsschleusen, Sicherheitstüren oder Überwachungssysteme geschaffen, während organisatorische Regeln bestimmen, wie Zutrittsrechte vergeben, überprüft und bei Änderungen entzogen werden.

Darüber hinaus ist es unerlässlich, dass die Sicherheitsperimeter gemäß den spezifischen Risiken und der Klassifizierung der Informationen gestaltet werden. Daten oder Systeme, die besonders schützenswert sind, müssen durch strengere Maßnahmen kontrolliert werden. Dazu zählen mehrstufige Authentifizierungsverfahren sowie eine ständige Überwachung durch Kameras und Sicherheitspersonal.

Außerdem wird durch diese Maßnahme die Bedeutung einer klaren Abgrenzung betont. Die Abgrenzung zwischen sicheren und unsicheren Zonen muss für Mitarbeitende und Gäste klar sichtbar und nachvollziehbar sein. So wird verhindert, dass Personen unbeabsichtigt in nicht freigegebene Bereiche gelangen.

Abbildung 7.3 zeigt ein Beispiel eines Zonenmodells nach DIN EN 50600. Die einzelnen Schutzklassen sind in Tabelle 7.7 aufgeschlüsselt.

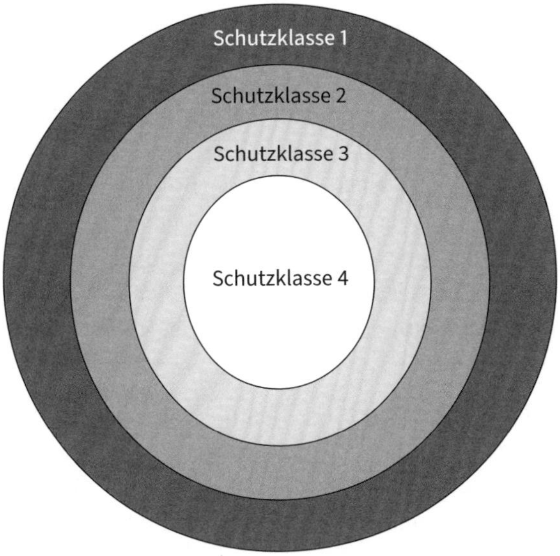

Abbildung 7.3: Schutzklassen nach DIN EN 50600

Schutzklasse	Beschreibung	Beispiele
1	Öffentliche und halböffentliche Bereiche	Parkplätze, Außenbereich, Empfangsbereich, öffentliche Veranstaltungsräume
2	Bereiche, die nur befugten Personen zugänglich sind	Büros, Besprechungsräume, Lieferbereiche, Lagerräume, Kantine
3	Bereiche, die einzelnen Personen vorbehalten sind	Elektro- und Klimatisierungsräume, Technikräume für Löschanlagen, Testräume
4	Bereiche, die einzelnen Personen mit nachgewiesenem Bedarf vorbehalten sind	Serverräume, Netzverteiler, Sys-Admin-Büros

Tabelle 7.7: Schutzklassen: Beschreibung und Beispiele

7.4.2 NA A.7.2 – Physischer Zutritt

> Sicherheitsbereiche müssen durch eine angemessene Zutrittssteuerung und Zutrittsstellen geschützt werden.

Das Ziel der Maßnahme ist es, sicherzustellen, dass nur diejenigen Personen Zugang erhalten, die diesen für die Ausübung ihrer Tätigkeit tatsächlich benötigen, und dass alle Zutritte nachvollziehbar und überprüfbar sind.

Die Zutrittskontrolle beginnt mit einer klaren Vergabe von Berechtigungen. Dazu sind die Zonen zu berücksichtigen, die in Buchabschnitt 7.4.1, »NA A.7.1 – Physische Sicherheitsperimeter«, definiert wurden. Vor dem Zugriff auf einen gesicherten Bereich ist eine Autorisierung erforderlich. Die Autorisierung ist von der jeweiligen Rolle abhängig und muss in regelmäßigen Abständen überprüft werden, um sicherzustellen, dass nur aktuelle Mitarbeitende oder Vertragspartner über entsprechende Rechte verfügen. Sollte jemand die Organisation verlassen oder die Rolle wechseln, sind die Berechtigungen umgehend zu entziehen bzw. anzupassen.

Zur Umsetzung können sowohl technische Lösungen wie elektronische Zugangskarten, PIN-Codes oder biometrische Systeme als auch organisatorische Maßnahmen wie Wachpersonal oder manuelle Besucherprotokolle zum Einsatz kommen. Um ein höheres Sicherheitsniveau zu erzielen, werden in der Regel mehrere Verfahren kombiniert.

Ein weiterer Punkt betrifft die Kontrolle und Dokumentation. Jeder Zutritt zu sensiblen Bereichen ist lückenlos zu dokumentieren. Diese Protokolle gewährleisten nicht nur die Nachvollziehbarkeit im Normalbetrieb, sondern bilden auch eine Grundlage für forensische Untersuchungen bei Sicherheitsvorfällen.

Externe Dienstleister und Besucher sollten stets als Gäste behandelt werden: Entweder werden ihnen temporäre Zutrittsrechte gewährt oder sie werden von autorisiertem Personal begleitet. Zudem ist ihre Anwesenheit zu dokumentieren, um jederzeit nachvollziehen zu können, wer sich in einem gesicherten Bereich befindet bzw. befunden hat.

7.4.3 NA A.7.3 – Sichern von Büros, Räumen und Einrichtungen

> Die physische Sicherheit von Büros, Räumen und Einrichtungen muss konzipiert und umgesetzt werden.

Das Ziel dieser Maßnahme ist es, ein Schutzniveau zu schaffen, das den Risiken und den Werten der in den jeweiligen Bereichen verarbeiteten oder aufbewahrten Informationen entspricht.

Diese Maßnahme ist die Fortsetzung der beiden vorherigen Maßnahmen. Türen, Fenster und weitere potenzielle Eingänge sind so zu sichern, dass ausschließlich berechtigte Personen Zutritt erhalten. In Bereichen mit hohem Schutzbedarf können zusätzliche Maßnahmen wie Alarmanlagen, Überwachungskameras oder Bewegungsmelder installiert werden, um unbefugte Zutrittsversuche zu bemerken und zu unterbinden. Bei erhöhtem Schutzbedarf sollte auch die elektromagnetische Abstrahlung berücksichtigt werden.

Neben baulichen Vorkehrungen sind auch organisatorische Maßnahmen von großer Bedeutung. Räume, in denen Mitarbeitende arbeiten, sollten immer dann abgeschlossen werden, wenn sie unbeaufsichtigt sind. Es ist zudem darauf zu achten, dass keine vertraulichen Unterlagen offen liegen gelassen werden. Dies gilt insbesondere auch für interne Telefonverzeichnisse. Liegen diese an einem unbesetzten Eingangsbereich, könnten sich Fremde einen ersten Einblick verschaffen. Auch Flucht- und Rettungspläne sollten möglichst wenige Informationen preisgeben. So sollten in ihnen kein Rechenzentrum oder andere Räume mit sensitivem Inhalt verzeichnet sein.

Ein weiterer Fokus liegt auf dem Schutz der Geräte und Infrastrukturen in den Büros und Räumlichkeiten. Hierzu zählen Arbeitsplätze, Drucker und Netzwerkkomponenten. Die Aufstellung und Sicherung dieser Geräte hat so zu erfolgen, dass Unbefugte keinen einfachen Zugang zu ihnen haben und sie nicht manipulieren oder entwenden können (siehe dazu auch Abschnitt 7.4.7, »NA A.7.7 – Aufgeräumte Arbeitsumgebung und Bildschirmsperren«).

7.4.4 NA A.7.4 – Physische Sicherheitsüberwachung

> Die Räumlichkeiten müssen ständig auf unbefugten physischen Zugang überwacht werden.

Das Ziel dieser Maßnahme ist es, durch geeignete Überwachungssysteme die Sicherheit von Einrichtungen zu erhöhen und Beweismaterial für Untersuchungen im Falle von Vorfällen bereitzustellen.

Die Maßnahme kann durch technische Systeme wie Videoüberwachung, Bewegungsmelder, Alarmanlagen oder Zutrittsprotokollierung erfolgen. Auch Wachpersonal und Kontakt-, Schall- oder Bewegungsmelder können dazu gehören. Die Anordnung dieser Systeme hat dabei so zu erfolgen, dass die relevanten Zugänge, Übergänge und besonders kritischen Bereiche abgedeckt werden. Die Zuverlässigkeit und regelmäßige Wartung der verwendeten Systeme sind ebenso wichtig, um deren Funktionsfähigkeit zu gewährleisten.

Neben technischen Aspekten spielen auch organisatorische Faktoren eine zentrale Rolle. Es ist erforderlich, eindeutig zu bestimmen, welche Personen Zugang zu den Überwachungsdaten haben, wie lange diese Daten gespeichert werden dürfen und unter welchen Voraussetzungen eine Auswertung zulässig ist. Dadurch wird sichergestellt, dass die Kontrolle nicht nur effektiv, sondern auch rechtlich konform erfolgt, insbesondere in Bezug auf den Datenschutz.

Darüber hinaus umfasst die Maßnahme die Einbindung physischer Überwachungssysteme in das Vorfallmanagement. Sollten Kameras oder Alarmsysteme ungewöhnliche Vorkommnisse registrieren, ist eine umgehende Überprüfung erforderlich.

Ein weiterer wichtiger Aspekt betrifft die Sichtbarkeit der Überwachung. Eine offene Überwachung kann potenzielle Täter abschrecken. In manchen Fällen können jedoch auch verdeckte Maßnahmen sinnvoll sein. In beiden Fällen ist die Umsetzung verhältnismäßig und dem Risiko angemessen zu gestalten.

7.4.5 NA A.7.5 – Schutz vor physischen und umweltbedingten Bedrohungen

> Der Schutz vor physischen und umweltbedingten Bedrohungen wie Naturkatastrophen und anderen absichtlichen oder unabsichtlichen physischen Bedrohungen der Infrastruktur muss geplant und umgesetzt werden.

Das Ziel dieser Maßnahme ist es, Schäden durch Naturereignisse, technische Ausfälle oder menschliche Einwirkungen zu verhindern oder zumindest so weit zu reduzieren, dass die Informationssicherheit und die Geschäftstätigkeit nicht gefährdet werden.

Zu den umweltbedingten Bedrohungen gehören unter anderem Brandereignisse, Wasser- und Sturmschäden, Vandalismus sowie Sabotage. Berücksichtigt werden müssen ebenso Überschwemmungen, Erdbeben, extreme Temperaturen oder andere klimatische Einflüsse. In all diesen Fällen sind angemessene Schutzmaßnahmen zu planen, die auf das jeweilige Risiko und die Relevanz der betroffenen Systeme abgestimmt sind.

Praxistipp

Im Internet sind entsprechende Gefahrenkarten zu finden. Für den DACH-Raum sind dies:

- Deutschland: *https://geoportal.bafg.de/karten/HWRM_Aktuell/*
- Österreich: *https://hora.gv.at*
- Schweiz: *https://www.bafu.admin.ch/bafu/de/home/themen/naturgefahren/gefahrengrundlagen/naturgefahren-karten/gefahrenkarten--intensitaetskarten-und-gefahrenhinweiskarten.html*

Ein wichtiger Bestandteil ist die bauliche Sicherheit. Dazu gehören der Brandschutz durch Brandmelde- und Löschsysteme, die Installation von Notstromaggregaten, Überspannungsschutz oder die Platzierung von Serverräumen an Standorten, die nicht durch Hochwasser gefährdet sind. Die bauliche Gestaltung muss gewährleisten, dass kritische Systeme auch bei einem externen Ereignis funktionsfähig bleiben oder schnell wiederhergestellt werden können.

Zudem sind organisatorische Maßnahmen erforderlich. Dazu zählen vorbereitete Notfallstrategien, die regelmäßige Wartung und Überprüfung der eingesetzten Schutzsysteme sowie die Schulung der Mitarbeitenden im Umgang mit Gefahrensituationen. Nur durch die Kombination von technischen und organisatorischen Maßnahmen kann ein effektiver Schutz gewährleistet werden.

Ein weiterer Aspekt ist die regelmäßige Neubewertung der Risiken. Die Umweltbedingungen und die Bedrohungslage können sich schnell ändern, sei es aufgrund des Klimawandels, neuer Bauvorhaben in der Nachbarschaft oder aufgrund der Weiterentwicklung der eigenen Infrastruktur. Aus diesem Grund ist es notwendig, den Schutz vor physischen und umweltbedingten Bedrohungen fortlaufend zu überprüfen und gegebenenfalls anzupassen.

7.4.6 NA A.7.6 – Arbeiten in Sicherheitsbereichen

> Es müssen Sicherheitsmaßnahmen für die Arbeit in Sicherheitsbereichen konzipiert und umgesetzt werden.

Das Ziel dieser Maßnahme ist es, sicherzustellen, dass Arbeiten innerhalb der definierten Sicherheitsbereichen keine Gefährdung für die dort geschützten Informationen, Systeme oder Infrastrukturen darstellen und dass nur autorisierte Tätigkeiten durchgeführt werden.

Sicherheitsbereiche sind Zonen mit erhöhtem Schutzbedarf, etwa Serverräume, Archive mit vertraulichen Dokumenten oder andere Räumlichkeiten, in denen kritische Systeme betrieben werden. Für Personen, die in diesen Bereichen tätig sind, gelten klar festgelegte Verhaltensvorgaben, um die Sicherheit von Informationen und Einrichtungen zu gewährleisten.

Ein zentraler Aspekt ist dabei die Überwachung der Aktivitäten. Arbeiten in Sicherheitsbereichen dürfen ausschließlich von autorisierten Personen durchgeführt werden. Im Vorfeld ist eine Überprüfung der Identität und der Zutrittsrechte dieser Personen erforderlich. Externe Dienstleister wie Wartungs- oder Reinigungspersonal dürfen diese Bereiche nur betreten, wenn sie begleitet werden oder über ausdrücklich genehmigte Zugangsrechte verfügen.

Darüber hinaus müssen für Arbeiten in Sicherheitsbereichen verbindliche Vorgaben erstellt werden. Dies kann beispielsweise das Verbot von Foto-, Video-, Audio- oder sonstigen Aufzeichnungsgeräten sein (z. B. von Kameras in Laptops). Diese dürfen nur nach ausdrücklicher Genehmigung mitgenommen werden. Auch das Mitführen von Informationen und Speichermedien in Sicherheitsbereichen muss geregelt und dokumentiert sein.

Darüber hinaus ist es erforderlich, dass innerhalb von Sicherheitsbereichen spezielle Schutzmaßnahmen gelten. Zu den erforderlichen Maßnahmen zählt unter anderem, dass vertrauliche Unterhaltungen nicht in öffentlich zugänglichen Bereichen stattfinden und dass Bildschirme sowie Arbeitsplätze so angeordnet sind, dass es Unbefugten nicht möglich ist, Einblicke zu erhalten.

7.4.7 NA A.7.7 – Aufgeräumte Arbeitsumgebung und Bildschirmsperren

> Es müssen klare Regeln für eine aufgeräumte Arbeitsumgebung hinsichtlich Unterlagen und Wechseldatenträgern und klare Regeln für Bildschirmsperren für informationsverarbeitende Einrichtungen festgelegt und angemessen durchgesetzt werden.

Das Ziel dieser Maßnahme ist es, vertrauliche Informationen vor unbefugter Einsicht, Manipulation oder Diebstahl zu schützen – sowohl in physischen Arbeitsumgebungen als auch bei der Nutzung von IT-Systemen.

Das Hauptprinzip einer aufgeräumten Arbeitsumgebung ist, dass vertrauliche Informationen nicht unbeaufsichtigt zugänglich sein sollten. Alles, was sensible Daten enthält – sei es auf Datenträgern, in Dokumenten oder auf mobilen Geräten –, darf nicht ungeschützt auf Schreibtischen oder in öffentlich zugänglichen Bereichen liegen. Stattdessen müssen die Datenträger, Dokumente und Mobilgeräte nach Gebrauch sicher verstaut oder verschlossen werden, beispielsweise in abschließbaren Schränken oder Rollcontainer. Drucker und Kopierer in gemeinsam genutzten Bereichen sind ebenfalls so zu handhaben, dass Ausdrucke mit vertraulichen Inhalten nicht unbeaufsichtigt liegen bleiben. Dies kann beispielsweise mit einer Funktion wie *Follow-me* sichergestellt werden.

Oft werden Sitzungsräume vergessen: Auf Flipcharts oder Whiteboards können sich ebenfalls sensitive Informationen befinden, die vor dem Verlassen des Raums entfernt bzw. vernichtet werden müssen.

Darüber hinaus verlangt die Maßnahme den Einsatz von Bildschirmsperren, die automatisch oder manuell aktiviert werden, sobald ein Arbeitsplatz verlassen wird. Dadurch wird verhindert, dass sensible Daten von unbefugten Personen eingesehen werden oder unbeabsichtigte Handlungen an offenen Systemen vorgenommen werden können. Die Sperre sollte nach einer kurzen Inaktivitätszeit automatisch aktiviert werden und nur durch eine erneute Authentifizierung aufgehoben werden können.

Eine angemessene Arbeitsumgebung und konsequente Bildschirmsperren sind einfache, aber effektive Maßnahmen, die in jeder Organisation umgesetzt werden können. Für die Gewährleistung der Sicherheit ist es unerlässlich, klare Vorgaben zu definieren (z. B. in Form einer *Clear-Desk-/Clear-Screen*-Richtlinie) und das Sicherheitsverhalten der Mitarbeitenden zu schulen. Komplexe technische Lösungen sind dabei nicht immer erforderlich.

Hinweis: Teilweise wird von einer *Clean-Desk-Policy* gesprochen. Dies ist aber eine fehlerhafte Übersetzung. Es geht nicht um den »gereinigten«, sondern um den »aufgeräumten« Arbeitsplatz. In der englischen Ausgabe der Norm hat die Maßnahme A.7.7 den Titel »Clear desk and clear screen«.

7.4.8 NA A.7.8 – Platzierung und Schutz von Geräten und Betriebsmitteln

> Geräte und Betriebsmittel müssen sicher und geschützt aufgestellt werden.

Das Ziel dieser Maßnahme ist es, unbefugten Zugriff, Beschädigungen oder Störungen zu verhindern und die Verfügbarkeit der eingesetzten Ressourcen sicherzustellen.

Ein wesentlicher Punkt betrifft die Wahl des Standorts. Geräte, die sensible Informationen verarbeiten oder kritische Funktionen erfüllen, sollten in Zonen betrieben werden, die vor unerlaubtem Zugriff geschützt sind. Server, Netzwerkkomponenten und Speichersysteme sind in abgeschlossenen Räumen mit kontrolliertem Zugang unterzubringen (siehe dazu den Buchabschnitt 7.4.6, »NA A.7.6 – Arbeiten in Sicherheitsbereichen«). Die Anordnung der Arbeitsplätze sollte zudem so erfolgen, dass Dritte den Bildschirminhalt nicht sehen können, es sei denn, man bittet sie an den Arbeitsplatz.

Darüber hinaus gewährleistet die Maßnahme einen erhöhten Schutz vor physischen Gefahren. Erwähnt werden Diebstahl, Feuer, Sprengstoff, Rauch, Wasser (oder der Ausfall der Wasserversorgung), Staub, Vibrationen, chemische Auswirkungen, Störungen der Stromversorgung und Telekommunikationseinrichtungen, elektromagnetische Strahlung und Vandalismus. Zentrale Elemente wie Serverräume erfordern daher eine angemessene Kühlung, Schutz vor Bränden und Überspannungen sowie eine kontrollierte Energieversorgung.

Ein weiterer Aspekt ist der Schutz vor Diebstahl oder dem unerlaubten Entfernen von Firmen-Werten. Laptops, Smartphones und Wechseldatenträger müssen so geschützt werden, dass ein unbemerkter Diebstahl nicht möglich ist. Bei stationären Systemen kann es sinnvoll sein, diese mit einem Schloss zu befestigen. Dazu verfügen viele Geräte über eine entsprechende Möglichkeit.

7.4.9 NA A.7.9 – Sicherheit von Werten außerhalb der Räumlichkeiten

> Werte außerhalb des Standorts müssen geschützt werden.

Das Ziel dieser Maßnahme ist es, sicherzustellen, dass das Schutzniveau für Vertraulichkeit, Integrität und Verfügbarkeit unabhängig vom Standort erhalten bleibt.

Die Maßnahme betrifft jegliche Art von Geräten. Ein wichtiger Punkt betrifft den Transport dieser Werte. Geräte und Datenträger dürfen nicht ungeschützt mitgeführt werden. Es ist zwingend erforderlich, dass Werte verschlüsselt, sicher verstaut oder verpackt und ständig unter Aufsicht aufbewahrt werden. Für sehr empfindliche oder wertvolle Werte sind spezielle Transportmethoden wie Kurierdienste oder versiegelte Behälter einzusetzen, um einen Verlust oder unbefugten Zugriff zu verhindern.

Darüber hinaus umfasst die Maßnahme Regeln für die Nutzung von Werten außerhalb der Räumlichkeiten. Für Mitarbeitende, die im Home-Office oder unterwegs arbeiten, ist es wichtig, sicherzustellen, dass vertrauliche Informationen nicht unbeabsichtigt eingesehen oder entwendet werden können. Zu den geeigneten Maßnahmen zählen unter anderem der Einsatz von Bildschirmsperren, Blickschutzfolien und dass Geräte nicht unbeaufsichtigt bleiben.

Ein schlechtes Beispiel ist diese Szene aus einem Zug:

Abbildung 7.4: Unbeaufsichtigter Laptop in einem Zug

Ebenfalls muss die Aufbewahrung von Werten definiert werden. Dokumente und Datenträger sind in verschlossenen Schränken oder Behältern aufzubewahren, um sie vor unbefugtem Zugriff zu schützen. Dies gilt ebenfalls für nicht genutzte Geräte. Dadurch wird verhindert, dass unbefugte Personen während Abwesenheiten oder in geteilten Umgebungen Zugriff auf die Geräte erhalten.

Und falls doch einmal ein Gerät oder ein Dokument gestohlen wird, ist es wichtig, dass der Verlust umgehend gemeldet wird.

7.4.10 NA A.7.10 – Speichermedien

> Speichermedien müssen während ihres gesamten Lebenszyklus – Erwerb, Verwendung, Transport und Entsorgung – in Übereinstimmung mit dem Klassifizierungsschema und den Handhabungsanforderungen der Organisation verwaltet werden.

Das Ziel dieser Maßnahme ist es, den unbefugten Zugriff sowie den Verlust, die Veränderung oder den Missbrauch der darauf enthaltenen Informationen zu verhindern – unabhängig davon, ob es sich um digitale oder physische Medien handelt.

Ein wichtiger Punkt ist hierbei die Regelung der Nutzung von Speichermedien. Das beinhaltet Vorgaben zum Einsatz von tragbaren Datenträgern wie USB-Sticks, externen Festplatten oder DVDs. Organisationen müssen bestimmen, welche Medienarten erlaubt sind, wann sie eingesetzt werden dürfen und welche Schutzmaßnahmen (z. B. Verschlüsselung oder Passwörter) zu beachten sind.

Die sichere Aufbewahrung ist ebenso wichtig. Speichermedien dürfen nicht unbeaufsichtigt oder ungeschützt in allgemein zugänglichen Bereichen herumliegen. Sofern sie nicht aktiv genutzt werden, ist eine Aufbewahrung in verschlossenen Schränken oder Behältnissen erforderlich. Dies betrifft sowohl portable Medien als auch Backup-Bänder oder andere Archivierungslösungen.

Außerdem sind die sichere Weitergabe und Entsorgung zu regeln. Beim Transport von Speichermedien sind Verfahren zu implementieren, die eine Manipulation oder einen Verlust verhindern. Beispielsweise können versiegelte Behälter genutzt oder die Daten verschlüsselt werden. Wenn Medien nicht mehr benötigt werden, müssen sie korrekt gelöscht oder physisch zerstört werden, damit eine Wiederherstellung der auf ihnen gespeicherten Daten unmöglich wird.

Zusätzlich ist die Nachvollziehbarkeit der Nutzung von Speichermedien sicherzustellen. Um die Transparenz zu gewährleisten, müssen sämtliche Bewegungen, Ausgaben und Rücknahmen dokumentiert werden. So kann jederzeit nachvollzogen werden, wer wann welches Speichermedium genutzt hat. Dies ist insbesondere auch im Falle eines Verlusts wichtig.

7.4.11 NA A.7.11 – Versorgungseinrichtungen

> Informationsverarbeitungseinrichtungen müssen vor Stromausfällen und anderen Störungen, die durch Ausfälle von unterstützenden Versorgungseinrichtungen verursacht werden, geschützt werden.

Das Ziel dieser Maßnahme ist es, Unterbrechungen oder Störungen durch Ausfälle bei der Stromversorgung, Kühlung oder Wasserzufuhr zu verhindern und damit die Verfügbarkeit von Informationen und Systemen sicherzustellen.

Ein wichtiger Aspekt ist die Stromversorgung. Eine stabile und geschützte Energieversorgung ist das A und O für Informationssysteme und Kommunikationsinfrastrukturen. Hierzu zählen unterbrechungsfreie Stromversorgungen (USVs), Notstromaggregate sowie Überspannungsschutzmaßnahmen. Diese Elemente gewährleisten, dass Systeme auch bei kurzfristigen Ausfällen oder Spannungsschwankungen weiterbetrieben oder geordnet heruntergefahren werden können. Wichtig ist, die maximale Verfügbarkeit bzw. Überbrückungsdauer von USVs zu kennen, damit – idealerweise automatisch – bei einem Stromausfall entsprechende Maßnahmen eingeleitet werden können.

Darüber hinaus ist eine angemessene Klimatisierung und Kühlung von Serverräumen, Rechenzentren oder anderen technischen Umgebungen von entscheidender Bedeutung. Temperatur- und Feuchtigkeitskontrollen dienen dazu, Überhitzungen oder Schäden an den Geräten durch zu hohe der zu tiefe Luftfeuchtigkeit zu verhindern. Die Kühlsysteme müssen überwacht und nach Möglichkeit redundant ausgelegt sein, damit ein Ausfall nicht unmittelbar den Betrieb gefährdet.

Es ist auch wichtig, andere Versorgungseinrichtungen wie Wasserleitungen, Brandschutzsysteme oder Netzwerkverbindungen zu berücksichtigen. Undichtigkeiten, defekte Rohre oder das Ausbleiben von Wartungsmaßnahmen können große Schäden hervorrufen. Um Risiken zu reduzieren, ist es entscheidend, kritische Systeme räumlich von möglichen Gefahrenquellen zu trennen.

Kritische Versorgungseinrichtungen sollten mehrfach vorhanden und voneinander unabhängig sein, damit der Ausfall einer Komponente nicht unmittelbar zum Stillstand führt. Es ist zudem notwendig, Überwachungssysteme einzuführen, die Störungen frühzeitig erkennen und Alarm schlagen.

Sollte der Strom ausfallen, ist auch kein Licht mehr vorhanden. Daher sollten eine Notbeleuchtung und ein Notrufsystem vorhanden sein. Die Notschalter und Notventile zur Abschaltung der Strom-, Wasser-, Gas- und anderer Versorgungseinrichtungen sollten sich zudem in der Nähe der Notausgänge oder Geräteräume befinden.

7.4.12 NA A.7.12 – Sicherheit der Verkabelung

> Kabel, die Strom, Daten oder unterstützende Informationsdienste transportieren, müssen vor Abhören, Störung oder Beschädigung geschützt werden.

Das Ziel dieser Maßnahme ist es, unbefugten Zugriff, Beschädigungen und Störungen von Strom- und Datenkabeln zu verhindern, damit die Verfügbarkeit oder Vertraulichkeit von Informationen nicht beeinträchtigt wird.

Der Fokus liegt auf der physischen Absicherung der Verkabelung. Bei der Verlegung von Leitungen ist darauf zu achten, dass diese nicht offen zugänglich sind und weder durch Zufall beschädigt noch absichtlich manipuliert werden können. In Bereichen, die als besonders sensibel einzustufen sind, empfiehlt sich der Einsatz von Kabelkanälen, abgeschlossenen Schächten oder Zwischendecken.

Ein weiterer Punkt der Maßnahme ist es, die Leitungen zu trennen. Um Störungen durch elektromagnetische Einflüsse zu vermeiden, sollten Strom- und Datenkabel beim Verlegen möglichst räumlich getrennt werden. Um sicherzustellen, dass eine Manipulation oder ein Ausfall nicht mehrere Bereiche gleichzeitig betrifft, müssen Kabel für besonders kritische Systeme von denen für Standardanwendungen getrennt gehalten werden. In den meisten Büros ist dies nur schwer möglich, aber es sollte trotzdem geprüft werden.

Ein weiterer Aspekt, der in diesem Zusammenhang zu berücksichtigen ist, ist die Kontrolle und Dokumentation der Verkabelung. Um gezielt auf Störungen oder notwendige Anpassungen reagieren zu können, müssen die Pläne für Kabelwege und Anschlusspunkte (dies sind beispielsweise Switches oder Patch-Dosen) stets aktuell sein. Unbefugte Änderungen oder Verbindungen sind regelmäßig zu überprüfen und zu verhindern.

Zudem ist es wichtig, auch die externen Verbindungen im Auge zu behalten. Kabel, die ein Gebäude verlassen oder durch öffentliche Bereiche führen, benötigen besonderen Schutz, da sie potenziell leichter manipuliert oder beschädigt werden können. Geeignete Schutzmaßnahmen umfassen zum einen geschützte Kabelkanäle, und zum anderen sollten die Daten nur verschlüsselt übertragen werden.

7.4.13 NA A.7.13 – Instandhaltung von Geräten und Betriebsmitteln

> Geräte und Betriebsmittel müssen ordnungsgemäß gewartet werden, um die Verfügbarkeit, Integrität und Vertraulichkeit der Informationen sicherzustellen.

Das Ziel dieser Maßnahme ist es, sicherzustellen, dass Systeme, die Informationen verarbeiten oder speichern, jederzeit in einem Zustand betrieben werden, der den Anforderungen an die Informationssicherheit entspricht.

Die präventive Wartung beugt möglichen Vor- und Ausfällen vor. Die Überprüfung und Wartung von Servern, Netzwerkkomponenten und Notstromaggregaten erfolgt gemäß festgelegten Zeitplänen. Dadurch ist es möglich, potenzielle Ausfälle, Störungen oder sicherheitsrelevante Defekte frühzeitig zu identifizieren und zu vermeiden.

Darüber hinaus umfasst die Maßnahme auch die sachgemäße Ausführung von Reparaturen und Eingriffen. Wartungsarbeiten sollten ausschließlich Personal vorbehalten sein, das über eine entsprechende Autorisierung sowie die erforderliche Schulung verfügt. Sollten externe Dienstleister beauftragt werden, ist eine adäquate Überwachung zwingend erforderlich, um den unkontrollierten Zugang zu Informationen oder Systemen zu verhindern. Es lohnt sich, gleich bei der Bestellung eines Systems den On-Site-Reparatur-Service hinzuzukaufen. Damit erfolgt die Reparatur in der eigenen Organisation und das Gerät kann im Auge behalten werden.

Geregelt werden muss auch, wie Geräte im Home-Office oder private Geräte (BYOD) repariert werden. Darf der Mitarbeitende selbst die Reparatur vornehmen oder muss dies zentral über die interne IT erfolgen?

Während der Instandhaltung muss die Informationssicherheit gewährleistet bleiben. Dazu gehört, dass bei Wartungsarbeiten keine vertraulichen Informationen ungeschützt zugänglich sind, dass temporäre Zugriffe dokumentiert werden, mit ihnen verbundene Zugangsrechte nach Abschluss der Wartung wieder entzogen werden und dass eingesetzte Ersatzteile den Sicherheitsanforderungen entsprechen.

Ein weiterer Aspekt, der in diesem Zusammenhang zu berücksichtigen ist, betrifft die Dokumentation von Instandhaltungs- und Reparaturmaßnahmen. Um die Betriebssicherheit zu gewährleisten und die Compliance-Anforderungen zu erfüllen, müssen sämtliche Aktivitäten nachvollziehbar dokumentiert werden. Dies erleichtert zudem die Nachverfolgung von Fehlerquellen und die Planung zukünftiger Instandhaltungen.

7.4.14 NA A.7.14 – Sichere Entsorgung oder Wiederverwendung von Geräten und Betriebsmitteln

> Arten von Geräten und Betriebsmitteln, die Speichermedien enthalten, müssen überprüft werden, um sicherzustellen, dass jegliche sensiblen Daten und lizenzierte Software vor ihrer Entsorgung oder Wiederverwendung entfernt oder sicher überschrieben worden sind.

Das Ziel dieser Maßnahme ist es, sicherzustellen, dass Informationen auch am Ende des Lebenszyklus von Geräten zuverlässig geschützt sind.

Dazu gehört die vollständige Datenlöschung oder die physische Zerstörung. Vor der Entsorgung ist eine Bereinigung der Speichermedien wie Festplatten, SSDs oder mobilen Datenträgern erforderlich, um eine Wiederherstellung der gespeicherten Daten unmöglich zu machen. Dies kann durch sicheres (mehrfaches) Überschreiben, Entmagnetisieren (durch einen sogenannten *Degaußer*) oder physische Zerstörung erfolgen – abhängig vom Schutzbedarf der Daten.

Werden Geräte wiederverwendet, ist es essenziell, diese vollständig zu löschen und das Betriebssystem inklusive Applikationen neu zu installieren. So wird verhindert, dass nachfolgende Nutzer unbeabsichtigt auf Informationen zugreifen, die noch auf dem Gerät gespeichert sind. Dieses Vorgehen gilt auch dann, wenn das Gerät an die Mitarbeitenden verkauft oder verschenkt wird.

Darüber hinaus beinhaltet die Maßnahme die sichere Entsorgung physischer Komponenten. Es ist nicht zulässig, Geräte und Betriebsmittel ohne Kontrolle an Dritte weiterzugeben oder sie in ungesicherten Umgebungen zu entsorgen, zum Beispiel bei einer Elektro-Sammelstelle. Es empfiehlt sich mit Entsorgungs- oder Recyclingfirmen zusammenzuarbeiten. Diese können Geräte und Festplatten nach standardisierten Verfahren vernichten, zum Beispiel nach der ISO 21964 (vormals DIN 66399).

Datenträgertyp	Stufe 1	Stufe 2	Stufe 3	Stufe 4	Stufe 5	Stufe 6	Stufe 7
Originalgröße Papier, Film	**P-1** Streifenbreite max. 12 mm	**P-2** Streifenbreite max. 6 mm	**P-3** Partikelgröße max. 320 mm^2	**P-4** Partikelgröße max. 160 mm^2	**P-5** Partikelgröße max. 30 mm^2	**P-6** Partikelgröße max. 10 mm^2	**P-7** Partikelgröße max. 5 mm^2
Verkleinerte Darstellung Mikrofilm	**F-1** Partikelgröße max. 160 mm^2	**F-2** Partikelgröße max. 30 mm^2	**F-3** Partikelgröße max. 10 mm^2	**F-4** Partikelgröße max. 2,5 mm^2	**F-5** Partikelgröße max. 1 mm^2	**F-6** Partikelgröße max. 0,5 mm^2	**F-7** Partikelgröße max. 0,2 mm^2
Optische Datenträger CD, DVD, Blu-Ray	**O-1** Partikelgröße max. 2000 mm^2	**O-2** Partikelgröße max. 800 mm^2	**O-3** Partikelgröße max. 160 mm^2	**O-4** Partikelgröße max. 30 mm^2	**O-5** Partikelgröße max. 10 mm^2	**O-6** Partikelgröße max. 5 mm^2	**O-7** Partikelgröße max. 0,2 mm^2
Magnetische Datenträger Bänder, Kreditkarten	**T-1** Mechanisch unbrauchbar	**T-2** Partikelgröße max. 2000 mm^2	**T-3** Partikelgröße max. 320 mm^2	**T-4** Partikelgröße max. 160 mm^2	**T-5** Partikelgröße max. 30 mm^2	**T-6** Partikelgröße max. 10 mm^2	**T-7** Partikelgröße max. 2,5 mm^2
Festplatten SATA, IDE, SCSI, SAS	**H-1** Mechanisch/elektronisch unbrauchbar	**H-2** Beschädigt	**H-3** Deformiert	**H-4** Geteilt, deformiert Partikelgröße max. 2000 mm^2	**H-5** Geteilt, deformiert Partikelgröße max. 320 mm^2	**H-6** Geteilt, deformiert Partikelgröße max. 10 mm^2	**H-7** Geteilt, deformiert Partikelgröße max. 5 mm^2
Elektronische Datenträger USB-Sticks, SSDs, Speicherkarten	**E-1** Mechanisch/elektronisch unbrauchbar	**E-2** Geteilt	**E-3** Partikelgröße max. 160 mm^2	**E-4** Partikelgröße max. 30 mm^2	**E-5** Partikelgröße max. 10 mm^2	**E-6** Partikelgröße max. 1 mm^2	**E-7** Partikelgröße max. 0,5 mm^2

Tabelle 7.8: Vernichtung nach ISO 21964

Ein weiterer wichtiger Aspekt ist die sorgfältige Dokumentation und Nachweisführung. Jede Entsorgung oder Wiederverwendung von Geräten und Betriebsmitteln ist nachvollziehbar zu dokumentieren. So kann die Organisation jederzeit belegen, dass alle notwendigen Schritte zum sicheren Entfernen sensibler Daten durchgeführt wurden.

7.5 NK A.8 – Technologische Maßnahmen

Im Anhang-Kapitel A.8 sind die technologischen Maßnahmen der Informationssicherheit aufgeführt; es behandelt den strategischen Einsatz technischer Kontrollen, um Informationssysteme zu schützen. Diese Maßnahmen betreffen vor allem den sicheren Betrieb, die Überwachung, die Entwicklung und den Schutz vor technischen Bedrohungen. Das Hauptaugenmerk liegt nicht auf der Nutzung einzelner Technologien, sondern auf ihrer kontrollierten, risikobasierten Anwendung innerhalb des ISMS.

7.5.1 NA A.8.1 – Endpunktgeräte des Benutzers

> Informationen, die auf Endpunktgeräten der Benutzer gespeichert sind, von ihnen verarbeitet werden oder über sie zugänglich sind, müssen geschützt werden.

Das Ziel dieser Maßnahme ist es, Risiken wie unbefugten Zugriff, den Verlust von Informationen oder Schadsoftware-Infektionen zu minimieren.

Ein wesentlicher Bestandteil ist die sichere Grundkonfiguration der Endpunktgeräte. Zu ihnen zählen Computer, Laptops, mobile Geräte wie Smartphones und Tablets, aber auch Peripheriegeräte, die direkten Zugriff auf Informationen oder Netzwerke ermöglichen. Vor der Nutzung ist eine Konfiguration der Endgeräte erforderlich, die sicherstellt, dass nur notwendige Dienste aktiv sind, Sicherheitsupdates regelmäßig installiert werden und geeignete Schutzmaßnahmen wie Firewalls und Antivirenprogramme aktiv sind. Dadurch wird es Angreifern sehr schwer gemacht, Schwachstellen auszunutzen.

Zudem muss sichergestellt werden, dass auf den Endgeräten eine Zugriffskontrolle erfolgt. Die Anmeldung der Benutzer muss durch starke Authentifizierungsmethoden erfolgen. Zudem ist sicherzustellen, dass die Geräte so eingestellt sind, dass sie sich nach einer kurzen Inaktivität selbsttätig sperren. Auf Endgeräten müssen sensible Daten verschlüsselt gespeichert werden, um zu verhindern, dass ein Verlust oder Diebstahl unmittelbar zu einem Datenabfluss führt. Idealerweise wird gleich die gesamte Festplatte verschlüsselt, beispielweise unter Windows mit BitLocker. Auch sollten Regeln zum Backup der Daten definiert werden. Die Mitarbeitenden sollten Daten nur auf Serverlaufwerken speichern dürfen.

Die Maßnahme umfasst auch die sichere Nutzung von mobilen Endgeräten. Dazu gehören insbesondere die Verpflichtung, VPN-Verbindung zu nutzen und Vorsicht bei der Verwendung von öffentlichen WLANs walten zu lassen, sowie die Schnittstellen-Kontrolle, unter anderem von USB oder Bluetooth, da diese potenziell ausgenutzt werden können. In BYOD-Szenarien (*Bring Your Own Device*) sind klare Richtlinien erforderlich, um die Mindestanforderungen für die eingesetzten Geräte festzulegen und diese durch passende technische Maßnahmen wie Mobile-Device-Management zu unterstützen.

Ein weiterer Fokus liegt auf der Kontrolle und Verwaltung von Endgeräten. Organisationen sollten gewährleisten, dass der aktuelle Sicherheitsstatus der Geräte überprüfbar ist und dass Vorfälle wie Malware-Infektionen oder Verlust rasch erkannt und behandelt werden. Darunter fallen auch Möglichkeiten, um verlorene Geräte aus der Ferne zu löschen oder zu sperren.

7.5.2 NA A.8.2 – Privilegierte Zugangsrechte

> Zuteilung und Gebrauch von privilegierten Zugangsrechten müssen eingeschränkt und verwaltet werden.

Das Ziel der Maßnahme ist es, Missbrauch oder Fehlkonfigurationen zu verhindern und sicherzustellen, dass privilegierte Zugriffe ausschließlich für berechtigte und notwendige Zwecke erfolgen.

Die wichtigste Regel ist auch bei Administratoren das Prinzip der minimalen Rechte (*Least Privilege*). Personen, denen privilegierte Zugriffsrechte erteilt werden, müssen diese zwingend für die Erfüllung ihrer Aufgaben benötigen. Die Vergabe sollte durch einen formellen Prozess erfolgen. Dazu gehören die Genehmigung, Dokumentation und eine zeitliche Begrenzung. Für die administrativen Arbeiten muss zwingend ein zweiter Account erstellt werden. Es darf unter keinen Umständen der normale Account dafür genutzt werden. Auch müssen die administrativen Rechte persönlich sein. Unpersönliche Accounts dürfen nicht oder nur in Notfällen genutzt werden. Ansonsten ist die Nachvollziehbarkeit nicht mehr möglich.

Es ist notwendig, privilegierte Konten regelmäßig zu überprüfen und anzupassen, insbesondere bei Rollenwechseln oder dem Ende des Beschäftigungsverhältnisses. Dadurch wird vermieden, dass überflüssige oder verwaiste Rechte bestehen bleiben. Nicht vergessen werden dürfen die Rechte von externen Personen. Auch hier muss ein Prozess etabliert werden.

Die Maßnahme erfordert zudem eine technische Absicherung privilegierter Zugriffe. Hierzu zählen die Verwendung spezieller Administrationskonten, wie bereits erwähnt die Trennung von persönlichen und administrativen Benutzerkonten sowie eine starke Authentifizierung – beispielsweise durch Multi-Faktor-Authentisierung. Außerdem sollte die Protokollierung aktiviert werden, damit administrative Tätigkeiten jederzeit nachvollziehbar sind.

Ein weiterer Aspekt ist die Überwachung und Kontrolle von privilegierten Aktivitäten. Die Systeme sollten in der Lage sein, verdächtige oder unzulässige Aktionen von privilegierten Benutzern zu erkennen. In kritischen Umgebungen sind Sitzungsaufzeichnungen oder Just-in-Time-Zugriffsmodelle empfehlenswert, die administrative Rechte nur für einen begrenzten Zeitraum gewähren.

7.5.3 NA A.8.3 – Informationszugangsbeschränkung

> Der Zugang zu Informationen und anderen damit verbundenen Werten muss in Übereinstimmung mit der festgelegten themenspezifischen Richtlinie zur Zugangssteuerung eingeschränkt werden.

Das Ziel dieser Maßnahme ist es, sicherzustellen, dass Benutzerinnen und Benutzer nur auf jene Informationen zugreifen können, die sie für ihre Aufgaben benötigen, und dass unbefugter Zugriff konsequent verhindert wird.

Die Umsetzung sollte nach dem *Need-to-know-Prinzip* erfolgen: Der Zugang zu Informationen erfolgt nicht generell, sondern wird basierend auf Rollen, Verantwortlichkeiten und Aufgaben bestimmt. Dies bedeutet, dass Informationen basierend auf ihrem Schutzbedarf klassifiziert und die Zugriffsrechte entsprechend differenziert vergeben werden müssen. Der Zugriff darf dabei immer nur mit persönlichen Accounts erfolgen.

Es ist entscheidend, Zugriffskontrollrichtlinien lückenlos zu dokumentieren und konsequent durchzusetzen. Sie bestimmen, welche Gruppen auf welche Arten von Informationen zugreifen dürfen, welche Handlungen (Lesen, Schreiben, Ändern, Löschen) erlaubt sind und wie der Zugang beantragt, genehmigt und überwacht wird.

Die Maßnahme beinhaltet sowohl technische als auch organisatorische Kontrollen. Technisch betrachtet, erfolgt der Zugriff über gruppen-, rollen- oder attributbasierte Modelle, die eine feingranulare Steuerung ermöglichen. Es sind organisatorische Verfahren erforderlich, um die Rechte regelmäßig zu überprüfen und anzupassen, insbesondere wenn sich die Aufgabenbereiche ändern oder Mitarbeitende ausscheiden.

Ein weiterer Aspekt ist, dass verschiedene Informationsformate berücksichtigt werden. Die Einschränkung des Zugriffs betrifft nicht nur digitale Systeme, sondern auch Papierdokumente, mobile Datenträger und physische Archive. Es sind einheitliche Schutzmaßnahmen für alle Arten von Informationen zu implementieren.

7.5.4 NA A.8.4 – Zugriff auf den Quellcode

> Lese- und Schreibzugriff auf den Quellcode, die Entwicklungswerkzeuge und die Softwarebibliotheken müssen angemessen verwaltet werden.

Das Ziel der Maßnahme ist es, unbefugte Einsichtnahme, Manipulation oder Missbrauch zu verhindern und gleichzeitig sicherzustellen, dass nur autorisierte Personen Änderungen am Quellcode vornehmen können.

Ein zentraler Punkt dabei ist die Einschränkung der Zugriffsrechte. Der Zugriff auf den Quellcode ist ausschließlich für Entwicklerinnen und Entwickler, Administratoren oder andere klar definierte Rollen zulässig, die für ihre Aufgaben auf den Quellcode angewiesen sind. Der Zugriff auf den Quellcode darf nur in dem Umfang erfolgen, der für die jeweilige Tätigkeit erforderlich ist.

Des Weiteren umfasst die Maßnahme den Einsatz von Versionskontrollsystemen. Diese Systeme zeichnen sich dadurch aus, dass sie sämtliche Modifikationen des Quellcodes lückenlos dokumentieren. Dadurch wird eine eindeutige Nachverfolgung der Änderungen ermöglicht und im Fehler- oder Manipulationsfall eine zuverlässige Rückverfolgung gewährleistet. Jede Modifikation muss einer klar identifizierbaren Person zugewiesen werden können.

Ein weiterer Bestandteil ist die Überprüfung und Freigabe von Änderungen. Quellcode darf nicht unkontrolliert verändert werden. Mechanismen wie Peer-Reviews, Freigabeprozesse oder automatisierte Tests stellen sicher, dass jede Änderung überprüft wird, bevor sie in produktive Umgebungen übernommen wird.

Praxistipps

Diese Maßnahme wird gerne ausgeschlossen, da nur wenige Organisationen selbst Software entwickeln. Die Zertifizierungsstellen im DACH-Raum haben allerdings definiert, dass unter diese Maßnahme auch die Verwendung von PowerShell-Skripten, Ansible-Playbooks, SQL-Statements, Makros in Word und Excel und weitere Code-ähnliche Elemente fallen. Daher wird kaum eine Organisation einen triftigen Grund für den Ausschluss haben.

7.5.5 NA A.8.5 – Sichere Authentisierung

> Sichere Authentisierungstechnologien und -verfahren müssen auf der Grundlage von Informationszugangsbeschränkungen und der themenspezifischen Richtlinie zur Zugangssteuerung implementiert werden.

Das Ziel dieser Maßnahme ist es, sicherzustellen, dass ausschließlich autorisierte Personen Zugriff erhalten und dass Identitäten zuverlässig überprüft werden, bevor ein Zugriff gewährt wird.

Die Vorgaben an die sichere Authentisierung wurden bereits im Buchabschnitt 7.2.15, »NA A.5.15 – Zugangssteuerung«, definiert.

Es ist entscheidend, dass robuste Authentifizierungsmethoden angewendet werden. Dazu gehören vor allem komplexe Passwörter, die gewisse Mindestanforderungen erfüllen, die Multi-Faktor-Authentifizierung (MFA) sowie der Einsatz biometrischer Merkmale. Die Auswahl der geeigneten Methode erfolgt in Abhängigkeit vom Schutzbedarf der Informationen und Systeme, auf die zugegriffen wird.

Für die erfolgreiche Umsetzung der Maßnahme ist zudem eine sichere Handhabung der Anmeldeinformationen unerlässlich. Passwörter und weitere Authentisierungsdaten müssen verschlüsselt gespeichert und gesichert übertragen werden. Um die Sicherheit der Daten auch im Ruhezustand gewährleisten zu können, ist die Verwendung von Mechanismen wie *Hashing*, *Salting* und Verschlüsselung unerlässlich.

Ein weiterer Aspekt ist, dass Authentisierungsmethoden regelmäßig überprüft und aktualisiert werden. Es ist notwendig, Verfahren immer wieder zu hinterfragen und sie gegebenenfalls durch effektivere oder zeitgemäßere Lösungen zu ersetzen. Die Technik macht stetig Fortschritte und auch die Angriffsmethoden verändern sich regelmäßig.

Systeme sollten so konfiguriert werden, dass keine sensiblen System- oder Anwendungsinformationen angezeigt werden. Auch Hilfestellungen zum Kennwort dürfen nicht direkt sichtbar sein. Je nach rechtlicher Situation können allgemeine Warnmeldungen angezeigt werden, die besagen, dass nur befugte Benutzer das System nutzen dürfen. Wichtig ist zudem, dass sogenannte *Brute-Force-Angriffe* (das heißt, es werden Tausende von Anmeldeversuchen durchgeführt, bis die Anmeldung erfolgreich ist) verhindert werden. Auch *CAPTCHAs* (die geliebten »Klick alle Fahrräder auf diesem Bild an«) als zusätzlicher Schritt könnten in Betracht gezogen werden. Alle Anmeldeversuche sind zu protokollieren.

Darüber hinaus spielt auch die Benutzerfreundlichkeit eine entscheidende Rolle. Die Authentisierung muss einerseits sicher, andererseits praktikabel sein, damit sie von den Benutzenden akzeptiert und konsequent angewendet wird. Hier können Lösungen wie Single Sign-on (SSO) oder adaptive Authentisierung helfen, Sicherheit und Komfort miteinander zu verbinden.

7.5.6 NA A.8.6 – Kapazitätssteuerung

> Die Nutzung von Ressourcen muss überwacht und entsprechend den aktuellen und erwarteten Kapazitätsanforderungen angepasst werden.

Das Ziel der Maßnahme ist es, Engpässe oder Ausfälle zu vermeiden und sicherzustellen, dass die technischen Ressourcen den aktuellen und zukünftigen Anforderungen entsprechen.

Um dies zu erreichen, ist eine regelmäßige Überprüfung der Ressourcennutzung erforderlich. Dazu gehören Messungen der Prozessorleistung (CPU), der Speicherauslastung

(RAM), der Netzwerkkapazität und der Speichermedien. Die Analyse dieser Daten ermöglicht es, sich verändernde Entwicklungen frühzeitig zu erkennen und rechtzeitig auf sich verändernde Anforderungen zu reagieren.

Die Maßnahme umfasst außerdem die Planung der benötigten Kapazitäten. Es ist notwendig, dass Organisationen die Nutzungstrends kennen und auf dieser Grundlage Vorhersagen darüber treffen, wie sich die Anforderungen in der Zukunft entwickeln werden. Dadurch ist es möglich, rechtzeitig weitere Ressourcen bereitzustellen oder bestehende Systeme auszubauen. Dies gilt auch für die Nutzung von Cloud-Diensten.

Ein weiterer Punkt ist die Notwendigkeit, auf Lastspitzen reagieren zu können. Um unerwartete Spitzenbelastungen ohne Störungen oder Ausfälle bewältigen zu können, sollten Systeme entsprechend entworfen werden. Dafür können technische Ansätze wie Lastverteilung, Skalierung in virtuellen Umgebungen oder das Nutzen von Cloud-Ressourcen umgesetzt werden. Ein weiterer Ansatz zur Erhöhung des Speicherplatzes kann darin bestehen, Daten zu löschen, die nicht mehr benötigt werden.

Es muss außerdem gewährleistet werden, dass die Dokumentation und Nachvollziehbarkeit jederzeit möglich sind. Die Dokumentation von Kapazitätsdaten und daraus abgeleiteten Planungen müssen nachvollziehbar sein. So wird es möglich, Entscheidungen zu begründen und sie bei Bedarf zu überprüfen.

7.5.7 NA A.8.7 – Schutz gegen Schadsoftware

> Schutz gegen Schadsoftware muss umgesetzt und durch angemessene Sensibilisierung der Benutzer unterstützt werden.

Das Ziel dieser Maßnahme ist es, die Vertraulichkeit, Integrität und Verfügbarkeit von Informationen und Systemen durch den Schutz vor Schadsoftware zu gewährleisten. Zur Schadsoftware zählen Viren, Würmer, trojanische Pferde (die irrtümlich oft als Trojaner bezeichnet werden), Ransomware und Spyware.

Der Einsatz technischer Schutzmechanismen ist dabei von zentraler Bedeutung. Dazu gehören Antivirenprogramme, Intrusion-Detection- oder Intrusion-Prevention-Systeme sowie E-Mail- und Web-Filter, die schädliche Inhalte blockieren, bevor sie ins Unternehmensnetzwerk gelangen. Um einen Schutz gegen neuartige Schadsoftware zu gewährleisten, müssen diese Systeme kontinuierlich aktualisiert werden. Antivirenprogramme sollten so eingestellt werden, dass sie im Hintergrund automatisch nach Malware suchen und zudem mindestens einmal pro Woche einen Festplattenscan durchführen.

Regelmäßige Updates der Betriebssysteme und Anwendungen sind außerdem von großer Bedeutung. Schadhafter Code nutzt oft Sicherheitslücken in Software aus und gehört damit zu den häufigsten Einfallstoren. Es ist die Aufgabe des Patch-Managements, sicherzustellen, dass Schwachstellen schnell erkannt und behoben werden. Das Verbot von noch nicht zugelassener Software, etwa durch Maßnahmen wie Application-Whitelisting (Liste der zugelassenen Software), gehört ebenfalls dazu.

Ein weiterer Aspekt betrifft die Verhaltensweise der Nutzerinnen und Nutzer. Eine Vielzahl von Attacken greift auf Social Engineering zurück, wie etwa auf Phishing-E-Mails oder manipulierte Webseiten. Auch das unkontrollierte Einstecken von USB-Sticks sollte verboten sein. Um die Aufmerksamkeit zu erhöhen und riskantes Verhalten zu vermeiden, sind Schulungen und Sensibilisierungsmaßnahmen daher unerlässlich.

Außerdem ist es notwendig, Vorfälle mit Schadsoftware zu überwachen und darauf zu reagieren. Eine schnelle Identifizierung, Isolierung und Meldung von Infektionen ist unerlässlich, um eine effiziente Bearbeitung sicherzustellen. Deshalb ist es äußerst wichtig, dass die Systeme entsprechend konfiguriert werden. Das schließt auch Notfallpläne ein, die den Umgang mit Vorfällen regeln, wie etwa die Wiederherstellung betroffener Systeme oder das sichere Entfernen von Schadsoftware.

7.5.8 NA A.8.8 – Handhabung von technischen Schwachstellen

> Es müssen Informationen über technische Schwachstellen verwendeter Informationssysteme eingeholt, die Gefährdung der Organisation durch derartige Schwachstellen bewertet und angemessene Maßnahmen ergriffen werden.

Das Ziel dieser Maßnahme ist es, das Risiko durch bekannte und neue Sicherheitslücken zu reduzieren und sicherzustellen, dass Systeme und Anwendungen nicht unnötig angreifbar sind.

Die regelmäßige Beschaffung von Informationen über Schwachstellen ist ein zentraler Bestandteil dieses Prozesses. Um rechtzeitig von neu entdeckten Sicherheitslücken zu erfahren, müssen Organisationen auf zuverlässige Quellen zurückgreifen. Zu den relevanten Quellen zählen Sicherheitsmeldungen von Herstellern, Fachzeitschriften, CERTs oder automatisierte Schwachstellen-Feeds.

Praxistipp

Nachfolgend sind einige Quellen aufgelistet:

- heise Security: *https://www.heise.de/security*
- CVE-Datenbank: *https://www.cve.org/*
- Europäische CVE-Datenbank: *https://euvd.enisa.europa.eu/*
- RSS-Feed des Autors (diverse Quellen zusammengefasst):
  auf Deutsch: *https://zapier.com/engine/rss/4291448/SecurityNews/*
  auf Englisch: *https://zapier.com/engine/rss/4291448/SecurityNewsEnglish/*

Auf Basis dieser Informationen erfolgt eine Bewertung der Relevanz und des Risikos. Nicht jede Schwachstelle betrifft die verwendeten Systeme oder hat das gleiche Gefährdungspotenzial. Daher ist es für Organisationen notwendig, eine Prüfung durchzuführen, um herauszufinden, welche Schwachstellen die eigene Infrastruktur besonders betreffen und wie dringlich eine Behandlung dieser Schwachstellen ist. Dazu gehört, dass zunächst ein Inventar erstellt wird, in dem alle verwendeten Systeme aufgelistet sind.

Die schnelle Umsetzung von Gegenmaßnahmen gehört ebenfalls zu dieser Maßnahme. Zunächst sollten Sicherheitsupdates und Patches eingespielt werden. Sollte eine sofortige Umsetzung nicht möglich sein, sind temporäre Schutzmaßnahmen erforderlich. Hierzu gehört, gefährdete Dienste abzuschalten, Firewall-Regeln anzupassen oder Intrusion-Prevention-Lösungen zu nutzen.

Auch das Durchführen von regelmäßigen Schwachstellen-Scans hilft, einen Überblick zu behalten. Solche Tools geben aber oft auch falsche Resultate aus, sogenannte *False Positives*. Daher müssen die Resultate genau geprüft werden. Alternativ kann eine externe Firma beauftragt werden, einen Penetration-Test durchzuführen.

Ein weiterer Punkt betrifft auch hier die Dokumentation und die Nachvollziehbarkeit. Alle identifizierten Schwachstellen, die Bewertung des ermittelten Risikos und die ergriffenen Maßnahmen müssen festgehalten werden. So wird es möglich, die umgesetzten Schritte lückenlos nachzuvollziehen.

Schließlich sollten diese Maßnahmen auch in das Risikomanagement integriert werden. Technische Schwachstellen sollten nicht isoliert, sondern im Rahmen einer umfassenden Strategie zur Steuerung von Risiken angegangen werden.

7.5.9 NA A.8.9 – Konfigurationsmanagement

> Konfigurationen, einschließlich Sicherheitskonfigurationen, von Hardware, Software, Diensten und Netzwerken müssen festgelegt, dokumentiert, umgesetzt, überwacht und überprüft werden.

Das Ziel dieser Maßnahme ist es, sicherzustellen, dass die Einstellungen von Systemen und Anwendungen dem festgelegten Standard entsprechen und nicht durch unsachgemäße Änderungen oder Abweichungen geschwächt werden.

Ein wichtiger Punkt ist, dass sichere Basiskonfigurationen definiert werden. Es müssen verbindliche Vorgaben für alle Systeme, Anwendungen und Netzwerke erstellt werden, die sicherheitsrelevante Einstellungen, deaktivierte (unnötige) Dienste und aktuelle Patches umfassen. Die Baselines sind die Grundlage für einen sicheren Betrieb und fungieren als Prüfungsreferenz.

Praxistipp

Das CIS (*Center for Internet Security, https://www.cisecurity.org/*) veröffentlicht kostenlose CIS-Benchmarks für verschiedene Systeme, wie Server, Cloud-Dienste, Applikationen und viele weitere. Im Internet finden Sie viele weitere (oft kostenlose) Anleitungen.

Es ist außerdem notwendig, dass die Maßnahme eine Überprüfung der Konfigurationsänderungen umfasst. Alle Änderungen müssen genehmigt, dokumentiert und durch ein offizielles Verfahren umgesetzt werden. So wird ausgeschlossen, dass unerwünschte oder nicht nachvollziehbare Änderungen neue Schwachstellen schaffen. Die Dokumentation muss sicherstellen, dass jederzeit klar ist, wann, warum und von wem eine Änderung vorgenommen wurde.

Ein weiterer wichtiger Aspekt ist die Kontrolle der Konfigurationen. Regelmäßige Überprüfungen der Systeme sind empfehlenswert, um sicherzustellen, dass sie die festgelegten Standards einhalten. Dokumentation, Bewertung und gegebenenfalls Korrektur sind erforderlich, wenn Abweichungen festgestellt werden. Automatisierte Werkzeuge, wie etwa Konfigurationsscanner, können diesen Prozess unterstützen und erleichtern.

7.5.10 NA A.8.10 – Löschung von Informationen

> Informationen, die in Informationssystemen, Geräten oder auf anderen Speichermedien gespeichert sind, müssen gelöscht werden, wenn sie nicht mehr benötigt werden.

Das Ziel dieser Maßnahme ist es, zu verhindern, dass vertrauliche oder sensible Daten nach ihrer vorgesehenen Nutzung unbefugt wiederhergestellt oder weiterverwendet werden können.

Es ist entscheidend, dass eindeutige Verfahren zur Datenlöschung festgelegt werden. Hierzu gehören Vorgaben, wann Informationen gelöscht werden dürfen, welche Methoden erlaubt sind und wie der Löschvorgang dokumentiert wird. Je nach Medium unterscheiden sich die Löschverfahren. Digitale Daten können mehrfach überschrieben oder mit spezieller Löschsoftware gelöscht werden. Manchmal ist es erforderlich, das Medium physisch zu zerstören, um Informationen mit besonderem Schutzbedarf zu sichern. Weitere Hinweise sind finden Sie im Buchabschnitt 7.4.14, »NA A.7.14 – Sichere Entsorgung oder Wiederverwendung von Geräten und Betriebsmitteln«.

Zu beachten ist auch, dass temporäre oder zwischengespeicherte Daten regelmäßig gelöscht werden müssen. Cache- und temporäre Dateien, Protokolle und andere Arbeitskopien enthalten oft sensible Informationen, die nach Beendigung ihrer Nutzung entfernt werden sollten, um Missbrauch zu verhindern.

Weiter muss definiert werden, wer für die Löschung zuständig ist. Die Durchführung muss klar zugewiesen und kontrolliert sein; sie darf nicht unkoordiniert erfolgen. Die verantwortlichen Stellen müssen garantieren, dass die Löschung vollständig und unumkehrbar ist. Werden externe Dienstleister mit der Löschung beauftragt, sind entsprechende Löschprotokolle zwingend zu verlangen und abzulegen.

Eine lückenlose Dokumentation der Löschungen ist unerlässlich, vor allem wenn es um den Umgang mit sensitiven Informationen oder die Einhaltung gesetzlicher und regulatorischer Vorgaben geht.

7.5.11 NA A.8.11 – Datenmaskierung

> Die Datenmaskierung muss in Übereinstimmung mit den themenspezifischen Richtlinien der Organisation zur Zugangssteuerung und anderen damit zusammenhängenden themenspezifischen Richtlinien sowie den geschäftlichen Anforderungen und unter Berücksichtigung der geltenden Rechtsvorschriften eingesetzt werden.

Das Ziel dieser Maßnahme ist es, die Vertraulichkeit zu wahren und gleichzeitig die Verfügbarkeit von Daten für Tests, Analysen oder andere legitime Zwecke sicherzustellen.

Ein wichtiger Anwendungsfall ist der Einsatz der Datenmaskierung in Entwicklungs- und Testumgebungen. Für die Erstellung realistischer Szenarien werden in der Regel produktive Daten benötigt. Falls diese ohne Anpassungen genutzt werden, besteht die Gefahr, dass vertrauliche Informationen preisgegeben oder kompromittiert werden. Die Unkenntlichmachung sensibler Inhalte, wie beispielsweise personenbezogener Daten oder Geschäftsinformationen, ist durch Datenmaskierung möglich, ohne dass die Struktur und das Format verändert werden.

Zu den Methoden der Datenmaskierung zählen unter anderem die *Anonymisierung*, die *Pseudonymisierung* und die *Substitution* von Datenwerten (siehe unten). Die Wahl der Methode hängt vom Schutzbedarf der Daten und den Anforderungen der jeweiligen Nutzung ab. Entscheidend ist, dass die Maskierung verhindert oder zumindest stark einschränkt, dass die Daten auf die ursprünglichen Werte zurückgeführt werden können.

- **Anonymisierung**

  Bei der Anonymisierung werden Daten so verändert, dass sie nicht mehr einer bestimmten Person oder Quelle zugeordnet werden können. Eine Rückführung auf die ursprüngliche Identität ist somit ausgeschlossen. Beispiel: Namen werden durch zufällige Zeichenketten ersetzt, ohne dass ein Bezug zur Person erhalten bleibt.

- **Pseudonymisierung**

  Bei der Pseudonymisierung werden Identifikationsmerkmale durch ein künstliches Kennzeichen (Pseudonym) ersetzt. Im Unterschied zur Anonymisierung ist eine Rückführung auf die ursprüngliche Identität über einen separaten Schlüssel möglich. Beispiel: Anstelle eines Namens wird eine Kundennummer verwendet, die in einer separaten Tabelle der Person zugeordnet ist.

- **Substitution**

  Die Substitution tauscht Originalwerte gegen realistisch aussehende, jedoch erfundene Ersatzwerte. Diese haben die gleiche Struktur wie die echten Daten, sind aber inhaltlich verfremdet. Beispiel: Ein echter Name »Peter Müller« wird durch »Hans Schneider« ersetzt. Damit bleibt die Datenstruktur intakt, ohne die echten Daten preiszugeben.

Weitere Möglichkeiten sind:

- Verschlüsselung (Autorisierte Benutzer müssen einen Schlüssel haben.)
- Nullen oder das Löschen von Zeichen (um zu verhindern, dass nichtautorisierte Benutzer vollständige Nachrichten sehen können)
- unterschiedliche Zahlen und Daten
- Ersetzen von Werten durch ihren Hash, idealerweise mit einer zusätzlichen Salt-Funktion
- strikte Zugangs- und Zugriffskontrolle
- das Vier-Augen-Prinzip – niemand kann allein auf Daten zugreifen.

Organisationen sollten unbedingt festlegen, welche Daten sie maskieren möchten, wie die technische Umsetzung der Maskierung aussieht und wer dafür verantwortlich ist. Es ist außerdem von großer Bedeutung, dass die Verfahren regelmäßig überprüft und an neue Anforderungen angepasst werden.

Ein weiterer Punkt ist die ausgewogene Balance zwischen Sicherheit und Benutzerfreundlichkeit. Um die Vertraulichkeit zu wahren, sollen Daten maskiert werden; gleichzeitig ist es aber wichtig, dass sie für die beabsichtigten Zwecke realistisch sind. Es ist daher wichtig, die Maskierungsmethoden sorgfältig zu planen.

7.5.12 NA A.8.12 – Verhinderung von Datenlecks

> Maßnahmen zur Verhinderung von Datenlecks müssen auf Systeme, Netzwerke und alle anderen Geräte angewendet werden, die sensible Informationen verarbeiten, speichern oder übermitteln.

Das Ziel der Maßnahme ist es, die ungewollte oder unautorisierte Weitergabe von sensiblen Informationen – sei es absichtlich oder versehentlich – zu unterbinden. Datenlecks können sowohl in elektronischer Form als auch physisch auftreten und erhebliche Folgen für Vertraulichkeit, Integrität und Verfügbarkeit haben.

Der Fokus liegt auf technischen Schutzmaßnahmen. Hierzu zählen *Data-Loss-Prevention-*(DLP-)Lösungen, die den Datenfluss überwachen und bestimmte Übertragungen blockieren oder melden können. Zu den Funktionen gehören das Erkennen und Unterbinden des

Versands sensibler Daten per E-Mail an externe Adressen, das Kopieren auf unautorisierte USB-Sticks oder das Hochladen in nicht genehmigte Cloud-Dienste.

Sollten Datenflüsse überwacht werden, sind die rechtlichen Anforderungen (z. B. Privatsphäre, Datenschutz, Beschäftigung, Überwachung von Daten und Telekommunikation) zu berücksichtigen. Mitarbeitende dürfen nicht per se überwacht werden. Die Lösungen sollten jederzeit in Einklang mit den Datenschutzgesetzen sein.

Es ist außerdem notwendig, eindeutige Richtlinien und Verfahren zu etablieren. Es ist sehr wichtig, dass Organisationen festlegen,

- welche Informationen besonders schützenswert sind (gemäß dem Klassifizierungskonzept, siehe Abschnitt 7.2.12, »NA A.5.12 – Klassifizierung von Informationen«),
- welche Übertragungswege zulässig sind und
- wo Einschränkungen zu berücksichtigen sind.

Es ist essenziell, dass alle Mitarbeitenden diese Richtlinien kennen und sie entsprechend einhalten.

Ein weiterer wichtiger Punkt ist die Sensibilisierung der Nutzerinnen und Nutzer. Oftmals entstehen Datenlecks durch Unachtsamkeiten, wie durch das versehentliche Versenden von E-Mails oder durch den unsicheren Umgang mit Dokumenten. Um dieses Risiko zu verringern, sind Schulungen und regelmäßige Awareness-Kampagnen ratsam.

Ein weiterer wesentlicher Aspekt der Maßnahme ist es, mögliche Datenlecks zu erkennen und auf sie zu reagieren. Systeme sind so konzipiert, dass sie auffällige Übertragungen oder Zugriffe erfassen und entsprechend melden können. Es ist entscheidend, Verdachtsfälle schnell zu prüfen, um im Ernstfall angemessen reagieren zu können.

7.5.13 NA A.8.13 – Sicherung von Informationen

> Sicherungskopien von Informationen, Software und Systemen müssen in Übereinstimmung mit der vereinbarten themenspezifischen Richtlinie zu Datensicherungen aufbewahrt und regelmäßig geprüft werden.

Das Ziel dieser Maßnahme ist es, sicherzustellen, dass Informationen und Systeme im Falle von Verlust, Beschädigung oder Sicherheitsvorfällen zuverlässig wiederhergestellt werden können.

Um einen Datenverlust zu vermeiden, ist es wichtig, regelmäßig Backups zu erstellen. Organisationen müssen entscheiden, welche Informationen gesichert werden sollen, in welchen Intervallen Sicherungskopien erstellt und wie lange diese aufbewahrt werden. Die geschäftlichen Anforderungen und die gesetzlichen oder regulatorischen Vorgaben müssen dabei berücksichtigt werden. Die *Business-Impact-Analyse* (BIA), die im Vorfeld durchgeführt werden sollte, kann als Grundlage für die Planung dienen. Bei der BIA wurden bereits die *Recovery Time Objective* (RTO, maximal zulässige Zeitspanne für die Wiederherstellung) sowie der *Recovery Point Objective* (RPO, maximal akzeptierter Datenverlust) definiert, siehe dazu Buchabschnitt 7.2.30, »NA A.5.30 – IKT-Bereitschaft für Business-Continuity«.

Zusätzlich verlangt die Maßnahme, dass die Backups sicher aufbewahrt werden. Es ist wichtig, dass Sicherungskopien vor unbefugtem Zugriff geschützt werden und dass die Lagerung so erfolgt, dass sie auch bei physischen Vorfällen wie Feuer oder Wasserschäden erhalten bleiben. Backups werden typischerweise an geografisch getrennten Orten oder in speziell gesicherten Rechenzentren aufbewahrt. Auch ein vor Feuer und Wasser geschützter Tresor kann als Aufbewahrungsort in Betracht gezogen werden.

Wichtig ist auch, dass die Wiederherstellbarkeit regelmäßig überprüft wird. Backups erfüllen ihren Zweck nur, wenn sie im Notfall zuverlässig wiederhergestellt werden können. Deshalb sind Testwiederherstellungen erforderlich, um zu überprüfen, ob die Sicherungskopien vollständig und funktionsfähig sind. Dabei sollten nicht nur einzelne Dateien, sondern auch ganze Systeme aus dem Backup zurückgeholt werden.

Der gesamte Backup-Prozess – inklusive der verwendeten Verfahren, der Verantwortlichen und der Testergebnisse – sollte klar dokumentiert sein, um ihn nachvollziehbar zu machen.

7.5.14 NA A.8.14 – Redundanz von informationsverarbeitenden Einrichtungen

> Informationsverarbeitende Einrichtungen müssen mit ausreichender Redundanz für die Einhaltung der Verfügbarkeitsanforderungen realisiert werden.

Das Ziel dieser Maßnahme ist es, den Betrieb aufrechtzuerhalten, selbst wenn zentrale Komponenten oder Systeme beeinträchtigt sind.

Die Vorbereitung besteht darin, kritische Systeme zu identifizieren. Es ist für Organisationen entscheidend, alle Systeme zu kennen, die sie für ihren Geschäftsbetrieb unbedingt benötigen. Hierzu gehören Server, Netzwerkgeräte, Speichersysteme oder Kommunikationsdienste. In der Regel sind die Verfügbarkeitsanforderungen dieser Systeme höher, und Redundanz ist oft der Weg, um dies zu gewährleisten.

Die Umsetzung von Redundanz erfolgt in der Regel durch technische Maßnahmen. Dazu gehören unter anderem parallele Systeme, Failover-Mechanismen, Clusterlösungen oder die Echtzeit-Datenspiegelung. Auf Netzwerkebene kann durch mehrere Leitungen (idealerweise in unterschiedlichen Kabelkanälen), Router oder Switches eine Redundanz geschaffen werden, während auf Applikationsebene Lastverteilung oder Hochverfügbarkeitslösungen genutzt werden.

Ein weiterer wichtiger Punkt ist, dass alle Komponenten regelmäßig auf ihre Funktionsfähigkeit überprüft werden sollten. Damit kann im Ernstfall ein reibungsloser Übergang sichergestellt werden. Ohne diese Tests besteht die Gefahr, dass die Redundanz im Ernstfall nicht funktioniert.

Es ist zudem entscheidend, dass die redundanten Einrichtungen gewartet werden. Redundanz ist kein Ersatz für kontinuierliche Pflege; sie benötigt die gleiche Aufmerksamkeit wie die primären Systeme.

7.5.15 NA A.8.15 – Protokollierung

> Protokolle, die Aktivitäten, Ausnahmen, Fehler und andere relevante Ereignisse aufzeichnen, müssen erstellt, gespeichert, geschützt und analysiert werden.

Das Ziel dieser Maßnahme ist es, Transparenz über sicherheitsrelevante Vorgänge zu schaffen und die Nachvollziehbarkeit von Handlungen sicherzustellen.

Es ist entscheidend, im Voraus zu bestimmen, welche Informationen protokolliert werden sollen. Dies umfasst unter anderem Anmeldeversuche, Änderungen der Benutzerrechte, Zugriffe auf vertrauliche Daten, Systemänderungen sowie sicherheitsrelevante Vorfälle wie Fehlermeldungen und Systemabstürze. Welche Ereignisse aufgezeichnet werden, richtet sich nach dem Schutzbedarf der Systeme und Informationen. Unter anderem sollten folgende Informationen enthalten sein:

- Benutzerkennungen
- Systemaktivitäten
- Datum, Uhrzeit und Einzelheiten zum Ereignis
- Gerätekennung, Systemkennung und Standort
- Netzwerkadressen und Protokolle

Darüber hinaus ist bei dieser Maßnahme darauf zu achten, dass Protokolldaten geschützt und manipulationssicher gespeichert werden, auch vor Benutzern mit administrativen Rechten. Protokolle dürfen nur von (wenigen) autorisierten Personen eingesehen werden. Es sollten Schutz-Mechanismen eingesetzt werden, die eine Veränderung oder Löschung der Einträge verhindern. Dies können kryptografische Hash-Verfahren oder einmalbeschreibbare Medien (*WORM*, Write Once Read Many) sein. Um eine einheitliche Auswertung und Korrelation der Daten zu ermöglichen, erfolgt die Speicherung in der Regel zentral auf einem System, zum Beispiel in einem *SIEM* (siehe dazu Abschnitt 7.5.16, »NA A.8.16 – Überwachung von Aktivitäten«). Dies ermöglicht gleichzeitig auch die Erfüllung der Anforderungen für die sichere Sammlung von Beweismaterial gemäß Abschnitt 7.2.28, »NA A.5.28 – Sammeln von Beweismaterial«.

Ein weiterer Aspekt, der nicht außer Acht gelassen werden sollte, ist die regelmäßige Überprüfung der Protokolle. Die Protokollierung von Daten ist nur dann sinnvoll, wenn im Anschluss eine Auswertung erfolgt. Merkmale können beispielsweise veränderte Firewall-Regeln, Ereignisse von *Intrusion Detection Systemen (IDS)* oder Schadsoftware-Signaturen sein. Auch bekannte Verhaltensmuster und Standard-Netzwerkverkehr im Vergleich zu anomalen Aktivitäten und Verhalten sollte untersucht werden. Es ist wichtig, dass sicherheitsrelevante Ereignisse identifiziert, bewertet und, wenn nötig, verfolgt werden.

Darüber hinaus sind die geltenden Aufbewahrungsfristen sowie datenschutzrechtliche Bestimmungen zu berücksichtigen. Die Speicherung von Protokolldaten ist nur in dem Umfang zulässig, in dem dies zur Gewährleistung der Sicherheit oder aufgrund regulatorischer Vorgaben erforderlich ist. Wichtig ist es, diese als potenziell sensible Informationen zu betrachten, weil sie Hinweise auf Benutzeraktivitäten geben können.

7.5.16 NA A.8.16 – Überwachung von Aktivitäten

> Netzwerke, Systeme und Anwendungen müssen auf anormales Verhalten überwacht und geeignete Maßnahmen müssen ergriffen werden, um potentielle Informationssicherheitsvorfälle zu bewerten.

Das Ziel dieser Maßnahme ist es, unautorisierte oder ungewöhnliche Vorgänge zu identifizieren, die auf einen Angriff, auf Missbrauch oder auf Fehlkonfiguration hindeuten könnten.

Es ist entscheidend, geeignete Überwachungsmechanismen einzurichten. Diese Systeme nehmen Ereignisse aus Protokollen, Netzwerken, Anwendungen und Geräten auf, analysieren sie und identifizieren dabei auffällige Muster. In der Regel sammeln, korrelieren und priorisieren sogenannte *Security-Information-and-Event-Management-*(SIEM-)Lösungen oder spezialisierte Überwachungstools entsprechende Ereignisdaten.

Praxistipp

Abbildung 7.5 zeigt die Funktionsweise eines SIEM.

Die Logdaten durchlaufen folgende Schritte:

- **Aggregation:** Logdaten verschiedener Systeme werden zusammengezogen und ausgewertet. Die Systeme können Netzwerkgeräte, Firewalls, Server, Datenbanken und Applikationen sein.
- **Korrelation:** Die vorhandenen Daten werden zueinander in Beziehung gesetzt, und es wird versucht, Verbindungen oder Abhängigkeiten zu erkennen.
- **Filtern:** Nur was für das Unternehmen relevant ist, wird weiterverarbeitet. Diese Filter können durch den Lösungsanbieter vorkonfiguriert und durch das Unternehmen angepasst werden.
- **Reports und Dashboard:** Die automatische Auswertung löst einen Alarm aus. Dies kann auf ein Dashboard oder auch per E-Mail oder anderen Kanälen erfolgen.

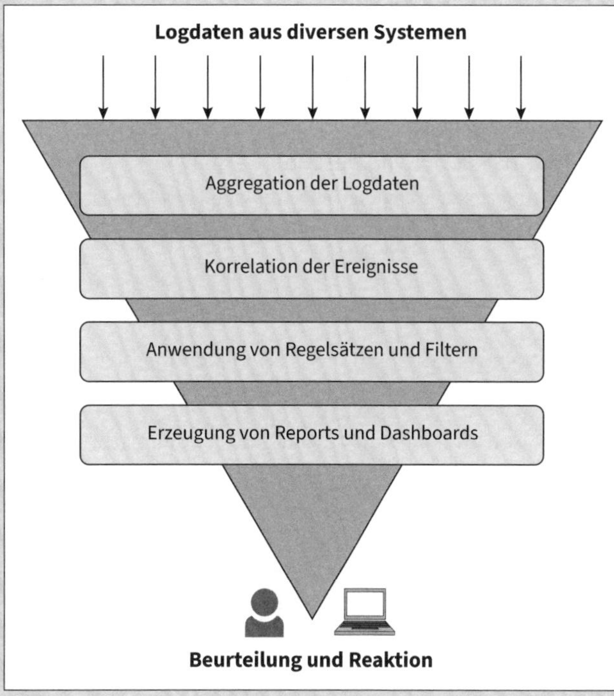

Abbildung 7.5: Funktionsweise eines SIEM

Es ist außerdem notwendig, die Ziele und Kriterien für die Überwachung festzulegen. Organisationen müssen bestimmen, welche Aktivitäten sie für besonders wichtig erachten. Das umfasst zum Beispiel Anmeldeversuche außerhalb der Geschäftszeiten, Datenübertragungen in unüblichem Umfang oder wiederholte Fehlversuche beim Zugriff auf Systeme. Die ISO 27002 listet eine Reihe von Anzeichen für anomales Verhalten auf. Dazu gehören:

- die ungeplante Beendigung von Prozessen oder Anwendungen
- Aktivitäten, die typischerweise mit Schadsoftware in Verbindung gebracht werden, oder Datenverkehr, der von bekannten bösartigen IP-Adressen oder Netzwerkdomänen ausgeht (z. B. solchen, die mit Botnet- Befehls- und -Kontrollservern verbunden sind)
- bekannte Angriffsmerkmale (z. B. Denial-of-Service und Pufferüberläufe)
- ungewöhnliches Systemverhalten (z. B. Aufzeichnung von Tastatureingaben oder Abweichungen bei der Verwendung von Standardprotokollen)
- Engpässe und Überlastungen
- unbefugter (tatsächlicher oder versuchter) Zugriff auf Systeme oder Informationen
- unbefugtes Scannen von Geschäftsanwendungen, Systemen und Netzwerken

- erfolgreiche und erfolglose Zugriffsversuche auf geschützte Ressourcen (z. B. DNS-Server, Webportale und Dateisysteme)
- Benutzer- und Systemverhalten, das auf ungewöhnliche Weise vom erwarteten Verhalten abweicht

Dabei sollte die Überwachung stets risikoorientiert gestaltet werden, um sicherzustellen, dass die Aufmerksamkeit auf echte sicherheitskritische Ereignisse gerichtet ist. In der ISO 27002 werden folgende Quellen aufgeführt, die in das Überwachungssystem integriert werden sollten:

- ausgehender und eingehender Netzwerk-, System- und Anwendungsverkehr
- Zugang zu Systemen, Servern, Netzwerkausrüstungen, Überwachungssystemen, kritischen Anwendungen usw.
- System- und Netzwerkkonfigurationsdateien auf kritischer oder administrativer Ebene
- Protokolle von Sicherheitstools (z. B. Antivirus, IDS, Angriffsabwehrsystem (IPS), Webfilter, Firewalls, Verhinderung von Datenlecks)
- Ereignisprotokolle zu System- und Netzwerkaktivitäten
- Überprüfung, ob die Ausführung des Codes im System genehmigt ist und ob er nicht manipuliert wurde (z. B. durch Neukompilierung, um einen zusätzlichen unerwünschten Code hinzuzufügen)
- Nutzung der Ressourcen (z. B. Prozessor, Festplatten, Speicher, Bandbreite) und deren Leistung

Ein weiterer wichtiger Punkt ist die Fähigkeit, auf erkannte Vorfälle schnell und angemessen zu reagieren. Überwachung allein ist nicht ausreichend; es braucht Prozesse und Verantwortlichkeiten, um auf Anomalien oder Warnungen zu reagieren. Die Überwachung kann in Echtzeit oder in festgelegten Intervallen erfolgen, abhängig von den Bedürfnissen und den Möglichkeiten der Organisation. Weitere Aufgaben sind die Bewertung des Ereignisses, die Eskalation an die zuständigen Stellen und, falls nötig, die Umsetzung von Sofortmaßnahmen.

7.5.17 NA A.8.17 – Uhrensynchronisation

> Die Uhren der von der Organisation verwendeten Informationsverarbeitungssysteme müssen mit zugelassenen Zeitquellen synchronisiert werden.

Das Ziel dieser Maßnahme ist es, eine präzise Zeitbasis zu haben, um sicherheitsrelevante Ereignisse korrekt zuzuordnen, Abläufe nachzuvollziehen und forensische Analysen zuverlässig durchführen zu können.

Es ist entscheidend, dass alle Systeme auf dieselbe Zeitquelle synchronisiert sind. Alle Systeme innerhalb der Organisation sollten ihre Zeit von einem zentralen, vertrauenswürdigen Zeitserver beziehen. Dazu sind beispielsweise das *Network Time Protocol* (NTP) oder das *Precision Time Protocol* (PTP) geeignet. Bei der Verwendung mehrerer Zeitserver ist es essenziell, diese zu synchronisieren, um Zeitabweichungen zu vermeiden.

Ein weiterer Aspekt ist die Absicherung der Zeitquellen. Auch Zeitserver können Ziel von Manipulationsversuchen sein, beispielsweise zur Verfälschung von Protokolleinträgen oder zur zeitlichen Verschleierung von Ereignissen. Deshalb ist es wichtig diese zu schützen – sei es durch Authentifizierung, Zugriffsbeschränkungen oder sogar durch physische Sicherheitsmaßnahmen, wenn nötig.

Ein weiterer Aspekt ist die Kontrolle und Pflege der Zeitsynchronisation. Es ist entscheidend, Unterschiede zwischen den Systemzeiten zu erkennen und zu beheben, um eine konsistente Zeitbasis zu sichern. Dies ist besonders wichtig für sicherheitskritische Systeme wie Firewalls, Authentisierungsserver, Überwachungs- oder Protokollierungssysteme, für die eine präzise zeitliche Abstimmung von großer Bedeutung ist.

Praxistipp

Unter Windows kann mit dem Befehl `w32tm` die Zeitsynchronisation geprüft werden.

- **Grundlegende Abfragen**
  - Status der Zeitsynchronisation anzeigen: `w32tm /query /status`
  - Ausführliche Konfiguration anzeigen: `w32tm /query /configuration`
  - Quelle der Zeitsynchronisation anzeigen: `w32tm /query /source`
  - Liste der Zeitpartner anzeigen: `w32tm /query /peers`
- **Zeitsynchronisation steuern**
  - Sofortige Synchronisierung erzwingen: `w32tm /resync`
  - Synchronisierung mit spezifischem Server:
    ```
    w32tm /config /syncfromflags:manual /manualpeerlist:
    "de.pool.ntp.org"
    w32tm /config /update
    net stop w32time && net start w32time
    ```

  Hinweis: Dies bitte nicht bei einem AD-integrierten System umstellen!
- **Diagnose und Fehlerbehebung**
  - Ausführlichen Monitor starten: `w32tm /monitor`
  - Zeitserver testen: `w32tm /stripchart /computer:de.pool.ntp.org /samples:5 /dataonly`
  - Debug-Informationen anzeigen: `w32tm /debug /enable /file:C:\time_debug.log /size:1000000 /entries:0-300`

Wichtig ist es, die Funktionsweise der Synchronisation zu dokumentieren: Welche Zeitquellen werden genutzt, wie oft finden die Synchronisationen statt und wie wird der Prozess überprüft?

7.5.18 NA A.8.18 – Gebrauch von Hilfsprogrammen mit privilegierten Rechten

> Der Gebrauch von Hilfsprogrammen, die fähig sein können, System- und Anwendungsschutzmaßnahmen zu umgehen, muss eingeschränkt und streng überwacht werden.

Das Ziel dieser Maßnahme ist es, sicherzustellen, dass Werkzeuge mit privilegierten Rechten nur unter klar definierten Bedingungen und von autorisierten Personen eingesetzt und genutzt werden.

Hilfsprogramme mit erweiterten Rechten, wie etwa System- oder Netzwerkanalyse-Tools, Debugger, Passwort-Wiederherstellungsprogramme oder Low-Level-Datenträgerzugriffe, erlauben tiefgreifende Manipulationen an Systemkonfigurationen, Dateien oder Prozessen. Ihre Nutzung muss daher auf das unbedingt Notwendige beschränkt werden.

Ein wichtiger Bestandteil sind dabei die Zugriffskontrolle sowie die Authentifizierung. Die Nutzung dieser Programme ist ausschließlich autorisierten Administratorinnen und Administratoren gestattet. Zudem ist der Einsatz dieser Programme zu dokumentieren. Es empfiehlt sich, privilegierte Zugriffe zeitlich zu begrenzen und deren Nutzung zu protokollieren, sofern dies möglich ist.

Ein weiterer wichtiger Punkt ist die Trennung von administrativen und nicht-administrativen Umgebungen. Die Bereitstellung von Hilfsprogrammen sollte ausschließlich in kontrollierten Administrationsumgebungen erfolgen und nicht in produktiven Systemen. Es wird empfohlen, solche Tools dort, wo es geht, zu virtualisieren oder den Zugriff durch Jump-Server abzusichern, um einen direkten Zugriff auf produktive Systeme zu verhindern.

Weitere Aspekte sind die Überwachung und das Protokollieren. Die Nutzung privilegierter Hilfsprogramme muss lückenlos dokumentiert und in regelmäßigen Abständen überprüft werden, um Missbrauch oder unbeabsichtigte Veränderungen zu erkennen.

7.5.19 NA A.8.19 – Installation von Software auf Systemen im Betrieb

> Es müssen Verfahren und Maßnahmen umgesetzt werden, um die Installation von Software auf in Betrieb befindlichen Systemen sicher zu verwalten.

Das Ziel dieser Maßnahme ist es, sicherzustellen, dass nur geprüfte, genehmigte und sichere Software eingesetzt wird, um die Integrität und Stabilität der Systeme zu gewährleisten und das Risiko von Sicherheitsvorfällen zu minimieren.

Ein zentraler Aspekt ist die Einführung eines formalen Freigabeprozesses für Softwareinstallationen. Vor der Installation von Software oder Updates ist eine sorgfältige Bewertung notwendig, insbesondere in Bezug auf Sicherheit, Kompatibilität und Lizenzrecht. Die Installation darf nur erfolgen, wenn die Prüfung positiv ausfällt und eine entsprechende Genehmigung vorliegt. Auch sollte bereits vor der Umsetzung einer Änderung eine Rollback-Strategie für den Fall vorliegen, dass doch etwas nicht so wie gewünscht funktioniert.

Ein weiterer Punkt der Maßnahme ist die Nutzung zentraler Softwareverteilungssysteme. Dadurch wird gewährleistet, dass sämtliche Systeme einheitlich und unter Kontrolle aktualisiert werden. Des Weiteren muss verhindert werden, dass Benutzerinnen und Benutzer eigenständig Programme installieren können, die nicht geprüft oder nicht notwendig sind.

Installationen sollten überwacht und protokolliert werden. Alle Installationen und Deinstallationen sind zu dokumentieren, um im Bedarfsfall nachvollziehen zu können, wann und von wem Änderungen am System vorgenommen wurden. Dazu gehören die Archivierung alter Softwareversionen zusammen mit allen erforderlichen Informationen und Parametern, Verfahren und Konfigurationsdetails. Ebenfalls berücksichtigt werden muss, dass Software-Anbieter den Support oder die Weiterentwicklung einstellen. Die Organisation sollte die Risiken bewerten, die mit der Nutzung einer nicht mehr aktualisierten Software verbunden sind.

Es ist entscheidend, technische Maßnahmen umzusetzen, um unautorisierte Installationen zu verhindern. Es gibt unterschiedliche Ansätze, um dieses Ziel zu erreichen: So können die Benutzerrechte eingeschränkt werden (sprich, das Least-Privilege-Prinzip wird angewendet), können Whitelisting-Verfahren angewendet oder können Endpoint-Protection-Systeme genutzt werden, die nur erlaubte Softwareausführungen zulassen.

7.5.20 NA A.8.20 – Netzwerksicherheit

> Netzwerke und Netzwerkgeräte müssen gesichert, verwaltet und kontrolliert werden, um Informationen in Systemen und Anwendungen zu schützen.

Das Ziel dieser Maßnahme ist es, die Vertraulichkeit, Integrität und Verfügbarkeit der übermittelten Daten zu gewährleisten und unbefugten Zugriff oder Manipulationen im Netzwerk zu verhindern.

Die Umsetzung dieser Maßnahme erfordert eine durchdachte Netzarchitektur, bei der Sicherheitsaspekte von Anfang an berücksichtigt wurden. Netzwerke müssen so konzipiert sein, dass sie alle funktionalen Anforderungen erfüllen und gleichzeitig Sicherheitsrisiken minimieren. Dies beinhaltet eine Trennung von Netzsegmenten mit unterschiedlichem Schutzbedarf sowie die Festlegung von Kommunikationswegen zwischen diesen Bereichen.

Ein wesentlicher Punkt sind die Netzwerk-Schnittstellen. Es ist entscheidend, Übergänge zwischen internen, externen oder gemeinsam genutzten Netzen zu sichern, um unkontrollierte Datenflüsse oder unerlaubte Zugriffe zu verhindern. Um dies zu erreichen, kommen technische Maßnahmen wie Paketfilter, Firewalls oder Proxys zum Einsatz, deren Einstellungen dokumentiert und regelmäßig überprüft werden müssen. Diese Geräte müssen gehärtet werden. Das heißt, dass nur notwendige Dienste laufen.

Wichtig ist auch, die Übertragungswege zu sichern. Alles, was über Netzwerke transportiert wird, muss vor Abhören oder Veränderung geschützt werden. Dies betrifft besonders den Austausch über öffentliche Netze oder drahtlose Verbindungen.

Ebenso wichtig ist es, die physische Sicherheit der Netzwerkkomponenten zu beachten. Firewalls, Router, Switches und andere Geräte sollten in geschützten Bereichen untergebracht werden. Dazu gehört auch, Wartungszugänge zu kontrollieren und Konfigurationsschnittstellen vor unbefugter Nutzung zu schützen.

Weitere Informationen zur Netzwerksicherheit sind in der mehrteiligen ISO/IEC 27033 zu finden.

7.5.21 NA A.8.21 – Sicherheit von Netzwerkdiensten

> Sicherheitsmechanismen, Dienstgüte und Dienstanforderungen für Netzwerkdienste müssen ermittelt, umgesetzt und überwacht werden.

Das Ziel dieser Maßnahme ist es, sicherzustellen, dass die durch interne oder externe Anbieter bereitgestellten Netzwerkdienste (wie Internetzugang, virtuelle Netzwerke oder Cloud-Verbindungen) zuverlässig und geschützt betrieben werden.

Im Gegensatz zur allgemeinen Netzwerksicherheit (siehe Abschnitt 7.5.20, »NA A.8.20 – Netzwerksicherheit«), die die Infrastruktur betrifft, zielt diese Maßnahme auf die Dienste ab, die über die Netzwerke bereitgestellt oder genutzt werden. Im Vordergrund steht, dass die Funktionen den Sicherheitsanforderungen der Organisation entsprechen und keine zusätzlichen Risiken schaffen.

Bevor Netzwerkdienste genutzt werden, sollte eine Sicherheitsbewertung durchgeführt werden. Dazu sind die technischen Eigenschaften, vorhandene Sicherheitsmaßnahmen und Supportprozesse zu prüfen. Dazu gehört es, abzuklären, ob der Anbieter Verschlüsselung, Zugriffskontrolle, Monitoring und Schutzmaßnahmen gegen unerlaubten Datenabfluss implementiert hat. Audit-Ergebnisse sollten in regelmäßigen Abständen von externen Anbietern angefordert und überprüft werden.

Wenn Netzwerkdienste von externen Partnern bezogen werden, ist es notwendig, die Sicherheitsanforderungen vertraglich festzulegen. Die Anforderungen umfassen unter anderem das Sicherstellen der Verfügbarkeit, das Schützen von Daten während der Übertragung, das Management von Incidents sowie die Meldepflichten bei Sicherheitsereignissen. Es ist wichtig, dass *Service Level Agreements* (SLAs) verbindlich festgelegt werden.

Außerdem gehört dazu, Netzwerkdienste zu überwachen. Es ist ratsam, Überwachungsprotokolle, Leistungsberichte und Sicherheitszertifikate regelmäßig zu überprüfen.

7.5.22 NA A.8.22 – Trennung von Netzwerken

> Informationsdienste, Benutzer und Informationssysteme müssen in Netzwerken der Organisation gruppenweise voneinander getrennt gehalten werden.

Das Ziel dieser Maßnahme ist es, durch eine strukturierte Netzwerksegmentierung das Risiko zu verringern, dass ein sicherheitsrelevantes Ereignis Auswirkungen auf andere Teile der Infrastruktur hat.

Ein wichtiger Punkt dieser Maßnahme besteht darin, Netzsegmente sowohl logisch als auch physisch zu trennen. Systeme mit unterschiedlichem Schutzbedarf (wie Büroarbeitsplätze, Server, Produktionssysteme oder Verwaltungsnetzwerke) dürfen nicht ohne Kontrolle miteinander kommunizieren. Diese Trennung kann auf verschiedene Arten umgesetzt werden: Physisch kann sie durch separate Netzwerke oder logisch durch VLANs, Subnetze und Firewall-Regeln umgesetzt werden.

Die Kommunikation zwischen den Segmenten ist zu definieren und zu steuern. Es sind nur genehmigte Verbindungen erlaubt, und diese müssen so eingerichtet werden, dass sie ausschließlich die Protokolle und Ports zulassen, die für den Betrieb unbedingt notwendig sind. Jede zusätzliche Verbindung erhöht die Angriffsfläche und sollte deshalb vermieden werden.

Ein weiterer wichtiger Punkt ist die Trennung von internen und externen Netzen. Übergänge zu öffentlichen oder gemeinsam genutzten Netzwerken (wie dem Internet oder zu externen Partnern) erfordern besonderen Schutz. In vielen Fällen werden demilitarisierte Zonen (*DMZ*) eingerichtet, die als kontrollierte Bereiche zwischen internen und externen Systemen dienen.

Auch die Trennung in Cloud- und virtuellen Umgebungen ist umzusetzen. Es ist wichtig, auch in diesen Umgebungen logische Grenzen zu ziehen, um die Isolation von Mandanten, Diensten oder Datenbereichen zu gewährleisten. Besonders hohe Risiken gehen von Fehlkonfigurationen oder Schwachstellen in virtuellen Netzwerken aus.

Ebenfalls nicht vergessen werden dürfen Wireless-Netzwerke. Oft ist nicht bekannt, wo die Funkwellen aufhören bzw. wie weit diese reichen. In sensitiven Umgebungen sollten Wireless-Netzwerke wie externe Netzwerke behandelt werden.

Die Überwachung der Kommunikationswege ist ebenfalls Teil der Maßnahme. Netzwerkverbindungen zwischen den Segmenten müssen fortlaufend überwacht werden, um sicherzustellen, dass es keine unerlaubten oder unkontrollierten Datenströme gibt.

7.5.23 NA A.8.23 – Webfilterung

> Der Zugang zu externen Websites muss verwaltet werden, um die Gefährdung durch bösartige Inhalte zu verringern.

Das Ziel dieser Maßnahme ist es, sicherzustellen, dass die Nutzung von Webressourcen in einem kontrollierten Rahmen erfolgt und dass die Integrität sowie die Vertraulichkeit der internen Systeme gewahrt bleibt.

Webfilter-Technologien übernehmen die Analyse und Steuerung des Datenverkehrs zwischen internen Nutzern und dem Internet. Sie blockieren den Zugriff auf gefährliche, nicht autorisierte oder unangemessene Webseiten und schützen das Unternehmensnetzwerk vor Schadcode oder unerwünschten Inhalten.

Es gibt unterschiedliche Ansätze zur Filterung. Hierzu gehören das Einordnen von Webseiten in Kategorien, Black- und Whitelists, das Untersuchen von URL-Mustern oder die Analyse des Inhalts. Organisationen sollten festlegen, welche Kategorien von Webseiten erlaubt, eingeschränkt oder komplett blockiert werden, und zwar basierend auf ihren geschäftlichen Anforderungen und Sicherheitsrichtlinien.

Ein weiterer wichtiger Punkt ist die Überwachung und Protokollierung der Internet-Nutzung. Die Protokollierung ermöglicht es, potenzielle Sicherheitsvorfälle frühzeitig zu erkennen. Das umfasst zum Beispiel wiederholte Zugriffe auf bekannte Schadseiten oder eine unübliche Erhöhung der Datenübertragungen. Diese Aufzeichnungen müssen geschützt gesichert werden, da sie personenbezogene Daten enthalten, und dürfen nur bei Verdachtsfällen im Detail ausgewertet werden.

Da fast der gesamte Internetverkehr inzwischen über *HTTPS* abgewickelt wird, ist es äußerst wichtig, dass Filterlösungen verschlüsselten Datenverkehr untersuchen können. Dazu wird die verschlüsselte Verbindung »aufgebrochen«. Technisch bedeutet dies, dass die Verschlüsselung unterbrochen, der Inhalt untersucht und die Verbindung wieder verschlüsselt wird. Für den Benutzer ist dieser Vorgang unsichtbar. Es ist wichtig, ein Gleichgewicht zwischen Datenschutz und Sicherheitsüberwachung zu finden.

Ein weiterer Punkt ist, die Nutzer über die Gefahren der unkontrollierten Internetnutzung aufzuklären und sie für sicheres Verhalten im Netz zu sensibilisieren. Alle involvierten Benutzer sollten verantwortungsvoll mit unbekannten Links, Downloads oder Webformularen umgehen.

7.5.24 NA A.8.24 – Verwendung von Kryptographie

> Es müssen Regeln für den wirksamen Einsatz von Kryptographie, einschließlich der Verwaltung kryptographischer Schlüssel, festgelegt und umgesetzt werden.

Das Ziel dieser Maßnahme ist es, sicherzustellen, dass kryptografische Verfahren nach anerkannten Standards ausgewählt, korrekt implementiert und sicher verwaltet werden.

Eine wichtige Aufgabe ist es, eine Kryptografie-Richtlinie zu erstellen. Einsatzbereiche von kryptografischen Verfahren (wie etwa die Verschlüsselung von Daten während der Übertragung, bei der Speicherung oder digitale Signaturen) werden durch diese Richtlinie definiert. Sie legt außerdem fest, welche Algorithmen, Schlüssellängen und Protokolle erlaubt sind und wie die Schlüsselverwaltung aussehen soll.

Außerdem ist eine sichere Verwaltung von kryptografischen Schlüsseln erforderlich. Schlüssel müssen während ihres gesamten Lebenszyklus – von der Erzeugung über die Nutzung bis zur Vernichtung – geschützt werden. Das beinhaltet Verfahren zur sicheren Speicherung, Verteilung, Archivierung und Erneuerung von Schlüsseln. Die gesamte Sicherheit kann durch den Verlust oder Missbrauch eines Schlüssels gefährdet werden.

Ein weiterer Aspekt ist die korrekte Implementierung von kryptografischen Verfahren. Fehler bei der Umsetzung (wie unsichere Schlüsselspeicherung, der Einsatz veralteter Algorithmen oder unzureichende Integritätsprüfungen) können die Schutzwirkung erheblich beeinträchtigen. Kryptografie sollte nur durch Mechanismen implementiert werden, die geprüft wurden und als vertrauenswürdig gelten – idealerweise durch bekannte Bibliotheken oder *Hardware-Sicherheitsmodule* (HSM).

Darüber hinaus müssen gesetzliche, regulatorische und vertragliche Vorgaben berücksichtigt werden, da die Nutzung von Kryptografie in bestimmten Ländern oder Branchen eingeschränkt oder sogar genehmigungspflichtig sein kann.

Die ISO/IEC 11770 enthält weitere Informationen zur Schlüsselverwaltung.

Praxistipp

Die folgenden Seiten können Sie bei der Bewertung der Verschlüsselungsverfahren unterstützen:

- aktuelle sichere Schlüssellängen: *https://www.keylength.com/*
- Länder mit Einschränkungen: *https://www.gp-digital.org/world-map-of-encryption/*
- Prüfen der verwendeten Algorithmen: *https://www.ssllabs.com/ssltest/*

7.5.25 NA A.8.25 – Lebenszyklus einer sicheren Entwicklung

> Regeln für die sichere Entwicklung von Software und Systemen müssen festgelegt und angewendet werden.

Das Ziel dieser Maßnahme ist es, Sicherheitsanforderungen frühzeitig in die Entwicklung zu integrieren, um Schwachstellen und Fehlentwicklungen zu vermeiden, bevor sie in produktive Systeme gelangen.

Ein zentraler Punkt dieser Maßnahme ist es, Sicherheitsanforderungen am Beginn eines Projekts festzulegen. Dazu gehören Zugriffskontrolle, Datenintegrität oder Fehlertoleranz. Sicherheit darf nicht nachträglich »aufgesetzt« werden; sie muss von Anfang an Teil des Entwicklungsprozesses sein.

Es ist entscheidend, strukturierte Entwicklungsprozesse anzuwenden. Der *Secure Software Development Lifecycle* (SSDLC) ist eines der bewährten Vorgehensmodelle, das in diesem Zusammenhang genutzt wird. In jeder Phase der Entwicklung sind laut diesem Modell spezifische Sicherheitsprüfungen vorgesehen. In der Entwurfsphase werden Bedrohungsanalysen angefertigt, während in der Implementierungsphase auf sichere Programmierpraktiken zurückgegriffen wird.

Für die Nachvollziehbarkeit von sicherheitsrelevanten Entscheidungen und Prüfungen ist es entscheidend, dass Rollen und Zuständigkeiten eindeutig festgelegt werden. Es ist wichtig, dass Sicherheitsaspekte nicht nur den technischen Spezialisten überlassen werden; sie sollten ein fester Bestandteil des gesamten Projektmanagements sein.

Während des Projekts sind alle Änderungen an Design, Architektur oder Prozessen, die die Informationssicherheit betreffen, zu dokumentieren und nachzuverfolgen.

Ein weiterer Aspekt ist die kontinuierliche Verbesserung. Erfahrungen aus beendeten Entwicklungsprojekten und sicherheitsrelevante Erkenntnisse – etwa aus Vorfällen, Audits oder neuen Bedrohungen – sollten in die Entwicklungszyklen aufgenommen werden.

7.5.26 NA A.8.26 – Anforderungen an die Anwendungssicherheit

> Die Anforderungen an die Informationssicherheit müssen bei der Entwicklung oder Beschaffung von Anwendungen ermittelt, spezifiziert und genehmigt werden.

Das Ziel dieser Maßnahme ist es, Schwachstellen, Fehlfunktionen oder unautorisierte Zugriffe zu verhindern, die aus unzureichenden Sicherheitsvorgaben in der Anwendungsentwicklung resultieren könnten.

Das Hauptaugenmerk liegt auf der systematischen Identifizierung der Sicherheitsanforderungen. Es ist entscheidend, die Sicherheitsziele, die eine Anwendung erreichen soll, schon in der Planungs- und Designphase zu definieren. Dies umfasst unter anderem

Themen wie Authentifizierung, Zugriffskontrolle, Datenintegrität, Protokollierung oder Fehlermanagement.

Es ist wichtig, bei der Umsetzung der Maßnahme darauf zu achten, dass alle gesetzlichen, regulatorischen und vertraglichen Vorgaben eingehalten werden. Datenschutzanforderungen, branchenspezifische Standards und interne Sicherheitsrichtlinien müssen von Anwendungen beachtet werden. Das betrifft besonders den Umgang mit personenbezogenen Daten, die Anwendung kryptografischer Verfahren sowie die Schnittstellen zu anderen Systemen.

In der ISO 27002 sind typische Anforderungen beschrieben:

- **Vertrauensniveau und Identität:** Anwendungen müssen die Identität (Benutzer, Systeme oder Dienste) zuverlässig erkennen. Dies wird beispielsweise durch Authentisierungsmechanismen erreicht, deren Stärke dem Schutzbedarf der Anwendung entspricht.
- **Klassifizierung der Informationen:** Es muss bestimmt werden, welche Arten von Informationen die Anwendung verarbeitet und welcher Schutzbedarf sich daraus ergibt. Anwendungen, die vertrauliche oder personenbezogene Daten verarbeiten, müssen zusätzliche Sicherheitsmaßnahmen ergreifen.
- **Zugriffssteuerung und Berechtigungsmanagement:** Innerhalb der Anwendung ist der Zugang zu Daten und Funktionen eindeutig zu trennen. Benutzer dürfen nur die Berechtigungen erhalten, die sie für ihre Aufgaben benötigen.
- **Resilienz gegenüber Angriffen:** Anwendungen müssen so gestaltet sein, dass sie böswilligen Angriffen oder unbeabsichtigten Störungen standhalten können. Dies umfasst Schutzmaßnahmen gegen Pufferüberläufe, SQL-Injection, Cross-Site-Scripting oder vergleichbare Schwachstellen.
- **Privatsphäre und Vertraulichkeit:** Die Daten aller Beteiligten müssen geschützt werden. Anwendungen dürfen sensible Daten nur im erforderlichen Umfang erheben, verarbeiten und speichern.
- **Informationen müssen während der Verarbeitung, Übertragung und Speicherung geschützt werden:** Das umfasst das Verschlüsseln der Kommunikation zwischen allen Parteien und den Schutz von Daten im Ruhezustand.
- **Eingabe- und Ausgabekontrollen:** Um sicherzustellen, dass keine falschen oder manipulierten Daten in das System gelangen, sollten Anwendungen wirksame Eingabevalidierungen und Integritätsprüfungen haben. Auch Ausgabedaten sind zu überwachen, vor allem in Bezug darauf, wer sie nutzen darf und mit welchen Berechtigungen.
- **Automatische Kontrollmechanismen:** Genehmigungsprozesse, Vier-Augen-Prinzipien oder automatisierte Prüfungen müssen Fehlhandlungen oder Manipulationen verhindern.
- **Begrenzung von Freitextfeldern:** Das Risiko von Freitextfeldern ist, dass dort unkontrolliert vertrauliche oder personenbezogene Daten eingetragen werden können. Es

müssen klare Vorgaben geschaffen werden, welche Inhalte erlaubt sind und wie solche Felder überwacht werden.

- **Protokollierung und Nachvollziehbarkeit:** Anwendungen müssen relevante Aktionen und Transaktionen so aufzeichnen, dass sie nachvollziehbar sind. Dabei müssen die Nichtabstreitbarkeit, die Integrität und der Datenschutz beachtet werden.
- **Schnittstellen zu Sicherheitsmaßnahmen:** Anwendungen müssen in bestehende Sicherheitsmechanismen wie Protokollierung, Monitoring oder Systeme zur Erkennung von Datenverlusten (DLP) integriert werden.
- **Fehlermanagement:** Fehlermeldungen sind so zu gestalten, dass sie keine sensiblen Informationen über das System preisgeben, die Angreifer ausnutzen könnten. Gleichzeitig müssen die Benutzer klare und nachvollziehbare Informationen zur Fehlerbehebung erhalten.

Bevor eine Anwendung freigegeben wird, ist es entscheidend, alle Sicherheitsvorgaben, die vorher festgelegt wurden, zu überprüfen und sicherzustellen, dass sie wirksam umgesetzt wurden. Die Prüfungen sollten regelmäßig wiederholt und nachvollziehbar dokumentiert werden. Das gilt auch, wenn Änderungen an der Anwendung vorgenommen werden oder wenn sie erweitert wird.

Weitere Informationen zur Anwendungssicherheit finden Sie in der mehrteiligen ISO/IEC 27034.

7.5.27 NA A.8.27 – Sichere Systemarchitektur und Entwicklungsgrundsätze

> Grundsätze für die Entwicklung sicherer Systeme müssen festgelegt, dokumentiert, aufrechterhalten und bei allen Aktivitäten der Informationssystementwicklung angewendet werden.

Das Ziel dieser Maßnahme ist es, eine Systemarchitektur zu definieren, in der Informationssicherheit von Beginn an integriert ist und klare Entwicklungsgrundsätze vorhanden sind.

Das Konzept *Security by Design* bildet die Grundlage. Es ist wichtig, dass Sicherheitsanforderungen schon in der Konzeptionsphase eines Systems definiert werden und in die Architektur einfließen. Dabei werden Geschäftsanforderungen, Daten, Anwendungen und die Technologie berücksichtigt.

Ein wesentlicher Punkt dieser Maßnahme ist es, Komponenten und Verantwortlichkeiten zu entflechten. Sicherheitskritische Funktionen – wie Authentifizierung, Kryptografie oder Zugriffskontrolle – sollten von anderen Systemteilen getrennt und gut geschützt werden. Um Fehlbedienungen und Missbrauch zu vermeiden, ist es ratsam, auch Verwaltungs- und Benutzerfunktionen zu trennen.

Zu den bewährten Prinzipien gehören die folgenden Grundsätze:

- **das Prinzip der minimalen Rechte (Least Privilege):** Jede Komponente und jeder Benutzer erhält nur die Berechtigungen, die zur Aufgabenerfüllung notwendig sind.
- **das Prinzip der Trennung von Aufgaben und Funktionen (Separation of Duties):** Verantwortlichkeiten werden so aufgeteilt, dass keine Einzelperson kritische Aktionen allein durchführen kann.
- **das Prinzip der Verteidigung in der Tiefe (Defense in Depth):** Mehrere Sicherheitskontrollen wirken auf unterschiedlichen Ebenen zusammen, um bei einem Ausfall eines Mechanismus andere Schutzmaßnahmen wirksam bleiben zu lassen.
- **das Prinzip der Fehlertoleranz (Fail Secure):** Systeme sollen auch bei Fehlfunktionen, Ausfällen oder Angriffen einen sicheren Zustand beibehalten.

Hinweis

Die ISO 27002 listet noch weitere Grundsätze auf. Es lohnt sich, diese ebenfalls zu berücksichtigen.

Darüber hinaus ist es wichtig, relevante Standards, Frameworks und Best Practices zu berücksichtigen, die für den spezifischen Entwicklungs- oder Technologiebereich gelten. Dies umfasst beispielsweise OWASP (*Open Web Application Security Project*) für Webanwendungen, NIST für das Systemdesign oder branchenspezifische Sicherheitsleitlinien. Die Orientierung an bewährten Modellen gewährleistet, dass das Sicherheitsniveau messbar und nachvollziehbar ist.

Systeme müssen so konfiguriert werden, dass sie wartbar und nachvollziehbar sind. Zudem sind Architektur-Reviews und regelmäßige Überprüfungen erforderlich, um sicherzustellen, dass die Systeme mit den Sicherheitszielen und dem aktuellen Stand der Technik übereinstimmen.

7.5.28 NA A.8.28 – Sichere Codierung

> Bei der Softwareentwicklung müssen die Grundsätze der sicheren Codierung angewandt werden.

Das Ziel dieser Maßnahme ist es, sicherzustellen, dass Anwendungen von Beginn an widerstandsfähig gegenüber Angriffen, Fehlverhalten und unbeabsichtigten Datenlecks sind.

Im ersten Schritt werden verbindliche Richtlinien für das sichere Programmieren erstellt. Sie legen fest, wie sicherheitskritische Elemente wie Eingabevalidierung, Sitzungsmanagement, Fehlerbehandlung, Speicherverwaltung und Zugriffskontrolle technisch umgesetzt werden sollen. Ebenso gehören das Überwachen von Bedrohungen sowie aktuellen Ratschlägen und Informationen über Softwareschwachstellen dazu, um die Grundsätze fortlaufend zu verbessern und zu steuern.

Außerdem müssen Entwicklerinnen und Entwickler in sicheren Entwicklungspraktiken geschult sein. Das gezielte Vermeiden von Sicherheitslücken erfordert unbedingt, dass typischen Ursachen dafür bekannt sind. Regelmäßige Schulungen und Code-Reviews sind empfehlenswert, um das Sicherheitsbewusstsein der Entwicklungsteams zu stärken und ein einheitliches Sicherheitsniveau in allen Projekten zu gewährleisten.

Ein weiterer Fokus liegt auf der Vermeidung typischer Schwachstellen, die in Anwendungen auftreten können. Zu diesen zählen unter anderem unkontrollierte Eingaben (*Injection*), *Cross-Site-Scripting* (XSS), fehlerhafte Authentifizierung oder unzureichender Schutz sensibler Daten. Das Risiko, dass solche Fehler auftreten, wird erheblich gesenkt, wenn Frameworks, Bibliotheken und Programmierrichtlinien eingesetzt werden, die Sicherheitsmechanismen standardisiert umsetzen. Sehr wichtig dabei ist, dass diese Frameworks und Bibliotheken immer auf dem aktuellen Stand sind.

Regelmäßige Code-Analysen und Sicherheitsüberprüfungen sind ebenfalls einzuplanen. Automatisierte Tools zur *statischen und dynamischen Codeanalyse* (SAST) sind hilfreich, um Schwachstellen frühzeitig zu erkennen, noch bevor sie in die Produktivsysteme gelangen. Als ergänzendes Werkzeug zur Auffindung von sicherheitsrelevanten Logikfehlern, die automatisierte Analysen nicht erfassen, dienen Peer-Reviews oder manuelle Prüfungen.

Ein weiterer Punkt, der in dieser Maßnahme berücksichtigt wird, ist die Verwaltung externer Komponenten und Bibliotheken. Wie bereits erwähnt wurde, müssen Abhängigkeiten von Drittanbietern, Open-Source-Modulen oder externen Softwarepaketen auf Sicherheitslücken überprüft und stets aktuell gehalten werden. Veraltete oder unsichere Komponenten dürfen nicht in produktiven Anwendungen eingesetzt werden.

Aspekte der Sicherheit sind so zu dokumentieren, dass die Angaben überprüft werden können. Um die Nachvollziehbarkeit zu sichern, sind alle Designentscheidungen mit sicherheitsrelevantem Einfluss, Codeänderungen sowie identifizierte Risiken festzuhalten.

Im Anhang A.9, »Entwicklungssicherheitsrichtlinie« sind mögliche Inhalte einer Entwicklungssicherheitsrichtlinie zu finden.

7.5.29 NA A.8.29 – Sicherheitsprüfung bei Entwicklung und Abnahme

> Sicherheitsprüfverfahren müssen definiert und in den Entwicklungslebenszyklus integriert werden.

Das Ziel dieser Maßnahme ist es, die Qualität der Sicherheitsmaßnahmen nachweislich zu überprüfen, bevor Systeme in produktive Umgebungen überführt werden.

Wie ich bereits erwähnt habe, sind Sicherheitsprüfungen während des gesamten Entwicklungsprozesses vorzusehen. Diese sollten in allen relevanten Phasen eines Projekts – von der Architektur über den Code bis zur Systemintegration – begleitend und nicht erst am Ende durchgeführt werden. So ist es möglich, Schwachstellen frühzeitig zu erkennen und zu beheben. Je später Schwachstellen erkannt werden, desto mehr Aufwand erfordert es, sie zu beheben.

Je nach Projektumfang und Risiko können unterschiedliche Prüfmethoden eingesetzt werden. Dies umfasst unter anderem folgende Punkte:

- **Code-Analysen** umfassen automatisierte sowie manuelle Überprüfungen des Quellcodes auf sicherheitsrelevante Fehler, Logikfehler oder Verstöße gegen interne Richtlinien.
- **Sicherheits- und Penetrationstests** sind eine Methode, um die Robustheit von Anwendungen und Systemen unter realistischen Bedingungen zu überprüfen. Bei diesen Tests werden gezielte Angriffe auf die Systeme simuliert, um Schwachstellen zu identifizieren.
- **Schwachstellenscans** sind regelmäßige (oft auch automatisierte) Prüfungen auf bekannte Sicherheitslücken in Bibliotheken, Frameworks oder Systemkomponenten.
- Im Rahmen der **Abnahmetests** (*Security Acceptance Tests*) erfolgt vor der Inbetriebnahme eine formale Prüfung, um sicherzustellen, dass alle Sicherheitsanforderungen vollständig und nachweisbar erfüllt sind.

Ergebnisse von Sicherheitsprüfungen müssen protokolliert, bewertet und genehmigt werden. Bevor die betroffene Komponente in Betrieb genommen wird, sind die erkannten Schwachstellen zu priorisieren, zu beheben und erneut zu testen.

Zudem ist es wichtig, dass die Verantwortlichkeiten klar festgelegt sind. Entwicklungsteams dürfen Sicherheitsprüfungen nicht allein durchführen, bewerten und genehmigen. Es ist ratsam, unabhängige Fachleute oder externe Prüfstellen hinzunehmen, um eine objektive Bewertung sicherzustellen.

Die Maßnahme gilt auch, wenn an bestehenden Systemen Anpassungen vorgenommen werden. Alles, was am Code, an der Architektur oder an Schnittstellen geändert wird, kann neue Risiken mit sich bringen. Aus diesem Grund sind wiederkehrende Sicherheitsprüfungen ein wichtiger Bestandteil des Änderungsmanagements und nicht nur der Erstentwicklung.

7.5.30 NA A.8.30 – Ausgegliederte Entwicklung

> Die Organisation muss die Aktivitäten im Zusammenhang mit der ausgegliederten Systementwicklung leiten, überwachen und überprüfen.

Das Ziel dieser Maßnahme ist es, sicherzustellen, dass externe Dienstleister, Partnerunternehmen oder Lieferanten dieselben Sicherheitsstandards einhalten wie die eigene Organisation.

Das Augenmerk liegt auf der vertraglichen und organisatorischen Steuerung der Sicherheit in ausgelagerten Entwicklungsprozessen. Es ist entscheidend, dass die Sicherheitsanforderungen noch vor Beginn des Projekts klar definiert und vertraglich festgehalten werden. Vereinbarungen dieser Art sollten vor allem Anforderungen an die Zugriffskontrolle, an die Vertraulichkeit, an den Schutz des Quellcodes, an den Umgang mit Entwicklungsumgebungen und an die Nachvollziehbarkeit von Änderungen beinhalten.

Ein entscheidender Punkt ist die Auswahl und Bewertung geeigneter Dienstleister. Dazu gehört, die technischen, personellen und organisatorischen Fähigkeiten externer Entwicklungspartner zu überprüfen, um sicherzustellen, dass sie sicherheitskonform arbeiten. Bevor ein Auftrag erteilt wird, sind Prüfungen oder Lieferanten-Audits durchzuführen, um die Einhaltung der Sicherheitsstandards zu gewährleisten.

Es ist wichtig, dass während der Projektumsetzung Kontrollen und Überwachungsmaßnahmen durchgeführt werden. Das beinhaltet regelmäßige Statusupdates, Einsicht in Test- und Prüfergebnisse sowie Audits, sei es vor Ort oder remote. Selbst wenn die Entwicklung extern erfolgt, ist es die Aufgabe der Organisation, sicherzustellen, dass die Sicherheitsvorgaben eingehalten werden. Diese Verantwortung kann nicht vollständig abgegeben werden.

Der Schutz des Quellcodes und der Entwicklungsumgebung verdient besondere Aufmerksamkeit. Externe Partner müssen sicherstellen, dass der Zugriff auf Code, Testdaten und Entwicklungswerkzeuge kontrolliert wird. Die Systeme der externen Entwickler müssen die gleichen Sicherheitsanforderungen erfüllen wie die internen.

Sicherheitsprüfungen sind auch bei der Übergabe und der Integration von entwickelten Komponenten erforderlich. Es muss sichergestellt und dokumentiert werden, dass alle Sicherheitsanforderungen erfüllt sind, bevor eine ausgelagerte Entwicklung in interne Systeme übernommen wird. Dazu gehören Codeanalysen, Schwachstellentests und Überprüfungen auf unerwünschte Funktionen oder Hintertüren.

Zum Abschluss des Prozesses ist es wichtig, dass alles klar, transparent und nachvollziehbar dokumentiert wird. Die Einhaltung und Überwachung der Sicherheitsanforderungen erfolgt durch entsprechende Verträge, Sicherheitsfreigaben, Prüfberichte und Kommunikationsprotokolle.

Bei kritischen Entwicklungen sollten zudem Treuhandvereinbarungen für den Software-Quellcode in Betracht gezogen werden. Bei solchen *Escrow-Verträgen* wird die externe Partei verpflichtet, den Source-Code bei einem Notar zu hinterlegen. Sollte die Firma in die Insolvenz geraten, kann die Organisation doch noch auf den Source-Code zugreifen.

7.5.31 NA A.8.31 – Trennung von Entwicklungs-, Test- und Produktionsumgebungen

> Entwicklungs-, Test- und Produktionsumgebungen müssen getrennt und gesichert werden.

Das Ziel dieser Maßnahme ist es, sicherzustellen, dass die Integrität und Stabilität produktiver Systeme gewahrt bleibt, während Entwicklung und Tests unter kontrollierten Bedingungen stattfinden.

Die funktionale und technische Trennung der Umgebungen steht im Mittelpunkt. In Entwicklungsumgebungen wird Code erstellt und angepasst, während Testumgebungen dazu genutzt werden, Funktionen und Sicherheit zu prüfen.

Ein wesentlicher Aspekt ist in diesem Zusammenhang die Zugriffskontrolle. Zugriff auf die jeweiligen Umgebungen haben nur berechtigte Personen. Entwickler haben normalerweise keinen direkten Zugriff auf produktive Systeme oder Daten. Änderungen in der produktiven Umgebung sind nur erlaubt, wenn sie einen formellen Freigabeprozess durchlaufen haben.

Es ist auch notwendig, den sicheren Umgang mit Daten in Testumgebungen zu regeln. Produktionsdaten dürfen für Testzwecke nur dann verwendet werden, wenn sie vorher ausreichend anonymisiert oder maskiert worden sind. So wird verhindert, dass vertrauliche oder personenbezogene Informationen versehentlich offengelegt oder missbraucht werden (siehe dazu auch Buchabschnitt 7.5.33, »NA A.8.33 – Testdaten«).

Ein weiterer Punkt betrifft die Verwaltung von Konfigurationen und Anpassungen. Um Code, Versionen und Deployments in jeder Umgebung zu verwalten, sind spezifische Prozesse und Tools notwendig. Entwicklungs- oder Teständerungen dürfen keinen Einfluss auf produktive Systeme haben. Deployment-Mechanismen sind eine gute Möglichkeit, um unbefugte oder fehlerhafte Übertragungen zu verhindern.

In allen Umgebungen müssen die Aktivitäten überwacht werden und nachvollziehbar sein. Änderungen am Code, an der Systemkonfiguration oder an den Daten sind festzuhalten. Damit können Ursachen von Problemen oder Vorfällen schnell erkannt und die Auswirkungen eingegrenzt werden.

7.5.32 NA A.8.32 – Änderungssteuerung

> Änderungen an Informationsverarbeitungseinrichtungen und Informationssysteme müssen Gegenstand von Änderungsmanagementverfahren sein.

Das Ziel dieser Maßnahme ist es, sicherzustellen, dass jede Änderung geplant, genehmigt, getestet und nachvollziehbar umgesetzt wird.

Der Fokus liegt auf einem formalisierten Change-Management, das alle Arten von Änderungen umfasst, seien es Software-Updates, Anpassungen der Konfiguration, Systemerweiterungen oder Änderungen von Prozessen. Jede Änderung erfordert eine sorgfältige Bewertung, vor allem in Bezug auf mögliche Auswirkungen auf die Informationssicherheit, die Geschäftsprozesse und die Compliance.

Änderungen sind nur erlaubt, wenn das Risiko bewertet und von autorisierten Personen genehmigt wurde. Es ist entscheidend, sowohl sicherheitsrelevante als auch betriebliche Aspekte zu betrachten.

Es muss möglich sein, den gesamten Verlauf der Änderungen nachzuvollziehen. Alle Schritte, von der Anforderung über die Prüfung bis zur Umsetzung und Nachkontrolle, sollten sorgfältig dokumentiert werden. Idealerweise werden dazu Ticketing-Systeme genutzt.

Bevor Änderungen umgesetzt werden – vor allem solche, die die Sicherheit oder die Stabilität des Systems beeinflussen könnten –, sollten diese in einer Testumgebung gründlich geprüft werden. Mit diesen Prüfungen wird sichergestellt, dass Fehlkonfigurationen oder unbeabsichtigte Nebenwirkungen vermieden werden.

Ein weiterer Punkt betrifft die Abstimmung über Änderungen und die Kommunikation dazu. Stakeholder, zum Beispiel der IT-Betrieb, die Informationssicherheitsbeauftragten oder die Fachabteilungen, müssen über geplante Änderungen informiert werden, damit Auswirkungen auf andere Systeme oder Prozesse rechtzeitig erkannt und vermieden werden können.

Nach der Durchführung einer Änderung muss diese überwacht werden. Die Überprüfung stellt sicher, dass die Änderung wie geplant funktioniert und dass keine negativen Auswirkungen aufgetreten sind. Wenn Abweichungen auftreten, ist es notwendig, durch ein *Rollback* den vorherigen stabilen Zustand wiederherzustellen.

Praxistipp

ITIL unterteilt Changes in drei Kategorien: Normal-, Standard- und Emergency-Change. In Abschnitt A.8, »Change-Management«, werden diese drei Change-Arten beschrieben.

7.5.33 NA A.8.33 – Testdaten

> Die Testdaten müssen in geeigneter Weise ausgewählt, geschützt und verwaltet werden.

Das Ziel dieser Maßnahme ist es, die Vertraulichkeit sensibler Daten zu schützen, die möglicherweise zu Testzwecken genutzt werden.

Testdaten sollten niemals ohne Kontrolle aus produktiven Systemen übernommen werden. Produktionsdaten enthalten häufig personenbezogene, vertrauliche oder geschäftskritische Informationen. Bevor solche Daten zu Testzwecken verwendet werden, müssen sie vollständig anonymisiert oder pseudonymisiert sein, um sicherzustellen, dass kein Rückschluss auf reale Personen oder Geschäftsvorgänge möglich ist.

Es ist vorteilhaft, synthetische Testdaten zu verwenden. Um Tests durchzuführen, ist es möglich, Daten zu generieren, die Struktur und Umfang von Produktionsdaten nachahmen, jedoch ohne deren tatsächliche Inhalte. Auf diese Weise können funktionale Tests durchgeführt werden, ohne dass Datenschutzverletzungen auftreten.

Ein weiterer Punkt sind Schutzmaßnahmen für Testumgebungen. Auch wenn sie nicht im produktiven Einsatz sind, sollten Testsysteme nach den gleichen Sicherheitsstandards betrieben werden wie produktive Systeme.

Nach Beendigung der Tests sind die Testdaten zu überprüfen und danach sicher zu löschen. Testdaten, die veraltet sind oder nicht mehr gebraucht werden, sollten nicht ungesichert in Testsystemen bleiben, da sie ein potenzielles Sicherheitsrisiko darstellen.

Ein weiterer Punkt ist die Vertraulichkeit der Personen, die Testdaten einsehen dürfen. Testdaten dürfen nur von autorisierten Mitarbeitenden verwendet werden, die eine Einweisung in die Sicherheits- und Datenschutzanforderungen erhalten haben. Fehlverhalten oder unbeabsichtigte Datenlecks können durch Schulungen und klare Verantwortlichkeiten vermieden werden.

Auch die Qualität der Testdaten ist wichtig, wenn es um die Validierung von Sicherheitskontrollen geht. Wenn die Testdaten unzureichend oder nicht geeignet sind, können Schwachstellen übersehen werden. Damit Testdaten realistische Szenarien darstellen, ist es wichtig, dass sie das Verhalten der Systeme im Einsatz genau abbilden.

7.5.34 NA A.8.34 – Schutz der Informationssysteme während Tests im Rahmen von Audits

> Tests im Rahmen von Audits und andere Sicherheitstätigkeiten, die eine Beurteilung der in Betrieb befindlichen Systeme beinhalten, müssen zwischen dem Prüfer und dem zuständigen Management geplant und vereinbart werden.

Das Ziel dieser Maßnahme ist es, sicherzustellen, dass Sicherheits- oder Funktionsprüfungen keine unbeabsichtigten Auswirkungen auf den laufenden Betrieb oder auf gespeicherte Informationen haben.

Es ist entscheidend, dass Audits, Compliance-Prüfungen oder Sicherheitsbewertungen systematisch geplant und durchgeführt werden. Schwachstellenanalysen, Penetrationstests oder technische Überprüfungen, können produktive Systeme erheblich belasten oder beeinflussen. Deshalb ist es wichtig, dass sie sorgfältig vorbereitet, durch eine unabhängige Instanz genehmigt und während ihrer Durchführung überwacht werden.

Bevor ein Test durchgeführt wird, sollte das Risiko bewertet werden. Dazu werden die betroffenen Systeme bestimmt, die möglichen Auswirkungen der Tests auf den Betrieb untersucht und die notwendigen Schutzmaßnahmen festgelegt, um die Risiken zu minimieren. Vor allem in produktiven Systemen ist es entscheidend, dass durch Tests keine Unterbrechungen, Datenverluste oder unbeabsichtigte Änderungen entstehen.

Nur Personen mit entsprechender Autorisierung dürfen Tests initiieren oder durchführen. Sie müssen die erforderliche Qualifikation besitzen. Zur Planung gehört, dass mit den Systemverantwortlichen, den Sicherheitsbeauftragten und eventuell externen Prüfern der Umfang von Tests spezifiziert wird.

Ein weiterer entscheidender Punkt ist die Eingrenzung der Testumgebung und der Testmittel. Werkzeuge und Testdaten sollten kontrolliert eingesetzt werden, um unbeabsichtigte Manipulationen zu vermeiden. Idealerweise werden Audits und Tests in Testumgebungen durchgeführt, die zwar dieselbe Konfiguration haben, aber von den produktiven Systemen getrennt sind und isoliert arbeiten. Falls dies nicht möglich ist, sollten zusätzliche Schutzmaßnahmen wie Backups, Monitoring und Notfallpläne vorbereitet werden.

Alle Prüfungen sind zu dokumentieren, einschließlich des Zeitpunkts, des Umfangs, der beteiligten Personen, der eingesetzten Werkzeuge und der Ergebnisse. Diese Dokumentation ermöglicht es, Störungen oder Auffälligkeiten zu erkennen und gegebenenfalls Korrekturmaßnahmen einzuleiten.

Nach den Tests ist es wichtig, die Systeme in ihren Ursprungszustand zurückzuversetzen und alle temporären Anpassungen rückgängig zu machen. Um neue Angriffsflächen zu vermeiden, sollten alle Testdaten, Konfigurationen und Benutzerkonten entfernt werden, die speziell für den Test erstellt wurden.

Kapitel 8
Wie wird ein ISMS umgesetzt?

In diesem Kapitel finden Sie einen Leitfaden zur praktischen Umsetzung eines ISMS. Danach betrachten wir typische Stolpersteine, die während der Einführung eines ISMS auftreten können. Außerdem werden die Dokumente beschrieben, die mindestens für ein funktionsfähiges System notwendig sind. Das Kapitel endet mit einer Liste nützlicher Tools und Ressourcen, die Ihnen den Aufbau Ihres ISMS erleichtern.

Nachdem die Normanforderungen bekannt sind, geht es nun um die Umsetzung. Die Schritte im folgenden Abschnitt zeigen, wie ein ISMS optimal aufgebaut werden kann.

8.1 Leitfaden für KMUs: Best Practices für die Umsetzung

Für viele kleine und mittlere Unternehmen erscheint die Einführung eines ISMS zunächst wie ein großer Schritt. Nun müssen Strukturen für das aufgebaut werden, was oft bislang nur informell existierte. Außerdem muss die Verantwortung für Informationssicherheit bewusst in die Organisation integriert werden. Dabei ist aber entscheidend, dass der Aufbau pragmatisch, angepasst an die Größe, Kultur und Ressourcen der Organisation erfolgt. Dabei sollte sich die Organisation auch darüber im Klaren sein, warum überhaupt eine Zertifizierung in Betracht gezogen wird.

Nutzen Sie die folgenden acht Schritte, um Ihr ISMS einzurichten:

1. Schritt: Kontext und Anwendungsbereich

Zuerst muss der Kontext ermittelt werden, also die Rahmenbedingungen. Das bedeutet, die eigenen Geschäftsprozesse, Informationswerte und Abhängigkeiten gründlich zu analysieren. Welche Informationen sind entscheidend für den Erfolg der Organisation? Welche Partner oder Systeme sind unerlässlich? Und welche Gefahren könnten den Betrieb ernsthaft gefährden?

Diese Informationen sind wichtig, um den Anwendungsbereich zu definieren. Er bestimmt, welche Unternehmensbereiche und Systeme in das ISMS aufgenommen werden. Das kann ein einzelner Geschäftsbereich oder das gesamte Unternehmen sein. Je größer ein Unternehmen ist, umso wahrscheinlicher ist es, nur Teilbereiche in den Anwendungsbereich aufzunehmen. Bei kleineren Unternehmen macht dies eher weniger Sinn, da die Schnittstellen aufwendiger zu beschreiben sind. Nicht unterschätzt werden darf, dass der

Audit-Aufwand und damit die Kosten bei einem größeren Anwendungsbereich ebenfalls steigen.

In dieser Phase passieren viele Fehler, weil der Anwendungsbereich zu weit oder zu ungenau definiert ist. Ein zu großer Umfang kann den Aufwand unüberschaubar machen, während ein zu kleiner Umfang Lücken schafft, die während des Audits auffallen. Ein guter Anwendungsbereich definiert präzise, welche Elemente vom System abgedeckt werden und welche nicht.

2. Schritt: Gap-Analyse

Der zweite Schritt umfasst eine Gap-Analyse. Dabei werden die Anforderungen der Norm mit den bestehenden Prozessen und Dokumentationen verglichen. Das Ergebnis ist eine Übersicht über die Schwachstellen und die Elemente, die umgesetzt werden müssen.

3. Schritt: Führung und Verantwortung

Ohne die aktive Unterstützung und eine klare Positionierung der Unternehmensleitung kann kein ISMS nachhaltig funktionieren. Die oberste Leitung muss die Verantwortung übernehmen. In der Praxis heißt das, dass die Geschäftsführung die Sicherheitsrichtlinie genehmigt, Ressourcen bereitstellt und jemanden benennt, der das ISMS operativ verantwortet – normalerweise einen *Chief Information Security Officer* (CISO) oder einen *Informationssicherheitsbeauftragten* (ISB). Die Einstellung des Managements zur Informationssicherheit ist entscheidend: Wenn es die Informationssicherheit ernst nimmt, Richtlinien selbst befolgt und Entscheidungen danach ausrichtet, wird sich diese Einstellung durch die gesamte Organisation verbreiten.

4. Schritt: Risiken verstehen und steuern

Das Risikomanagement bildet das Herzstück eines jeden ISMS. Die Sicherheit von Informationen ist immer mit Unsicherheit verbunden – es geht um die Überlegung, was geschehen könnte, wenn etwas schiefgeht.

Als Erstes werden die Informationswerte bestimmt: Prozesse, verarbeitete Informationen, Anwendungen, Systeme, Kommunikationsverbindungen, aber auch Personen und Infrastruktur, deren Verlust oder Ausfall das Unternehmen beeinträchtigen kann. Anschließend erfolgt die Bewertung von Bedrohungen und Schwachstellen. Dabei reicht eine einfache Risikomatrix aus. Die Nachvollziehbarkeit ist entscheidend, nicht ein mathematisch berechnetes Resultat.

Der Risikobehandlungsplan, der aus dieser Analyse resultiert, legt fest, welche Risiken akzeptiert oder durch Maßnahmen behandelt werden. Gleichzeitig wird die Erklärung zur Anwendbarkeit (SoA, *Statement of Applicability*) erstellt – das wichtigste Dokument, das festhält, welche der 93 Kontrollen aus Anhang A der ISO 27001 angewendet werden und aus welchem Grund.

5. Schritt: Maßnahmen umsetzen

Die relevanten Schritte in den ISMS-Prozessen müssen dokumentiert werden. Dabei lohnt es sich, auf bestehende Prozesse zurückzugreifen, anstatt neue zu entwickeln. Außerdem gehören die Verantwortlichkeiten dazu. Alle Aktivitäten müssen nachvollziehbar sein. Ebenso gehören Kontrollen dazu. Diese sollten für die eigene Situation relevant sein.

Wichtig ist, dass jede Maßnahme auch wirklich umgesetzt wird. Eine Zutrittsregel funktioniert nur, wenn die Türen abgeschlossen sind. Eine Passwort-Policy ist nutzlos, wenn sie für die Mitarbeitenden unverständlich ist.

6. Schritt: Internes Audit und Management-Review

Bevor das externe Audit erfolgen kann, muss ein internes Audit durchgeführt werden. Dabei wird überprüft, ob alle Pflichtdokumente vorhanden sind und die definierten Prozesse auch funktionieren oder ob noch Schwachstellen vorhanden sind. Dabei kann das interne Audit auch durch eine spezialisierte Firma durchgeführt werden. So ist die von der Norm geforderte Unabhängigkeit sichergestellt und die eigene Organisation kann vom Fachwissen der externen Spezialisten profitieren.

Anschließend folgt das Management-Review. Die Unternehmensführung prüft die Veränderungen bei internen und externen Themen, die Resultate der Risikobewertung inklusive der getroffenen Maßnahmen sowie die Ergebnisse von Audits. Das Review dient dabei als Kontrolle der definierten Ziele.

7. Schritt: Zertifizierungsaudit

Nachdem die Effektivität des ISMS bewiesen ist, gilt es, eine Zertifizierungsstelle auszuwählen (für Details siehe Kapitel 10, »Audits«). Dieser Schritt sollte circa ein halbes Jahr vor dem gewünschten Zertifizierungszeitpunkt erfolgen.

In zwei Schritten, dem Stage-1- und dem Stage-2-Audit, prüft die externe Stelle Ihr ISMS auf Herz und Nieren. Nach erfolgreichem Abschluss stellt die Zertifizierungsstelle ein Zertifikat aus, das drei Jahre gültig ist.

8. Schritt: ISMS leben

Doch mit der Zertifizierung ist es nicht getan. Das ISMS muss aktiv unterhalten und verbessert werden. Jährlich müssen die Risikobewertung, das interne Audit und das Management-Review abgehalten werden. Die definierten Maßnahmen sind umzusetzen, Kontrollen sind durchzuführen, um so das ISMS im Plan–Do–Check–Act-Rhythmus zu verbessern.

Weitere Punkte finden Sie in Abschnitt 12.1, »ISO 27003 – Umsetzung eines ISMS«.

8.2 Stolpersteine

Auf dem Weg zu einer erfolgreichen Zertifizierung können einige Stolpersteine lauern. Nachfolgend sind einige davon aufgeführt.

Informationssicherheit wird als IT-Thema verstanden

Einer der größten Stolpersteine ist, dass die Informationssicherheit am falschen Ort aufgehängt wird. Viele Firmen übergeben das ISMS an die IT-Abteilung in der Annahme, es sei ein technisches Projekt. Aber Informationssicherheit umfasst weit mehr als nur Firewalls und Passwörter. Sie umfasst Führung, Organisation, Personal, Lieferanten und Abläufe. Wenn das ISMS in der Technik »stecken bleibt«, kann es seine Steuerungsfunktion nicht vollständig erfüllen.

Der Anwendungsbereich ist zu groß oder zu unklar

In der Anfangsphase wird häufig versucht, das gesamte Unternehmen auf einmal abzubilden. Der Anwendungsbereich sollte so gewählt werden, dass er überschaubar ist, aber dennoch die wichtigsten Geschäftsprozesse umfasst. Ein Anwendungsbereich, der zu weit gefasst ist, verbraucht Ressourcen, während bei einem zu eng gefassten Bereich Risiken außer Acht gelassen werden könnten.

Überdokumentation und Formalismus

Viele Firmen sind der Meinung, dass ein ISMS viele Dokumente benötigt. Es werden Richtlinien, Formulare und Verfahren erstellt, obwohl niemand sie nutzt. Es ist wichtig, Dokumentation zu erstellen, aber sie sollte niemals das Ziel an sich sein. Die Norm verlangt Nachvollziehbarkeit, nicht einen Berg von Papier. Ein effektives ISMS erkennen Sie daran, dass es im Alltag funktioniert, und nicht daran, wie viele Vorlagen es gibt.

Fehlende Priorisierung und Ressourcenplanung

Es ist nicht möglich, Informationssicherheit »nebenbei« zu betreiben. In vielen kleinen und mittleren Unternehmen (KMUs) wird der Aufbau eines ISMS oft zusätzlich zu den bestehenden Aufgaben delegiert, und das ohne Zeit, Budget oder jegliche Unterstützung zur Verfügung zu stellen. Ein ISMS benötigt keine Vollzeitstelle, aber es braucht definierte Verantwortlichkeiten, messbare Ziele und ein realistisches Zeitfenster.

Fehlende gelebte Managementverantwortung

In vielen Firmen unterschreibt die Geschäftsleitung zwar die Sicherheitsrichtlinie, beteiligt sich aber danach nicht an der Umsetzung. Dadurch verliert das ISMS seine Unterstützung. Die Sicherheit von Informationen kann nur gewährleistet werden, wenn die Führungsebene sichtbar dahintersteht – sei es durch Entscheidungen, durch das Bereitstellen von Ressourcen oder durch ihr eigenes Verhalten.

Fehlende Integration in bestehende Prozesse

Häufig wird ein ISMS als eigenständiges System in die Organisation integriert. Das führt zwangsläufig zu Doppelarbeit und Widerständen. Das Unternehmen sollte Informationssicherheit in seine bestehenden Strukturen integrieren, etwa ins Qualitätsmanagement, in HR-Prozesse und ins Risikomanagement.

Fokus auf Technik statt auf Risiken

Viele Verantwortliche greifen auf technische Lösungen zurück, ohne vorher zu wissen, welches Problem sie überhaupt damit lösen wollen. Sie lassen neue Firewalls, Verschlüsselungslösungen oder Überwachungssysteme implementieren, vergessen aber ungeschulte Mitarbeitende, fehlende Prozesse oder unklare Verantwortlichkeiten. Technik ist wichtig, darf aber nicht die einzige Maßnahme sein.

Fehlende Kommunikation und fehlendes Bewusstsein

Ein ISMS kann nur funktionieren, wenn alle Mitarbeitenden wissen, warum es existiert und welchen Beitrag sie leisten. Es braucht mehr als nur Schulungen. Notwendig sind Offenheit, eine klare Sprache und konkrete Beispiele.

Projektdenken statt kontinuierlicher Prozess

Die meisten Unternehmen betrachten die Einführung des ISMS als ein Projekt mit klaren Start- und Enddaten. Nach dem Erreichen des Zertifikats kehrt wieder der Alltag ein. Ein ISMS ist jedoch nicht statisch, sondern ein fortlaufender Prozess. Stetige Veränderungen und Anpassungen gehören zu einem erfolgreichen ISMS.

Fehlende Balance zwischen Aufwand und Ertrag

Der letzte Stolperstein ist vielleicht der subtilste von allen: der Drang, es perfekt machen zu wollen. Manche Organisationen investieren unverhältnismäßig viel Zeit in Details, anstatt pragmatisch zu handeln. Wieder andere tun zu wenig und gefährden so die Glaubwürdigkeit des Systems. Es braucht die richtige Balance: Die Wirksamkeit der Informationssicherheit ist wichtig, aber sie muss auch wirtschaftlich tragbar sein. Das ISMS muss dem Risiko und der Größe des Unternehmens entsprechen.

8.3 Mindestens notwendige Dokumente

An verschiedenen Stellen der Norm werden Sie Folgendes lesen: »Die Organisation muss dokumentierte Information aufbewahren.« In diesen Fällen muss ein entsprechender schriftlicher Nachweis vorhanden sein. Während es in Kapitel 4 bis Kapitel 10 der Norm klar ersichtlich ist, was vorhanden sein muss, ist es in den Anhängen, also den 93 Maßnahmen, nicht immer klar, was als Dokument existieren muss.

Im Internet gibt es viele Quellen, wo Sie fertige Dokumente kaufen können. Damit soll die Zertifizierung einfach möglich sein. Allerdings geht es, wie bereits erwähnt, ja nicht um die Dokumente, sondern um ein gelebtes ISMS. Diese Dokumente können zwar beim Start nützlich sein, erfordern aber auch viel Zeit, um sie an die eigene Organisation anzupassen.

Die nachfolgende Liste zeigt, welche Dokumente im Minimum vorhanden sein sollten.

Kapitel 4 bis Kapitel 10

- Anwendungsbereich (4.3)
- Politik (5.2)
- Prozess zur Risikoeinschätzung (6.1)
- Prozess zur Risikobehandlung (6.1)
- Erklärung zur Anwendbarkeit (SoA) (6.1)
- Informationssicherheitsziele (6.2)
- Kompetenznachweise (7.2)
- Lenkung von Dokumenten (7.5)
- Betriebsdokumentation (8.1)
- Ergebnisse der Risikoeinschätzung (8.2)
- Ergebnisse der Risikobehandlung (8.2)
- Ergebnisse über Leistung und Wirksamkeit (9.1)
- Audit-Programm und Audit-Ergebnisse (9.2)
- Ergebnisse des Management Reviews (9.3)
- Nichtkonformitäten und Folgemaßnahmen (10.1)
- Verbesserungen (10.2)

Anhang A

Die folgende Liste ist eine Empfehlung. Nicht alles muss als eigenständiges Dokument verfügbar sein. Oft werden technische Elemente in einem IT-Konzept zusammengefasst. Die entsprechenden Dokumente helfen Ihnen, bei einem Audit auch einen Nachweis zu haben.

- RACI-Matrix (Rollen und Verantwortlichkeiten) (A.5.2)
- Kontaktliste zu Behörden und Interessensgruppen (A.5.5, A.5.6)
- Informationen über die Bedrohungslage (A.5.7)
- Vorgaben für das Projektmanagement, speziell Anforderungen an die Informationssicherheit (A.5.8)
- Werte-Inventar (A.5.9)
- Zulässiger Gebrauch (oft als IT-Weisung bezeichnet) (A.5.10, A.7.7)

- Klassifizierungskriterien inklusive Kennzeichnung (A.5.12, A.5.13)
- Vereinbarungen zur Informationsübertragung (A.5.14)
- Zugangssteuerungsrichtlinie (A.5.15–A.5.18, A.8.2, A.8.3, A.8.5)
- Sicherheitsrichtlinie für Lieferanten (A.5.19–A.5.22)
- Anforderungen zur Nutzung von Cloud-Diensten (A.5.23)
- Information-Security-Incident-Management (A.5.24–A.5.28)
- Business-Impact-Analyse, Business-Continuity-Plan (A.5.29 + A.5.30)
- Gesetz- und Vertragsliste (A.5.31)
- Ein- und Austrittsprozess (z. B. als Checkliste) (A.6.1, A.6.5, A.6.6)
- Vorlage Arbeitsvertrag (A.5.32, A.6.2)
- Schulungsplan und vor allem Teilnehmerliste (A.6.3)
- Maßregelungsprozess (A.6.4)
- Richtlinie zu Mobilgeräten und Telearbeit (A.6.7)
- Physische Sicherheit (z. B. Zonenkonzept, Verhalten) (A.7.1, A.7.2, A.7.3, A.7.4, A.7.5, A.7.11, A.7.12)
- Vorschriften für die Arbeit in Sicherheitsbereichen (A.7.6)
- Regeln für die Sicherheit von Geräten und Betriebsmitteln (A.7.8, A.7.9, A.7.13, A.8.1)
- Regeln für den Umgang mit Speichermedien (A.7.10)
- Regeln für die Entsorgung (A.7.14)
- Richtlinie für die sichere Entwicklung (A.8.4, A.8.25, A.8.27, A.8.28, A.8.29, A.8.31, A.8.33)
- Kapazitätsmanagement (A.8.6)
- Betriebsdokumente (IT-Dokumentation) (A.8.7, A.8.8, A.8.9, A.8.12, A.8.14, A.8.16, A.8.17, A.8.18, A.8.19, A.8.26)
- Backup-Richtlinie (A.8.13)
- Umgang und Auswertung von Log-Daten (A.8.15)
- Netzwerk-Sicherheit (A.8.20, A.8.21, A.8.22, A.8.23)
- Kryptografie-Richtlinien (A.8.24)
- Verträge und Kontrollen bei externer Entwicklung (A.8.30)
- Change-Management (A.8.32)

8.4 Tools und Ressourcen

Ein effektives ISMS basiert nicht nur auf dem Wissen um Normen und Richtlinien. Es benötigt aktuelle Informationen, praxistaugliche Werkzeuge und einen fortlaufenden Austausch mit Fachleuten, um sich weiterentwickeln zu können. Gerade weil Bedrohungen, Technologien und regulatorische Anforderungen sich ständig verändern, sind passende Tools und vertrauenswürdige Ressourcen wichtig, um auf einem aktuellen Stand zu bleiben.

Im Internet finden Sie eine Vielzahl von freien und kommerziellen Tools. An dieser Stelle verzichte ich darauf, diese aufzuführen, denn laufend kommen neue dazu und andere verschwinden wieder.

8.4.1 Blogs und Wikis

Für den laufenden ISMS-Betrieb empfiehlt es sich, eine kleine Auswahl verlässlicher Quellen zu abonnieren und diese regelmäßig zu prüfen. Nennenswert sind folgende Adressen:

- Das *ISMS-Ratgeber Wiki* bietet umfassende Informationen und Ressourcen für den Aufbau eines Informationssicherheitsmanagementsystems (ISMS):

  https://wiki.isms-ratgeber.info/
- Praxisnaher Blog des Autors rund um ISO 27001, ISMS-Umsetzung, Audits und typische Fragestellungen:

  https://27001.blog
- Diese Seite liefert Templates zum schnellen Start des eigenen ISMS:

  https://nathanpocock.github.io/I-ISMS/
- Der Implementierungsleitfaden der *ISACA* enthält praxisorientierte Empfehlungen und Hinweise für Organisationen, die entweder bereits ein ISMS betreiben oder ein solches aufbauen wollen:

  https://www.isaca.de/publikationen/publikationen/leitfaeden.html
- Schneller Überblick, Begriffe, Normenfamilie und Verweise:

  https://de.wikipedia.org/wiki/ISO/IEC_27001
- Open-Source-ISMS-Ansätze und Vorlagen:

  https://github.com/topics/iso27001
- Sehr gutes Glossar zu Sicherheitsbegriffen (international anerkannt):

  https://csrc.nist.gov/glossary
- Die Arbeitsgruppe *ISO/IEC JTC 1/SC 27* entwickelt Normen, technische Spezifikationen und Berichte, Verfahren und zugehörige Dokumente im Bereich Informationssicherheit, Cybersicherheit und Datenschutz:

  https://committee.iso.org/home/jtc1sc27
- Die *ENISA*, die Agentur der Europäischen Union für Cybersicherheit, wurde gegründet, um die EU-Mitgliedsstaaten und Institutionen bei der Bewältigung von Herausforderungen in der Netz- und Informationssicherheit zu unterstützen, Risiken zu analysieren und die Cybersicherheit in der EU zu stärken:

  https://www.enisa.europa.eu/

Das *SANS-Institute* veröffentlicht ebenfalls diverse Cybersecurity-Schulungen und Whitepapers. Diese sind unter *https://www.sans.org/emea* abrufbar. SANS steht für *SysAdmin, Audit, Network, Security.*

Eine weitere Quelle, speziell für Security-Benchmarks ist das *CIS* (*Center for Internet Security*). Unter *https://www.cisecurity.org/cis-benchmarks* stehen Ihnen über einhundert verschiedene Benchmarks für Betriebssysteme, Anwendungen und Browser kostenlos zum Download zur Verfügung. Sie müssen sich aber registrieren.

Wenn es um Web-Applikationen geht, ist das *OWASP* (*Open Web Application Security Project*) die richtige Quelle. Sie finden es unter *https://owasp.org/*. Hier sind insbesondere die Top-10-Listen erwähnenswert.

Darüber hinaus veröffentlichen nationale und internationale Behörden regelmäßig Handlungsempfehlungen, Lageberichte und technische Hinweise.

Kapitel 9

Informationssicherheit messen

In diesem Kapitel stelle ich Ihnen die Norm ISO 27004 als die Basis für das Messen der Informationssicherheit vor. Danach erfahren Sie, wie Kennzahlen festgelegt und genutzt werden, um den Zustand des ISMS objektiv zu bewerten. Außerdem erkläre ich, wie Sie mithilfe von Reifegradmodellen Fortschritte sichtbar machen können. Indem man Kennzahlen und Reifegrade in Beziehung setzt, lässt sich ein systematischer Bewertungsrahmen schaffen.

Die Informationssicherheit (richtig) zu messen, ist eine große Herausforderung. Welche Punkte gilt es zu messen? Wie kann sichergestellt werden, dass sich das ISMS wirklich weiterentwickelt und verbessert? Die ISO 27004 mit dem Titel *»Information technology – Security techniques – Information security management – Monitoring, measurement, analysis and evaluation«* bietet eine Anleitung zur Beantwortung dieser Fragen.

9.1 ISO 27004 – Überwachung, Messung, Analyse und Bewertung

In diesem Abschnitt wird die Norm ISO 27004 kurz vorgestellt. Sie ist in die Kapitel Gründe, Merkmale, Arten von Maßnahmen und Abläufe unterteilt. In ihrem **Kapitel 5.4** geht die Norm zum Beispiel darauf ein, welche Vorteile eine regelmäßige Messung bringt. Diese Vorteile sind:

- vereinfachte Rechenschaftspflicht
- verbesserte Informationssicherheitsleistung und ISMS-Prozesse
- Nachweis der Erfüllung von Anforderungen
- Unterstützung bei der Entscheidungsfindung

Doch was soll überwacht werden, um aussagekräftige Ergebnisse zu bekommen? Auch hier hilft die Norm weiter und zählt in ihrem **Kapitel 6.2** einige Punkte auf, die hier nicht vollständig wiedergegeben werden. Dazu gehören:

- Stand der Implementierung von ISMS-Prozessen
- Vorkommen von Incidents (technisch, wie auch Informationssicherheit)
- korrekter Umgang mit Schwachstellen
- Management der Konfigurationen
- Sicherheitsbewusstsein der involvierten Personen

- Zugriffskontrolle, Firewall und andere Ereignisprotokolle
- Ergebnisse von Audits
- Stand des Risikobewertungsprozesses und der Maßnahmen zur Risikobehebung
- Stand des BCMs
- physisches Sicherheitsmanagement
- Systemüberwachungen

In **Kapitel 7** der Norm werden Messungen der Leistung und der Effektivität erläutert. Leistungsmaßnahmen können verwendet werden, um den Fortschritt bei der Implementierung von ISMS-Prozessen, zugehörigen Verfahren und spezifischen Sicherheitskontrollen nachzuweisen. Die Effektivitätsmaßnahmen sollten verwendet werden, um die Wirksamkeit und die Auswirkungen zu beschreiben, die die Realisierungen der ISMS-Risikobehandlung und der ISMS-Kontrollen auf die Informationssicherheitsziele haben. Diese Maßnahmen sollten verwendet werden, um festzustellen, ob die ISMS-Prozesse und Kontrollen der Informationssicherheit wie beabsichtigt funktionieren und die gewünschten Ergebnisse erzielen.

Das Kapitel beschreibt die Überwachung, Messung, Analyse und Bewertung und beinhaltet den folgenden Prozess:

1. Bedarf identifizieren
2. Definieren der Maßnahmen
3. Verfahren zur Messung definieren
4. überwachen und messen
5. Analyse der Ergebnisse
6. die Leistung der Informationssicherheit und die Wirksamkeit des ISMS bewerten

Der Bedarf lässt sich am einfachsten an den Anforderungen der Stakeholder an das ISMS erarbeiten. Dies können diejenigen von interessierten Parteien, der Geschäftsstrategie des Unternehmens, der Vorgaben aus Richtlinien und Zielen sowie aus den Resultate der Risikoanalyse sein.

Die Messungen leiten sich aus dem Anwendungsbereich, der Firmenstruktur, Firmenzielen, rechtlichen oder regulativen Anforderungen ab. Quellen für Resultate sind dabei:

- Ergebnisse von verschiedenen Protokollen und Scans
- Statistiken über Schulungen und anderen Aktivitäten
- Umfragen und Fragebögen
- Vorfälle
- Ergebnisse von internen Audits
- Ergebnisse von Business-Continuity- bzw. Desaster-Recovery-Übungen
- Management-Reviews

Sobald die Quellen bekannt sind, gilt es, die Überwachung und Messung (egal ob sie automatisch oder manuell erfolgt) sowie die Speicherung und die Art der Überprüfung festzulegen. Die Datenüberprüfung kann anhand von Checklisten durchgeführt werden, um sicherzustellen, dass fehlende Daten nur einen minimalen Einfluss auf die Analyse haben und dass die Werte korrekt sind oder innerhalb anerkannter Grenzen liegen. Zum Zweck der Analyse sollten ausreichend Daten gesammelt werden, um sicherzustellen, dass die Ergebnisse der Analyse zuverlässig sind.

Die Ergebnisse der Analyse werden in der Folge interpretiert. Die durchführende Person sollte in der Lage sein, erste Schlüsse aus den Ergebnissen zu ziehen. Möglicherweise müssen weitere Personen hinzugezogen werden, die direkt an den technischen und den Managementprozessen beteiligt sind, damit die Schlussfolgerungen überprüft und bestätigt werden können.

Die Analyse sollte Lücken zwischen den erwarteten und tatsächlichen Messergebnissen eines implementierten ISMS, Kontrollen oder Gruppen von Kontrollen aufzeigen. Identifizierte Lücken können auf einen Verbesserungsbedarf des implementierten ISMS hinweisen, einschließlich Richtlinien, Zielen, Kontrollen, Prozessen und Verfahren.

Überwachungs-, Mess-, Analyse- und Bewertungsprozesse sollten sich kontinuierlich mit den Anforderungen des ISMS verbessern. Dies beinhaltet:

- das Feedback der interessierten Parteien
- die Überarbeitung der Erfassungs- und Analysetechniken auf Grundlage der gemachten Erfahrungen und Rückmeldungen
- die Überarbeitung der Umsetzung und Messverfahren
- Resultate zur Informationssicherheit

Natürlich gilt es, die Ergebnisse in einer geeigneten Form aufzubewahren und bei Bedarf zur Verfügung zu haben.

Oft ist es schwierig, mit der Messung zu starten. Daher enthält **Anhang B** der Norm 35 Beispiele für mögliche Messungen. Die einleitende Tabelle zeigt in der linken Spalte die Anforderungen aus der ISO 27001 sowie aus dem Anhang und verknüpft diese in der rechten Spalte mit einer möglichen Messung. Die Messbeispiele enthalten eine Tabelle mit den folgenden Punkten:

- Ziel der Messung
- Aussage über
  - Auswertung
  - Berechnung
  - Bewertung
- Nachweis der Analyse
- Häufigkeit

- verantwortliche Personen (Eigentümer, auswertende Person, Auftraggeber)
- Datenquelle
- Berichtsformat

In **Anhang C** der Norm ist zudem ein Beispiel für einen Messbericht zu finden.

9.2 Kennzahlen und Metriken für ein ISMS

Viele Firmen tun sich schwer mit der Definition von möglichen Kennzahlen für ihr ISMS. Um die Anforderungen aus der ISO 27001, Kapitel 9.1, zu erfüllen, ist es wichtig, geeignete Kennzahlen zu definieren und diese regelmäßig zu messen. Nachfolgend sind einige mögliche Metriken aufgeführt.

Anzahl gemeldeter Sicherheitsvorfälle

Diese Kennzahl gibt an, wie viele Sicherheitsereignisse in einem festgelegten Zeitraum registriert wurden. Eine Zunahme der Zahlen bedeutet nicht automatisch, dass es mehr Vorfälle gab; oft steckt eine bessere Meldekultur dahinter. Wichtig ist die Analyse: Welche Ursachen treten immer wieder auf, und wie schnell wurden Vorfälle behandelt?

Zeit bis zur Erkennung eines Sicherheitsvorfalls

Die *Time to Detect* stellt eine wichtige Kennzahl dar. Je kürzer der Zeitraum zwischen dem Eintritt eines Vorfalls und seiner Entdeckung ist, desto effektiver ist die Überwachung. Diese Kennzahl verdeutlicht, wie effektiv Monitoring, Sensibilisierung und Meldeverfahren sind.

Zeit bis zur Behebung eines Sicherheitsvorfalls

Auch die *Time to Resolve* ist von großer Bedeutung. Sie bewertet, wie effektiv das Incident-Response-Verfahren arbeitet. Wenn die Reaktionszeit langsam ist, kann das auf unklare Verantwortlichkeiten oder fehlende Ressourcen hindeuten.

Anteil der Vorfälle, die innerhalb der Zielzeit gelöst wurden

Diese Kennzahl ergänzt die beiden vorherigen. Sie gibt an, ob die festgelegten Service-Levels im Sicherheitsmanagement erfüllt werden. Auf diese Weise kann der Reifegrad der Prozesse objektiv beurteilt werden.

Anzahl nicht behobener Schwachstellen

Diese Kennzahl zeigt an, wie viele der bekannten Schwachstellen (zum Beispiel aus Schwachstellenscans oder Penetrationstests) noch offen sind. Die Priorisierung nach Kritikalität ist entscheidend – eine einzige ungepatchte Schwachstelle kann schwerwiegender sein als zehn kleine.

Anteil nicht aktueller Systeme und Softwareversionen

Mit dieser Kennzahl wird erfasst, wie viele Systemen nicht mit aktuellen Sicherheitsupdates ausgestattet sind. Diese Kennzahl ist besonders wichtig und hat einen hohen Aussagewert, weil sie direkt auf das Patch-Management und die IT-Governance verweist.

Durchgeführte Schulungen pro Jahr / Teilnahmequote

Diese Kennzahl erfasst die Anzahl der Mitarbeitenden, die an Schulungen zur Informationssicherheit teilgenommen haben. Der qualitative Aspekt ist noch entscheidender: Verstehen die Mitarbeitenden die Inhalte und können sie sich später noch an die Grundregeln erinnern? Dies kann beispielsweise mit Tests, z. B. Phishing-Tests, gemessen werden.

Anzahl abgeschlossener Korrekturmaßnahmen

Nach Audits oder Vorfällen werden häufig Maßnahmen definiert. Diese Kennzahl gibt an, wie viele von ihnen fristgerecht umgesetzt wurden. Das Verantwortungsbewusstsein und die Wirksamkeit des Verbesserungsprozesses werden durch sie dargestellt.

Anzahl erfolgreicher oder gescheiterter Zugriffsversuche

Dies ist ein technischer, jedoch informativer Indikator: Die Anzahl der fehlgeschlagenen Anmeldeversuche oder blockierten Zugriffe kann Aufschluss über Angriffsversuche oder interne Sicherheitsprobleme geben.

Häufigkeit und Ergebnisse interner Audits

Diese Kennzahl zeigt, wie konsequent das ISMS überwacht wird. Die Auswertung ist wichtiger als die bloße Anzahl der Audits: Wie viele Nichtkonformitäten wurden festgestellt und welche Maßnahmen wurden ergriffen?

Anteil der Lieferanten mit Sicherheitsbewertung

Gerade im KMU-Umfeld wird dieser Punkt häufig übersehen. Wenn ein Unternehmen mit externen IT-Dienstleistern und/oder Cloud-Anbietern zusammenarbeitet oder Wartungsverträge nutzt, ist es wichtig zu wissen, wie viele von diesen eine Sicherheitsprüfung durchlaufen haben.

Verfügbarkeit geschäftskritischer Systeme

Diese Kennzahl stellt eine Verbindung zwischen Informationssicherheit und Business Continuity her. Sie erfasst die tatsächliche Betriebszeit zentraler Systeme und stellt dar, ob die Verfügbarkeitsziele eingehalten werden.

Eine entsprechende Tabelle könnte wie in Tabelle 9.1 aussehen (Auszug):

Intervall: M: Monatlich, Q: Quartalsweise, HJ: Halbjährlich, J: Jährlich

Kennzahl	**Beschreibung**	**Zielwert**	**Datenquelle**	**Verantwortlich**	**Intervall**
Anzahl gemeldeter Sicherheitsvorfälle	Erfasst alle gemeldeten Ereignisse mit Sicherheitsrelevanz.	Keine absolute Zielzahl – Steigende Meldungen können positiv sein.	Incident-Management-Protokolle	CISO / IT	Q
Zeit bis zur Erkennung eines Sicherheitsvorfalls	Zeitspanne zwischen Eintritt und Erkennung eines Sicherheitsvorfalls	< 24 Stunden für kritische Systeme	Monitoring-Systeme, Logs	CISO / SOC	M
Zeit bis zur Behebung eines Sicherheitsvorfalls	Misst die Reaktionsgeschwindigkeit und Effizienz des Response-Prozesses.	90 % der Vorfälle innerhalb von 3 Arbeitstagen	Incident-Reports, Ticketsystem	IT	Q
Anzahl nicht behobener Schwachstellen	Anzahl bekannter, noch nicht behobener Schwachstellen, aufgeteilt nach Risiko	Kritische: 0, Hoch: <3	Schwachstellenscanner, Patch-Berichte	CISO / IT	M
Anteil nicht aktueller Systeme und Softwareversionen	Anteil der Systeme, die nicht mit aktuellen Sicherheitsupdates versorgt sind	< 5 %	Patch-Berichte	IT	M
Teilnahmequote an Awareness-Schulungen	Anteil der Mitarbeitenden, die an Schulungen zur Informationssicherheit teilgenommen haben	100 % innerhalb von 6 Monaten	HR/Schulungsplattform	HR / CISO	HJ
Anzahl abgeschlossener Korrekturmaßnahmen	Anteil der im Audit identifizierten Maßnahmen, die termingerecht umgesetzt wurden	> 90 %	Audit-Berichte	CISO	J

Tabelle 9.1: Kennzahlen und Metriken

Kennzahl	Beschreibung	Zielwert	Datenquelle	Verantwortlich	Intervall
Anteil der Lieferanten mit Sicherheitsbewertung	Anteil externer Partner, die nach festgelegten Sicherheitskriterien bewertet wurden	100 % bei kritischen Dienstleistern	Lieferantenbewertung/ Verträge	Einkauf / CISO	J
Verfügbarkeit geschäftskritischer Systeme	prozentuale Betriebszeit zentraler Informationssysteme	> 99 %	Monitoring-Systeme, IT-Logs	IT	M

Tabelle 9.1: Kennzahlen und Metriken (Forts.)

9.3 Das Reifegrad-Modell

Die ISO 27001 verlangt kein Reifegrad-Modell. Zur Bewertung der Maßnahmen aus ihrem Anhang A ist ein entsprechendes Modell aber sehr nützlich. Dieses kann sich beispielsweise an dem bekannten CMMI-Modell (*Capability Maturity Model Integration*) mit fünf Reifegraden orientieren (siehe Abbildung 9.1).

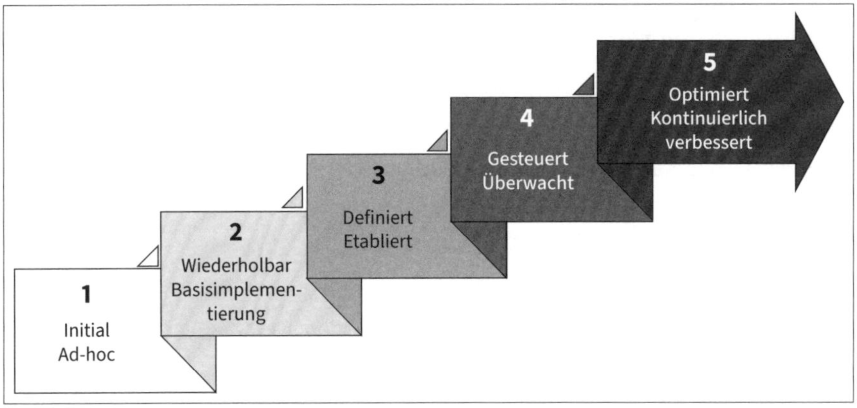

Abbildung 9.1: Reifegrad-Modell

Das Reifegradmodell dient dazu, den aktuellen Umsetzungsstand und die Wirksamkeit der Sicherheitsmaßnahmen systematisch zu bewerten.

Es beantwortet im Kern drei Fragen:

1. Wie weit ist die Umsetzung der Maßnahme fortgeschritten?
2. Wie effektiv ist sie im Alltag?
3. Wie konstant wird sie angewendet und verbessert?

Die Bewertung erfolgt mit einer Skala von 1 bis 5, auf der jeder Reifegrad durch klar definierte Merkmale gekennzeichnet ist. Die Bewertung kann entweder maßnahmenspezifisch erfolgen (z. B. für jede der 93 Kontrollen) oder aggregiert nach Themengebieten (z. B. A.5 Organisation, A.6 Personal, A.7 physisch, A.8 technologisch).

9.3.1 Reifegrad 1 – initial / ad hoc

Die Umsetzung ist reaktiv, ungeplant und hängt von Personen ab.

Einzelne Maßnahmen werden aus aktuellem Anlass oder nach Vorfällen umgesetzt, ohne dass es einen übergeordneten Prozess oder eine Systematik gibt.

Die Dokumentation ist entweder unvollständig oder fehlt komplett.

- **Beispiel**: Es gibt keine formellen Passwortrichtlinien; Mitarbeitende entscheiden selbst über ihre Passwörter. Sicherheitsvorfälle werden behandelt, jedoch fehlt eine systematische Analyse.
- **Typische Aussage**: »Wir machen das, wenn etwas passiert.«
- **Bewertung**: Maßnahmen existieren punktuell, aber ihre Wirksamkeit ist zufällig.

9.3.2 Reifegrad 2 – wiederholbar / Basisimplementierung

Einzelne Maßnahmen sind festgelegt und dokumentiert, und ihre Umsetzung erfolgt teilweise in einem strukturierten Rahmen.

Die Zuständigkeiten sind zwar festgelegt, aber noch nicht in allen Bereichen konsistent.

Eine wiederholte Durchführung von Maßnahmen erfolgt, aber ohne standardisierte Steuerung oder Messung.

- **Beispiel**: Eine dokumentierte Passwort-Policy existiert; sie wird umgesetzt, doch die Einhaltung wird nur sporadisch überprüft. Zwar werden Datensicherungen erstellt, jedoch ohne die Wiederherstellung formal zu testen.
- **Typische Aussage**: »Wir haben Regeln, aber sie werden nicht immer befolgt.«
- **Bewertung**: Obwohl die Maßnahmen eingeführt wurden, ist ihre Anwendung noch inkonsistent, und es gibt keinen Nachweis ihrer Wirksamkeit.

9.3.3 Reifegrad 3 – definiert / etabliert

Die Maßnahmen sind komplett dokumentiert und beinhalten klare Prozesse sowie definierte Rollen und Zuständigkeiten.

Systematische Umsetzungen erfolgen durch definierte Verfahren und Standards.

Die Maßnahmen sind im ISMS eingebunden und werden regelmäßig überprüft.

- **Beispiel**: Backups werden gemäß einem dokumentierten Verfahren erstellt, regelmäßig getestet und protokolliert. Ein standardisierter Prozess regelt die Vergabe und Überprüfung von Zugriffsrechten.
- **Typische Aussage**: »Wir haben definierte Prozesse, und sie werden befolgt.«
- **Bewertung**: Die Maßnahmen sind umgesetzt, nachvollziehbar und sind Teil der täglichen Arbeit. Die Wirksamkeit ist nachweisbar.

9.3.4 Reifegrad 4 – gesteuert / überwacht

Die quantitativen Messungen und die Überwachung der Umsetzung sowie der Wirksamkeit der Maßnahmen erfolgen.

Abweichungen werden auf systematische Weise erkannt, bewertet und korrigiert.

Kennzahlen und Audits bilden die Basis für die Steuerung und Optimierung.

- **Beispiel**: Das Unternehmen erfasst regelmäßig, wie viele Systeme gepatcht sind oder wie schnell Vorfälle behoben werden. Ergebnisse fließen in Managementberichte ein.
- **Typische Aussage**: »Wir wissen, wie gut unsere Maßnahmen wirken.«
- **Bewertung**: Das ISMS basiert auf Daten, ist steuer- und messbar. Sicherheit ist eine Führungssache, nicht nur eine Frage der Dokumentation.

9.3.5 Reifegrad 5 – optimiert / kontinuierlich verbessert

Es gibt eine kontinuierliche Weiterentwicklung von Sicherheitsmaßnahmen. Gezielte Verbesserungen resultieren aus Erkenntnissen, die aus Audits, Vorfällen und neuen Bedrohungen gewonnen werden.

Die Sicherheitskultur und die Lernprozesse sind gut etabliert.

Sicherheit gilt als Teil von Qualität, Innovation und Führung.

- **Beispiel**: Awareness-Trainings werden fortlaufend optimiert, und Sicherheitsmetriken sind mit den Geschäftskennzahlen verknüpft. Die Organisation verbessert Prozesse aktiv, indem sie Lessons Learned aus Vorfällen nutzt.
- **Typische Aussage**: »Wir entwickeln unsere Sicherheit laufend weiter – weil sie Teil unseres Erfolgs ist.«
- **Bewertung**: Das ISMS ist strategisch ausgerichtet und wird proaktiv verbessert.

9.3.6 Interpretation und Anwendung

Die Ergebnisse können wie folgt interpretiert werden:

- **Reifegrad 1–2:** Das ISMS ist im Aufbau. Die Priorität liegt auf Dokumentation, Verantwortlichkeiten und Prozessen.

- **Reifegrad 3:** Strukturen sind etabliert, aber noch nicht messbar. Der Fokus liegt auf Wirksamkeit und Kennzahlen.
- **Reifegrad 4–5:** Das System ist stabil, wird gemessen und verbessert. Die Informationssicherheit ist Teil der Unternehmenssteuerung.

9.3.7 Beispiel für eine Reifegradbewertung

Tabelle 9.2 zeigt eine mögliche Bewertung (Auszug):

Maßnahme	Beschreibung	Reifegrad	Kommentar
A.5.1 Informationssicherheitspolitik und -richtlinien	Richtlinien sind dokumentiert, werden jährlich überprüft und kommuniziert.	4	Gültige Richtlinien sind vorhanden, eine Schulung erfolgte im letzten Januar.
A.6.3 Informationssicherheitsbewusstsein, -ausbildung und -schulung	Ein Programm ist vorhanden, aber die Schulungsteilnahme liegt erst bei 80 %.	3	Die Kampagne wird ausgebaut.
A.7.1 Physische Sicherheitsperimeter	Zutrittssystem mit Protokollierung, Monitoring aktiv	4	Zutrittslogs und Videoüberwachung werden geprüft.
A.8.7 Schutz gegen Schadsoftware	Ein Endpoint-Protection-System ist vorhanden und wird zentral überwacht.	5	Automatisierte Reports sind vorhanden, es wurden keine Abweichungen beobachtet.

Tabelle 9.2: Beispiel für eine Reifegradbewertung

Kapitel 10

Audits

In diesem Kapitel erläutere ich, warum Audits im Zusammenhang mit dem ISMS wichtig sind. Ich beschreibe, wie sich interne und externe Audits unterscheiden, und stelle beide Formen vor. Außerdem lernen Sie die ISO 19011 als Richtlinie für die Durchführung von Audits kennen. Danach wird erklärt, wie ein Audit-Plan aufgebaut und ein Audit-Bericht erstellt wird. In Abschnitt 10.6 finden Sie eine Liste möglicher Audit-Fragen, und danach sehen wir uns typische Audit-Feststellungen an.

Um den aktuellen Zustand und die Wirksamkeit eines ISMS zu beurteilen, sind Audits ein essenzielles Werkzeug. Sie helfen bei der fortlaufenden Verbesserung.

Der zentrale Zweck von Audits ist es, die Wirksamkeit der implementierten Maßnahmen zu überprüfen. Es geht nicht darum, ob ein Prozess auf dem Papier existiert. Viel wichtiger ist die Frage, ob das gewünschte Ziel erreicht wird. Durch Audits kann das Management entsprechende Entscheidungen treffen.

Außerdem helfen Audits dabei, Schwachstellen und Risiken frühzeitig zu erkennen. Durch ein Audit können Abweichungen von festgelegten Abläufen, technische Schwächen oder unklare Zuständigkeiten frühzeitig erkannt werden. So kann präventiv reagiert und können Risiken minimiert werden, bevor sie zu Sicherheitsvorfällen führen.

Ein weiterer wichtiger Vorteil besteht darin, dass die internen Abläufe verbessert werden. Wertvolle Einsichten entstehen, wenn die eigene Organisation durch einen strukturierten externen Blick betrachtet wird. Durch Audits werden Zusammenhänge sichtbar, Redundanzen aufgedeckt und das Verständnis für Schnittstellen gefördert. Oftmals bewirken sie auch, dass Prozesse klarer, effizienter und zielgerichteter gestaltet werden.

Das Gewährleisten der Einhaltung von Normen ist ebenfalls von großer Bedeutung. Damit kann der Beweis erbracht werden, dass die Anforderungen der ISO 27001 und ihrer Anhänge systematisch umgesetzt werden. Sie stellen die Basis für ein erfolgreiches externes Zertifizierungsaudit dar und minimieren das Risiko, dass es später zu einer Nichtkonformität kommt, die mühsam behoben werden muss.

Audits helfen auch bei der Sensibilisierung und Bewusstseinsbildung. Mitarbeitende, die aktiv an Audits mitwirken, erkennen die Sicherheitsanforderungen und deren Wichtigkeit im Alltag viel besser. Gleichzeitig erhöht dies das Sicherheitsbewusstsein im ganzen Unternehmen.

Die Ergebnisse belegen zudem die kontinuierliche Verbesserung. Sie dokumentieren Fortschritte und Veränderungen über die Zeit und ermöglichen es dem Management, Prioritäten zu definieren. Die Audit-Berichte liefern dem Management wichtige Kennzahlen und Fakten zur Bewertung und sind somit eine wesentliche Input-Quelle.

Außerdem tragen interne Audits zur Einhaltung von Vorschriften und zur Nachvollziehbarkeit bei. Sie schaffen Klarheit und belegen, dass interne und externe Vorgaben kontinuierlich eingehalten werden – dies wird in regulatorischen und vertragsbezogenen Zusammenhängen immer wichtiger.

Schlussendlich bilden interne Audits auch eine hervorragende Vorbereitung auf externe Prüfungen. Sie ermöglichen es, den Blickwinkel eines externen Auditors im Voraus zu betrachten, potenzielle Schwachstellen zu erkennen und sie gezielt zu beheben.

Praxistipp

Ein Audit sollte immer mit einer klaren Zielsetzung und einem durchdachten Plan angegangen werden. Es ist vorteilhaft, den Audit-Plan frühzeitig zu erstellen und die Themen gezielt zu priorisieren. Gerade in kleinen Unternehmen ist es oft sinnvoll, bei jedem Audit nur bestimmte Bereiche zu betrachten – wie die Zugriffssteuerung, das Patch-Management oder den Umgang mit Lieferanten. Hier zählt die Qualität mehr als die Quantität.

Die Vorbereitung ist das A und O für ein wirksames Audit: Auditoren sollten die relevanten Dokumente, Richtlinien und Nachweise im Voraus sichten. Es ist sehr wichtig, während des Audits offene Fragen zu stellen und den Dialog zu fördern. Es geht nicht darum, jemanden zu überführen, sondern zusammen herauszufinden, wie Prozesse tatsächlich gelebt werden. Ein vertrauensvoller Umgangston ist der Schlüssel zu Offenheit und den besten Einsichten.

Auch die Nachbearbeitung ist wichtig. Es ist entscheidend, dass Beobachtungen und Nichtkonformitäten klar dargestellt werden, einschließlich der Festlegung von Verantwortlichkeiten und Fristen zur Behebung.

Achten Sie auf folgende Punkte:

- **Audit-Rotation:** Auditoren sollten, wenn es geht, nicht die eigenen Prozesse prüfen. Eine neutrale Perspektive führt zu objektiveren Resultaten.
- **Kleine, dafür häufigere Audits:** Mehrere kurze Audits, die über das Jahr verteilt stattfinden, sind besser als ein großes Audit. Auf diese Weise bleibt das Thema aktuell und präsent.
- **Checklisten mit Augenmaß:** Standardisierte Fragen sind hilfreich für die Struktur, sollten aber nicht den gesunden Menschenverstand ersetzen.

- **Kommunikation:** Ein gutes Audit sollte immer ein Gespräch auf Augenhöhe sein und kein Verhör.
- **Ergebnisse:** Berichte haben nichts in der Ablage verloren. Regelmäßige Abgleiche mit den Verantwortlichen erhöhen den Nutzen.

Viele Unternehmen unterschätzen den Aufwand eines Audits oder betrachten es als reine Formalität. Oberflächliche Ergebnisse, die keinen echten Mehrwert bieten, sind die Folge. Ein weiterer Fehler ist, dass Rollen nicht ausreichend getrennt sind: Wenn eine Person für einen Prozess verantwortlich ist und ihn gleichzeitig auditiert, fehlt die Objektivität.

Häufig fehlt auch der Mut, Probleme offen anzusprechen. Statt zur Verbesserung dienen Audits dann nur noch zur Bestätigung. Es ist entscheidend, eine Kultur zu schaffen, die Kritik als Chance sieht.

Es ist ebenso riskant, wenn die Überprüfung der Maßnahmen ignoriert wird. Ohne die konsequente Umsetzung der Korrekturmaßnahmen ist ein Audit wertlos und verliert seine Wirkung.

Tabelle 10.1 liefert Ideen für Kennzahlen und Metriken zu internen Audits:

Kennzahl/Metrik	**Beschreibung**	**Ziel**	**Typischer Zielwert**
Audit-Abdeckung	Anteil der ISMS-Bereiche, die im laufenden Jahr auditiert wurden	Zeigt, ob alle relevanten Themen im Audit-Zyklus berücksichtigt werden.	100 % Themenabdeckung innerhalb eines 3-Jahreszyklus
Anzahl durchgeführter Audits	Tatsächlich umgesetzte interne Audits im Vergleich zum Audit-Plan	Misst die Umsetzung der Audit-Planung.	≥ 90 % des geplanten Umfangs
Anzahl festgestellter Nichtkonformitäten	Summe aller Nichtkonformitäten und Beobachtungen pro Audit-Periode	Hohe Werte deuten auf Schwachstellen hin – oder auf ein besonders gründliches Audit. ☺	Trendbeobachtung anstelle fixer Zielwerte
Durchschnittliche Bearbeitungszeit für Korrekturmaßnahmen	Zeit zwischen Audit-Abschluss und Umsetzung der Korrekturmaßnahme	Zeigt, wie effizient das Verbesserungsmanagement funktioniert.	< 60 Tage für kritische Themen

Tabelle 10.1: Mögliche Audit-Kennzahlen

Kennzahl/Metrik	Beschreibung	Ziel	Typischer Zielwert
Wiederholrate von Nichtkonformitäten	Anteil von Themen, die in mehreren aufeinanderfolgenden Audits erneut auftreten	Deutet auf mangelnde Wirksamkeit von Maßnahmen oder fehlende Nachhaltigkeit hin.	< 10 %
Audit-Qualität (subjektive Bewertung)	Rückmeldungen der Auditierten zu Objektivität, Nutzen und Kommunikation	Erfasst, ob Audits als hilfreich und konstruktiv wahrgenommen werden.	≥ 4 von 5 Punkten

Tabelle 10.1: Mögliche Audit-Kennzahlen (Forts.)

Es ist wichtig, diese Kennzahlen im Kontext der Reife des gesamten ISMS zu betrachten, anstatt sie isoliert zu bewerten. Wichtig ist, wie sich die Dinge über die Zeit entwickelt haben und dass die erkannten Maßnahmen konsequent umgesetzt wurden.

10.1 Interne vs. externe Audits

Interne und externe Audits haben zwar ähnliche Ziele, aber sie unterscheiden sich in ihrer Sichtweise und Rolle:

- **Interne Audits** werden von Mitarbeitenden oder beauftragten internen Auditoren durchgeführt. Sie haben hauptsächlich den Zweck, sich selbst zu prüfen und Verbesserungen vorzunehmen. Es ist die Aufgabe, das ISMS so zu überwachen, dass es wirksam arbeitet und die Vorgaben der ISO 27001 erfüllt. Dabei ist das Ziel, interne Prozesse zu verbessern und eine lebendige Sicherheitskultur zu unterstützen.
- **Externe Audits** erfolgen durch unabhängige Zertifizierungsstellen oder Aufsichtsbehörden. Sie haben die Aufgabe, die Einhaltung der Norm durch das ISMS objektiv zu bestätigen. Interne Audits haben meist einen beratenden und entwicklungsorientierten Ansatz, während externe Audits formal sind: Sie entscheiden über die Erteilung, Aufrechterhaltung oder Verlängerung einer Zertifizierung. Plakativ gesprochen dient das interne Audit als Werkzeug zur Verbesserung, während das externe Audit nach außen als Beleg der Vertrauenswürdigkeit fungiert.

10.2 ISO 19011 – Auditierung von Managementsystemen

An ein Audit werden hohe Anforderungen gestellt. Es geht nicht darum, mal schnell zu schauen und einen Bericht zu erstellen, sondern das Audit stellt eine Qualitätskontrolle dar: Werden die aus Normen und Standards, aber auch aus eigenen Richtlinien definierten Tätigkeiten auch entsprechend umgesetzt und gelebt? Einen Schuldigen für Fehler zu suchen, ist aber nicht das Ziel, sondern es geht darum, Abweichungen und Verbesserungsmöglichkeiten zu erkennen. Als Ergebnis kann das Managementsystem stetig verbessert und optimiert werden.

Die Norm ISO 19011 hilft, passende Auditoren zu finden, das Audit zu planen und durchzuführen. Die Norm trägt den Titel »Leitfaden zur Auditierung von Managementsystemen/Guidelines for auditing management systems (ISO 19011:2018)«. In ihrem **Kapitel 3** werden zuerst die Begriffe definiert, so zum Beispiel der Unterschied zwischen einem *kombinierten Audit* und einem *gemeinschaftlichen Audit*. Auch was ein *Nachweis* und was eine *Feststellung* ist, wird erläutert.

Das **Kapitel 4** der Norm definiert die notwendigen Prinzipien, um ein Audit objektiv, vollständig und korrekt durchführen zu können. Dabei werden folgende Anforderungen gestellt:

- **Integrität:** Die Auditoren müssen die notwendige Professionalität mitbringen, ehrlich und verantwortungsvoll sein. Nur wenn die entsprechende Kompetenz vorhanden ist, darf ein entsprechendes Gebiet auch überprüft werden. Bei vielen Zertifizierungsfirmen muss die auditierende Person mehrjährige Erfahrung im Bereich des Kunden mitbringen, zum Beispiel im Finanzwesen, in der Medizin oder in der IT. Die notwendige Kompetenz der Auditoren wird umfassend in **Kapitel 7** beschrieben.
- **Sachlichkeit:** Werden abweichende Punkte festgestellt, sollten diese offen und wahrheitsgemäß festgehalten werden. Gibt es Meinungsverschiedenheiten, gehören diese ebenfalls in den Bericht. Die Kommunikation sollte wahrheitsgetreu, genau, objektiv, zeitgerecht, klar und vollständig sein.
- **Sorgfalt:** Bei den Kontrollen braucht es oft Fingerspitzengefühl – sei es bei Interviews, aber auch bei technischen Kontrollen. So dürfen beispielsweise Systeme und Einstellungen auf keinen Fall verändert werden.
- **Vertraulichkeit:** Dieser Punkt ist eigentlich selbstverständlich, aber trotzdem erwähnenswert. Über Ergebnisse und Erkenntnisse wird nicht mit anderen Personen diskutiert, egal ob beim Kunden, bei der Audit-Gesellschaft oder im eigenen Umfeld. Alle Unterlagen müssen korrekt und vor fremden Zugriffen geschützt aufbewahrt werden.
- **Unabhängigkeit:** Die Auditoren müssen ihre Arbeit unabhängig durchführen. Es darf keine Interessenskonflikte geben. Ein Auditor kann beispielsweise nicht das Unternehmen beraten und dann das Zertifizierungsaudit durchführen. Dies sollte, wenn immer möglich, auch nicht durch die gleiche Firma erfolgen. Ein Team berät, das andere auditiert. Sonst ist eine Unabhängigkeit nicht gewährleistet.
- **Faktenbasierend:** Werden Abweichungen festgestellt, müssen diese nachvollziehbar sein. Hörensagen, oft in Pausengesprächen aufgeschnappt, gilt nicht als Nachweis. Der Auditor muss Aussagen immer prüfen und genau festhalten.

- **Risikobasierend:** Es ist nicht möglich, alle Prozesse und jeden Schritt darin im Detail zu untersuchen. Im Vorfeld gilt es festzuhalten, wo hohe Risiken vorhanden sind. Diese Gebiete werden genauer und detaillierter untersucht als weniger kritische. Prüfpunkte dürfen nicht weggelassen werden.

Das **Kapitel 5** der Norm beinhaltet die Steuerung des Audit-Programms. Folgende Punkte gilt es zu definieren:

- **Audit-Ziele:** Das Audit-Programm richtet sich nach der Größe und Komplexität des Unternehmens:
  - Werden diese outgesourct?
  - Sind viele interne und externe Personen involviert?
  - Sind viele, teilweise komplexe Prozesse vorhanden?
  - Gibt es mehrere Standorte?

  Daher fragen die Auditoren im Vorfeld nach dem Kontext des Unternehmens. Zum Kontext zählen die Ziele des Unternehmens, die relevanten internen und externen Themen, die Erfordernisse und Erwartungen interessierter Parteien sowie die Anforderungen an die Informationssicherheit und den Datenschutz.
- **Risiken und Chancen während des Audits:** Folgende Fragen müssen sich die Verantwortlichen im Unternehmen selbstkritisch stellen:
  - Wurde das Audit optimal geplant?
  - Sind genügend Ressourcen vorhanden (Zeit, kompetente Auditoren, Hilfsmittel etc.)?
  - Funktioniert die interne und externe Kommunikation?
  - Wurden Kontrollen korrekt geplant?
  - Ist definiert, wie die (Audit-)Dokumente gelenkt werden (Erstellung, Korrektur, Überprüfung durch vorgesetzte Stelle, Freigabe, Kommunikation mit auditierten Unternehmen)?
- **Festlegen des Audit-Plans:** Nach der Bewertung der möglichen Risiken wird der Audit-Plan erstellt. Dafür sind folgende Fragen zu klären:
  - Wer wird das Audit leiten?
  - Werden weitere Auditoren benötigt (z. B. bei fehlendem Fachwissen)?
  - Wurde bereits ein Audit bei diesem Unternehmen durchgeführt? Wenn ja, wie sahen die Resultate aus?
  - Wie sieht der neue Zeitplan aus?
  - Welche Audit-Methoden werden angewendet (Interview, Stichproben, technische Kontrollen, Begehungen etc.)?
  - Welche Standorte werden angeschaut?
  - Welche Personen werden interviewt?

- Welche Sprache(n) wird (werden) gesprochen? Braucht es einen Dolmetscher?
- Welche Prozesse, Systeme und/oder Applikationen werden angeschaut?
- Wie werden die Resultate und Erkenntnisse dokumentiert?
- Wie werden auftretende Probleme behandelt?

Mit dieser seriösen Vorarbeit kann das Audit durchgeführt werden. **Kapitel 6** der Norm beschreibt alle notwendigen Schritte (siehe auch Abbildung 10.1):

- Zuerst nehmen die Auditoren Kontakt mit der auditierten Organisation auf. Dabei wird festgehalten, über welche Kanäle kommuniziert wird (Stichwort »Vertraulichkeit der Informationen«). Die Auditoren holen nochmals die Befugnis für das Audit ein, besprechen den Audit-Umfang und die Audit-Ziele, klären geltende gesetzliche und firmeninterne Anforderungen, vereinbaren notwendige Vorbereitungen und geben das Audit-Team bekannt.
- Das auditierte Unternehmen liefert anschließend die vom Audit-Leiter verlangten Dokumente zur Vorbereitung der Auditoren. Dazu gehören der Anwendungsbereich, die Informationssicherheitsrichtlinie, Rollen und Verantwortlichkeiten, wichtige Prozesse (nicht nur auf die Informationssicherheit bezogen), frühere Audit-Resultate (z. B. aus internen Audits) und Dokumentationen, die auf die Ziele des Audits ausgerichtet sind.
- Das Audit-Team studiert die gelieferten Unterlagen und notiert erste Erkenntnisse. Allenfalls ist es notwendig, kleine Anpassungen am Audit-Zeitplan vorzunehmen, Themengebiete anzupassen oder zu erweitern.
- Nun kann endlich das Audit stattfinden. Im Eröffnungsgespräch werden die Auditoren sowie die involvierten Personen des Unternehmens einander vorgestellt. Es wird nochmals kurz der Tagesablauf besprochen, notwendige Anpassungen werden vorgenommen und offene Fragen geklärt.
- Die geplanten Themen werden gemäß Audit-Plan durchgearbeitet, Unklarheiten werden besprochen und Nachweise schriftlich festgehalten. Der Lead-Auditor sammelt diese und prüft, ob alles verständlich und nachvollziehbar ist.

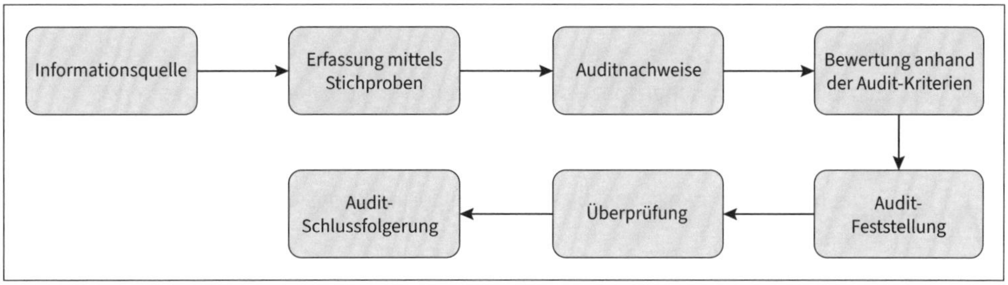

Abbildung 10.1: Audit-Ergebnisse und -Dokumentation

- Das Auditoren-Team bereitet im Anschluss das Schlussgespräch vor, überprüft nochmals alle Feststellungen und bewertet diese.

- Die Abweichungen und Empfehlungen werden im Audit-Schlussgespräch den involvierten Personen mitgeteilt. Das Ziel ist es, dass alle wissen, um welche Punkte es sich handelt, und dass diese auch verstanden sind. Je nach Schweregrad der Abweichungen wird eine Frist zwischen einem Monat und einem Jahr zur Behebung definiert. Reicht es aus, einen schriftlichen Nachweis zur Umsetzung zu liefern oder müssen die Auditoren nochmals vorbeikommen? Auch dies wird mit dem Unternehmen besprochen.
- Im letzten Schritt wird der Audit-Bericht erstellt. In ihm werden nochmals die Ziele, der Audit-Umfang sowie die Audit-Kriterien und die Auditoren erwähnt. Weiter folgen die Audit-Feststellungen und die dazugehörenden Nachweise, die Schlussfolgerungen daraus und die Information, ob das Audit bestanden wurde oder nicht. Ergänzend können die geforderten Maßnahmen erläutert werden.
- Dieser Audit-Bericht wird nach einem Qualitäts-Review dem auditierten Unternehmen zugestellt.

Das **Kapitel 7** der Norm geht umfassend auf die Kompetenz von Auditoren ein. Folgende Punkte werden aufgezählt und erläutert:

- ethisches Verhalten
- Aufgeschlossenheit
- Aufmerksamkeit
- Aufnahmefähigkeit
- Vielseitigkeit
- Hartnäckigkeit
- Entscheidungsfähigkeit
- Selbstsicherheit
- Standhaftigkeit
- Offenheit
- kulturelle Sensibilität
- Teamfähigkeit
- disziplin- und branchenspezifisches Wissen und -spezifische Fertigkeiten

Zu den Tätigkeiten gehören:

- Risiken und Chancen sowie die Prinzipien des risikobasierten Ansatzes des Auditierens verstehen
- effektives Planen
- Zeitplan einhalten
- richtige Prioritäten setzen

- wirksame Kommunikation in Wort und Schrift
- Informationen durch Befragung, Zuhören, Beobachten sowie Überprüfung sammeln
- Stichproben gut auswählen
- Meinungen von anderen berücksichtigen
- das Audit von A bis Z durchführen
- Genauigkeit der Resultate
- Hinlänglichkeit und Angemessenheit bei der Erarbeitung der Audit-Nachweise
- Audit-Tätigkeiten und Audit-Feststellung korrekt festhalten
- Vertraulichkeit und Sicherheit gewährleisten
- die Managementsystem-Normen und die sonstigen Referenzen kennen
- schnell die Organisation und ihren Kontext verstehen
- gesetzliche und behördliche Anforderungen kennen und auf das Unternehmen adaptieren

Der **Anhang** rundet das Dokument ab. Darin enthalten sind:

- wie Audit-Methoden angewendet werden (unterschieden nach Vor-Ort-Audits und Audits aus der Ferne)
- die Definition von »fachmännisches Urteil« und »leistungsbezogene Ergebnisse«
- eine Beschreibung, wie Informationen verifiziert werden
- eine Anleitung, wie gute Stichproben gezogen werden (z. B. Größe) und wie Informationsquellen ausgewählt werden
- eine Anleitung zum Auditieren von Compliance-Anforderungen, damit keine gesetzlichen oder vertraglichen Anforderungen vergessen gehen
- wie der Kontext eines Unternehmens idealerweise geprüft wird
- das Vorgehen zum Auditieren der Themen »Führung« und »Verpflichtung«, also der Verantwortung des Top-Managements
- das Auditieren von Risken und Chancen sowie möglicher Lieferketten
- der Nachweis des Lebenszyklus des Managementsystems
- wie Audit-Arbeitsunterlagen aussehen sollten
- wie die Begehung vor Ort durchgeführt wird
- wie virtuelle Tätigkeiten auditiert werden können
- wie gute Befragungen durchgeführt werden (z. B. offene anstelle von geschlossenen Fragen stellen)
- und zu guter Letzt, wie Audit-Feststellungen bestimmt, aufgezeichnet und festgehalten werden müssen

10.3 Das Audit-Programm

Ein Audit-Programm beschreibt die Gesamtplanung innerhalb eines festgelegten Zeitraums, häufig über ein Jahr oder einen kompletten Zertifizierungszyklus. Es bestimmt, welche Bereiche, Standorte, Prozesse oder Themen auditiert werden, wann dies erfolgt und welche Ziele damit verfolgt werden. Das Audit-Programm hat also eine strategische Ausrichtung und gewährleistet, dass alle wichtigen Komponenten des ISMS regelmäßig überprüft werden.

Das Audit-Programm beantwortet die Frage »Was wird wann und warum auditiert?«.

10.3.1 3-Jahresplanung

Die 3-Jahresplanung könnte wie in Tabelle 10.2 aussehen:

Aufgaben	2026	2027	2028
Anzahl Controls	50	42	45
ISO 27001 Kapitel 4–10 (Die Auswahl erfolgt gemäß vorhandener Risikobewertung.)	x	x	x
5 Organisatorische Maßnahmen			
5.1 Informationssicherheitspolitik und -richtlinien	x	x	x
5.2 Informationssicherheitsrollen und -verantwortlichkeiten		x	
5.3 Aufgabentrennung	x		
5.4 Verantwortlichkeiten der Leitung			x
…			
6 Personenbezogene Maßnahmen			
6.1 Sicherheitsüberprüfung		x	
6.2 Beschäftigungs- und Vertragsbedingungen		x	
6.3 Informationssicherheitsbewusstsein, -ausbildung und -schulung	x	x	x
6.4 Maßregelungsprozess		x	
…			
7 Physische Maßnahmen			
7.1 Physische Sicherheitsperimeter			x

Tabelle 10.2: Beispiel für ein 3-Jahres-Audit-Programm

Aufgaben	**2026**	**2027**	**2028**
7.2 Physischer Zutritt			x
7.3 Sichern von Büros, Räumen und Einrichtungen			x
7.4 Physische Sicherheitsüberwachung			x
...			
8 Technologische Maßnahmen			
8.1 Endpunktgeräte des Benutzers	x		
8.2 Privilegierte Zugangsrechte	x	x	x
8.3 Informationszugangsbeschränkung	x		
8.4 Zugriff auf den Quellcode	x		

Tabelle 10.2: Beispiel für ein 3-Jahres-Audit-Programm (Forts.)

10.3.2 Jahresplanung

Abgeleitet vom 3-Jahresprogramm werden für jedes Jahr das interne Audit wie auch weitere Kontrollen und Tests geplant. Tabelle 10.3 zeigt ein Beispiel.

Datum	**Thema**	**Kriterien**	**Art**	**Verantwortlich**
März	Risiko-Workshop	Identifizieren und Bewerten der Top-Risiken	Workshop	CISO
April	Berechtigungen	Audit über die Berechtigungen in Applikation A	Kontrolle	CISO
Mai	Lieferant A	Einhalten der vertraglichen Vorgaben, Umsetzung der Informationssicherheit	Interview, Stichproben	CISO
Juni	Firewall	Korrekte Einschränkung der Firewall-Regeln	Kontrolle	CISO
Juli	Internes Audit	Aktueller Stand des ISMS gemäß Detailplanung	Audit	CISO

Tabelle 10.3: Beispiel für ein Jahresprogramm

Datum	Thema	Kriterien	Art	Verantwortlich
September	KPI	Auswerten der KPIs	Audit	CIO, CISO, DSB
Oktober	Management-Review	Bewertung der Leistung des ISMS durch das Management	Workshop	Diverse
November	Lieferant B	Einhalten der vertraglichen Vorgaben, Umsetzung der Informationssicherheit	Interview, Stichproben	CISO

Tabelle 10.3: Beispiel für ein Jahresprogramm (Forts.)

10.4 Audit-Plan

Im Gegensatz zum Audit-Programm bezieht sich der Audit-Plan auf ein spezifisches Audit. Er umfasst die genauen Details zur Durchführung:

- den Audit-Umfang,
- die Personen, die involviert sind,
- den Zeitrahmen,
- die Audit-Kriterien,
- die Methoden und
- den Ablauf der Audit-Sitzungen.

Der Audit-Plan dient also der operativen Umsetzung eines einzelnen Elements des Audit-Programms.

Der Audit-Plan ist die Antwortet auf die Frage »Wie wird ein bestimmtes Audit konkret durchgeführt?«.

10.4.1 Beispiel für das interne Audit

Die **Ziele** des internen Audits nach ISO 27001 sind:

- Überprüfung der Konformität des Managementsystems mit den Audit-Kriterien
- Bewertung der Fähigkeit des Managementsystems, dass das Unternehmen die auf es zutreffenden gesetzlichen, behördlichen und vertraglichen Anforderungen einhält
- Bewertung der Wirksamkeit des Managementsystems in Bezug auf die kontinuierliche Erfüllung der festgelegten Ziele des Unternehmens
- (soweit zutreffend) die Identifizierung von Verbesserungspotenzialen für das Managementsystem

Eine Vorlage für einen Audit-Plan für Unternehmen sehen Sie in Tabelle 10.4. In Tabelle 10.5 finden Sie einen Vorschlag für den Ablauf, der exemplarisch die wichtigsten Themen beinhaltet.

Audit-Kriterien/Standard/Ausgabestand	Internes Audit nach ISO/IEC 27001:2022
Ausgabe / Revisionsstand	SoA: Politik:
Audit-Zeitraum	
Unternehmen	
Adresse (Straße / Ort)	
Audit-Beauftragter	
Lead-Auditor	
Audit-Sprache	

Tabelle 10.4: Audit-Plan für ein Unternehmen

Zeit	Thema	Beteiligte Personen	Prozess / Vorgang
08:30	Begrüßung	Alle Interessierten	Einführung, Klärung offener Fragen
08:45	ISMS	<Name> <Vorname>	4.1 Organisation + Kontext, 4.2 Interessierte Parteien 4.3 Anwendungsbereich 5.3 Rollen, Verantwortlichkeiten ...
10:45	Risiko	<Name> <Vorname>	6.1 / 6.2 / 8.2 / 8.3 Risikoprozess Akt. Risikobewertung Übernahme der Risikoakzeptanz ...
12:00	Compliance	<Name> <Vorname>	A.5.31 Juristische, gesetzliche, regulatorische und vertragliche Anforderungen A.5.32 Geistige Eigentumsrechte A.5.35 Unabhängige Überprüfung der Informationssicherheit ...

Tabelle 10.5: Zeitplanung

Zeit	Thema	Beteiligte Personen	Prozess / Vorgang
12:30	Mittagspause		
13:30	HR	<Name> <Vorname>	A.6.1 Sicherheitsüberprüfung A.6.2 Beschäftigungs- und Vertragsbedingungen A.6.4 Maßregelungsprozess ...
14:30	ICT	<Name> <Vorname>	A.5.37 Dokumentierte Betriebsabläufe A.8.1 Endpunktgeräte des Benutzers A.8.6 Kapazitätssteuerung A.8.7 Schutz gegen Schadsoftware ...
16:30	Ende 1. Audit-Tag		

Tabelle 10.5: Zeitplanung (Forts.)

10.5 Audit-Bericht

Der Audit-Bericht kann in verschieden Formaten vorliegen. Eine praktische Möglichkeit beim internen Audit ist, ihn in Tabellenform abzubilden. Der Bericht könnte also das Format aus Tabelle 10.6 haben.

Audit-Bericht							
Zusammenfassung							
Thema	Audit-Feststellung	Geprüfte Nachweise	OK*	KN*	GN*	V*	Verbesserung
4.1 Verstehen der Organisation und ihres Kontextes	Die Organisation ist nachvollziehbar beschrieben; der Kontext beschreibt interne und externe Themen.	Kontext-v2.docx	x				

Tabelle 10.6: Audit-Bericht

Audit-Bericht							
4.2 Verstehen der Erfordernisse und Erwartungen interessierter Parteien	Die interessierten Parteien sind beschrieben, aber eher oberflächlich. Es fehlt die Zuweisung, was umgesetzt wird.	Int-Parteien-v1.docx			x		Die Anforderungen der interessierten Parteien müssen klarer festgehalten werden. Ebenfalls muss beschrieben werden, welche Anforderungen durch das ISMS umgesetzt werden.
*OK = in Ordnung, KN = kritische Nichtkonformität, GN = Geringfügige Nichtkonformität, V = Verbesserung							

Tabelle 10.6: Audit-Bericht (Forts.)

10.5.1 Bewertungen

In einem Audit gibt es unterschiedliche Bewertungsstufen.

- **OK**

  Der geprüfte Audit-Punkt ist in Ordnung. Eventuell wird noch ein Vorschlag zur Verbesserung gegeben.

- **Geringfügige Nichtkonformität**

  Eine *geringfügige Nichtkonformität* liegt vor, wenn es zwar eine Abweichung gibt, diese jedoch nicht direkt die Wirksamkeit des ISMS gefährdet.

  Beispiele dafür sind:

  - Ein einzelner Prozessschritt ist nicht sauber dokumentiert.
  - Eine Richtlinie wurde nicht vollständig aktualisiert.
  - Ein Mitarbeitender hat eine Vorgabe nicht genau eingehalten.
  - Obwohl der Prozess grundsätzlich gelebt wird, fehlt ein Nachweis.

  Diese Nichtkonformitäten zeigen lokale oder punktuelle Mängel an, die das Gesamtsystem jedoch nicht infrage stellen. Eine Korrektur ist zwar notwendig, aber normalerweise genügt es, die Maßnahme im üblichen Verbesserungsprozess umzusetzen. Die Zertifizierung ist dadurch nicht in Gefahr.

- **Kritische Nichtkonformität**

  Eine *kritische Nichtkonformität* (häufig auch als *wesentliche Nichtkonformität* oder *Major-NC* bezeichnet) ist deutlich gravierender: Eine eigene Anforderung oder eine Anforderung der ISO 27001 ist nicht erfüllt oder der Mangel beeinträchtigt die Wirksamkeit des gesamten ISMS erheblich.

  Beispiele dafür sind:

  - ein fehlender oder unzureichender Risikomanagementprozess
  - fehlende regelmäßige interne Audits
  - wiederholte Verstöße gegen zentrale Sicherheitsrichtlinien
  - nicht umgesetzte wichtige Maßnahmen aus Anhang A der Norm
  - Abweichungen, die entweder systematisch sind oder über einen längeren Zeitraum nicht behoben wurden

  Das gesamte Zertifikat kann durch solche Nichtkonformitäten gefährdet werden. Die Zertifizierungsstelle verlangt, dass innerhalb kurzer Fristen Korrekturmaßnahmen ergriffen werden. In einigen Fällen ist es sogar erforderlich, ein Nach-Audit durchzuführen, um zu belegen, dass die Korrektur wirksam war.

- **Verbesserung**

  Gerade bei internen Audits kann der Auditor *Verbesserungsvorschläge* anbringen. Diese können durch das Unternehmen umgesetzt werden oder auch (begründet) nicht weiterverfolgt werden. Wichtig ist, dass jede Verbesserung den Verbesserungsprozess durchläuft.

- **Hinweis**

  Ein *Hinweis* ist eine Feststellung außerhalb des zu prüfenden Managementsystems. Beispielsweise weisen die Auditoren auf einen Notausgang hin, der versperrt ist.

10.6 Audit-Fragen

Die nachfolgenden Fragen können typischerweise in einem Audit gestellt werden. Mit ihnen kann sich ein Unternehmen optimal auf die Audits vorbereiten.

0 – Einleitung

☐ Hat das Management die strategische Entscheidung zur Einführung eines Informationssicherheitsmanagementsystems (ISMS) nach der ISO 27001 getroffen?

☐ Ist bereits ein Managementsystem implementiert?

1 - Anwendungsbereich

☐ Wird die ISO 27001 für alle Anforderungen, d. h. für das Festlegen, Umsetzen, Durchführen, Überwachen, Überprüfen, Instandhalten und Verbessern eines dokumentierten ISMS im Kontext der allgemeinen Geschäftsrisiken der Organisation herangezogen?

2 - Normative Verweisungen

☐ Benutzt die Organisation die aktuelle Referenz (datierte Verweisungen)?

3 - Begriffe

☐ Sind die in der Organisation verwendeten Begriffe und Definitionen normgerecht?

4 - Kontext der Organisation

4.1 - Verstehen der Organisation und ihres Kontexts

☐ Wurden die internen Themen bestimmt? Wie sehen diese aus?

☐ Wurden die externen Themen bestimmt? Wie sehen diese aus?

☐ Wurde der Klimawandel als ein relevantes Thema festgestellt?

4.2 - Verstehen der Erfordernisse und Erwartungen interessierter Parteien

☐ Wurden die interessierten Parteien identifiziert?

☐ Wurden die Anforderungen dieser interessierten Parteien beschrieben?

☐ Wurde beschrieben, welche dieser Anforderungen im ISMS behandelt werden und welche nicht?

4.3 - Festlegung des Anwendungsbereichs des Informationssicherheitsmanagementsystems

☐ Ist der Anwendungsbereich des ISMS einschließlich der Grenzen (Ausschlüsse) definiert und dokumentiert?

☐ Sind alle Schnittstellen und Abhängigkeiten definiert?

☐ Gab es Änderungen des Anwendungsbereiches seit dem letzten Audit?

☐ Führt die Organisation ein dokumentiertes ISMS im Kontext ihrer allgemeinen Geschäftsaktivitäten und der Risiken ein, denen sie gegenübersteht?

4.4 - Informationssicherheitsmanagementsystem

☐ Werden die Prozessschritte festgelegt, umgesetzt, durchgeführt, überwacht, überprüft, instandgehalten und verbessert?

☐ Basiert dieser Prozess auf einer Management-Methode (wie z. B. dem PDCA-Kreislauf), um einen kontinuierlichen Verbesserungsprozess zu gewährleisten?

5 - Führung

5.1 - Führung und Verpflichtung

- ☐ Liegt eine Verpflichtung des Managements zur Einrichtung, Einführung, zum Betrieb, zur Überwachung, Prüfung, Wartung und Verbesserung des ISMS vor?
- ☐ Ist die Integration des ISMS in die Unternehmensprozesse sichergestellt?

5.2 - Politik

- ☐ Existiert eine Politik, die die spezifischen Eigenschaften des Unternehmens sowie gesetzliche Anforderungen und vertragliche Sicherheitsverpflichtungen berücksichtigt und die als Rahmenwerk für die Ziele und Grundsätze der Informationssicherheit im Unternehmen dient?
- ☐ Ist diese Politik mit dem organisationsweiten strategischen Risikomanagementkontext abgestimmt und werden die Kriterien zur Evaluierung der Risiken definiert und dokumentiert?
- ☐ Wurde diese Politik vom Management verabschiedet, dokumentiert und freigegeben?
- ☐ Ist die Politik intern und bei Bedarf extern verfügbar?

5.3 - Rollen, Verantwortlichkeiten und Befugnisse in der Organisation

- ☐ Sind alle beteiligten Organisationseinheiten und Rollen benannt, die für das ISMS relevant sind?
- ☐ Sind alle Personen des Sicherheitsmanagement-Teams ausreichend kompetent, um ihre Aufgaben im Rahmen des ISMS zu erfüllen?
- ☐ Stehen ausreichend Ressourcen bereit, um das ISMS festzulegen, umzusetzen, durchzuführen, zu überwachen, zu überprüfen, instand zu halten und zu verbessern?

6 - Planung

6.1 - Maßnahmen zum Umgang mit Risiken und Chancen

6.1.1 - Allgemeines

- ☐ Werden Maßnahmen ergriffen, dokumentiert und überprüft, die das Auftreten von Nichtkonformität verhindern sollen und auf der Risikoeinschätzung basieren?

6.1.2 - Informationssicherheitsrisikobeurteilung

- ☐ Ist eine angemessene Methode zur Risikoevaluierung im Rahmen des ISMS definiert, in der die Kriterien zur Risikoakzeptanz und Bestimmung von Risiko-Leveln Anwendung finden?
- ☐ Wird die Methode zur Risikoeinschätzung auf Angemessenheit für das ISMS einschließlich der Kriterien zur Akzeptanz, Nachvollziehbarkeit und Reproduzierbarkeit der Resultate regelmäßig überprüft?

- ☐ Werden die Risiken durch die Identifikation der Assets, deren Bedrohungen und Schwachstellen sowie die Auswirkungen des Verlusts von Vertraulichkeit, Integrität oder Verfügbarkeit ermittelt?
- ☐ Werden die Risiken im Hinblick auf den potenziellen geschäftlichen Schaden, die Eintrittswahrscheinlichkeit, die Einschätzung des Risikoniveaus und die Risikoakzeptanz bzw. Risikobehandlung analysiert und bewertet?
- ☐ Beinhaltet die Risikobehandlung die Evaluierung von Maßnahmen zur Vermeidung, Reduzierung, Übertragung und Akzeptanz von Risiken?
- ☐ Ist sichergestellt, dass der Risiko-Assessment-Prozess die Risikoakzeptanzkriterien beinhaltet?

6.1.3 – Informationssicherheitsrisikobehandlung

- ☐ Ist ein Prozess zur Behandlung von Informationssicherheitsrisiken definiert und umgesetzt?
- ☐ Beinhaltet dieser Prozess die Auswahl angemessener Optionen für die Sicherheitsrisikobehandlung unter Berücksichtigung der Ergebnisse der Risikoeinschätzung?
- ☐ Beinhaltet dieser Prozess die Festlegung aller Maßnahmen, die zur Implementierung der gewählten Optionen für die Sicherheitsrisikobehandlung erforderlich sind?
- ☐ Wird in diesem Prozess ein Vergleich der nach 6.1.3 festgelegten Maßnahmen mit den Maßnahmen in Anhang A und Vergewisserung, dass keine erforderlichen Kontrollmaßnahmen ausgelassen wurden, durchgeführt?
- ☐ Wird eine Erklärung zur Anwendbarkeit erstellt, die die erforderlichen Maßnahmen und Gründe für deren Einbeziehung enthält (egal, ob sie implementiert werden oder nicht) sowie Gründe für die Nichteinbeziehung von Maßnahmen in Anhang A?
- ☐ Ist ein Plan für die Behandlung von Informationssicherheitsrisiken definiert?
- ☐ Wird eine Genehmigung des Plans für die Behandlung von Informationssicherheitsrisiken seitens der Risikoeigentümer eingeholt? Haben die Risikoeigentümer schriftlich erklärt, dass sie die verbleibenden Informationssicherheitsrisiken akzeptieren?

6.2 – Informationssicherheitsziele und Planung zu deren Erreichung

- ☐ Sind in relevanten Funktionen und Ebenen Informationssicherheitsziele festgelegt?
- ☐ Sind diese Ziele mit der Informationssicherheitsrichtlinie konsistent?
- ☐ Sind diese Ziele messbar (falls dies praktikabel ist)?
- ☐ Sind diese Ziele unter Berücksichtigung der anwendbaren Informationssicherheitsanforderungen, der Risikoeinschätzung und der Ergebnisse des Umgangs mit diesen Risiken festgelegt worden?
- ☐ Werden diese Ziele kommuniziert und aktualisiert?

- ☐ Werden bei der Planung zur Erreichung der Informationssicherheitsziele folgende Aspekte betrachtet: zu ergreifende Maßnahmen, erforderliche Ressourcen, zuständige Personen, Frist bis zum Abschluss und Verfahren zur Auswertung der Ergebnisse?
- ☐ Wie, wann und von wem wird die Zielerreichung überprüft?

6.3 – Planung von Änderungen

- ☐ Wie werden Änderungen am ISMS ermittelt (zum Beispiel via Change-Prozess)?
- ☐ Wie werden Änderungen am ISMS durchgeführt?
- ☐ Wie werden Änderungen nach der Umsetzung überprüft?

7 – Unterstützung

7.1 – Ressourcen

- ☐ Sind die zur Einrichtung, Implementierung, Aufrechterhaltung und laufenden Verbesserung des ISMS erforderlichen Ressourcen ermittelt und bereitgestellt worden?
- ☐ Gibt es ein entsprechendes Budget?
- ☐ Wird die notwendige Zeit für das ISMS zur Verfügung gestellt?

7.2 – Kompetenz

- ☐ Sind alle Personen des Sicherheitsmanagement-Teams ausreichend kompetent, um ihre Aufgaben im Rahmen des ISMS zu erfüllen?
- ☐ Wie werden die Kompetenzen dokumentiert?

7.3 – Bewusstsein

- ☐ Werden alle in das ISMS involvierten Personen ausreichend geschult?
- ☐ Wie werden entsprechende Nachweise abgelegt?

7.4 – Kommunikation

- ☐ Wird ermittelt, welcher Bedarf an interner und externer Kommunikation zum ISMS besteht?
- ☐ Existiert ein entsprechender Kommunikationsplan?
- ☐ Werden hierbei sowohl der Inhalt der Kommunikation, der Zeitpunkt der Kommunikation, die Adressaten der Kommunikation, der Kommunikationsverantwortliche und die Kommunikationsprozesse betrachtet?

7.5 – Dokumentierte Informationen

7.5.1 – Allgemeines

- ☐ Werden alle für das ISMS nötigen Dokumente kontrolliert, geschützt und ist ein dokumentiertes Verfahren zur Lenkung von Dokumenten etabliert?

7.5.2 – Erstellen und Aktualisieren

- ☐ Werden die von der Organisation zu erstellenden Aufzeichnungen kontrolliert, geschützt und instand gehalten?

7.5.3 – Lenkung von dokumentierten Informationen

- ☐ Werden die dokumentierten Informationen nach den folgenden Aspekten kontrolliert: Verfügbarkeit und Eignung für die Verwendung unabhängig von Ort und Zeitpunkt und angemessener Schutz (z. B. vor Verlust der Vertraulichkeit, vor unsachgemäßer Verwendung oder vor Verlust der Integrität)?
- ☐ Werden zur Kontrolle der dokumentierten Informationen die folgenden Tätigkeiten berücksichtigt: Verteilung, Zugriff, Abruf und Verwendung, Lagerung und Erhaltung (einschließlich Erhalten der Lesbarkeit) sowie Änderungskontrolle (z. B. Versionskontrolle) und Aufbewahrung und Entsorgung?

8 – Betrieb

8.1 – Betriebliche Planung und Steuerung

- ☐ Wurden Kriterien für die in Abschnitt 6 bestimmten Maßnahmen festgelegt?
- ☐ Werden Änderungen gemäß Abschnitt 6.3 gesteuert?
- ☐ Sind extern bereitgestellte Prozesse, Produkte oder Dienstleistungen definiert und überwacht?
- ☐ Sind entsprechende dokumentierte Informationen verfügbar?

8.2 – Informationssicherheitsrisikobeurteilung

- ☐ Wird in geplanten Abständen eine Informationssicherheitsrisikoeinschätzung vorgenommen oder immer dann, wenn erhebliche Änderungen vorgeschlagen oder umgesetzt werden? Werden die unter Anschnitt 6.1.2 festgelegten Kriterien berücksichtigt?
- ☐ Sind entsprechende dokumentierte Informationen verfügbar?

8.3 – Informationssicherheitsrisikobehandlung

- ☐ Ist ein Risikobehandlungsplan implementiert, der die finanzielle Unterstützung und die Verantwortlichkeit sowie die Aufgabenzuweisung einschließt?
- ☐ Sind alle Maßnahmen aus dem Risikobehandlungsplan umgesetzt worden oder in Umsetzung?
- ☐ Ist eine Metrik zur Messung der Effektivität der Maßnahmen definiert und liefert diese reproduzierbare Resultate?

9 – Bewertung der Leistung

9.1 – Überwachung, Messung, Analyse und Bewertung

☐ Gibt es Überprüfungen der Prozeduren zur schnellen Entdeckung von Fehlern, zur Identifizierung von Sicherheitsverstößen, zur Überprüfung durchgeführter Sicherheitsaktivitäten, zur Entdeckung von sicherheitsrelevanten Ereignissen und zur Feststellung, dass Vorfälle effektiv behoben wurden?

☐ Wird die Effektivität des ISMS regelmäßig geprüft? Wird also geprüft, ob die ISMS-Richtlinien und -Zielsetzung erfüllt sind, und werden die Sicherheitsmaßnahmen geprüft?

☐ Ist definiert, wer für die Auswertung und Beurteilung zuständig ist?

☐ Gibt es Überprüfungen und Messungen der Effektivität der implementierten Maßnahmen?

☐ Werden die Resultate der Risikoeinschätzung regelmäßig unter Berücksichtigung von Änderungen in der Organisation oder an den Geschäftsprozessen, an der Technologie, an den Bedrohungen und an der Effektivität der umgesetzten Maßnahmen sowie von Änderungen an externen Einflüssen überprüft?

9.2 – Internes Audit

Allgemeines

☐ Werden regelmäßig interne Audits durchgeführt, und werden dabei die in ISO/IEC 27001, Abschnitt 6, beschriebenen Anforderungen an die internen Audits erfüllt?

Internes Audit-Programm

☐ Existiert ein Audit-Programm oder existieren auch mehrere?

☐ Werden die zu prüfenden Prozesse und die Ergebnisse vorheriger Audits berücksichtigt?

☐ Wurden die Audit-Kriterien und der Umfang definiert?

☐ Sind die Auditoren objektiv und unparteiisch?

☐ Werden die Ergebnisse gegenüber dem Management berichtet?

9.3 – Managementbewertung

Allgemeines

☐ Bewertet das Management regelmäßig (mindestens jedoch einmal im Jahr) das ISMS?

Eingaben für die Bewertung durch das Management

☐ Wie wird die Managementbewertung dokumentiert?

☐ Sind die Vorbereitung und Durchführung festgelegt?

☐ Werden alle Aktionen und Ereignisse aufgezeichnet, die sich auf das ISMS auswirken können?

- ☐ Sind alle von der Norm verlangten Themen im Management-Bericht enthalten?
- ☐ Berücksichtigen die Ergebnisse der Managementbewertung auch Entscheidungen und Aktivitäten zur Verbesserung der Wirksamkeit des ISMS, zur Aktualisierung des Risikoeinschätzungs- und Behandlungsplans? Berücksichtigen sie Änderungen an dem Verfahren und den Maßnahmen? Berücksichtigen sie den Ressourcenbedarf sowie Verbesserungen der Metrik zur Wirksamkeitsmessung?

10 – Verbesserung

10.1 – Fortlaufende Verbesserung

- ☐ Werden die identifizierten Verbesserungen implementiert und sind Prozesse für die kontinuierliche Verbesserung vorhanden?
- ☐ Werden Korrektur- und Vorbeugungsmaßnahmen getroffen, um das ISMS kontinuierlich zu verbessern?
- ☐ Werden die Resultate der Aktionen und Verbesserungen kommuniziert und werden weitere Vorgehensweisen besprochen?

10.2 – Nichtkonformität und Korrekturmaßnahmen

- ☐ Wie werden festgestellte Nichtkonformitäten dokumentiert?
- ☐ Werden Maßnahmen ergriffen, dokumentiert und überprüft, die das Auftreten von Nichtkonformität verhindern sollen und auf der Risikoeinschätzung basieren?
- ☐ Werden erkannte Nichtkonformitäten in Bezug auf die ISMS-Anforderungen durch gezielte Maßnahmen beseitigt?
- ☐ Werden geeignete Korrektur- und Vorbeugungsmaßnahmen ergriffen und wird aus den eigenen und den Erfahrungen anderer gelernt?
- ☐ Wie wird die Wirksamkeit der Korrekturmaßnahmen gemessen und dokumentiert?

A.5 – Organisatorische Maßnahmen

A.5.1 – Informationssicherheitspolitik und -richtlinien

- ☐ Existiert eine Informationssicherheitspolitik, in der die Grundsätze und Richtlinien zur Informationssicherheit beschrieben sind, und ist diese aktuell?
- ☐ Ist diese vom Management verabschiedet?
- ☐ Ist ein adäquater Sicherheitsprozess etabliert?
- ☐ Ist die Informationssicherheitspolitik veröffentlicht und allen Mitarbeitenden mitgeteilt?
- ☐ Ist die Informationssicherheitspolitik auch externen Mitarbeitenden verfügbar?
- ☐ Ist ein Verantwortlicher für die Informationssicherheitsrichtlinie in der Informationssicherheitspolitik erwähnt?

- ☐ Werden regelmäßig Vollständigkeits- bzw. Aktualisierungsprüfungen des Sicherheitskonzeptes durchgeführt?
- ☐ Ist geregelt, welche Sicherheitsmaßnahmen wann und von wem zu überprüfen sind?

A.5.2 – Informationssicherheitsrollen und -verantwortlichkeiten

- ☐ Sie die Rollen hinsichtlich der Verantwortlichkeiten für IT-Sicherheit definiert und dokumentiert?
- ☐ Sind dabei interne und externe Mitarbeitende sowie Vertragspartner berücksichtigt?
- ☐ Sind alle Zuständigkeiten im Bereich der Informationssicherheit festgelegt und zugeordnet?
- ☐ Sind ernannte Personen in diesem Bereich fachkundig und haben diese die Möglichkeit, mit den Entwicklungen Schritt zu halten, um ihrer Verantwortung im Bereich Informationssicherheit gerecht zu werden?

A.5.3 – Aufgabentrennung

- ☐ Werden widersprüchliche Aufgaben und Verantwortungsbereiche getrennt, um das Risiko unautorisierter oder versehentlicher Änderungen oder des Missbrauchs von Werten zu verringern?
- ☐ Gibt es eine Rollentrennung (Pflichten und Verantwortungsbereiche), um absichtliche oder unabsichtliche Modifikationen an Systemen einzuschränken?
- ☐ Gibt es Kontrollen, um eine effektive Trennung von Aufgaben oder die Lösung von Interessenskonflikten sicherzustellen?

A.5.4 – Verantwortlichkeiten der Leitung

- ☐ Welche Verantwortlichkeiten hat das Management im Unternehmen?
- ☐ Verlangt das Management von allen internen und externen Mitarbeitenden sowie von seinen Vertragspartnern die Einhaltung und Anwendung der Sicherheitsregelungen?

A.5.5 – Kontakt mit Behörden

- ☐ Gibt es Kontakte zu öffentlichen Einrichtungen und Behörden hinsichtlich der Informationssicherheit?
- ☐ Sind die Kontaktdaten und Ansprechpartner dokumentiert?
- ☐ Wird sichergestellt, dass die Kontakte aktuell gehalten und gepflegt werden?
- ☐ Falls es Meldepflichten gibt: Wie sehen die entsprechenden Prozesse aus?
- ☐ Wie wird sichergestellt, dass die behördlichen Anforderungen umgesetzt werden?

A.5.6 – Kontakt mit speziellen Interessensgruppen

- ☐ Gibt es Kontakte zu speziellen Foren oder Interessengruppen hinsichtlich Informationssicherheit?

- ☐ Steht der Administrator in regelmäßigem Kontakt zu den Herstellern der betreuten Systeme?
- ☐ Wie wird sichergestellt, dass die Kontakte aktuell gehalten und gepflegt werden?
- ☐ Welche Veranstaltungen wurden in der Vergangenheit besucht?

A.5.7 – **Informationen über die Bedrohungslage**

- ☐ Wie werden Informationen über die Bedrohungslage beschafft?
- ☐ Wie werden die Informationen ausgewertet und dokumentiert?
- ☐ Welche Erkenntnisse werden aus diesen Informationen gewonnen?

A.5.8 – **Informationssicherheit im Projektmanagement**

- ☐ Sind die Verfahren für das Projektmanagement konform mit den Informationssicherheitsvorgaben?
- ☐ Welche Anforderungen müssen in verschiedenen Phasen berücksichtigt werden?
- ☐ Werden der Informationssicherheitsverantwortliche und/oder der Datenschutzbeauftragte zu den Projekten hinzugezogen?
- ☐ Wie werden die Risiken in Projekten erkannt und behandelt?

A.5.9 – **Inventar der Informationen und anderer damit verbundener Werte**

- ☐ Existiert eine Inventarliste aller (wichtigen) Werte?
- ☐ Wird die erstellte Dokumentation laufend aktualisiert?
- ☐ Ist jedem Wert eine Sicherheitsklassifizierung zugeordnet?
- ☐ Wurde bei jedem Wert die Kritikalität bestimmt?
- ☐ Sind jeder Wert und jede Information, die in Verbindung mit informationsverarbeitenden Einrichtungen steht, einem Verantwortlichen zugeordnet?

A.5.10 – **Zulässiger Gebrauch von Informationen und anderen damit verbundenen Werten**

- ☐ Gibt es dokumentierte und umgesetzte Regelungen zu der erlaubten Verwendung der Werte und Informationen, die in Verbindung mit informationsverarbeitenden Einrichtungen stehen?
- ☐ Sind diese Regelungen jedem Werte-Nutzer bekannt?
- ☐ Wie wird die Einhaltung der Regelungen kontrolliert?
- ☐ Werden die Regelungen regelmäßig überprüft und bei Bedarf angepasst?
- ☐ Werden auch Drittanbieter miteinbezogen?

A.5.11 – **Rückgabe von Werten**

- ☐ Wird die Rückgabe von Firmeneigentum nach Vertragsauflösung geregelt?
- ☐ Ist diese Vorgehensweise dokumentiert?

☐ Gibt es einen Verantwortlichen dafür?

☐ Wird die Vollständigkeit überprüft (z. B. anhand einer Checkliste)?

A.5.12 – Klassifizierung von Informationen

☐ Ist eine Richtlinie zur Klassifizierung von Informationen erstellt und eingeführt worden?

☐ Werden dabei folgende Merkmale berücksichtigt: Wert, rechtliche Anforderungen, Sensibilität und betriebliche Notwendigkeit?

☐ Wie werden die Mitarbeitenden im Umgang mit klassifizierten Informationen geschult?

☐ Sind Konsequenzen für den Umgang mit Systemen mit hohem Schutzbedarf und für deren Konfiguration definiert und dokumentiert?

A.5.13 – Kennzeichnung von Informationen

☐ Gibt es angemessene Verfahren, um Informationen und Assets entsprechend der Richtlinie zur Klassifizierung zu kennzeichnen und zu handhaben?

☐ Sind diese Verfahren zur Behandlung der Werte eingeführt und etabliert?

☐ Sind die Informationen entsprechend der Richtlinie gekennzeichnet?

A.5.14 – Informationsübermittlung

☐ Gibt es eine Richtlinie, in der definiert wird, wie Daten, Informationen und Software sicher ausgetauscht werden?

☐ Werden dabei alle Kommunikationswege betrachtet?

☐ Werden die Mitarbeitenden über die Sicherheitsaspekte bei der Übermittlung von sensiblen Daten mit diesen Kommunikationsmitteln aufgeklärt?

☐ Gibt es schriftliche Vereinbarungen für den Austausch von Informationen und Software mit externen Firmen?

☐ Werden dabei die Sicherheitsaspekte basierend auf der Sensibilität der Geschäftsinformationen berücksichtigt?

☐ Gibt es eine Richtlinie, die die erlaubte Umgangsweise mit Nachrichtendiensten (Messaging) wie E-Mails definiert?

☐ Welche (technischen) Maßnahmen zum Schutz sind umgesetzt?

A.5.15 – Zugangssteuerung

☐ Ist eine Zugriffskontrollrichtlinie etabliert und dokumentiert, und wird diese – basierend auf den Anforderungen des Business und der Informationssicherheit – überprüft?

☐ Sind die Regelwerke für die Zugangskontrolle (Zugriff auf Informationen) basierend auf Geschäfts- und Sicherheitsanforderungen etabliert und dokumentiert, und werden diese regelmäßig kontrolliert?

☐ Enthält die Richtlinie die Rollen und Rechte für jeden Benutzer oder jede Benutzergruppe?

- ☐ Wurde den Benutzern oder Dienstleistern eine klare Erklärung zu den geschäftlichen Anforderungen hinsichtlich Zugriffskontrollen mitgeteilt?
- ☐ Werden die Vergabe sowie der Einzug von Zugangsberechtigungen und Zugangsmitteln dokumentiert?
- ☐ Wird bei der Vergabe von Zugangsberechtigungen die Funktionstrennung eingehalten?
- ☐ Gibt es regelmäßige Kontrollen der Berechtigungen?

A.5.16 – Identitätsmanagement

- ☐ Gibt es Vorgaben für die Erstellung von Identitäten?
- ☐ Welche Verfahren gibt es zur Erstellung, Verwaltung und Deaktivierung von Identitäten?
- ☐ Wie erfolgt die Überwachung der Identitäten?

A.5.17 – Authentisierungsinformationen

- ☐ Werden die Vergabe und die Rücksetzung von Passwörtern durch einen formalen Verwaltungsprozess kontrolliert?
- ☐ Haben die Benutzer eine Erklärung unterzeichnet, die sie dazu verpflichtet, die Passwörter geheim zu halten und den korrekten Umgang mit ihnen einzuhalten?
- ☐ Sind die Nutzer verpflichtet, die Vorgaben der Organisation zur Verwendung von geheimen Authentifizierungsdaten zu befolgen?
- ☐ Sind alle Benutzenden angewiesen, geheime Authentifizierungsdaten vertraulich zu behandeln, um sicherzustellen, dass sie nicht in die Hände Dritter einschließlich der Behörden geraten?
- ☐ Sind alle Benutzenden angewiesen, geheime Authentifizierungsdaten nicht zu notieren oder zu speichern (z. B. auf Papier, in einer Datei oder auf einem Mobilgerät), es sei denn, dass dieses Medium sicher aufbewahrt werden kann und diese Aufbewahrungsmethode genehmigt wurde?
- ☐ Werden bei jedweden Anzeichen einer möglichen Kompromittierung der geheimen Authentisierungsinformationen diese unverzüglich geändert?
- ☐ Sind Vorgaben an Kennwörter (z. B. Mindestlänge und Komplexität) definiert?
- ☐ Sind alle Benutzenden angewiesen, die eigenen, geheimen Authentisierungsinformationen keiner anderen Person mitzuteilen?
- ☐ Ist für den Fall, dass Kennwörter im Rahmen von automatisierten Anmeldeverfahren verwendet und gespeichert werden, ein ordnungsgemäßer Kennwortschutz vorhanden?
- ☐ Ist sichergestellt, dass für geschäftliche und nicht geschäftliche Zwecke nicht dieselben geheimen Authentisierungsinformationen verwendet werden dürfen?

- ☐ Gibt es Regelungen (gute Sicherheitspraktiken), die helfen, sichere Passwörter zu wählen, zu verwenden und zu pflegen?

A.5.18 – Zugangsrechte

- ☐ Werden die Vergabe und die Rücksetzung von Passwörtern durch einen formalen Prozess kontrolliert?
- ☐ Werden die Zugriffrechte regelmäßig durch einen formalen Prozess kontrolliert?
- ☐ Wird gewährleistet, dass die Zugangsrechte (Zugriffs- und Zutrittsrechte) nach einer Vertragsauflösung oder Versetzung an die neuen Anforderungen angepasst werden?
- ☐ Gibt es organisatorische Regelungen zur Vergabe von Zugangsrechten?
- ☐ Werden bei sämtlichen eingerichteten Zugangsberechtigungen die Zugriffsrechte bei Auftragsende entzogen bzw. gelöscht?
- ☐ Gibt es regelmäßige Kontrollen hinsichtlich der aktuellen Notwendigkeit von bestehenden Zugriffs- und Zutrittsberechtigungen?

A.5.19 – Informationssicherheit in Lieferantenbeziehungen

- ☐ Werden spezifische Inhalte der Informationssicherheitsrichtlinie auch an Externe weitergegeben?
- ☐ Werden alle definierten Sicherheitsanforderungen berücksichtigt, bevor ein Lieferant Zugriff auf Unternehmensdaten oder -werte erhält?
- ☐ Werden Lieferanten bei Änderungen an den Sicherheitsanforderungen informiert?
- ☐ Werden sicherheitsrelevante Themen in Verträgen/Vereinbarungen mit Lieferanten aufgeführt?

A.5.20 – Behandlung von Informationssicherheit in Lieferantenvereinbarungen

- ☐ Werden alle Sicherheitsanforderungen in Verträgen und Vereinbarungen mit Dienstleistern, die Zugriff auf Unternehmensdaten erhalten, aufgeführt?
- ☐ Sind diese Formulierungen so gehalten, dass sie mit den Anforderungen aus der Informationssicherheitsrichtlinie übereinstimmen?
- ☐ Werden Änderungen hinsichtlich der Anforderungen an externe Dienstleister kommuniziert?
- ☐ Werden Arbeiten von Dritten an IT-Systemen überwacht/überprüft, und ist diese Möglichkeit vertraglich festgelegt?

A.5.21 – Umgang mit der Informationssicherheit in der Lieferkette der Informations- und Kommunikationstechnologie (IKT)

- ☐ Enthalten Vereinbarungen mit Lieferanten Anforderungen für den Umgang mit Informationssicherheitsrisiken im Zusammenhang mit der Dienst- und Produktlieferkette im Bereich der Informations- und Kommunikationstechnologie?

- ☐ Erfolgt eine Festlegung der Anforderungen an die Informationssicherheit, die bei Informations- und Kommunikationstechnologie-Produkten oder beim Ankauf von Diensten zusätzlich zu den allgemeinen Anforderungen an die Informationssicherheit bei Lieferantenbeziehungen Anwendung finden?
- ☐ Bestehen Anforderungen an die Lieferanten von Informations- und Kommunikationstechnologie-Produkten, die Sicherheitsanforderungen der Organisation innerhalb der gesamten Lieferkette weiterzugeben für den Fall, dass diese Produkte Komponenten beinhalten, die von anderen Lieferanten zugekauft wurden?
- ☐ Wurden ein Überwachungsprozesses sowie geeignete Methoden implementiert, um sicherzustellen, dass die bereitgestellten Informations- und Kommunikationstechnologie-Produkte den festgelegten Sicherheitsanforderungen entsprechen?
- ☐ Wird die Zusicherung eingeholt, dass kritische Komponenten und ihr Ursprung über die gesamte Lieferkette verfolgt werden können?
- ☐ Wird die Zusicherung eingeholt, dass die bereitgestellten Informations- und Kommunikationstechnologie-Produkte wie erwartet funktionieren und keine unerwarteten oder unerwünschten Eigenschaften aufweisen?
- ☐ Sind Regeln für die Mitteilung von Informationen bezüglich der Lieferkette und möglicher Probleme und Kompromisse zwischen der Organisation und den Lieferanten festgelegt?

A.5.22 – Überwachung, Überprüfung und Änderungsmanagement von Lieferantendienstleistungen

- ☐ Wurde ein Betriebskonzept für das Outsourcing-Vorhaben festgelegt?
- ☐ Enthält das Betriebskonzept Verfahren und Maßnahmen, die das gewünschte Sicherheitsniveau im laufenden Betrieb sicherstellen?
- ☐ Werden vom Dienstleister Berichte und Aufzeichnungen über die erledigten Arbeiten abgegeben?
- ☐ Wird die ordentliche Durchführung und die Einhaltung der Sicherheitsmaßnahmen überprüft (Audits)?
- ☐ Gibt es Richtlinien für die Durchführung von Änderungen an IT-Komponenten, Software oder Konfigurationsdaten durch Dienstleister?
- ☐ Werden Änderungen an der Erbringung von Dienstleistungen kontrolliert und gepflegt?
- ☐ Werden dabei auch Änderungen an der Sicherheitsrichtlinie und Prozessbeschreibungen berücksichtigt?
- ☐ Werden dabei auch Änderungen bei den damit einhergehenden Risiken berücksichtigt?
- ☐ Werden Dienstleister über Änderungen an den Sicherheitsmaßnahmen frühzeitig informiert?

A.5.23 – Informationssicherheit für die Nutzung von Cloud-Diensten

- ☐ Wie werden die Schutzanforderungen bei der Auswahl und Nutzung von Cloud-Dienstleistern festgelegt?
- ☐ Wie werden die Risiken von Cloud-Diensten erfasst und bewertet?
- ☐ Wie werden die Anforderungen an die Informationssicherheit und den Datenschutz berücksichtigt?
- ☐ Welche Kontrollen werden bei Cloud-Dienstleistern definiert und durchgeführt?
- ☐ Wie werden Sicherheitsvorfälle bei einem Cloud-Dienstleister erfasst und behandelt?

A.5.24 – Planung und Vorbereitung der Handhabung von Informationssicherheitsvorfällen

- ☐ Ist eine Richtlinie implementiert, die die Verantwortlichkeiten festlegt, wie Sicherheitsvorfällen schnell, effektiv und geordnet begegnet werden kann?
- ☐ Ist geregelt, wie mit geschäftskritischen Systemen umgegangen werden soll?
- ☐ Ist geregelt, welche Systeme bei einem größeren Vorfall zuerst untersucht werden sollen?
- ☐ Gibt es Klassifizierungen von Vorfällen und speziell darauf abgestimmte Verhaltensanweisungen?
- ☐ Ist geregelt, welche Ressourcen intern und extern im Falle eines Sicherheitsvorfalles abgerufen werden können?
- ☐ Werden Sicherheitsvorfälle dokumentiert?
- ☐ Werden die Aktivitäten während der Behebung von Sicherheitsvorfällen protokolliert?

A.5.25 – Beurteilung und Entscheidung über Informationssicherheitsereignisse

- ☐ Werden Security Incidents nach Incident-Typen, nach der Häufigkeit ihres Auftretens und nach dem tatsächlichen bzw. potenziellen Schaden kategorisiert?
- ☐ Werden bei größeren Security Incidents nach der Behandlung strategische Verfahren abgeleitet, um ähnliche Vorfälle künftig zu vermeiden?
- ☐ Werden diese Verfahren überprüft und ggf. angepasst?

A.5.26 – Reaktion auf Informationssicherheitsvorfälle

- ☐ Reagiert ein dazu bestimmter Ansprechpartner und reagieren andere relevante Personen der Organisation oder externer Parteien auf Informationssicherheitsvorfälle?
- ☐ Ist ein möglichst frühzeitiges Sichern von Beweismaterial nach dem Vorkommnis sichergestellt?
- ☐ Ist ein Eskalationspfad, sofern erforderlich, beschrieben?
- ☐ Ist sichergestellt, dass alle durchgeführten Aktivitäten zur späteren Analyse ordnungsgemäß protokolliert werden?

☐ Werden bei einem aufgetretenen Informationssicherheitsvorfall Informationen an andere interne oder externe Personen oder an Organisationen kommuniziert, die davon Kenntnis erhalten müssen?

☐ Ist ein adäquater Umgang mit Informationssicherheitsschwachstellen, die als ursächlich oder begünstigend für den Vorfall festgestellt wurden, sichergestellt?

☐ Sind ein formeller Abschluss und eine Dokumentierung nach erfolgreichem Abschluss etabliert?

A.5.27 – **Erkenntnisse aus Informationssicherheitsvorfällen**

☐ Sind Mechanismen etabliert, um die Vorfallsarten, die Häufigkeit und die Kosten von Sicherheitsvorfällen zu bestimmen?

☐ Werden größere Sicherheitsvorfälle nach der Bearbeitung so aufbereitet, dass Strategien entwickelt werden können, um gleichgeartete Vorfälle in Zukunft zu verhindern?

☐ Wird ein Review der Bearbeitungen durchgeführt, um Verbesserungen im Prozess und an der Vorgehensweise zu erreichen?

A.5.28 – **Sammeln von Beweismaterial**

☐ Gibt es Regelungen, die definieren, bei welchen Vorfällen eine Beweisaufnahme zur späteren gerichtlichen Verfolgung gestartet wird?

☐ Sind die notwendigen Tools und das notwendige Wissen für das Aufbauen einer lückenlosen Beweiskette vorhanden?

☐ Werden regelmäßige Schulungen der Mitarbeiter im Incident-Response-Prozess durchgeführt?

☐ Ist der Prozess zur Beweisaufnahme oder Erhalt der Beweiskette in Übereinstimmung mit gesetzlichen Anforderungen und wirtschaftlichen Best Practices?

A.5.29 – **Informationssicherheit bei Störungen**

☐ Sind Vorkommnisse, die die Unterbrechung der Geschäftsabläufe verursachen können, identifiziert?

☐ Werden die Eintrittswahrscheinlichkeit und die Auswirkungen auf den Geschäftsbetrieb und die Informationssicherheit für solche Ereignisse erhoben?

☐ Ist ein gelenkter Prozess zur Entwicklung und Verbesserung der Aufrechterhaltung des Geschäftsbetriebes etabliert?

☐ Werden dabei Sicherheitsanforderungen berücksichtigt?

☐ Sind Pläne entwickelt und implementiert worden, um die notwendigen Geschäftsprozesse am Laufen zu halten oder wieder zum Laufen zu bringen?

☐ Berücksichtigen die Pläne das notwendige Maß an Verfügbarkeit der Informationen?

A.5.30 – IKT-Bereitschaft für Business-Continuity

- ☐ Gibt es einen unternehmensweiten Business-Continuity-Plan?
- ☐ Werden regelmäßige Business-Continuity-Tests durchgeführt?
- ☐ Wird der Business-Continuity-Plan aktuell gehalten?
- ☐ Werden im Change-Management die Aspekte der Business Continutiy berücksichtigt?

A.5.31 – Juristische, gesetzliche, regulatorische und vertragliche Anforderungen

- ☐ Sind alle juristischen, gesetzlichen und vertraglichen Anforderungen an den Betrieb von IT-Systemen bestimmt?
- ☐ Sind diese Anforderungen den speziellen IT-Systemen zugeordnet und dokumentiert?
- ☐ Sind für diese Systeme spezielle Sicherheitsmaßnahmen und Verantwortlichkeiten festgelegt und dokumentiert, um den Anforderungen gerecht zu werden?
- ☐ Wird ein Lizenzmanagement betrieben?
- ☐ Ist die Verwendung von Verschlüsselungstechnologien konform mit allen relevanten Vereinbarungen, Gesetzen und Vorschriften?

A.5.32 – Geistige Eigentumsrechte

- ☐ Sind angemessene Verfahren implementiert, um die gesetzlichen, amtlichen und vertraglichen Anforderungen zum Schutz des Urheberrechts zu erfüllen?
- ☐ Werden dabei sowohl Informationen in nicht elektronischer Form wie auch Software berücksichtigt?
- ☐ Sind entsprechende Vorgaben definiert, z. B. in Arbeitsverträgen?

A.5.33 – Schutz von Aufzeichnungen

- ☐ Sind wichtige Aufzeichnungen des Unternehmens besonders geschützt, z. B. vor Verlust, Zerstörung und Fehlfunktionen?
- ☐ Wie wird die Einhaltung kontrolliert?
- ☐ Welche Aufbewahrungsfristen sind definiert?

A.5.34 – Datenschutz und Schutz von personenbezogenen Daten (PbD)

- ☐ Welche Datenschutzvorschriften gibt es?
- ☐ Ist ein Managementprozess etabliert, der Daten und personenbezogene Informationen schützt?
- ☐ Werden dabei alle juristischen, gesetzlichen und vertraglichen Anforderungen erfüllt?
- ☐ Gibt es ein Verzeichnis der Verarbeitungstätigkeiten?
- ☐ Werden auch Externe berücksichtigt?

A.5.35 – Unabhängige Überprüfung der Informationssicherheit

- ☐ Finden unabhängige Überprüfungen der Handhabung und Umsetzung der Informationssicherheit statt?
- ☐ Werden dabei die Tauglichkeit, Angemessenheit und Effektivität der Sicherheitsmaßnahmen überprüft?
- ☐ Werden die Ergebnisse der Überprüfungen dokumentiert?
- ☐ Enthalten die Management-Berichte die wichtigsten Informationen der Überprüfungen?

A.5.36 – Einhaltung von Richtlinien, Vorschriften und Normen für die Informationssicherheit

- ☐ Stellen Verantwortliche sicher, dass alle Sicherheitsverfahren in ihrem Verantwortungsbereich korrekt angewandt werden, um die Einhaltung von Sicherheitsregelungen und -standards zu erreichen?
- ☐ Wird die unautorisierte Nutzung von Informationssystemen ohne ausdrückliche Genehmigung des Managements als Missbrauch geahndet?
- ☐ Ist eine Warnmeldung beim Login an unternehmenseigenen IT-Systemen eingerichtet, die auf das Verbot einer unautorisierten Nutzung hinweist?
- ☐ Ist ein Überwachungsprozess etabliert, der die Aktivitäten der Nutzer in Bezug auf unautorisierte Nutzung überwacht?

A.5.37 – Dokumentierte Betriebsabläufe

- ☐ Welche dokumentierten Betriebsabläufe gibt es?
- ☐ Sind diese Dokumentationen allen relevanten Mitarbeitenden bekannt?
- ☐ Können diese Dokumentationen von allen relevanten Mitarbeitenden gelesen werden?
- ☐ Werden diese Dokumentationen verwendet und auf dem neuesten Stand gehalten?
- ☐ Wird die Informationsverarbeitung in allen Phasen, allen Anwendungen und allen Systemen dokumentiert?

A.6 – Personenbezogene Maßnahmen

A.6.1 – Sicherheitsüberprüfung

- ☐ Werden Hintergrundinformationen zu Personen eingeholt, die sich auf eine Stelle bewerben?
- ☐ Gilt dies sowohl für interne wie auch für externe Mitarbeitende und Vertragspartner?
- ☐ Werden dabei die lokalen Gesetze, Regelungen und ethischen Grundsätze beachtet?
- ☐ Ist die Überprüfung den erkannten Risiken angemessen?
- ☐ Werden dabei mindestens folgende Merkmale geprüft: Referenzen, akademische Grade, berufliche Weiterbildungen und unabhängige Identitätsprüfung?

A.6.2 – Beschäftigungs- und Vertragsbedingungen

☐ Werden die Verantwortlichkeiten für Informationssicherheit im Vertragsdokument festgehalten?

☐ Werden Verpflichtungs- bzw. Geheimhaltungserklärungen bei Einstellung oder Vertragsunterzeichnung mit unterschrieben?

☐ Gilt dies auch für Zeitarbeitskräfte, Vertragspartner und Dienstleister?

☐ Wird die Verpflichtungs- bzw. Geheimhaltungserklärung auch verlangt, wenn kein IT-Zugriff erfolgt?

☐ Gelten diese Vereinbarungen auch für eine bestimmte Zeitspanne nach der Aufhebung des Arbeitsverhältnisses?

A.6.3 – Informationssicherheitsbewusstsein, -ausbildung und -schulung

☐ Werden alle internen und wo notwendig auch externen Mitarbeitenden und Vertragspartner in einem Sicherheitssensibilisierungsprogramm trainiert?

☐ Werden diese Veranstaltungen regelmäßig wiederholt?

☐ Erhalten alle Mitarbeitenden auch die notwendigen Informationen, wenn sich Richtlinien oder Prozessbeschreibungen ändern?

☐ Wie wird der Erfolg der Veranstaltungen gemessen?

A.6.4 – Maßregelungsprozess

☐ Gibt es einen formalen Prozess für Disziplinarmaßnahmen für Mitarbeitende, die gegen die Informationssicherheitsvorschriften und davon abgeleitete Prozesse verstoßen haben?

☐ Welche Schritte umfasst der Disziplinarprozess?

☐ Wie werden die Schritte den Mitarbeitenden bekannt gemacht?

A.6.5 – Verantwortlichkeiten bei Beendigung oder Änderung der Beschäftigung

☐ Wie sieht der Austrittsprozess aus?

☐ Gibt es eine Offboarding-Checkliste? Welchen Inhalt hat diese?

☐ Sind die Verantwortlichkeiten hinsichtlich des Beendens oder Änderns eines Anstellungsverhältnisses klar definiert und zugeordnet?

☐ Werden die Mitarbeitenden beim ihrem Austritt nochmals auf die Vertraulichkeit hingewiesen?

A.6.6 – Vertraulichkeits- oder Geheimhaltungsvereinbarungen

☐ Wie sieht die aktuelle Vertraulichkeitsvereinbarung aus?

☐ Gibt es eine Richtlinie, wer welche Vereinbarung in welchem Arbeitsumfeld gegenzeichnen muss?

- ☐ Wird die Angemessenheit und Aktualität der Vereinbarungen geprüft?
- ☐ Werden durch die verwendeten Vertraulichkeitsvereinbarungen alle wichtigen Aspekte zum Schutz von organisationsinternen Informationen berücksichtigt?

A.6.7 – Remote-Arbeit

- ☐ Gibt es Richtlinien für den Umgang mit mobilen Geräten?
- ☐ Sind alle Mitarbeitenden, die remote arbeiten dürfen, zu deren Einhaltung verpflichtet worden?
- ☐ Wurden diesen Mitarbeitenden die entsprechenden Regelungen und Richtlinien oder ein Merkblatt ausgehändigt, in dem die von ihnen zu beachtenden Sicherheitsmaßnahmen erläutert werden?
- ☐ Sind Sicherheitsmaßnahmen eingeführt, die Heimarbeitsplätze oder Small Offices vor Diebstahl und Informationsaufdeckung schützen?

A.6.8 – Meldung von Informationssicherheitsereignissen

- ☐ Ist geregelt, wie Mitarbeitende Sicherheitsvorfälle melden müssen?
- ☐ Ist den Mitarbeitenden bekannt, wie sie Vorfälle melden müssen?
- ☐ Gibt es etablierte Kommunikationswege, um Sicherheitsvorfälle schnellstmöglich zu behandeln?
- ☐ Sind Eskalationsstufen definiert und implementiert?

A.7 – Physische Maßnahmen

A.7.1 – Physische Sicherheitsperimeter

- ☐ Werden physische Schutzmaßnahmen des gesamten Betriebsgeländes und/oder der Bereiche eingesetzt, die informationsverarbeitende Einrichtungen beinhalten?
- ☐ Gibt es ein Schutzkonzept, das sowohl den Perimeterschutz als auch den Gebäudeschutz umfasst?
- ☐ Gibt es schützenswerte Bereiche außerhalb des Betriebsgeländes, und wie werden diese geschützt?
- ☐ Werden Begehungen zur Kontrolle der Wirksamkeit und Unversehrtheit der Schutzmaßnahmen durchgeführt?

A.7.2 – Physischer Zutritt

- ☐ Existiert ein Konzept für die Zutrittskontrolle?
- ☐ Werden Schutzmaßnahmen zur Zutrittskontrolle an den Grenzen zum Betriebsgelände und innerhalb des Betriebsgeländes eingesetzt?
- ☐ Gibt es Begehungen, um die Effektivität der Zutrittskontrollen zu überprüfen?
- ☐ Gibt es Zutrittsprotokolle? Und falls ja, wann und wie werden diese ausgewertet?
- ☐ Welche Schulungen erfolgen zum physischen Zutritt?

A.7.3 – Sichern von Büros, Räumen und Einrichtungen

☐ Wird der physische Schutz für Büros, Räume und Einrichtungen systematisch geplant und umgesetzt?

☐ Ist definiert, wer in welche Büros, Räume und Einrichtungen gelangen darf?

☐ Sind alle Büros und Arbeitsbereiche abschließbar?

☐ Gibt es Begehungen zur Kontrolle, ob leere Büros abgeschlossen sind?

☐ Gibt es wo notwendig abschließbare Aktenschränke?

☐ Gibt es in Bereichen mit als sensibel klassifizierten Informationen Tresore?

A.7.4 – Physische Sicherheitsüberwachung

☐ Gibt es Vorgaben für die physische Sicherheitsüberwachung?

☐ Welche Systeme werden zur Überwachung genutzt?

☐ Wie erfolgt die Auswertung der Überwachungen?

A.7.5 – Schutz vor physischen und umweltbedingten Bedrohungen

☐ Gibt es Vorkehrungen gegen Feuerschäden, Flutschäden, Schäden durch Erdbeben, Explosionen, Unruhen und gegen andere von der Natur oder dem Menschen verursachten Schäden?

☐ Werden diese Vorkehrungen regelmäßig auf ihre Angemessenheit und Funktionalität überprüft?

☐ Sind dabei Gefahren berücksichtigt, die von angrenzenden Grundstücken ausgehen?

A.7.6 – Arbeiten in Sicherheitsbereichen

☐ Gibt es spezielle Bereiche im Unternehmen, die eine besondere Schutzbedürftigkeit haben?

☐ Sind diese Bereiche nicht sofort als solche zu erkennen?

☐ Sind diese Bereiche mit speziellen Zutrittskontrollen versehen?

☐ Wird der Zutritt zu diesen Bereichen kontrolliert?

☐ Gibt es Begehungen, um die Effektivität der Zutrittskontrollen zu überprüfen?

☐ Werden die Zutritte protokolliert?

☐ Wurde eine gesonderte Risikobewertung dieser Bereiche angefertigt?

☐ Gibt es spezielle Anweisungen und Schulungen für das Arbeiten in diesen Bereichen?

A.7.7 – Aufgeräumte Arbeitsumgebung und Bildschirmsperren

☐ Sind Richtlinien für den aufgeräumten Schreibtisch etabliert?

☐ Wird die Einhaltung dieser Richtlinien kontrolliert?

☐ Steht jedem Mitarbeitenden die Möglichkeit zur Verfügung, sensible Daten wegzuschließen?

☐ Werden Bildschirmsperren automatisch vorgegeben?

A.7.8 – Platzierung und Schutz von Geräten und Betriebsmitteln

- ☐ Sind Betriebsmittel, Informationen und informationsverarbeitende Systeme so platziert, dass die Möglichkeit eines unautorisierten Zugriffs minimalisiert ist?
- ☐ Gibt es ausreichenden Sichtschutz an Fenstern, die von öffentlichen Orten eingesehen werden können?
- ☐ Sind bei der Platzierung der Systeme auch Umgebungseinflüsse wie Rauch, Wasser, Dampf, Vibrationen, chemische Reaktionen und elektromagnetische Einstrahlung berücksichtigt?
- ☐ Wurde beim Einsatz von WLAN darauf geachtet, dass die Ausstrahlung der Funkwellen möglichst nicht in öffentliche Bereiche reicht?
- ☐ Werden Gegenstände mit besonderer Schutzbedürftigkeit gesondert aufbewahrt?
- ☐ Sind Sicherheitsmaßnahmen zum Schutz vor Diebstahl umgesetzt?
- ☐ Gibt es Regelungen zum Rauchen, Trinken und Essen in der Nähe von informationsverarbeitenden Systemen?
- ☐ Gibt es Warnmelder, um gefährliche Umgebungseinflüsse frühzeitig zu erkennen?
- ☐ Sind alle Server in speziellen zutrittskontrollierten Bereichen untergebracht?
- ☐ Sind alle Server, Switches, Router, Firewalls in abschließbaren Schränken platziert?

A.7.9 – Sicherheit von Werten außerhalb der Räumlichkeiten

- ☐ Wird die Verwendung von Betriebsmitteln und firmeneigenen Gegenständen außerhalb des Betriebsgeländes erlaubt?
- ☐ Gibt es ein Verzeichnis dieser Werte?
- ☐ Gibt es Regelungen für die Mitnahme von IT-Komponenten aller Art?
- ☐ Ist das Schutzniveau für diese Ausrüstungsgegenstände außerhalb des Betriebsgeländes genauso hoch wie oder höher als innerhalb Betriebsgeländes?
- ☐ Sind Gegenstände, die das Betriebsgelände verlassen, versichert?
- ☐ Welche Sicherheitsmaßnahmen sind auf diesen Geräten realisiert?
- ☐ Gibt es entsprechende Schulungen?

A.7.10 – Speichermedien

- ☐ Gibt es eine Prozessbeschreibung für den Umgang mit Wechselspeichermedien?
- ☐ Gibt es eine Prozessbeschreibung, wie nicht mehr benötigte Speichermedien sicher aufbewahrt und dann zerstört werden?
- ☐ Gibt es Protokolle, die beweisen, dass dieser Prozess gelebt wird?
- ☐ Wie werden physische Speichermedien außerhalb des Betriebsgeländes transportiert?
- ☐ Werden diese Speichermedien vor unautorisiertem Zugriff, Missbrauch oder Verfälschung geschützt (z. B. durch Verschlüsselung)?

A.7.11 – Versorgungseinrichtungen

- ☐ Welche Risiken gibt es für Versorgungseinrichtungen?
- ☐ Sind alle wichtigen Betriebsmittel und Einrichtungen vor Stromausfall geschützt?
- ☐ Gibt es Abhängigkeiten von anderen Versorgungsmitteln?
- ☐ Sind alle wichtigen Einrichtungen vor dem Ausfall der jeweiligen Versorgungsmittel geschützt?
- ☐ Gibt es entsprechende Notfallpläne?

A.7.12 – Sicherheit der Verkabelung

- ☐ Gibt es Sicherheitsmaßnahmen, um die Beschädigung und Unterbrechung von Kabeln für Strom und Telekommunikation zu verhindern?
- ☐ Gibt es Regelungen für den Zutritt zu Verteilern?
- ☐ Können Schäden zeitnah entdeckt werden?
- ☐ Gibt es spezielle Maßnahmen für Datenkabel, über die sensible Informationen transportiert werden (insbesondere, wenn diese durch öffentliche Bereiche führen)?

A.7.13 – Instandhaltung von Geräten und Betriebsmitteln

- ☐ Werden Wartungsarbeiten an Geräten gemäß der vom Hersteller empfohlenen Zeitperioden durchgeführt?
- ☐ Werden Wartungsarbeiten nur von dafür autorisiertem Personal durchgeführt?
- ☐ Werden Protokolle über vermutete und wirklich vorgekommene Ausfälle geführt?
- ☐ Enthalten diese Protokolle auch die durchgeführten präventiven und korrigierenden Maßnahmen?

A.7.14 – Sichere Entsorgung oder Wiederverwendung von Geräten und Betriebsmitteln

- ☐ Werden Datenträger, auf denen sensible Informationen gespeichert sind, ordnungsgemäß zerstört oder unwiederbringlich gelöscht?
- ☐ Gibt es Verfahrensanweisungen für Festplatten von Servern und Clients?
- ☐ Bestehen Verträge mit Entsorgungsfirmen, in denen die Sicherheitsanforderungen für die Zerstörung genannt sind?
- ☐ Besteht die Möglichkeit, die ordnungsgemäße Entsorgung bei diesen Firmen zu kontrollieren?
- ☐ Ist dies vertraglich festgehalten?
- ☐ Gibt es eine Prozedur zur Behandlung von Datenträgern, die zur Wiederverwendung vorgesehen sind?
- ☐ Sind den involvierten Personen die Verfahren für die Löschung bekannt?

A.8 – Technologische Maßnahmen

A.8.1 – **Endpunktgeräte des Benutzers**

- ☐ Welche Vorgaben gibt es hinsichtlich der Sicherheit von Werten (z. B. Informationen, Laptops, Smartphones) innerhalb und außerhalb (z. B. Homeoffice, Reisen), um Missbrauch, unbeaufsichtigte Fremdnutzung oder das Entfernen aus dem Unternehmen zu verhindern?
- ☐ Wie werden Endpunktgeräte regelmäßig aktualisiert?
- ☐ Wie wird der Zugriff auf Endpunktgeräte sichergestellt?
- ☐ Sind Endpunktgeräte verschlüsselt?
- ☐ Gibt es Vorgaben an die Benutzenden, dass Informationen selbstständig gesichert werden müssen?
- ☐ Gibt es spezielle Software, die das System überwacht (XDR, EDR)?
- ☐ Gibt es Regelungen beim Verlust oder Diebstahl von Endpunktgeräten?
- ☐ Dürfen Endpunktgeräte auch privat genutzt werden? Falls ja, wie wird der Schutz der Firmendaten sichergestellt?

A.8.2 – **Privilegierte Zugangsrechte**

- ☐ Wer im Unternehmen verfügt über privilegierte Zugangsrechte?
- ☐ Gibt es Richtlinien für die Zugriffs- bzw. Zugangskontrolle von privilegierten Zugangsrechten?
- ☐ Gibt es Standard-Rechteprofile für verschiedene Funktionen bzw. Aufgaben?
- ☐ Wird die Vergabe von Zugriffsrechten auf das Notwendige begrenzt und kontrolliert?
- ☐ Sind Administrator-Rollen getrennt?
- ☐ Wird nicht ständig mit privilegierten Zugangsrechten gearbeitet?
- ☐ Sind spezielle Anforderungen an Kennwörter für diese Accounts definiert?
- ☐ Werden zusätzliche Anforderungen wie ein zweiter Faktor oder eine zeitliche Begrenzung verlangt?
- ☐ Wie werden privilegierte Zugangsrechte dokumentiert?
- ☐ Wie werden Zugriffe protokolliert und ausgewertet?

A.8.3 – **Informationszugangsbeschränkung**

- ☐ Gibt es ein Rollenkonzept?
- ☐ Gibt es eine Zugriffsrichtlinie?
- ☐ Berücksichtigt diese Richtlinie alle im Unternehmen verwendeten Systeme und Applikationen?
- ☐ Sind die Zugriffsrechte einzelner Personen oder Personengruppen lückenlos dokumentiert?

- ☐ Entsprechen alle vergebenen Zugriffsrechte den Vorgaben?
- ☐ Werden die Zugriffsrechte regelmäßig gepflegt/überprüft?
- ☐ Informiert die HR-Abteilung alle Applikationsverantwortlichen bei einer personellen Änderung?
- ☐ Wie sieht der Prozess für die Vergabe, Änderung und den Entzug von Zugängen aus?
- ☐ Werden Zugriffe protokolliert und regelmäßig ausgewertet?
- ☐ Werden diese Protokolldaten aufbewahrt, um für eine Sicherheitsuntersuchung herangezogen zu werden?

A.8.4 – Zugriff auf den Quellcode

- ☐ Wie wird Quellcode gespeichert?
- ☐ Wird der Zugriff auf Quellcode geschützt bzw. kontrolliert?
- ☐ Wie sieht das Verfahren für den Zugriff auf den Quellcode aus?
- ☐ Wird verifiziert, ob Quellcode unversehrt ist?
- ☐ Werden Zugriffe auf den Quellcode protokolliert und regelmäßig ausgewertet?

A.8.5 – Sichere Authentisierung

- ☐ Welche Authentisierungsmethoden werden verwendet?
- ☐ Welche Anforderungen werden an die Authentisierung gestellt (z. B. Passwortlänge, Komplexität, Mehrfaktor)?
- ☐ Wird der Zugriff durch ein sicheres Anmeldeverfahren realisiert?
- ☐ Finden noch Root-Anmeldungen über nicht verschlüsselte Protokolle wie z. B. `telnet`, `ftp`, `rsh`, `rlogin`, `vnc` usw. statt?
- ☐ Werden inaktive Sitzungen nach einer bestimmten Zeit erzwungenermaßen geschlossen?
- ☐ Wie erfolgen die Protokollierung und Auswertung?

A.8.6 – Kapazitätssteuerung

- ☐ Werden Kapazitäten von Systemen überwacht?
- ☐ Wie werden diese überwacht?
- ☐ Werden daraus Kapazitätsplanungen für die Zukunft erstellt?
- ☐ Gibt es eine Alarmierung, wenn bestimmte Werte unter- oder überschritten werden?

A.8.7 – Schutz gegen Schadsoftware

- ☐ Welche Vorkehrungen sind getroffen worden, um Schadsoftware rechtzeitig zu erkennen und zu bekämpfen?
- ☐ Gibt es Schulungen für alle Mitarbeitenden zum Verhalten bei einem Verdacht auf Schadsoftware?

- ☐ Sind Sicherheitsmaßnahmen zur Entfernung von Schadcode implementiert?
- ☐ Wird die eingesetzte Antivirensoftware immer auf dem neuesten Stand gehalten?
- ☐ Wird Netzwerkverkehr nach Schadsoftware untersucht?
- ☐ Ist in einer Richtlinie festgehalten, dass keine unlizenzierte Software verwendet werden darf?

A.8.8 – Handhabung von technischen Schwachstellen

- ☐ Gibt es eine Prozedur zum Schwachstellen-Management?
- ☐ Wird gewährleistet, dass zeitnah Informationen zu neuen technischen Schwachstellen bekannt werden?
- ☐ Gibt es ein Verfahren, um die Gefährdung durch neue technische Schwachstellen zu beurteilen?
- ☐ Gibt es ein Verfahren, um die Angreifbarkeit der betroffenen IT-Systeme zu verifizieren?
- ☐ Gibt es Sicherheitsmaßnahmen, um den Risiken zu begegnen, die mit neuen technischen Schwachstellen einhergehen?
- ☐ Wie werden technische Schwachstellen behandelt?
- ☐ Wie werden Änderungen aufgrund von technischen Schwachstellen dokumentiert?

A.8.9 – Konfigurationsmanagement

- ☐ Wie werden Konfigurationsänderungen dokumentiert?
- ☐ Wie werden Konfigurationsänderungen überwacht?
- ☐ Welche Tools werden für Konfigurationsänderungen genutzt?

A.8.10 – Löschung von Informationen

- ☐ Gibt es eine Löschrichtlinie?
- ☐ Welche Verfahren werden zur Löschung von Informationen eingesetzt?
- ☐ Wurden Verantwortlichkeiten für die sichere Löschung definiert?
- ☐ Wie wird die Löschung protokolliert?
- ☐ Wie wird die korrekte Löschung kontrolliert?

A.8.11 – Datenmaskierung

- ☐ Gibt es Richtlinien, welche Daten maskiert werden müssen?
- ☐ Welche Methoden werden zur Datenmaskierung eingesetzt?
- ☐ Wie wird die Funktionsweise der Datenmaskierung kontrolliert?

A.8.12 – Verhinderung von Datenlecks

- ☐ Wie sind Systeme, Netzwerke und andere IT-Geräte geschützt, um Datenlecks frühzeitig zu erkennen und den weiteren Zugriff auf Daten zu verhindern?

- ☐ Woher wissen die Mitarbeitenden, wie sie sich im Umgang mit Datenlecks zu verhalten haben?
- ☐ Wie häufig werden die Verfahren zur Verhinderung von Datenlecks überprüft?

A.8.13 – Sicherung von Informationen

- ☐ Werden von allen geschäftsrelevanten Systemen regelmäßige Backup-Kopien angelegt?
- ☐ Werden dabei auch Firewalls und Netzwerkkomponenten wie Router und Switches berücksichtigt?
- ☐ Wie erfolgt das Backup?
- ☐ Sind im Backup alle Systeme vorhanden?
- ☐ Werden auch Daten in Cloud-Diensten berücksichtigt?
- ☐ Werden Kopien der Backups mindestens in einem anderen Brandabschnitt aufbewahrt?
- ☐ Werden die Backup-Medien sicher vor unerlaubtem Zugriff verwahrt?
- ☐ Wie oft wird der Backup-Vorgang geprüft?
- ☐ Wie oft erfolgen Wiederherstellungstests?
- ☐ Werden von diesen Tests Protokolle abgelegt?

A.8.14 – Redundanz von informationsverarbeitenden Einrichtungen

- ☐ Sind betriebliche Anforderungen für die Aufrechterhaltung von Informationssystemen identifiziert worden?
- ☐ Werden informationsverarbeitende Einrichtungen mit ausreichender Redundanz für die Einhaltung der Verfügbarkeitsanforderungen implementiert?
- ☐ Werden vorhandene redundante Informationssysteme überprüft, um sicherzustellen, dass beim Ausfall einer Komponente die redundante Komponente wie beabsichtigt funktioniert?
- ☐ Wann erfolgte der letzte Redundanz-Test? Welche Erkenntnisse gab es?

A.8.15 – Protokollierung

- ☐ Werden Systemereignisse in Audit-Protokollen oder Systemlogdateien protokolliert und für einen bestimmten Zeitraum aufbewahrt?
- ☐ Ist gewährleistet, dass nur Aktivitäten protokolliert werden, die auch genehmigt wurden?
- ☐ Ist es möglich, aufgrund dieser Protokolldaten sicherheitsrelevante Untersuchungen durchzuführen?
- ☐ Werden die Ergebnisse dieser Kontrollen regelmäßig überprüft?
- ☐ Gibt es ein festgelegtes Verfahren für die Fehlerbehandlung?
- ☐ Wird auf diese Fehlermeldungen regelmäßig durch korrektive Maßnahmen reagiert?

- ☐ Sind die Informationen aus Protokollen ausreichend vor unautorisiertem Zugriff, vor Löschung oder vor Manipulation geschützt?
- ☐ Werden Logdaten auf einen zentralen Logserver exportiert?

A.8.16 – Überwachung von Aktivitäten

- ☐ Welche Tools werden für die Überwachung genutzt?
- ☐ Welche Aktivitäten werden überwacht?
- ☐ Sind die Verantwortlichkeiten für die Überwachung und Auswertung definiert?
- ☐ Gibt es ein Verfahren zur Behandlung von Anomalien?
- ☐ Wie werden Anomalien analysiert und dokumentiert?

A.8.17 – Uhrensynchronisation

- ☐ Wird eine Zeitsynchronisation aller wichtigen informationsverarbeitenden Systeme sichergestellt?
- ☐ Welche Zeitreferenzquelle wird genutzt?
- ☐ Ist diese Zeitsynchronisation firmenweit auf eine Zeitreferenzquelle bezogen?
- ☐ Gibt es regelmäßige Kontrollen der Zeitsynchronisation?
- ☐ Welche Schritte werden bei Zeitabweichungen ergriffen?
- ☐ Wie werden Cloud-Dienste integriert?

A.8.18 – Gebrauch von Hilfsprogrammen mit privilegierten Rechten

- ☐ Welche Hilfsprogramme werden genutzt?
- ☐ Ist eine Richtlinie zur Nutzung von Hilfsprogrammen vorhanden?
- ☐ Ist die Trennung der Hilfsprogramme von der Anwendungssoftware sichergestellt?
- ☐ Ist die Verwendung von Hilfsprogrammen auf eine möglichst geringe Zahl vertrauenswürdiger, autorisierter Benutzer eingeschränkt?
- ☐ Ist eine Genehmigung zur Ad-hoc-Verwendung von Hilfsprogrammen erforderlich?
- ☐ Wird die Verwendung von Hilfsprogrammen protokolliert?
- ☐ Wird die Verwendung von Hilfsprogrammen (System-Utilities) so eingeschränkt, dass ein unberechtigtes Überschreiben bzw. Verändern von System- und Anwendungseinstellungen nicht möglich ist?
- ☐ Wird die Einhaltung dieser Sicherheitsmaßnahme kontrolliert?

A.8.19 – Installation von Software auf Systemen im Betrieb

- ☐ Gibt es Sicherheitsmaßnahmen zur Kontrolle der Installation von Software auf Produktivsystemen?
- ☐ Ist sichergestellt, dass sämtliche Software freigegeben wird?
- ☐ Ist festgelegt, welche Arten von Softwareinstallationen gestattet sind (z. B. Aktualisierungen und Sicherheitspatches für vorhandene Software)? Und ist festgelegt, welche

Installationsarten untersagt sind (z. B. Software ausschließlich zur privaten Nutzung sowie Software, von der nicht bekannt ist, ob sie möglicherweise Schadcode enthält, oder die in diesem Verdacht steht)?

- ☐ Wie wird die Integrität der Standardsoftware sichergestellt?
- ☐ Wird ein Tool für die Softwareverteilung genutzt?
- ☐ Werden periodisch Kontrollen durchgeführt, um die Integrität der installierten Programme zu überprüfen?
- ☐ Werden Manipulationsversuche an Programmen und Daten festgestellt?

A.8.20 – Netzwerksicherheit

- ☐ Gibt es eine Netzwerksicherheitsrichtlinie?
- ☐ Welche Maßnahmen zur Netzwerksicherheit sind vorhanden?
- ☐ Werden Netzwerkgeräte organisiert und dokumentiert?
- ☐ Mit welchen Maßnahmen werden interne und externe Netzwerke getrennt?
- ☐ Gibt es weitere Trennungen von Netzwerken aufgrund von unterschiedlichen Sicherheitsklassifikationen der Netze?
- ☐ Wird das Netzwerk angemessen verwaltet und kontrolliert, um Bedrohungen gegen Systeme und Applikationen zu begegnen?
- ☐ Wird die Verfügbarkeit kontrolliert?
- ☐ Gibt es Regelungen und Prozeduren für die Fernwartung von Systemen?
- ☐ Wird Netzwerkverschlüsselung eingesetzt? (VPN oder andere Lösungen)
- ☐ Wie wird der Netzwerkverkehr protokolliert und ausgewertet?

A.8.21 – Sicherheit von Netzwerkdiensten

- ☐ Welche Service-Levels wurden definiert?
- ☐ Sind darin die Sicherheitsaspekte und Kontrollanforderungen enthalten?
- ☐ Wird die Verfügbarkeit der Netzwerkservices kontrolliert und überwacht?
- ☐ Werden die Zugriffsmöglichkeiten entsprechend eingeschränkt?
- ☐ Wird hierzu beispielsweise NAC eingesetzt?
- ☐ Gibt es regelmäßige Überprüfungen der Netzwerksicherheit?

A.8.22 – Trennung von Netzwerken

- ☐ Werden Netzwerke mit unterschiedlichen Sicherheitsanforderungen voneinander getrennt?
- ☐ Wurden die Anforderungen zur Verfügbarkeit (insbesondere auch Performance), Vertraulichkeit und Integrität ermittelt und berücksichtigt?
- ☐ Gibt es für Gäste ein eigenes Netzwerk?

- ☐ Welche Schutzmaßnahmen wurden für das WLAN eingerichtet?
- ☐ Welche Kontrollen werden durchgeführt?

A.8.23 – Webfilterung

- ☐ Sind Webfilter im Einsatz?
- ☐ Was wird gefiltert (Kategorien, Webseiten)?
- ☐ Welche Auswertungen werden durchgeführt?
- ☐ Wie sieht der Freigabeprozess für weitere Seiten aus?
- ☐ Wie erfolgt die Aktualisierung der Filterregeln?
- ☐ Wie werden die Mitarbeitenden geschult?

A.8.24 – Verwendung von Kryptografie

- ☐ Gibt es eine Richtlinie zur Verwendung von Verschlüsselungsmaßnahmen?
- ☐ Wurde ein Risk-Assessment durchgeführt, um den Schutzbedarf sensibler Daten zu bestimmen?
- ☐ Welche Vorgaben an die Verschlüsselung und Hash-Werte wurden definiert?
- ☐ Wird der Aspekt der Nichtabstreitbarkeit berücksichtigt?
- ☐ Ist ein Management für kryptografische Schlüssel implementiert?
- ☐ Wie werden Mitarbeitende zum Umgang mit Verschlüsselung geschult?

A.8.25 – Lebenszyklus einer sicheren Entwicklung

- ☐ Sind Regeln für die Entwicklung von Software und Systemen festgelegt worden und werden diese bei Entwicklungen innerhalb der Organisation angewandt?
- ☐ Ist die Sicherheit in der Entwicklungsumgebung sichergestellt?
- ☐ Existieren Richtlinien zur sicheren Programmierung für jede verwendete Programmiersprache?
- ☐ Sind Sicherheitsanforderungen in der Entwurfsphase festgelegt?
- ☐ Sind sichere Repositories vorgeschrieben?
- ☐ Fließen Sicherheitsaspekte in die Versionskontrolle ein?
- ☐ Werden Entwickler geschult, um Schwachstellen zu vermeiden, zu finden und zu beheben?

A.8.26 – Anforderungen an die Anwendungssicherheit

- ☐ Welche Sicherheitsanforderungen wurden definiert (z. B. OWASP)?
- ☐ Sind Sicherheitsmaßnahmen implementiert, um Online-Transaktionen zu schützen?
- ☐ Werden dabei folgende Angriffsarten bzw. Fehler berücksichtigt:
  nicht abgeschlossene Transaktionen, Informationsumleitungen, unautorisierte Veränderungen, Aufdeckung, Meldungsverdopplung oder Wiedereinspielung von Transaktionen?

- ☐ Ist bei Transaktionen die Nutzung elektronischer Signaturen durch alle an der Transaktion beteiligten Personen etabliert?
- ☐ Sind die geheimen Benutzerauthentifizierungsinformationen bei allen Parteien gültig und verifiziert?
- ☐ Ist gewährleistet, dass die Transaktion vertraulich bleibt?
- ☐ Ist die Privatsphäre aller beteiligten Parteien gewährleistet?
- ☐ Ist ein verschlüsselter Kommunikationsweg zwischen allen beteiligten Parteien sichergestellt?
- ☐ Werden alle verwendeten Protokolle bei der Kommunikation zwischen allen beteiligten Parteien gesichert?
- ☐ Ist sichergestellt, dass die Speicherung der Transaktionsdaten an einem nicht öffentlich zugänglichen Ort erfolgt?

A.8.27 – **Sichere Systemarchitektur und Entwicklungsgrundsätze**

- ☐ Existiert eine Richtlinie zur sicheren Entwicklung von Software?
- ☐ Welche Frameworks werden für die Softwareentwicklung genutzt?
- ☐ Sind die Risiken von (automatischer) Dateneingabe und -verarbeitung identifiziert und bewertet worden?
- ☐ Werden bei der Entwicklung von Applikationen Validitätsabfragen durchgeführt, um die Korrektheit der Eingabedaten zu prüfen?
- ☐ Werden hierbei fehlerprovozierende Eingaben zur Überprüfung der Eingabedaten herangezogen?

A.8.28 – **Sichere Codierung**

- ☐ Wie sieht die Richtlinie zur sicheren Entwicklung von Software aus?
- ☐ Werden Entwickler regelmäßig geschult?
- ☐ Welche Prüfungen von Code werden durchgeführt (z. B. automatisiert, durch externe Code-Reviews, ...)?
- ☐ Welche Dokumentationen wurden erstellt?

A.8.29 – **Sicherheitsprüfung bei Entwicklung und Abnahme**

- ☐ Werden Eingabedaten auf Vollständigkeit und Richtigkeit überprüft?
- ☐ Werden bei falschen Eingaben Fehlermeldungen ausgegeben?
- ☐ Werden zu Testzwecken absichtlich fehlerhafte Eingaben gemacht, um Fehlermeldungen zu erzwingen?
- ☐ Gibt es Verfahren, wie mit Fehlermeldungen umzugehen ist?
- ☐ Sind für neue Informationssysteme, Upgrades und neue Versionen Abnahmeprüfungen und dazugehörige Kriterien festgelegt?

- ☐ Beinhalten Systemabnahmeprüfungen die Überprüfung der Informationssicherheitsanforderungen und die Einhaltung sicherer Systementwicklungspraktiken?
- ☐ Werden die Überprüfungen in einer realitätsnahen Testumgebung durchgeführt?

A.8.30 – Ausgegliederte Entwicklung

- ☐ Wird Software durch externe Dienstleister entwickelt?
- ☐ Gibt es vertragliche Vereinbarungen, die die Informationssicherheit betreffen?
- ☐ Werden die Korrektheit des Quellcodes und die Abwesenheit von Malware oder Backdoors verifiziert?
- ☐ Gibt es Testroutinen zur Qualitätskontrolle?
- ☐ Gibt es Treuhandvereinbarungen (engl. *Escrow*)?
- ☐ Wird auf lizenzrechtliche Aspekte geachtet?

A.8.31 – Trennung von Entwicklungs-, Test- und Produktionsumgebungen

- ☐ Gibt es Testumgebungen?
- ☐ Gibt es Entwicklungsumgebungen?
- ☐ Sind diese Umgebungen ausreichend von der Produktionsumgebung getrennt, um dem Risiko von nicht genehmigten Veränderungen zu begegnen?
- ☐ Werden Produktionsdaten auf Test- oder Entwicklungsumgebungen kopiert?
- ☐ Sind die Test- bzw. Entwicklungsumgebungen geschützt?
- ☐ Gelten für diese Systeme die gleichen oder höhere Sicherheitsmaßnahmen wie für Produktionssysteme?
- ☐ Welche Vorgaben und Dokumentationen sind vorhanden?

A.8.32 – Änderungssteuerung

- ☐ Wie werden Änderungen geplant?
- ☐ Sind formelle Änderungskontrollverfahren implementiert?
- ☐ Unterliegen alle Änderungen einer Änderungskontrolle?
- ☐ Dürfen Änderungen nur nach autorisierter Freigabe durchgeführt werden?
- ☐ Wird die Effektivität der Änderungen getestet?
- ☐ Werden Fallback-Szenarien bei der Durchführung berücksichtigt?
- ☐ Werden alle Änderungen protokolliert?
- ☐ Wird bei größeren Änderungen das Informationssicherheitsmanagement beteiligt?
- ☐ Werden die Benutzer über Wartungsarbeiten in geeigneter Weise informiert?

A.8.33 – Testdaten

- ☐ Werden die Testdaten systematisch und sorgfältig ausgewählt?
- ☐ Werden Testdaten geschützt und kontrolliert?

- ☐ Wird verhindert, dass personenbezogene Daten zu Testzwecken verwendet werden?
- ☐ Werden personenbezogene Daten bei notwendigen Tests anonymisiert oder pseudonymisiert?

A.8.34 – Schutz der Informationssysteme während Tests im Rahmen von Audits

- ☐ Werden Audit-Anforderungen und -Aktivitäten im Zusammenhang mit betriebsrelevanten Systemen sorgfältig geplant und vereinbart, um Störungen zu minimieren?
- ☐ Sind die Audit-Anforderungen für den Zugriff auf Systeme und Daten mit dem zuständigen Management vereinbart?
- ☐ Ist der Umfang der technischen Audit-Prüfungen vereinbart und kontrolliert?
- ☐ Ist ein über den Lesezugriff hinausgehender Zugang nur auf Kopien von Systemen gestattet?
- ☐ Werden diese Kopien nach Abschluss des Audits gelöscht oder entsprechend geschützt, falls diese Dateien für Dokumentationszwecke noch benötigt werden?
- ☐ Werden sämtliche Zugriffe überwacht und protokolliert?

10.7 Typische Audit-Feststellungen

In der folgenden Liste sind einige Beobachtungen und Audit-Feststellungen aus den letzten 15 Jahren aufgeführt:

- Häufig stößt man auf **Dokumentationen**, die veraltet oder nicht gepflegt sind. Teilweise sind diese auch nicht freigegeben, oder die Freigabe entspricht nicht der aktuellen Version. Obwohl es Richtlinien, Verfahrensbeschreibungen oder Risikoanalysen gibt, sind sie nicht mehr aktuell im Hinblick auf den aktuellen Stand der Organisation. Prozesse haben sich geändert, Systeme wurden ersetzt oder es kamen neue Standorte hinzu, ohne dass das ISMS diese Änderungen erfasst. Aus Sicht der Auditoren stellt dies eine Nichtkonformität dar, weil die Dokumentation ihre Steuerungsfunktion nicht mehr erfüllt.
- Auch eine unzureichende Definition des **Geltungsbereichs** kommt häufig vor. Entweder ist der Scope zu allgemein oder er stimmt nicht mit der realen Umsetzung überein. Es wird besonders problematisch, wenn Prozesse, Cloud-Dienste oder externe Standorte genutzt werden, ohne dass klar ist, ob und wie sie vom ISMS erfasst sind.
- Ein weiterer häufiger Befund ist eine formale, jedoch nicht effektive **Risikoanalyse**. Obwohl Risiken erkannt und bewertet wurden, finden die Ergebnisse im Alltag keine Beachtung. Obwohl die Maßnahmen festgelegt sind, fehlen Prioritäten, Verantwortlichkeiten und Termine. In diesen Fällen besteht keine Verbindung zwischen der Risikoanalyse und der Steuerung bzw. Behandlung der Risiken.

- Häufig wird auch festgestellt, dass die **Erklärung zur Anwendbarkeit** (SoA) nicht ausreichend gepflegt ist. Es gibt Kontrollpunkte, die als »anwendbar« gelten, obwohl es keinen Nachweis über ihre Umsetzung gibt; oder sie werden ausgeschlossen, ohne dass die Begründung durch eine schlüssige Dokumentation unterstützt wird. Damit verliert die SoA ihre Rolle als das zentrale Bindeglied zwischen Risiken, Maßnahmen und Kontrollen.
- Eine weitere Feststellung sind unklare **Rollen- und Verantwortlichkeiten**. Zwar sind die Aufgaben im ISMS benannt, es fehlt aber eine klare Zuweisung oder die definierten Personen haben nicht ausreichende Befugnisse oder auch zu wenig zeitliche und/oder finanzielle Ressourcen. Weiter zu beachten sind klare Trennungen. Gerade in kleinen Unternehmen muss eine Person oft mehrere Funktionen wahrnehmen. Dies kann zu Konfliktsituation führen.
- Ein weiteres Thema ist, dass die **Wirksamkeit von Maßnahmen** nicht oder nur unzureichend bewertet wird. Obwohl Kontrollen implementiert sind, fehlen Kriterien, Kennzahlen oder Prüfungen, um ihre Wirksamkeit zu überprüfen. Ohne diese Einschätzung ist es ungewiss, ob die Maßnahmen tatsächlich das angestrebte Schutzniveau erreichen.
- Im Bereich von **Schulung und Awareness** werden ebenfalls regelmäßig Mängel festgestellt. Schulungen fanden entweder einmalig oder nur für eine ausgewählte Anzahl Mitarbeitende statt. Es fehlt an systematischer Einbindung neuer Mitarbeitender, oder der Nachweis, dass sie die Inhalte verstanden haben, fehlt gänzlich. Dies wird von Auditoren kritisch bewertet, weil der menschliche Faktor einen großen Teil des Risikos ausmacht.
- Ein weiteres Thema ist das **Incident-Management**. Obwohl es dokumentierte Prozesse zur Meldung und Behandlung von Sicherheitsvorfällen gibt, finden sie in der Praxis keine Anwendung oder werden nicht vollständig protokolliert. Es mangelt an klaren Vorgaben, ab wann ein Ereignis als Sicherheitsvorfall gilt und wer informiert werden sollte. So entstehen Lücken in der Nachvollziehbarkeit.
- Ein weiterer typischer Schwachpunkt ist die **Lieferantensteuerung**. Die Sicherheitsanforderungen an Dienstleister sind unklar, fehlen in Verträgen oder werden nicht überprüft. Gerade bei IT-Dienstleistern, Cloud-Anbietern oder Wartungsfirmen fehlt damit der Beweis, dass Risiken aus der Lieferkette systematisch berücksichtigt werden.
- Regelmäßig wird festgestellt, dass interne **Audits und Managementbewertungen** nur formal oder in der letzten Minute durchgeführt werden. Es gibt Protokolle, aber sie setzen sich nicht kritisch mit der Wirksamkeit des ISMS auseinander. Es gibt keine Dokumentation oder Nachverfolgung von Entscheidungen, Maßnahmen oder Verbesserungen. Eine stetige Weiterentwicklung des ISMS ist damit nur eingeschränkt möglich.

- Zu beobachten sind auch Abweichungen zwischen der gelebten **Praxis und den definierten Prozessen**. Mitarbeitende handeln pragmatisch und effizient, jedoch außerhalb der festgelegten Prozesse. Das können beispielsweise nicht gesperrte Bildschirme, nicht verschlossene Türen oder offen liegen gebliebene Dokumente sein. Solche Abweichungen müssen nicht zwangsläufig ein Sicherheitsproblem darstellen, sind aus der Perspektive des Audits jedoch eine Nichtkonformität, weil das ISMS nicht das tatsächliche Arbeiten widerspiegelt.

Kapitel 11
Zertifizierung

In diesem Kapitel wird der Prozess einer ISO-27001-Zertifizierung erläutert – von den Vorbereitungen bis zur Ausstellung des Zertifikats. Ich erkläre hier, welche Bedeutung die Akkreditierung hat und wie sie gewährleistet, dass Zertifizierungen von hoher Qualität und anerkannt sind. Der Zertifizierungsprozess wird in einzelnen Schritten strukturiert dargestellt.

11.1 Ablauf

Sobald das ISMS fertig umgesetzt ist, kann es zertifiziert werden. Die Zertifizierungsaudits werden dabei durch akkreditierte Stellen durchgeführt. Das Unternehmen muss eine Stelle auswählen und einen entsprechenden Vertrag abschließen. Die Zertifizierung durchläuft die Schritte aus Abbildung 11.1.

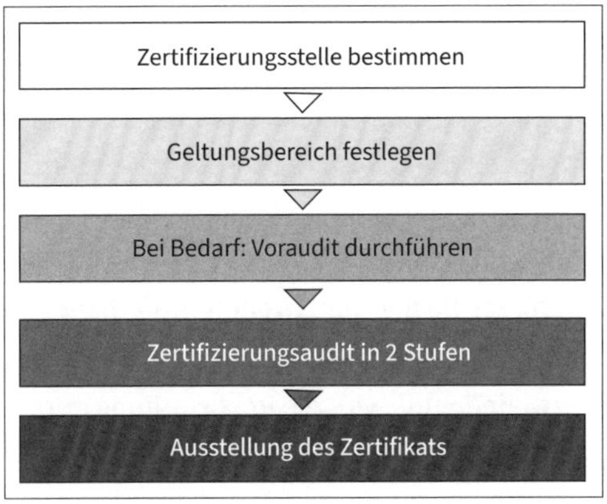

Abbildung 11.1: Ablauf einer Zertifizierung

1. **Zertifizierungsstelle bestimmen**

   Als ersten Schritt wird eine Zertifizierungsstelle ausgewählt. Wichtig ist, dass sie akkreditiert ist (siehe Abschnitt 11.2, »Akkreditierung«). Bei den meisten Stellen muss der Auditor zudem über entsprechende Branchenkenntnisse verfügen, um das Audit durchführen zu dürfen.

   Ein Gespräch mit der Zertifizierungsstelle zu einem frühen Zeitpunkt ist hilfreich, um Erwartungen abzugleichen und den Ablauf zu klären. Bereits in dieser Phase können oft offene Fragen zur Vorbereitung, zur Dokumentation oder zum Umfang des Audits geklärt werden.

2. **Geltungsbereich festlegen**

   Die angefragten Zertifizierungsstellen schicken Ihnen einen Fragebogen zu und erstellen auf Basis Ihrer Antworten dann ihr Angebot. In diesem Fragebogen werden der Geltungsbereich, die involvierten Personen, die Branche, die Größe und die Standorte des Unternehmens, die IT-Infrastruktur, die Komplexität und weitere Punkte abgefragt. Dieser Schritt bestimmt, welche Anforderungen geprüft werden und wie umfangreich das spätere Audit ausfällt.

3. **Voraudit (optional)**

   Ein Voraudit, oft auch *Pre-Audit* genannt, ist eine freiwillige Vorprüfung, die entweder auf Wunsch des Unternehmens oder auf Wunsch der Zertifizierungsstelle durchgeführt wird. Bevor das offizielle Audit stattfindet, soll der Reifegrad des ISMS überprüft werden und sollen eventuelle Lücken identifiziert werden.

   Obwohl das Voraudit das Ergebnis der späteren Zertifizierung nicht beeinflusst, liefert es doch wertvolle Einsichten. Es erlaubt, kritische Punkte frühzeitig zu identifizieren und gezielt nachzubessern. Ein Voraudit kann Unternehmen, die sich zum ersten Mal zertifizieren lassen, Sicherheit und Orientierung bieten.

4. **Zertifizierungsaudit in zwei Stufen**

   Das eigentliche Zertifizierungsaudit erfolgt in zwei Schritten:

   - **Stufe 1 – Dokumentenprüfung:** In dieser Phase überprüft der Auditor die formale Übereinstimmung des ISMS mit den Anforderungen der ISO 27001. Dies umfasst die Kontrolle der Dokumentation, der Richtlinien, des Risikomanagements und der festgelegten Prozesse. Es gilt zu bestätigen, dass das System vollständig eingerichtet ist und ein Audit der zweiten Stufe sinnvoll durchgeführt werden kann.

     Häufig findet Stufe 1 remote oder in verkürzter Form vor Ort statt. Abweichungen oder Unklarheiten können (eher müssen) vor Beginn der zweiten Stufe behoben werden.

   - **Stufe 2 – Wirksamkeitsprüfung:** In der zweiten Stufe wird die Praxisprüfung durchgeführt. Der Auditor prüft, ob das ISMS im Alltag wirksam ist und ob die beschriebenen Verfahren auch wirklich angewendet werden. Er führt Interviews mit Mitarbeitenden, bewertet Nachweise und beobachtet Abläufe in der Praxis.

     In dieser Phase wird über die Zertifikatsvergabe entschieden. Sollten Nichtkonformitäten erkannt werden, müssen sie innerhalb eines festgelegten Zeitrahmens korrigiert werden. Während kleinere Nichtkonformitäten oft nachträglich dokumentiert werden, können größere Nichtkonformitäten eine Nachprüfung erforderlich machen.

5. **Ausstellung des Zertifikats**

   Nachdem das Audit erfolgreich abgeschlossen wurde und eventuell festgestellte Nichtkonformitäten behoben wurden, stellt die Zertifizierungsstelle das ISO-27001-

Zertifikat aus. Es hat eine Gültigkeit von drei Jahren und bescheinigt, dass das Unternehmen ein wirksames und konformes Informationssicherheitsmanagementsystem betreibt.

In diesen drei Jahren werden zwei **Überwachungsaudits** (teilweise auch *Aufrechterhaltungsaudits* genannt) durchgeführt, um stichprobenartig zu überprüfen, ob das ISMS die Anforderungen der Norm weiterhin erfüllt. Das **Rezertifizierungsaudit**, das den gesamten Prozess von Grund auf neu durchläuft, wird circa zwei Monate vor Ablauf der Zertifikatslaufzeit durchgeführt.

11.2 Akkreditierung

Die ISO-27001-Zertifizierung beruht auf einem geregelten und international abgestimmten System. Dank dieses Systems sind Zertifikate weltweit vergleichbar, vertrauenswürdig und anerkannt. Um dies zu erreichen, arbeiten drei Ebenen zusammen: eine internationale Organisation, nationale Akkreditierungsstellen und die Zertifizierungsstellen selbst (siehe Abbildung 11.2).

Abbildung 11.2: Akkreditierungsstufen

1. **Internationale Ebene: IAF**

   Das *International Accreditation Forum* (IAF) bildet die Grundlage für alles: Das IAF legt die internationalen Rahmenbedingungen für Akkreditierung und Zertifizierung fest. Es definiert Grundprinzipien, Verhaltensregeln und technische Leitfäden, um sicherzustellen, dass Zertifizierungen weltweit nach einheitlichen Standards erfolgen.

   Ein wichtiger Bestandteil ist das *IAF MLA* (*Multilateral Recognition Arrangement*): Dieses Abkommen stellt sicher, dass ein in einem Land akkreditiertes Zertifikat auch von anderen Mitgliedsstaaten anerkannt wird. Ein ISO-27001-Zertifikat einer akkreditierten Zertifizierungsstelle aus der Schweiz, Deutschland oder Österreich hat somit einen globalen Wert.

Das IAF MLA kann unter *https://iaf.nu/en/about-iaf-mla/* aufgerufen werden.

2. **Nationale Ebene**

   Auf die internationale Ebene folgen die nationalen Akkreditierungsstellen. Sie setzen die Regeln der IAF auf nationaler Ebene um und beaufsichtigen die Zertifizierungsstellen.

   In Deutschland ist es die *Deutsche Akkreditierungsstelle* (*DAkkS*, *https://www.dakks.de*), in der Schweiz wird diese Rolle von der *Schweizerischen Akkreditierungsstelle* (*SAS*, *https://www.sas.admin.ch*) übernommen, in Österreich ist die *Akkreditierung Austria* zuständig (*https://akkreditierung-austria.gv.at*).

   Die weiteren Länder finden Sie unter *https://iaf.nu/en/accreditation-bodies/*.

   Zu den Aufgaben auf nationaler Ebene gehören unter anderem:

   - überprüfen, ob Zertifizierungsstellen regelkonform und kompetent arbeiten
   - Überwachungen und Audits bei den Zertifizierungsstellen durchführen
   - Vergabe und Rücknahme von Akkreditierungen

   Um die internationale Vergleichbarkeit zu gewährleisten, agieren nationale Akkreditierungsstellen nach einheitlichen Prinzipien.

3. **Zertifizierungsstellen**

   Die Zertifizierungsstellen stehen auf der dritten Ebene. Sie sind dafür zuständig, die Audits im Unternehmen durchzuführen und das ISO-27001-Zertifikat auszustellen.

   Merkmale:

   - Die Zertifizierungsstellen müssen von der nationalen Akkreditierungsstelle anerkannt sein.
   - Es ist notwendig, dass sie Auditoren einsetzen, die über die richtige fachliche Qualifikation und eine normgerechte Ausbildung verfügen.
   - Sie müssen regelmäßig selbst überprüft werden, um ihre Akkreditierung zu behalten.
   - Ihre Zertifikate sind international nur dann vertrauenswürdig, wenn die Stelle innerhalb der IAF-Struktur akkreditiert ist.

Die entsprechenden Anforderungen sind in der ISO 27006 festgehalten. Eine Zusammenfassung ist in Abschnitt 12.3, »ISO 27006 – Anforderungen an die Zertifizierer«, zu finden.

Leider gibt es immer wieder Zertifizierungsstellen, die ebenfalls Zertifikate nach ISO 27001 ausstellen, aber nicht akkreditiert sind. Oft werden solche Audits zu einem günstigen Fix-Preis angeboten. Vorsicht ist geboten, wenn folgende Merkmale zutreffen:

- **Aufbau:** Die Grundstruktur des Managementsystems wird ohne Berücksichtigung der realen Bedürfnisse des Unternehmens pauschal vorgegeben.
- **Erforderliche Unterlagen enthalten:** Die Zertifizierungsstelle arbeitet mit vorgefertigten Dokumenten, die nur oberflächlich an die Unternehmensbedürfnisse angepasst werden.
- **Internes Audit als Bestandteil:** Ein internes Audit wird in das Angebot aufgenommen, wird jedoch oft von der zertifizierenden Stelle selbst durchgeführt – was an sich schon problematisch ist, weil es keine Unabhängigkeit ermöglicht.
- **Schnelle Umsetzung garantiert:** Die Einführung des ISMS wird oft in kürzester Zeit, manchmal innerhalb von wenigen Wochen, versprochen.
- **Zertifizierung mit Garantie:** Ein besonders hervorstechender Punkt: Die Zertifizierung wird garantiert.

In der Praxis zeigt sich, dass bei solchen Zertifizierungen das Managementsystem nur ungenügend umgesetzt ist. Wesentliche Anforderungen der Norm bleiben unerfüllt, sind aber für Außenstehende nicht sichtbar. Da keine unabhängige, externe Kontrolle erfolgt, gibt es für das Unternehmen auch keinen Druck, das ISMS kontinuierlich zu verbessern oder auf einem hohen Niveau zu halten.

Deshalb ist es für Unternehmen wichtig, darauf zu achten, dass die Zertifizierungsstelle, die sie wählen, wirklich IAF-konform akkreditiert ist. International anerkannt wird das Zertifikat nur so.

Praxistipp

Auch bei Lieferanten-Audits sollten Sie darauf achten, dass das IAF-Logo auf dem entsprechenden Zertifikat vorhanden ist. Falls nicht, ist Vorsicht geboten.

Kapitel 12

Weitere Normen bzw. Standards

In diesem Kapitel zeige ich Ihnen, wie Sie Ihr ISMS durch zusätzliche Normen, Standards und Rahmenwerke sinnvoll erweitern können. Neben den zusätzlichen Normen der ISO-27000-Familie betrachten wir auch praxisorientierte Branchenstandards und etablierte Frameworks, die unterschiedliche Schwerpunkte haben. Dieses Kapitel bietet eine Orientierung und legt dar, welche Standards in welchem Kontext einen Mehrwert schaffen.

Die ISO-27000-Reihe

Eine Übersicht über alle Normen der ISO-27000er-Reihe finden Sie unter *https://27001.blog/de/normenuebersicht.*

12.1 ISO 27003 – Umsetzung eines ISMS

Wie kann eine Umsetzung nach ISO 27001 erfolgen? Welche Reihenfolge ist sinnvoll? Es ist nicht immer auf den ersten Blick klar, was die Norm verlangt. Die ISO 27003 kann hier eine gute Unterstützung sein. Die internationale Norm mit dem offiziellen Titel »Information technology – Security techniques – Information security management systems – Guidance« wurde im März 2017 in der Version 2 veröffentlicht. Ihr Aufbau entspricht dem der ISO 27001 aus dem Jahr 2013. Inzwischen ist zwar eine neue Version der ISO 27001 verfügbar, die Änderungen in Kapitel 4 bis Kapitel 10 der beiden Ausgaben sind aber sehr gering.

Auf den 41 Seiten der ISO 27003 finden Sie zusätzliche Gedanken und Hilfestellungen zu den Schlüsselkomponenten Policy, Rollen und Verantwortlichkeiten, Risikomanagement, Awareness, zum PDCA-Zyklus sowie zu Verbesserungen und notwendiger Dokumentation. Jeder Norm-Punkt der Kapitel 4 bis 10 beschreibt die notwendigen Aktivitäten, liefert Erklärungen, Detailinformationen und Beispiele und nennt weiterführende Quellen.

Das **Kapitel 4** der Norm vertieft die Beschreibung des Kontexts des Unternehmens. Dazu gehören die externen und internen Einflüsse, die auf ein Unternehmen einwirken. Dies können unter anderem das soziale Umfeld, politische oder vertragliche Anforderungen, die finanzielle Situation, eingesetzte Technologien oder die Wettbewerbsfähigkeit sein. Dies zu dokumentieren, ist zwar nur optional gefordert, lohnt sich aber, um das ISMS ganzheitlich abzustützen und den notwendigen Rahmen zu definieren. Die Norm gibt einige Beispiele zu den externen und internen interessierten Parteien. Mit diesen Angaben kann in der Folge der Anwendungsbereich definiert werden.

In **Kapitel 5** wird definiert, wie die Norm den Begriff »Top-Management« versteht und welche Verpflichtungen dieses hat, nicht nur in Bezug auf die Unterstützung der notwendigen Maßnahmen. Ein wichtiger Punkt ist dabei die Etablierung von Informationssicherheitsrichtlinien. Auf einem hohen Niveau wird der Rahmen für die weiteren Dokumente gesteckt, werden Ziele definiert und wird die Kommunikation sichergestellt.

Das **Kapitel 6** ist der inhaltliche Schwerpunkt der ISO 27003. Hier geht es darum, ein umfassendes Risikomanagement zu etablieren. Risiken müssen erkannt und bewertet werden. Die Risiken können auf strategischer, taktischer oder operativer Ebene liegen. Die notwendigen Schritte dazu sind ausführlich in Unterkapitel 6.1.2 aufgeführt. Risiken können aus vergangenen oder möglichen Ereignissen entstehen, in Workshops erfasst und besprochen werden. Die Bewertung kann dabei qualitativ sein (zum Beispiel als *hoch*, *mittel* oder *gering*), quantitativ (d. h. mit erfassten Kosten und Wahrscheinlichkeiten) oder einen Mix beider Methoden umfassen. Nach der Bewertung wird definiert, ob Maßnahmen ergriffen werden oder ob das Risiko akzeptiert wird. Darauf geht das Unterkapitel 6.1.3 im Detail ein. Der letzte Teil umfasst die Definition von Zielen und wie diese umgesetzt, gemessen und verbessert werden.

In **Kapitel 7** geht es um die Unterstützung. Dies umfasst die notwendigen Ressourcen wie involvierte Personen, den Zeitbedarf, finanzielle Aufwendungen, externe Unterstützung, aber auch die Infrastruktur. Ebenfalls werden das notwendige Wissen, die Awareness, die Kommunikation nach innen und außen sowie die Anforderungen an die Dokumentation ausführlich beschrieben.

Auf **Kapitel 8** gehe ich hier nicht näher ein. Der in Kapitel 6 definierte Risikoprozess soll entsprechend umgesetzt werden. Die Schritte basieren auf den vorgenommenen Definitionen.

Was umgesetzt wird, muss auch gemessen und bewertet werden. Auf diesen Umstand geht **Kapitel 9** ein. Es ist wichtig zu wissen, wie die Performance und die Effektivität des ISMS aussehen. Das Unterkapitel 9.1 zeigt, wie KPIs (*Key Performance Indicators*, dt. *Leistungskennzahlen*) definiert und wie diese regelmäßig gemessen werden. Die notwendigen Schritte für das interne Audit werden in Unterkapitel 9.2 beschrieben. Hier geht es darum, durch das ganze ISMS zu gehen, inklusive der 114 Maßnahmen aus der ISO 27002:2013 (in der Ausgabe aus dem Jahr 2022 sind es »nur« noch 93 Maßnahmen). Es wird verglichen, ob die geforderten Punkte umgesetzt sind, und auf welchem Maturitätslevel sich diese bewegen. Die Norm gibt auch Hilfestellungen, wie ein Audit-Programm über das gesamte Jahr erstellt werden kann. Dazu können Resultate aus Penetration-Tests, Security-Audits, Code-Reviews, Phishing-Angriffen und viele weitere Kontrollen hinzugezogen werden. Die Norm erklärt ebenfalls, wie ein Audit-Team zusammengestellt werden kann, welches Wissen vorhanden sein muss und welche Anforderungen an den Audit-Bericht gestellt werden. Der letzte Teil umfasst das Management-Review.

Der Verbesserungsprozess wird in **Kapitel 10** ausführlich beschrieben. Im ersten Unterkapitel wird gezeigt, wie Nichtkonformitäten erfasst und bewertet werden müssen. Die Norm nennt Beispiele und gibt Hinweise, wie diese Nichtkonformitäten erkannt werden können. Danach gilt es, angepasste Maßnahmen zur Korrektur einzuleiten und die Wirkung der ergriffenen Maßnahmen zu überprüfen. Der letzte Normpunkt in der ISO 27001, das Unterkapitel 10.2, ist ein einziger Satz. Es geht darum, das ISMS stetig weiter zu verbessern. Welche Schritte dies umfassen sollte, kann in dort nachgelesen werden.

Hinweis: In der 2022er-Version wurden die Unterkapitel 10.1 und 10.2 getauscht.

12.2 ISO 27799 – Informationssicherheit im Gesundheitswesen

Die ISO 27799 wurde im Dezember 2016 veröffentlicht. Sie ist nur in Englisch verfügbar und trägt den offiziellen Titel »Health informatics – Information security management in health using ISO/IEC 27002 (ISO 27799:2016)«; ihr deutscher Titel lautet »Medizinische Informatik – Informationsmanagement im Gesundheitswesen bei Verwendung der ISO/IEC 27002«. Diese Norm basiert auf der ISO 27002 (aus dem Jahr 2013). Obwohl die Norm das Gesundheitswesen adressiert, finden sich in ihr beim genauen Hinschauen einige interessante Punkte, die jedes Unternehmen beachten sollte.

Die Kapitel 5 bis 18 der Norm entsprechen eins zu eins denen der ISO 27002:2013. Die jeweiligen Kapitel werden jedoch um Themen erweitert, die für das Gesundheitswesen relevant sind. Zusätzlich definiert die Norm bei 68 der 114 Maßnahmen zusätzliche Anforderungen, die in Unternehmen im Gesundheitswesen umzusetzen sind. Der spannende Teil, der einen Mehrwert für alle Unternehmen – eben nicht nur im Gesundheitswesen – bietet, sind die verschiedenen Anhänge.

Anhang A listet 25 Bedrohungen auf und beschreibt diese ausführlich. Es handelt sich um:

- Verschleierung durch Insider (einschließlich Verschleierung durch Angehörige und Hilfspersonal)
- Verschleierung durch Dienstleister (einschließlich beauftragtem Wartungspersonal, wie Systemsoftware-Ingenieuren, Hardware-Reparaturpersonal und anderen, die pro forma einen legitimen Grund für den Zugriff auf Systeme und Daten haben)
- Verschleierung durch Außenstehende (einschließlich Hacker)
- unbefugte Nutzung einer Anwendung
- Einführung von schädlicher oder störender Software (einschließlich Viren, Würmern und anderer »Malware«)
- Missbrauch von Systemressourcen
- Infiltration der Kommunikation
- Überwachung der Kommunikation
- Abstreitung (*Repudiation*)

- Ausfall von Verbindungen
- Einbettung von bösartigem Code
- unbeabsichtigte Fehlleitung
- technisches Versagen des Hosts, der Speichereinrichtung oder der Netzinfrastruktur
- Ausfall der Umweltunterstützung (einschließlich Stromausfälle und Unterbrechungen des Dienstes aufgrund von Naturkatastrophen oder von Katastrophen, die vom Menschen verursacht wurden).
- System- oder Netzwerksoftwarefehler
- Ausfall der Anwendungssoftware (z. B. einer Anwendung für Gesundheitsinformationen)
- Betriebsfehler
- Wartungsfehler
- Benutzerfehler
- Personalmangel
- Diebstahl durch Insider (einschließlich Diebstahl von Geräten oder Daten)
- Diebstahl durch Außenstehende (einschließlich Diebstahl von Geräten oder Daten)
- vorsätzliche Schädigung durch Insider
- mutwillige Beschädigung durch Außenstehende
- Terrorismus

In **Anhang B** ist ein Aktionsplan zur Umsetzung vorhanden. Er orientiert sich am PDCA-Kreislauf (*Plan-Do-Check-Act*). Die vier Schritte werden ausführlich beschrieben, beispielsweise die Beziehung zwischen Risiken und deren Quellen (siehe Abbildung 12.1).

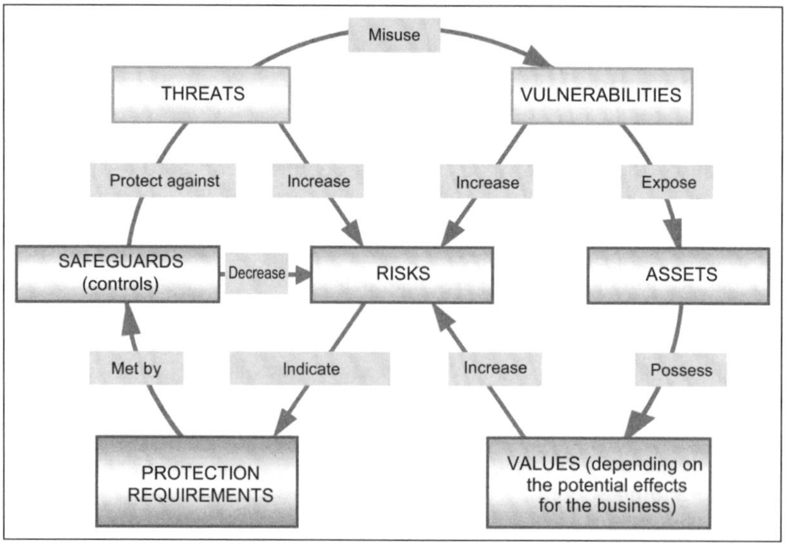

Abbildung 12.1: Verbindungen zwischen Bedrohungen, Risiken und Maßnahmen (Quelle: ISO 27799)

Jeweils am Ende jedes der vier Themengebiete werden die einzelnen Teilschritte inklusive deren Ergebnisse (Dokumente) aufgeführt. In Abbildung 12.2 ist das Ergebnis des Schrittes »Plan« abgebildet.

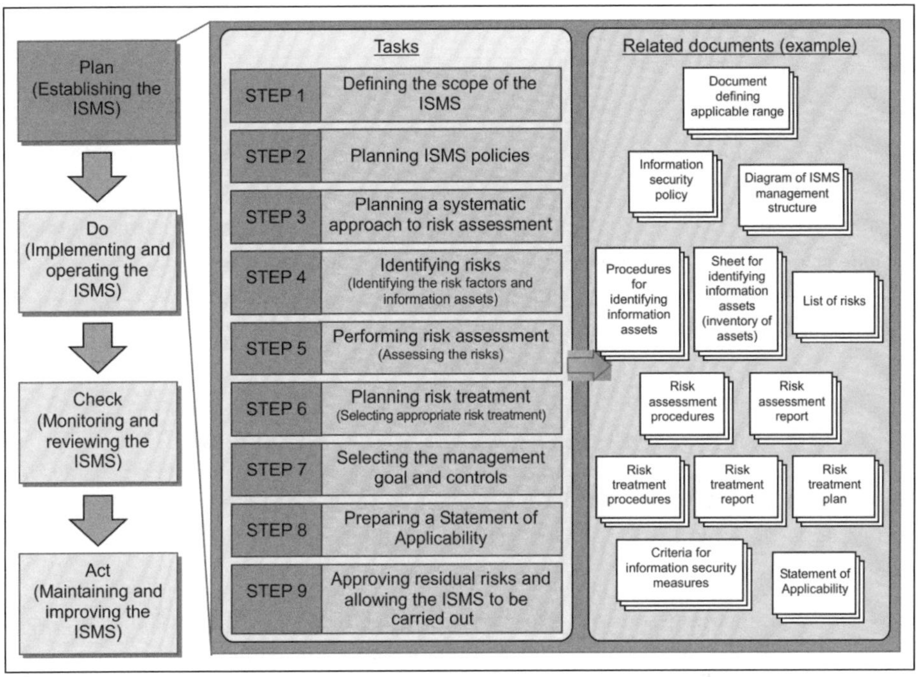

Abbildung 12.2: Teilschritte und deren Dokumente

In **Anhang C** ist eine Checkliste abgebildet (siehe Abbildung 12.3). Sie listet die Kontrollen aus der ISO 27799 auf und enthält Spalten, in denen überprüft werden kann, ob die Kontrollen erfüllt wurden. Die Spalten enthalten:

- Klausel und Nummer der Maßnahme
- Frage (z. B. »Gibt es eine schriftliche Informationssicherheitspolitik?«)
- Implementierung (Ja/Nein)
- Priorität
- Referenzdokument (Name des Dokuments zu dieser Klausel)
- Budget (Wurde ein entsprechendes Budget genehmigt?)
- Verantwortlichkeit für die Umsetzung
- Hinweis
- Folgemaßnahmen

Diese Tabelle ist ideal für die Durchführung eines internen Audits. Somit müssen Sie keine eigenen Fragen »erfinden«, sondern können Fragen direkt von hier übernehmen.

Clause	Control	Yes	No	Priority	Reference document	Budgeted	Responsible	Note	Follow-up
5.1	Management direction for information security								
5.1.1	Policies for information security								
1	Is there a written information security policy?							(Would or should demand?)	
2	Is the written information security policy approved by management?							(Would or should demand?)	

Abbildung 12.3: Kontrollfragen

Obwohl sich die ISO 27799 sich an Unternehmen im Gesundheitswesen richtet, bietet sie für jedes Unternehmen einen Mehrwert. Vor allem die Anhänge sollten in jedes ISMS einfließen. Bedrohungen werden ausführlich beschrieben und helfen Ihnen, nicht eine eigene Definition erstellen zu müssen.

12.3 ISO 27006 – Anforderungen an die Zertifizierer

Während die ISO 27001 die Anforderungen an das Informationssicherheitsmanagementsystem eines Unternehmens definiert, gibt die ISO 27006 die Anforderungen an die Zertifizierungsstellen vor.

Als Grundlage für die gesamte Norm wird die ISO 17021-1 »Konformitätsbewertung – Anforderungen an Stellen, die Managementsysteme auditieren und zertifizieren« verwendet. Die ISO 27006 erweitert diese Norm an vielen Stellen um die Informationssicherheitsaspekte.

Ihr **Kapitel 5** geht auf die Rechts- und Vertragsfragen ein. Ein wichtiger Aspekt ist die Vermeidung von potenziellen Interessenkonflikten. So verstoßen konkrete Empfehlungen oder unternehmensspezifische Ratschläge bereits gegen die Unabhängigkeit. Das Aufzeigen von Verbesserungsmöglichkeiten ist hingegen erlaubt und bietet einen Mehrwert während des Zertifizierungsaudits.

Ein wichtiger Aspekt sind die Kompetenzanforderungen für ISMS-Audits. Das Unterkapitel 7.1.2 geht näher darauf ein. Dazu gehören:

- Kenntnis der Informationssicherheit
- technisches Wissen in Bezug auf die Tätigkeit, die auditiert werden soll
- Kenntnis der Managementsysteme
- Kenntnis der Audit-Grundsätze (Die ISO 19011 geht ausführlich darauf ein, siehe dazu Abschnitt 10.2, »ISO 19011 – Auditierung von Managementsystemen«.)
- Kenntnis der ISMS-Überwachung, -Messung, -Analyse und -Beurteilung

Viele Zertifizierungsstellen arbeiten aus diesen Gründen mit externen Spezialisten zusammen. Diese verfügen über eine angemessene Berufserfahrung im jeweiligen Bereich.

Einige Stellen erwarten sogar, dass der Auditor bereits im Sektor des zu auditierenden Unternehmens gearbeitet hat. Damit können die Anforderungen der Norm erfüllt werden, die verlangen,

- dass der Auditor über die gesetzlichen und behördlichen Anforderungen im jeweiligen Informationssicherheitsgebiet Bescheid weiß,
- dass er das jeweilige geografische Gebiet und das jeweilige Rechtssystem kennt,
- dass er die mit dem Geschäftsfeld zusammenhängenden Informationssicherheitsrisiken kennt sowie
- die Prozesse und die Technologien beherrscht.

Weiter wird gefordert, dass die Struktur und der Inhalt der Norm sowie die ISMS-Prozesse bekannt und Methoden zur Risikobewertung und -management verstanden worden sind. Auch aktuelle Technologien, die zu Problemen führen können, müssen erkannt werden.

Bevor die Audit-Resultate nach dem Audit an den Kunden gehen, werden sie nochmals von einer unabhängigen Person der Zertifizierungsstelle geprüft. Auch diese Person muss über das notwendige Wissen verfügen, um geeignete Zertifizierungsentscheidungen treffen zu können.

Die Zertifizierungsstelle muss über einen Nachweis über jede eingesetzte Person verfügen, aus dem hervorgeht, dass die Auditoren über Wissen und Erfahrung verfügen. Dies können ISMS-spezifische Qualifikationen, eine Registrierung als Auditor, die Teilnahme an ISMS-Schulungen und Aufzeichnungen der beruflichen Entwicklung sein. Die ISO 27006 verlangt dabei,

- dass Auditoren über eine Ausbildung oder Schulung auf einem mit einer universitären Ausbildung vergleichbaren Niveau verfügen,
- dass sie mindestens vierjährige praktische Vollzeitberufserfahrung, inklusive mindestens zwei Jahre in der Informationssicherheit, haben,
- dass sie eine mindestens fünftägige Schulung erfolgreich absolviert haben und
- dass sie über Erfahrung zum Auditieren eines ISMS verfügen.

Ein wichtiger Punkt bei der Planung eines Audits ist der benötigte Zeitaufwand. Zertifizierungsstellen müssen Auditoren genügend Zeit geben, um alle Tätigkeiten in Bezug auf ein Erst-Audit, ein Überwachungsaudit oder ein Re-Zertifizierungsaudit auszuführen. In die Berechnung des Gesamtauditzeitaufwands für das Audit muss auch genügend Zeit für die Audit-Berichterstattung enthalten sein.

Anhang B der Norm listet in einer Tabelle auf, wie viele Audit-Tage eingeplant werden müssen. Ein wichtiger Faktor ist dabei die Anzahl der Vollzeitstellen im Anwendungsbereich. Als Beispiel muss für ein Unternehmen mit 16 bis 25 Mitarbeitenden mit einem Aufwand von 7 Tagen für das Erst-Audit gerechnet werden. Die Audit-Zeitaufwandtabelle darf jedoch nicht isoliert verwendet werden. Berücksichtigt werden müssen

- die Komplexität des ISMS,
- die getätigten Geschäfte,
- die Größe und Komplexität der IT-Umgebung,
- die Art und Nutzung von externen Dienstleistungen wie der Cloud sowie
- die Anzahl der Standorte und Anzahl der Notfallwiederherstellungsstandorte.

Die Norm erwähnt auch komplizierte Logistik, fremdsprachiges Personal (wodurch Dolmetscher erforderlich werden oder einzelne Auditoren nicht unabhängig arbeiten können) sowie eine große Anzahl an Normen und Vorschriften, die für das ISMS gelten.

Anhang C der Norm listet die erwähnten Punkte auf und gibt Beispiele dafür, wann ein verringerter, ein normaler oder ein erhöhter Aufwand gilt. Damit dies berechnet und ein Angebot erstellt werden kann, verschicken die Zertifizierungsstellen im Voraus einen Fragebogen. Anhand der Antworten können sie anschließend das gewünschte Angebot erstellen und dem Kunden zukommen lassen.

Bei größeren Unternehmen kann es der Fall sein, dass mehrere Standorte geprüft werden müssen. Die Norm erlaubt in diesem Fall, dass Zertifizierungsstellen einen stichprobenbasierten Ansatz erwägen. Die Norm listet 13 Punkte auf, die bei der Planung und Durchführung berücksichtigt werden müssen. Möglich ist auch, dass beim *Erst-Audit* der Hauptstandort geprüft und bei jedem *Überwachungs-* oder *Rezertifizierungsaudit* ein anderer Standort an der Reihe ist.

Auch *Remote-Audits* lässt die Norm zu. Gerade während der Corona-Pandemie mussten die Zertifizierungsstellen auf diese Möglichkeit ausweichen. Die Norm erlaubt aber nur eine maximale Dauer von 30 % des gesamten geplanten Zeitaufwands. Wird mehr benötigt, muss die Zertifizierungsstelle den Audit-Plan begründen und vor dessen Umsetzung eine spezielle Genehmigung von der Akkreditierungsstelle einholen.

Bei Unternehmen, die nicht nur eine Norm überprüfen lassen möchten (z. B. die ISO 9001, die ISO 14001 und die ISO 27701), ist eine Kombination möglich – vorausgesetzt, dass nachgewiesen werden kann, dass das Audit alle Anforderungen an die Zertifizierung des ISMS erfüllt. Wichtig ist auch, dass die eingesetzten Auditoren über die entsprechende Qualifizierung und Erfahrung verfügen. Auch ein Audit mit mehreren Auditoren ist denkbar. Jedoch kann nur ein Auditor den Lead haben.

Für die *Überwachungsaudits* gelten weitere Anforderungen. So muss pro Kalenderjahr eines erfolgen. Der Zweck der Überwachung sind

- die Überprüfung, dass das freigegebene ISMS weiterhin umgesetzt wird,
- die Betrachtung der Auswirkungen von Änderungen und
- die Bestätigung der weiteren Einhaltung der Zertifizierungsanforderungen.

Ein weiteres Kapitel definiert die Anforderungen an den *Audit-Bericht*. Enthalten sein müssen

- die Darstellung des Audits, einschließlich einer Zusammenfassung der Dokumentenprüfung,
- die Darstellung des Zertifizierungsaudits,
- Abweichungen vom Audit-Plan sowie
- der geprüfte ISMS-Anwendungsbereich.

Der Audit-Bericht muss eine ausreichende Detailtiefe aufweisen. Dazu gehören verfolgte Audit-Pfade und angewandte Audit-Methoden, positive und negative Beobachtungen, Aussagen zu gefundenen Nichtkonformitäten sowie eine Empfehlung des Audit-Teams, ob das ISMS des Kunden zertifiziert werden kann.

12.4 ISO 27007 – Leitfaden für das Auditieren eines ISMS

Begleitend zur ISO 27006 gibt es die ISO 27007 »Informationssicherheit, Cybersicherheit und Datenschutz – Leitfaden für das Auditieren von Informationssicherheitsmanagementsystemen«, die zuletzt im Jahr 2022 aktualisiert wurde. Diese Norm zeigt, wie ein ISMS-Audit durchgeführt werden soll. Das Dokument gibt eine Anleitung für alle Größen und Arten von Organisationen, die ISMS-Audits durchführen – unabhängig davon, ob es sich um einen oder mehrere Auditoren handelt.

Jedes Unternehmen, das zertifiziert ist, weiß, dass es mindestens jährlich ein internes Audit durchführen muss (siehe ISO 27001, Unterkapitel 9.2). Daher liegt der Fokus dieser Norm auch auf dieser Art des Audits. Jedoch hilft sie auch bei den externen Audits zu verstehen, was der Auditor gerne sehen möchte.

Hinweis: Diese Norm ISO 27007 orientiert sich an der Struktur der ISO 19011 mit dem Titel »Guidelines for auditing management systems«. Daher wird jeweils auch auf diese Norm hingewiesen (siehe auch Abschnitt 10.2, »ISO 19011 – Auditierung von Managementsystemen«).

Die ISO 19011 startet mit den **Audit-Prinzipien**. Diese haben aber nicht den Weg in die ISO 27007 gefunden. Es handelt sich um folgende sieben Prinzipien:

- **Integrität der Auditoren:** die Grundlage der Professionalität
- **Sachliche Darstellung:** die Pflicht, wahrheitsgemäß und genau zu berichten
- **angemessene berufliche Sorgfalt:** Anwendung von Sorgfalt und Urteilsvermögen beim Auditieren
- **Vertraulichkeit:** Sicherheit von Informationen
- **Unabhängigkeit:** die Grundlage für die Unparteilichkeit des Audits sowie für die Objektivität der Audit-Schlussfolgerungen
- **faktengestützter Ansatz:** die rationale Methode, um zu zuverlässigen und nachvollziehbaren Audit-Schlussfolgerungen in einem systematischen Audit-Prozess zu gelangen
- **risikobasierter Ansatz:** ein Audit-Ansatz, der Risiken und Chancen berücksichtigt

Bevor ein Audit geplant und durchgeführt werden kann, gilt es, die Ziele dieses Audits zu kennen. Als Basis können die Erfordernisse und Erwartungen relevanter interessierter Parteien, die Anforderungen an Prozesse, Produkte, Dienstleistungen und Projekte, die Normpunkte aus dem Standard, identifizierte Risiken und Chancen wie auch Ergebnisse aus vorangegangenen Audits dienen.

Die Norm geht weiter auf **Audit-Risiken** ein. Das können Fehler bei der Planung sein (nicht alle Standorte, nicht alle Prüfpunkte), zu wenig Ressourcen, nicht (oder zu wenig) geeignete Auditteam-Mitglieder, schlechte Kommunikation, schlechte Überwachung des Audits oder aufseiten der auditierten Stellen fehlende Verfügbarkeit oder mangelnde Kooperation.

Anhand dieser Risiken erstaunt es wenig, dass im nächsten Teil auf die Rollen, inklusive Verantwortlichkeiten der involvierten Personen, die (notwendige) Kompetenz sowie die Festlegung des Umfangs des Audit-Programms eingegangen wird. Die ISO 27007 legt den Fokus auf die Größe des ISMS:

- die Gesamtzahl von Personen, die im Auftrag der Organisation tätig sind,
- die Anzahl von Informationssystemen,
- die Anzahl der Standorte,
- die Komplexität des ISMS,
- die Anzahl und Art der Informationssicherheitsrisiken sowie
- die Anforderungen an die Vertraulichkeit, die Integrität und die Verfügbarkeit.

Bei der Umsetzung geht es darum, eine Beurteilung zu ermöglichen, dass die Anforderungen zur Informationssicherheit angemessen identifiziert und behandelt wurden. Dazu gehören

- eine Prüfung der Informationssicherheitspolitik, der Informationssicherheitsziele, der Richtlinien und Verfahren,
- die vertraglichen Anforderungen,
- die ausgefüllte Erklärung zur Anwendbarkeit,
- die geplanten und umgesetzten Risikobehandlungsmaßnahmen sowie
- die Methoden und Kriterien zur Überwachung, Messung, Analyse und Bewertung des ISMS.

Die Durchführung des Audits umfasst als ersten Schritt die Überprüfung der Dokumentation. Damit kann ein risikobasierter Planungsansatz abgeleitet werden: Wo sind die aktuellen Risiken des Unternehmens? Wie können die eingeleiteten Maßnahmen überprüft werden, damit ein Nachweis der Wirksamkeit möglich ist? Dies hat Einfluss auf den Audit-Umfang, die notwendigen Audit-Werkzeuge, die zu prüfenden Standorte und auf die dazu notwendigen Audit-Team-Mitglieder.

Die ISO 19011 geht außerdem darauf ein,

- wie die Rollen und Verantwortlichkeiten während des Audits aussehen,
- wie das Eröffnungsgespräch zu erfolgen hat,
- wie die Kommunikation während des Audits aussieht,
- wie Informationen gesammelt und verifiziert werden, damit daraus Audit-Feststellungen erarbeitet werden können sowie
- wie das Abschlussgespräch vorbereitet und durchgeführt wird.

Danach folgen die Erstellung und Verteilung des Audit-Berichts, und das Audit kann abgeschlossen werden. Allfällige Folgemaßnahmen gilt es zusätzlich zu erfassen. Die ISO 27007 hat zu diesen Punkten keine Ergänzungen.

Das **Kapitel 7** der Norm geht auf die Kompetenz und Bewertung der ISMS-Auditoren ein. Auditoren sollten so gewählt werden, dass sie

- die Komplexität des ISMS sowie die im ISMS durchgeführten Geschäftstätigkeiten im Anwendungsbereich verstehen,
- den Umfang und die Verschiedenartigkeit der bei der Realisierung der verschiedenen Komponenten des ISMS genutzten Techniken prüfen und
- die gesetzlichen und sonstigen Anforderungen beurteilen können.

Beim persönlichen Verhalten, den Kenntnissen und Fertigkeiten sowie der Kompetenz wird wiederum nur auf die ISO 19011 verwiesen. Es wird lediglich ergänzt, dass ISMS-Auditoren über Kenntnisse und Fertigkeiten in der Informationstechnik und Informationssicherheit verfügen sollten, die beispielsweise durch entsprechende Zertifizierungen belegt sind. Die Berufserfahrung einzelner ISMS-Auditoren sollte darüber hinaus zur Weiterentwicklung ihrer Kenntnisse und Fertigkeiten auf dem Gebiet des ISMS beitragen.

Damit ist die ISO 27007 bereits am Ende. Das heißt, nicht ganz, denn wir sind erst auf Seite 17 von 59 Seiten angelangt. Der **Anhang A** bietet eine Anleitung zur praktischen Durchführung von ISMS-Audits.

Um ein ISMS zu prüfen, gilt es, geeignete Stichproben zu erfassen und zu überprüfen. Dies kann durch Befragung, Beobachtung und durch die Überprüfung von Dokumenten erfolgen. Die notwendigen Pflichtdokumente habe ich in Abschnitt 8.3, »Mindestens notwendige Dokumente«, bereits erwähnt.

Tabelle A.2 geht die gesamte ISO 27001 durch und beschreibt, welcher Audit-Nachweis vorhanden sein sollte. Als Beispiel wird der Punkt »A.4.2 Kompetenz« (ISO/IEC 27001, 7.2) beschrieben.

Ein Audit-Nachweis ist möglich anhand dokumentierter Informationen oder anderer Informationen wie:

a) organisatorische Rollen, Verantwortlichkeiten und Befugnisse;

b) Arbeitsplatzbeschreibungen;

c) erforderliche Kompetenz;

d) Ausbildungsbescheinigungen;

e) Schulungsprogramme, Kurse und Weiterbildungsaktivitäten;

f) Bescheinigungen über unternommene Schritte zum Erwerb und zur Aufrechterhaltung der notwendigen Kompetenz;

g) Bewertung ihrer Wirksamkeit.

Auditoren sollten bestätigen, dass die Organisation Folgendes festlegt:

- die Personen, die Tätigkeiten in ihrem Auftrag ausführen, die sich auf die Informationssicherheitsleistung auswirken
- die Kenntnisse und Fertigkeiten der Personen, die zum Erreichen der angestrebten Ergebnisse erforderlich sind
- die Fähigkeit der Personen, die Kenntnisse und Fertigkeiten anzuwenden, die zum Erreichen der angestrebten Ergebnisse erforderlich sind
- dass gegebenenfalls Maßnahmen eingeleitet werden, um die notwendige Fähigkeit zu erwerben, und dass die Wirksamkeit der eingeleiteten Maßnahmen beurteilt wird

Es ist ersichtlich, wie genau die Anforderungen an Nachweise beschrieben sein sollten. Selbstverständlich hat der Auditor immer noch Spielraum, seine eigene Audit-Feststellung festzuhalten.

12.5 ISO 27008 – Leitlinien für die Bewertung von Informationssicherheitskontrollen

Die ISO 27008 stellt einen praxisnahen Leitfaden zur Überprüfung und Bewertung von Informationssicherheitskontrollen bereit. Sie richtet sich an Unternehmen jeder Größe und Branche und bietet eine methodische Grundlage, um die Wirksamkeit und Angemessenheit von Sicherheitsmaßnahmen nachvollziehbar zu bewerten. Was diese Norm besonders macht, ist die Kombination aus einem Ansatz, der methodische Strenge wahrt, und der flexiblen Anwendung. Die Norm räumt ein, dass jede Firma ihre eigenen Rahmenbedingungen, Risiken und Ressourcen hat. Aus diesem Grund setzt sie auf flexible Vorgaben und gibt Auditoren sowie ISMS-Verantwortlichen ein Werkzeugset an die Hand, mit dem sie ihre eigenen Maßstäbe festlegen können, das aber dennoch einheitliche Ergebnisse ermöglicht.

Ein erster Schritt ist die **Prozessanalyse**. Es wird nicht direkt an den Kontrollen selbst angesetzt. Beispielsweise wird betrachtet, wie das Incident-Management strukturiert ist, welche Schritte bei einem sicherheitsrelevanten Ereignis geplant sind und wie die Kommunikation im Ernstfall abläuft. Ein großer Vorteil dieses Ansatzes ist, dass durch die Beobachtung des Prozessverlaufs die Effektivität der zugrunde liegenden Kontrollen bewertet werden kann. Ein funktionierender Prozess erzeugt Nachweise wie Protokolle, Alarmmeldungen oder Berichte, die belegen, dass die Kontrollen tatsächlich wirken.

Neben der Analyse der Prozesse werden auch klassische **Prüfverfahren** angewendet. Es wird überprüft, ob eine Kontrolle so existiert, wie sie dokumentiert ist, ob sie richtig konfiguriert wurde und ob sie den beabsichtigten Zweck erfüllt. Dies kann das Beobachten eines Backup-Vorgangs, das Überprüfen einer Firewall-Regel oder die Kontrolle physischer Sicherheitsmaßnahmen wie Zutrittskontrollen umfassen.

Test- und Validierungstechniken liefern besonders aussagekräftige Ergebnisse. Sie gehen einen Schritt weiter, indem sie ein Prüfobjekt aktiv testen. Anstatt nur zu betrachten, ob eine Kontrolle vorhanden ist, wird evaluiert, ob sie in einer konkreten Situation zuverlässig reagiert. Das umfasst unter anderem Penetrationstests, bei denen versucht wird, in ein System einzudringen, oder Übungen zur Notfallbewältigung, die demonstrieren, ob ein Krisenplan wirklich funktioniert. Es ist wichtig, dass solche Tests sorgfältig geplant werden, weil sie den laufenden Betrieb beeinflussen können. Sie sind jedoch die wertvollsten Erkenntnisse, da sie das reale Verhalten einer Kontrolle sichtbar machen.

Ein Kapitel der Norm widmet sich den unterschiedlichen Testformen, die sich in ihrer Tiefe unterscheiden:

- Ein *Blindtest* zum Beispiel wird ohne Vorwissen über die Zielsysteme durchgeführt. Der Prüfer verhält sich wie ein Angreifer, der ausschließlich auf öffentliche Informationen zugreifen kann.
- Ein *Doppelblindtest* hat noch eine weitere Ebene: Sogar die Firma ist im Unklaren darüber, wann und wie getestet wird. Das Ergebnis zeigt, wie gut eine Firma auf unerwartete Ereignisse reagieren kann.
- Im Gegensatz dazu steht der *Tandem-Test*: Hier kennen die Prüfer und die Organisation alle Details von Anfang an und prüfen gemeinsam. Es geht weniger um den Überraschungseffekt, sondern um eine detaillierte technische Analyse, die oft auch als interne Überprüfung dient.
- Dazwischen befinden sich *Grey-Box-Tests*. Bei ihnen verfügt der Prüfer über ein begrenztes Vorwissen und kann damit sowohl technische Schwächen als auch die Reaktionsfähigkeit der Firma überprüfen.
- Abschließend wird in der Norm die *Umkehrungsmethode* beschrieben: Hierbei kennt der Prüfer das System sehr gut, während die Organisation nicht informiert ist, wann und wie die Prüfung stattfindet. Das ist vergleichbar mit einer *Red-Team-Übung*, die Angriffe in der Realität nachstellt und das Verteidigungsverhalten testet.

Neben diesen intensiven Testverfahren gibt es noch die Möglichkeit der **Stichprobenprüfung**. Sie ist dann sinnvoll, wenn es nicht möglich ist, alle Systeme oder Daten zu überprüfen. Es werden repräsentative oder besonders wichtige Bereiche ausgewählt, um Rückschlüsse auf das gesamte System zu ziehen. Die Herausforderung dabei ist, die Stichproben so auszuwählen, dass sie die Realität bestmöglich widerspiegeln.

Alle diese Methoden lassen sich kombinieren. Es kann mit einer Prozessanalyse gestartet werden, um einen ersten Eindruck zu erhalten. Dieser wird mit Stichprobenprüfungen erweitert. Eine gründliche Bewertung sollte aber alle Schritte enthalten: die Prozessanalyse, die Prüfverfahren und umfassende Tests. Die gewählte Tiefe hängt vom Risiko, vom Umfang und von den Zielen ab.

Der **Kontrollbewertungsprozess** beginnt mit der Vorbereitung. Ohne eine klare Zielvorgabe und eine Planung läuft jede Bewertung Gefahr, sich in Details zu verlieren oder entscheidende Punkte zu übersehen. In dieser Phase wird bestimmt, welche Systeme und Kontrollen im Mittelpunkt stehen, welche Ressourcen benötigt werden und welche Rollen daran beteiligt sind. Auch die Kommunikation spielt eine entscheidende Rolle: Das Unternehmen muss wissen, was es erwartet, welche Informationen es bereitstellen soll und wie der Austausch mit den Prüfern abläuft.

Im nächsten Schritt wird die Planung der Bewertung angegangen. An dieser Stelle legen die Prüfer fest, welche Vorgehensweise sie konkret wählen wollen. Das beinhaltet die Auswahl der Überprüfungsverfahren, die am besten geeignet sind, um die jeweiligen Kontrollen zu prüfen. Die Norm hebt hervor, dass dies nicht schematisch erfolgen darf, sondern es sollte immer risikobasiert erfolgen: Je kritischer eine Kontrolle ist, desto gründlicher muss sie geprüft werden.

Besonders interessant ist die Betonung des Kontexts. Eine Kontrolle ist nie isoliert; sie gehört immer zu einem größeren System. Aus diesem Grund ist es wichtig, bei der Bewertung zu berücksichtigen, welche Prozesse und Abhängigkeiten existieren und wie die Kontrolle im Zusammenspiel mit anderen wirkt. Nur so kann realistisch beurteilt werden, ob sie wirklich den gewünschten Schutz bietet.

Als Nächstes folgt die Durchführung der Bewertung. An dieser Stelle kommen die zuvor geplanten Methoden ins Spiel, sei es durch Prozessanalysen, Tests oder Stichproben. Es ist entscheidend, dass die Prüfer die Ergebnisse genau festhalten und dabei gleichzeitig den Schutz sensibler Daten gewährleisten. Das Ergebnis einer Prüfung kann erfüllt, teilweise erfüllt oder nicht erfüllt sein.

Danach erfolgen die Analyse und das Reporting. Die Ergebnisse müssen nicht nur richtig, sondern auch verständlich sein. Das Management benötigt eindeutige Antworten: Wo stehen wir? Welche Kontrollen sind effektiv? In welchen Bereichen sind wir schwach? Welche Risiken bestehen weiterhin, und welche Maßnahmen sind sinnvoll?

Der Prozess endet jedoch nicht mit dem Bericht. Die Norm legt großen Wert auf das **Follow-up**. Ohne Nachverfolgung verlieren Empfehlungen und Maßnahmen ihre Wirkung. Eine Kontrolle, die als unzureichend bewertet wurde, bleibt ein Risiko, solange sie nicht verbessert oder durch eine andere ersetzt wird. Aus diesem Grund umfasst der Kontrollbewertungsprozess auch die Überwachung des Fortschritts, um sicherzustellen, dass Ergebnisse tatsächlich umgesetzt werden.

Anhang A der Norm zeigt, was die erste Informationsbeschaffung enthalten sollte. Er geht auf das Personalwesen, auf Richtlinien, auf die Organisation, auf die physische Sicherheit und auf das Incident-Management ein.

In **Anhang B** ist für jeden Normpunkt der alten ISO 27001:2013 eine Kontrollfrage abgebildet. Bei den technischen Kontrollen sind zusätzliche Informationen zu finden.

Der **Anhang C** stellt eine Verbindung zur ISO 27017:2015, also der Kontrolle von Cloud-Diensten, speziell für *Infrastructure as a Service* (IaaS) her. Es sind sehr detaillierte Informationen verfügbar, insbesondere zum Sicherheitsimplementierungsstandard. Im Mittelpunkt stehen Fragen wie:

- Sind die vereinbarten Sicherheitsmaßnahmen des Providers tatsächlich umgesetzt.
- Werden Logs und Protokolle ausreichend bereitgestellt?
- Und wie können Kunden sicherstellen, dass ihre eigenen Pflichten im Zusammenspiel mit dem Cloud-Anbieter erfüllt werden?

12.6 ISO 27018 – Sicherheit in Cloud-Diensten

Die ISO 27018 wurde im Januar 2019 in der zweiten Version veröffentlicht. Sie trägt den Titel »Information technology – Security techniques – Code of practice for protection of personally identifiable information (PII) in public clouds acting as PII processors«. Der Titel verrät, dass es um den Schutz von personenbezogenen Daten in Cloud-Diensten geht, und die Norm nimmt Bezug auf die verschiedenen Datenschutzgesetze.

Der Aufbau entspricht der ISO 27001:2013. Die ISO 27018 ergänzt bzw. präzisiert die Punkte um weitere Anforderungen, die es umzusetzen gilt. Die Absicht der Norm ist es, einen gemeinsamen Satz von Sicherheitskategorien und -kontrollen zu schaffen, die von einem Anbieter von Cloud-Diensten implementiert werden können. Folgende Ziele werden verfolgt:

- dem Anbieter von Public-Cloud-Diensten dabei zu helfen, die geltenden Verpflichtungen einzuhalten
- dem Public-Cloud-Anbieter zu ermöglichen, in relevanten Angelegenheiten transparent zu sein, damit Kunden gut geführte Cloud-Services auswählen können
- Kunden und Verarbeiter beim Abschluss einer vertraglichen Vereinbarung zu unterstützen
- Kunden eine Möglichkeit ihr Audit- und Compliance-Recht durchzuführen.

In **Kapitel 5** werden die zusätzlichen oder vertieften Kontrollen beschrieben. Es werden aber nicht alle Kontrollen ergänzt, sondern nur 14. Es handelt sich um folgende Punkte, die ein Cloud-Anbieter umzusetzen hat:

- Er muss seine Informationssicherheitsrichtlinien um die Verpflichtung erweitern, die geltenden Gesetze zum Schutz von personenbezogenen Daten einzuhalten.

- Er muss die Rollen um eine Kontaktstelle für den Cloud-Service-Kunden erweitern.
- Er muss das Bewusstsein aller Mitarbeitenden für die möglichen Folgen eines Verstoßes gegen die Datenschutz- oder Sicherheitsregeln und -verfahren stärken.
- Er muss Verfahren für den Fall planen und üben, dass die Benutzerzugriffskontrolle kompromittiert wird, zum Beispiel im Fall eines Hacker-Angriffs oder Passwort-Diebstahls.
- Er muss für alle Anmeldungen an Cloud-Services sichere Anmeldeverfahren für alle Konten bereitstellen.
- Er muss den Kundinnen und Kunden Informationen zur eingesetzten oder möglichen Verschlüsselung der Daten zur Verfügung stellen.
- Er muss alle Geräte, Festplatten und Datenträger immer so entsorgen, als wären Daten auf ihnen enthalten, auch wenn das nicht der Fall ist.
- Er muss eine Risikobewertung durchführen, falls Kundendaten zu Testzwecken verwendet werden müssen.
- Die Sicherung der Daten sollte nicht nur intern vorgenommen werden, sondern es sollten auch externe Sicherungen eingeführt werden. Dies können physisch und/oder logisch getrennte Orte sein. Die Art und Weise muss den Kunden klar mitgeteilt werden. Außerdem muss der Cloud-Anbieter die Wiederherstellung in festgelegter und dokumentierter Häufigkeit durchführen. Beim Einsatz von Subunternehmen muss er die Kunden darüber informieren.
- Ein besonderes Augenmerk wird auch auf die Ereignisprotokollierung gerichtet. Die Ereignisse müssen mit einer festgelegten, dokumentierten Periodizität überprüft werden, um Unregelmäßigkeiten zu identifizieren und Abhilfemaßnahmen vorzuschlagen. Außerdem muss sich der Cloud-Anbieter überlegen, ob, wann und wie Protokollinformationen dem Cloud-Kunden zur Verfügung gestellt oder von ihm genutzt werden können. Dabei darf der Kunde nur auf seine eigenen Ereignisse zugreifen dürfen.
- Die erwähnten Protokollinformationen gilt es zu schützen und innerhalb eines festgelegten und dokumentierten Zeitraums zu löschen.
- Werden physische Medien für den Transport von Daten genutzt, müssen die Ein- und Ausgänge inklusive Art, Sender/Empfänger, Datum und Uhrzeit protokolliert werden.
- Im Falle eines Informationssicherheitsvorfalls muss der Cloud-Anbieter einen genauen Prozess umsetzen, der auch Datenschutzverletzungen berücksichtigt.
- Da Kunden oft nicht selbst ein Audit beim Cloud-Anbieter durchführen können oder dürfen, muss der Cloud-Anbieter dieses Audit durch eine unabhängige Stelle durchführen lassen und entsprechende Nachweise zur Verfügung stellen.

Der Anhang geht bei den Punkten A.1 bis A.12 auf die Datenschutzprinzipien analog der ISO/IEC 29100 (»Information technology – Security techniques – Privacy framework«) ein. Folgende Punkte werden behandelt:

- Der Cloud-Anbieter muss seinen Kunden die Möglichkeit zum Zugang, zur Berichtigung und/oder zur Löschung der sie betreffenden Informationen ermöglichen.
- Personenbezogene Daten des Kunden dürfen ausschließlich nach dessen Weisung verarbeitet und nicht ohne ausdrückliche Zustimmung für Marketing- und Werbezwecke verwendet werden.
- Der Cloud-Anbieter muss seine Kunden verbindlich und abschließend über den Standort der Datenverarbeitung informieren.
- Cloud-Anbieter haben den Kunden über jede Verarbeitung der Daten durch Dritte zu informieren.
- Der Kunde muss jederzeit Zugriff auf seine Daten haben, und ihm müssen Möglichkeiten zur Verfügung gestellt werden, um die Daten unmittelbar zu ändern, zu löschen oder zu korrigieren.
- Cloud-Anbieter dürfen Daten des Kunden nur an Strafverfolgungsbehörden herausgeben, sofern dazu eine gesetzliche Verpflichtung besteht. Zudem müssen die Kunden in diesem Fall über die Herausgabe informiert werden, außer es ist gesetzlich verboten, sie zu informieren.
- Sollten Unbefugte Zugriff auf personenbezogene Daten des Kunden erlangen, so ist der Kunde umgehend darüber in Kenntnis zu setzen.
- Es müssen verbindliche Regeln über Rückgabe, Transfer und Vernichtung der Daten des Kunden festgelegt werden.
- Es müssen vertragliche Regelungen für die Vorgehensweise bei einer Datenpanne erstellt werden.
- Alle Personen und mögliche Sublieferanten müssen eine Vertraulichkeitsvereinbarung unterschreiben und einhalten.
- Daten müssen, falls möglich, immer verschlüsselt übertragen werden, egal ob das physisch oder elektronisch geschieht.
- Der Cloud-Anbieter sollte seine technischen und organisatorischen Maßnahmen seinen Kundinnen und Kunden offenlegen.

12.7 ISO 27701 – Datenschutz-Managementsystem

Der Datenschutz ist nicht erst seit der DSGVO ein Thema. Die OECD hat 1980 die erste Version des *Privacy Frameworks* herausgegeben. International fehlte bis dahin ein entsprechendes Dokument. Mit der darauf aufbauenden ISO/IEC 27552 wurde anschließend ein Grundlagendokument erstellt, doch das genügte den gesetzlichen Anforderungen nicht. Im August 2019 wurde die ISO 27701 offiziell veröffentlicht, und im Oktober 2025 wurde sie aktualisiert. Die Norm folgt dabei der harmonisierten Struktur (HS), ist also analog zur ISO 27001 aufgebaut.

In **Kapitel 1** der ISO 27701 wird der Anwendungsbereich definiert. Die Norm legt die Anforderungen für die Einrichtung, Umsetzung, Aufrechterhaltung und die kontinuierliche Verbesserung eines *Datenschutzinformationsmanagementsystems* (*DSMS*, engl. *PIMS*) fest. Im Fokus stehen dabei Verantwortliche und Auftragsverarbeiter für personenbezogene Daten (engl. *Personally Identifiable Information*, *PII*), die für die Verarbeitung personenbezogener Daten verantwortlich und rechenschaftspflichtig sind, unabhängig von deren Art und Größe.

Kapitel 2 enthält normative Referenzen auf die ISO/IEC 29100, das Rahmenwerk für den Datenschutz. (Ihre aktuelle Ausgabe stammt aus dem Jahr 2024.)

In **Kapitel 3** werden Begriffe, Definitionen und Abkürzungen eingeführt. Insgesamt sind es 25 neue Begriffe: Organisation, interessierte Partei, oberste Leitung, Managementsystem, Richtlinien, Ziel, Risiko, Prozess, Kompetenz, dokumentierte Information, Leistung, kontinuierliche Verbesserung, Wirksamkeit, Anforderung, Konformität, Nichtkonformität, Korrekturmaßnahmen, Audit, Messung, Überwachung, Gemeinsamer Verantwortlicher für personenbezogene Daten, Kunde, Datenschutz-Informationsmanagementsystem, Informationssicherheitsprogramm und Anwendbarkeitserklärung.

Das Managementsystem wird ab **Kapitel 4** erläutert. Es beginnt mit dem Kontext der Organisation. Dazu müssen die externen und internen Themen bestimmt werden. Die Norm erwähnt dabei geltende Datenschutzgesetze und Vorschriften, Gerichtsentscheidungen, Richtlinien und Verfahren, Verwaltungsentscheidungen oder vertragliche Anforderungen. Auch gehört der Klimawandel dazu (in den anderen Normen wurde er als Addendum ergänzt). Eine wichtige Definition ist das Feststellen, ob die Organisation als Verantwortlicher und/oder als Auftragsverarbeiter für personenbezogene Daten fungiert.

Als Zweites gilt es, das Verständnis für die Bedürfnisse und Erwartungen der betroffenen Parteien festzuhalten. Das können Kunden, Partner, Lieferanten oder Aufsichtsbehörden sein. Die Norm verwendet den Begriff *Kunde* (leider) für drei Arten:

- für eine Organisation, die einen Vertrag mit einem PII-Verantwortlichen hat
- für einen PII-Verantwortlichen, der einen Vertrag mit einem PII-Auftragsverarbeiter hat
- für einen PII-Verarbeiter, der einen Vertrag mit einem Subunternehmer für die PII-Verarbeitung hat

Dies macht es nicht immer einfach, festzustellen, welche Rolle genau gemeint ist. Als letzten Punkt gilt es noch den Geltungsbereich des Managementsystems festzulegen und es einzurichten, zu implementieren, aufrechtzuerhalten und kontinuierlich zu verbessern.

Nachdem der Rahmen festgelegt ist, werden in **Kapitel 5** die Anforderungen an die Führung, die oberste Leitung, festgelegt. Dazu gehören die Definition der Datenschutzrichtlinien und Datenschutzziele, das Integrieren des Datenschutzes in die Geschäftsprozesse, das Bereitstellen der erforderlichen Ressourcen und das Schaffen der Awareness. Außerdem muss dafür gesorgt werden, dass die beabsichtigten Ergebnisse erzielt werden. Ferner müssen die kontinuierliche Verbesserung sowie die Unterstützung aller relevanten Funktionen sichergestellt werden.

Die Norm verlangt ebenfalls, dass eine *Datenschutzerklärung* erstellt, dokumentiert, kommuniziert und den interessierten Parteien zur Verfügung gestellt wird. Zudem sind die Rollen, Verantwortlichen und Befugnisse festzulegen.

Wie in der ISO 27001 ist auch in **Kapitel 6** der ISO 27701 das Risikomanagement ein zentraler Punkt. Dazu muss ein Prozess zur Bewertung von Datenschutzrisiken definiert und angewendet werden. Auch müssen die Kriterien zur Bewertung der Risiken inklusive der Risikoakzeptanz festgelegt sein. Wichtig ist, dass wiederholte Datenschutz-Risikobewertungen konsistente, valide und vergleichbare Ergebnisse liefern. Jedes Risiko muss einem Verantwortlichen zugewiesen werden. Nicht akzeptierte Risiken gilt es entsprechend zu behandeln. Die Norm verlangt zudem, ein Informationssicherheitsprogramm umzusetzen, und listet dazu 15 Themen auf. Diese entsprechen den Anforderungen aus der ISO 27002. Außerdem gehört das Erstellen einer Erklärung zur Anwendbarkeit der Maßnahmen aus Anhang A dazu.

Das **Unterkapitel 6.2** verlangt die Definition von Datenschutzzielen und einen Plan zur Erreichung dieser Ziele. Sie müssen messbar sein, geltende Anforderungen berücksichtigen sowie überwacht, kommuniziert, aktualisiert und dokumentiert werden.

Kapitel 7 der Norm beschreibt die unterstützenden Themen. Dazu gehört es, Ressourcen zu bestimmen und bereitzustellen, die notwendige Kompetenz festzulegen, das Bewusstsein (*Awareness*) der involvierten Personen sicherzustellen und die Kommunikation sowie die Dokumentation zu definieren.

Nachdem die Grundlagen geschaffen sind, wird in **Kapitel 8** der Betrieb beschrieben. Nun gilt es, die Prozesse zu planen, zu implementieren und zu kontrollieren. Damit dies möglich ist, sind die Kriterien für die Prozesse festzulegen. Änderungen sind ebenfalls zu planen. Auch müssen extern bereitgestellte Prozesse, Produkte oder Dienstleistungen kontrolliert werden.

In **Kapitel 9** folgt die Leistungsbewertung. Dazu muss zuerst festgelegt werden, was überwacht und gemessen wird, welche Methoden dazu zum Einsatz kommen sowie wann die Ergebnisse der Überwachung und Messung analysiert und bewertet werden. Ein Werkzeug dazu ist das interne Audit. Dieses muss in geplanten Abständen gemäß dem internen Audit-Programm durchgeführt werden. Das Programm definiert die Ziele, Kriterien und den Umfang und bestimmt objektive und unparteiische Auditoren. Die Ergebnisse sind den zuständigen Führungskräften zu melden. Der letzte Punkt legt den Rahmen für die Managementbewertung fest. Im Vergleich zu anderen Normen sind es hier »nur« fünf Punkte.

Das **Kapitel 10** beschreibt die Verbesserung: Die Eignung, die Angemessenheit und die Wirksamkeit des Managementsystems müssen kontinuierlich verbessert werden. Sollten Nichtkonformitäten festgestellt werden, ist die Ursache zu erfassen und sind geeignete

Maßnahmen zur Beseitigung umzusetzen. Im Nachgang ist die Wirksamkeit der ergriffenen Korrekturmaßnahmen zu überprüfen.

Im Unterschied zu anderen Normen ist noch ein **Kapitel 11** vorhanden. Es weist auf folgende Informationen hin:

- In **Anhang C** wird Zuordnung zwischen den Bestimmungen der Norm und den Datenschutzgrundsätzen aus ISO/IEC 29100 vorgenommen.
- In **Anhang D** erfolgt eine Zuordnung der Kontrollen zur Datenschutz-Grundverordnung der Europäischen Union.
- In **Anhang E** finden Sie eine Zuordnung zu den Bestimmungen aus ISO/IEC 27018 (Schutz von personenbezogenen Daten in Cloud-Diensten) und ISO/IEC 29151 (Verhaltenskodex für den Schutz personenbezogener Daten).
- In **Anhang F** gibt es einen Vergleich mit der vorherigen Ausgabe der ISO 27701 aus dem Jahr 2019.

Der normative **Anhang A** listet im ersten Teil Kontrollziele und Kontrollen für PII-Verantwortliche auf. Sie sind unterteilt in:

- Bedingungen für die Erhebung und Verarbeitung (8 Punkte)
- Verpflichtungen gegenüber den PII-Auftraggebern (10 Punkte)
- *Privacy by Design* und *Privacy by Default* (9 Punkte)
- Weitergabe, Übertragung und Offenlegung von personenbezogenen Daten (4 Punkte)

Der zweite Teil umfasst Kontrollziele und Kontrollen für PII-Verarbeiter. Die Kontrollen sind unterteilt in:

- Bedingungen für die Erhebung und Verarbeitung (6 Punkte)
- Verpflichtungen gegenüber den Betroffenen (1 Punkt)
- Privacy by Design und Privacy by Default (3 Punkte)
- Weitergabe, Übertragung und Offenlegung von personenbezogenen Daten (8 Punkte)

Der dritte Teil beschreibt die Kontrollziele und Kontrollen für PII-Verantwortliche und PII-Verarbeiter. Diese wurden aus der ISO 27001, Anhang A, übernommen. Die ISO 27001 umfasst 93 Maßnahmen, in der ISO 27701 sind 29 davon enthalten. Diese sind (in Klammern ISO 27001:2022):

- Informationssicherheitspolitik und -richtlinien (A.5.1)
- Informationssicherheitsrollen und -verantwortlichkeiten (A.5.2)
- Klassifizierung von Informationen (A.5.12)
- Kennzeichnung von Informationen (A.5.13)
- Informationsübermittlung (A.5.14)
- Identitätsmanagement (A.5.16)
- Zugangsrechte (A.5.18)

- Behandlung der Informationssicherheit in Lieferantenvereinbarungen (A.5.20)
- Planung und Vorbereitung der Handhabung von Informationssicherheitsvorfällen (A.5.24)
- Reaktion auf Informationssicherheitsvorfälle (A.5.26)
- Juristische, gesetzliche, regulatorische und vertragliche Anforderungen (A.5.31)
- Schutz von Aufzeichnungen (A.5.33)
- unabhängige Überprüfung der Informationssicherheit (A.5.35)
- Einhaltung von Richtlinien, Vorschriften und Normen für die Informationssicherheit (A.5.36)
- Informationssicherheitsbewusstsein, -ausbildung und -schulung (A.6.3)
- Vertraulichkeits- oder Geheimhaltungsvereinbarungen (A.6.6)
- aufgeräumte Arbeitsumgebung und Bildschirmsperren (A.7.7)
- Speichermedien (A.7.10)
- sichere Entsorgung oder Wiederverwendung von Geräten und Betriebsmitteln (A.7.14)
- Endpunktgeräte des Benutzers (A.8.1)
- sichere Authentisierung (A.8.5)
- Sicherung von Informationen (A.8.13)
- Protokollierung (A.8.15)
- Verwendung von Kryptografie (A.8.24)
- Lebenszyklus einer sicheren Entwicklung (A.8.25)
- Anforderungen an die Anwendungssicherheit (A.8.26)
- sichere Systemarchitektur und Entwicklungsgrundsätze (A.8.27)
- ausgegliederte Entwicklung (A.8.30)
- Testdaten (A.8.33)

Während die ISO 27001 in zwei Dokumente unterteilt ist, sind beide Teile der ISO 27701 in einem enthalten. Ihr **Anhang B** beschreibt die aus Anhang A aufgeführten Punkte: jeweils die Maßnahme sowie eine Anleitung zur Umsetzung.

Hinweis: Gleichzeitig mit der ISO 27701 wurde auch die ISO 27706 veröffentlicht. Sie legt fest, wie akkreditierte Zertifizierungsstellen das Datenschutzmanagementsystem zu prüfen haben.

12.8 CISIS12

CISIS12 (*Compliance Informations-Sicherheitsmanagement-System in 12 Schritten*) ist ein strukturiertes Vorgehensmodell, das speziell für kleine und mittlere Unternehmen entwickelt wurde. Es vereint die grundlegenden Anforderungen der Informationssicherheit mit einem pragmatischen, verständlichen und ressourcenschonenden Ansatz. Die Methodik basiert zwar auf der ISO 27001, vereinfacht deren Komplexität aber auf ein überschaubares Set von zwölf definierten Schritten. CISIS12 ist daher ideal für Organisationen, die ein systematisches Vorgehen brauchen, aber nicht die Tiefe eines großen Managementsystems wollen.

CISIS12 ist eine eingetragene Marke des *IT-Sicherheitscluster e.V.* Seit 2024 ist die *SWI-Informationssicherheit für den Mittelstand GmbH* für die Weiterentwicklung und Vermarktung von CISIS12 zuständig.

Bevor mit der Umsetzung gestartet werden kann, gilt es, einen Projektauftrag zu erstellen. Ein weiterer wichtiger Schritt ist die Verteilung der Rollen. Speziell erwähnt werden der Informationssicherheitsbeauftragte, der Datenschutzbeauftragte sowie Mitglieder des ISMS-Projekt-Kernteams und des erweiterten ISMS-Projekt-Teams. In den Projektauftrag gehört auch die frühe Definition der Ziele und der Kommunikationsstruktur. Danach kann es an die Umsetzung der zwölf Schritte gehen (siehe Abbildung 12.4).

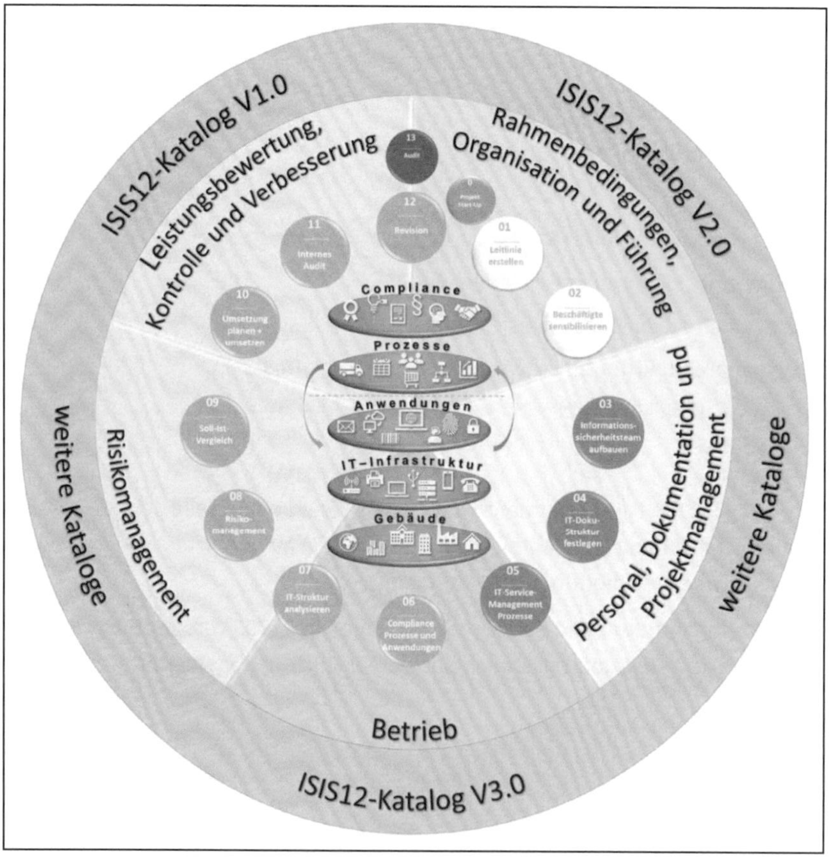

Abbildung 12.4: ISIS-Vorgehensmodell und Managementsystemmodell (siehe: CISIS12_ Dokumente_Norm_V1.0.pdf, Seite 5)

- **Schritt 1 – Leitlinie erstellen**

  Zunächst wird eine Informationssicherheitsleitlinie erarbeitet. Sie bestimmt, wie wichtig Informationssicherheit in der Organisation ist, welche Ziele verfolgt werden und welche Grundsätze gelten. Die Leitung genehmigt und kommuniziert diese Richtlinie, um deutlich zu machen, dass Informationssicherheit nicht nur die IT betrifft, sondern dass die gesamte Organisation involviert ist. Die Richtlinie stellt den formalen Rahmen für alle weiteren Aktivitäten dar und ist der Referenzpunkt, wenn es darum geht, Prioritäten zu setzen und Entscheidungen zu treffen.

- **Schritt 2 – die Beschäftigten sensibilisieren**

  Im zweiten Schritt geht es darum, die Beschäftigten zu sensibilisieren. Die Sicherheit von Informationen hängt davon ab, dass alle Mitarbeitenden nachvollziehen, warum es bestimmte Regeln gibt, und wissen, wie sie diese im Alltag anwenden können. CISIS12 verlangt deshalb, dass systematische Schulungen und Informationsmaßnahmen durchgeführt werden, die auf die jeweilige Zielgruppe zugeschnitten sind. Der Nachweis ist ein Schulungs- und Sensibilisierungskonzept, das die behandelten und noch zu behandelnden Themen aufführt. Es sollte zudem die Art der Durchführung der Schulungen oder Trainings (Präsenztrainings, Webinare, E-Learning-Kampagnen, ...), die entsprechenden Zielgruppen und die Häufigkeit der jeweiligen Maßnahmen beinhalten.

- **Schritt 3 – Informationssicherheitsteam aufbauen**

  Im dritten Schritt erfolgt der Aufbau eines Informationssicherheitsteams. Dieses Team ist verantwortlich für die Planung, Abstimmung und Überwachung der Maßnahmen. In der Regel umfasst es eine Person in der Rolle als Informationssicherheitsbeauftragte bzw. Informationssicherheitsbeauftragter sowie Vertreterinnen und Vertreter aus wesentlichen Fachbereichen. Das Team sorgt dafür, dass Entscheidungen abgestimmt, Maßnahmen priorisiert und Ergebnisse festgehalten werden. Der bzw. die Informationssicherheitsbeauftragte sollte von der Organisationsleitung offiziell ernannt werden. Dazu gehört auch, ihre Aufgaben, Verantwortung, Rechte und Pflichten zu definieren. CISIS12 listet in diesem Schritt die weiteren Aufgaben des Informationssicherheitsbeauftragten und des IS-Teams auf.

- **Schritt 4 – IT-Doku-Struktur festlegen**

  Im vierten Schritt erfolgt die Festlegung der Struktur der IT-Dokumentation. Die langfristige Handhabung der Informationssicherheit ist nur möglich, wenn Dokumente vollständig, übersichtlich, verständlich, strukturiert, korrekt, nachvollziehbar und objektiv sind. CISIS12 definiert 15 Dokumente, die es mindestens geben muss. Man unterscheidet hier zwischen Referenzdokumenten und Strukturdokumenten. Neben den Referenzdokumenten und den Strukturdokumenten muss die Organisation entscheiden, wie weitere Dokumente grundsätzlich benannt, strukturiert, aufgebaut und gelenkt werden. Dazu gehören auch die Klassifizierung und das Review, die mindestens jährlich erfolgen müssen.

- **Schritt 5 – IT-Servicemanagementprozesse**

  Im fünften Schritt geht es um die Prozesse des IT-Servicemanagements. Die Geschäftsprozesse sind in einem Servicemanagementhandbuch festzuhalten. CISIS12 erfordert die Beschreibung und Umsetzung der Prozesse *Wartung*, *Störung* und *Änderung*. Dabei sind für jeden dieser drei allgemeinen Prozesse mindestens drei entsprechende Umsetzungen in der Organisation zu beschreiben und nachzuweisen. Alle Prozesse sind in einer Prozesslandkarte darzustellen. Ein wichtiges Element in diesem Schritt ist auch das Lieferantenmanagement.

- **Schritt 6 – Compliance, Prozesse und Anwendungen**

  Im sechsten Schritt dreht sich alles um Compliance, Prozesse und Anwendungen. Die Organisation untersucht, welche gesetzlichen und regulatorischen Anforderungen gelten (z. B. Datenschutz, Archivierung, Branchenvorgaben) und wie diese in ihren Prozessen und den verwendeten Anwendungen umgesetzt sind. Für die Organisation ist es wesentlich, die kritischen Geschäftsprozesse zu kennen und zu erfassen. Es ist festzuhalten, wo sensible Daten verarbeitet werden, welche Verfahren besonderen Schutz benötigen und welche Vorgaben dadurch unbedingt einzuhalten sind.

- **Schritt 7 – IT-Struktur analysieren**

  Im siebten Schritt erfolgt die Untersuchung der IT-Struktur. Dabei werden Netzwerke, Server, Clients, Kommunikationsverbindungen, Cloud-Dienste sowie Schnittstellen systematisch erfasst. Das Ziel ist es, einen Überblick darüber zu erhalten, welche technischen Komponenten es gibt, wie sie miteinander verbunden sind und welche Abhängigkeiten bestehen. Alle späteren Risikoüberlegungen und Maßnahmen basieren auf dieser Analyse. Ohne dieses Inventar besteht die Gefahr, dass wichtige Systeme übersehen oder Wechselwirkungen unterschätzt werden.

- **Schritt 8 – Risikomanagement**

  Im achten Schritt steht das Risikomanagement im Zentrum. Risiken werden identifiziert, bewertet und priorisiert, basierend auf dem Schutzbedarf, der IT-Struktur und den Compliance-Anforderungen. Dazu muss im Vorfeld eine Richtlinie zum Risikomanagement erstellt werden. Dazu gehören neben dem Vorgehen auch die Risikobewertungskriterien, die Beurteilung der Folgen und Regelungen zur Risikoakzeptanz. Risiken für die Organisation müssen identifiziert und gemäß ihrer Eintrittswahrscheinlichkeiten und den möglichen Auswirkungen bewertet werden.

- **Schritt 9 – Soll-Ist-Vergleich**

  Im neunten Schritt wird ein Soll-Ist-Vergleich erstellt. Es wird gegenübergestellt, welche Sicherheitsanforderungen (Soll) gelten und wie der aktuelle Zustand (Ist) aussieht. Basis sind u. a. die Leitlinie, gesetzliche Vorgaben, interne Richtlinien sowie identifizierte Risiken. Außerdem sollten verantwortliche Beschäftigte, Know-how-Träger und Fachverantwortliche befragt werden, um den aktuellen Umsetzungsstand zu ermitteln. Maßnahmen müssen nach ihrem Umsetzungsgrad bewertet werden. Diese Maßnahmen müssen vollständig umgesetzt, wirksam und nachhaltig dokumentiert sein.

- **Schritt 10 – Umsetzung planen und umsetzen**

  Im zehnten Schritt werden die Resultate in eine konkrete Umsetzungsplanung und in die Umsetzung selbst überführt. Ein Aktionsplan wird erstellt, der Verantwortliche, Prioritäten, Zeitrahmen und benötigte Ressourcen enthält. Dies umfasst sowohl den Schutzbedarf wie auch Risiken, Wirtschaftlichkeit, Umsetzungszeit oder auch die Budgetkontrolle.

  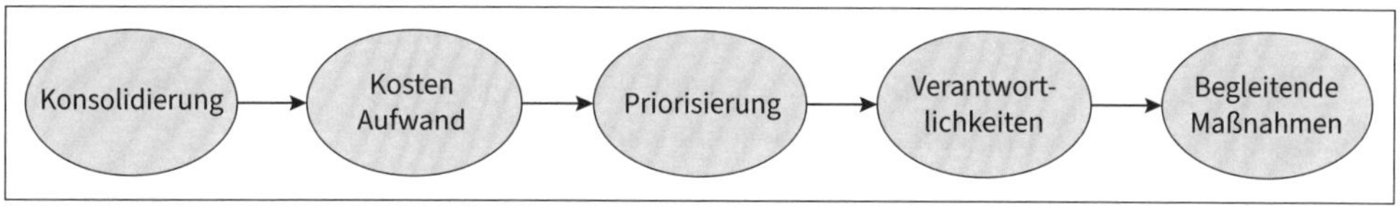

  Abbildung 12.5: CISIS12 – Umsetzung von Maßnahmen

  Die Maßnahmen sind zu konsolidieren, zu priorisieren und zu terminieren. Dann geht es an die Umsetzung: technische Anpassungen, organisatorische Änderungen, neue Abläufe, Schulungen, Anpassungen von Verträgen oder Dienstleistungsvereinbarungen. Die für die jeweiligen Maßnahmen Verantwortlichen müssen die Umsetzung bis zur Fertigstellung überwachen und gegebenenfalls Zwischenberichte einfordern.

- **Schritt 11 – internes Audit**

  Im elften Schritt wird ein internes Audit durchgeführt. Es wird überprüft, ob die im Rahmen von CISIS12 vorgesehenen Maßnahmen tatsächlich umgesetzt wurden und ob sie wirksam sind. Das interne Audit prüft, ob die festgelegten Anforderungen eingehalten werden, und identifiziert Abweichungen, Lücken oder Unklarheiten. Es geht über eine einfache Checkliste hinaus: Es stellt prüft auch, ob Prozesse verstanden, Rollen gelebt und Vorgaben akzeptiert werden. Die Resultate des internen Audits sind die Basis für Anpassungen und zusätzliche Verbesserungen. Interne Audits können auf ein System-, Prozess-, Produkt- oder Stakeholder-Audit ausgelegt werden. Interne wie auch externe Audits müssen dabei mit einem Audit-Programm geplant werden. Audits umfassen dabei:

  - 1st-Party-Audits, also interne Audits,
  - 2nd-Party-Audits, also (externe) Lieferantenaudits sowie
  - 3rd-Party-Audits, also (externe) Zertifizierungsaudits.

- **Schritt 12 – Revision**

  Im zwölften Schritt wird das gesamte System überarbeitet. Darunter wird eine allgemeine Überprüfung verstanden, die von der Leitung beauftragt wird. Durch die regelmäßigen Revisionen des Informationssicherheitsprozesses können Aussagen über die wirksame Umsetzung, Aktualität, Vollständigkeit, Angemessenheit und den aktuellen Zustand der Informationssicherheit getroffen werden. Alle Revisionen müssen in jedem Schritt innerhalb eines Jahres terminiert werden. Die Revision schließt den Kreis und sorgt dafür, dass Informationssicherheit als ein fortlaufender Prozess und nicht als einmaliges Projekt verstanden wird.

Nach dem Durchlaufen der zwölf Schritte sollte die Organisation ein externes Zertifizierungsaudit durchführen lassen.

Begleitet wird das Vorgehensmodell vom Dokument »Compliance und Informationssicherheit in 12 Schritten«. Ein Vorgehensmodell zum strukturierten Aufbau und zur Etablierung von Managementsystemen in beliebigen Organisationen. Folgende Themen werden darin behandelt:

Das **Kapitel 4** beschreibt die Rahmenbedingungen. Sie umfassen den internen und externen Kontext, den Anwendungsbereich, die Verantwortlichkeiten und Aufgaben, die Festlegung und Planung von Zielen sowie die Leitlinie.

In **Kapitel 5** werden das Personal, die Dokumentation sowie das Projektmanagement beschrieben.

Der Betrieb wird in **Kapitel 6** definiert. Dazu gehören unter anderem die Planung und Steuerung der ISMS-Prozesse, die Überwachung von ausgelagerten Prozessen sowie das IT-Service- und IT-Notfallmanagement.

Das Risikomanagement folgt in **Kapitel 7**, die Leistungsbewertung, Kontrolle und Verbesserung in **Kapitel 8**.

Spannend ist insbesondere **Anhang B**, der einen umfassenden Baustein-Maßnahmenkatalog enthält. Die Bausteine sind unterteilt in Compliance (1), Prozesse (39), Anwendungen (16), IT-Systeme (22) und Gebäude (9). **Anhang C** enthält eine umfassende Definition von insgesamt 130 Begriffen.

Der knapp 1000-seitige »Baustein- und Maßnahmenkatalog« beschreibt die in Anhang B des vorher erwähnten Dokuments. Als Beispiel möchte ich den Baustein **B2.250 Patch- und Änderungsmanagement** kurz vorstellen. Dieser Baustein gehört zur Ebene »Prozess« und ist als »Muss« gekennzeichnet. Der erste Schritt heißt »B2.250-M010 Konzept für Patch- und Änderungsmanagement«. Die Anforderung lautet: »Die Organisation MUSS ein Konzept für das Patch- und Änderungsmanagement erstellen.« Danach folgen Umsetzungshinweise. Das Konzept sollte folgende Aspekte berücksichtigen:

- Bestandsaufnahme des Inventars
- Informationsbeschaffung
- Planung der Patches und Updates
- Installation der Updates und Patches
- Automation des Patch- und Änderungsmanagements

Als Verantwortliche für diesen Baustein werden Leitung IT, IT-Betrieb, ISB und Fachabteilung genannt.

Als letzter Punkt werden Referenzen zur ISO 27001:2022, dem BSI-Kompendium sowie zu weiteren Normen ergänzt.

Das vierte Dokument hat den Titel »Erweiterter Baustein- und Maßnahmenkatalog«. Es enthält weitere Bausteine, die umgesetzt werden können.

Das fünfte Dokument hat den Titel »Auditschema«. Es beinhaltet einen Überblick über den Zertifizierungsprozess, die Audit-Prinzipien, den Audit-Prozess sowie die Erstellung des Audit-Berichts, die Zertifikatserteilung, das Überwachungsaudit und die Re-Zertifizierung. Ein wichtiger Bestandteil ist auch der Audit-Aufwand. Je nach Größe des Unternehmens sind 1,5 bis 4 Tage für das Erstaudit und 1 bis 2 Tage für das Überwachungsaudit zu planen. Bei einem Audit können folgende Feststellungen gemacht werden:

- Empfehlungen,
- Nebenabweichung und
- Hauptabweichung.

Anders als die ISO 27001 kennt CISIS12 Reifegrade von 0 (nicht relevant), 1 (keine Umsetzung), 2 (teilweise), 3 (erfolgt), 4 (regelmäßig und angemessen) und 5 (regelmäßig optimal, angemessen und nachgewiesen). Der Reifegrad 1 führt automatisch zu einer Hauptabweichung. Bei den Reifegraden 2 und 3 ist zu prüfen, ob eine Nebenabweichung vorliegt.

Das sechste und letzte Dokument ist eine Kreuzreferenztabelle zwischen CISIS12, ISO 27001:2022 und dem BSI-Kompendium.

Die Norm und die ergänzenden Dokumente können Sie unter *https://cisis12.de/* beziehen.

12.9 VdS 10000

Die VdS 10000 ist ein praxisnaher Standard für den Aufbau eines ISMS, der gezielt auf die Bedürfnisse von kleinen und mittleren Unternehmen zugeschnitten ist. Sie ist eine kompakte und leichter umsetzbare Alternative zur ISO 27001.

Herausgeberin ist die *VdS Schadenverhütung GmbH*, eine in Deutschland anerkannte Institution im Risiko- und Sicherheitsmanagement. Die VdS Schadenverhütung GmbH entwickelt Prüfmethoden und bietet Zertifizierungen im Bereich der technischen und organisatorischen Sicherheit an. Die VdS 10000 ist eine Antwort auf den Bedarf vieler KMU, die ein effektives, aber einfach zu handhabendes ISMS suchen.

Der Standard ist klar gegliedert und umfasst mehrere Kapitel. Zu Beginn werden der Zweck, der Anwendungsbereich und die grundlegenden Begriffe erklärt, damit alle nachfolgenden Anforderungen verstanden werden. Es folgt der Abschnitt über Führungsverantwortung und Organisation, in dem Rollen, Verantwortlichkeiten und die Einbindung der Führungsebene (Topmanagement) festgelegt werden. Die jeweiligen Themenbereiche sind in »müssen«, »dürfen nicht« oder »können« unterteilt.

In **Kapitel 5** werden die Anforderungen an die *Leitlinie zur Informationssicherheit* definiert und in **Kapitel 6** die Anforderungen an *Richtlinien zur Informationssicherheit*. Zuerst werden allgemeine Anforderungen beschrieben, danach folgt der verbindliche Inhalt. Zu den geforderten Richtlinien gehören der Aufbau und die Funktionsweise des ISMS, Regelungen für Nutzer, mobile IT-Systeme, mobile Datenträger, IT-Sourcing und Cloud-Computing, Datensicherung und Sicherheitsvorfälle.

Kapitel 7 beschreibt die Anforderungen an die Mitarbeitenden-Prozesse. Dies beinhaltet Schritte bei der Aufnahme der Tätigkeit sowie bei der Beendigung oder bei einem Wechsel.

Ebenfalls wichtig ist das Wissen. Die Anforderungen werden in **Kapitel 8** erläutert. Dazu gehören die Aktualität des Wissens, die Schulung und Sensibilisierung. Dazu sollte eine Lernerfolgskontrolle durchgeführt werden.

Nach dem Aufbau des Wissens geht es darum, die kritischen IT-Ressourcen zu identifizieren (**Kapitel 9**). Dazu sollten im Vorfeld die Informationen klassifiziert oder es sollte eine Schutzbedarfsanalyse gemäß *BSI-Standard 200-2* durchgeführt werden. Der Standard definiert kritische Informationen, bei denen verschiedene Faktoren zu katastrophalen Schäden führen können.

Ein wichtiges Kapitel ist das **Kapitel 10**, »Audits«. Es enthält die Schritte Inventarisierung, Lebenszyklus (Inbetriebnahme, Änderung, Ausmusterung und Wiederverwendung), Basisschutz (Software, Netzwerkverkehr, Protokollierung, externe Schnittstellen und Laufwerke, Schadsoftware, Starten von fremden Medien, Authentifizierung, Zugänge und Zugriffe), mobile IT-Systeme und zusätzliche Maßnahmen für kritische IT-Systeme (wie Notbetrieb, Änderungsmanagement, Dokumentation, Datensicherung, Überwachung sowie Ersatzsysteme und -verfahren).

Kapitel 11 beschreibt die Anforderungen an Netzwerke und Verbindungen. Dazu gehören der Netzwerkplan, aktive Netzwerkkomponenten, Netzübergänge und der Basisschutz (Netzwerkanschlüsse, Segmentierung, Fernzugang, Netzwerkkopplung).

Anforderungen an mobile Datenträger finden Sie in **Kapitel 12**, Anforderungen an die Umgebung in **Kapitel 13**. Damit sind Server, aktive Netzwerkkomponenten und Netzwerkverteilstellen sowie Datenleitungen gemeint.

Ein weiterer wichtiger Aspekt sind IT-Outsourcing und Cloud-Computing, die in **Kapitel 14** behandelt werden. Hier sind die Vorbereitung und die Vertragsgestaltung besonders zu beachten.

Um die Informationssicherheit gewährleisten zu können, sind Zugänge, Zugriffe und Zutritte einzuschränken. Die Anforderungen sind in **Kapitel 15** beschrieben.

Die Datensicherung, die Lebensversicherung für die Daten, ist in **Kapitel 16** beschrieben. Die Behandlung von Sicherheitsvorfällen bildet in **Kapitel 17** den Abschluss.

In **Anhang A** wird auf das Risikomanagement eingegangen. Beschrieben werden die Methodik, die Identifikation, die Analyse sowie die Behandlung von Risiken.

Ein Audit nach VdS 10000 ist möglich. Das Vorgehen dazu ist in der VdS 10002 beschrieben. Dazu wird vor jedem Audit der Audit-Aufwand ermittelt. Das kann auf Grundlage der Ergebnisse eines Quick-Checks sowie der Größe, Struktur und der Tätigkeitsfelder des Unternehmens erfolgen. Jedes Audit wird von mindestens einem Auditor durchgeführt. Das Resultat ist in der Regel ein Abweichungsbericht, in dem Abweichungen detailliert beschrieben werden. Anstatt Abweichungen zu beschreiben, können auch Verbesserungen vorgeschlagen werden. Nach positivem Abschluss des Audits werden die Audit-Ergebnisse der Zertifizierungsstelle zur unabhängigen Beurteilung vorgelegt. Nach einer formalen Überprüfung durch die Leitung der Zertifizierungsstelle wird anschließend das Zertifikat ausgestellt. Es hat eine Gültigkeitsdauer von drei Jahren. In den Zwischenjahren werden zwei Überwachungsaudits durchgeführt. Nach drei Jahren erfolgt die Re-Zertifizierung.

Weitere Informationen zur VdS-Richtlinie 10000 sind unter *https://vds.de/kompetenzen/cyber-security/zertifizierungen/informationssicherheits-und-datenschutzmanagement/vds-10000-informationssicherheit-fuer-kmu* zu finden.

12.10 Vergleich von ISO 27001, VdS 10000 und CISIS12

Tabelle 12.1 gibt Ihnen eine Übersicht über verschiedenen Ansätze zum Aufbau eines ISMS.

Aspekt	ISO 27001	VdS 10000	CISIS12
Zielgruppe	Alle Unternehmensgrößen, international	KMU, kleinere Organisationen	KMU, öffentliche Stellen
Herausgeber	ISO	VdS Schadenverhütung GmbH	IT-Sicherheitscluster e.V.
Zweck	Umfassendes ISMS mit globaler Anerkennung	Angemessenes Sicherheitsniveau, praxisorientiert	Einfacher Einstieg in ISMS-Strukturen
Struktur	Kapitel 4–10, Anhang A	Kapitel 4–17, Anhang A	12 Schritte
Tiefe/Komplexität	Hoch	Mittel	Niedrig bis mittel
Risikomanagement	Ja, verpflichtend	Ja, verpflichtend	Einfach, schutzbedarfsorientiert

Tabelle 12.1: Vergleich zwischen ISO 27001, CISIS12 und VdS 10000

Aspekt	ISO 27001	VdS 10000	CISIS12
Organisatorische Anforderungen	Umfassend, Governance-orientiert	Klare Rollen und Verantwortlichkeiten	Informationssicherheitsteam, klare Aufgaben
Technische Anforderungen	Technologieneutral über Controls	Konkrete technische Mindestanforderungen	Technische Maßnahmen integriert, weniger detailliert
Dokumentationsumfang	Hoch	Mittel bis hoch	Niedrig bis mittel
Zertifizierung	Ja, durch unabhängige akkreditierte Stelle	Ja, durch unabhängige akkreditierte Stelle	Internes Audit, externe Prüfung optional
Anerkennung	Weltweit anerkannt	DACH	D
Einführungsaufwand	Hoch	Mittel bis hoch	Gering
Eignung für KMU	Gut, aber ressourcenintensiv	Gut	Hervorragend
Detaillierungsgrad	Abstrakt, interpretierbar	Konkret, leicht verständlich	Konkrete Schrittfolge, flexibel
Typische Einsatzszenarien	Regulatorische Anforderungen, internationale Kunden	KMU, Versicherungsanforderungen, praxisorientierte Umfelder	Kommunen, kleine Behörden, KMU mit wenigen Ressourcen

Tabelle 12.1: Vergleich zwischen ISO 27001, CISIS12 und VdS 10000 (Forts.)

12.11 DIN SPEC 27076 – IT-Sicherheitsberatung für Klein- und Kleinstunternehmen

Für viele kleine und mittlere Unternehmen (KMU) ist die ISO 27001 zu umfangreich. Auch eine Umsetzung nach BSI 200-1 benötigt sehr viele Ressourcen. Um auch KMUs zu unterstützen, wurde ein Konsortium zur Erarbeitung einer DIN SPEC gegründet. Insgesamt waren fast 20 Partner beteiligt. Das Ergebnis sind die DIN SPEC 27076 »IT-Sicherheitsberatung für kleine und Kleinstunternehmen« und der darauf basierende *CyberRisikoCheck*. Durch diesen können KMUs bei IT-Dienstleistern eine standardisierte Beratung erhalten, die speziell an ihre Bedürfnisse angepasst ist. In der DIN SPEC wurden auch die Handlungsempfehlungen standardisiert. Dadurch wissen sowohl Auftraggeber als auch Auftragnehmer, welche Leistung zu erwarten bzw. zu erbringen ist.

Beim CyberRisikoCheck befragt ein IT-Dienstleister ein Unternehmen in einem ein- bis zweistündigen Interview zur IT-Sicherheit im Unternehmen. Dabei werden 27 Anforderungen aus sechs Themenbereichen daraufhin überprüft, ob das Unternehmen sie erfüllt. Für die Antworten werden Punkte vergeben. Als Ergebnis erhält das Unternehmen einen Bericht, der unter anderem die Punktzahl und für jede nicht erfüllte Anforderung eine Handlungsempfehlung enthält. Die Handlungsempfehlungen sind nach Dringlichkeit gegliedert. Gleichzeitig sensibilisiert der IT-Dienstleister das Unternehmen für gängige Gefahren.

Wichtig zu beachten ist, dass der CyberRiskoCheck keine IT-Sicherheitszertifizierung ist. Er ermöglicht einem Unternehmen jedoch eine Positionsbestimmung des eigenen IT-Sicherheitsniveaus und zeigt auf, welche konkreten Maßnahmen ein Unternehmen umsetzen bzw. bei einem IT-Dienstleister beauftragen sollte.

Das **Kapitel 4** des CyberRisikoChecks definiert die Ziele (Ermittlung des Ist-Zustandes, Unterbreitung von Handlungsempfehlungen, Sensibilisierung) und Grundsätze (objektiv, nach bestem Wissen und Gewissen, keine Täuschung von Dritten, Unterschrift zur Bestätigung) sowie die Angemessenheit der Informationssicherheit.

In **Kapitel 5** werden die Anforderungen an die durchführenden IT-Dienstleister definiert. Der Berater muss über mindestens ein Jahr Erfahrung in der Durchführung von IT-Sicherheitsberatungen/Audits, über mindestens drei Referenzprojekte bei KMUs und über das methodische Wissen verfügen.

Kapitel 6 beschreibt ausführlich die Durchführung der IT-Sicherheitsberatung. Diese erfolgt in vier Schritten:

- Erstinformation des zu beratenden Unternehmens
- Durchführung des Gesprächs zur Erhebung des Ist-Zustandes
- Auswertung der Erhebungsdaten und Erstellung des Ergebnisberichts
- Präsentation des Ergebnisberichts und Hinweis auf umzusetzende Handlungsempfehlungen

Die **Erstinformation** enthält die folgenden Aspekte: Ablauf, zeitlicher und personeller Aufwand, die für den Prozess notwendigen Personen (insbesondere die Geschäftsleitung), die groben Themenbereiche sowie die Kosten.

Das **Erstgespräch** muss mindestens drei Stunden dauern. Es darf sowohl als Präsenztermin als auch online durchgeführt werden. Die Norm verlangt, dass die gesamte Geschäftsführung, die für die IT- und Informationssicherheit zuständige Person (falls es eine solche gibt) und auch externe Dienstleister (falls solche involviert sind) an diesem Gespräch teilnehmen. Das Unternehmen muss bei diesem Gespräch die folgenden Dokumente (falls vorhanden) zur Verfügung stellen:

- Backup-Konzepte
- Sicherheitsrichtlinien

- Vertraulichkeitserklärungen
- Betriebsanweisungen für die IT
- Notfallpläne
- Rollenkonzepte
- Zugriffs- und Zutrittsrechte
- Übersicht über die hauptsächlich genutzte Hard- und Software

Im Gespräch gilt es festzustellen, ob die Anforderungen erfüllt sind oder nicht. Das Gespräch darf keine beratenden Anteile besitzen. Im Gespräch darf der Dienstleister dem befragten Unternehmen gegenüber nicht zu erkennen geben, ob eine Anforderung erfüllt wurde oder nicht. Dies könnte sehr schnell zu einem Beratungsgespräch führen.

Bei der Auswertung wird ein Risikostatus errechnet. Jede der TOP-Anforderungen (siehe die nachfolgende Auflistung) erhält bei Erfüllung 3 Punkte, ansonsten bei Nicht-Erfüllung –3 Punkte. Jede der regulären Anforderungen erhält bei Erfüllung 1 Punkt, sonst 0 Punkte. Anforderungen müssen entweder als »erfüllt« oder »nicht erfüllt« bewertet werden. Eine Bewertung dazwischen, wie z. B. »in Teilen erfüllt«, darf nicht vorgenommen werden. Auch wenn rein rechnerisch ein negatives Gesamtergebnis herauskommen könnte, ist der tiefste Wert 0.

Im Standard sind auch die Anforderungen an den Bericht haargenau beschrieben. Der Bericht sollte eine Länge von maximal 2 DIN-A4-Seiten umfassen. Der Inhalt der beiden Seiten ist in der Norm festgehalten. Auf der ersten Seite wird unter anderem das Ergebnis ausgewiesen. Die zweite Seite muss zunächst die zu priorisierenden TOP-Handlungsempfehlungen und dann die weiteren ermittelten Handlungsempfehlungen in Listenform enthalten. Auch der Abschlusssatz ist definiert, inklusive der Zusicherung, dass der vorliegende Bericht nach bestem Wissen und Gewissen erstellt wurde. Danach folgt der Anhang des Berichts. Format, Schriftgröße und Inhalt sind ebenfalls durch die Norm vorgegeben. Diese Vorgaben helfen, Berichte miteinander zu vergleichen.

Den Abschluss macht die Präsentation der Ergebnisse und Handlungsempfehlungen. Sie enthält eine detaillierte Erläuterung des Ergebnisses, erklärt die priorisierten und weiteren Handlungsempfehlungen, erläutert die gängigsten Gefahren und zeigt Möglichkeiten zur weiteren Förderung der IT- und Informationssicherheit auf.

Die DIN SPEC 27076 kann kostenlos unter *https://www.dinmedia.de/de/technische-regel/din-spec-27076/365252629* heruntergeladen werden. Vorher müssen Sie sich registrieren.

Folgende Anforderungen müssen erfüllt werden:

- Die Geschäftsführung muss die Gesamtverantwortung für die Informationssicherheit im Unternehmen tragen. (TOP)
- Die Geschäftsführung muss – sofern sie sich nicht allein um die IT kümmert – eine verantwortliche Person benennen können.

- Die Geschäftsführung muss dafür sorgen, dass die mit der IT- und Informationssicherheit beauftragte Person über die notwendigen Kapazitäten verfügt, um ihre Aufgaben wahrzunehmen.
- Die Geschäftsführung muss dafür Sorge tragen, dass die beauftragte Person über relevante Kenntnisse im Bereich der Informationssicherheit verfügt.
- Es muss ein Notfallkontakt für unregelmäßige oder ungewöhnliche Vorkommnisse (im IT-System, Telefonanrufe, verdächtige E-Mail-Nachrichten usw.) zur Verfügung stehen. Dies gilt auch für den Verlust von IT-Arbeitsgeräten und Datenträgern.
- Kommt es zu einem Sicherheitsvorfall, muss jedem Beschäftigten klar sein, wie er sich zu verhalten hat und wem er was und wann melden muss (Notfallplan).
- Es muss – wenn es nicht die Geschäftsleitung selbst vornimmt – eine verantwortliche Person benannt werden, die dafür Sorge trägt, dass allen Beschäftigten klar ist, wie sie sich bei einem IT-Notfall zu verhalten haben.
- Alle Unternehmensangehörigen, die die Unternehmens-IT nutzen, müssen mit der IT und dem Netzwerk sicher umgehen und verdächtige Vorkommnisse und Nachrichten (z. B. Phishing-Mails) identifizieren können. Hierfür bedarf es Einweisungen, Schulungen und Sensibilisierungsmaßnahmen. (TOP)
- Externe Personen (z. B. externe Dienstleister) müssen mit der IT und dem Netzwerk – wie Firmenangehörige auch – sicher umgehen können. Hierfür müssen sie entsprechend eingewiesen, geschult oder sensibilisiert worden sein.
- Es müssen interne Regelungen zur Vertraulichkeit formuliert sein.
- Externe Personen (z. B. externe Dienstleister) müssen schriftlich verpflichtet werden, interne Regeln der Vertraulichkeit einzuhalten.
- Es muss eine Richtlinie existieren, die die Sicherheitsmaßnahmen im Homeoffice und beim mobilen Arbeiten festlegt.
  - Diese Richtlinie muss vom Beschäftigten unterschrieben ans Unternehmen zurückgegeben werden.
  - Eine Kopie der Richtlinie muss beim Beschäftigten verbleiben.
  - Die Richtlinie muss auf Aktualität überprüft werden.
- Es muss sichergestellt sein, dass nur berechtigte Personen Zutritt zu den Räumlichkeiten des Unternehmens haben.
- Jeder Beschäftigte darf nur Zugriff auf Daten, Ordner, Anwendungen und Netzwerkbereiche haben, für die er zuständig ist.
- Alle Beschäftigten müssen angewiesen werden, für jedes Benutzerkonto ein individuelles Passwort zu benutzen.
- Verwendete Passwörter müssen möglichst lang und komplex sein.
- Sofern eine 2-Faktor-Authentifizierung von der verwendeten Software bzw. von Cloud-Dienstleistern angeboten wird, muss sie benutzt werden.

- Datensicherungen müssen in bestimmten Intervallen (branchenabhängig) durchgeführt werden. (TOP)
- Die Datensicherung muss vor unbefugtem Zugriff gesichert werden.
- Es muss festgelegt werden, wie die Daten gesichert werden.
- Es muss eine Zuständigkeit festgelegt werden, wer die Daten sichert.
- Die Datensicherung muss auf externen Speichermedien abgelegt werden.
- Es muss getestet werden, ob extern gesicherte Daten funktionsfähig und vollständig vorhanden sind.
- Das Testen der externen Datensicherung auf Funktionsfähigkeit und Vollständigkeit muss in sinnvollen Abständen erfolgen.
- Updates für IT-Systeme und Software müssen installiert werden. (TOP)
- Updates müssen unverzüglich nach ihrer Veröffentlichung installiert werden.
- Es muss festgelegt werden, wer die Updates installiert.
- Hardware, relevante Betriebssysteme, eingesetzte Anwendungen und Dienste, die keine Sicherheitsupdates mehr erhalten, müssen identifiziert werden.
- Hardware, relevante Betriebssysteme, eingesetzte Anwendungen und Dienste, die keine Sicherheitsupdates mehr erhalten, müssen ausgemustert werden.
- IT-Geräte wie beispielsweise Server, Arbeitsplatzrechner, Notebooks oder Smartphones müssen mit einem Schutz vor Schadsoftware ausgestattet sein.
- Software darf nur von vertrauenswürdigen Quellen bezogen werden.
- Nur IT-verantwortliche Personen dürfen Software installieren.
- Das Ausführen von aktiven Inhalten oder Makros (z. B. in Tabellenkalkulationsprogrammen) muss standardmäßig deaktiviert sein. (TOP)
- Nur in begründeten Ausnahmefällen ist das Aktivieren von Makros erlaubt. Makros müssen dann von einer autorisierten Person aktiviert werden.
- Eine Firewall muss installiert werden.
- Um ein Netzwerk mit einer Firewall zu schützen, muss sie so konfiguriert sein, dass nur erforderliche Dienste zugelassen sind.
- Es muss eine Person bestimmt werden, die über die Konfiguration der Firewall (Firewall-Regeln) entscheidet.
- Alle Computer, Laptops, Tablets oder Smartphones müssen passwortgeschützt sein.
- Beim mobilen Arbeiten oder im Homeoffice müssen Beschäftigte eine verschlüsselte Verbindung (VPN) nutzen, um auf das Firmennetzwerk zuzugreifen.
- Das WLAN muss nach aktuellen Standards verschlüsselt sein.
- Das WLAN muss mit einem komplexen Passwort (mindestens 20 Zeichen) geschützt werden.

- Sofern Gäste oder Mitarbeiter mit privater Hardware über WLAN ins Internet gehen, muss hierfür ein gesondertes, vom Firmennetzwerk getrenntes, verschlüsseltes und passwortgeschütztes WLAN eingerichtet sein.
- Es muss geregelt werden, unter welchen Bedingungen und zu welchem Zeitpunkt eine Fernwartung der IT-Systeme des Unternehmens erfolgt.
- Fernwartungen müssen immer verschlüsselt sein.
- Sämtliche IT-Komponenten müssen vor Elementarschäden geschützt werden.

12.12 Umsetzung eines ISMS mit BSI-Standards

Das BSI hatte bereits im Dezember 2005 die kostenlosen Standards 100-1 und 100-2 veröffentlicht. Im Standard 100-1 wird Schritt für Schritt beschrieben, was ein erfolgreiches ISMS ausmacht und welche Aufgaben auf die Leitungsebene und das Unternehmen zukommen. Der Standard 100-2 beschreibt jede Phase ausführlich, wie der *IT-Grundschutz* umgesetzt werden kann. Beide Standards stießen auf großes Interesse, standen aber in der Kritik, vor allem auf Behörden einzugehen. Nach einer kompletten Überarbeitung wurden die beiden Standards im Oktober 2017 durch ihre Nachfolger 200-1 und 200-2 abgelöst. Diese sind kompatibel zur ISO 27001.

12.12.1 Standard 200-1

Hinweis: Der BSI-Standard 200-1 ist auf Deutsch und Englisch verfügbar.

Während die ISO 27001 die Anforderungen definiert, beantwortet der BSI-Standard unter anderem folgende Fragen:

- Was sind die Erfolgsfaktoren beim Management von Informationssicherheit?
- Wie kann der Sicherheitsprozess vom verantwortlichen Management gesteuert und überwacht werden?
- Wie werden Sicherheitsziele und eine angemessene Sicherheitsstrategie entwickelt?
- Wie werden Sicherheitsmaßnahmen ausgewählt und Sicherheitskonzepte erstellt?
- Wie kann ein einmal erreichtes Sicherheitsniveau dauerhaft erhalten und verbessert werden?

Das **Kapitel 3** geht auf die Kern-Komponenten eines Managementsystems ein. Diese sind:

- der Sicherheitsprozess, der eine Leitlinie, ein Konzept und die Organisation umfasst,
- die notwendigen Ressourcen,
- die Mitarbeiter inklusive deren Aufgaben und Verantwortlichkeiten sowie
- die Management-Prinzipien.

Den zuletzt genannten Management-Prinzipien wird ein ganzes Kapitel gewidmet. Bereits die ISO 27001 verlangt in ihrem **Kapitel 5, »Einführung in die Normenreihe ISO 27000«**, verschiedene Punkte von der obersten Leitung. Im BSI-Standard 200-1 werden diese Punkte weiter ausgeführt. Es handelt sich um die folgenden sechs Punkte:

- Übernahme der Gesamtverantwortung für die Informationssicherheit
- Informationssicherheit initiieren, steuern und kontrollieren
- Informationssicherheit integrieren
- erreichbare Ziele setzen
- Sicherheitskosten gegen Nutzen abwägen
- Vorbildfunktion

Weitere Punkte in **Kapitel 4** sind die Kommunikation und Wissen (Unterkapitel 4.2), die Erfolgskontrolle im Sicherheitsprozess (Unterkapitel 4.3) sowie die kontinuierliche Verbesserung des Sicherheitsprozesses (Unterkapitel 4.4).

Gerade die Kommunikation stellt einen Erfolgsfaktor für die Informationssicherheit dar. Dies beinhaltet unter anderem die Berichte an die Leitungsebene: Probleme, Ergebnisse von Audits und Überprüfungen, neue Entwicklungen, Veränderungen, aber auch Verbesserungsmöglichkeiten müssen kommuniziert werden. Auch muss der Informationsfluss im gesamten Unternehmen sichergestellt sein. Werden neue Richtlinien oder Weisungen verabschiedet, müssen diese allen involvierten Personen zugestellt werden. Es muss unter allen Umständen verhindert werden, dass jemand sagt: »Davon habe ich nichts gewusst.«

Bei der Erfolgskontrolle geht es um die Überprüfung des aktuellen Standes. In der ISO-Norm wird dieser Schritt *Management-Bewertung* genannt (ISO 27001, Kapitel 9.3):

- Ist das Unternehmen noch auf dem richtigen Kurs?
- Haben sich Anforderungen geändert?
- Gibt es Rückmeldungen von interessierten Parteien, aber auch Resultate von Audits?
- Sind die Informationssicherheitsziele noch passend?

Abweichungen und Veränderungen werden schriftlich erfasst und Maßnahmen werden geplant, umgesetzt, kontrolliert und wieder zurückgemeldet. Mit diesen Schritten kann sich ein Unternehmen kontinuierlich weiter verbessern und die Informationssicherheit damit erhöhen.

In kurzen Kapiteln werden die notwendigen Ressourcen (**Kapitel 5**) und die Einbindung der Mitarbeiter in den Sicherheitsprozess (**Kapitel 6**) beschrieben.

Ausführlich beschrieben wird der Sicherheitsprozess in **Kapitel 7**, unterteilt in die *Planung* (Ermittlung von Rahmenbedingungen, Definition von Sicherheitszielen, Ermitteln eines angemessenen Sicherheitsniveaus), den *Aufbau der Sicherheitsorganisation*, die

Umsetzung, die *Aufrechterhaltung* und die *kontinuierliche Verbesserung*. Im BSI-Standard 200-2 sind konkrete Beispiele enthalten.

Ebenfalls ausführlich beschrieben wird das Sicherheitskonzept in **Kapitel 8**. Es ist nach dem PDCA-Ablauf (*Plan–Do–Check–Act*) aufgebaut. Es umfasst den Lebenszyklus aus Abbildung 12.6.

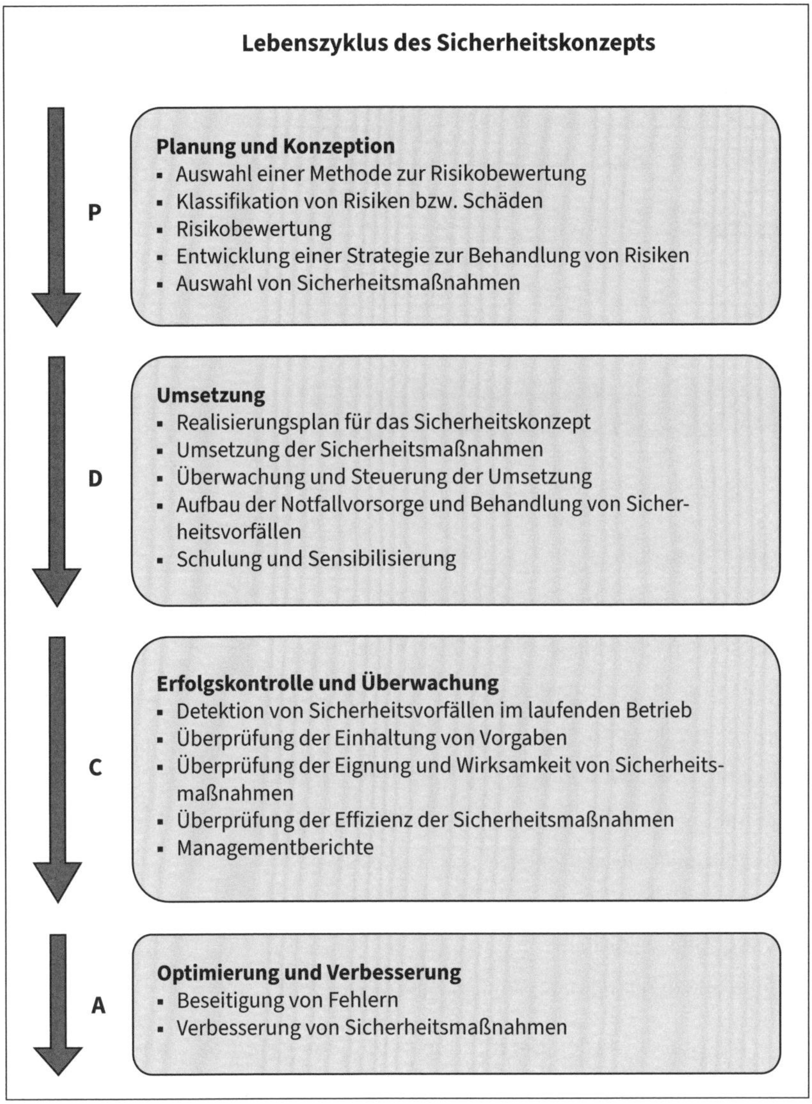

Abbildung 12.6: PDCA nach BSI 200-1

Kapitel 9 beschreibt den Weg zu einer erfolgreichen Zertifizierung des ISMS. Diesen habe ich bereits in Abschnitt 11.1, »Ablauf«, beschrieben.

Kapitel 10 geht auf die IT-Grundschutz-Methodik ein und verbindet das ISMS mit dem *IT-Grundschutz-Kompendium*. Dieses bereits fast 1000 Seiten umfassende Werk inklusive weiterführenden Informationen ist kostenlos im Internet aufrufbar. Das Kompendium ist in 10 Bausteine unterteilt (siehe Abbildung 12.7) und bietet damit eine ganzheitliche Betrachtung der Informationssicherheitsthemen.

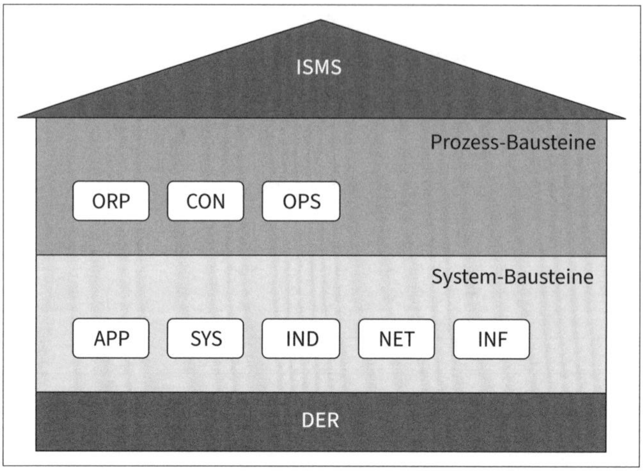

Abbildung 12.7: Grundschutz-Bausteine

Die Abkürzungen stehen dabei für:

- **ISMS:** Informationssicherheitsmanagementsystem
- **ORP:** organisatorische und personelle Sicherheitsaspekte
- **CON:** Konzepte und Vorgehensweise
- **OPS:** Sicherheitsaspekte betrieblicher Art
- **APP:** Absicherung von Anwendungen und Diensten
- **SYS:** IT-Systeme
- **IND:** Sicherheitsaspekte industrieller IT
- **NET:** Vernetzungsaspekte
- **INF:** infrastrukturelle Sicherheit
- **DER:** Detektion von und Reaktion auf Sicherheitsvorfälle(n)

In jedem dieser Bausteine werden Gefährdungen und konkrete Maßnahmen beschrieben, inklusive den verantwortlichen Personen und Kontrollfragen.

12.12.2 Standard 200-2

Der ebenfalls kostenlos verfügbare BSI-Standard 200-2 mit dem Titel »IT-Grundschutz-Methodik« kann auf der Homepage des BSI heruntergeladen werden.

Diese Methodik beschreibt, wie ein ISMS in der Praxis aufgebaut und betrieben werden kann. Die Aufgaben des Informationssicherheitsmanagements und der Aufbau einer Organisationsstruktur sind dabei wichtige Elemente. Er orientiert sich an den drei Vorgehensweisen *Standard-*, *Basis-* und *Kern-Absicherung* (siehe Abbildung 12.8).

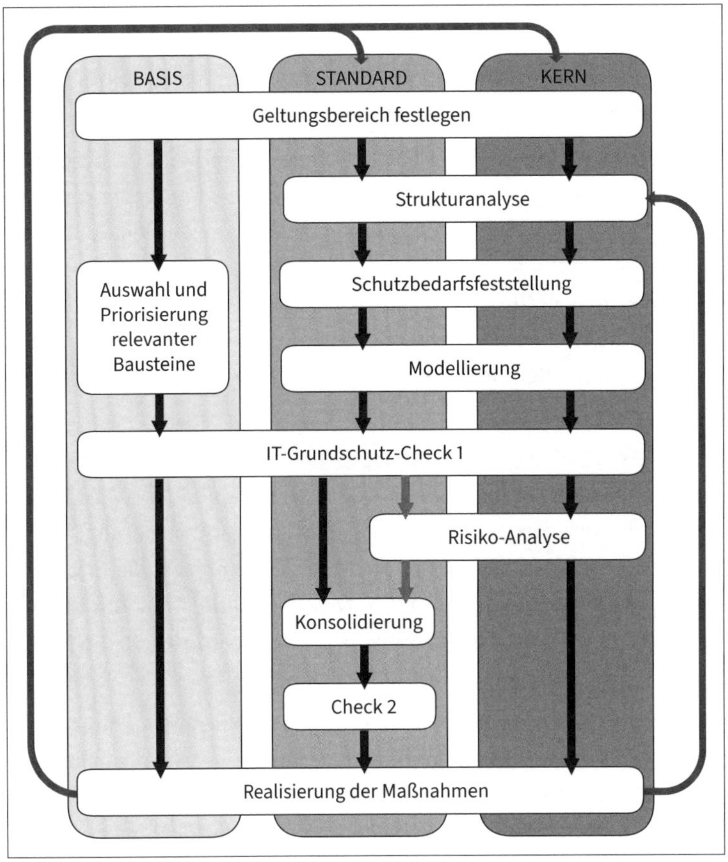

Abbildung 12.8: Basis-, Kern- und Standard-Absicherung

- **Basis-Absicherung:** Diese Vorgehensweise ermöglicht einen Einstieg in die Thematik. Sie sorgt für eine breit angelegte Erst-Absicherung. Es wird nicht verlangt, dass die Maßnahmen bis ins letzte Detail umgesetzt werden.
- **Kern-Absicherung:** Diese Vorgehensweise ermöglicht es, den Sicherheitsprozess auf besonders gefährdete Geschäftsprozesse oder Werte (im Standard *Kronjuwelen* genannt) zu legen. Nachteilig ist, dass allenfalls ebenfalls wichtige Geschäftsprozesse nicht betrachtet werden.
- **Standard-Absicherung**: Diese Vorgehensweise ermöglicht es, den im Standard 200-1 beschriebenen Ansatz vollständig umzusetzen. Als Endergebnis kann eine Zertifizierung nach ISO 27001 durchgeführt werden.

Wie die Abbildung 12.8 zeigt, steigt der Aufwand für die Umsetzung. Wie Ihnen von der ISO 27001 her schon bekannt ist, wird im ersten Schritt der Anwendungsbereich definiert. Es ist möglich, auch Teilbereiche eines Unternehmens durch den Prozess zu führen und nicht das gesamte Unternehmen. Dies ist beispielsweise dann sinnvoll, wenn ein kritischer Bereich vorhanden ist, z. B. der Betrieb eines Rechenzentrums. Eine Unterteilung muss jedoch gut überlegt werden, denn durch sie steigt der Aufwand zur genauen Definition der Schnittstellen. Bei kleineren Unternehmen macht dies oft keinen Sinn, da dadurch der Aufwand sogar unverhältnismäßig steigen kann.

In **Kapitel 4** des BSI-Standards 200-2 wird die Organisation des Sicherheitsprozesses aufgezeigt. Der Kapitelaufbau entspricht dem beim Standard 200-1. Hier finden Sie konkrete Beispiele für große, mittelgroße und kleine Institutionen. Außerdem werden Rollen wie der Informationssicherheitsbeauftragte, das IS-Management-Team, die Bereichs- und Projekt-Sicherheitsbeauftragte, der IS-Koordinierungsausschuss, der ICS-Informationssicherheitsbeauftragte, die Datenschutzbeauftragte inklusive deren Aufgaben sowie das Zusammenspiel mit anderen Einheiten oder das Einbeziehen von externen Spezialisten sehr detailliert aufgezeigt.

Kapitel 5 geht auf die Dokumentation im Sicherheitsprozess ein. Ein wichtiger Aspekt ist die Klassifikation von Informationen und der Informationsfluss. **Kapitel 6** bis **8** beschreiben im Detail die Vorgehensweise der Basis-, Kern- und Standard-Absicherung. In der Strukturanalyse wird erfasst, welche Mittel vorhanden sind. Dies umfasst die Erfassung der Prozesse, der Anwendungen, der Systeme, der Netzwerkkomponenten, der Räume, der Menschen und der Kommunikationsverbindungen. Danach wird der Schutzbedarf festgelegt.

Der Schutzbedarf geht von den Prozessen aus und vererbt sich auf die Anwendungen, von dort auf die Systeme usw. Wenn diese Tätigkeit abgeschlossen ist, werden die genutzten Bausteine aus dem Kompendium bestimmt und einem Soll-Ist-Vergleich unterzogen. In jedem Baustein sind mehrere Maßnahmen beschrieben, und es gilt die Frage zu beantworten, ob diese im eigenen Unternehmen umgesetzt sind (»Ja«, »Teilweise«, »Nein«). Alles, was einen erhöhten Schutzbedarf hat, der nicht mit dem Grundschutz-Kompendium abgedeckt werden kann, muss zusätzlich einer Risikoanalyse unterzogen werden. Alle Resultate werden anschließend konsolidiert und nochmals auf Vollständigkeit überprüft, bevor es dann an die Umsetzung der offenen Maßnahmen geht.

Kapitel 9 bis **11** gehen auf die Umsetzung, die Aufrechterhaltung und kontinuierliche Verbesserung sowie auf die Zertifizierung nach ISO 27001 ein.

12.13 NIST Cybersecurity Framework

Das *Cybersecurity Framework* (*CSF*, verfügbar unter *https://www.nist.gov/cyberframework*) des NIST (*National Institute of Standards and Technology*) ist ein Leitfaden, der Unternehmen hilft, die Risiken in der Informationssicherheit zu erfassen und zu verwalten. Bestehende Standards, Richtlinien und Praktiken werden darin referenziert.

Praxistipp

Die Schweiz hat das Framework übernommen und als **IKT-Minimalstandard** veröffentlicht. Es richtet sich vor allem an kritische Infrastrukturen, ist aber auch für Unternehmen ein sinnvoller Leitfaden. Auch die eidgenössische Finanzmarktaufsicht FINMA hat in ihrem Rundschreiben 2008/21 explizite Anforderungen an ein Risikomanagementkonzept für den Umgang mit Cyberrisiken definiert, das sich ebenfalls am CSF orientiert.

Das Framework selbst ist in drei Teile unterteilt: *Core*, *Profile* und *Tiers* (siehe Abbildung 12.9).

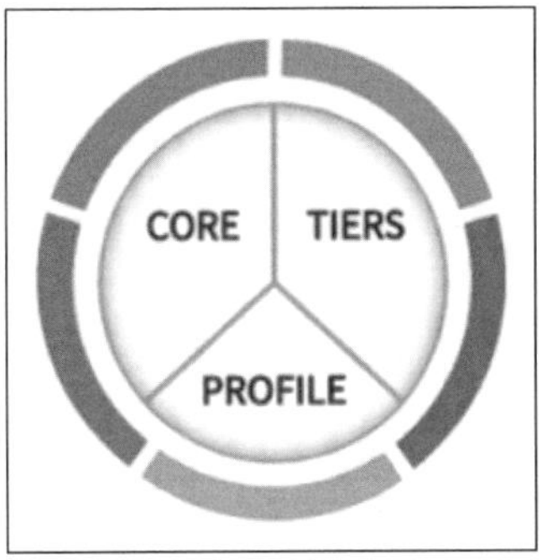

Abbildung 12.9: NIST-Themenbereiche

Der Hauptteil (*Core*) definiert eine Reihe von Cybersicherheitsaktivitäten und -ergebnissen. Diese sind in Kategorien unterteilt, und es wird auf weitere Normen referenziert. Es soll ebenfalls die Kommunikation zwischen verschiedenen Teams sicherstellen. Dazu besteht der Hauptteil aus drei Teilen: Funktionen, Kategorien und Unterkategorien. Die Funktionen sind in die fünf Teile *Identifizieren*, *Schützen*, *Erkennen*, *Reagieren* und *Wiederherstellen* unterteilt. In diesen Funktionen sind 23 Kategorien enthalten. Diese teilen sich so auf, wie in Tabelle 12.2 zu sehen ist.

Funktion	Category	ID
Identify	Asset Management	ID.AM
	Business Environment	ID.BE
	Governance	ID.GV
	Risk Assessment	ID.RA
	Risk Management Strategy	ID.RM
	Supply Chain Risk Management	ID.SC
Protect	Identity Management and Access Control	PR.AC
	Awareness and Training	PR.AT
	Data Security	PR.DS
	Information Protection Processes & Procedures	PR.IP
	Maintenance	PR.MA
	Protective Technology	PR.PT
Detect	Anomalies and Events	DE.AE
	Security Continuous Monitoring	DE.CM
	Detection Processes	DE.DP
Respond	Response Planning	RS.RP
	Communications	RS.CO
	Analysis	RS.AN
	Mitigation	RS.MI
	Improvements	RS.IM
Recover	Recovery Planning	RC.RP
	Improvements	RC.IM
	Communications	RC.CO

Tabelle 12.2: Themenbereiche im NIST CSF

Mit diesen 23 Kategorien werden alle Cybersicherheitsziele eines Unternehmens abgedeckt, ohne sich dabei zu tief in den Details zu verlieren. Der Schwerpunkt liegt immer auf den Geschäftsergebnissen. Eine Ebene tiefer sind 108 Unterkategorien angesiedelt, die eine ergebnisorientierte Aussage zur Erstellung und Verbesserung der Cybersicherheit enthalten. Da das Framework ergebnisorientiert ist, schreibt es nicht vor, wie ein Unternehmen seine Ergebnisse erreichen muss, sondern ermöglicht ihm eine risikobasierte Umsetzung. Ist unklar, wie eine Umsetzung aussehen könnte, kann auf andere Standards wie das Grundschutz-Kompendium des BSI zurückgegriffen werden.

Als Beispiel betrachten wir an dieser Stelle das ID.AM-1 (siehe Tabelle 12.3).

Function	Category	Subcategory	Informative References
Identify	Asset Management (ID.AM): The data, personnel, devices, systems, and facilities that enable the organization to achieve business purposes are identified and managed consistent with their relative importance to organizational objectives and the organization's risk strategy.	ID.AM-1: Physical devices and systems within the organization are inventoried	■ CIS CSC 1 ■ COBIT 5 BAI09.01, BAI09.02 ■ ISA 62443-2-1:2009 4.2.3.4 ■ ISA 62443-3-3:2013 SR 7.8 ■ ISO/IEC 27001:2013 A.8.1.1, A.8.1.2 ■ NIST SP 800-53 Rev. 4 CM-8, PM-5
...	...	...	...

Tabelle 12.3: NIST CSF – ID.AM-1

- Die Kategorie ID.AM fordert, dass die Daten, Mitarbeiter, Geräte, Systeme und Einrichtungen, die es der Organisation ermöglichen, ihre Geschäftsziele zu erreichen, entsprechend ihrer relativen Bedeutung für die Unternehmensziele und die Risikostrategie der Organisation identifiziert und verwaltet werden.
- Die Unterkategorie ID.AM-1 verlangt, dass physische Geräte und Systeme innerhalb der Organisation inventarisiert sind.
- Die letzte Spalte referenziert auf weitere Normen, wie CIS, COBIT, ISA, ISO oder NIST.

Die **Stufen** (*Tiers*) zeigen den Stand der Umsetzung an. Sie reichen von »Teilweise« (Stufe 1) bis »Angepasst« (Stufe 4) und zeigen damit, wie gut den Cyberrisiken im Unternehmen vorgebeugt wird. Entgegen anderen Bewertungen wie z. B. dem CMMI (*Capability Maturity Model Integration*) stellen diese Stufen nicht unbedingt Reifegrade dar. Das Unternehmen definiert selbst, welche Stufe es erreichen möchte, und legt damit das akzeptierte Risikoniveau fest, in Anbetracht seiner technischen und finanziellen Möglichkeiten.

Dieser Umstand wird auch in den **Profilen** (*Profiles*) wiedergegeben. Die Anforderungen und Ziele, die Risikobereitschaft und die Ressourcen des Unternehmens werden mit den gewünschten Ergebnissen verglichen und abgestimmt. Profile ermöglichen einen Vergleich zwischen Ist und Soll und liefern damit eine Möglichkeit zur Verbesserung. Jedes Unternehmen definiert sein Soll selbst, arbeitet die 108 Unterkategorien durch und ermittelt damit sein Ist. Punkte, die noch nicht erreicht wurden, können erfasst und priorisiert werden. Damit können Lücken erkannt und geschlossen werden.

Wie erwähnt, hat die Schweiz das NIST CSF übernommen und in den IKT-Minimalstandard überführt. Anhand der Empfehlungen kann die Resilienz verbessert werden. In der in Deutsch übersetzten Excel-Tabelle wurden weitere Normen, wie der BSI-Standard, verlinkt. Das Self Assessment zeigt am Ende grafisch, wo noch Handlungsbedarf vorhanden ist (siehe Abbildung 12.10).

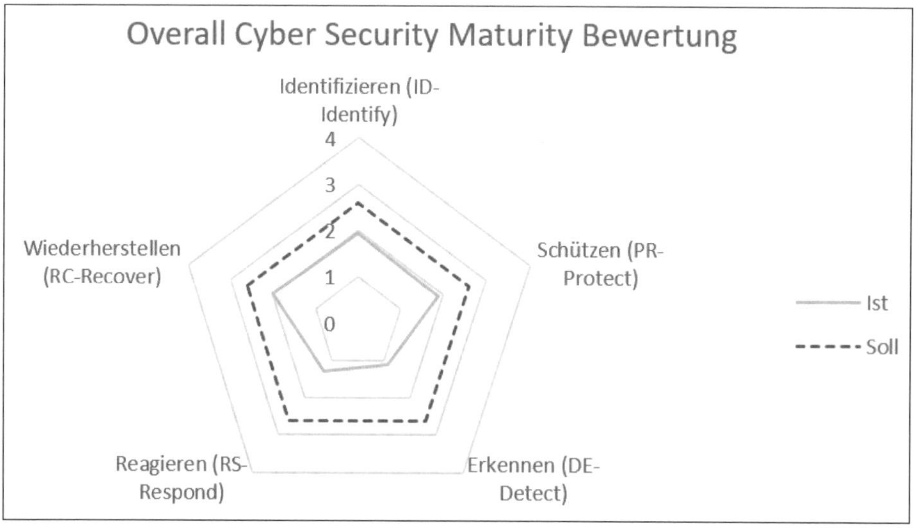

Abbildung 12.10: IKT-Bewertung

12.14 COBIT

Das COBIT-Framework (COBIT steht für **C**ontrol **O**bjectives for **I**nformation and **R**elated **T**echnology) gilt als international anerkanntes Framework für die Themengebiete IT-Governance und -Management.

Es wurde vom internationalen Verband der IT-Experten und Wirtschaftsprüfer ISACA (*Information Systems Audit and Control Association*) entwickelt. Verfügbar ist es als kostenpflichtiger Download unter *https://www.isaca.org/resources/cobit*. Das aktuelle Framework ist in der Version 2019 verfügbar und definiert 40 Governance- und Managementziele. Das Framework wird durch diverse »Enabling«-Dokumente erweitert, z. B. »Information Security, Assurance«, »Process Assessment Model« (PAM), »Mobile Devices«, »Cybersecurity«

und Weitere. Besonders erwähnenswert sind die pro Prozess enthaltenen Messgrößen und Fähigkeitsbewertungsmodelle inklusive Aufgaben und Verantwortlichen, abgebildet in Matrizen.

Die erwähnten 40 Ziele sind in fünf Domänen unterteilt, die wiederum in mehrere Prozesse und Praktiken gegliedert werden. Tabelle 12.4 zeigt die Domänen.

Abk.	**Englisch**	**Deutsch**	**Prozesse**
EDM	Evaluate, Direct, Monitor	Evaluieren, Steuern und Überwachen	5
APO	Align, Plan, Organise	Aufbauen, Planen und Durchführen	13
BAI	Build, Acquire, Implement	Bauen, Beschaffen und Implementieren	10
DSS	Deliver, Service, Support	Bereitstellen, Betreiben und Unterstützen	6
MEA	Monitor, Evaluate, Assess	Überwachen, Evaluieren und Beurteilen	3

Tabelle 12.4: COBIT-Domänen

Kapitel 13
Gesetzliche Anforderungen

In diesem Kapitel zeige ich Ihnen, wie das ISMS mit regulatorischen und normativen Anforderungen zusammenarbeitet. Sie erfahren, welche Verbindungen zur Datenschutz-Grundverordnung (DSGVO) bestehen und wie ein nach ISO/IEC 27001 aufgebautes ISMS sinnvoll mit den Vorgaben aus NIS-2, dem Cyber Resilience Act (CRA) und TISAX verbunden werden kann. Die Darstellung hilft, die Regelwerke zu vergleichen und ihre Gemeinsamkeiten sowie Unterschiede zu verstehen, ohne dass dabei ihre Zielsetzungen vermischt werden.

13.1 Datenschutz

Obwohl die Ziele von Datenschutz und Informationssicherheit unterschiedlich sind, arbeiten sie in der Praxis doch eng zusammen. Während die Informationssicherheit darauf abzielt, alle Informationen zu schützen, legt der Datenschutz einen speziellen Fokus auf den Schutz personenbezogener Daten und die Rechte der Personen, über die diese Daten gesammelt werden. In Organisationen sind diese beiden Disziplinen untrennbar miteinander verbunden. Vielmehr sind sie zwei Sichtweisen auf die gleichen Abläufe, Systeme und Gefahren.

In der *Datenschutz-Grundverordnung* (DSGVO) wird festgehalten, dass der Datenschutz nicht umgesetzt werden kann, ohne technische und organisatorische Sicherheitsmaßnahmen zu ergreifen. Ein ISMS kann nicht vollständig sein, wenn es keine personenbezogenen Daten berücksichtigt. Die Schnittstellen umfassen daher sowohl rechtliche als auch operative Aspekte.

Eine der wichtigen Schnittstellen befindet sich bei den Schutzobjekten. Im Sinne der Informationssicherheit sind personenbezogene Daten immer auch Informationen. Sobald ein Unternehmen Kundendaten, Mitarbeiterdaten oder andere personenbezogene Informationen verarbeitet, müssen die Grundsätze der Vertraulichkeit, Integrität und Verfügbarkeit betrachtet werden.

Artikel 32 DSGVO erwähnt die klassischen Schutzziele der Informationssicherheit: »Unter Berücksichtigung des Stands der Technik, der Implementierungskosten und der Art, des Umfangs, der Umstände und der Zwecke der Verarbeitung sowie der unterschiedlichen Eintrittswahrscheinlichkeit und Schwere des Risikos für die Rechte und Freiheiten natürlicher Personen treffen der Verantwortliche und der Auftragsverarbeiter geeignete technische und organisatorische Maßnahmen, um ein dem Risiko angemessenes Schutzniveau zu gewährleisten.«

Weiter wird ausgeführt, was dies beinhalten sollte:

- die Pseudonymisierung und Verschlüsselung personenbezogener Daten
- die Fähigkeit, die Vertraulichkeit, Integrität, Verfügbarkeit und Belastbarkeit der Systeme und Dienste im Zusammenhang mit der Verarbeitung auf Dauer sicherzustellen
- die Fähigkeit, die Verfügbarkeit der personenbezogenen Daten und den Zugang zu ihnen bei einem physischen oder technischen Zwischenfall rasch wiederherzustellen
- ein Verfahren zur regelmäßigen Überprüfung, Bewertung und Evaluierung der Wirksamkeit der technischen und organisatorischen Maßnahmen zur Gewährleistung der Sicherheit der Verarbeitung

Die Umsetzung dieser Anforderungen kann wie folgt erfolgen:

- **Pseudonymisierung**
  - Artikel 4 DSGVO beschreibt dies Pseudonymisierung wie folgt: »[...] die Verarbeitung personenbezogener Daten in einer Weise, dass die personenbezogenen Daten ohne Hinzuziehung zusätzlicher Informationen nicht mehr einer spezifischen betroffenen Person zugeordnet werden können, sofern diese zusätzlichen Informationen gesondert aufbewahrt werden und technischen und organisatorischen Maßnahmen unterliegen, die gewährleisten, dass die personenbezogenen Daten nicht einer identifizierten oder identifizierbaren natürlichen Person zugewiesen werden;«
  - Für eine Datenbank könnte dies beispielsweise ein Hash-Wert sein. Dieser ist nicht umkehrbar. Dazu sollte ein sicheres Verfahren wie SHA-2 oder SHA-3 verwendet werden. MD5 und SHA-1 gelten nicht mehr als sicher, da bereits erfolgreiche Angriffe auf diese Verfahren stattgefunden haben.
- **Verschlüsselung**
  - **E-Mail-Server:** Gemäß dem Bayrischen Landesamt für Datenschutzaufsicht genügt es bereits, auf dem E-Mail-Server STARTTLS und Perfect Forward Secrecy (PFS) zu verwenden. Dabei kommunizieren die Server untereinander verschlüsselt. Die Verbindung zwischen dem sendenden und dem empfangenden Server ist damit für einen Dritten nicht einsehbar, d. h., der Transport der Nachricht ist geschützt.
  - **Website:** Auf einer Website muss zwingend HTTPS verwendet werden. Die Daten sind dadurch nicht für einen Dritten einsehbar, der sich in die Verbindung einschleichen will. Auch für Kontaktformulare muss die sichere Variante verwendet werden.
  - **Dateien, Dokumente und Nachrichten:** Ein einfaches Verfahren ist es, die Dateien/Dokumente direkt zu verschlüsseln. 7-ZIP ist ein Programm, das die Daten sicher verschlüsseln kann (beispielsweise mit AES-256). Bei E-Mails kommen S/MIME oder PGP zum Einsatz.
  - **Cloud:** Daten in der Cloud sind nicht verschlüsselt, auch wenn der Transport der Daten in der Regel über HTTPS erfolgt. Der Cloud-Anbieter kann jederzeit auf die Daten zugreifen. Diesem Umstand gilt es Beachtung zu schenken. Die Daten sollten

daher immer verschlüsselt abgelegt werden, unabhängig davon, ob das Rechenzentrum in der EU oder in der Schweiz liegt.

- **WLAN:** Auch WLAN-Netzwerke sind zwingend sicher zu betreiben. WPA2 sowie ein gutes Passwort (laut Empfehlung des BSI sollte es mindestens 20 Stellen haben) müssen unbedingt verlangt werden. Voreingestellte Passwörter sind umgehend zu ändern (sie sind oft auf dem Boden des Access-Points aufgeklebt).
- **VPN:** Der entfernte Zugriff auf Daten muss verschlüsselt sein. Beim Einsatz eines virtuellen privaten Netzwerks muss auf aktuelle Algorithmen geachtet werden.
- **Mobile Geräte:** Egal ob es sich um Handys, Tablets oder Laptops handelt, alle diese Geräte sind zu verschlüsseln. Dabei genügt es bereits, die vom Hersteller implementierten Funktionen zu nutzen. Alternativen wie VeraCrypt können ebenso verwendet werden (BSI-Empfehlung).

- **CIA – Confidentiality, Integrity und Availability**

  Die DSGVO spricht explizit die Sicherheitsziele Vertraulichkeit, Integrität und Verfügbarkeit an.

  Zudem wird die Belastbarkeit der Systeme verlangt. Ein Unternehmen muss dies auf die Dauer sicherstellen können. Die Vertraulichkeit (*Confidentiality*) kann beispielsweise mit der bereits erwähnten Verschlüsselung garantiert werden. Aber auch ein sauberes Access-Management gehört dazu. Es sollte das Least-Privilege-Prinzip gelten. Das heißt, Benutzer und Rollen bekommen nur die Rechte, die sie auch für die alltägliche Arbeit benötigen. Die Integrität kann mit diesen Vorgaben ebenfalls positiv beeinflusst werden. Bei der Integrität können auch Checksummen von Daten und Logs helfen. Die Verfügbarkeit (*Availability*) kann durch redundante Systeme, redundante Speicher, aber auch mit einer passenden Backup-Strategie sichergestellt werden.

- **Wiederherstellung/Backup**

  Die DSGVO verlangt, dass die personenbezogenen Daten inklusive des Zugangs zu ihnen bei physischen oder technischen Zwischenfällen rasch wiederhergestellt werden können. Dazu muss eine den Anforderungen angepasste Backup-Strategie erstellt werden. Auch ein Business-Continuity-Management (BCM) sollte in Betracht gezogen werden. Das BCM kommt bei einem größeren Vorfall zum Zuge und hilft, nach einem Vorfall schnell wieder produktiv arbeiten zu können.

- **Patch-Management**

  Jede Software hat Schwachstellen. Daher ist es wichtig, wenn Schwachstellen erkannt werden, um schnell und angepasst auf sie reagieren zu können. In einem ersten Schritt sollte das Risiko einer erkannten Schwachstelle bewertet werden. Sind Sofortmaßnahmen notwendig? Oder kann die Behebung im gewohnten Patch-Rhythmus (zum Beispiel monatlich) erfolgen? Entweder erfolgt ein außerordentlicher Termin oder die Schwachstelle wird während des Wartungsfensters durch den Patch (also die Software, die die Schwachstelle behebt) beseitigt.

- **Regelmäßige Überprüfung**
  In Artikel 32 DSGVO steht außerdem, dass mittels eines zu definierenden Verfahrens regelmäßige Überprüfungen, Bewertungen und Evaluierungen der Wirksamkeit der technischen und organisatorischen Maßnahmen erfolgen müssen. Es genügt also nicht, einmal eine Maßnahme umzusetzen und danach nichts mehr zu tun. Die Kontrollen sind unbedingt schriftlich festzuhalten: Welches Resultat wurde erzielt? Welche Schwächen wurden erkannt? Welche Schritte wurden eingeleitet? Dabei kann auch auf externe Unterstützung gesetzt werden.

Risikoorientierter Ansatz

Ein risikoorientierter Ansatz ist die Grundlage für sowohl die DSGVO als auch für die ISO 27001.

Im Bereich des Datenschutzes wird dieser Ansatz besonders durch die *Datenschutz-Folgenabschätzung* (DSFA) veranschaulicht, die notwendig ist, wenn eine Datenverarbeitung wahrscheinlich ein hohes Risiko für die Rechte und Freiheiten von Personen darstellt.

Risiken werden im ISMS ebenfalls systematisch erkannt, bewertet und behandelt. Der Unterschied ist weniger die Methodik, sondern der Fokus:

- Das ISMS bewertet Risiken für Informationen und Geschäftsprozesse.
- Der Datenschutz bewertet Risiken für betroffene Personen.

In der Praxis können diese Bewertungen miteinander verknüpft werden. Indem eine gemeinsame Risikobetrachtung genutzt wird, wird ermöglicht, dass Analysen eine konsistente Entscheidungsbasis bieten.

Rollen und Zuständigkeiten

Eine weitere Schnittstelle betrifft die Rollen im organisatorischen Kontext.

Der *Informationssicherheitsbeauftragte* (ISB) und der *Datenschutzbeauftragte* (DSB) haben unterschiedliche Aufgaben, arbeiten jedoch häufig an denselben Themen. Sie behandeln alles, was Zugriffsrechte, Vorfälle, Schulungen, Richtlinien und Lieferanten betrifft.

Wichtig ist dabei eine klare Abgrenzung: Der DSB überwacht die Einhaltung der Datenschutzvorschriften unabhängig und beratend. Der ISB ist für den Aufbau und Betrieb des Sicherheitsmanagements verantwortlich.

Sicherheitsvorfälle und Datenschutzverletzungen

Ein besonders empfindlicher Bereich sind Sicherheitsvorfälle. Nicht jeder Sicherheitsvorfall ist automatisch eine Datenschutzverletzung, aber jede Datenschutzverletzung ist ein

Sicherheitsvorfall. In bestimmten Fällen verlangt die DSGVO, dass ein Sicherheitsvorfall innerhalb von 72 Stunden an die Aufsichtsbehörde mitgeteilt wird.

Damit diese Fristen eingehalten werden können, müssen Prozesse zur Erkennung, Bewertung und Eskalation von Vorfällen existieren. In der Regel sind diese Abläufe Teil eines ISMS. Ohne ein funktionierendes Incident-Management ist es nahezu unmöglich, die Meldepflichten einzuhalten.

Dokumentation und Nachweisführung

Sowohl der Datenschutz als auch die Informationssicherheit verlangen Nachweisbarkeit. Die DSGVO verlangt nach Rechenschaftspflicht: Unternehmen müssen nachweisen können, dass sie die Anforderungen erfüllen. Eine strukturierte Dokumentationsbasis ist also erforderlich; dazu gehören Richtlinien, Risikoanalysen, Schulungsnachweise und Audit-Berichte.

In vielen Organisationen fungiert das ISMS als die tragende Struktur, auf der auch der Datenschutz organisatorisch basiert. So können Redundanzen verringert werden und kann die Konsistenz der Dokumentation verbessert werden.

Tabelle 13.1 zeigt, wo sich die Anforderungen der DSGVO in der ISO 27001 wiederfinden.

DSGVO-Anforderungen	ISO 27001:2022
Berufung eines Datenschutzbeauftragten	5.3, A.5.2
Kategorien personenbezogener Daten	A.5.9
Verarbeitung personenbezogener Daten	A.5.10
Informationen an dritte Parteien	7.4, A.5.14, A.5.24
Integrität der Daten	A.5.37
Datenspeicherung und -löschung	A.7.10, A.8.13, A.5.33
Betroffenenzugang	7.4
Datenschutzfolgeabschätzung	6.1.2, 8.2, A.5.8
Dokumentation, Schulung	7.2, A.5.1, A.6.3
Datensicherheit	A.5 – A.8 (div. Bereiche)
Notfallvorsorge	A.8.13, A.5.29, A.8.14

Tabelle 13.1: DSGVO-Anforderung zu ISO 27001:2022

13.2 Cyber Resilience Act (CRA)

Am 10. Oktober 2024 verabschiedete die EU den *Cyber Resilience Act* (CRA). Diese Verordnung dient zur Erhöhung der Cybersicherheit von Produkten mit einer digitalen Komponente, um Verbraucher*innen und Unternehmen besser zu schützen.

Mit dem Cyber Resilience Act sollen Sicherheitsstandards etabliert werden, die den gesamten Lebenszyklus eines Produkts abdecken. In Anbetracht der Tatsache, dass die Bedrohungslandschaft immer komplexer wird und die Anzahl der vernetzten Geräte rasant steigt, erkannte die EU die Notwendigkeit, ein Gesetz zu erlassen, das den Schutz vor Cyberangriffen verbessert und die Cybersicherheit über den gesamten Produktlebenszyklus hinweg gewährleistet.

Anforderungen und Verpflichtungen für Hersteller

Während das ISMS den Schutz von Informationen und Geschäftsprozessen innerhalb der Organisation adressiert, fokussiert der CRA auf die Sicherheit von Produkten über ihren gesamten Lebenszyklus. Der CRA legt strenge Anforderungen an Hersteller, Importeure und Händler fest. Einige dieser Verpflichtungen betreffen auch die Informationssicherheit:

- **Sicherheitsanforderungen:** Hersteller müssen sicherstellen, dass ihre Produkte vor der Markteinführung bestimmten Anforderungen an die Cybersicherheit entsprechen. Dazu gehört der Schutz vor unbefugtem Zugriff, die Sicherstellung der Datenintegrität und die Gewährleistung der Verfügbarkeit von Diensten. Diese Anforderungen gelten für alle Geräte, die eine Netzwerkverbindung haben, z. B. IoT-Geräte, Computer und Smart-Home-Systeme. Zu diesem Schritt gehört auch eine umfassende Risikobewertung.
- **Sicherheitsupdates:** Hersteller sind verpflichtet, über den gesamten Lebenszyklus eines Produkts Sicherheitsupdates bereitzustellen, mindestens aber über 5 Jahre. Dies bedeutet, dass Schwachstellen, die nach dem Verkauf eines Produkts entdeckt werden, umgehend behoben werden müssen, und dass das Produkt kontinuierlich gegen neue Bedrohungen abgesichert werden muss. Die Hersteller müssen den Nutzern außerdem Informationen über die Unterstützung und die erwartete Lebensdauer des Produkts zur Verfügung stellen.
- **Produktüberwachung und -test:** Hersteller müssen regelmäßig Tests durchführen und Überwachungsmaßnahmen implementieren, um mögliche Schwachstellen in ihren Produkten frühzeitig zu erkennen und zu beheben. Dies umfasst die Durchführung von Penetrationstests, die Schwachstellenanalyse und die kontinuierliche Verbesserung der Sicherheitsmaßnahmen.
- **Verpflichtung zur Offenlegung:** Sollte ein Hersteller eine Schwachstelle entdecken, ist er verpflichtet, diese den zuständigen Behörden zu melden und die betroffenen Nutzer zu informieren. Diese Offenlegungspflicht stellt sicher, dass Sicherheitsprobleme schnell und effektiv behandelt werden können.

Betroffene Produkte

Die betroffenen Produkte werden in verschiedene Kategorien gemäß ihrer Risikoklasse eingeteilt. Insbesondere Produkte und Systeme, die in kritischen Infrastrukturen, dem produzierenden Gewerbe und dem Industrie- und Energiesektor zum Einsatz kommen, werden einer höheren Risikoklasse zugeordnet.

- **Standard-Kategorie**

  Bei diesen Systemen genügen eine Selbstbewertung und Selbsterklärung. In diese Kategorie fallen etwa 90 % der Produkte, beispielsweise:

  - Programme zur Foto- und Bildbearbeitung
  - Videospiele
  - allgemeine Software und Geräte
  - alle anderen Produkte, die nicht unter die Kategorien *Wichtige* und *Kritische Produkte* fallen

- **Wichtige Produkte**

  Bei dieser Kategorie ist eine Konformitätsbewertung und Zertifizierung durch die Zertifizierungsstelle notwendig. Sie ist in zwei Klassen unterteilt:

  Klasse 1 beinhaltet:

  - eigenständige und eingebettete Browser
  - Mikrocontroller und Mikroprozessoren mit sicherheitsrelevanten Funktionen
  - Passwortmanager
  - Betriebssysteme
  - Smart-Home-Systeme, virtuelle Assistenten

  Klasse 2 beinhaltet:

  - Firewalls
  - Angriffserkennungs- und/oder Präventivsysteme
  - manipulationssichere Mikrocontroller und Mikroprozessoren

- **Kritische Produkte**

  Bei dieser Kategorie sind eine verpflichtende Konformitätsbewertung und Zertifizierung durch eine Zertifizierungsstelle notwendig. Zu diesen Systemen/Geräten gehören:

  - Smartcards
  - Hardwaregeräte mit Security Boxes
  - Smart-Meter-Gateways
  - jedes Produkt, das zu einer kritischen Abhängigkeit wesentlicher Einrichtungen gemäß der NIS-2-Richtlinie führt

Ein nach ISO 27001 zertifiziertes Unternehmen kann von den Anforderungen an die Entwicklung von Systemen profitieren. Die Maßnahmen, insbesondere aus Anhang A.8, adressieren einige Punkte der CRA.

13.3 NIS-2

Die Europäische Union verlangt mit der NIS-2-Richtlinie (*The Network and Information Security (NIS) Directive*) ein einheitlich hohes Cybersicherheitsniveau für kritische und wichtige Einrichtungen.

Die NIS-2 verfolgt einen klaren, organisationsbezogenen Ansatz. Im Fokus stehen Einrichtungen, deren Ausfall gravierende Folgen für Wirtschaft, Gesellschaft oder öffentliche Sicherheit haben können. Die Richtlinie unterscheidet zwischen *wesentlichen* und *wichtigen Einrichtungen*, legt aber keine konkreten technischen Lösungen fest.

- Unternehmen, die mindestens 250 Mitarbeitende haben und/oder einen Jahresumsatz von über 50 Millionen Euro oder eine Jahresbilanzsumme von über 43 Millionen Euro verzeichnen, gelten als **wesentliche Einrichtungen**. Unabhängig von der Größe des Unternehmens gehören Energie, Verkehr, Bankwesen, Gesundheitswesen, Trinkwasser, Abwasser, digitale Infrastruktur sowie Weltraum, Top Level Domain Name Registries oder DNS-Diensteanbieter und Betreiber kritischer Anlagen in diese Kategorie.
- Unternehmen, die mindestens 50 Beschäftigte haben und/oder über 10 Millionen Euro Umsatz oder über 10 Millionen Euro Jahresbilanzsumme erwirtschaften, gelten als **wichtige Einrichtungen**. Auch Post- und Kurierdienste, Abfallbewirtschaftung, Produktion, Herstellung und Handel mit chemischen Stoffen, Produktion, Verarbeitung und Vertrieb von Lebensmitteln, verarbeitendes Gewerbe/Herstellung von Waren, Anbieter digitaler Dienste sowie Forschungseinrichtungen fallen unter die Sonderregelungen.

Gemäß der NIS-2-Richtlinie müssen die Mitgliedsstaaten von den Betreibern und den betroffenen Einrichtungen die Einhaltung folgender Anforderungen festlegen:

- Registrierungspflichten nach Artikel 27 zur Verbesserung der Transparenz, damit gezielte Schutzmaßnahmen in der Fläche umgesetzt werden können
- Minimierung von Risiken durch frühzeitiges Erkennen potenzieller Bedrohungen und Umsetzung von Risikomanagementmaßnahmen nach Artikel 21
- Meldepflichten nach Artikel 23, um rasch auf Sicherheitsvorfälle zu reagieren
- Informationspflichten gegenüber Kunden, um deren Vertrauen zu stärken, die ebenfalls aus Artikel 23 hervorgehen

- Die Geschäftsleitung ist verantwortlich für die Umsetzung, Überwachung und Schulung nach Artikel 20, um eine nachhaltige Sicherheitskultur auf Führungsebene zu schaffen.

Ein wichtiger Bestandteil der NIS-2-Richtlinie ist das Risikomanagement der Cybersicherheit. Organisationen müssen geeignete technische, operative und organisatorische Maßnahmen ergreifen, um Risiken für Netz- und Informationssysteme zu minimieren.

Dieser Ansatz entspricht fast vollständig der Logik der ISO/IEC 27001. Beide Regelwerke verlangen keine absolute Sicherheit; vielmehr ist eine angemessene, risikobasierte Behandlung von Bedrohungen gefordert. Prozesse zur Identifizierung, Bewertung und Behandlung von Risiken sind deshalb eine wichtige Verbindung zwischen NIS-2 und ISMS. Firmen, die solche Prozesse schon eingerichtet haben, erfüllen einen großen Teil der NIS-2-Anforderungen automatisch.

Die NIS-2-Richtlinie nennt eine Reihe von Maßnahmen, die Organisationen umsetzen müssen, unter anderem Incident-Handling, Business Continuity, Zugriffskontrollen, Lieferkettensicherheit, Kryptografie und Schulungen.

Ein wichtiges Thema ist das Management von Sicherheitsvorfällen. Die Anforderungen an die Meldung werden durch NIS-2 erheblich verschärft. Organisationen sind verpflichtet, Sicherheitsvorfälle innerhalb festgelegter Fristen zu melden und dabei sowohl erste Warnmeldungen als auch detaillierte Folgeberichte zu erstellen.

Ein wesentlicher Unterschied zu früheren Regelwerken ist die erhöhte Verantwortung der Geschäftsleitung. NIS-2 verpflichtet Leitungsorgane ausdrücklich dazu, Cybersicherheitsmaßnahmen zu genehmigen, ihre Umsetzung zu überwachen und sicherzustellen, dass sie umgesetzt werden. Außerdem beinhaltet die Richtlinie, dass es im Falle einer groben Pflichtverletzung persönliche Haftungsfolgen gibt.

Tabelle 13.2 stellt die Anforderungen der NIS-2-Richtlinie den Vorgaben der ISO 27001 gegenüber.

Artikel in NIS-2	**Anforderungen aus NIS-2**	**ISO 27001:2022**
21.2 a)	Konzepte in Bezug auf die Risikoanalyse und Sicherheit für Informationssysteme	5.2 Politik 6.1.2 Informationssicherheitsrisikobeurteilung 6.1.3 Informationssicherheitsrisikobehandlung 8.2 Informationssicherheitsrisikobeurteilung 8.3 Informationssicherheitsrisikobehandlung A.5.1 Informationssicherheitsrichtlinien

Tabelle 13.2: Vergleich der NIS-2 mit der ISO 27001

Artikel in NIS-2	Anforderungen aus NIS-2	ISO 27001:2022
21.2 b)	Bewältigung von Sicherheitsvorfällen	A.5.24 Planung und Vorbereitung der Handhabung von Informationssicherheitsvorfällen A.5.25 Beurteilung und Entscheidung über Informationssicherheitsereignisse A.5.26 Reaktion auf Informationssicherheitsvorfälle A.5.27 Erkenntnisse aus Informationssicherheitsvorfällen A.5.28 Sammeln von Beweismaterial A.6.8 Meldung von Informationssicherheitsereignissen A.8.15 Protokollierung A.8.16 Überwachung von Aktivitäten
21.2 c)	Aufrechterhaltung des Betriebs, wie Backup-Management und Wiederherstellung nach einem Notfall, und Krisenmanagement	A.5.29 Informationssicherheit bei Störungen A.5.30 IKT-Bereitschaft für Business Continuity A.8.13 Sicherung von Information A.8.14 Redundanz von informationsverarbeitenden Einrichtungen
21.2 d)	Sicherheit der Lieferkette einschließlich sicherheitsbezogener Aspekte der Beziehungen zwischen den einzelnen Einrichtungen und ihren unmittelbaren Anbietern oder Diensteanbietern	A.5.19 Informationssicherheit in Lieferantenbeziehungen A.5.20 Behandlung von Informationssicherheit in Lieferantenvereinbarungen A.5.21 Umgang mit der Informationssicherheit in der Lieferkette der Informations- und Kommunikationstechnologie (IKT) A.5.22 Überwachung, Überprüfung und Änderungsmanagement von Lieferantendienstleistungen A.5.23 Informationssicherheit für die Nutzung von Cloud-Diensten A.8.30 Ausgegliederte Entwicklung

Tabelle 13.2: Vergleich der NIS-2 mit der ISO 27001 (Forts.)

Artikel in NIS-2	Anforderungen aus NIS-2	ISO 27001:2022
21.2 e)	Sicherheitsmaßnahmen bei Erwerb, Entwicklung und Wartung von Netz- und Informationssystemen, einschließlich Management und Offenlegung von Schwachstellen	A.5.8 Informationssicherheit im Projektmanagement A.5.21 Umgang mit der Informationssicherheit in der Lieferkette der IKT A.5.23 Informationssicherheit für die Nutzung von Cloud-Diensten A.5.37 Dokumentierte Bedienabläufe A.7.13 Instandhaltung von Geräten und Betriebsmitteln A.8.7 Schutz gegen Schadsoftware A.8.8 Handhabung von technischen Schwachstellen A.8.9 Konfigurationsmanagement A.8.20 Netzwerksicherheit A.8.21 Sicherheit von Netzwerkdiensten A.8.25 Lebenszyklus einer sicheren Entwicklung A.8.26 Anforderungen an die Anwendungssicherheit
21.2 f)	Konzepte und Verfahren zur Bewertung der Wirksamkeit von Risikomanagementmaßnahmen im Bereich der Cybersicherheit	9.1 Überwachung, Messung, Analyse und Bewertung 9.2 Internes Audit 9.3 Managementbewertung A.5.35 Unabhängige Überprüfung der Informationssicherheit A.5.36 Einhaltung von Richtlinien, Vorschriften und Normen für die Informationssicherheit
21.2 g)	Grundlegende Verfahren im Bereich der Cyberhygiene und Schulungen im Bereich der Cybersicherheit	7.3 Bewusstsein 7.4 Kommunikation A.6.3 Informationssicherheitsbewusstsein, -ausbildung und -schulung A.7.7 Aufgeräumte Arbeitsumgebung und Bildschirmsperren A.8.7 Schutz gegen Schadsoftware

Tabelle 13.2: Vergleich der NIS-2 mit der ISO 27001 (Forts.)

Artikel in NIS-2	**Anforderungen aus NIS-2**	**ISO 27001:2022**
21.2 h)	Konzepte und Verfahren für den Einsatz von Kryptografie und gegebenenfalls Verschlüsselung	A.5.1 Informationssicherheitspolitik und -richtlinien A.5.14 Informationsübermittlung A.5.17 Authentisierungsinformationen A.5.33 Schutz von Aufzeichnungen A.8.20 Netzwerksicherheit A.8.24 Verwendung von Kryptografie A.8.26 Anforderungen an die Anwendungssicherheit
21.2 i)	Sicherheit des Personals, Konzepte für die Zugriffskontrolle und das Management von Anlagen	A.5.9 Inventar der Informationen und anderer damit verbundener Werte A.5.10 Zulässiger Gebrauch von Informationen und anderen damit verbundenen Werten A.5.15 Zugangssteuerung A.5.16 Identitätsmanagement A.5.17 Informationen zur Authentifizierung A.5.18 Zugangsrechte A.6.1 Sicherheitsüberprüfung A.6.2 Beschäftigungs- und Vertragsbedingungen A.6.4 Maßregelungsprozess A.6.5 Verantwortlichkeiten nach Beendigung oder Änderung der Beschäftigung A.6.6 Vertraulichkeits- oder Geheimhaltungsvereinbarungen A.6.7 Remote-Arbeit A.8.2 Privilegierte Zugangsrechte

Tabelle 13.2: Vergleich der NIS-2 mit der ISO 27001 (Forts.)

Artikel in NIS-2	Anforderungen aus NIS-2	ISO 27001:2022
21.2 j)	Verwendung von Lösungen zur Multi-Faktor-Authentifizierung oder kontinuierlichen Authentifizierung, gesicherte Sprach-, Video- und Textkommunikation sowie gegebenenfalls gesicherte Notfallkommunikationssysteme innerhalb der Einrichtung	A.5.14 Informationsübertragung A.5.16 Identitätsmanagement A.5.17 Informationen zur Authentifizierung A.8.20 Netzwerksicherheit A.7.4 Physische Sicherheitsüberwachung
21.3	Sicherheit der Entwicklungsprozesse	A.8.25 Lebenszyklus einer sicheren Entwicklung A.8.26 Anforderungen an die Anwendungssicherheit A.8.27 Sichere Systemarchitektur und technische Grundsätze A.8.28 Sichere Kodierung A.8.29 Sicherheitsprüfung in Entwicklung und Abnahme A.8.30 Ausgegliederte Entwicklung A.8.31 Trennung von Entwicklungs-, Prüf- und Produktionsumgebungen A.8.32 Änderungssteuerung A.8.33 Informationen zur Prüfung
21.4	Angemessene und verhältnismäßige Korrekturmaßnahmen	10.2 Nichtkonformität und Korrekturmaßnahmen

Tabelle 13.2: Vergleich der NIS-2 mit der ISO 27001 (Forts.)

In Artikel 23 der NIS-2 werden die Berichtspflichten aufgeführt. Die Grenzen sind sehr eng gefasst. Für schwerwiegende Vorfälle gelten folgende Fristen:

Artikel	Anforderung
23.4 a)	»unverzüglich, in jedem Fall aber innerhalb von 24 Stunden nach Kenntnisnahme des erheblichen Sicherheitsvorfalls, eine **Frühwarnung**, in der gegebenenfalls angegeben wird, ob der Verdacht besteht, dass der erhebliche Sicherheitsvorfall auf rechtswidrige oder böswillige Handlungen zurückzuführen ist oder grenzüberschreitende Auswirkungen haben könnte;«
23.4 b)	»unverzüglich, in jedem Fall aber innerhalb von 72 Stunden nach Kenntnisnahme des erheblichen Sicherheitsvorfalls, eine **Meldung** über den Sicherheitsvorfalll, in der gegebenenfalls die unter Buchstabe a genannten Informationen aktualisiert werden und eine erste Bewertung des erheblichen Sicherheitsvorfalls, einschließlich seines Schweregrads und seiner Auswirkungen, sowie gegebenenfalls die Kompromittierungsindikatoren angegeben werden;«
23.4 b)	»auf Ersuchen eines CSIRT oder gegebenenfalls der zuständigen Behörde einen **Zwischenbericht** über relevante Statusaktualisierungen;«
23.4 d)	spätestens einen Monat nach Übermittlung der Meldung des Sicherheitsvorfalls gemäß Buchstabe b einen **Abschlussbericht** zustellen

Tabelle 13.3: NIS-2-Meldefristen (Fettungen ergänzt)

Die NIS-2 kann unter *https://eur-lex.europa.eu/eli/dir/2022/2555* in verschiedenen Sprachen heruntergeladen werden.

Am 5. Dezember 2025 wurde in Deutschland das *Gesetz zur Umsetzung der NIS-2-Richtlinie und zur Regelung wesentlicher Grundzüge des Informationssicherheitsmanagements in der Bundesverwaltung* verabschiedet. Ergänzend zum Vergleich in Tabelle 13.2 zeigt Tabelle 13.4, wie die Artikel dieses Gesetzes zu den Anforderungen der NIS-2 und der ISO 27001 passen.

NIS-2-Anforderung	Gesetz zur Umsetzung der NIS-2-Richtlinie [...] Artikel	ISO 27001	Mapping
Geschäftsleitung muss Maßnahmen billigen und Umsetzung überwachen.	§ 38 Abs. 1	5.1, 5.3, 6.1, 9.1, 9.2, 9.3	Leadership ist abgedeckt. Explizitheit und Haftungspflicht nach § 38 gehen aber darüber hinaus.

Tabelle 13.4: Übereinstimmungen und Abweichungen der NIS-2- und ISO-27001-Anforderungen mit/von dem deutschen »Gesetz zur Umsetzung der NIS-2-Richtlinie [...]«

NIS-2-Anforderung	Gesetz zur Umsetzung der NIS-2-Richtlinie […] Artikel	ISO 27001	Mapping
Schulungspflicht für die Geschäftsleitung	§ 38 Abs. 3	7.2, 7.3, A.6.3	Zusätzliche Pflicht auf der Management-Ebene
Risikomanagement-Grundsatz (geeignet, verhältnismäßig, wirksam)	§ 30 Abs. 1	6.1.2, 6.1.3, 6.2, 8.1	Durch ISO 27001 abgedeckt
Business-Continuity-Management	§ 30 Abs. 2 Nr. 3	A.5.29-A.5.31, A.8.14	Durch ISO 27001 abgedeckt
Krisenmanagement	§ 30 Abs. 2 Nr. 3	7.2, 9, A.6.3, A.6.5	Krisenmanagement muss zusätzlich aufgebaut werden.
Backup-Management	§ 30 Abs. 2 Nr. 3	A.8.6, A.8.13, A.8.14, A.8.16	Durch ISO 27001 abgedeckt
Lieferkettensicherheit	§ 30 Abs. 2 Nr. 4	A.5.19–A.5.23	Durch ISO 27001 abgedeckt
Cyberhygiene	§ 30 Abs. 2 Nr. 7	7.3, 9, A.6.3, A.7.7	Durch ISO 27001 abgedeckt
HR-Security	§ 30 Abs. 2 Nr. 9	7.2, 7.3, A.5.8, A.5.14, A.5.20, A.6.1–A.6.6	Durch ISO 27001 abgedeckt
Zugriffskontrolle	§ 30 Abs. 2 Nr. 9	A.5.15, A.5.18	Durch ISO 27001 abgedeckt
Meldepflichten	§ 32	A.5.24, A.5.31	ISO 27001 kennt keine Meldepflichten.

Tabelle 13.4: Übereinstimmungen und Abweichungen der NIS-2- und ISO-27001-Anforderungen mit/von dem deutschen »Gesetz zur Umsetzung der NIS-2-Richtlinie […]« (Forts.)

Das Gesetz zur Umsetzung der NIS-2-Richtlinie ist unter *https://www.recht.bund.de/bgbl/1/2025/301/VO.html* zu finden.

Die ENISA (*European Union Agency for Cybersecurity*) hat eine weitere umfassende Mapping-Tabelle zur Verfügung gestellt. Sie kann unter *https://www.enisa.europa.eu/publications/nis2-technical-implementation-guidance* heruntergeladen werden.

Tabelle 13.5 zeigt einen Vergleich zwischen der ISO 27001, der NIS-2-Richtlinie und dem Cyber Resilience Act (CRA).

Aspekt	ISO/IEC 27001	NIS-2-Richtlinie	Cyber Resilience Act (CRA)
Rechtsnatur	Internationale Norm (freiwillig)	EU-Richtlinie (verpflichtend)	EU-Verordnung (verbindlich)
Primärer Fokus	Management der Informationssicherheit	Betriebssicherheit kritischer/wichtiger Einrichtungen	Cybersicherheit digitaler Produkte
Adressatenkreis	Alle Organisationen	Wesentliche und wichtige Einrichtungen	Hersteller, Importeure, Händler
Zielsetzung	Systematische Risikosteuerung	Erhöhung des Cybersicherheitsniveaus	Sichere Produkte über den Lebenszyklus
Betrachtungsebene	Organisation und Prozesse	Organisation und Betrieb	Produkt und Entwicklung
Risikoorientierung	Zentrales Prinzip	Explizit gefordert	Verpflichtend
Sicherheitsmaßnahmen	Risikobasierte Kontrollen (Anhang A)	Angemessene Maßnahmen	Verbindliche Produktanforderungen
Security by Design	Normativ verankert	Implizit gefordert	Explizit verpflichtend
Schwachstellenmanagement	Teil der operativen Kontrollen	Erwartet und überwacht	Zentrale Pflicht
Incident-Management	Prozessanforderung	Meldepflichten mit Fristen	Meldung aktiver Schwachstellen
Lieferkettensicherheit	Lieferantenkontrollen nach ISO 27002	Explizit gefordert	Pflicht zur Drittkomponentenbewertung
Management-Verantwortung	Führungsverantwortung	Haftungsrelevant	Organisatorische Verantwortung

Tabelle 13.5: Vergleich von ISO 27001, NIS-2 und CRA

Aspekt	ISO/IEC 27001	NIS-2-Richtlinie	Cyber Resilience Act (CRA)
Dokumentation	Audit- und Wirksamkeitsnachweise	Aufsichts- und Behördennachweise	Technische Produktdokumentation
Zertifizierung	Zertifizierbar	Keine Zertifizierung	Konformitätsbewertung
Rolle des ISMS	Zentrales Steuerungsinstrument	Geeignetes Umsetzungsinstrument	Unterstützende Struktur

Tabelle 13.5: Vergleich von ISO 27001, NIS-2 und CRA (Forts.)

13.4 TISAX 6

TISAX (*Trusted Information Security Assessment Exchange*) ist ein Standard für Informationssicherheit, der speziell für die Automobilindustrie entwickelt wurde. Er basiert auf den Anforderungen des VDA ISA (*Verband der Automobilindustrie Information Security Assessment*), der wiederum auf dem internationalen Standard ISO/IEC 27001 aufbaut. Das Ziel von TISAX ist es, einen einheitlichen Sicherheitsstandard zu schaffen, um den Schutz und die Vertraulichkeit von sensiblen Informationen innerhalb der Lieferkette der Automobilindustrie sicherzustellen. Am 3. April 2024 wurde seine Version 6.0.2 veröffentlicht.

Mit TISAX haben Unternehmen die Möglichkeit, ihre Maßnahmen durch eine externe Prüfstelle bewerten zu lassen, die von der ENX Association akkreditiert ist. Die *ENX Association* fungiert als Regulator und sorgt dafür, dass alle akkreditierten Prüfstellen die gleichen Standards einhalten. Im TISAX-Netzwerk sind die Ergebnisse der TISAX-Bewertung austauschbar, wodurch es einem Unternehmen ermöglicht wird, nicht mehrfach von verschiedenen Partnern geprüft zu werden.

Verschiedene Aspekte der Informationssicherheit, wie organisatorische Strukturen, physische und logische Zugangskontrollen, der Umgang mit Daten und Datenschutz, Sicherheitsvorfälle sowie das Geschäftskontinuitätsmanagement, sind Teil der Bewertung. Der Schutz von Prototypen und der Umgang mit vertraulichen Projekten sind ebenfalls wichtige Aspekte, die TISAX berücksichtigt. Weitere Anforderungen umfassen den Datenschutz.

TISAX Version 6 bringt einige Neuerungen und Verbesserungen gegenüber den vorherigen Versionen. Anforderungen in Bereichen wie Cybersecurity, Datenschutz und IT-Compliance wurden durch diese Aktualisierungen neu eingeführt oder geändert. Das Teilnehmerhandbuch und der Fragebogen zur Prüfung der Informationssicherheit im Excel-Format sind auf der ENX-Website (*https://portal.enx.com/de-de/TISAX/*) in mehreren Sprachen verfügbar.

TISAX-Teilnehmerhandbuch

Das *TISAX-Teilnehmerhandbuch* ist ein umfangreiches Dokument, das hilft, die TISAX-Anforderungen zu verstehen und zu erfüllen. Die wichtigsten Inhalte des Handbuchs sind:

- **Überblick und Zweck:** Unternehmen erhalten mit diesem Handbuch einen Leitfaden, um die Sicherheit ihrer Informationssysteme zu bewerten und sicherzustellen, dass sie den TISAX-Standards entsprechen. Es hat den Zweck, die von ihren Partnern geforderten Sicherheitsstandards zu belegen.
- **Geltungsbereich und Zielgruppe:** Das Kapitel richtet sich an alle Unternehmen, die in den TISAX-Prozess involviert sind, insbesondere an diejenigen, die ihr ISMS gemäß den TISAX-Anforderungen überprüfen und zertifizieren lassen möchten.
- **TISAX-Prozess:** Die Schritte des TISAX-Prozesses sind im Handbuch detailliert beschrieben – von der Registrierung über die Durchführung der Sicherheitsbewertung (Prüfung) bis zum Austausch der Bewertungsergebnisse mit Partnern. Die Prüfung erfolgt in vier Phasen:
  - Vorbereitung,
  - Auswahl des Prüfdienstleisters,
  - Informationssicherheitsprüfung in drei Etappen (Kick-off-Meeting, Assessment-Phase 1 [Prüfer bewertet das Self Assessment] und Assessment-Phase 2 [Prüfung vor Ort, teilweise remote]) sowie
  - das Prüfergebnis inklusive Erteilung des TISAX-Labels.
- **Registrierung und Prüfung:** Kapitel 4 erklärt, wie man sich im TISAX-Portal registriert und sich auf die TISAX-Prüfung vorbereitet. Unternehmen erfahren, wie sie ihre Systeme und Prozesse gemäß den TISAX-Standards evaluieren und entsprechende Sicherheitsmaßnahmen implementieren können.
- **Ergebnisaustausch:** Im Handbuch wird erläutert, wie Unternehmen, die zertifiziert sind, ihre TISAX-Ergebnisse mit anderen TISAX-Teilnehmern austauschen können. Für Zulieferer ist dies besonders wichtig, da sie im Automobilsektor ihren Kunden gegenüber die Einhaltung von Sicherheitsstandards nachweisen müssen.
- **Anhänge und zusätzliche Ressourcen:** Zusätzliche Ressourcen, Anhänge und Beispiele, die Unternehmen unterstützen, finden sich in diesem Kapitel, um die im Handbuch beschriebenen Verfahren anzuwenden.

An dieser Stelle noch ein Hinweis zum Anwendungsbereich: In ISO 27001 ist das Unternehmen frei, wie es den Anwendungsbereich definiert. Anders bei TISAX. Folgender Anwendungsbereich wird definiert:

> *»Die Prüfung umfasst alle Prozesse, Verfahren und beteiligte Ressourcen, die unter der Verantwortung der zu prüfenden Organisation stehen und die für die Sicherheit, der in den genannten Prüfzielen definierten Schutzobjekte und deren Schutzziele an*

den aufgeführten Standorten relevant sind. Die Prüfung wird mindestens im höchsten Assessment-Level durchgeführt, das in einem der aufgeführten Prüfziele gefordert ist. Alle in den aufgelisteten Prüfzielen geforderten Kriterien sind Gegenstand der Prüfung.«

Außerdem gibt es klare Anforderungen an die Prüfziele:

»Sie müssen Ihr(e) Prüfziel(e) während des Registrierungsprozesses definieren. Das Prüfziel (Assessment objective) bestimmt die maßgeblichen Anforderungen, die Ihr ISMS zu erfüllen hat. Das Prüfziel richtet sich ausschließlich nach der Art der Daten, die Sie im Auftrag Ihres Partners verarbeiten.«

Zwölf Prüfziele sind im Handbuch abgebildet, inklusive Assessment-Level, die es einzuhalten gilt.

Bei der Prüfung können fünf Arten von Feststellungen erfolgen:

- Hauptabweichung (erhebliches unmittelbares Risiko für die Informationssicherheit)
- Nebenabweichung
- Beobachtung (Nichteinhaltung der Anforderungen oder der eigenen Richtlinien, die kein unmittelbares Risiko darstellt)
- identifiziertes Verbesserungspotenzial
- konform mit den Anforderungen

Das ebenfalls zur Verfügung gestellte Excel-Dokument hilft dabei, das geforderte Self Assessment durchzuführen. Das Excel-Dokument definiert im Register «Reifegrad» 6 Stufen: 0 – 5 (Unvollständig / Durchgeführt / Gesteuert / Etabliert / Vorhersagbar / Optimierend).

Außerdem sind Definitionen vorhanden, bevor die drei Teilgebiete *Informationssicherheit*, *Prototypenschutz* und *Datenschutz* folgen. Jede Anforderung enthält: Kontrollfrage, Ziel, Anforderungen (muss), Anforderungen (sollte), eventuell zusätzliche Anforderungen sowie den Verantwortlichen. Im Register »Informationssicherheit« sind zusätzlich Verweise auf die ISO 27001 (Ausgaben 2013 und 2022), die Normenreihe ISA/IEC 62443, das NIST CSF 1.1 sowie Verweise auf Implementierungsanleitungen des BSI 200-2, das BSI-Kompendium sowie auf NIST SP800-53r5 enthalten.

Anhang A
Beispieldokumente

In diesem Kapitel habe ich einige Beispieldokumente gesammelt, die eine Vorlage für Ihre praktische Umsetzung eines ISMS sein können. Die Unterlagen basieren auf den Vorgaben der ISO 27001 und veranschaulichen, wie zentrale Anforderungen strukturiert und nachvollziehbar umgesetzt werden können. Sie sind eine Hilfe für Unternehmen, die eigene Dokumente erstellen oder bestehende Unterlagen überprüfen wollen. Das Ziel ist eine praxisnahe, klare und verständliche Darstellung.

Als Beispiele finden Sie einen Projektplan (siehe Abschnitt A.1), Vorlagen für die Informationssicherheitspolitik (siehe Abschnitt A.2) und Rollenbeschreibungen (siehe Abschnitt A.3). In den Abschnitten 14.4 bis 14.7 finden Sie Vorlagen für die Richtlinien zu Klassifizierungen, zur internen und externen Kommunikation, zur IT-Nutzung und zur Zugriffskontrolle. In Abschnitt A.8 und Abschnitt A.9 finden Sie Vorlagen für das Change-Management und die Entwicklungssicherheit. Abschließend geht es in Abschnitt A.10 und Abschnitt A.12 um das Business-Continuity-Management.

A.1 Projektplan

Der Projektplan soll durch alle Schritte der Dokumentation leiten. Tabelle A.1 zeigt die verschiedenen Etappen und Dokumente für die ISMS-Einführung.

Die Dauer der Etappen sind geschätzt und hängen stark von der Beteiligung der involvierten Personen ab. Je mehr Ressourcen zur Verfügung stehen (personell und zeitlich), desto schneller können die jeweiligen Themen behandelt werden.

Task		Dokument/ Thema	Inhalt	ISO-Referenz	Verantwortlich
Etappe 0 – Start des Projekts					
01	Erstaufnahme/Gap-Analyse	Festhalten der involvierten Personen, des aktuellen Standes und des Vorgehens			

Tabelle A.1: Projektplan

Task		Dokument/ Thema	Inhalt	ISO-Referenz	Verantwortlich
02	Festlegen der Rahmenparameter für das Projekt	Bestimmung des Projektteams, Wahl der Meetingräume etc.			
03	Wahl des ISMS-Tools (für Dokumente)	Tools gibt es sehr viele. Es ist wichtig, zu Beginn ein Tool für die Dokumentation festzulegen. Dies kann Word/Excel sein, aber auch Wiki-Systeme oder SharePoint können genutzt werden.			
04	Wahl des ISMS-Tools (für Workflows)	Es sind verschiedene Workflows umzusetzen. Hier kann ein spezialisiertes ISMS-Tool ein gutes Werkzeug sein.			
05	Finalisieren des Projektplans (dieses Dokument)	Vorgehen, zu erstellende Dokumente, Verantwortlichkeiten und Fristen			
Etappe 1 – Grundlagendokumente					
06	Grundbegriffe	Glossar	4.4		
07	Lenkung des ISMS und seiner Dokumente	Weisung, wie ISMS-relevante Dokumente aussehen, abgelegt, verteilt und aktualisiert werden	4.4, 6.3, 6.4, 7.5	Oberste Leitung	
08	Richtlinie zu Aufbewahrung, Schutz und Löschung von Aufzeichnungen	Beschreibt, wie Dokumente aufbewahrt, geschützt und am Ende gelöscht oder archiviert werden.	A.5.33, A.8.10	Oberste Leitung	

Tabelle A.1: Projektplan (Forts.)

Task		Dokument/ Thema	Inhalt	ISO-Referenz	Verantwortlich
09	Klassifizierungskonzept	Beschreibt die Klassifizierungskriterien, die Vertraulichkeitsstufen, die Kennzeichnung sowie den Umgang mit diesen Informationen.	A.5.10, A.5.12, A.5.13, A.5.14, A.7.10, A.8.3	Oberste Leitung	
10	Rollenbeschreibungen	Definition der Rollen und Verantwortlichkeiten für das ISMS	7.2, A.5.2, A.5.3	HR/CISO	
Etappe 2 – strategische Anforderungen und Weisungen					
11	Informationssicherheitspolitik	Commitment des Managements zur Informationssicherheit	5.2	Oberste Leitung	
12	Informationssicherheitsrichtlinie	Leitplanken des Unternehmens. Enthält die Zielvorgaben inklusive Messung, Anforderungen und Maßnahmen sowie Verantwortlichkeiten.	5.2, 5.3, 7.4, A.5.1	CISO	
13	Identifikation der Anforderungen	Welche Anforderungen stellen interessierte Parteien (intern und extern) sowie juristische, gesetzliche, regulatorische und vertragliche Anforderungen?	4.2, A.5.5, A.5.6, A 5.7, A.5.31	CISO/DSB	
14	Auswirkungen des Klimawandels	Beschreibung möglicher Auswirkungen des Klimawandels im Kontext der Informationssicherheit	4.1, 4.2 (Addendum)	Oberste Leitung	

Tabelle A.1: Projektplan (Forts.)

Task		Dokument/ Thema	Inhalt	ISO-Referenz	Verantwortlich
15	ISMS-Kontext und Anwendungsbereich	Definiert den Anwendungsbereich des ISMS, beschreibt Prozesse, Services, Organisationseinheiten, Standorte, das Netzwerk sowie die Ausschlüsse.	4.3	Oberste Leitung	
16	Interne und externe Kommunikation	Definitionen und Verantwortlichkeiten für die Kommunikation im ISMS-Kontext	5.2, 5.3, 7.4	Oberste Leitung	
17	Sicherheitsrichtlinie für Lieferanten	Beschreibt den Umgang und die Beziehung mit Lieferanten und Partnern. Enthält die Identifizierung von Risiken sowie Vorgaben zur Überprüfung, zu Verträgen, zu Awareness, zur Überwachung sowie zur Änderung und zum Entzug von Rechten.	A.5.11, A.5.19, A.5.20, A.5.21, A.5.22, A.6.1, A.6.2, A.6.3, A.8.30	CISO oder Leiter Beschaffung	
18	Liste der ISMS-relevanten Lieferanten	Begleitdokument zur Evaluation der Kritikalität der Lieferanten		Leiter Beschaffung	
Etappe 3 – Risikomanagement und Behandlung					
19	Risikomanagement	Beschreibt den Risikoprozess, den Umgang mit Werten, Schwachstellen und Bedrohung sowie Auswirkungen und Wahrscheinlichkeiten. Enthalten sind die Kriterien für die Risikoakzeptanz und -behandlung.	6.1, 8.1, 8.2, 8.3	Oberste Leitung	

Tabelle A.1: Projektplan (Forts.)

Task		Dokument/ Thema	Inhalt	ISO-Referenz	Verantwortlich
20	Information Security Incident Management	Beschreibt, wie mit Information Security Incidents umgegangen wird: Entgegennahme und Klassifizierung, Behandlung, Disziplinarmaßnahmen und Sammlung von Beweisen.	A.5.24, A.5.25, A.5.26, A.5.27, A.5.28, A.6.4, A.6.8	CISO	
21	Sammeln von Beweismaterial	Beschreibt die Vorgehensweise zum Sammeln von Beweisen während Incidents.	A.5.28	CISO	
22	Nichtkonformitäten/Abweichungen/ Verbesserungen	Beschreibt den Umgang mit Nichtkonformitäten, Abweichungen von definierten Prozessen sowie Sicherstellung der fortlaufenden Verbesserung.	10	CISO	
23	Informationssicherheit in Projekten	Bietet Grundlagen für das Risikomanagement in Projekten.	A.5.8	CISO/DSB	
24	Anwendungsbereich (SoA)	Bestimmt die Grenzen und die Anwendbarkeit des Informationssicherheitsmanagementsystems und deklariert die einzelnen Controls.	6.1.3	CISO	
Etappe 4 – Mitarbeiteranweisungen und Dokumente					
25	IT-Nutzungsrichtlinie	Weisung für die Mitarbeitenden betreffs der Nutzung der ICT-Services	A.5.9, A.5.10, A.5.11, A.5.14, A.5.17, A.5.32, A.6.7, A.7.7, A.7.9, A.7.10, A.7.14, A.8.1, A.8.7, A.8.19	CIO	

Tabelle A.1: Projektplan (Forts.)

Task		Dokument/ Thema	Inhalt	ISO-Referenz	Verantwortlich
26	Prozesse Mitarbeitende	Definition sämtlicher Prozesse rund um die Mitarbeitenden.	A.5.4, A.6.1, A.6.2, A.6.3, A.6.4, A.6.5	HR	
27	Checkliste On- und Off-Boarding	Checkliste für das On- und Off-Boarding von Mitarbeitenden		HR	
28	Vertraulichkeitserklärungen	Weisungen zum Thema Datenschutz und geistigem Eigentum. Je nach Bedarf in unterschiedlichen Ausführungen (z. B. für Mitarbeitende, externe Dienstleister etc.).	A.6.6	DSB	
29	Training und Awareness	Schulungsplan für alle Mitarbeitenden und interessierten Parteien (z. B. Partner, Lieferanten)	A.6.3	HR	
Etappe 5 – betriebliche und technische IT-Dokumente					
30	Werte-Management (Assets)	Inventarkonzept (physische und informative Werte)	6.1.2, 6.1.8, 8.2, 8.3, A.5.9	CIO/CISO/ weitere	
31	Physische Sicherheit	Zonenkonzept, Zutrittsvergabe, Sicherheit in Büros und anderen Räumen, Überwachung. Schutz vor physischen und umweltbedingten Bedrohungen, Sicherheitsbereiche	A.7.1, A.7.2, A.7.3, A.7.4, A.7.5, A.7.6, A.7.12	Facility Management	
32	Zugriffskontrollkonzept	Weisung für die Vergabe von Berechtigungen (Access Control)	A.5.15, A.5.16, A.5.17, A.5.18, A.8.2, A.8.5	CIO	
33	Backup-Konzept	Weisung und Konzept für die Datensicherung	A.8.13	CIO	

Tabelle A.1: Projektplan (Forts.)

Task		Dokument/ Thema	Inhalt	ISO-Referenz	Verantwortlich
34	Log- und SIEM-Konzept	Definition der Protokollierung und Schutz der Protokoll-Informationen	A.8.15, A.8.16	CIO/CISO	
35	Kryptografische Maßnahmen	Definition der Handhabung kryptografischer Elemente	A.8.24, A.5.31	CIO	
36	Change-Management	Regelwerk für die Änderungssteuerung	A.8.32	CIO	
37	Configuration-Management	Regelwerk für die Konfigurationssteuerung	A.8.9	CIO	
38	Cloud-Konzept	Konzept für die Verwendung von Cloud-Services	A.5.23	CIO	
39	Firewall-Konzept	Konzept für die sichere Einrichtung von Firewalls	A.8.20, A.8.22, A.8.23	CIO	
40	Serverraum-Konzept	Weisung für den Betrieb von Serverräumen und Rechenzentren	A.7.5, A.7.6, A.7.8, A.7.11, A.7.12	CIO	
41	IT-Konzept	Regelwerk für Betrieb und Organisation der gesamten ICT. Oft auch »ICT-Betriebskonzept« genannt.	A.5.8, A.5.37, A.7.13, A.8.6, A.8.7, A.8.8, A.8.9, A.8.12, A.8.13, A.8.14, A.8.15, A.8.17, A.8.18, A.8.19, A.8.20, A.8.21, A.8.22, A.8.31, A.8.32, A.8.34	CIO	

Tabelle A.1: Projektplan (Forts.)

Task		**Dokument/ Thema**	**Inhalt**	**ISO-Referenz**	**Verantwortlich**
42	Netzwerk-Richtlinie	Anforderungen an die Netzwerk-Sicherheit	A.8.20, A.8.21, A.8.22	CIO	
43	Entwicklungs-sicherheitsrichtlinie	Richtlinie für die sichere Entwicklung und Verwaltung von Programmcode	A.8.4, A.8.25, A.8.26, A.8.27, A.8.28. A.8.29, A.8.30, A.8.31, A.8.32, A.8.33	CIO	
46	Entsorgungs-konzept	Weisung für die sichere Entsorgung von Geräten und Betriebsmitteln, inklusive Papierdokumenten	A.7.10, A.7.14	CIO	
Etappe 6 – letzte Dokumente und Schritte zur Zertifikatsreife					
47	KPIs	Definition von KPIs zur Messung der gesetzten Ziele	9.1	CISO	
48	Audit-Konzept	Definition der Anforderungen, die an Audits gestellt werden	9.2, A.5.35	CISO	
49	Audit- und Meilenstein-Planung	Jahresplanung von Kontrollen, Audits, Lieferanten usw.	9.2	CISO	
50	BCM	BCM-Strategie, -Szenarien und -Notfallpläne, inklusive Informationssicherheit bei Störungen	A.5.29, A.5.30	CIO/CISO	
51	Management-Review	Prüfung des ISMS durch die GL auf Wirksamkeit	9.3, A.5.36	Oberste Leitung	

Tabelle A.1: Projektplan (Forts.)

Task		Dokument/ Thema	Inhalt	ISO-Referenz	Verantwortlich
Schlussetappe – Start der Zertifizierungsphase					
52	Optimierungsphase	Umsetzen möglichst vieler Empfehlungen aus dem internen Audit			
53	Anmeldung zur Zertifizierung	Angebote von akkreditierten Zertifizierungsstellen einholen			
54	Audit-Stage 1	Prüfung des Dokumentenbestandes und des ISMS-Reifegrads durch die Zertifizierungsstelle			
55	Audit-Stage 2	Zertifizierungsaudit			

Tabelle A.1: Projektplan (Forts.)

A.2 Informationssicherheitspolitik

[FIRMA] legt großen Wert auf Informationssicherheit; sie ist Teil der Geschäftsstrategie und der Ziele des Unternehmens. Zur Gewährleistung der Informationssicherheit wird ein ISMS nach ISO 27001 gepflegt. Rollen und Kompetenzen sind entsprechend festgelegt.

Der Schutz von Informationen betrifft alle: Das Verantwortungsbewusstsein für die Informationssicherheit wird bei allen Mitarbeitenden auf allen Ebenen geschult und gefördert. Die [FIRMA] verpflichtet sich, die beste verfügbare Technologie zu nutzen, solange es wirtschaftlich möglich ist. Alle einschlägigen Anforderungen werden eingehalten, seien es gesetzliche, behördliche oder Kundenforderungen. Zusätzlich verpflichtet sich [FIRMA], die Informationssicherheit fortlaufend zu verbessern.

[FIRMA] verfolgt im Bereich der Informationssicherheit die folgenden Ziele:

- Entwicklung und Ausbau einer passenden Sicherheitsorganisation
- Trainieren von sicherheitsgerechtem Verhalten am Arbeitsplatz
- Schutz vor Angriffen aus dem Internet, vor Malware und anderen Bedrohungen
- sicheres mobiles Arbeiten unterwegs und im Home-Office ermöglichen
- Berechtigungen für Mitarbeitende und Administratoren auf die Rolle einschränken
- Verringerung der Schäden durch mögliche Vorfälle
- Einhaltung der Datenschutzrichtlinien und -gesetze
- Einhaltung der gesetzlichen Vorgaben und der vertraglichen Anforderungen

> **Praxistipp**
> Es ist sinnvoll, nicht zu viele Ziele zu definieren. 2 bis 3 Ziele genügen zu Beginn.

[FIRMA] hat ein Informationssicherheitsmanagementsystem (ISMS) eingerichtet, um die Informationssicherheit gezielt zu verbessern und fortlaufend zu optimieren. Das ISMS ist in das Qualitätsmanagement (QM) integriert. Es werden Prozesse und Abläufe festgelegt, die sicherstellen, dass die Informationssicherheit gewahrt bleibt. Das gesamte System, inklusive der Leistungen von Drittparteien, wird in festgelegten Intervallen auditiert. Das Versäumnis oder das Nicht-Erreichen einer Zielvorgabe wird genutzt, um das System zu optimieren und eine nachhaltige Veränderung der Unternehmenskultur und der Arbeitsweise zu bewirken, die auch zukünftige kontinuierliche Verbesserungen ermöglicht.

Die Geschäftsführung stellt den Informationssicherheitstätigkeiten die erforderlichen Ressourcen zur Verfügung. Darüber hinaus kontrolliert sie, ob die Regeln eingehalten werden, und ergreift bei Abweichungen entsprechende Maßnahmen.

Der Sicherheitsverantwortliche (CISO – *Chief Information Security Officer*) hat die Aufgabe, das ISMS zu steuern, zu überwachen und zu verbessern; er setzt die festgelegten Ziele um und berichtet der Geschäftsführung.

Alle Mitarbeitenden, unabhängig von ihrer Position, tragen die Verantwortung für die Einhaltung der Informationssicherheit. Sie erhalten Unterstützung und Schulung durch die Vorgesetzten.

Externe Mitarbeitende werden verpflichtet, in dem Bereich, in dem sie eine Leistung erbringen, die Informationssicherheit einzuhalten.

Informationssicherheit ist ein entscheidendes Kriterium, wenn mit Dritten zusammengearbeitet oder Lieferanten ausgewählt werden; sie müssen die Vorgaben der [FIRMA] befolgen. Die Einhaltung der Anforderungen an die Informationssicherheit wird regelmäßig kontrolliert. [FIRMA] behält sich das Recht auf Audits vor, sofern dies vertraglich vereinbart ist.

Die Nichteinhaltung der Informationssicherheitsvorgaben wird nicht akzeptiert. Drittparteien müssen mit vertraglichen oder geschäftlichen Konsequenzen rechnen, die bis zur Beendigung der Zusammenarbeit reichen können. Mitarbeitende müssen mit disziplinarischen oder arbeitsrechtlichen Maßnahmen rechnen.

ISMS-Kontext und Anwendungsbereich

A.2.1 Zweck, Anwendungsbereich, Anwender und Eigentümer

Das Dokument soll die internen und externen Themen festhalten, die für das Informationssicherheitsmanagementsystems (ISMS) der [FIRMA] relevant sind. Dazu gehören:

- der Kontext der Organisation
- die interessierten Parteien, die für das ISMS der [FIRMA] relevant sind
- die relevanten Anforderungen dieser interessierten Parteien
- der Umfang des ISMS der [FIRMA] einschließlich seiner Grenzen und Anwendbarkeit

Dieses Dokument wird auf alle Dokumentationen und Aktivitäten innerhalb des ISMS angewendet.

Anwender dieses Dokuments sind die Mitglieder des Managements der [FIRMA].

Der Eigentümer des Dokuments ist die Geschäftsleitung, die das Dokument mindestens einmal jährlich prüfen und gegebenenfalls aktualisieren muss.

A.2.2 Referenzdokumente

- ISO/IEC 27001:2022: 4.1, 4.2, 4.3, 4.4, 5.1, A.5.5, A.5.6
- juristische, gesetzliche, regulatorische und vertragliche Anforderungen

A.2.3 ISMS-Kontext

Der organisatorische Kontext der [FIRMA] wird in den folgenden Abschnitten beschrieben. Da sich die internen und externen Rahmenbedingungen, in denen sich die [FIRMA] bewegt, dynamisch sind, wird sich der organisatorische Kontext im Laufe der Zeit ändern. Dieser Kontext beeinflusst auch die Informationssicherheit maßgeblich und bildet deshalb eine wichtige Grundlage für die Entwicklung des ISMS.

A.2.4 Aktivitätsübersicht

[FIRMA] (kurze Beschreibung der Geschäftstätigkeit)

Von Ihnen zu ergänzen

An dieser Stelle fügen Sie folgende Beschreibung ein:

- Was macht das Unternehmen (Dienstleistungen, Aktivitäten etc.)?
- Wann wurde es gegründet?
- Vorstellung des Unternehmens – kann unter Umständen von der Website übernommen werden.

A.2.5 Organisation und Abteilungen

[FIRMA] oder Abteilung (je nach definiertem Anwendungsbereich) besteht aus den folgenden Organisationsfunktionen:

- Führung
- Verkauf und Marketing
- Finanz- und Rechnungswesen
- Personalwesen
- Logistik
- Informationstechnologie
- Softwareentwicklung
- Projektmanagement
- Beratung
- *von Ihnen zu ergänzen*

Von Ihnen zu ergänzen
Fügen Sie an dieser Stelle das Organigramm ein.

A.2.6 Standorte und Einheiten

Von Ihnen zu ergänzen
Fügen Sie an dieser Stelle eine Liste/Karte der Einheiten mit Standortangaben ein.

A.2.7 Produkte und Dienstleistungen

[FIRMA] bietet ihren Kunden die folgenden Produkte und Dienstleistungen an:

Von Ihnen zu ergänzen
Liste der Hauptprozesse, die im Anwendungsbereich liegen, z. B.:

- Gibt es verschiedene Kundenbereiche (Privatkunden, Geschäftskunden)?
- Gibt es Abhängigkeiten/Voraussetzungen bei den Produkten und Dienstleistungen?
- Welche Produkte und Dienstleistungen sind am bekanntesten?
- Unterliegen einige der Produkte und Dienstleistungen einer externen Regulierung?
- Haben die Produkte und Dienstleistungen einen Gesundheits- und Sicherheitsaspekt?
- Handelt es sich um Personendaten?

A.2.8 Lieferketten

Damit [FIRMA] ihre Produkte und Dienstleistungen anbieten kann, ist sie auf Lieferanten und Partner angewiesen. Die wichtigsten Lieferketten sind:

Von Ihnen zu ergänzen

- Beschreibung jeder Lieferkette (falls vorhanden)
- Dazu gehören betroffene Produkte und Dienstleistungen.
- die Struktur/Organisation der Lieferkette sowohl im Hinblick auf die beteiligten Organisationen als auch auf die geografische Lage
- Wie etabliert ist die Lieferkette?
- Einfluss der Lieferkette auf Prozesse und Umsatz
- Allenfalls weitere relevante Informationen

A.2.9 Externer und interner Kontext

In diesem Abschnitt wird der externe wie auch der interne Kontext beschrieben, der für das ISMS der [FIRMA] relevant ist und dieses beeinflusst.

Externer Kontext

Die wichtigsten **externen** Anspruchsgruppen der [FIRMA] sind:

Externe Anspruchsgruppe	Beziehung
Kunden	Beschreibung der Kundengruppen, z. B. Länder, Art, Leistungen, Produkte, Verkaufskanäle etc.
Wettbewerb	Wichtigste Mitbewerber in welchen Geschäftssegmenten
Lieferanten	Wichtigste Lieferanten, Art der bezogenen Leistungen
Eigentümer der [FIRMA]	Beschreibung der Eigentumsverhältnisse aller Firmenteile (Familiengesellschaft, börsennotierte Gesellschaft, wichtigste Anteilseigner etc.)
Gesetzgeber/Behörden	Wichtigste zu beachtende Regulatorien und Gesetze. (Im Detail werden diese in den »Anforderungen« beschrieben.)
Wissenschaft/Technologie	Wichtigste Partner/Fachgebiete für Zusammenarbeit

Tabelle A.2: Externe Anspruchsgruppen

Externe Anspruchsgruppe	Beziehung
Klimaveränderung	Die [FIRMA] ist sich des Einflusses der Klimaveränderungen bewusst und ergreift entsprechende Maßnahmen, um die Auswirkungen unter Kontrolle zu halten. In diesem Zusammenhang ist sich [FIRMA] bewusst, dass relevante Parteien diesbezüglich Anforderungen stellen können.
Cyberkriminelle	Sie versuchen die Unternehmung zu stören bzw. zu schädigen (DDoS-Angriffe, Ransomware-Angriffe etc.).

Tabelle A.2: Externe Anspruchsgruppen (Forts.)

Praxistipp

Diese Gruppierung erfolgt nach Politik, Wirtschaft, Soziologie, Technologie, Recht und Umwelt. Untenstehend einige Ideen dazu:

Politik

- Änderungen der Regierungspolitik
- Instabilität der Regierung
- Unruhen in den Ländern, in denen die Organisation tätig ist
- Handelsbeschränkungen und Zölle

Wirtschaft

- vorherrschendes Wirtschaftsklima
- Zins- und Inflationsraten
- Ausfall des Lieferanten
- mangelnde Kundennachfrage
- zunehmende Globalisierung von Angebot und/oder Nachfrage
- zunehmender Wettbewerb

Soziologie

- demografischer Wandel
- Veränderungen im Bevölkerungswachstum
- soziale Einstellungen

Technologie

- Innovationstempo
- unterstützende Technologien und Infrastruktur
- Automatisierung und künstliche Intelligenz

Recht und Umwelt

- mögliche Gesetzesänderungen
- regulatorische Änderungen
- Datenschutz
- Klimawandel
- Feuer
- Überschwemmung
- Erdbeben usw.
- Verschmutzung

Interner Kontext

Im Folgenden werden die wichtigsten Elemente des ISMS-Kontexts beschrieben, die sich **innerhalb** der [FIRMA] befinden und von dieser bestimmt oder beeinflusst werden.

Thema	Beschreibung
Vision, Mission, Werte	Kurze Beschreibung dieser Themen: ■ Was möchte die Firma erreichen? ■ gesellschaftliche Relevanz ■ Firmenethik und -kultur (nach außen und innen)
Strategie	Mit welchen Leistungen soll das erreicht werden?
Management	Wie wird die Firma geführt
Mitarbeiter	Standorte, Qualifikation, Verantwortung etc.
Hauptprozesse	Wichtigste strategische Prozesse
IT-Prozesse	Wichtigste Fakten zu Entwicklung, Betrieb und Support
Normen/Standards	Nach welchen Standards/Normen wird gearbeitet? Gibt es Zertifizierungen?
Erfolgsfaktoren	Welches Know-how bildet die Alleinstellungsmerkmale der Firma? Welche anderen Erfolgsfaktoren gibt es?

Tabelle A.3: Interner Kontext

Praxistipp

Beachtet werden sollten:

- wesentliche organisatorische Änderungen, z. B. Standortwechsel
- finanzielle Leistung des Unternehmens
- Unternehmenskultur
- Ressourcen und Wissen der Organisation
- Governance und Organisationsstruktur
- Vertragsbeziehungen

A.2.10 Risiko-Bereitschaft

Das ISMS soll die größten Risiken angehen, die für die Informationssicherheit der [FIRMA] identifiziert wurden. Die Risiko-Bereitschaft dabei ist [niedrig/moderat/hoch].

Praxistipp

Folgende Möglichkeiten stehen zur Auswahl:

- **Niedrig:** Die Strategie der Firma besteht darin, Risiken nach Möglichkeit zu vermeiden und Ressourcen in die Minderung des Restrisikos zu investieren. Dies geschieht durch wirksame Informationssicherheitsmaßnahmen.
- **Moderat:** Die Strategie der Organisation besteht darin, ein angemessenes Risikoniveau zu akzeptieren und gleichzeitig einige Anstrengungen zu unternehmen, um sicherzustellen, dass Maßnahmen zum Umgang mit Risiken vorhanden sind, falls diese auftreten.
- **Hoch:** Die Strategie der Organisation besteht darin, erhebliche Risiken als integralen Bestandteil des Geschäfts, in dem sie tätig ist, zu akzeptieren. Die Verantwortlichen sind der Ansicht, dass die daraus resultierenden Vorteile eine ausreichende Rechtfertigung darstellen.

Die Detailprozesse des Risikomanagements sind im Dokument [Risikomanagement] definiert. Der Umgang mit den Risiken erfolgt in [Tool].

A.2.11 Verantwortlichkeiten

Die Geschäftsleitung, der Chief Information Security Officer (CISO) sowie der Datenschutzbeauftragte (DSB) sind verantwortlich für

- die Identifikation aller Personen oder Organisationen, die von der Informationssicherheit betroffen sein oder auf diese Einfluss haben könnten (interessierte Parteien).

- die Identifikation aller juristischen, gesetzlichen, regulatorischen und vertraglichen Anforderungen; diese sind im entsprechenden Dokument definiert.
- die Festlegung der kontaktverantwortlichen Stelle für die jeweilige Interessengruppe.
- die regelmäßige Pflege von Kontakten zu interessierten Parteien.
- die regelmäßige Aktualisierung der Anforderungen und die Benachrichtigung der betroffenen Stellen bei Veränderungen.
- Ebenso ist festzuhalten, welche dieser Anforderungen NICHT durch das ISMS adressiert werden (können).

Sämtliche Mitarbeitenden der [FIRMA] müssen die Geschäftsleitung benachrichtigen, falls sie von einer neuen rechtlichen, amtlichen, vertraglichen oder anderen Anforderung Kenntnis erlangen, die für die Informationssicherheit relevant sein könnte.

A.2.12 Zweck und Umfang des ISMS-Anwendungsbereichs

Der Zweck des ISMS besteht

- darin, die Bedürfnisse der [FIRMA] und die Notwendigkeit zu verstehen, Richtlinien und Ziele für das ISMS festzulegen.
- in der Implementierung und im Betrieb von Kontrollen und Maßnahmen zur Verwaltung der Gesamtfähigkeit der Organisation, Informationssicherheitsvorfälle zu bewältigen.
- darin, die Leistung und Wirksamkeit des ISMS zu überwachen.
- in der kontinuierlichen Verbesserung der Informationssicherheit der [FIRMA] auf der Grundlage objektiver Messungen.

Dieser Zweck gilt für den Anwendungsbereich des ISMS wie nachfolgend definiert.

Anwendungsbereich des ISMS

Der definierte Umfang des ISMS der [FIRMA] berücksichtigt den externen und internen Kontext sowie die Anforderungen der interessierten Parteien und die juristischen, gesetzlichen, regulatorischen und vertraglichen Anforderungen, die auf die [FIRMA] anwendbar sind. Der Anwendungsbereich wird im Folgenden hinsichtlich der Teile der Organisation, der Produkte und Dienstleistungen sowie der damit verbundenen Aktivitäten definiert.

Übersicht

> **Praxistipp**
>
> In Abbildung A.1 sind die Bereiche vom ISMS-Anwendungsbereich hell bzw. dunkel hinterlegt.

Erklärung:

- hell = Schnittstellen und Abhängigkeiten
- dunkel = Anwendungsbereich (d. h. im direkten Einfluss). Kann je nach Firma (z. B. für eine Zertifizierung) auch »Geltungsbereich« genannt werden.
- grau = Rahmenbedingungen

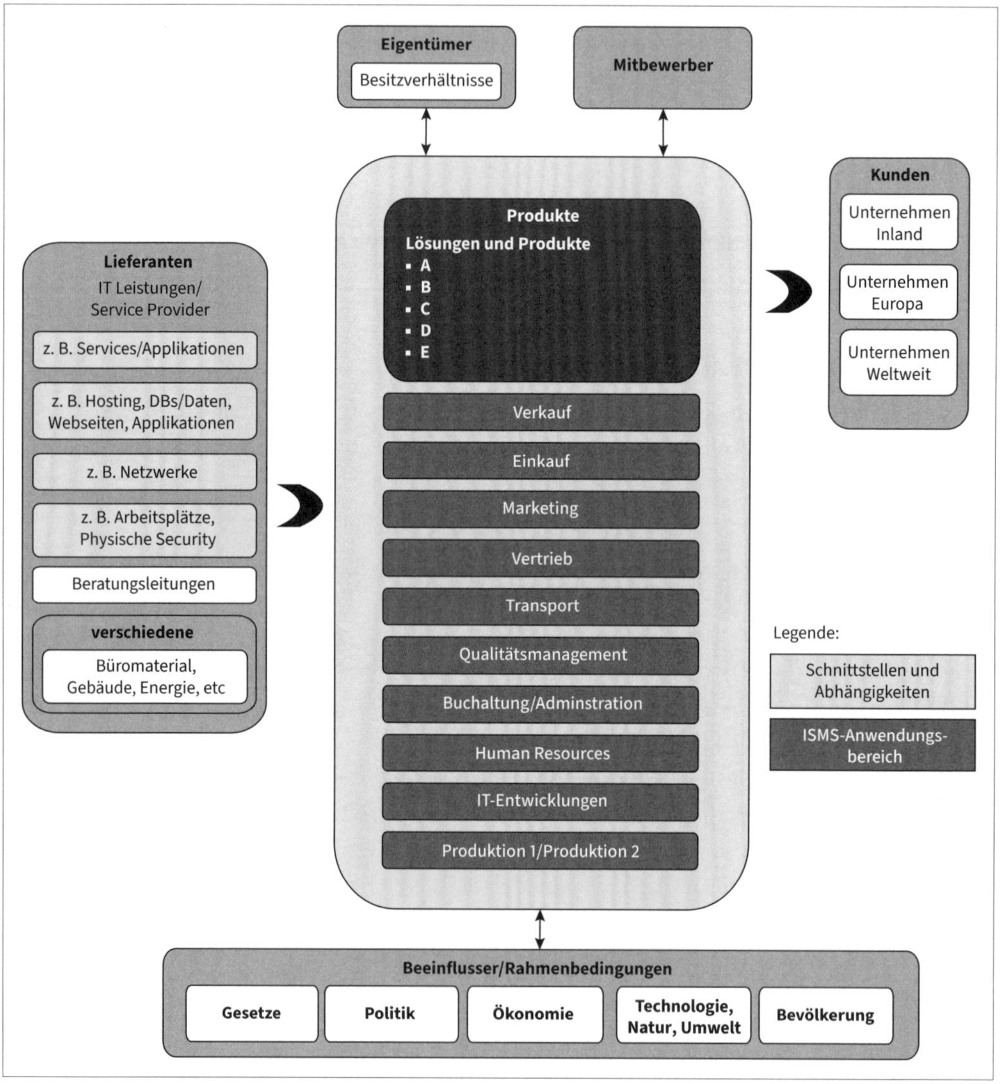

Abbildung A.1: Beispiel für den Anwendungsbereich

Elemente innerhalb des Anwendungsbereichs

Der Anwendungsbereich des ISMS definiert die Grenzen, **innerhalb** deren alle Informationen und Daten geschützt und durch die ISMS-Prozesse entsprechend behandelt werden. Außerdem definiert er das anwendbare Recht mit Gesetzen und Verpflichtungen sowie andere behördliche Anweisungen und vertragliche und sonstige Anforderungen.

Alle nachfolgend aufgeführten Werte und Einheiten bilden den Anwendungsbereich des ISMS der [FIRMA]:

Von Ihnen zu ergänzen

An dieser Stelle können folgende Punkte beschrieben werden:

- Organisation und Abteilungen
- Standorte und Einheiten
- Produkte und Dienstleistungen

IT-Netzwerke und -Infrastruktur

Folgende IT-Netzwerke und -Infrastrukturen werden genutzt:

Von Ihnen zu ergänzen

An dieser Stelle folgt eine genaue Benennung der Netzwerke und verwandter IT-Infrastrukturen, die im Anwendungsbereich enthalten sind. Beschreiben Sie, wie diese von jenen Netzwerken getrennt gehalten werden, die nicht in den Anwendungsbereich mit einbezogen sind.

Aktivitäten

Folgende Tätigkeiten fallen in den Anwendungsbereich des ISMS:

Von Ihnen zu ergänzen

Auflistung der Geschäftsaktivitäten mit einem angemessenen Detaillierungsgrad. Die angegebenen Aktivitäten müssen mit der in den vorherigen Abschnitten angegebenen Organisations- und Produkt- bzw. Dienstleistungsaufteilung übereinstimmen.

Cloud-Systeme

Folgende Cloud-Systeme werden genutzt:

Von Ihnen zu ergänzen

An dieser Stelle beschreiben Sie die eingesetzten Cloud-Systeme kurz oder hinterlegen den Verweis auf das Cloud-Konzept (falls vorhanden).

Schnittstellen und Abhängigkeiten

Folgende Schnittstellen und Abhängigkeiten gibt es:

Von Ihnen zu ergänzen

An dieser Stelle beschreiben Sie kurz die wichtigsten Schnittstellen gemäß Abbildung A.1.

Ausschlüsse aus dem Anwendungsbereich

Die folgenden Bereiche sind ausdrücklich vom Anwendungsbereich des ISMS ausgenommen:

Von Ihnen zu ergänzen

Genaue Benennung einzelner Elemente der Organisation/einzelner Ressourcen/Produkte/Dienstleistungen/Aktivitäten, die explizit vom Anwendungsbereich ausgeschlossen sind. Erläutern Sie, warum das geschieht. Dies muss im Einklang mit dem Gesamtansatz bleiben und darf die Fähigkeit des ISMS, die gewünschten Ergebnisse zu erzielen und seine Ziele zu erreichen, nicht beeinträchtigen.

An dieser Stelle sind auch die ausgeschlossenen SoA-Punkte aufzuzählen.

Alle anderen Anspruchsgruppen und Partner der [FIRMA] befinden sich **außerhalb** des Anwendungsbereichs des ISMS der [FIRMA].

Trotzdem prüft die [FIRMA] die Einhaltung der von externen Dienstleistern betriebenen oder geteilten Informationswerte.

A.3 Rollenbeschreibungen

A.3.1 Zweck, Anwendungsbereich, Anwender und Eigentümer

Der Zweck dieses Dokuments ist die Beschreibung der Rollen im ISMS.

Dieses Dokument wird auf alle Dokumentationen und Aktivitäten innerhalb des ISMS angewendet.

Anwender dieses Dokuments sind die Mitarbeitenden der [FIRMA].

Der Eigentümer des Dokuments ist die Geschäftsleitung, die das Dokument mindestens einmal jährlich prüfen und gegebenenfalls aktualisieren muss.

A.3.2 Referenzdokumente

- ISO 27001:2022: 7.2, A.5.2, A.5.3

A.3.3 Rollen

Nachfolgende Rollen sind im Rahmen des ISMS vorhanden.

Vorhandene Kompetenzen sind in der Kompetenzordnung der [FIRMA] ersichtlich [LINK].

Rolle	Erklärung	Notwendige Kompetenzen
Alle	Alle Mitarbeitenden sind verpflichtet, im Rahmen ihrer Aufgabenerfüllung für die Umsetzung des Datenschutzes und der Informationssicherheit zu sorgen sowie durch Vorschläge zur Weiterentwicklung beizutragen. Außerdem haben sie die von ihnen festgestellten Nichtkonformitäten zu melden. Ebenfalls sind Incidents umgehend über den definierten Weg zu informieren.	■ Grundlagen der Informationssicherheit ■ Teilnahme an den internen Schulungen
Geschäftsleitung	Informationssicherheit und Datenschutz sind »Chefsache«. Das Topmanagement trägt nicht nur die strategische Verantwortung für die Sicherheit und die Risikoentscheidungen, sondern ist unter anderem dafür verantwortlich, dass das Managementsystem umgesetzt und kontinuierlich verbessert wird. Hierfür muss es geeignete Ressourcen bereitstellen. Zudem muss die Geschäftsleitung das ISMS mindestens einmal jährlich überprüfen (bzw. immer im Falle von erheblichen Änderungen) und ein Protokoll dazu erstellen. Der Zweck dieser Überprüfung durch das Management ist der Nachweis der Angemessenheit, Eignung und Wirksamkeit des ISMS.	■ Ausbildung/Erfahrung im Bereich Datenschutz und Informationssicherheit ■ Grundkenntnisse der ISO 27001/27002-Normen ■ Erfahrungen im Bereich Risikomanagement

Tabelle A.4: Rollenbeschreibungen

Rolle	Erklärung	Notwendige Kompetenzen
Geschäftsleitung (Forts.)	Außerdem definiert sie, welche sich auf Informationssicherheit beziehenden Informationen mit welchen (sowohl internen als auch externen) interessierten Parteien geteilt werden, durch wen und wann. Die Geschäftsleitung ist verantwortlich für die kontinuierliche Verbesserung des ISMS-Prozesses.	
CISO	Der Chief Information Security Officer (CISO) hat die notwendige Expertise, um neben der strategischen auch die taktische Verantwortung für die Sicherheit zu übernehmen. Zu seinen Hauptaufgaben gehören insbesondere die Initiierung, Implementierung, Überwachung und Steuerung des Managementsystems und aller damit verbundenen Prozesse und Organisationen. Insbesondere ist er für die Erstellung und Pflege des Risiko-Managements zuständig. Er pflegt den Kontakt mit entsprechenden Interessensgruppen. Zudem ist er verantwortlich für den Betrieb des ISMS sowie für die Berichterstattung über dessen Leistungsfähigkeit (im Rahmen des internen Audits und Management-Reviews). Weiter ist er für die Umsetzung von Informationssicherheitstrainings und Programmen zur Bewusstseinsbildung (Awareness) für die Mitarbeitenden zuständig. Der CISO wurde vom Verwaltungsrat bestimmt und rapportiert diesem mindestens jährlich.	

Tabelle A.4: Rollenbeschreibungen (Forts.)

Rolle	Erklärung	Notwendige Kompetenzen
Datenschutzbeauftragter	Der Datenschutzbeauftragte ist zuständig für: ■ die Schwellenwertanalysen und Datenschutzfolgenabklärungen ■ die Überwachung der betriebsinternen Einhaltung der Datenschutzvorschriften und das Führen des Verzeichnisses der Datensammlungen ■ die Beratung und Schulung in Fragen des Datenschutzes und die Mitwirkung bei der Anwendung der Datenschutzvorschriften ■ Er ist die Anlaufstelle für die betroffenen Personen und für die Behörden, die für den Datenschutz verantwortlich sind. ■ Er pflegt in Zusammenarbeit mit dem CISO die Dokumentation.	■ Fachliche Unabhängigkeit und Weisungsungebundenheit ■ Keine Ausübung von Tätigkeiten, die mit den Aufgaben als Datenschutzbeauftragter unvereinbar sind ■ Für die Ausübung der Aufgaben erforderliche Fachkenntnisse ■ Für die Ausübung der Aufgaben erforderliche Ressourcen ■ Zugang zu allen Datensammlungen und Datenbearbeitungen sowie zu allen Informationen, die für die Aufgabenerfüllung benötigt werden ■ Fehlende Kompetenzen oder Erfahrungen können durch einen externen Berater eingebracht werden.
CIO	Der CIO ist verantwortlich für: ■ das Formulieren der ICT-Vision und der ICT-Strategie in Ableitung von der Geschäftsstrategie der Geschäftsleitung ■ das Sicherstellen von ICT-Governance ■ das Sicherstellen des ICT-Betriebs, der ICT-Sicherheit und der Weiterentwicklung der ICT-Systeme ■ die ICT-Services, die für eine optimale Unterstützung der Geschäftsprozesse erforderlich sind ■ die Konzeption der ICT-Architekturen und ICT-Services in Ableitung von der ICT-Strategie	■ Grundkenntnisse der ISO 27001/27002-Normen ■ Erfahrung im Bereich Risikomanagement

Tabelle A.4: Rollenbeschreibungen (Forts.)

Rolle	Erklärung	Notwendige Kompetenzen
CIO (Forts.)	■ die strategische Planung, Qualitätsstrategie, das Qualitätsmanagement und die Sicherheit im ICT-Bereich ■ das Überprüfen der Qualität, Sicherheit und Ordnungsmäßigkeit von ICT-Systemen ■ das Management von ICT-Risiken ■ das Erstellen der Sourcing-Strategie in Ableitung von der ICT-Strategie des Unternehmens ■ die Beschaffung von Informatikmitteln und -services ■ das Bereitstellen der notwendigen Informationen von ICT-Governance	
Risiko-eigentümer	Der Risikoeigentümer definiert die Risikoeinstufung (Eintrittswahrscheinlichkeit und Auswirkung) und übernimmt als letzte Instanz die Akzeptanz der Risiken inklusive der geplanten Maßnahmen.	■ Nimmt in der Organisation eine Rolle ein, die den Bezug zum Risiko sicherstellt. ■ Verfügt über Kenntnisse im Risikomanagement. ■ Ist mit dem ISMS vertraut und hat die internen Schulungen absolviert.
Werte-eigentümer	Die Eigentümer der jeweiligen Werte sind verantwortlich für den Schutz der Integrität sowie für die Verfügbarkeit und Vertraulichkeit der Werte. Sie stellen sicher, dass ■ die Werte inventarisiert sind. ■ die Werte korrekt klassifiziert und geschützt sind. ■ der Zugang und die Klassifizierung regelmäßig überprüft werden. ■ die Vernichtung oder Außerbetriebnahme der Werte richtig gehandhabt wird.	■ Nimmt in der Organisation eine Rolle ein, die den Bezug zum Wert sicherstellt. ■ Ist mit dem ISMS vertraut und hat die internen Schulungen absolviert.

Tabelle A.4: Rollenbeschreibungen (Forts.)

Rolle	Erklärung	Notwendige Kompetenzen
Dev-Ops-Team	Das Dev-Ops-Team ist verantwortlich für ■ das Analysieren von Problemstellungen (Geschäftsprozesse/-transaktionen, Daten, Funktionen) sowie des Umfelds (Arbeitsplatz, Zielsysteme/-plattformen, Rahmenorganisation). ■ das Bearbeiten (Workaround, Behebung) von Störungen und Fehlerzuständen (Geschäftsprozesse/-transaktionen, Daten, Funktionen) im technischen Umfeld (Arbeitsplatz, Zielsysteme/-plattformen, Netzwerke). ■ das Definieren von funktionalen und nicht funktionalen Anforderungen (Verfügbarkeit, Sicherheit, Performance) sowie für das Erstellen von Konzepten und Aufwandsschätzungen. ■ das Erstellen von Modellen für Daten, Funktionen und Objekte. ■ das Entwickeln, Implementieren und Warten von Softwareapplikationen, -komponenten, -modulen oder -schnittstellen zu Datenbanken sowie zu anderen Applikationen. ■ das Konzipieren, Einrichten und Pflegen der für die Softwareapplikationen benötigten Entwicklungs-, Test- und Produktionssysteme inklusive der Netzwerke. ■ das Automatisieren von Prozessen für die Generierung von Builds und Releases sowie für die Durchführung von Schnittstellentests, Regressiontests und Softwareauslieferungen (Continuous Delivery, Continuous Integration, Build Pipeline, Codeverwaltung etc.). ■ das Koordinieren aller Tätigkeiten, die dazu dienen, die Verfügbarkeit, die Wiederherstellbarkeit (Kontinuität), die Performance und den Ressourcenverbrauch der Applikationen zu überwachen.	■ Weiterbildungen im Bereich Dev-Ops ■ Vertieftes Informationssicherheitswissen

Tabelle A.4: Rollenbeschreibungen (Forts.)

Rolle	Erklärung	Notwendige Kompetenzen
Human Resources	Die Mitglieder der Human Resources sind zuständig für die personelle Betreuung der Mitarbeitenden.	■ Ausbildung im Bereich HR ■ Regelmäßige Weiterbildungen
Entwickler	Hauptaufgaben: ■ Analysieren von Problemstellungen (Geschäftsprozesse/-transaktionen, Daten, Funktionen) sowie des Umfelds (Arbeitsplatz, Zielsysteme/-plattformen, Rahmenorganisation) ■ Festlegen der daraus entstehenden funktionalen und nicht funktionalen Systemanforderungen (Verfügbarkeit, Sicherheit, Performance) ■ Erstellen von Modellen für Daten, Funktionen und/oder Objekte ■ Erstellen oder Auswählen von geeigneten Methoden, Techniken, Standards, Richtlinien und Tools für die Softwareentwicklung und -wartung ■ Entwickeln und Warten von Softwareapplikationen, -komponenten, -modulen und -schnittstellen zu Datenbanken sowie zu anderen Applikationen; Sicherstellen der Implementierung und Wartung dieser Software ■ Einrichten und Pflegen der Entwicklungs- und Testumgebung ■ Mitarbeiten beim Implementieren und Testen (Integrationstests) von Softwareapplikationen ■ Erstellen und Nachführen der Dokumentationen (Modelle, Schnittstellenbeschreibungen, Testverfahren, Benutzerhandbuch etc.) ■ Analysieren und Beheben von Softwarefehlern in produktiven Anwendungen ■ Umsetzen von Change-Requests ■ Konzipieren und Realisieren von Softwareverbesserungen im Lebenszyklus von Anwendungen	■ Weiterbildungen im Bereich Entwicklung ■ Vertieftes Informationssicherheitswissen ■ Regelmäßige Weiterbildungen

Tabelle A.4: Rollenbeschreibungen (Forts.)

Rolle	Erklärung	Notwendige Kompetenzen
Finance	Das Finance-Team ist für die finanziellen und buchhalterischen Belange der [FIRMA] zuständig.	
Change-Owner	■ Er bewertet die Gültigkeit des RFCs und ist in die Risikobewertung involviert. ■ Er führt nach der Implementierung ein Review durch und ist für den Abschluss des Changes verantwortlich. ■ Er ist für die Einberufung der CAB-Mitglieder verantwortlich, die Notfall-Changes genehmigen dürfen. ■ Er koordiniert mit den Experten innerhalb des Change-Prozesses die Build- und Testaktivitäten. Er überprüft, überarbeitet und aktualisiert den Zeitplan für Notfall- und Standard-Changes. ■ Er plant, empfängt und überprüft die RFCs auf Genehmigungen. ■ Er generiert CMDB-Aktualisierungen zur Übermittlung an das Service-Asset und Configuration-Management.	
Change Advisory Board (CAB)	■ Das CAB bestätigt, dass es sich bei den Notfall-Changes wirklich um Notfälle handelt (basierend auf den Notfall-Change-Kriterien). ■ Es stellt sicher, dass die RFCs für die Normal und Notfall Changes vollständig sind. ■ Es ist verantwortlich für die Analyse und Überprüfung des Risikos und der Auswirkung des RFC. ■ Es stellt sicher, dass alle Normal-Changes angemessen bewertet und priorisiert werden. ■ Es autorisiert, lehnt ab oder fordert weitere Informationen für jeden Normal- und Emergency-Change.	

Tabelle A.4: Rollenbeschreibungen (Forts.)

Rolle	Erklärung	Notwendige Kompetenzen
Change Advisory Board (CAB) (Forts.)	■ Es trifft die endgültige Entscheidung bei Notfall-Changes, dass die zu implementierende Lösung die beste Option ist, um das Produktionsproblem zu beheben. ■ Bei einem Notfall-Change überprüft das CAB diesen nach der Implementierung. ■ Es beteiligt sich an der Planung und Koordination des Changes. ■ Es nimmt auf Anfrage an Change-Post-Implementation-Reviews teil.	
Netzwerk-Team	Seine Aufgaben sind: ■ Netzwerkdesign und Implementierung von neuen und geänderten Netzwerken ■ Betrieb von Netzwerkgeräten (Installation, Konfiguration, Entfernen) ■ Patchen und Updaten von Netzwerkgeräten ■ Überwachung der Netzwerkverfügbarkeit und -auslastung ■ Incident-Management von Netzwerkkomponenten	
Interner Auditor	Der interne Auditor nimmt Audit-Aufgaben im Unternehmen wahr. Im Rahmen seiner Aufgaben prüft und analysiert er alle Abläufe und Prozesse auf Richtigkeit und Vollständigkeit in Bezug auf die Unternehmensrichtlinien sowie auf Konformität mit den Normen und Gesetzen des jeweiligen Standorts.	■ Gute Kenntnis der Geschäftsprozesse ■ Weiterbildung und Erfahrung im Bereich der Prüfung von Managementsystemen ■ Gute Kenntnisse der Normen, die zur Prüfung verwendet werden
Externe Audit-Gesellschaft	Die externe Audit-Gesellschaft nimmt Audit-Aufgaben im Unternehmen wahr. Im Rahmen ihrer Aufgaben prüft und analysiert sie alle Abläufe und Prozesse auf Richtigkeit und Vollständigkeit in Bezug auf die Unternehmensrichtlinien sowie auf Konformität mit den Normen und Gesetzen des jeweiligen Standorts.	■ Sehr gute Kenntnis und nachgewiesene Erfahrung mit der Prüfung von Managementsystemen ■ Sehr gute Kenntnis der Normen, die zur Prüfung verwendet werden

Tabelle A.4: Rollenbeschreibungen (Forts.)

Praxishinweis

Führen Sie nur die speziellen Kenntnisse und Kompetenzen auf, die für den Aufbau und die Pflege des ISMS notwendig sind. Die für die Ausübung der primären Berufsfunktion notwendigen Kompetenzen werden hier nicht erwähnt.

A.3.4 RACI

Tabelle A.5 ist eine sogenannte RACI-Matrix, die die Verantwortlichkeiten definiert. Die Buchstaben RACI haben folgende Bedeutung:

- **R: Responsible** (dt. *verantwortlich;* Durchführungsverantwortung): zuständig für die eigentliche Durchführung. Das ist die Person, die die Initiative für die Durchführung gibt. Sie kann die Aktivität auch selbst durchführen.
- **A: Accountable** (dt. *rechenschaftspflichtig;* Kosten- bzw. Gesamtverantwortung): verantwortlich im Sinne von »genehmigen«, »billigen« oder »unterschreiben«. Das ist die Person, die im rechtlichen oder kaufmännischen Sinne die Verantwortung trägt.
- **C: Consulted** (dt. *konsultiert*): Eine Person, die vielleicht nicht direkt an der Umsetzung beteiligt ist, aber relevante Informationen für die Umsetzung hat und deshalb befragt werden soll oder muss.
- **I: Informed** (dt. *zu informieren;* Informationsrecht): Eine Person, die Informationen über den Verlauf bzw. das Ergebnis der Tätigkeit erhält oder die Berechtigung besitzt, Auskunft zu erhalten.

Aktivität	GL	CISO	CIO	DSB	Legal	Prozess-verant-wortliche	Interes-sierte Par-teien	Mitarbei-tende
Identifizieren der Anforderungen	A	C	C	C	R	C	C	C
ISMS-Anwendungsbereich	A	R	C	C	C	C	C	I
Implementieren des Risikomanagements	A	R	C	C	C	C	-	I
Durchführen des Risikomanagements	A	R	C	C	C	C	-	C

Tabelle A.5: RACI-Matrix

Aktivität	GL	CISO	CIO	DSB	Legal	Prozessverantwortliche	Interessierte Parteien	Mitarbeitende
Bearbeitung eines Information-Security-Incidents	A	R	C	R	C	C	(I)	(I)
Implementieren der Kontrollen	I	R	R	-	-	A	-	I
Training und Awareness	I	A/R	R/C	-	-	C	-	I
Kontrollaufgaben	I	R	R	-	-	A/R	C	R
Monitoring und Messen	I	R	R	-	-	A/R	(I)	R
Internes Audit	I	A/R	C	C	C	C	-	C
Management-Review	A	R	C	C	C	C	-	I
Adressierung von Abweichungen, Korrekturen, Verbesserungen	A	R	R	R	R	R	(C)	I

Tabelle A.5: RACI-Matrix (Forts.)

A.4 Klassifizierungsrichtlinie

A.4.1 Zweck, Anwendungsbereich, Anwender und Eigentümer

Informationen sind je nach Art von substanziellem Wert für die [FIRMA]. Damit diese angemessen geschützt werden können, muss der Inhalt der Information entsprechend klassifiziert werden. In diesem Dokument ist ein entsprechendes Klassifizierungsverfahren definiert.

Dieses Dokument gilt für den gesamten Anwendungsbereich des Informationssicherheitsmanagementsystems (ISMS), d. h. für alle Arten von Information, unabhängig von deren Form – Papier oder elektronische Dokumente, Anwendungen und Datenbanken, persönliches Wissen etc.

Anwender dieses Dokuments sind alle Mitarbeitenden der [FIRMA].

Der Eigentümer des Dokuments ist die Geschäftsleitung, die das Dokument mindestens einmal jährlich prüfen und gegebenenfalls aktualisieren muss.

A.4.2 Referenzdokumente

- ISO/IEC 27001:2022: A.5.10, A.5.12, A.5.13, A.5.14, A.7.10, A.8.3
- IT-Nutzungsrichtlinie

A.4.3 Lebenszyklus von Information

Der Lebenszyklus von Informationen kann folgendermaßen zusammengefasst werden:

- Erstellen (oder Erhalten von einer externen Stelle). Die involvierte Person übernimmt die Rolle des Eigentümers der Information und ist dafür verantwortlich, dass diese gemäß den Richtlinien behandelt wird.
- Klassifizieren gemäß dem Wert der Information für die [FIRMA]
- Kennzeichnung der Information (falls technisch möglich), damit die Klassifizierung auch für andere Personen ersichtlich ist
- Speicherung an einem Speicherort entsprechend der Klassifizierung
- Nutzung unter Berücksichtigung der Handlungsregeln gemäß Klassifizierung
- Archivierung/Löschung unter Berücksichtigung gesetzlicher und regulatorischer Anforderungen

A.4.4 Kategorisieren von Informationen

Die Information kann anhand des *Informationstyps* bestimmt werden. Dieses Attribut bestimmt dann, wie ein Informationswert klassifiziert wird.

Abbildung A.2 beschreibt den Prozess der Kategorisierung und Klassifizierung von Informationen.

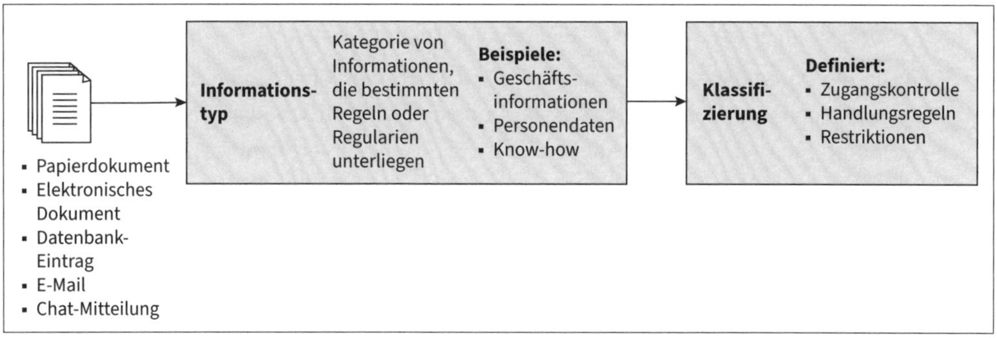

Abbildung A.2: Kategorisieren von Informationen

A.4.5 Klassifizierungskriterien

Die Vertraulichkeitsstufe wird auf Basis folgender Kriterien festgelegt:

- Wert der Information – basierend auf möglichen negativen Auswirkungen für die [FIRMA]
- Kritikalität der Information – basierend auf dem Inhalt der Information
- rechtliche und vertragliche Verpflichtungen – basierend auf der Liste juristischer, gesetzlicher, regulatorischer, vertraglicher und anderer Verpflichtungen

Informationen oder Dokumente können klassifiziert werden,

- indem manuell eine sichtbare und dem Inhalt entsprechende Markierung angebracht wird, sofern dies möglich ist (*explizite Klassifizierung*) oder
- indem sie an einem Speicherort abgelegt werden, der für Daten dieser Kategorie vorgesehen ist und entsprechend durch Zugangsbeschränkungen und andere Maßnahmen geschützt ist (*implizite Klassifizierung*).

Bei der [FIRMA] werden vier Klassifizierungsarten/Klassifizierungstypen unterschieden:

- In die Datenklasse »Öffentlich« gehören alle internen Informationen, die für die Öffentlichkeit bestimmt sind oder bei einer Veröffentlichung keinen Schaden bewirken. Dazu gehören beispielsweise Pressetexte, Resultate allgemeiner Forschungsarbeiten und Inhalte der öffentlichen Webseite. Diese Klassifizierungsart entsteht, wenn die Informationen beispielsweise zu Werbezwecken oder zwecks Verkauf der Öffentlichkeit zur Verfügung gestellt werden sollen. Diese als öffentlich gekennzeichneten Daten, Informationen und Dokumente müsse einen Genehmigungsprozess durchlaufen. Dieser Prozess wird durch die Pressestelle oder Marketingabteilung der [FIRMA] durchgeführt.
- Die Datenklasse »Intern« wird für Informationen verwendet, deren ungewollte Veröffentlichung der [FIRMA] einen geringen bis mittleren Schaden (Image oder finanziell) zufügen kann. In diese Datenklasse gehören interne Protokolle, Abrechnungen und Geschäftsinformationen. Unter Geschäftsinformationen werden solche Informationen verstanden, die im Rahmen der Geschäftstätigkeit von der [FIRMA] in ihren Geschäftsprozessen und Aktivitäten erstellt und verarbeitet werden.
- In die Datenklasse »Vertraulich« sind Informationen einzustufen, die für die [FIRMA] einen bedeutenden Reputations- und/oder finanziellen Schaden (bis zur existenziellen Bedrohung) verursachen können, falls sie ungewollt veröffentlicht werden. Mitarbeitende, die mit Daten der Klasse »Vertraulich« arbeiten, müssen deshalb entsprechend geschult werden, damit sie sich der Gefahr bewusst sind und wissen, wie der Umgang mit diesen entsprechend klassifizierten Informationen zu erfolgen hat. Als »Vertraulich« klassifizierte Informationen gelten beispielsweise: regulierte Daten wie Geschäftsstrategien, Kundendaten (interne Daten des Kunden), Geschäftsberichte, Strafregisterauszüge sowie Auskünfte über die finanzielle Situation und Betreibungsregisterauszüge und Verträge mit Kunden und Lieferanten.

- In die Datenklasse »Datenschutz« werden sämtliche Informationen eingestuft, die dem Datenschutz unterstellt sind. Dabei wird für die Klassifizierung nicht zwischen internen und externen Kundendaten unterschieden, da diese den Personendaten zugeordnet werden können. Unter *Personendaten* werden alle Informationen verstanden, mit denen sich natürliche Personen zweifelsfrei identifizieren lassen. Daher gilt es, Daten und Informationen mit dieser Klassifizierung vertraulich zu behandeln. Mitarbeitende, die mit der Klassifizierung »Datenschutz« in Berührung kommen, müssen im Umgang mit solchen Daten geschult werden, da für solche Daten besondere gesetzliche Bestimmungen (Datenschutzgesetze) gelten.

A.4.6 Kennzeichnung

Klassifizierte Informationen der Schutzklasse »Vertraulich« sind durch eine geeignete Kennzeichnung zu identifizieren. Falls dies – besonders bei größeren Datenmengen – nicht praktikabel ist, so kann die *implizite Klassifizierung* angewendet werden, die im nächsten Abschnitt erklärt wird. Die Kennzeichnung wird folgendermaßen durchgeführt:

Hinweis: Die Kennzeichnung entspricht den Klassifizierungsarten und wird für das jeweilige Format entsprechend ersichtlich gekennzeichnet.

- **Papierdokumente:** Die Kennzeichnung der Klassifizierungsarten wird in der Kopf- oder Fußzeile auf jeder Seite gedruckt. Als Alternative kann auch ein Wasserzeichen zur Kennzeichnung verwendet werden.
- **Elektronische Dokumente:** Die Kennzeichnung der Klassifizierungsarten wird in die Kopf- oder Fußzeile eingefügt. In CMS (SharePoint, Confluence etc.) wird sie zuoberst eingefügt.
- **E-Mails:** Bei E-Mails erfolgt keine Kennzeichnung, es müssen aber die Umgangsregeln beachtet werden.
- **Elektronische Datenträger (USB-Datenträger, Speicherkarten etc.):** Falls vertrauliche Informationen gespeichert sind, muss die Vertraulichkeitsstufe auf der Oberfläche eines solchen Mediums angegeben werden.
- **Mündlich weitergegebene Informationen:** Dass Informationen, die in persönlichen Gesprächen, über das Telefon oder andere Kommunikationsarten ausgetauscht werden, vertraulich sind, muss vor der eigentlichen Kommunikation mitgeteilt werden.

Abbildung A.3 verdeutlicht den Prozess der Klassifizierung bei der [FIRMA]. Der Werte-Verantwortliche ist für die entsprechende Klassifizierung zuständig. Falls die zu klassifizierenden Informationen von außerhalb der [FIRMA] empfangen werden, ist der jeweilige Empfänger (Mitarbeitende) für deren Klassifizierung entsprechend der Vorgaben dieses Dokuments verantwortlich. Im Anschluss wird definiert, wer zum Eigentümer wird.

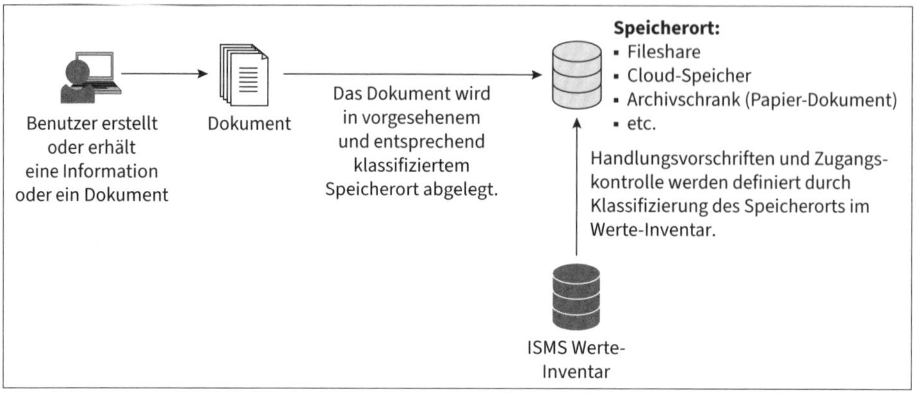

Abbildung A.3: Kennzeichnung

Klassifizierung mittels Speicherort (implizite Klassifizierung)

Dies ist die Methode für elektronische Daten, da für solche Daten eine explizite Klassifizierung häufig nicht möglich ist. Alle Daten, die in einem Speicherort abgelegt werden, erhalten automatisch die auf diesen Speicherort angewendeten Schutzmaßnahmen, die wiederum so gestaltet sind, dass sie der Klassifizierung entsprechen. Entsprechende Schutzmaßnahmen werden angewendet. Wenn es sinnvoll ist, kann der Speicherort mit einer Kennzeichnung versehen werden. Spezielle Verhaltensregeln sind im Dokument [Nutzungsrichtlinie] dokumentiert. Insbesondere für die Klassifizierungsart »Datenschutz« werden nachfolgend einige Beispiele aufgeführt, da (wie bereits oben beschrieben) für solche Daten besondere gesetzliche Bestimmungen (DSGVO/DSG) gelten:

- **Besonders schützenswerte Personendaten:** Das sind z. B. Mitarbeitendenbeurteilungen, Arztzeugnisse und arbeitsrechtliche Maßregelungen.
- **Schützenswerte Personendaten:** allgemeine Personendaten (Name, Adresse, Geburtstag)
- **Personendaten von öffentlich zugänglichen Informationen:** Diese Personendaten finden sich z. B. auf Flyern, Broschüren, Visitenkarten, Social Media und Informationen auf der Webseite.

Zur Vereinfachung des Prozesses werden alle Informationen und Daten, die dem Datenschutz unterliegen, als vertraulich behandelt. Hierdurch können mittels implizierter und expliziter Klassifizierung entsprechend geeignete Schutzmaßnahmen umgesetzt werden.

Re-Klassifizierung

Die Klassifizierung von Dokumenten kann sich während ihres Lebenszyklus ändern. Deshalb müssen die Dokumenteneigentümer die Klassifizierung bei einer Aktualisierung und/oder Änderung überprüfen und falls notwendig entsprechend anpassen.

Umgang mit klassifizierten Informationen

Die Geschäftsleitung muss entsprechende disziplinarische Maßnahmen prüfen, falls die Regeln nicht befolgt werden oder Informationen an nicht berechtigte Personen kommuniziert werden. Jeder Vorfall von fehlerhaftem Umgang mit klassifizierten Informationen muss entsprechend des Verfahrens zum Umgang mit Informationssicherheitsvorfällen gemeldet werden.

Informationswerte, die als »Intern« oder »Vertraulich« klassifiziert wurden, dürfen den Bereich der [FIRMA] nur verlassen, wenn dafür eine Genehmigung erteilt wurde.

Die Verfahren und Methoden für die sichere Löschung und Vernichtung von Datenträgern und Informationen werden im Dokument [Entsorgungskonzept] beschrieben.

In Tabelle A.6 werden die Einschränkungen im Umgang mit klassifizierten Daten und Informationen beschrieben. Alle Personen der [FIRMA] mit Zugang zu klassifizierten Informationen müssen die hier aufgelisteten Regeln beachten.

Medium	»Öffentlich«	»Intern«	»Vertraulich«
Elektronische Datenträger	■ Datenträger, beispielsweise für Werbezwecke, können ohne weitere Einschränkungen verteilt werden. ■ Keine weiteren Maßnahmen erforderlich	■ Die Datenträger dürfen nicht unbeaufsichtigt liegen gelassen werden. ■ Bei einem Versand kann das Dokument mit der Standard-Post verschickt werden. ■ Der Datenträger darf nur in den Räumlichkeiten der [FIRMA] aufbewahrt werden oder durch den Mitarbeitenden der [FIRMA] mitgeführt werden. ■ Wenn ein elektronischer Datenträger auf Reisen mitgenommen wird, muss er verschlüsselt werden (beispielsweise mit BitlockerToGo, VeraCrypt).	■ Die Datenträger müssen in einem abschließbaren Korpus oder besser in einem Tresor aufbewahrt werden. ■ Datenträger dürfen innerhalb der [FIRMA] nur verschlossen verschickt werden. ■ Datenträger müssen verschlüsselt werden. ■ Ein Versand an externe Stellen darf nur per eingeschriebener Post oder mit einem vertrauenswürdigen Kurier erfolgen.

Tabelle A.6: Abgestufte Regeln zum Umgang mit klassifizierten Informationen

Medium	»Öffentlich«	»Intern«	»Vertraulich«
Elektronische Dokumente	■ Die Dokumente dürfen von jedem Mitarbeitenden in der [FIRMA] eingesehen werden. ■ Die Dokumente dürfen weitergegeben werden.	■ Die Dokumente dürfen von jedem Mitarbeitenden in der [FIRMA] eingesehen werden. ■ Diese Dokumente dürfen nicht an Externe weitergegeben werden.	■ Die Dokumente dürfen nur von einem bestimmten Personenkreis eingesehen werden. Eine Weitergabe dieser Dokumente ist nach dem Prinzip »Weitergeben nur, wenn notwendig« zu behandeln. ■ Bei Unklarheit ist der direkte Vorgesetzte zu kontaktieren.
Papierdokumente	■ Die Dokumente dürfen von jedem Mitarbeitenden in der [FIRMA] eingesehen werden. ■ Die Dokumente dürfen weitergegeben werden.	■ Bei einem Versand kann das Dokument mit der Standard-Post verschickt werden. ■ Die Dokumente müssen nach dem Drucken mitgenommen werden.	■ Die Dokumente müssen in einem abschließbaren Korpus oder besser in einem Tresor aufbewahrt werden. ■ Sie dürfen nicht unbeaufsichtigt liegen gelassen werden. ■ Die Dokumente dürfen innerhalb und außerhalb der [FIRMA] nur verschlossen mit entsprechender Kennzeichnung versendet werden. ■ Die Dokumente müssen vor dem Drucken mit einem Passwort versehen werden (sicherer Druck/Secure Printing). ■ Die Dokumente müssen nach dem Drucken mitgenommen werden. ■ Ein Versand an externe Stellen darf nur per eingeschriebener Post (wegen Nachverfolgung) oder mit einem vertrauenswürdigen Kurier erfolgen.

Tabelle A.6: Abgestufte Regeln zum Umgang mit klassifizierten Informationen (Forts.)

Medium	»Öffentlich«	»Intern«	»Vertraulich«
E-Mails	■ Der Empfänger der E-Mail sollte überprüft werden (Achtung: Autovervollständigung). ■ Es sind keine weiteren Maßnahmen erforderlich.	■ Nur berechtigte Personen dürfen Zugang erhalten. ■ Der Absender muss die Empfängeradresse sorgfältig prüfen (Achtung: Autovervollständigung).	■ Alle E-Mails müssen verschlüsselt sein (komplette E-Mail oder Inhalt in einer verschlüsselten Datei).
Informationsverarbeitende Systeme		■ Nur berechtigte Personen dürfen Zugang erhalten. ■ Der Zugriff muss durch das Standardberechtigungssystem der [FIRMA] geschützt sein. ■ Der Bildschirm muss automatisch nach mindestens *x* Minuten Inaktivität gesperrt werden.	■ Die Server dürfen nur durch die [FIRMA] selbst oder durch einen vertrauenswürdigen externen Dienstleister betrieben werden. ■ Mit dem Lieferanten/Partner/Dienstleister muss ein NDA (*Non-Disclosure Agreement*; dt. *Vertraulichkeitsvereinbarung*) bestehen. ■ Gespeicherte Informationen müssen immer verschlüsselt sein (»encryption at rest«, z. B. mittels Bitlocker). ■ Über externe Netzwerke transportierte Informationen müssen immer verschlüsselt sein (»encryption in transit«, z. B. mittels HTTPS, FTPS).

Tabelle A.6: Abgestufte Regeln zum Umgang mit klassifizierten Informationen (Forts.)

Medium	»Öffentlich«	»Intern«	»Vertraulich«
Datenschutz	■ Informationen über Mitarbeitende der [FIRMA] dürfen mit der Zustimmung dieser Mitarbeitenden veröffentlicht werden.	■ Informationen über Mitarbeitende dürfen von den Mitarbeitenden der [FIRMA] verarbeitet werden, wenn ein entsprechender Auftrag besteht (z. B. HR-Mitarbeitende).	Besonders schützenswerte Daten: ■ Dürfen nur von einem bestimmten Personenkreis eingesehen werden. Eine Weitergabe dieser Informationen ist untersagt. ■ Bei Unklarheit ist der direkte Vorgesetzte zu kontaktieren. Schützenswerte Daten: ■ Eine Weitergabe dieser Informationen ist nach dem Prinzip »Weitergeben nur, wenn notwendig« zu behandeln. ■ Bei Unklarheit ist der direkte Vorgesetzte zu kontaktieren.
Mündlich weitergegebene Informationen	■ Informationen, die öffentlich verfügbar sind (beispielsweise auf der Firmenwebseite), dürfen kommuniziert werden. ■ Es sind keine weiteren Maßnahmen erforderlich.	■ Nur berechtigte Personen dürfen Zugang zur Information erhalten. ■ Nicht berechtigte Personen dürfen sich nicht im selben Raum aufhalten, während die Information kommuniziert wird.	■ Besprechungen, die vertraulich sind, sind an geeigneten Orten der [FIRMA] durchzuführen (Meetingraum, keine öffentlichen Räume). ■ Es müssen sichere Messenger wie Signal oder Threema verwenden werden. ■ Über Telefonie-Software (Teams, Zoom etc.) ausgetauschte Informationen müssen verschlüsselt werden.

Tabelle A.6: Abgestufte Regeln zum Umgang mit klassifizierten Informationen (Forts.)

Praxistipp

Maßnahmen verstehen sich kumulativ. Das heißt, Maßnahmen jeglicher Klassifizierungsstufe setzen die Umsetzung der Maßnahmen der niedrigeren Klassifizierung (siehe oben) voraus. Falls strengere Maßnahmen für eine höhere Klassifizierung vorgeschrieben sind, werden nur diese umgesetzt.

A.5 Interne und externe Kommunikation

A.5.1 Zweck, Anwendungsbereich, Anwender und Eigentümer

Die Zielsetzung dieser Richtlinie ist die Definition der Anlaufstellen und Verantwortlichkeiten für die interne und externe Kommunikation.

Diese Richtlinie wird auf das gesamte Informationssicherheitsmanagementsystem (ISMS) angewendet.

Anwender dieses Dokuments sind alle Mitarbeitenden der [FIRMA] sowie relevante externe Parteien.

Der Eigentümer des Dokuments ist die Geschäftsleitung, die das Dokument mindestens einmal jährlich prüfen und gegebenenfalls aktualisieren muss.

A.5.2 Referenzdokumente

- ISO/IEC 27001:2022: 5.2, 5.3, 7.4
- Information Security Incident Management
- Business-Continuity-Management
- Mitarbeitende-Prozesse

A.5.3 Interne und externe Unternehmenskommunikation

Die regelmäßige Information bezüglich IT-Sicherheit steigert die Sensibilität der Mitarbeitenden und externer Partner bezüglich dieses Themas und trägt dazu bei, dass die etablierten Prozesse und Werkzeuge effektiv genutzt werden. Nur wenn Mitarbeitende und externe Partner sich der Bedrohungen und der Regeln des ISMS bewusst sind, können sie diese in der täglichen Arbeit auch respektieren.

Die Geschäftsleitung ist für die Kommunikation verantwortlich.

Die interne und externe Kommunikation legt fest:

- worüber kommuniziert wird
- wann kommuniziert wird
- mit wem kommuniziert wird
- wie kommuniziert wird

A.5.4 Grundsätze

Folgende Grundsätze sind einzuhalten:

- **Vertraulichkeit:** Informationen werden gemäß ihrer Klassifizierung behandelt.
- **Need-to-know-Prinzip:** Informationen werden nur an berechtigte Personen weitergegeben.
- **Transparenz:** Relevante Informationen werden verständlich kommuniziert.
- **Nachvollziehbarkeit:** Wichtige Entscheidungen und Beschlüsse werden dokumentiert.
- **Konsistenz:** Einheitliche Aussagen nach innen und außen werden gewährleistet.

A.5.5 Rollen und Verantwortlichkeiten

Bei der [FIRMA] gibt es verschiedene involvierte Rollen. Tabelle A.7 zeigt die Rollen und die Verantwortlichkeiten.

Rolle	Verantwortlichkeiten
Geschäftsführer	■ Gesamtverantwortung für interne und externe Kommunikation ■ Repräsentation des Unternehmens nach außen ■ Hat den Lead bei Vorfällen.
IT-Leiter	■ Koordination technischer Informationen ■ Schnittstelle zwischen Fachbereichen und IT
CISO	■ Verantwortlich für sicherheitsrelevante Kommunikation ■ Informationen über Risiken, Incidents, Maßnahmen ■ Vorbereitung und Durchführung von ISO-/ISMS-Kommunikation ■ Koordination bei Sicherheitsvorfällen
Datenschutzberater	■ Kommunikation zu Datenschutzthemen ■ Informationen über Datenschutzvorfälle ■ Ansprechpartner für betroffene Personen und Behörden
Marketing	■ Externe Kommunikation (Website, Social Media, Newsletter) ■ Sicherstellung konsistenter Unternehmensbotschaften ■ Abstimmung mit Geschäftsführer, CISO und Datenschutzberater bei sicherheits- oder datenschutzrelevanten Inhalten

Tabelle A.7: Rollen in der Kommunikation

A.5.6 Unternehmenskommunikation

Alle Anfragen und Auskünfte von externen Stellen, wie Medien, Fachverbänden und Marketingfirmen, sowie sicherheitsrelevante Informationen werden durch die Geschäftsleitung koordiniert und ausgeführt.

Die Kommunikation nach außen wird immer über die Geschäftsleitung koordiniert. Die Geschäftsleitung bestimmt, was in welcher Form und wann kommuniziert wird. Es ist allen Mitarbeitenden verboten, ohne Ermächtigung der Geschäftsleitung selbst direkt mit außenstehenden Personen (inklusive Medien, Behörden, Kunden, Lieferanten) zu kommunizieren, unabhängig vom Medium.

A.5.7 Informationssicherheit

Die regelmäßige Information bezüglich der IT-Sicherheit steigert die Sensibilität der Mitarbeitenden bezüglich dieses Themas und trägt dazu bei, dass die etablierten Prozesse und Werkzeuge effektiv genutzt werden. Nur wenn Mitarbeitende sich der Bedrohungen und der Regeln des ISMS bewusst sind, können sie diese in der täglichen Arbeit richtig anwenden.

Die regelmäßige Kommunikation durch den CISO soll die Mitarbeitenden bezüglich IT-Sicherheit auf einem aktuellen Kenntnisstand halten. Kernthemen dieser Kommunikation sind:

- Stand des ISMS
- aktuelle Bedrohungen
- Verhaltensweisen, um diesen Bedrohungen zu begegnen

Die Geschäftsleitung schließt die IT-Sicherheit und ISMS-relevante Informationen in die regelmäßigen Informationsveranstaltungen ein.

Der CISO ist dafür zuständig, dass neuen Mitarbeitenden bei der Einstellung alle relevanten ISMS-Dokumente ausgehändigt werden.

A.5.8 Kommunikation bei Vorfällen

In den Prozessen *Information Security Incident Management* und *Business-Continuity-Management* ist festgelegt, wie Mitarbeitende der [FIRMA], aber auch Externe Vorfälle aller Art zu melden haben. Je nach Art und Schwere des Vorfalls ist darin eine Eskalation über den CISO bis zur Geschäftsleitung beschrieben.

Neben dieser im Prozess festgelegten Kommunikation kann je nach Situationweiterer interner Informationsbedarf bestehen:

- Der CISO entscheidet ja nach Art, Kritikalität und Häufigkeit von Sicherheitsvorfällen, wann und wie interne Stellen über Vorfälle informiert werden. Neben der Information der Betroffenen ist es auch Absicht dieser Kommunikation, eine mögliche Verschlimmerung der Situation zu unterbinden (z. B. im Fall eines Cybervorfalls).

- Um die Wichtigkeit einer Information zu unterstreichen, kann diese auch über die Geschäftsleitung verbreitet werden.
- Bei sehr schwerwiegenden Vorfällen (Notfällen, Krisen) hat der dann eingesetzte Krisenstab weitreichende Kompetenzen, Betroffene regelmäßig zu informieren. Details sind im BCM-Prozess festgelegt.

A.5.9 Aufgaben und Zuständige

- **CISO (Chief Information Security Officer)**
  - Anlaufstelle bei Sicherheitsvorfällen in der IT, Vorfällen, die die physische Sicherheit betreffen, etc.
  - Je nach Häufigkeit und Bedeutung der Sicherheitsvorfälle entscheidet der CISO über Maßnahmen.
  - Je nach der Art, Kritikalität und Häufigkeit von Sicherheitsvorfällen entscheidet der CISO gemäß den internen Richtlinien, ob, wie und an wen er die Sicherheitsvorfälle kommuniziert.
- **IT-Leiter**
  - Technisch relevante Sicherheitsvorfälle in der IT und deren Umfeld sind dem CIO zu melden.
  - Sicherheitsvorfälle werden umgehend an den CISO weitergeleitet.
  - Sicherheitsrelevante Ausfälle sind in Absprache mit dem CISO innerhalb von 2 Stunden und danach stündlich der Geschäftsleitung mitzuteilen. Sollte ein kritischer Sicherheitsvorfall wie Ransomware eintreten und ein längerer Ausfall absehbar sein, müssen die Geschäftsleitung und der Krisenstab umgehend informiert werden.
- **Krisenstab**
  - Ausfälle mit Auswirkungen auf den Betrieb und die Geschäftstätigkeit sind unverzüglich an den Krisenstab zu melden; hierzu können der CIO (*Chief Information Officer*, dt. *IT-Leiter*), der CISO oder weitere leitende Mitarbeitende die Meldung übernehmen. Dabei sind die Vorgaben »Krise/Notfall« gemäß der Meldepflicht an den Krisenstab einzuhalten. Der Krisenstab leitet in Zusammenarbeit mit den betroffenen Abteilungen/Einheiten die nächsten Schritte nach BCM/Notfallplan ein. Die Geschäftsleitung ist zeitgleich zu informieren und auf dem aktuellen Stand zu halten.
- **HR**
  - Disziplinarvorfälle, die als Sicherheitsvorfall eingestuft sind, sind dem CISO und je nach Art auch der Geschäftsleitung unverzüglich zu melden.

- **Geschäftsleitung**
  - Veränderungen im ISMS werden durch die Geschäftsleitung bzw. das ISMS-Board festgelegt und freigegeben.
  - Die Geschäftsleitung informiert die interne und externe Unternehmenskommunikation nach spätestens 4 Stunden über sicherheitsrelevante Ausfälle von kritischen Geschäftsprozessen, damit diese die Kommunikation für die Mitarbeitenden und die externen Stellen erstellen und der Geschäftsleitung zur Genehmigung vorlegen kann.

A.5.10 Kommunikation im Change-Management

Mittels geeigneter Kommunikation muss das Change-Management bei den betroffenen Stellen bekannt gemacht werden. Damit kann erreicht werden, dass es innerhalb der Organisation akzeptiert wird und somit die Bearbeitung der Changes ohne Verzögerung erfolgt.

Die RACI-Matrizen (*Responsible*, *Accountable*, *Consulted*, *Informed*) zur Regelkommunikation, zur Sicherheits- und Datenschutzkommunikation und zu Awareness und Schulung sehen Sie in Tabelle A.8 bis Tabelle A.10.

Aktivität	**CEO**	**CFO**	**CIO**	**CISO**	**DSB**	**Marketing**
Newsletter (intern)	A	I	I	C	C	R
Team-Meetings	I	I	I	I	I	I
ISO-/ISMS-Meetings	I	C	C	A/R	C	I
Management-Review	A	R	C	C	C	I

Tabelle A.8: RACI – Regelkommunikation

Aktivität	**CEO**	**CFO**	**CIO**	**CISO**	**DSB**	**Marketing**
Meldung eines Sicherheitsvorfalls	I	I	C	R	C	I
Bewertung des Vorfalls/Incidents	I	I	C	A/R	C	I
Interne Incident-Kommunikation	A	I	I	R	C	I
Externe Kommunikation des Incidents	A	I	I	C	C	R
Datenschutzvorfall (DSG/DSGVO)	A	I	I	C	R	I

Tabelle A.9: RACI – Sicherheits- und Datenschutzkommunikation

Aktivität	CEO	CFO	CIO	CISO	DSB	Marketing
ISMS-Schulung	I	I	I	A/R	C	I
Datenschutz-Schulung	I	I	I	C	A/R	I
Kommunikationsrichtlinie-Schulung	A	I	I	C	C	R

Tabelle A.10: RACI – Awareness und Schulung

A.6 IT-Nutzungsrichtlinie

A.6.1 Zweck, Anwendungsbereich, Anwender und Eigentümer

Dieses Dokument definiert klare Regeln für den Gebrauch von Informationssystemen und anderer Informationswerte der [FIRMA]. Damit soll erreicht werden, dass

- das Netzwerk vor unberechtigtem Zugriff und vor Malware geschützt ist,
- die eigenen und von Kunden anvertrauten Daten vertraulich bleiben,
- sich die Benutzenden der Infrastruktur ihrer Benutzungsrechte, Aufgaben/Pflichten und Verantwortungen bewusst sind und dass
- die Benutzenden wissen, an wen sie sich mit welchen Fragen/Problemen wenden können.

Dieses Dokument gilt für den gesamten ISMS-Anwendungsbereich, d. h. für alle Informationssysteme und andere Informationswerte innerhalb des Anwendungsbereiches.

Anwender dieses Dokuments sind alle Mitarbeitenden, Externe, Partner und Lieferanten mit Zugriff auf die Infrastruktur.

Der Eigentümer des Dokuments ist die Geschäftsleitung, die das Dokument mindestens einmal jährlich prüfen und gegebenenfalls aktualisieren muss.

A.6.2 Referenzdokumente

- ISO/IEC 27001:2022: A.5.9, A.5.10, A.5.11, A.5.14, A.5.17, A.5.32, A.6.7, A.7.7, A.7.9, A.7.10, A.7.14, A.8.1, A.8.7, A.8.19
- Informationssicherheitsrichtlinie
- Klassifizierungsrichtlinie
- Information Security Incident Management

A.6.3 Definitionen

- **ISMS:** Informationssicherheitsmanagementsystem. Die [FIRMA] betreibt ein ISMS gemäß dem ISO-27001-Standard.

- **Informationswert (oder Wert):** Im Rahmen dieses Dokuments schließt dieser Begriff alle informationsverarbeitenden Systeme und Services sowie gedruckte, elektronische oder mündliche Informationen, Dokumente und Daten ein, die sich im Firmenbesitz befinden, durch die [FIRMA] genutzt werden oder die in den Verantwortungsbereich der [FIRMA] fallen. Darin sind eingeschlossen:
  - Server, Datenablage, Desktop- und Mobilcomputer
  - Mobile Geräte wie Smartphones, Tablets, Speicher
  - Netzwerkgeräte (Router, Switches etc.) und Netzwerk-Dienstleistungen wie Internet, E-Mail, VPN-Verbindungen etc.
  - Inhalte von Datenbanken, Dateiservern, elektronischen Archiven, die auf einem Informationssystem verarbeitet oder gespeichert sind
  - Software-Code
  - mündliche Kommunikation
- **Werte-Eigentümer:** Jedem Informationswert ist ein Eigentümer (*Owner*) zugewiesen. Betrieblich zentrale oder sicherheitskritische Werte sind im Werte-Verzeichnis abgelegt, oder es wird – für weniger kritische oder kostengünstige Werte – die Eigentümer-Verantwortung in informeller Weise bei der Übergabe des Werts (z. B. Computer) an den Benutzer übertragen.
- **Datenablage:** eine Gruppe von Daten oder ein Ablageort für Daten. Beispiele sind Datenbanken, Datei-Ordner, Dokumentenbibliotheken, E-Mail-Boxen etc.
- **Klassifizierung:** das Zuordnen von Kategorie und Markierung zu Dokumenten oder Daten gemäß deren Art und Vertraulichkeitsgrad
- **Personendaten:** Informationen, die eine bestimmte Person identifizieren oder es erlauben, diese Person durch weitere Schritte zu identifizieren
- **BYOD:** *Bring Your Own Device* bezeichnet Computer und andere Geräte (Smartphones, Tablets etc.), die nicht durch die [FIRMA] betreut und unterhalten werden. Üblicherweise sind dies private Geräte, die für geschäftliche Zwecke eingesetzt werden.

A.6.4 Allgemeine Regeln für Geräte und Dienstleistungen

Verantwortlichkeiten

Jeder Eigentümer ist dafür verantwortlich, dass er die ihm übertragenen Informationswerte mit der notwendigen Vorsicht behandelt, um Integrität, Verfügbarkeit und Vertraulichkeit sicherzustellen. Das bedeutet, dass er diese Werte bestimmungsgemäß und nur zur Erfüllung ihrer Aufgaben in der [FIRMA] benutzt.

Der Eigentümer kann anderen Benutzern Zugang zu seinen Werten gewähren, falls dies zur Erfüllung von Geschäftsaufgaben notwendig ist. Der Zugang muss aber immer nach dem Prinzip »so viel wie nötig« erfolgen. Das bedeutet, dass die Zugangsberechtigungen so gestaltet werden, dass ein Zugang zu den nötigen Informationen erlaubt wird, der Zugang zu anderen Informationen jedoch gesperrt bleibt.

Wenn einem Benutzer Zugang zu einem Informationssystem oder -wert gewährt wird, muss sichergestellt sein, dass er oder sie

- Anweisungen zur korrekten Benutzung erhalten hat,
- die in diesem Dokument erläuterten Nutzungsregeln gelesen und verstanden hat, und
- die dem Wert entsprechenden Instruktionen bezüglich der Sensitivität und dem entsprechenden Gebrauch der Informationen erhalten hat, die mit diesem Wert verbunden sind.

Private Nutzung

Informationswerte dürfen nur für geschäftliche Zwecke verwendet werden. Ein privater Gebrauch ist generell nicht erlaubt, es sei denn, er ist für bestimmte Services und Werte in diesem Dokument zugelassen.

Dies Verbot gilt insbesondere für das geschäftliche Benutzerkonto und die mit ihm verbundene E-Mail-Adresse:

- [FIRMA] überwacht den Netzwerkverkehr und zeichnet gewisse Log-Daten auf, um die Informationssicherheit zu gewährleisten. Um mögliche Konflikte mit den Datenschutz-Gesetzen zu vermeiden, ist es nicht erlaubt, von der [FIRMA] bereitgestellte Kommunikationsdienste wie E-Mail, Messaging-Dienste oder andere soziale Medien für die private Kommunikation zu nutzen.
- Außerdem ist es nicht erlaubt, das Benutzerkonto inklusive E-Mail-Adresse für Privates, z. B. Web-Shopping, zu verwenden.

Es ist jedoch erlaubt, das Internet der [FIRMA] für das Webbrowsing auch während der Arbeitszeit zu nutzen, falls dies nur für kurze Zeit erfolgt und den Geschäftsbetrieb nicht beeinträchtigt.

Das Entfernen von Werten vom Standort

Informationswerte dürfen nicht vom Arbeitsort entfernt werden, es sei denn, dies ist so vorgesehen (z. B. für Laptop-Computer, Smartphones, mobile Datenträger etc.) oder es wird durch die Geschäftstätigkeit so benötigt. Für andere Werte kann die Geschäftsleitung mit schriftlicher Genehmigung erlauben, dass sie vom Arbeitsort entfernt werden. Alle vom Arbeitsort entfernten Werte müssen durch die benutzende Person überwacht werden.

Rückgabe von Werten

Bei Beendigung eines Arbeitsvertrags eines Mitarbeitenden oder des Zusammenarbeitsvertrags mit einem Externen müssen alle Informationswerte der IT-Abteilung der [FIRMA] zurückgegeben werden.

Zusätzlich muss schriftlich bestätigt werden, dass alle geschäftsbezogenen Systeme und Werte zurückgegeben wurden und dass keine Originale oder Kopien von Informationswerten mehr vorhanden sind.

Eigentumsrechte

Alle Informationswerte (Geräte, Software etc.) wurden von [FIRMA] beschafft oder lizenziert und sind Eigentum der [FIRMA]. Gleiches gilt für alle von Mitarbeitenden erzeugten Daten, die diese im Rahmen ihrer Tätigkeit bei der [FIRMA] geschaffen haben.

Die Benutzenden dürfen keine Kopien von Software anfertigen, es sei denn, sie sind dazu von der Geschäftsleitung befugt worden. Ebenso dürfen die Benutzenden keine Software oder anderes urheber- oder lizenzrechtlich geschützte Datenmaterial (wie Audio-, Video- oder Bilddateien) kopieren oder aus dem Internet oder anderen Quellen herunterladen. Bei Verstoß gegen Urheber- oder Lizenzrechte muss mit den entsprechenden Konsequenzen gerechnet werden.

Meldung von Vorfällen

Jeder Mitarbeitende, Lieferant oder andere externe Partner, der Zugang zu Daten oder Systemen der [FIRMA] hat, muss verdächtige oder tatsächliche Schwachstellen und Vorfälle, die die Sicherheit betreffen oder betreffen könnten, umgehend der [IT-Abteilung] melden.

Sicherheit der digitalen Identität

Die [FIRMA] nutzt die 2-Faktor-Authentisierung (MFA) für das Login in das Benutzerkonto und Computer. Das bedeutet, dass neben dem Passwort ein einmaliger Code benötigt wird, der von einem Token oder einer Smartphone-App (z. B. MS Authenticator) erzeugt wird. Diese Methode erhöht die Sicherheit verglichen mit dem Login nur mit einem Passwort, weil man für das Login

- etwas, das man »weiß« (Passwort), und
- etwas, das man »besitzt« (Token/Smartphone), benötigt.

Das persönliche Benutzerkonto ist die digitale Identität. Alle Transaktionen, die damit ausgeführt werden, können zurückverfolgt werden. Der Benutzende ist für alle damit ausgeführten Aktionen verantwortlich. Diese digitale Identität gilt es daher gut zu schützen, um Missbrauch zu verhindern:

- Niemals – weder schriftlich noch mündlich – dürfen der Benutzername und das Passwort einem Dritten mitgeteilt werden. Dies schließt auch IT-Administratoren ein. Diese können jeden Support auch ohne das Passwort des Benutzers ausführen.
- Das Firmenkonto ist persönlich. Das bedeutet, dass Benutzende ihren Benutzernamen/Passwort nicht mit anderen Mitarbeitenden oder Dritten teilen dürfen. Das Konto von anderen Mitarbeitenden darf nicht benutzt werden.

- Geteilte Konten sind möglich bei sogenannten Gruppenkonten für den Zugriff auf Geräte oder Dienste. Diese Konten müssen unpersönlich sein. Es dürfen dazu keine persönlichen Konten verwendet werden.

Passwortregeln

Eine gute Lösung zur Verwaltung der vielen heutzutage benötigten Passwörter ist ein Passwort-Manager. Die [FIRMA] nutzt dazu [Programm-Name].

Die Verwendung eines Passwort-Managers hat viele Vorteile:

- Alle Passwörter sind an einem Ort in verschlüsselter Form abgelegt.
- Es muss nur ein einziges Passwort zum Öffnen des Passwort-Managers bekannt sein.
- Es können lange und komplexe Passwörter für alle Anwendungen verwendet werden.
- Passwort-Manager können komplexe Passwörter generieren.

Als allgemeine Regeln zum Gebrauch von Passwörtern gelten:

- Niemals Passwörter im Browser für automatisches Login speichern!
- Unterschiedliche Passwörter für jede Applikation verwenden!
- Nie Passwörter aufschreiben! (außer, wenn diese sicher verwahrt werden)
- Passwörter, die für private Zwecke genutzt werden, dürfen nicht für Geschäftszwecke benutzt werden!
- Niemals Passwörter per E-Mail verschicken! Dazu sollte besser SMS oder ein Ende-zu-Ende-verschlüsselter Messaging-Service wie Threema, Signal oder WhatsApp verwendet werden.
- Ein Passwort muss sofort geändert werden, sobald der Verdacht da ist, dass es kompromittiert worden ist.
- Für Kontos mit MFA: Wenn das Token oder Smartphone mit installierter Authentisierungs-App verloren geht, muss sofort die IT verständigt werden, damit das Firmen-Konto gesperrt werden kann.

Viele Systeme und Applikationen erzwingen Passwortregeln (Länge, Komplexität etc.), damit ein ausreichender Schutz gewährleistet wird. Für andere Konten gelten folgende Regeln:

- Die Länge mit MFA sollte 12 Zeichen betragen, ohne MFA 18 Zeichen.
- Mindestens eine Zahl, je ein Groß- und ein Kleinbuchstabe und ein Spezialzeichen sollten enthalten sein.
- Für kritische Anwendungen sollte das Passwort mindestens alle 12 Monate geändert werden.

Anmerkung: Die Passwortlänge ist wesentlich wichtiger als die Komplexität. So kann es sinnvoll sein, anstelle eines sehr komplexen Passworts einen »Passwort-Spruch« zu verwenden: einen kurzen Satz, der einfach zu merken ist und in den man noch einige »Tippfehler« und einige Spezialzeichen einfügt.

Die Qualität eines Passworts kann einfach auf der Webseite des Datenschutz-Beauftragten des Kantons Zürich (Schweiz) getestet werden:

https://www.passwortcheck.ch

Hier folgen Beispiele für die Zeit, die benötigt wird, um ein Passwort zu knacken:

Good	< 1 s
NuLh@z%7	15 min
GoodOldTimes	16 min
G00d0ldTime$	11 Tage
G%%d%ldTime$	17 Jahre
GoodOldTimesComeBack	3 Jahre
GoodOldT!mesC0meBack	305 Jahre
wUqw9CriS3@NutLh@z%7	>1 Mio Jahre

Zugang zum Firmennetzwerk

Die Mitarbeitenden der [FIRMA] haben grundsätzlich zwei Möglichkeiten, um auf Ressourcen im Firmennetzwerk zuzugreifen:

- Verwendung eines Computers/Laptops im lokalen Netzwerk an einem Firmenstandort
- Verwendung eines Laptops oder eines BYOD und Zugriff auf das Firmennetz von außerhalb eines Firmenstandorts mittels [Programm] oder mittels eines verschlüsselten VPN-Tunnels

Alle Optionen erlauben den Zugriff auf:

- Dateiserver, SharePoint, Teams und OneDrive
- alle Applikationen der [FIRMA] (bei VPN nur Firmen-Laptop)
- das Internet, geschützt durch die Firewall des Firmennetzwerks

Am Firmenstandort

Am Firmenstandort mit einem Computer/Laptop zu arbeiten, ist grundsätzlich die sicherste Art und Weise des Netzwerkzugangs, da keine öffentlichen Netzwerke verwendet werden müssen und der Computer den Sicherheitsstandards entspricht.

Aus Sicherheitsgründen dürfen am Firmenstandort nur Geräte ans Netzwerk angeschlossen werden, die durch die [FIRMA] betreut und zur Verfügung gestellt werden. Insbesondere dürfen keine BYOD wie Laptops, Tablets oder Smartphones mit dem Netzwerk verbunden werden – es sei denn, dies wurde durch die Geschäftsleitung ausdrücklich erlaubt oder die Geräte werden mit dem dafür vorgesehenen Gäste-Netzwerk verbunden. Dieses erlaubt den Zugriff auf das Internet, aber nicht auf interne Netzwerkressourcen.

Außerhalb

Besondere Vorsicht ist geboten, wenn an öffentlichen Orten gearbeitet wird. Der Computer-Bildschirm sollte von unbefugten Personen nicht eingesehen werden können. Zu beachten sind auch die Regeln im Kapitel *Clear Desk/Clear Screen*.

Im Home-Office muss die IT-Infrastruktur minimalen Sicherheitsstandards genügen:

- WPA2/WPA3-Authentisierung und ein komplexes Passwort für den Wireless-Zugang
- Die Firmware und die Software aller am Heimnetzwerk angeschlossenen Geräte (Computer, Router, Switches, Access-Points etc.) müssen stets aktuell gehalten werden.

Wenn ein BYOD verwendet werden soll, muss die IT auf diesem Gerät zuerst die VPN-Applikation installieren. Bei der Benutzung gelten zusätzliche Regeln:

- Es dürfen keine Firmendaten auf dem BYOD abgespeichert werden, da einerseits die Sicherheit nicht durch die [FIRMA] gewährleistet werden kann und andererseits die Daten nicht im Backup-System der [FIRMA] gesichert werden.
- Die Software des BYOD muss stets aktuell gehalten werden. (Das automatische Windows-Update muss aktiviert sein und der Sicherheitsstatus muss »grün« sein.)
- Es muss ein Virenschutz-Programm installiert sein und ständig aktualisiert werden. Bei Windows-Systemen wird der integrierte Defender empfohlen.
- Der Benutzername und das Passwort dürfen nicht auf dem Gerät (inklusive Browser) gespeichert werden.

A.6.5 Schutz von Netzwerk und Geräten

Netzwerkschutz

Die Netzwerke von [FIRMA] sind mit leistungsfähigen Werkzeugen wie Firewalls, Virenschutz und Monitoring ausgestattet. Damit diese wirksam bleiben, dürfen Benutzer diese nicht deaktivieren.

Geräteschutz

Um sicherzustellen, dass Firmen-Computer und andere Geräte leistungsfähige und sichere Werkzeuge bleiben, müssen einige Regeln beachtet werden:

- Keine Verwendung für Tätigkeiten außerhalb der Geschäftsaktivitäten! Dazu gehören das Herunterladen von Videos, Gaming, das Versenden von Massen-E-Mails etc.
- Die auf den Computern installierte Software wird von der IT gewartet. Es ist verboten, selbst Software zu installieren. Stattdessen muss die IT kontaktiert werden, falls zusätzliche Software benötigt wird.

- Es darf keine Software von externen Quellen heruntergeladen werden, da diese mit verstecktem Schadcode infiziert sein könnte.
- Aus dem gleichen Grund dürfen ohne Genehmigung keine Browser-Konfigurationen verändert werden, z. B. um Java, ActiveX oder anderen mobilen Code zu aktivieren.
- Zur Verschlüsselung von Daten dürfen nur die von der IT freigegebenen Werkzeuge verwendet werden.

Schutz vor Schadcode

Schadcode (auch als *Malware* oder *Viren* bezeichnet) ist eine der gefährlichsten Bedrohungen, die die Leistungsfähigkeit der Netzwerke sowie die Vertraulichkeit und Integrität von Daten beeinträchtigen können. Es gibt leider keine einzelne und einfache Methode, um sich davor zu schützen, sondern es müssen Maßnahmen auf verschiedenen Ebenen greifen und zusammenpassen.

Cyberkriminelle verwenden oft E-Mails, um Netzwerke von Firmen und deren Computer mit Schadcode zu infizieren. Solche bösartigen E-Mails werden von den speziellen Filtern nicht immer erkannt. Dies gilt besonders für sehr raffinierten oder bisher unbekannten Schadcode. Solch infizierte E-Mails können in die E-Mailbox gelangen, weshalb beim Öffnen von E-Mails immer besondere Vorsicht geboten ist:

- Keine E-Mails öffnen, die verdächtig erscheinen, weil zum Beispiel der Absender völlig unbekannt oder verdächtig ist, weil das Thema ungewöhnlich oder unerwartet ist oder weil im Text grammatikalische oder Orthografie-Fehler enthalten sind. Solche E-Mails sind zu löschen, oder im Zweifelsfall muss die IT informiert werden.
- Üblicherweise wird Schadcode in Datei-Anhängen von E-Mails verbreitet. Anhänge sollten niemals geöffnet werden, wenn entweder der Absender unbekannt ist oder die E-Mail nicht erwartet wurde.
- Eine andere Methode zur Verbreitung von Schadcode ist die Versendung von Web-Links in E-Mails. Sobald der Link geöffnet wird, erfolgt ein Download des Schadcodes im Hintergrund und völlig unbemerkt für den Benutzer. Daher niemals Links in verdächtigen E-Mails öffnen.

Sollte auf einem Computer ein Schadcode installiert worden sein, so erkennt normalerweise der auf Geräten der [FIRMA] installierte Viren-Scanner die Infektion und entfernt den Code. Zusätzlich muss die IT informiert werden. Deshalb dürfen der Viren-Scanner oder andere sicherheitsrelevante Werkzeuge oder Einstellungen niemals umkonfiguriert oder gar entfernt werden.

A.6.6 Die Verfügbarkeit von Informationen sicherstellen

Informationen und Daten gehören zu den wichtigsten Werten der [FIRMA]. Um diese vor Verlust oder Zerstörung zu schützen, müssen sie immer auf Netzwerkspeichern wie Dateiservern, OneDrive, SharePoint oder Teams abgelegt werden. Diese Daten werden regelmäßig gesichert, damit sie im Notfall wieder hergestellt werden können. Abbildung A.4 zeigt die Verwendung der von der [FIRMA] zur Verfügung gestellten Speicher:

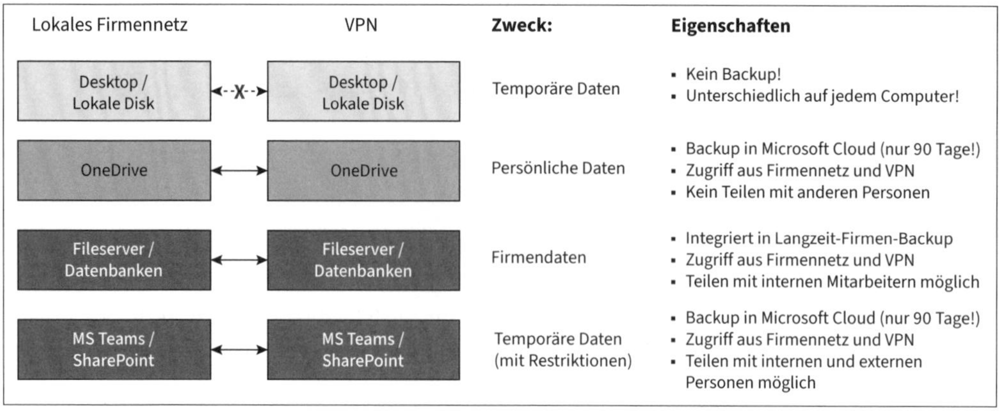

Abbildung A.4: Speicherorte

Weitere Anweisungen:

- Die bevorzugte Datenablage für Firmendaten ist der Dateiserver (Fileserver), weil
  - dieser in den von der [FIRMA] kontrollierten Backup-Prozess eingebunden ist und alte Versionen von Daten wiederhergestellt werden können.
  - Der Zugang zum Dateiserver wird durch die [FIRMA] kontrolliert und kann nicht nur für Einzelpersonen, sondern für ganze Teams zur Zusammenarbeit freigegeben werden.
- *Microsoft SharePoint* und *Teams* sind komfortable Anwendungen für die Zusammenarbeit innerhalb von Arbeitsteams, da Daten wie beim Dateiserver kontrolliert und zur Zusammenarbeit für Gruppen freigegeben werden können. Die Daten für beide Anwendungen werden innerhalb der EU in Microsoft-Rechencentern gespeichert und dürfen für geschäftliche Daten der [FIRMA] genutzt werden. Es gibt allerdings Einschränkungen:
  - Gelöschte Dateien können nur innerhalb von 90 Tagen wiederhergestellt werden. Es gibt kein Langzeit-Backup wie beim Dateiserver!
  - Vertrauliche Geschäftsdaten dürfen auf Teams und SharePoint nicht abgelegt werden, da ein Restrisiko besteht, dass Microsoft-Mitarbeitende oder US-Behörden auf die Daten zugreifen können.
  - Zugang für externe Mitarbeiter ist sehr einfach zu realisieren, muss aber durch das Management genehmigt werden.
- Für persönliche Daten (und nur für solche) kann OneDrive verwendet werden. Auf OneDrive abgelegte Daten werden automatisch in ein sicheres Microsoft-Rechencenter synchronisiert. Da OneDrive auf SharePoint basiert, gelten die gleichen Kommentare und Restriktionen wie dort geschildert. Es gibt aber einige Unterschiede:

  - OneDrive ist mit dem persönlichen Benutzerkonto verbunden. Das bedeutet: Wenn dieses Konto aus irgendeinem Grund gelöscht wird, ist der Zugang zu den auf OneDrive abgelegten Daten nicht mehr möglich. Das heißt, diese sind für die [FIRMA] verloren.
  - Aus Sicherheitsgründen ist das Teilen von Daten mit anderen Mitarbeitenden und Externen technisch gesperrt.
- Der Desktop oder ein Ordner auf dem Laufwerk C: darf nicht für wichtige Firmendaten genutzt werden, da diese Datenablagen auf der lokalen Festplatte des Computers liegen. Darauf können allenfalls temporäre Daten gespeichert werden, weil
  - für diese Datenablagen keine Datensicherung eingerichtet ist. Bei einem Defekt der Festplatte oder beim Verlust des Computers sind diese Daten verloren.
  - Auf die lokale Festplatte kann von anderen Computern oder über das Netzwerk nicht zugegriffen werden.

A.6.7 Die Vertraulichkeit von Informationen sicherstellen

Neben dem oben umschriebenen Verlust von Daten ist die Offenlegung von Daten an nicht autorisierte Personen ein weiteres Risiko für die [FIRMA]. Dadurch können wichtige Daten an die Öffentlichkeit oder zu Mitbewerbern gelangen und der [FIRMA] potenziell großen Schaden zufügen.

Nicht alle Dokumente und Informationen sind gleich kritisch, und je nach Art müssen sie unterschiedlich behandelt werden. Um dies möglichst einfach zu gestalten, werden

- Dokumente und Daten entsprechend ihrem Risiko für die [FIRMA] klassifiziert, d. h. in Kategorien eingeteilt, und
- für diese Kategorien sind Regeln definiert, wie sie zu behandeln sind.

Klassifizierung von Dokumenten

Die Klassifizierung von Daten erfolgt aufgrund der Art der Daten und des auf sie anzuwendenden Grades an Vertraulichkeit und Sorgfalt (Sensitivität). Bei der [FIRMA] werden folgende Arten von Daten unterschieden:

- **Geschäftsdaten:** Das sind Informationen und Dokumente, die im Rahmen der Geschäftstätigkeit erzeugt und verwendet werden.
- **Personendaten:** Das sind Daten, die dazu dienen können, eine Person zu identifizieren.
- **regulierte Daten:** Das sind Daten, die gemäß den Regeln der [Behördenname] behandelt werden müssen.

Benutzer werden bei Dokumenten mit Markierungen auf deren Sensitivität hingewiesen werden. Deshalb werden die Dokumente, wann immer es möglich ist, vom Erzeuger klassifiziert und gekennzeichnet. Leider ist das Anbringen einer solchen Markierung nicht in allen Fällen und allen Datenformaten möglich. Viele Datenformate (wie z. B. Einträge in

Datenbanken, Daten in Applikationen usw.) können nicht markiert werden, weil die Formate nicht unter Kontrolle der [FIRMA] sind. Deshalb liegt der primäre Fokus der Klassifizierung für elektronische Daten vor allem auf der entsprechenden Beschränkung des Zugangs auf Datenablagen.

Abbildung A.5 fasst den Klassifizierungsprozess zusammen. Dieser wird bei der Erstellung oder beim Empfang von Dokumenten von Externen angewendet.

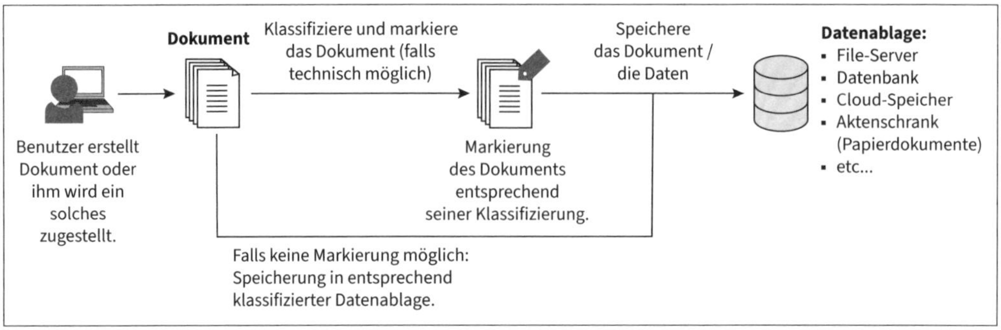

Abbildung A.5: Klassifizierungsprozess

Die Klassifizierung von Informationen kann im entsprechenden Dokument nachgelesen werden.

Physischer Zugriff

Um Dokumente und Datenablagen zu schützen, ist der Zutritt zu internen Räumlichkeiten der [FIRMA] (wie Büros, Labore, Server-Räume) nur autorisierten Personen möglich. Besucher müssen immer durch Mitarbeitende begleitet werden, und die den Besuchern mitgeteilten oder übergebenen Daten und Informationen müssen auf das Notwendige beschränkt werden (Prinzip »nur so viel wie nötig«).

Clear-Desk-/Clear-Screen-Regeln

Wenn der Arbeitsplatz verlassen und unbeaufsichtigt gelassen wird, muss ein möglicher unautorisierter Zugriff auf wichtige Daten verhindert werden, indem der Computer (mittels [Win] + [L]) gesperrt oder – bei längerer Abwesenheit – heruntergefahren wird.

Papierdokumente und Speichermedien mit der Klassifizierung »Vertraulich«/»Datenschutz« müssen vor dem Verlassen des Arbeitsplatzes vom Schreibtisch oder von Geräten (z. B. Druckern, Kopiergeräten) entfernt und sicher verwahrt werden (z. B. in einem Tresor oder in einem abgeschlossenen Aktenschrank).

Nutzung von Druckern

Dokumente müssen immer sofort von Druckern und Kopiergeräten entfernt werden.

Geschäftsdaten mit der Klassifizierung »Vertraulich«/»Datenschutz« dürfen nur auf Geräten in physisch gesicherten Bereichen verarbeitet werden. Beim Drucken sollte (wenn möglich) die Option genutzt werden, den Druckvorgang erst nach Eingabe einer PIN am Drucker selbst auszulösen.

Speicherung von Daten

Die Vertraulichkeit aller Daten ist bedroht, wenn diese an Orten außerhalb der Kontrolle der [FIRMA] gespeichert werden. Damit diese Risiken reduziert werden können, müssen folgende Regeln eingehalten werden:

- Nur die freigegebenen Datenablagen dürfen genutzt werden. Dies betrifft vor allem die populären Cloud-Speicher (z. B. Dropbox, Google Drive etc.), deren Nutzung – außer den genannten Diensten von Microsoft – untersagt ist.
- Es dürfen keine Daten auf Geräte heruntergeladen werden, die nicht von der [FIRMA] kontrolliert werden. Dies betrifft vor allem private Geräte.
- Mobile Datenträger dürfen für Firmendaten nur in Ausnahmefällen genutzt werden.

Falls sich darauf Geschäftsdaten mit der Klassifizierung »Vertraulich«/»Datenschutz« befinden, müssen die Speichermedien entsprechend markiert und verschlüsselt sein!

Zugang zu elektronischen Daten

Der Zugang zu elektronischen Daten auf Dateiservern, Cloud-Speichern und Datenbanken muss den Vertraulichkeitsanforderungen der Datenklassifizierung entsprechen. Die Eigentümer einer Datenablage sind für die Klassifizierung und die entsprechende Information der Benutzer verantwortlich.

Generell gilt, dass Zugang zu Daten auf dem »So viel wie nötig«-Prinzip basieren soll. Das heißt, dass der Benutzer nur auf diejenigen Daten Zugriff haben soll, die er zur Erfüllung seiner geschäftlichen Aufgaben benötigt.

Alle Gesuche von internen oder externen Benutzern müssen vom Eigentümer einer Datenablage genehmigt werden.

Kommunikation

Öfter ist es notwendig, Informationen und Daten mit anderen internen oder externen Personen zu teilen, weswegen die Informationen und Daten über unterschiedliche Kommunikationsdienste verschickt werden müssen.

Physischer Versand

Der physische Versand von Dokumenten oder elektronischen Speichermedien kann auf dem normalen Postweg erfolgen, sofern die Daten höchstens als »Intern« klassifiziert sind.

Für als »Vertraulich« klassifizierte Geschäftsdokumente oder Speichermedien, auf denen solche Dokumente abgespeichert sind, muss der Empfänger vor dem Versand ein NDA (*Non-Disclosure Agreement*, dt. *Vertraulichkeitsvereinbarung*) unterzeichnen, und der Versand muss beim Postweg als Einschreiben oder über einen vertrauenswürdigen Kurier erfolgen.

Elektronische Kommunikation

Zur Kommunikation von elektronischen Daten dürfen nur Dienste genutzt werden, die von der [FIRMA] freigegeben wurden:

- E-Mail ist das gebräuchlichste Mittel, um elektronische Daten intern und extern zu versenden. Vor dem Abschicken ist die Liste der Empfänger jeweils zu überprüfen, damit sichergestellt ist, dass die Information nur zu beabsichtigten Personen gelangt.
- Für den Versand von großen Dateien ist E-Mail nicht geeignet. Dafür soll der Dienst [NAME] verwendet werden.
- Microsoft Teams und SharePoint sind komfortable Werkzeuge, um Daten für die Zusammenarbeit gemeinsam zu nutzen. Die Einladung von Externen zu Teams- oder SharePoint-Seiten muss vom Eigentümer genehmigt und von der IT eingerichtet werden.

Mündliche Kommunikation

Generell ist bei der Diskussion von Firmenangelegenheiten an öffentlichen Orten Vorsicht geboten. Es muss sichergestellt werden, dass sich niemand unbeabsichtigt in Hördistanz befindet.

Bei virtuellen Konferenzen mittels Teams, Zoom etc. muss sichergestellt werden, dass diese nur aufgezeichnet werden dürfen, wenn alle Teilnehmer vorher zugestimmt haben.

A.6.8 Nutzung von Internet-Diensten

Zusätzlich zu den bereits geschilderten Maßnahmen ist bei der Nutzung von Internet-basierten Diensten spezielle Vorsicht geboten.

Websurfing

Am sichersten werden Webseiten entweder im Netzwerk der [FIRMA] oder außerhalb des Firmennetzwerks über eine VPN-Verbindung aufgerufen. Dadurch ist ein wirksamer Schutz durch Firewalls und Virenscanner gewährleistet.

Die [FIRMA] behält sich vor, bestimmte Webseiten technisch zu sperren. Sollte aus geschäftlichen Gründen ein Zugriff auf solche blockierten Seiten nötig sein, so kann die IT diese freischalten. Benutzer dürfen nicht versuchen, solche Sperren selbst zu umgehen.

Der Inhalt von unbekannten Webseiten gilt als nicht vertrauenswürdig. Beim Herunterladen von Daten von solchen Webseiten könnte das Netzwerk der [FIRMA] mit Schadcode infiziert werden. Deshalb dürfen Daten nur von vertrauten und bekannten Webseiten heruntergeladen werden!

Webseiten mit unethischen, rassistischen, erotischen, illegalen oder gewalttätigen Inhalten dürfen nicht besucht werden. Zudem ist es nicht erlaubt, urheberrechtlich geschützte Inhalte (Musik, Video, Software) herunterzuladen – es sei denn, man wurde dazu autorisiert.

Der Benutzer kann für die missbräuchliche Nutzung von Internet-Diensten und -Inhalten zur Rechenschaft gezogen werden.

Kommunikationsdienste

Bei der Kommunikation mit Externen sind ebenfalls einige Regeln zu beachten:

Beim Senden von Mitteilungen gilt:

- Es dürfen nur wahrheitsgetreue Informationen verschickt werden. Es ist untersagt, Mitteilungen mit beunruhigenden, unangenehmen, sexuell eindeutigen, unanständigen, beleidigenden, verleumderischen oder anderen inakzeptablen oder illegalen Inhalten zu versenden.
- Nutzer dürfen keine Massen-E-Mails an Personen versenden, zu denen keine Geschäftsbeziehung besteht, oder an Personen, die eine entsprechende Information nicht angefordert haben.

Beim Empfang von Mitteilungen gilt:

- Größte Vorsicht ist geboten, wenn empfangene Mitteilungen Links zum Herunterladen von weiteren Informationen enthalten. Wie erwähnt, kann eine Infektion mit Schadcode die Folge sein.

Social Media

Soziale Medien wie Facebook, Instagram, Twitter und andere Diskussions- und Chat-Foren sind wichtige Kanäle für das Marketing und andere Public-Relations-Aktivitäten der [FIRMA]. Es dürfen jedoch nur von der [FIRMA] autorisierte und mit diesen Rollen betraute Personen auf diesen Medien im Namen der [FIRMA] Informationen veröffentlichen, Fragen beantworten usw.

KI-gestützte Suchmaschinen und Chats

Bei der Nutzung von KI-gestützten Suchmaschinen und Chats ist davon auszugehen, dass alle Eingaben in ein KI-gestütztes Tool (Suchmaschine oder Chat) zu dessen Weiterentwicklung verwendet werden und damit die Wissensbasis dieser Tools laufend erweitern.

Eingegebene Informationen sind daher gemäß Klassifizierungskonzept der [FIRMA] als »Öffentlich« zu betrachten. Dies gilt sinngemäß bereits seit jeher auch für die normalen Suchmaschinen im Internet. Aus diesem Grund sind folgende Vorgaben zu berücksichtigen:

- Es dürfen keine Personendaten in der Suche oder im Chat verwendet werden, um die eigenen Schweigepflichten nicht zu verletzen und auch um zu verhindern, dass man sich Überlegungen zur Umsetzung von Betroffenenrechten machen muss: Jeder kann z. B. verlangen, dass seine Daten nicht so bearbeitet werden oder dass eine im Chat generierte Aussage korrigiert wird.
- Wie bereits erwähnt wurde, muss das Klassifizierungskonzept berücksichtigt werden. Es dürfen keine vertraulichen oder internen Informationen bekannt gegeben werden. Die Chat-Bots dürfen also nicht mit Daten oder Angaben gefüttert werden, die entweder als »Intern« oder als »Vertraulich« klassifiziert sind.

Die Antworten solcher KI-gestützten Suchmaschinen sind immer zu hinterfragen und zu überprüfen. Was auf den ersten Blick gut aussieht, entpuppt sich bei einer detaillierten Analyse oft als zumindest teilweise falsch.

Überwachung und Datenschutz

Um den Schutz aller Werte zu gewährleisten, setzt die [FIRMA] spezialisierte Werkzeuge ein, um die IT-Infrastruktur und die darauf stattfindenden Aktivitäten zu analysieren und zu überwachen. Dazu gehören Logins, Netzwerk-Datenverkehr, Internet-Nutzung usw. Damit sollen technische Probleme, Schadcode, aber auch Missbrauch entdeckt werden und soll die Leistungsfähigkeit der Infrastruktur durch Filtern und Blockieren von schädlichen Daten und schädlichem Verhalten sichergestellt werden.

Dabei respektiert die [FIRMA] den Schutz von persönlichen Daten und stellt sicher, dass die gesetzlichen Anforderungen an Datenschutz, Kommunikationsregulierungen und andere Verpflichtungen stets eingehalten werden.

Maßnahmen und Sanktionen

Das Nichteinhalten von Regeln dieses Dokuments und von anderen regulatorischen Anforderungen kann je nach Situation zu Sanktionen führen, die von einer Mitteilung an den Vorgesetzten bis zu straf- oder zivilrechtlichen Konsequenzen reichen.

Im Fall von gerichtlichen Untersuchungen und Verfahren ist die [FIRMA] zu offener Zusammenarbeit mit den Behörden verpflichtet. Steht in solchen Fällen ein Missbrauch durch Mitarbeitende im Verdacht, so kann die [FIRMA] verpflichtet sein, Nutzerdaten wie E-Mails, Internet-Nutzung etc.) an die Behörden auszuhändigen. Dies erfolgt im Rahmen eines geordneten Prozesses durch die HR-Abteilung der [FIRMA] unter Einhaltung der Datenschutz-Gesetze.

A.7 Zugriffskontrollkonzept

A.7.1 Zweck, Anwendungsbereich und Anwender

Der Zweck dieses Dokuments ist die Festlegung von Regelungen für den Zugang zu verschiedenen Systemen, Geräten, Einrichtungen und Informationen auf Basis der geschäftlichen Anforderungen und der Sicherheitsanforderungen an den Zugang.

Dieses Dokument gilt für den gesamten Anwendungsbereich des Informationssicherheitsmanagementsystems (ISMS), d. h. für alle Systeme, Geräte, Einrichtungen und Informationen, die innerhalb des ISMS-Anwendungsbereiches genutzt werden.

Anwender dieses Dokuments sind alle IT-Mitarbeitenden der [FIRMA].

A.7.2 Referenzdokumente

- ISO/IEC 27001:2022: A.5.15, A.5.16, A.5.17, A.5.18, A.8.2, A.8.5
- Informationssicherheitsrichtlinie
- Klassifizierungsrichtlinie

A.7.3 Zugangskontrolle

Einleitung

Das Grundprinzip besteht darin, dass der Zugang zu allen Systemen, Netzwerken, Diensten und Informationen verboten ist, solange er nicht einzelnen Benutzern oder Benutzergruppen ausdrücklich erlaubt wird. Für jedes System und jeden Dienst muss es ein Verfahren für die Registrierung von Benutzern geben.

Die vorliegende Richtlinie spezifiziert Regelungen für den Zugang zu Systemen, Diensten und Einrichtungen. In der Richtlinie zur Klassifizierung von Informationen sind dagegen die Regeln für den Zugang zu individuellen Dokumenten und Aufzeichnungen festgelegt.

Dieses Konzept benötigt ein Verständnis der geschäftlichen Anforderungen, wie sie von den Eigentümern der betroffenen Vermögenswerte festgelegt wurden.

Diese Anforderungen können von folgenden Faktoren abhängen:

- von der Klassifizierung der Informationen, die von einem bestimmten System oder Dienst gespeichert und verarbeitet werden
- von einschlägigen Rechtsvorschriften, die in Bereichen wie Datenschutz und Compliance gelten können
- vom rechtlichen Rahmen, in dem die Organisation und das System arbeiten
- von vertraglichen Verpflichtungen gegenüber Dritten
- von den damit verbundenen Bedrohungen, Schwachstellen und Risiken
- von der Risikobereitschaft der Organisation

Verwaltung des Benutzerzugangs

Für jede Anwendung und jedes Informationssystem werden Verfahren zur Kontrolle des Benutzerzugriffs dokumentiert, implementiert und auf dem neuesten Stand gehalten, um den autorisierten Benutzerzugriff zu gewährleisten und den unautorisierten Zugriff zu verhindern. Sie müssen alle Phasen des Lebenszyklus des Benutzerzugangs abdecken, von der ersten Registrierung neuer Benutzer bis zur endgültigen Löschung von Benutzern, die keinen Zugang mehr benötigen.

Die Zugriffsrechte der Benutzer müssen in regelmäßigen Abständen überprüft werden, um sicherzustellen, dass die entsprechenden Rechte noch zugewiesen sind. Systemadministrationskonten dürfen nur Benutzern zur Verfügung gestellt werden, die zur Durchführung von Systemadministrationsaufgaben erforderlich sind.

Registrierung und Deregistrierung von Benutzern

Die Bestellung von Berechtigungen wird durch die HR-Abteilung ausgelöst und zuerst der IT-Abteilung zur Prüfung vorgelegt. Alle Anträge werden so bearbeitet, dass sichergestellt ist, dass vor der Einrichtung eines Benutzerkontos angemessene Sicherheitsprüfungen durchgeführt werden. Es gilt der Grundsatz der Aufgabentrennung, sodass die Einrichtung des Benutzerkontos und die Zuweisung von Berechtigungen von verschiedenen Personen vorgenommen werden.

Jedes Benutzerkonto hat einen eindeutigen Benutzernamen.

Bei der Einrichtung des Kontos wird ein sicheres Erstpasswort erstellt und dem Nutzer auf sicherem Wege mitgeteilt. Der Nutzer muss bei der ersten Nutzung das Passwort ändern.

Wenn ein Mitarbeiter das Unternehmen verlässt, wird sein Zugang zu Computersystemen und Daten an seinem letzten Arbeitstag deaktiviert. Es liegt in der Verantwortung des Vorgesetzten, den Austrittszeitpunkt rechtzeitig an die IT zu melden.

In Ausnahmefällen, wenn die Gefahr besteht, dass der Mitarbeitende vor oder nach seiner Kündigung dem Unternehmen schaden könnte, wird der Zugang umgehend deaktiviert. Diese Vorsichtsmaßnahme gilt insbesondere dann, wenn die betreffende Person über privilegierte Zugangsrechte verfügt.

Bereitstellung des Benutzerzugangs

Jedem Benutzer werden Zugriffsrechte und Berechtigungen für Computersysteme und Daten zugewiesen, die den Aufgaben entsprechen, der er zu erfüllen hat. In der Regel erfolgt dies rollenbasiert, d. h., ein Benutzerkonto wird einer Gruppe hinzugefügt, die mit den für die jeweilige Rolle erforderlichen Zugriffsberechtigungen erstellt wurde.

Gruppenrollen müssen in Übereinstimmung mit den geschäftlichen Anforderungen beibehalten werden, und alle Änderungen an ihnen müssen formell genehmigt und über den Change-Management-Prozess kontrolliert werden.

Aufhebung oder Anpassung der Zugangsrechte

Ist eine Anpassung der Zugriffsrechte oder Berechtigungen erforderlich, z. B. aufgrund eines Rollenwechsels, muss dies als Change erfolgen. Auch hier wird der Prozess durch das HR ausgelöst. Es muss sichergestellt werden, dass Zugriffsrechte, die im Rahmen der neuen Rolle nicht mehr benötigt werden, entfernt werden. Wenn ein Benutzer eine neue Rolle zusätzlich zu seiner bestehenden Rolle übernimmt (und nicht an deren Stelle), wird die entsprechende Berechtigung vergeben. Die Aufgabentrennung muss jedoch jederzeit berücksichtigt werden.

Unter keinen Umständen dürfen Administratoren ihre eigenen Benutzerkonten oder Berechtigungen ändern.

Verwaltung von privilegierten Zugriffsrechten

Privilegierte Zugriffsrechte müssen für jedes System oder Netz festgelegt und regelmäßig kontrolliert werden. In der Regel werden technische Benutzer (z. B. IT-Support-Mitarbeitende) im Alltag keine Benutzerkonten mit privilegiertem Zugriff verwenden, sondern es muss ein separates »Admin«-Benutzerkonto eingerichtet werden, das nur dann verwendet wird, wenn die zusätzlichen Rechte benötigt werden. Diese Konten werden einer bestimmten Person zugeordnet. Allgemeine Administratorkonten dürfen nicht verwendet werden, da sie keine ausreichende Identifizierung und Nachverfolgbarkeit des Benutzers ermöglichen.

Der Zugang zu Verwaltungsrechten darf nur Personen gewährt werden, die diese Rechte benötigen und die ausreichend geschult sind, um die Auswirkungen ihrer Nutzung zu verstehen.

Die Verwendung von Benutzerkonten mit privilegiertem Zugang in automatisierten Routinen wie Batch- oder Schnittstellenjobs muss nach Möglichkeit vermieden werden. Wo dies unvermeidlich ist, muss das verwendete Passwort geschützt sein und regelmäßig geändert werden.

Zudem sind alle Mitarbeitenden ungeachtet ihrer Rolle verpflichtet, ihre Passwörter in sicheren Passwortsafes aufzubewahren. Dies ist im Dokument »Nutzungsrichtlinie« geregelt.

Überprüfung der Benutzerzugriffsrechte

In regelmäßigen Abständen (mindestens einmal jährlich) überprüfen die jeweiligen Dateninhaber, wer welchen Zugang und Zugriff zu ihren Verantwortungsbereichen hat. Die Kontrolle umfasst:

- Personen, die keinen Zugang haben sollten
- Benutzerkonten mit mehr Zugriff als notwendig
- Benutzerkonten mit falschen Rollenzuweisungen
- Benutzerkonten, die keine ausreichende Identifizierung ermöglichen, z. B. generische oder gemeinsame Konten

Diese Überprüfung wird nach Möglichkeit durch den CISO durchgeführt. Allfällige Abweichungen werden schriftlich festgehalten. Die Ursachen werden geklärt und Korrekturen werden vorgenommen.

Die Überprüfung der Accounts mit privilegierten Rechten wird durch den CISO vierteljährlich vorgenommen.

Zugangskontrolle für Systeme und Anwendungen

Bei der Evaluierung für neue oder wesentlich geänderte Systeme müssen diese auf eine wirksame Zugangskontrolle geprüft und müssen entsprechende Maßnahmen ergriffen werden.

Folgende Punkte müssen unterstützt werden:

- Erstellung von individuellen Benutzerkonten
- Definition von Rollen oder Gruppen, denen Benutzerkonten zugewiesen werden können
- Zuweisung von Berechtigungen für Objekte (z. B. Dateien, Programme) verschiedener Typen (z. B. Lesen, Schreiben, Löschen, Ausführen) an Subjekte (Benutzerkonten und Gruppen)
- Bereitstellung unterschiedlicher Ansichten und Daten je nach Benutzerkonto und dessen Berechtigungsstufen
- Verwaltung von Benutzerkonten, einschließlich der Möglichkeit, Konten zu deaktivieren und zu löschen
- Benutzeranmeldekontrollen wie
  - keine Anzeige des Passworts bei der Eingabe
  - Kontosperrung, sobald die Anzahl der falschen Anmeldeversuche einen bestimmten Schwellenwert überschreitet
  - Bereitstellung von Informationen über die Anzahl der erfolglosen Anmeldeversuche und die letzte erfolgreiche Anmeldung, sobald der Benutzer sich erfolgreich angemeldet hat
  - datums- und zeitbasierte Anmeldebeschränkungen
  - Geräte- und Standortanmeldebeschränkungen
- Zeitüberschreitung bei Inaktivität des Benutzers
- Passwortverwaltung, einschließlich
  - der Möglichkeit für den Benutzer, das Passwort zu ändern
  - Kontrollen über zulässige oder unzulässige Passwörter
  - Ablauf des Passworts
  - Speicherung und Übertragung von gehashten/verschlüsselten Passwörtern
- Sicherheitsüberwachungsfunktionen, einschließlich der An- und Abmeldungen, der erfolglosen Anmeldeversuche, des Objektzugriffs und Kontoverwaltungsaktivitäten

Bei der Entwicklung von Individualsoftware muss der Quellcode des Programms gemäß der Entwicklungsrichtlinie vor unberechtigtem Zugriff geschützt werden.

Der Zugang zu privilegierten Hilfsprogrammen, die eine Methode zur Umgehung der Systemsicherheit bieten (z. B. Datenmanipulationswerkzeugen), muss streng kontrolliert werden, und ihre Verwendung muss auf bestimmte Personen und bestimmte Umstände beschränkt werden, z. B. im Rahmen eines bestimmten Projekts oder einer Änderung.

A.7.4 Anhang

Registrierung

Der Registrierungsprozess ist in Abbildung A.6 dargestellt.

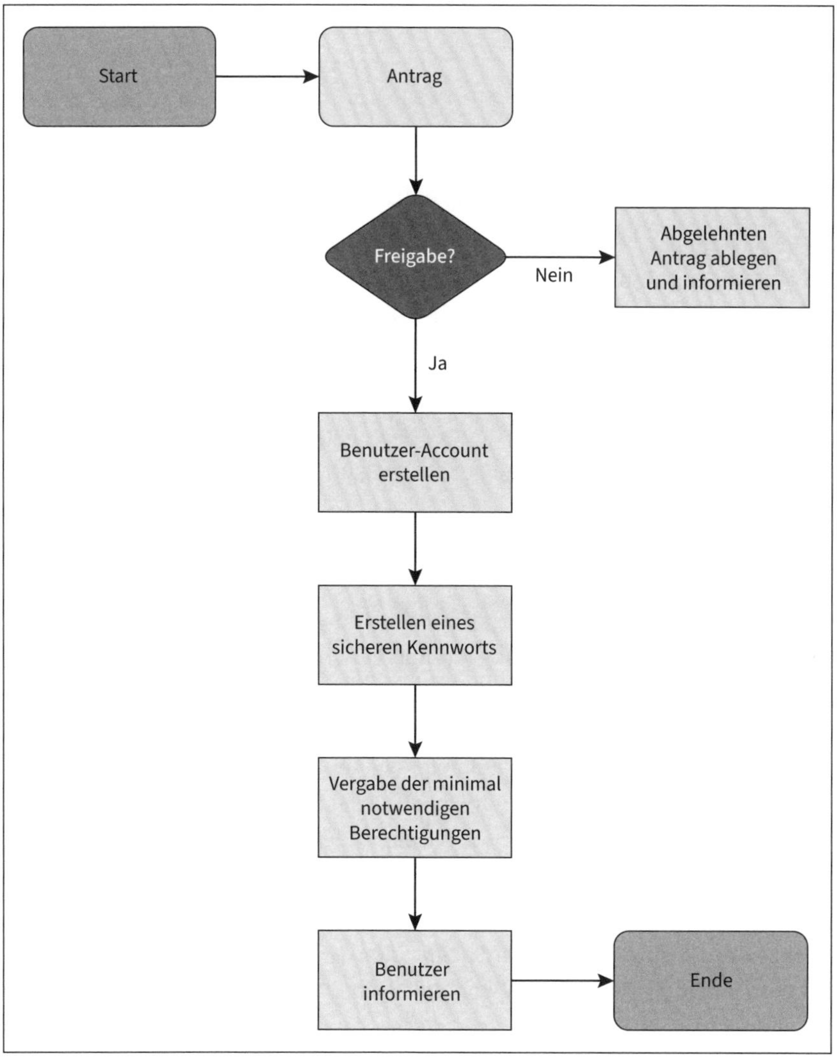

Abbildung A.6: Registrierung

Antrag

Der Antrag zum Zugang zu IT-Systemen wird an die IT gerichtet. Folgende Angaben sind mindestens notwendig:

- Vorname und Nachname
- Rolle
- Abteilung
- Kontaktdetails
- Name des direkten Vorgesetzten
- Anfangsdatum (und ggf. Enddatum)

Für jedes System können weitere Informationen erforderlich sein, wie z. B.:

- erforderliche Module
- erforderliche Systemeinstellungen
- Mitarbeiternummer o. Ä.

Genehmigung oder Ablehnung des Zugangs

Alle Anträge auf Zugang zu einem bestimmten System müssen vom Eigentümer des betreffenden Systems genehmigt werden. In der Regel handelt es sich dabei um eine vorgesetzte Stelle, die für die Sicherheit und die Nutzung des betreffenden Systems verantwortlich ist. Unter bestimmten Umständen kann der Eigentümer die Befugnis zur Genehmigung von Anträgen an den direkten Vorgesetzten des Mitarbeiters delegieren.

Es dürfen keine Benutzerkonten eingerichtet werden, ohne dass die erforderliche Genehmigung erteilt wurde. Falls die Genehmigung verweigert wird, informiert die IT den Antragsteller unter Angabe von Gründen.

Benutzer-Account erstellen

Sobald ein genehmigter Antrag mit ausreichenden Angaben eingegangen ist, kümmert sich die IT um die Einrichtung des Benutzerkontos. Dies kann durch die IT selbst geschehen oder an den Systemverantwortlichen delegiert werden. Benutzerkonten sollten in Übereinstimmung mit den für das jeweilige System festgelegten und dokumentierten Standards erstellt werden. Darin sind Parameter wie das Format des Kontonamens, anfängliche Berechtigungen, zugewiesene Drucker usw. festgelegt. Die Erstellung von Konten wird in einem Managementsystem als Serviceanforderung protokolliert.

Erstellung eines sicheren Kennworts

Die IT legt ein erstes Passwort fest. Es wird gemäß den definierten Vorgaben erstellt. Falls verfügbar, kann ein Tool zur Erzeugung von Zufallspasswörtern verwendet werden. Bei der ersten Anmeldung muss der Benutzer dieses Passwort ändern. Falls zusätzliche

Authentifizierungsinstrumente verwendet werden sollen (z. B. 2FA), muss das entsprechende Verfahren befolgt werden.

Zuweisung von Benutzerzugriffsrechten

Bei diesem Schritt werden die minimal notwendigen Berechtigungen zugewiesen. Unter allen Umständen sollte vermieden werden, einen bestehenden Benutzer zu kopieren. Dies kann zu ungewollten Berechtigungsvergaben führen. Sollten weitere Zugriffe notwendig sein, koordiniert die IT dies mit den jeweiligen System- bzw. Applikationsverantwortlichen.

Benutzer informieren

Nach erfolgreicher Einrichtung des Kontos teilt die IT dem Nutzer den Kontonamen mit und gibt ihm Anweisungen, wie er ein sicheres Passwort festlegen kann. Das ursprüngliche Kennwort sollte dem Benutzer nach Überprüfung seiner Identität auf einem anderen Weg (z. B. per Telefon oder persönlich) mitgeteilt werden. Das Passwort darf nicht als Nachricht hinterlassen werden.

Änderungen

Der Änderungsprozess ist in Abbildung A.7 abgebildet.

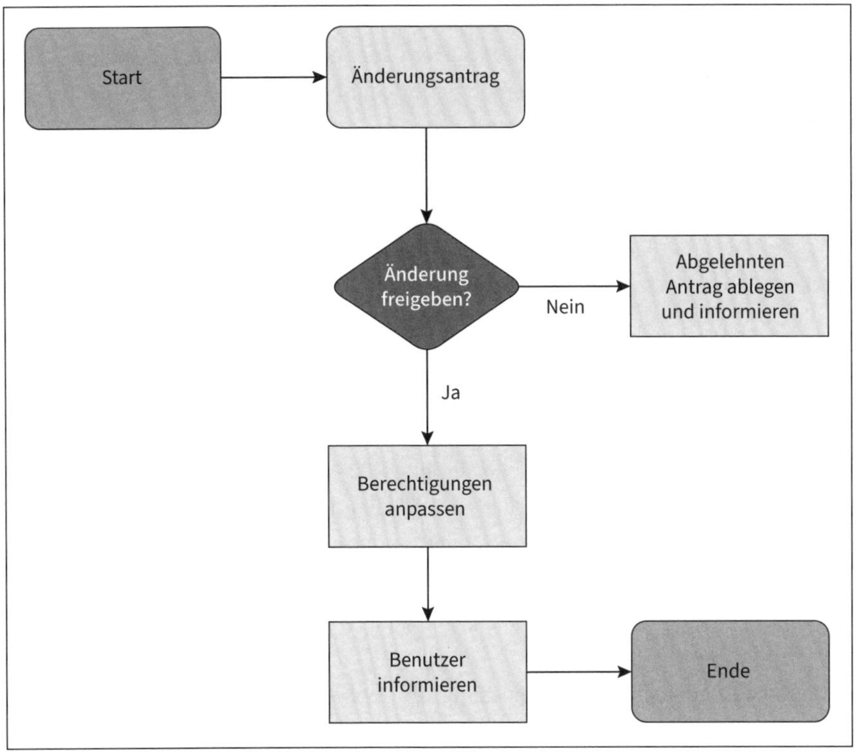

Abbildung A.7: Der Änderungsprozess

Änderungsantrag

Anträge auf Anpassungen des Benutzerzugangs sind an die IT zu richten. Zusätzlich zu den systemspezifischen Angaben sollten immer die folgenden Angaben gemacht werden:

- Name
- Rolle
- Abteilung
- Kontaktdetails
- Name des direkten Vorgesetzten
- Anfangsdatum (und ggf. Enddatum)

Wenn sich eine der oben genannten Informationen ändert (z. B. durch einen Wechsel der Funktion oder der Abteilung), sollten sowohl die alten als auch die neuen Angaben mitgeteilt werden.

Für jedes System können weitere Informationen erforderlich sein, z. B.:

- erforderliche Module
- erforderliche Systemeinstellungen
- Mitarbeiternummer o. Ä.

Genehmigung oder Ablehnung des Zugangs

Alle Änderungsanträge für ein bestimmtes System oder eine bestimmte Applikation müssen vom Eigentümer genehmigt werden. In der Regel handelt es sich dabei um eine vorgesetzte Stelle, die für die Sicherheit und die Nutzung des betreffenden Systems verantwortlich ist. Unter bestimmten Umständen kann der Eigentümer die Befugnis zur Genehmigung von Änderungsanträgen an den direkten Vorgesetzten des Mitarbeiters delegieren.

Es dürfen keine Benutzerkonten geändert werden, ohne dass die erforderliche Genehmigung erteilt wurde. Falls die Genehmigung verweigert wird, informiert die IT den Antragsteller unter Angabe von Gründen.

Berechtigungen anpassen

Sobald der Antrag genehmigt wurde, wird er einem IT-Mitarbeitenden zugewiesen, der dem Konto die geänderten Zugriffsrechte zuweist. Bei den meisten Systemen wird dies dadurch erreicht, dass das Benutzerkonto einer anderen Gruppe oder Rolle zugeordnet wird.

Benutzer informieren

Nach erfolgreichem Abschluss des Anpassungsantrags wird die IT den Nutzer per E-Mail informieren.

Löschen eines Benutzers

Der Löschprozess ist in Abbildung A.8 dargestellt.

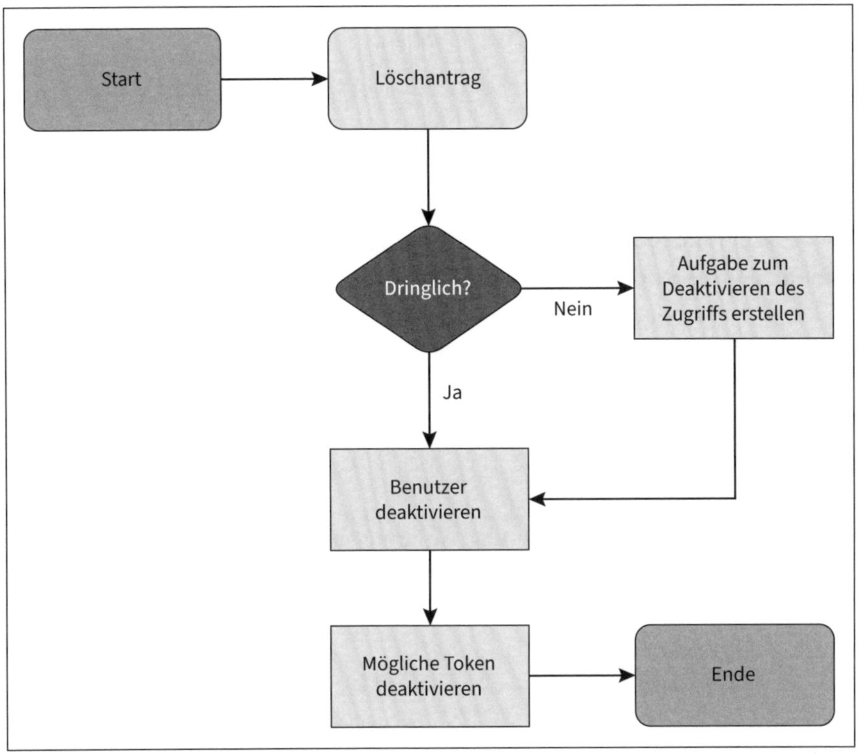

Abbildung A.8: Der Löschprozess

Löschantrag

Es liegt in der Verantwortung der Nutzer und ihrer Vorgesetzten, die IT rechtzeitig zu informieren, wenn Mitarbeiter das Unternehmen verlassen und daher keinen Zugang zu IT-Systemen mehr benötigen. Die Benachrichtigung sollte so früh wie möglich erfolgen. In Fällen, in denen ein Mitarbeiter kurzfristig und unfreiwillig gekündigt wird, muss die IT unverzüglich informiert werden.

Dringlichkeit beurteilen

Der CIO beurteilt zusammen mit dem CISO die Dringlichkeit des Lösch-Antrags auf der Grundlage der bereitgestellten Informationen und entscheidet, ob das Benutzerkonto sofort deaktiviert wird oder ob gewartet wird, bis der Benutzer das Unternehmen verlässt. Im Allgemeinen wird die Löschung bei fristlosen Kündigungen sofort durchgeführt, während sie ansonsten am Austrittstag der Person erfolgt. Dazu wird eine entsprechende Aufgabe erstellt.

Benutzerkonto deaktivieren

Bei den meisten Systemen wird die IT zunächst das Benutzerkonto deaktivieren, anstatt es zu löschen. Dadurch wird der Zugriff verhindert, aber alle mit dem Konto und seinen Daten verbundenen Informationen bleiben erhalten.

Zu einem späteren Zeitpunkt kann das Konto gelöscht werden. Ein entsprechender Prozess ist vorzusehen.

Alle Benutzerkonten, die mit dem betreffenden Benutzer verknüpft sind, sollten deaktiviert werden, selbst wenn eine einmalige Anmeldung (SSO) erfolgt. Wenn der Benutzer beispielsweise zum Finanzteam gehört, sollte der Zugriff auf das Active Directory und das Finanzsystem (und alle anderen Systeme, für die der Benutzer ein Konto hat) deaktiviert werden. Dies ist notwendig, um zu verhindern, dass das Konto von jemandem verwendet wird, der noch Zugang zum Netzwerk hat. Die Konten sollten in der Reihenfolge ihrer Wichtigkeit deaktiviert werden, z. B. das Finanzsystem vor dem E-Mail-Konto. Nicht vergessen werden dürfen sämtliche Cloud-Dienste.

Authentifizierungstoken deaktivieren

Wenn der abgemeldete Benutzer ein Authentifizierungstoken besitzt, wird dieses als Teil des Austritts deaktiviert und, falls es in Hardware existiert, der IT zurückgegeben.

Überprüfung der Berechtigungen

Kontrollen der Berechtigungen werden so durchgeführt, wie es in Abbildung A.9 dargestellt ist.

Den Umfang der Kontrolle definieren

Der Umfang der Kontrolle sollte im Hinblick auf die zu überprüfenden Systeme, Ressourcen und Netze (einschließlich Cloud-Infrastruktur und -Dienste) festgelegt werden.

System-Inhaber informieren

Die Inhaber der zu überprüfenden Systeme, Applikationen, Ressourcen und Netze werden über die Kontrolle informiert, damit ausreichend Zeit für die Kontrolle innerhalb des angestrebten Zeitrahmens eingeplant werden kann.

Berechtigungsbericht erstellen

Die IT erstellt eine Liste aller autorisierten Benutzer jedes Systems oder jeder Ressource zusammen mit ihrer aktuellen Zugriffsstufe. Diese Liste sollte mindestens die folgenden Informationen enthalten:

- Name des Systems oder der Ressource
- Name des Benutzers

- Bezeichnung der Benutzerrolle
- Name des Benutzerkontos (falls es vom Namen des Benutzers abweicht)
- zugewiesene Benutzerrolle(n)
- zugewiesene Zugriffsrechte
- allenfalls zugewiesene privilegierte Zugriffsrechte

Gegebenenfalls sollten auch unterstützende Informationen angegeben werden, z. B. die mit jeder im System definierten Rolle verbundenen spezifischen Berechtigungen.

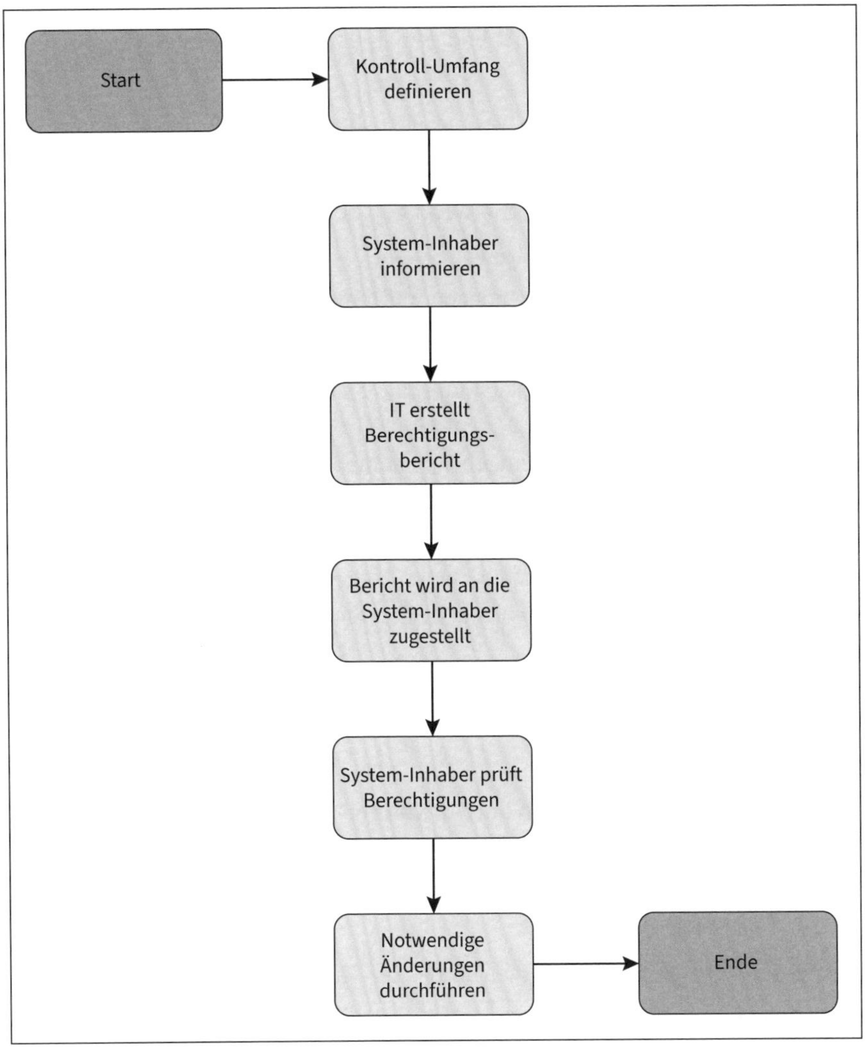

Abbildung A.9: Der Prüfungsprozess

Bericht an den/die System-Inhaber

Der Bericht sollte in elektronischer Form (z. B. als Excel-Dokument) erstellt und sicher per E-Mail an den System-Inhaber gesendet werden. Unter bestimmten Umständen kann es sinnvoll sein, die Datei mit dem Bericht zu verschlüsseln.

Überprüfung der Zugriffe und Ermittlung von Änderungen

Die Liste wird vom System-Inhaber überprüft, und alle Konten und/oder Berechtigungen, die nicht beibehalten werden sollten, werden identifiziert. Wenn festgestellt wird, dass auf ein Konto zugegriffen wurde, nachdem ein Mitarbeiter das Unternehmen verlassen hat, wird ein Sicherheitsvorfall gemeldet und gemäß den dokumentierten Verfahren untersucht.

Die Eigentümer von Vermögenswerten werden versuchen, Folgendes zu identifizieren:

- Personen, die keinen Zugang haben sollten
- Benutzerkonten mit mehr Zugriff als notwendig
- Benutzerkonten mit falschen Rollenzuweisungen
- Benutzerkonten, die keine ausreichende Identifizierung ermöglichen, z. B. generische oder gemeinsame Konten

Der Inhaber des Systems bzw. der Applikation sollte eine Liste der festgestellten Abweichungen zusammenstellen und an die IT schicken. Er sollte alle Probleme, die dringend sind, als solche kennzeichnen, damit umgehend Maßnahmen ergriffen werden können.

Änderungen durchführen

Die bei der Überprüfung ermittelten Maßnahmen sollten entsprechend ihrer Dringlichkeit priorisiert und durchgeführt werden. Alle vorgenommenen Änderungen müssen aufgezeichnet werden.

A.8 Change-Management

A.8.1 Zweck, Anwendungsbereich und Anwender

Der Zweck dieses Dokuments ist die Festlegung, wie mit Änderungen (*Changes*) umgegangen wird. Es beschreibt den Prozess zur Implementierung von Änderungen an der IT-Infrastruktur. Dazu zählen

- das Ändern von Systemkonfigurationen und Prozessen,
- das Implementieren neuer Software oder das Aktualisieren vorhandener Softwareanwendungen und
- das Implementieren neuer Arten, Generationen oder Marken von Hardware.

Eine sorgfältige Planung und Durchführung von Änderungen ist unerlässlich, um das Risiko von Betriebsstörungen und Fehlfunktionen oder der Beeinträchtigung der IT-Sicherheit zu reduzieren.

Dieses Dokument gilt für alle IT-Systeme, Geräte, Einrichtungen und Informationen der [FIRMA].

Anwender dieses Dokuments sind alle IT-Mitarbeitenden der [FIRMA].

A.8.2 Referenzdokumente

- ISO/IEC 27001:2022: A.8.32
- BSI OPS.1.1.3 Patch- und Änderungsmanagement

A.8.3 Definitionen und Grundsätze

In der [FIRMA] wird jede Änderung an der IT-Infrastruktur und ihren Komponenten (*Configuration Items*) gemäß dem Change-Management-Prozess dokumentiert, beurteilt, autorisiert und nach definierten Verfahren durchgeführt. Bestandteil des Change-Managements sind die Kategorien *Normal-*, *Standard-* und *Emergency-Change*. Die Patches werden nach Art und Situation in eine der drei Change-Management-Kategorien einteilt.

Störende Auswirkungen auf den laufenden Betrieb werden so gering wie möglich gehalten. Die Reihenfolge der einzelnen Schritte wird geplant und kommuniziert, um eventuelle Überschneidungen frühestmöglich zu erkennen. Die Verantwortung dafür tragen der Change-Owner sowie das Change Advisory Board (CAB) bei weitreichenden Veränderungen. Für dringende Änderungen, etwa in Notfällen, gibt es ein spezifisches Verfahren.

Das *Change Advisory Board (CAB)* besteht aus dem CIO, dem CTO und dem CISO. Es plant regelmäßige Treffen, um Änderungsanträge zu prüfen. Bei Bedarf werden andere betroffene Parteien einbezogen (z. B. der Leiter der Software-Entwicklung).

Mit einem Fallback-Szenario wird Folgendes sichergestellt: Falls eine Änderung trotz einer Beurteilung und Tests nicht die erwartete Wirkung zeigt, kann zu einem früheren Systemstand zurückgekehrt werden, ohne dass dies eine unlösbare Störung oder eine Verminderung der Informationssicherheit auslösen kann.

Hinweise:

- Handelt es sich um sicherheitsrelevante Änderungen, sind diese im Vorfeld – oder falls es sich um einen Notfall-Change handelt nachträglich – durch den CISO beurteilen zu lassen.
- Handelt es sich um größere Änderungen, müssen diese im Vorfeld mit dem CISO abgesprochen werden.

Risiken

Es gibt eine Menge von Bedrohungen und Schwachstellen, die für das Change-Management von besonderer Bedeutung sind. Nachfolgende Punkte behandeln die Kernthemen:

- Die Zuständigkeiten sind nicht oder nur mangelhaft festgelegt.
- Das Change-Management ist innerhalb der Organisation zu wenig bekannt oder wird zu wenig akzeptiert.
- Die Geschäftsprozesse sowie die Fachaufgaben sind zu wenig bekannt, insbesondere die Schnittstellen zu anderen Systemen.
- Die Dokumentationen sind veraltet, was zu Fehlinformationen führen kann.
- Es stehen zu wenig personelle, finanzielle und oder zeitliche Ressourcen zur Verfügung.
- Automatisierte Verteilmöglichkeiten, die zur Verfügung stehen, werden zu wenig sorgfältig beurteilt.
- Wiederherstellungsmöglichkeiten werden zu wenig beachtet.
- Es fehlt an einer sorgfältigen Priorisierung der zahlreichen Änderungen, die mitunter durchgeführt werden müssen.
- Daten und Werkzeuge, die beim Change-Management eingesetzt werden, wurden manipuliert.

Zur Minimierung dieser und weiterer Risiken werden in der [FIRMA] Maßnahmen mit den definierten Change-Management-Kategorien getroffen (siehe Tabelle A.11).

Kategorie	Beschreibung
Normaler Change	Ein »normaler Change« ist eine Änderung, die kategorisiert, priorisiert und geplant ist und vor der Verteilung durch die Instanzen freigegeben wird.
Standard-Change	Ein »Standard-Change« ist eine vorautorisierte Änderung, die ein geringes Risiko aufweist, relativ häufig vorkommt und einem Standardverfahren folgt (z. B. das Patchen von Systemen).
Emergency-Change	»Emergency-Changes« sind Änderungsprozesse, die in der produktiven Umgebung während einer Notfallsituation (z. B. bei einer Zero-Day-Attacke) angewendet werden.

Tabelle A.11: Change-Kategorien

Umgang mit Änderungsanforderungen

Sämtliche Änderungsanforderungen (*Requests for Changes*, RFCs) werden im Tool [NAME] erfasst und dokumentiert. Die Nachvollziehbarkeit ist damit jederzeit gewährleistet.

Der Fachverantwortlichen für das Change-Management (bzw. bei größeren Änderungen der CISO) kontrollieren diese mindestens halbjährlich. Diese Kontrollen richten ihren Fokus immer auf die Aspekte der Informationssicherheit und beurteilen, ob diese ausreichend berücksichtigt wurden.

Der Abstimmungsprozess, der mit einer Änderung verbunden ist, berücksichtigt alle relevanten Zielgruppen und die Auswirkungen auf die Informationssicherheit. Die von der Änderung betroffenen Zielgruppen sind aufgefordert, sich zu den Änderungen zu äußern.

Change-Management-Prozesse

Der Betrieb einer IT-Umgebung erfordert häufige Änderungen, Upgrades oder den Austausch von IT-Infrastruktur oder -geräten, installierter Software, Konfigurationen oder Prozessen. Je nach Komplexität der beabsichtigten Änderung kann das Risiko negativer Auswirkungen und unerwarteter Ergebnisse erheblich sein. Daher umfasst der Änderungsprozess eine angemessene Planung und Ausführung mit dem Ziel, solche Risiken zu minimieren. Wichtige Schritte in diesem Prozess sind:

- technische Planung jedes Umsetzungsschrittes
- Betriebs- und IT-Sicherheitsrisikobewertung
- Geschäftsgenehmigung zur Bestätigung der Priorität und Risikoakzeptanz
- Information aller Beteiligten und Betroffenen
- Rollback-Plan, um den Status vor der Änderung festzuhalten
- sorgfältige Ausführung und Prüfung

Änderungswünsche

Änderungen werden durch das Erstellen entsprechender Tickets in [Name des Tools] initiiert. Nach der Erstellung wird die Änderungsanforderung betrachtet und überprüft.

Nach der Freigabe der Änderungsanforderung wird einer der Prozesse eingeleitet, die in den folgenden Abschnitten beschrieben sind.

Normaler Change

Ein »normaler Change« hat einen einmaligen Charakter. Dieser Change kann in ähnlicher Art wie schon einmal erfolgen oder sehr unterschiedlicher Natur sein. Deshalb wird dieser Change vor der Freigabe beurteilt. Abbildung A.10 zeigt den Beurteilungsprozess, Tabelle A.12 erläutert die Prozessschritte und -ziele.

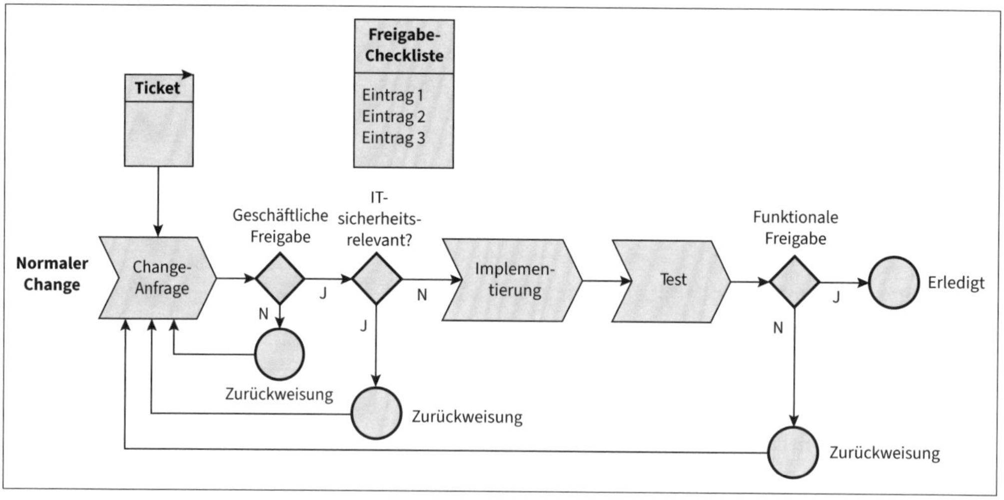

Abbildung A.10: Normaler Change

Prozessschritt	**Prozessziel**
Ticket erstellen	Das Ticket enthält folgende Angaben (minimale Ausführung): ■ Auftraggeber ■ Systeminformationen ■ Zeithorizont bzw. Zeitanforderungen ■ Kritikalität
Change registrieren und klassifizieren	Die dokumentierten Change-Anfragen (RFCs) werden durch die Instanzen (Change-Eigentümer, Change Advisory Board etc.) registriert und klassifiziert.
Change-Request bewerten	Die Change-Anfragen (RFCs) werden gemäß dem Change-Management-Prozess nach den festgelegten Qualitätsanforderungen beurteilt. Bei den Qualitätsanforderungen wird neben den Business-Kriterien auch die Informationssicherheit berücksichtigt.
Change freigeben	■ Freigabe oder Zurückweisung von Changes. ■ Vorläufige Terminierung und Aufnahme in die Freigabe-Checkliste bzw. FSC (*Forward Schedule of Changes*).
Change implementieren	Der Change wird gemäß den Prozessvorgaben implementiert.

Tabelle A.12: Normaler Change

Prozessschritt	Prozessziel
Change-Testing	Die Changes werden mit Funktions- und Sicherheitstests geprüft. Die Testergebnisse werden nachvollziehbar dokumentiert. Falls es möglich ist, werden automatisierte Abläufe festgelegt.
Funktionale Freigabe	Wenn die Changes die Testvorgaben erfüllen, gibt es eine Change-Freigabe. Der Change wird anschließend abgeschlossen. Bei Changes, die die Testvorgaben nicht oder nur teilweise erfüllen, wird das Ergebnis analysiert, und die Lücke wird mit geeigneten Maßnahmen geschlossen. Anschließend wird je nach Notwendigkeit der Testprozess teilweise oder vollständig wiederholt.
Change auswerten	Am Schluss wird eine kritische Würdigung des Verlaufs und der Ergebnisse der Change-Implementierung dokumentiert. Dies geschieht für eine allfällige spätere Nachforschung, um den vollständigen Nachvollzug zu ermöglichen.

Tabelle A.12: Normaler Change (Forts.)

Standard-Change

Ein »Standard-Change« ist ein Change-Prozess, der wiederkehrend mit den gleichen Anforderungen durchgeführt wird. Dies sind z. B. Installationen von Sicherheits-Patches. Abbildung A.11 zeigt den Standard-Change-Prozess, Tabelle A.13 erläutert die Prozessschritte und -ziele.

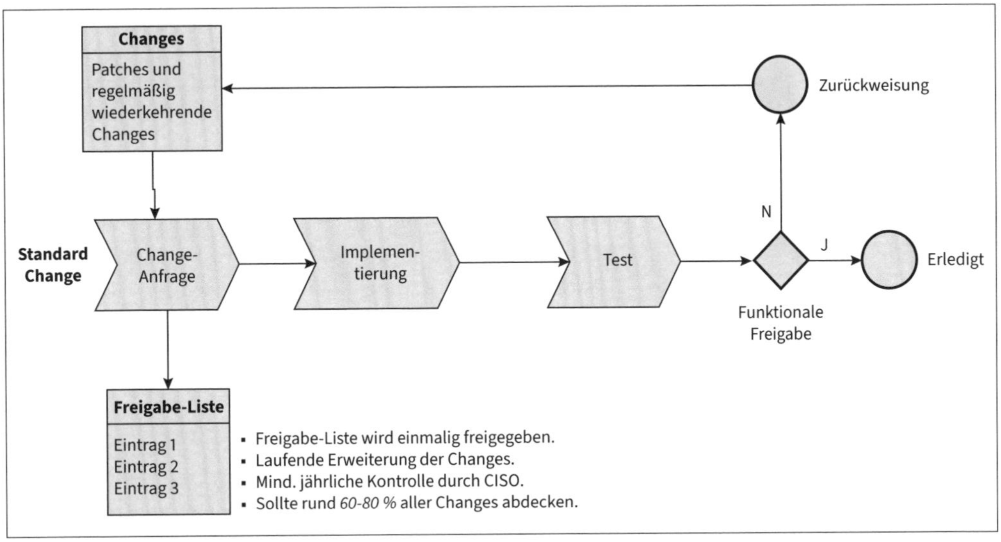

Abbildung A.11: Standard-Change

Prozessschritt	Prozessziel
Behandlung von Standard-Changes regeln	Standard-Changes sind in der IT-Organisation definiert. Es ist festgelegt, welche Changes inklusive Patches mit diesem Prozess durchgeführt werden. Es handelt sich um wiederkehrende Changes mit gleichen bzw. ähnlichen Anforderungen. Üblicherweise werden ca. 60–80 % aller Changes mit dem Standard-Change-Prozess durchgeführt.
Freigabe-Liste	Eine genehmigte Freigabe-Liste von wiederkehrenden Changes und Patches ist vorhanden. Die Freigabe-Liste wird regelmäßig überprüft und aktuell gehalten.
Change-Anfrage/Change-Freigabe	Die Change-Anfrage erfolgt über die erstellte Freigabe-Liste und wird einmalig durch den Change-Manager/CIO freigegeben. Bei Erweiterungen der Freigabe-Liste ist die jeweilige Change-Anfrage freizugeben. Dies gilt auch bei Änderungen von Change-Anfragen.
Change implementieren	Die freigegebenen Changes und Patches werden gemäß der Freigabe-Liste zur Implementierung und danach zum Testen weitergeleitet.
Change testen	Die eingespielten Changes bzw. Patches werden mittels Funktionstests oder Sicherheitstests getestet. Die Nachvollziehbarkeit, z. B. via [Tool] oder anderen Orchestrierungsplattformen, ist zu gewährleisten.
Funktionale Freigabe	Nach erfolgreicher Testdurchführung ist der Change abzuschließen. Treten beim Testen Fehler oder Anomalien auf, ist die Ursache zu analysieren und sind Maßnahmen zur Behebung der Fehler bzw. Anomalien durchzuführen. Erst bei erfolgreicher Testdurchführung darf der Change abgeschlossen werden.

Tabelle A.13: Standard-Change

Emergency-Change

Ein »Emergency-Change« ist ein Change in einer Notfallsituation. Ein Emergency-Change wird nur von qualifiziertem Personal durchgeführt, das allfällige Folgen abschätzen und korrigieren kann. Die Beurteilung des Changes wird zwingend und zeitnah nach der

Durchführung durch den CISO und/oder das Change Advisory Board (Change-Beratungsgremium) vorgenommen und dokumentiert. Abbildung A.12 zeigt den Emergency-Change-Prozess, Tabelle A.14 erläutert die Prozessschritte und -ziele.

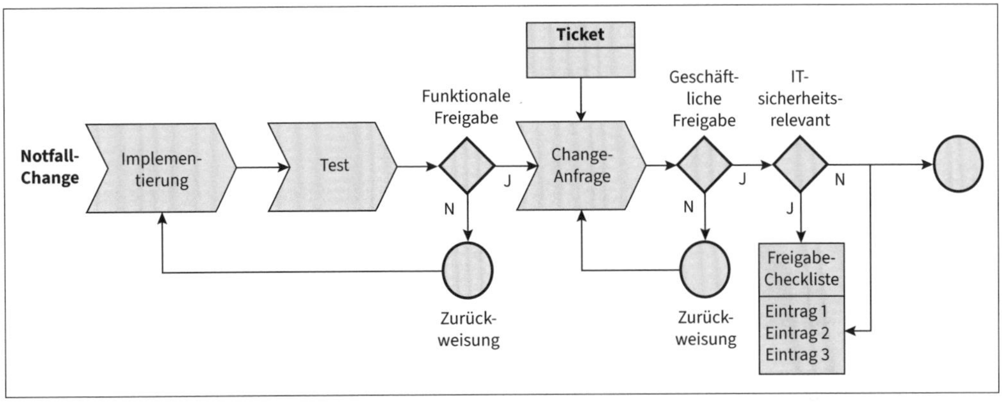

Abbildung A.12: Emergency-Change

Prozessschritt	Prozessziel
Behandlung von Emergency-Changes regeln	Emergency-Changes dürfen nur in Notfallsituationen durchgeführt werden. Die Entscheidung für einen Emergency-Change wird vom Change Advisory Board/CISO gefällt. Sollten die Entscheidungsträger nicht in der notwendigen Frist ansprechbar sein, darf im äußersten Notfall das definierte, autorisierte und qualifizierte Personal solche Emergency-Changes durchführen. Die Entscheidungsträger sind parallel über den Emergency-Change in Kenntnis zu setzen. Wichtig ist, dass ein Fallback-Szenario vorliegt.
Emergency-Change durch das Change Advisory Board (CAB) und/oder den CISO behandeln	Das Change Advisory Board bzw. der CISO hat die Aufgabe, eine rasche Beurteilung eines Emergency-Changes vorzunehmen. Dies führt zu einer Freigabe oder einer Zurückweisung.
Implementierung	Emergency-Changes müssen in einem Notfall bzw. unter besonderen Umständen schnell implementiert werden. Damit das möglich ist, weicht der Prozess von dem bei einem normalen Change ab. Die weiteren Schritte entsprechen denen bei einem normalen Change.

Tabelle A.14: Emergency-Change

A.9 Entwicklungssicherheitsrichtlinie

A.9.1 Zweck, Anwendungsbereich und Anwender

Der Zweck dieses Dokuments ist die Festlegung grundsätzlicher Vorschriften zur sicheren Entwicklung von Software und Systemen.

Dieses Dokument gilt für die Entwicklung und Wartung sämtlicher Dienstleistungen, Architektur, Software und Systeme, die Teil des Informationssicherheitsmanagementsystems (ISMS) sind.

Anwender dieses Dokuments sind alle bei der [FIRMA] und den entsprechenden Partnern in der Entwicklung und Wartung eingesetzten Mitarbeitenden.

A.9.2 Referenzdokumente

- ISO/IEC 27001:2022: A.8.4, A.8.25, A.8.26, A.8.27, A.8.28. A.8.29, A.8.30, A.8.31, A.8.32, A.8.33

A.9.3 Risikoeinschätzung beim Entwicklungsprozess

Die [FIRMA] führt regelmäßig eine Risikoeinschätzung von folgenden Punkten durch:

- Risiken im Zusammenhang mit unerlaubtem Zugang zum Entwicklungsumfeld
- Risiken im Zusammenhang mit unerlaubten Änderungen am Entwicklungsumfeld
- Risiken im Zusammenhang mit dem Outsourcing von Entwicklungen
- technische Schwachstellen der in der Organisation benutzten IT-Systeme
- mögliche Risiken, die eine neue Technologie bringen könnte, wenn sie in der Organisation eingeführt und benutzt wird

A.9.4 Sicherung des Entwicklungsumfeldes

Das Entwicklungsumfeld wird durch den generellen Authentifizierungszwang im Firmennetzwerk geschützt. Der Zugriff ist auf IP-Adressen in [Land] limitiert. Spezielle Zugriffe auf die Datenbank und das Dateisystem dürfen nur IP- und Port-basiert freigegeben werden, wobei auch IP-Ranges bei dynamisch vergebenen Adressen erlaubt sind. Zugriffe außerhalb von [Land] sind schriftlich beim CISO zu beantragen.

Nur auf den Arbeitsumgebungen von Entwicklern sind entsprechende Werkzeuge installiert. Das Entwicklungsumfeld, das Testumfeld und das Arbeitsumfeld werden auf getrennten Teilsystemen betrieben. Sicherungen vom Code werden durch die Entwickler selbstständig täglich durchgeführt. Wo es möglich und sinnvoll ist, hat der Einsatz eines Versionierungssystems zu erfolgen. Der Leiter der Entwicklungsabteilung prüft die Sicherungen seiner Entwickler nach den Vorgaben der Geschäftsleitung.

Der Leiter der Entwicklungsabteilung gibt Verfahren für ein in technischer Hinsicht sicheres Informationssystem an – sowohl für die Entwicklung neuer Systeme als auch für die Wartung bestehender Systeme. Zu diesen Verfahren zählt auch die Festlegung der minimal einzuhaltenden Sicherheitsstandards. Die Verfahren umfassen unter anderem die Anleitung zur sicheren Programmierung, Benutzer-Authentisierung, Session-Handling, Datumsvalidierung etc.

Sicherheitsanforderungen

Folgende Anforderungen gelten für die ausgelagerte Entwicklung einer Applikation:

- Bei der Kommunikation zweier Systeme über öffentliche Netze müssen die Daten immer verschlüsselt sein.
- Der Empfänger muss Nachrichten vom Sender bezüglich dessen Identität sowie der Integrität der Nachricht selbst verifizieren können und umgekehrt (z. B. durch Zweiwege-Verschlüsselung, PKI).
- Bei der Wahl der Transport-Security dürfen nur etablierte Sicherheitsprotokolle unter Einhaltung der Best-Practices eingesetzt werden (z. B. *OWASP HTTP Strict Transport Security Cheat Sheet*).
- Verwendete Schlüssel für die Signatur-Prüfung sowie für die Verschlüsselung/Entschlüsselung müssen im Rahmen eines Key-Lifecycle-Managements periodisch ausgetauscht werden, um das Risiko einer Kompromittierung der Schlüssel gering zu halten.
- Die Mischung von verschlüsselter und unverschlüsselter Kommunikation muss vermieden werden (z. B. der Mix von HTTP und HTTPS).
- Gibt es keine Möglichkeiten, das Transport-Protokoll ausreichend abzusichern, muss sichergestellt sein, dass die Daten selbst ausreichend geschützt werden (z. B. durch Verschlüsselung und Signierung der Nachrichten eines Webservice).
- Fehlgeschlagene Authentisierungen, Autorisierungen sowie Integritätsprüfungen müssen geloggt bzw. protokolliert werden.
- Guidelines und Methodiken sowie der Entwicklungsprozess müssen dokumentiert und angewendet werden.
- Bei Entwicklungen müssen entsprechende technische Dokumentationen erstellt bzw. vorhandene Dokumentationen gepflegt werden (z. B. durch ein technisches Lösungskonzept, Solution-Design, Implementationskonzept, Developer-Manual usw.).
- Die eingesetzte Entwicklungsumgebung ist so zu dokumentieren, dass diese innerhalb nützlicher Frist anhand der Dokumentation wieder aufgebaut werden kann.
- Ein aktueller Stand der Dokumentation muss regelmäßig extern gesichert werden.
- Sämtlicher Quellcode, die Quellcodeverwaltung sowie die Dokumentation des Codes sind nur für die Entwickler und die Geschäftsleitung der [FIRMA] auf den eigenen Servern zugänglich. Mitarbeitende ohne Entwicklungsauftrag haben entsprechend keinen

Zugriff auf diese Daten. Die Sicherung des Quellcodes und von dessen Metadaten erfolgt analog zu den anderen Sicherungen der betriebskritischen Daten.

- Der Programmcode muss so verwaltet werden, dass jegliche Änderungen am Code nachvollziehbar sind und der jeweilige Autor ersichtlich ist (Change-History).
- Der Programmcode muss so versioniert sein, dass jeder Build, der in die Produktion kommt, ab dem entsprechenden Code-Stand neu erstellt werden kann.
- Der Entwicklungsprozess muss sicherstellen, dass keine ungewollten Änderungen mit in ein für die Produktion bestimmtes Build-Artefakt gelangen.
- Relevanter Programmcode (Datenbank und Applikation) wird vor dem Testing zwingend durch einen weiteren Entwickler überprüft (4-Augen-Prinzip). Weiterer Programmcode ist stichprobenweise zu überprüfen.
- Erfolgte Installationen sind zwingend durch den CIO zu prüfen und freizugeben. Das Prozedere muss in einem Installationsprotokoll respektive einer Installationscheckliste dokumentiert sein.
- Änderungen von Konfigurationen am Server sind zuvor ausführlich zu testen und erfolgen nach dem gleichen Prinzip wie Installationen.

Aus Sicht des Datenschutzes sind außerdem folgende Punkte zu beachten:

- **Privacy by Design:** Entsprechende Soft- und Hardware wird von Grund auf so konzipiert und entwickelt, dass relevante Datenschutzmaßnahmen von Anfang an berücksichtigt werden. Die Umsetzung orientiert sich in allen Bereichen an den Datenschutzanforderungen.
- **Pricacy by Default:** Bedeutet, dass Software, Hardware und Services bei Auslieferung datenschutzfreundlich voreingestellt sein müssen. Das dient vor allem dem Schutz der Privatsphäre der betroffenen Personen. Als Beispiel ist hier genannt, dass Häkchen bei Zustimmungen nicht bereits gesetzt sind.

Bei Unklarheiten kann dabei auf den/die DSB zurückgegriffen werden.

A.9.5 Plattformen

Die [FIRMA] betreibt drei Plattformen:

- **Test:** Neue Funktionen werden zuerst in der Test-Umgebung getestet.
- **Integration (oder auch Pre-Prod genannt):** Diese Plattform entspricht sehr der produktiven Umgebung und ermöglicht praxisnahe Tests.
- **Produktion:** aktive Systeme

A.9.6 Ablauf

Der Softwareentwicklungsprozess lässt sich schematisch so wie in Abbildung A.13 darstellen.

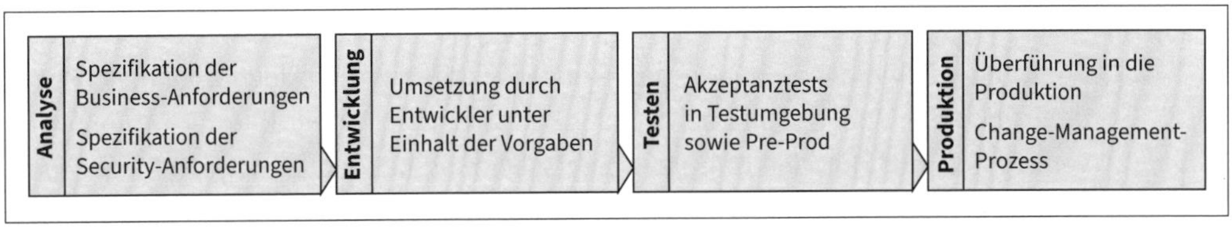

Abbildung A.13: Ablauf der Softwareentwicklung

Fehler im Programmcode sind aus der wirtschaftlichen Perspektive umso teurer, je später sie gefunden werden. Am teuersten sind sie, wenn sie erst in der Produktion gefunden werden; und am günstigsten sind sie, wenn sie bereits während des Spezifikationsprozesses erkannt werden. Aus IT-Security-Sicht erhöht sich das Risiko bezüglich Schwachstellen durch die steigende Komplexität von Applikationen, Architekturen und Systemen. Daraus abgeleitet muss überlegt werden, wo entlang des Software-Lebenszyklus überall Maßnahmen zur Mitigation angewendet werden können bzw. sollen – dabei ist zu berücksichtigen, dass deren Anwendung von vielen Faktoren abhängig ist, z. B. von der Technologie, von Prozessen, Menschen, Kultur, Zusammenarbeit, Budget etc.

Schlussendlich kann Software auch ungewollt Fehler enthalten, die das Potenzial für Schwachstellen erhöhen und ihren Weg bis in die Produktion finden. Umso wichtiger ist es, entlang des gesamten Software-Lebenszyklus verteilt sogenannte Security-Practices zu etablieren, die ein gesundes Maß zwischen Innovation, Benutzbarkeit, Qualität und Sicherheit erlauben.

Workflow

Der Workflow aus Abbildung A.14 fasst als Übersicht die relevanten Prozesse des Change- und Release-Managements zusammen. Mithilfe mehrerer Kontrollstufen (*Quality-Gates*) wird dabei sichergestellt, dass Entwicklungsänderungen mit möglichst geringen Risiken für den Betrieb der businesskritischen Dienste produktiv gesetzt werden. Dazu wird in [Tool] das Projekt [Name] genutzt.

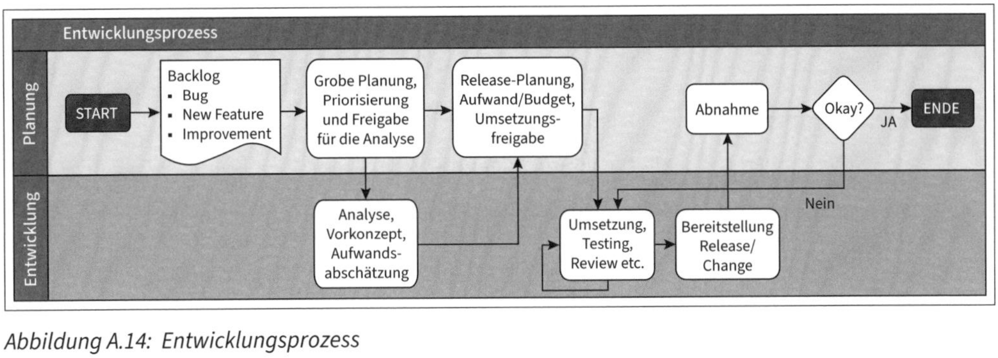

Abbildung A.14: Entwicklungsprozess

Der Ablauf sieht wie folgt aus:

1. Bugs, neue Funktionen oder Verbesserungen werden im Backlog gesammelt. Periodisch findet ein Meeting statt, bei dem das Backlog priorisiert wird. Je nach Anforderungen werden auch für eine Umsetzungsentscheidung benötigte Analysen freigegeben. Bei Bugs können diese je nach Kritikalität auch ohne Analyse in die Release-Planung bzw. dann in die Umsetzung gehen. Hier fließen je nach Fall auch Sicherheitsanforderungen mit ein, die dann in der Vor-Analyse vertieft werden.
2. In der Release-Planung werden die Arbeitspakete/Tickets zu einer Release-Version geschnürt und für die definitive Umsetzung freigegeben. Nicht immer ist eine Release-Planung nötig, z. B. wenn es sich um Konfigurationsänderungen handelt, bei denen die Applikation oder Komponente nur eine Anpassung per Webkonsole zulässt und die Konfiguration selbst verwaltet.
3. Im Team [Name] werden das DB-Design, die DB-Programme (Triggers, Functions, SPs etc.), die Formulare, die Webservices und die Webapps entwickelt. Im Team [Name] werden die Benutzeroberfläche und der Zahlungsverkehr entwickelt.
4. Das Ergebnis geht zur Kontrolle an das Team [Name]. Die Kontrollen erfolgen durch die Test-Manager (Ergebnis: Testprotokoll, Abnahmeprotokoll)
5. Das Einspielen in die Produktion erfolgt nach dem 4-Augen-Prinzip durch das Team [Name]. (Ergebnis: Unterschriebene Checkliste)
6. Erneute Kontrolle durch die Test-Manager (Ergebnis: Unterschriebenes Pflichtenheft)

Wichtig: Das Team [Name] spielt immer ein Grundset an Testfällen durch, die nicht explizit etwas mit den eigentlichen Anpassungen zu tun haben müssen.

A.9.7 Testdaten

Das Team [Name] nutzt für die Prüfung anonymisierte Testdaten aus dem produktiven System. Dazu wird die Routine [Name] genutzt, um Datensätze von der Produktion zu anonymisieren und anschließend auf die Integrations- bzw. Pre-Prod-Umgebung zu kopieren. Auf dem eigentlichen Testsystem werden nur fiktive Datensätze genutzt.

A.9.8 Werkzeuge

Die [FIRMA] nutzt für die Entwicklung folgende Werkzeuge:

- Ticket-System (für Backlog, Änderungen, Schwachstellen etc.): [Name]
- Entwicklungssprache: [Name]
- Tools und Bibliotheken (inklusive Quellen): [Name]
- Compiler: [Name]
- Verwaltung der Änderungen: [Name]
- Prüfung wie SAST (statische Anwendungssicherheitstests): [Name]

- Quellcode-Speicherung: [Name]
- Lizenz-Aufbewahrung: [Name]

A.9.9 Ausgegliederte Entwicklung

Bei einer ausgegliederten Entwicklung werden vertraglich folgende Punkte geregelt:

- Lizenzierungsvereinbarungen, Eigentümerschaft am Programmcode und geistige Eigentumsrechte
- Sicherheitsanforderungen für die Entwicklungsumgebung
- Anforderungen an Entwürfe, Programmierung und Überprüfung
- Schutz der Prüfinformationen (Testdaten)
- Abnahmeprüfung
- Nachweis, dass die Sicherheit und der Datenschutz eingehalten wurden (z. B. durch Code-Reviews)
- Je nach Kritikalität zusätzlich Treuhandvereinbarungen für den Software-Quellcode (sogenannte *Escrow-Verträge*)
- Recht zur Überprüfung der Entwicklungsprozesse

A.9.10 Tickets

Tickets erstellen

Tickets müssen eindeutig sein. Dies bedeutet, dass sie präzise und konsistent sind und nur ein einziges Problem adressieren. Ein Ticket enthält nur eine Aufgabe, die nicht in kleinere Teilschritte aufgeteilt werden kann.

Jeder Commit muss mit einer kleinen Beschreibung im Ticket versehen werde.

Ticket-Status

Folgende Typen sind möglich:

- **Task (Aufgabe):** Eine Aufgabe im Produkt muss umgesetzt werden.
- **Bug:** Ein Fehler im Code muss behoben werden.
- **Epic:** Eine Sammlung von Aufgaben unter einem größeren Thema
- **Design:** Änderungen am Design des Produkts
- **Story:** Spezifikation der Anforderungen

Ticket-Workflow

- Aufgabe erstellen und im Backlog eintragen (Status: »Backlog«)
- Aufgabe aus dem Backlog einem Sprint zuordnen (Status: »To Do«)
- Start einer Aufgabe (Status: »In Bearbeitung«)

- Code-Review durchführen (Status: »Code-Review«)
- Code-Review abgeschlossen (Status: »Queue to Test«)
- Automatisiertes und manuelles Testen durchführen (Status: »Testen«)
- Übersetzung von Inhalten durchführen (Status: »Warten auf Übersetzungen«)
- Übersetzung vollständig (Status: »Queue to Prod«)
- Deployment (Status: »Fertig«)

A.9.11 Secure-Coding-Checkliste

Als Hilfsmittel sind nachfolgend Hinweise zur sicheren Programmierung aufgelistet.

- **Generelle Hinweise**
  - Sei dir über die Sicherheitsauswirkungen in Bezug auf das, was der Code tun soll, im Klaren.
  - Lies und befolge für die gewählte Programmiersprache bzw. Frameworks, Libraries usw. vorhandene Guidelines und Best-Practices.
  - Verwende vertrauenswürdigen Code wieder (Komponenten, Module, Libraries usw.)
  - Der Code soll in einer guten Qualität, lesbar und wartbar geschrieben werden. (Qualitativ schlechter Code impliziert unsicheren Code.)
  - Beachte bei allen Schritten den Datenschutz und die Informationssicherheit.
- **Architektur**
  - **Modularität:** Unterteile den Programmcode in semi-unabhängige Teile (kleine, gut definierte Schnittstellen zu jedem Modul bzw. jeder Funktion).
  - **Isolation:** Jedes Modul bzw. jeder Teil sollte auch dann noch funktionieren, wenn andere Teile fehlschlagen.
  - **Defense in depth:** Setze mehrere Abwehr-Layer um, anstatt nur einem einzigen Schutzmechanismus zu vertrauen. (Nimm z. B. eine Validierung von User-Input im Frontend und Backend sowie bei kritischen Teilen im Code vor.)
  - **Einfachheit:** Komplexe Lösungen sind grundsätzlich anfälliger für Schwachstellen.
- **Design**
  - **Least-Privilege-Ansatz:** Vermeide es, beim Ausführen des Codes mehr Rechte zu benötigen, als wirklich nötig sind. (Führe z. B. den Code mit einem Benutzer aus, der das Minimum an Rechten auf das Dateisystem und bei der Ausführung hat. Verwende nie einen DB-Admin, um dich mit der DB zu verbinden.)
  - **Safe-Defaults**: Verwende z. B. ein zufällig generiertes Passwort im Anmeldeprozess, wo User ein temporäres Passwort benötigen, anstelle eines fixen Default-Passworts.

- **Deny by Default:** Erlaube z. B. bei der Validierung von User-Input nur Zeichen, die erwartet werden, anstatt zu versuchen, ein Set an bekannten (böse) Zeichen zu blockieren.
- **Fail Fast:** Sorge z. B. dafür, dass dein Rechenprogramm erkennt, wenn der Divisor NULL ist, und dann eine Fehlermeldung zurückgibt, anstatt es die Division mit einem undefinierten Ergebnis durchführen zu lassen.
- **Einschränkung des Ressourcenverbrauchs:** Sorge z. B. dafür, dass die Wahrscheinlichkeit oder die Auswirkungen einer Denial-of-Service-Attacke begrenzt werden.
- **Fail securely:** Sollte z. B. bei der Überprüfung der Benutzerberechtigungen ein Laufzeitfehler auftauchen, dann nimm an, dass der User keine Berechtigungen hat.
- **Don't trust the client:** Gehe bei verteilten Applikationen oder Web-Applikationen immer davon aus, dass der User-Input nicht validiert wurde, bzw. sieh zusätzliche Prüfungen auf der Backend-Seite vor.
- **Kryptografie:** Versuche nach Möglichkeit, keine eigenen kryptografischen Algorithmen oder Sicherheitsprotokolle zu implementieren, sondern nutze existierende und vertrauenswürdige Implementationen.

■ Coding

- **Eingabedaten:** Daten von potenziell böswilligen Usern sind eine der häufigsten Ursachen für sicherheitsrelevante Incidents (z. B. SQL-Injection, Cross-Site-Scripting, Code inside data, Buffer-Overflow usw.). Eingabedaten können auch Command-Line-Argumente, Konfigurationsdateien, Umgebungsvariablen, Cookies oder HTTP-Argumente enthalten – daher gilt der Ansatz: »Don't trust the input data.«
- **Validierung sämtlicher Eingabedaten:** Betrachte Eingabedaten als potenziell gefährlich bis genügend validiert (**Deny by Default**, falls unsicher). Sorge für eine Validierung auf verschiedenen Levels, z. B. beim Data-Entry-Point und bevor die Daten wirklich eingesetzt werden.
- **Abhängigkeiten vom Environment:** Stelle sicher, dass der Code bei gewollten oder ungewollten (böswilligen) Anpassungen am Execution Environment nicht bricht (z. B. durch Modifikationen am `PATH`, `CLASSPATH` oder an anderen Environment-Variablen, an Berechtigungen usw.).
- **Race-Conditions:** Unbeabsichtigte sogenannte Wettlaufsituationen im Code können zu schwer auffindbaren Programmfehlern führen – versuche, Race-Conditions zu vermeiden.
- **Error- und Exception-Handling:** Gehe davon aus, dass nie alles perfekt funktionieren wird. Sorge daher für eine saubere Fehlerbehandlung durch Abfangen, durch Prüfen von Statuscodes, und vermeide es, dass interne Fehlermeldungen (z. B. SQL-Queries oder Stack-Traces) nach außen gelangen.

- **Fail gracefully:** Falls ein Fehler auftaucht, der keine Recovery zulässt, sorge dafür, dass der Fehler möglichst nachvollziehbar geloggt wird, dass ein Ressourcen-Cleanup durchgeführt wird (z. B. temporäre Dateien) und dass der User (falls vorhanden) informiert wird.
- **Passwörter und geheime Informationen:** Vermeide hartcodierte Passwörter; verwende für Credentials externe Dateien, die bei Bedarf verschlüsselt werden können; verwende bereits vorhandene Credentials oder fordere den User zur Eingabe der Credentials auf.
- **Externe Aufrufe:** Vorsicht bei Shell-Aufrufen oder Eval-Funktionen! Hier werden oftmals Strings als Code bzw. Befehle ausgeführt, wobei ein Angreifer bei ungenügender Absicherung bösartigen Code injecten und ausführen lassen könnte.
- **Unit-Testing:** Schreibe Unit-Tests, wo es sinnvoll ist, möglichst früh als Teil der Implementation nach dem Grundsatz: Regressionsfehler können nur dann automatisiert erkannt werden, wenn es auch einen entsprechenden Check dafür gibt.
- **Non functional testing:** Implementiere wo nötig auch Lasttests, um mögliche Performance-Issues frühzeitig zu erkennen.
- **Statische Code-Analyse**: Lasse je nach Komplexität und Möglichkeiten als Teil der Entwicklungsumgebung automatisierte statische Code-Analysen laufen (*Fast Feedback*).

- **Nach der Implementation**
  - Lasse einen Review deines Codes durch mindestens eine andere Person durchführen.
  - Falls ein sicherheitsrelevanter Bug gefunden wird, suche nach ähnlichen Bugs.
  - Verwende für die gewählte Programmiersprache vorhandene Tools zur Code-Analyse (z. B. Memory-Tester, Bug-Finder usw.).

A.10 BCM-Konzept

A.10.1 Zweck, Anwendungsbereich, Anwender und Eigentümer

Der Zweck dieses BCM-Konzept ist es, das Ziel, den Anwendungsbereich und die Grundregeln für das Business-Continuity-Management festzulegen.

Dieses Dokument wird auf das gesamte ISMS angewendet.

Nutzer dieses Dokuments sind alle Mitarbeiter von der [FIRMA].

Der Eigentümer des Dokuments ist die Geschäftsleitung, die das Dokument mindestens einmal jährlich prüfen und gegebenenfalls aktualisieren muss.

A.10.2 Referenzen

- ISO/IEC 27001:2022: A.5.29; A.5.30
- Liste juristischer, gesetzlicher, regulatorischer, vertraglicher und anderer Anforderungen

A.10.3 Zweck des BCM

Der Zweck des BCM ist die Identifikation möglicher Bedrohungen für die [FIRMA] und der daraus möglicherweise resultierenden Auswirkungen auf den Geschäftsbetrieb. Mithilfe eines angemessenen Business-Continuity-Managements können sich Organisationen vor Schadensereignissen schützen, die sich in nicht tolerierbarer Weise auf den Geschäftsbetrieb auswirken. Ebenso zielt es darauf ab, einen Rahmen bereitzustellen, in dem eine entsprechende Widerstandsfähigkeit der [FIRMA] geschaffen wird, sodass sie zu einer wirksamen Antwort auf solche Bedrohungen und Auswirkungen befähigt wird.

A.10.4 Zielsetzungen und andere Dokumente

Mit der Umsetzung des BCM sollen die strategischen Ziele der [FIRMA] erfüllt werden:

- Der maximale Ausfall der Informationssysteme darf nach Geschäftsvorgaben nicht überschritten werden.
- Die Wiederherstellungsprozesse sind nach festgelegten Prioritäten durchzuführen.
- Eine Reduktion der Schäden durch potenzielle Vorfälle.
- Schutz der Daten

A.10.5 Festlegung der BCM-Zielsetzung

Die Geschäftsleitung ist dafür verantwortlich, die Zielsetzung für das gesamte ISMS festzulegen. Ebenso legt sie fest, mit welcher Methode die Erreichung dieser Zielsetzung bewertet wird. Diese Zielsetzung und Methode sind in der Informationssicherheitsrichtlinie dokumentiert. Die Geschäftsleitung ist für die Überprüfung dieser Zielsetzung verantwortlich, die mindestens einmal jährlich erfolgt.

Zielsetzungen für einzelne Elemente des ISMS werden von der Geschäftsleitung vorgeschlagen und dokumentiert. Diese Zielsetzungen müssen mindestens einmal jährlich von denselben Personen überprüft werden, die sie vorgeschlagen haben.

Aktivitäten für die Erreichung dieser Zielsetzungen werden im Risikobehandlungsplan, im BCM-Vorbereitungsplan und im Management-Review festgelegt. Korrekturmaßnahmen werden entsprechend des Verfahrens zu Korrekturmaßnahmen festgelegt.

A.10.6 Wichtigste Produkte und Dienstleistungen

Die folgenden wichtigsten Produkte und Dienstleistungen werden von der [FIRMA] innerhalb des definierten Anwendungsbereiches bereitgestellt:

> **Von Ihnen auszufüllen**
> An dieser Stelle folgt eine Auflistung der wichtigsten Produkte und Dienstleistungen als Vorgabe für die BIA (*Business Continuity Analysis*).

Das BCM muss sicherstellen, dass die oben genannten Produkte und Dienstleistungen auf einem zuvor definierten Niveau wiederhergestellt werden können.

A.10.7 BCM-Verantwortlichkeiten

Allgemeine Verantwortlichkeiten

- Die Geschäftsleitung ist dafür verantwortlich, sicherzustellen, dass das BCM entsprechend dieser Richtlinie eingeführt und umgesetzt wird. Sie ist auch dafür verantwortlich, alle notwendigen Ressourcen bereitzustellen.
- Der CIO ist für die operative Umsetzung und Aufrechterhaltung des BCM verantwortlich.
- Die Geschäftsleitung muss das BCM mindestens einmal jährlich bewerten oder aber bei bedeutenden Änderungen neu bewerten und ein Bewertungsprotokoll erstellen. Der Zweck der Bewertung durch das Management ist der Nachweis der Eignung, Angemessenheit und Wirksamkeit des BCM.

Spezifische Verantwortlichkeiten

- Der CISO ist für die Anwendung und Durchführung des Plans für Trainings und Awareness verantwortlich. Dieser Plan gilt für alle Personen mit einer Funktion im ISMS.
- Vorkehrungen, die das BCM betreffen, müssen mindestens einmal jährlich mit unterschiedlichen Methoden geübt und getestet werden, um einzuschätzen, ob sie die Aktivitäten der [FIRMA] schützen können. Zu diesem Zweck erstellt der CIO einen Übungs- und Test-Plan, der von der Geschäftsleitung genehmigt werden muss. Nach jeder Übung und jedem Test muss der CIO einen Übungs- und Testbericht erstellen.
- Die Geschäftsleitung ist für die Einführung und Anwendung des Plans zur Aufrechterhaltung und Überprüfung des BCM verantwortlich, sodass alle BCM-Elemente funktionsbereit und aktuell sind.
- Jedes Mal, wenn ein Plan für das BCM, ein Wiederherstellungsplan oder ein Notfallmanagementplan in Kraft tritt, muss die Geschäftsleitung die Wirksamkeit des BCM überprüfen lassen.

- Der CIO ist für die Überwachung auf Nichteinhaltung, Fehlalarme, aktuelle Notfälle etc. verantwortlich. Außerdem ist er für den Einsatz der notwendigen Vorbeugungsmaßnahmen verantwortlich.

A.10.8 Bewertung

Die [FIRMA] bewertet,

- ob die Zielsetzungen entsprechend der Richtlinie erfüllt sind. Das geschieht mindestens einmal jährlich, üblicherweise vor dem Management-Review.
- ob die Pläne für das BCM wirksam und geeignet sind. Die Häufigkeit der Bewertungen ist im BCM-Plan festgelegt.

Der CIO wird einen Bericht zu den Resultaten der Bewertung erstellen; die Analyse und Beurteilung der Ergebnisse wird im Management-Review durchgeführt.

A.11 Business-Impact-Analyse (BIA)

Die BIA (dt. *Geschäftsauswirkungsanalyse*) wird mit Fragebögen umgesetzt. Das Verfahren wird durch den CISO koordiniert, und die Analyse der einzelnen Aktivitäten wird vom dem für die jeweilige Aktivität Verantwortlichen durchgeführt.

Die BIA wird nach Abschluss der Risikobewertung durchgeführt, sodass die Informationen über die benötigten Ressourcen bereits während der Risikoeinschätzung gesammelt werden können.

Entsprechend dieser Methodik erstellte, vertrauliche Dokumente werden so behandelt, wie es im Dokument »Klassifizierung von Informationen« beschrieben wurde.

A.11.1 Identifikation von Aktivitäten

Die Geschäftsleitung ist verantwortlich für die Identifikation aller Aktivitäten, die die Bereitstellung von Produkten und Services unterstützen, sowie für die Festlegung der für jede Aktivität verantwortlichen Person.

A.11.2 Auswirkungen bei Notfällen

Die Auswirkungen eines Notfalls auf eine Aktivität werden anhand

1. allgemeiner Auswirkungen (qualitative Einschätzung) und
2. finanzieller Auswirkungen (quantitative Einschätzung)

bewertet.

Beide Auswirkungsmerkmale werden mit folgender Zeitskala bewertet:

- 4 Stunden (halber Arbeitstag)
- 8 Stunden (ganzer Arbeitstag)
- 24 Stunden (1 Tag)
- 48 Stunden (2 Tage)
- 1 Woche

Falls eine Aktivität weniger zeitkritisch ist, so kann die Angabe in der Skala für diese spezielle Aktivität verlängert werden, z. B. von 4 Stunden auf 2 Wochen oder Ähnliches.

Für eine allgemeine Einschätzung (1) werden die Auswirkungen wie in Tabelle A.15 definiert:

Nr	Auswirkung	Beschreibung
1	Geringfügige Auswirkung	Die Dauer des Notfalls schädigt den Zahlungsfluss, die rechtlichen oder vertraglichen Verpflichtungen oder das Ansehen der [FIRMA] nur geringfügig.
2	Tolerierte Auswirkung	Die Dauer des Notfalls schädigt den Zahlungsfluss, die rechtlichen oder vertraglichen Verpflichtungen oder das Ansehen der [FIRMA], jedoch ist der Schaden unter Berücksichtigung seiner Höhe und der spezifischen Umstände noch akzeptabel.
3	Hohe Auswirkung	Die Dauer des Notfalls schädigt den Zahlungsfluss, die rechtlichen oder vertraglichen Verpflichtungen oder das Ansehen der [FIRMA], und die Höhe des Schadens und die spezifischen Umstände sind inakzeptabel.

Tabelle A.15: BIA – Auswirkungen

Ermittlung der maximal tolerierbaren Ausfallzeit (RPO)

Die maximal akzeptable Ausfallzeit bzw. der maximal tolerierbare Unterbrechungszeitraum (im Englischen als *Recovery Point Objective* (RPO) bezeichnet, dt. *Wiederherstellungspunkt-Ziel*) wird wie folgt in Stunden oder Tagen angegeben:

- die kürzeste Zeitdauer vor der allgemeinen Auswirkung bei Stufe 3 oder
- die kürzeste Zeitdauer vor der finanziellen Auswirkung, die im Verhältnis zu Eigenkapital/Gewinn/Budget/Umsätzen inakzeptabel ist

Arbeitsmenge

In diesem Teil der Analyse werden die Zeitspannen mit den höchsten Arbeitsmengen identifiziert und es wird das minimale Ziel für die Sicherstellung des Geschäftsbetriebs bestimmt.

Die folgenden Arten von Ressourcen müssen identifiziert werden:

- Personen
- Anwendungen/Datenbanken
- in elektronischer Form gespeicherte Daten (die nicht in Anwendungen und Datenbanken gespeichert sind)
- Daten in Papierform
- IT- und Kommunikationsausstattung
- Kommunikationskanäle
- andere Anlagen
- Räumlichkeiten und Infrastruktur
- Betriebsvermögen
- externe Dienstleistungen

Für jede Ressource muss Folgendes bestimmt werden:

- die Menge der Ressourcen, die für die Wiederherstellung einer Aktivität benötigt wird
- ob die betreffende Ressource die zentrale Schwachstelle (*Single Point of Failure*) ist
- die Zeit, nach der die Ressource benötigt wird (Zeit nach Wiederaufnahme der Aktivität)

Abhängigkeiten von Dritten

In diesem Teil der Analyse müssen Abhängigkeiten von

- anderen Aktivitäten,
- Outsourcing-Partnern und
- Lieferanten identifiziert werden.

Für jeden Outsourcing-Partner und Lieferanten muss Folgendes analysiert werden:

- Welches Dokument legt die Anforderungen für den Fall eines Notfalls fest?
- Vorhandenes Niveau der Fähigkeit zur Sicherstellung des Geschäftsbetriebs

Maximal tolerierbarer Datenverlust

Für jede in der Analyse identifizierte Datenbank, Anwendung oder Information muss die maximale Menge an Daten, die verloren gehen darf, bewertet werden. Der Datenverlust wird danach bewertet, welche Menge an Daten generiert wurde in der/den letzten:

- 2 Stunden
- 4 Stunden
- 24 Stunden
- 48 Stunden
- 1 Woche

Gegebenenfalls können die Angaben in der Skala für bestimmte Aktivitäten verkürzt/verlängert werden, um zur Art der Daten in der Aktivität zu passen.

Die Auswirkung von Datenverlust wird wie folgt klassifiziert:

Nr	Auswirkung	Beschreibung
1	Geringfügige Auswirkung	Der Umfang des Datenverlustes schädigt den Zahlungsfluss, die rechtlichen oder vertraglichen Verpflichtungen oder das Ansehen der [FIRMA] nur geringfügig.
2	Akzeptable Auswirkung	Der Umfang des Datenverlustes schädigt den Zahlungsfluss, die rechtlichen oder vertraglichen Verpflichtungen oder das Ansehen der [FIRMA], jedoch ist der Schaden unter Berücksichtigung seiner Höhe und der spezifischen Umstände noch akzeptabel.
3	Hohe Auswirkung	Der Umfang des Datenverlustes schädigt den Zahlungsfluss, die rechtlichen oder vertraglichen Verpflichtungen oder das Ansehen der [FIRMA], und die Höhe des Schadens und die spezifischen Umstände sind inakzeptabel.

Tabelle A.16: BIA – Datenverlust

A.11.3 Ergebnisberichte

Die mit den BCM-Fragebögen gesammelten Informationen werden an den ISMS-Verantwortlichen gesendet, der dafür verantwortlich ist, diese Daten in der BCM-Strategie zusammenzuführen und zu dokumentieren.

A.11.4 Regelmäßige BIA-Überprüfung

Der CISO muss eine Überprüfung der BIA-Fragebögen vornehmen und die BCM-Strategie entsprechend aktualisieren. Die Überprüfung wird mindestens einmal im Jahr durchgeführt – oder aber häufiger im Falle von bedeutenden organisatorischen Änderungen, wichtigen Technologie-Änderungen, Veränderungen der Geschäftsziele, des geschäftlichen Umfelds etc.

A.12 BCM-Plan

A.12.1 Inhalt des Plans

Der BCM-Plan besteht im Wesentlichen aus diesen Teilen:

- **Notfallmanagementplan:** ein Plan, der die direkte Antwort auf verschiedene Arten von Notfällen definiert
- **Notfallwiederherstellungsplan:** ein Plan, der die Wiederherstellung von IT-Infrastruktur und IT-Services definiert
- **Wiederherstellungspläne für individuelle Aktivitäten:** Diese Pläne werden für jede Aktivität erstellt. In ihnen wird die Wiederherstellung der für jede Aktivität notwendigen Ressourcen behandelt.

A.12.2 Voraussetzungen

Für die Wirksamkeit dieses Plans müssen alle Ressourcen und Vorkehrungen so, wie in der BCM-Strategie definiert, bereitgestellt sein.

A.12.3 Ernennung und Befugnisse

Die folgenden Gremien werden im Falle eines Notfalls gebildet:

Krisenstab	Vertretung	Funktion
Vorname Nachname	Vorname Nachname	Geschäftsführer
Vorname Nachname	Vorname Nachname	CIO
Vorname Nachname	Vorname Nachname	CISO
Vorname Nachname	Vorname Nachname	...

Tabelle A.17: Mitglieder des Krisenstabs

Der Zweck des **Krisenstabs** ist das Treffen aller wichtigen Entscheidungen und die Koordination von Tätigkeiten während des Notfalls.

Der Zweck des **Krisenstab-Support-Teams** ist die Entlastung des Krisenstabs von allen administrativen und anderen operativen Tätigkeiten, damit sich die Mitglieder des Krisenstabs auf die Bewältigung des Notfalls konzentrieren können. Die Mitglieder des Krisenstab-Support-Teams sind direkt dem Krisenstab unterstellt.

Wiederherstellungsmanager für individuelle Aktivitäten werden in den Wiederherstellungsplänen dazu benannt.

Die Befugnisse bei einem Notfall sind in Tabelle A.18 aufgeführt.

Art der Entscheidung	Berechtige(r)
Entscheidet, wie kleine Notfälle in Verbindung mit IT und Kommunikationstechnologie bewältigt werden.	Vorname Nachname
Entscheidet, wie alle anderen kleinen Notfälle bewältigt werden.	Vorname Nachname
Entscheidet über die Aktivierung von Wiederherstellungsplänen.	Krisenmanager
Entscheidet über die Auswahl eines Ausweichstandortes (Nutzung eines nahen oder weiter entfernt liegenden alternativen Standorts).	Krisenmanager
Information an die Mitarbeitenden über die Inkraftsetzung von Wiederherstellungsplänen	Krisenmanager
Umsetzung aller für die Wiederherstellung einzelner Aktivitäten notwendigen Tätigkeiten	Wiederherstellungsmanager für die individuelle Aktivität
Legt die Inhalte der Kommunikation für verschiedene interessierte Parteien fest.	Krisenmanager
Auswahl von Informationen, die während eines Notfalls den öffentlichen Medien zur Verfügung gestellt werden.	Geschäftsleitung
Beschaffungen während eines Notfalls (über 5000 €)	Geschäftsleitung
Beschaffungen während eines Notfalls (bis zu 5000 €)	Administratoren, CISO

Tabelle A.18: Notfall-Befugnisse

A.12.4 Aktivierung des Plans/Stoppen des Plans

Der Notfallmanagementplan wird automatisch aktiviert, wenn ein Notfall eintritt oder wenn ein möglicher Notfall die Aktivitäten bedroht. Der Notfallmanagementplan wird gestoppt, nachdem ein Notfall eingedämmt oder behoben wurde.

Die Aktivierung von Notfallwiederherstellungsplänen für bestimmte Aktivitäten erfolgt ausschließlich nach Entscheidung des Krisenmanagers, sofern er/sie die Lage so einschätzt, dass eine bestimmte Aktivität für einen längeren Zeitraum unterbrochen sein wird, als die Zielsetzung für die Wiederherstellungszeit dieser Aktivität (RTO) erlaubt. Die Entscheidung des Krisenmanagers kann schriftlich oder mündlich erfolgen.

Notfallwiederherstellungspläne können von Wiederherstellungsmanagern für die einzelnen Aktivitäten gestoppt werden, sobald sie feststellen, dass alle Bedingungen für die Wiederaufnahme von Geschäftsaktivitäten erfüllt sind. Notfallwiederherstellungspläne werden durch die Wiederaufnahme der normalen Geschäftstätigkeit deaktiviert.

Kommunikation

Die folgenden Kommunikationsmittel werden für die Kommunikation zwischen Krisenstab und Aktivitäten sowie zwischen den Aktivitäten selbst genutzt – diese sind nach Priorität geordnet (Das erste Mittel auf der Liste muss zuerst genutzt werden; falls es nicht verfügbar ist, wird das nächste genutzt):

- Mobil-Telefone
- MS Teams

Die Geschäftsleitung ist (gemäß Notfallplan) für die Koordination der Kommunikation mit allen Aktivitäten verantwortlich.

Verantwortlichkeiten für die Kommunikation (siehe das Dokument »Interne und externe Kommunikation«) mit bestimmten interessierten Parteien werden im Notfallmanagementplan spezifiziert.

Reihenfolge der Wiederherstellung von Aktivitäten

Aktivitäten müssen in folgender Reihenfolge wiederhergestellt werden:

- (Im Wiederherstellungsplan ist deren Reihenfolge aufgelistet.)
- Details siehe Notfallplan (separates Dokument)

Abhängigkeiten und Wechselwirkungen

Die Abhängigkeiten und Wechselwirkungen von Aktivitäten sowie mit Lieferanten und externen Parteien werden im Notfallmanagementplan und in den Notfallwiederherstellungsplänen für einzelne Aktivitäten genauer genannt.

Benötigte Ressourcen

Für die Wiederherstellung von Aktivitäten benötigte Ressourcen sind in ihren Wiederherstellungsplänen aufgelistet. Die erforderlichen Ressourcen zur Wiederherstellung der IT-Infrastruktur und der IT-Services sind im Notfallwiederherstellungsplan aufgelistet.

A.12.5 Rückführung von Geschäftsaktivitäten in den Normalbetrieb

Der Zweck der Rückführung der Geschäftsaktivitäten ist es, den Geschäftsbetrieb nach temporären Maßnahmen wieder in den Normalzustand zu versetzen, wie er vor dem Notfall üblich war.

Die in diesem Abschnitt beschriebenen Schritte sind nicht zeitkritisch - sie werden im Verhältnis zu den Auswirkungen des Notfalls und entsprechend der verfügbaren Ressourcen durchgeführt. Die Entscheidung über die Aktivierung jedes der folgenden Schritte wird vom Krisenmanager getroffen.

Folgende Schritte müssen in dieser Reihenfolge durchgeführt werden:

- Erhaltung der geschädigten Werte und Einschätzung des Schadens
- Bewertung der Situation und Festlegung von Optionen und Verantwortlichkeiten
- Entwicklung eines Handlungsplans - Festlegung der notwendigen Schritte für die Rückführung der Aktivitäten in den Normalzustand

A.12.6 Erhaltung geschädigter Werte und Einschätzung des Schadens

Die Geschäftsleitung stellt das Team für die Erhaltung der geschädigten Werte zusammen - der Schwerpunkt dieses Teams ist, zu verhindern, dass sich der Schaden ausbreitet.

Die Geschäftsleitung stellt das Team für die Einschätzung des Schadens zusammen. Die Einschätzung muss Folgendes enthalten:

- Name des Wertes
- Standort des Wertes
- Art des Schadens
- Kosten des Schadens

Bewertung der Situation

Abhängig vom Umfang des Schadens muss der Krisenmanager folgende Entscheidungen treffen:

- ob an den primären Standort zurückgekehrt wird oder ob ein neuer Standort gesucht wird
- ob neue Ausstattung beschafft wird oder ob die vorhandene repariert wird
- wann und wo der Betrieb von Aktivitäten, die keine geschäftskritischen Produkte und Services unterstützen (also Aktivitäten mit niedrigerer Priorität), wiederhergestellt/wiederaufgenommen wird
- ob genügend Personalressourcen für den Normalbetrieb vorhanden sind etc.

Auf Grundlage dieser Entscheidungen muss der Krisenmanager für Folgendes die Verantwortlichen benennen:

- Erhebung von Ansprüchen aus Versicherungspolicen
- Wiederherstellung von Einrichtungen
- Beschaffung neuer Einrichtungen
- Logistik für den Umzug an andere Standorte
- Reparatur der Ausstattung
- Beschaffung neuer Ausstattung
- Einstellung neuen Personals
- Wiederherstellung von Aktivitäten mit niedrigerer Priorität

A.12.7 Entwicklung von Handlungsplänen

Jeder Verantwortliche muss einen Handlungsplan für seinen Zuständigkeitsbereich entwickeln, der unter anderem Folgendes enthält:

- notwendige Schritte
- erforderliche Personalressourcen
- erforderliche finanzielle Ressourcen
- Fristen

Der Krisenmanager muss Folgendes definieren:

- wie die notwendige Finanzierung bereitgestellt wird
- Beschaffungsprozess und Befugnisse
- welche Berichte an den Krisenstab gesendet werden
- wer die Überprüfung der Schritte durchführt, nachdem diese abgeschlossen sind

A.12.8 Unterstützung der BCM-Umsetzung

Hiermit erklärt die Geschäftsleitung, dass alle Elemente der BCM-Umsetzung mit geeigneten Ressourcen unterstützt werden, um alle in dieser Richtlinie festgelegten Ziele und Zielsetzungen zu erfüllen sowie allen identifizierten Anforderungen gerecht zu werden.

A.12.9 Learning aus BCM-Vorfällen und BCM-Übungen

Die Erkenntnisse und Resultate sind nach jedem BCM-Vorfall bzw. jeder BCM-Übung zu analysieren, um Verbesserungen zu erzielen. Diese sind zu dokumentieren und in den jeweiligen BCM-Prozess einzufügen.

Anhang B

Die DIN EN ISO/IEC 27001:2024-01 mit Anhang und Änderung im Wortlaut

DEUTSCHE NORM **Januar 2024**

DIN EN ISO/IEC 27001

DIN

ICS 03.100.70; 35.030

Ersatz für
DIN EN ISO/IEC 27001:2017-06

Informationssicherheit, Cybersicherheit und Datenschutz – Informationssicherheitsmanagementsysteme – Anforderungen (ISO/IEC 27001:2022); Deutsche Fassung EN ISO/IEC 27001:2023

Information security, cybersecurity and privacy protection –
Information security management systems –
Requirements (ISO/IEC 27001:2022);
German version EN ISO/IEC 27001:2023

Sécurité de l'information, cybersécurité et protection de la vie privée –
Systèmes de management de la sécurité de l'information –
Exigences (ISO/IEC 27001:2022);
Version allemande EN ISO/IEC 27001:2023

Gesamtumfang 31 Seiten

DIN-Normenausschuss Informationstechnik und Anwendungen (NIA)

www.din.de
www.beuth.de

3479707

Nationales Vorwort

Der Text von ISO/IEC 27001:2022 wurde vom Technischen Komitee ISO/IEC JTC 1 „Information technology" der Internationalen Organisation für Normung (ISO) erarbeitet und als EN ISO/IEC 27001:2023 durch das Technische Komitee CEN/CLC/JTC 13 „Cybersicherheit und Datenschutz" übernommen, dessen Sekretariat von DIN (Deutschland) gehalten wird.

Das zuständige nationale Normungsgremium ist der Gemeinschaftsarbeitsausschuss NA 043-04-13 GA „DIN/DKE Gemeinschaftsgremium Cybersecurity" im DIN-Normenausschuss Informationstechnik und Anwendungen (NIA).

Für die in diesem Dokument zitierten Dokumente wird im Folgenden auf die entsprechenden deutschen Dokumente hingewiesen:

ISO/IEC 27000	siehe	DIN EN ISO/IEC 27000
ISO/IEC 27002:2022	siehe	DIN EN ISO/IEC 27002:2024-01
ISO 31000:2018	siehe	DIN ISO 31000:2018-10

Aktuelle Informationen zu diesem Dokument können über die Internetseiten von DIN (www.din.de) durch eine Suche nach der Dokumentennummer aufgerufen werden.

Änderungen

Gegenüber DIN EN ISO/IEC 27001:2017-06 wurden folgende Änderungen vorgenommen:

a) der Text wurde an die harmonisierte Struktur für Managementsystemnormen und an ISO/IEC 27002:2022 angepasst.

Frühere Ausgaben

DIN ISO/IEC 27001: 2008-09, 2015-03
DIN ISO/IEC 27001 Berichtigung 1: 2017-03
DIN EN ISO/IEC 27001: 2017-06

Nationaler Anhang NA
(informativ)

Literaturhinweise

DIN EN ISO/IEC 27000, *Informationstechnik — Sicherheitsverfahren — Informationssicherheitsmanagementsysteme — Überblick und Terminologie*

DIN EN ISO/IEC 27002:2024-01, *Informationssicherheit, Cybersicherheit und Schutz der Privatsphäre — Informationssicherheitsmaßnahmen (ISO/IEC 27002:2022); Deutsche Fassung EN ISO/IEC 27002:2022*

DIN ISO 31000:2018-10, *Risikomanagement — Leitlinien (ISO 31000:2018)*

– Leerseite –

EUROPÄISCHE NORM
EUROPEAN STANDARD
NORME EUROPÉENNE

EN ISO/IEC 27001

Juli 2023

ICS 03.100.70; 35.030

Ersetzt EN ISO/IEC 27001:2017

Deutsche Fassung

Informationssicherheit, Cybersicherheit und Datenschutz — Informationssicherheitsmanagementsysteme — Anforderungen (ISO/IEC 27001:2022)

Information security, cybersecurity and privacy protection — Information security management systems — Requirements (ISO/IEC 27001:2022)

Sécurité de l'information, cybersécurité et protection de la vie privée — Systèmes de management de la sécurité de l'information — Exigences (ISO/IEC 27001:2022)

Diese Europäische Norm wurde vom CEN am 23. Juli 2023 angenommen.

Die CEN- und CENELEC-Mitglieder sind gehalten, die CEN/CENELEC-Geschäftsordnung zu erfüllen, in der die Bedingungen festgelegt sind, unter denen dieser Europäischen Norm ohne jede Änderung der Status einer nationalen Norm zu geben ist. Auf dem letzten Stand befindliche Listen dieser nationalen Normen mit ihren bibliographischen Angaben sind beim CEN-CENELEC-Management-Zentrum oder bei jedem CEN-Mitglied auf Anfrage erhältlich.

Diese Europäische Norm besteht in drei offiziellen Fassungen (Deutsch, Englisch, Französisch). Eine Fassung in einer anderen Sprache, die von einem CEN- und CENELEC-Mitglied in eigener Verantwortung durch Übersetzung in seine Landessprache gemacht und dem Management-Zentrum mitgeteilt worden ist, hat den gleichen Status wie die offiziellen Fassungen.

CEN- und CENELEC-Mitglieder sind die nationalen Normungsinstitute von Belgien, Bulgarien, Dänemark, Deutschland, Estland, Finnland, Frankreich, Griechenland, Irland, Island, Italien, Kroatien, Lettland, Litauen, Luxemburg, Malta, den Niederlanden, Norwegen, Österreich, Polen, Portugal, der Republik Nordmazedonien, Rumänien, Schweden, der Schweiz, Serbien, der Slowakei, Slowenien, Spanien, der Tschechischen Republik, der Türkei, Ungarn, dem Vereinigten Königreich und Zypern.

CEN-CENELEC Management-Zentrum: Rue de la Science 23, B-1040 Brüssel

Ref. Nr. EN ISO/IEC 27001:2023 D

DIN EN ISO/IEC 27001:2024-01
EN ISO/IEC 27001:2023 (D)

Inhalt

Tabellen

DIN EN ISO/IEC 27001:2024-01
EN ISO/IEC 27001:2023 (D)

Europäisches Vorwort

Der Text von ISO/IEC 27001:2022 wurde vom Technischen Komitee ISO/IEC JTC 1 „Information technology" der Internationalen Organisation für Normung (ISO) erarbeitet und als EN ISO/IEC 27001:2023 durch das Technische Komitee CEN/CLC/JTC 13 „Cybersicherheit und Datenschutz" übernommen, dessen Sekretariat von DIN gehalten wird.

Diese Europäische Norm muss den Status einer nationalen Norm erhalten, entweder durch Veröffentlichung eines identischen Textes oder durch Anerkennung bis Januar 2024, und etwaige entgegenstehende nationale Normen müssen bis Januar 2024 zurückgezogen werden.

Es wird auf die Möglichkeit hingewiesen, dass einige Elemente dieses Dokuments Patentrechte berühren können. CEN-CENELEC sind nicht dafür verantwortlich, einige oder alle diesbezüglichen Patentrechte zu identifizieren.

Dieses Dokument ersetzt EN ISO/IEC 27001:2017.

Rückmeldungen oder Fragen zu diesem Dokument sollten an das jeweilige nationale Normungsinstitut des Anwenders gerichtet werden. Eine vollständige Liste dieser Institute ist auf den Internetseiten von CEN und CENELEC abrufbar.

Entsprechend der CEN-CENELEC-Geschäftsordnung sind die nationalen Normungsinstitute der folgenden Länder gehalten, diese Europäische Norm zu übernehmen: Belgien, Bulgarien, Dänemark, Deutschland, die Republik Nordmazedonien, Estland, Finnland, Frankreich, Griechenland, Irland, Island, Italien, Kroatien, Lettland, Litauen, Luxemburg, Malta, Niederlande, Norwegen, Österreich, Polen, Portugal, Rumänien, Schweden, Schweiz, Serbien, Slowakei, Slowenien, Spanien, Tschechische Republik, Türkei, Ungarn, Vereinigtes Königreich und Zypern.

Anerkennungsnotiz

Der Text von ISO/IEC 27001:2022 wurde von CEN-CENELEC als EN ISO/IEC 27001:2023 ohne irgendeine Abänderung genehmigt.

Vorwort

ISO (die Internationale Organisation für Normung) und IEC (die Internationale Elektrotechnische Kommission) bilden das auf die weltweite Normung spezialisierte System. Nationale Normungsorganisationen, die Mitglieder von ISO oder IEC sind, beteiligen sich an der Entwicklung von Internationalen Normen in Technischen Komitees, die von der jeweiligen Organisation eingerichtet wurden, um spezifische Gebiete technischer Aktivitäten zu behandeln. Auf Gebieten von beiderseitigem Interesse arbeiten die Technischen Komitees von ISO und IEC zusammen. Weitere internationale staatliche und nichtstaatliche Organisationen, die in engem Kontakt mit ISO und IEC stehen, nehmen ebenfalls an der Arbeit teil.

Die Verfahren, die bei der Entwicklung dieses Dokuments angewendet wurden und die für die weitere Pflege vorgesehen sind, werden in den ISO/IEC Directives, Teil 1, beschrieben. Im Besonderen sollten die für die verschiedenen ISO-Dokumentenarten notwendigen Annahmekriterien beachtet werden. Dieses Dokument wurde in Übereinstimmung mit den Gestaltungsregeln der ISO/IEC Directives, Teil 2, erarbeitet (siehe www.iso.org/directives oder www.iec.ch/members_experts/refdocs).

Es wird auf die Möglichkeit hingewiesen, dass einige Elemente dieses Dokuments Patentrechte berühren können. ISO und IEC sind nicht dafür verantwortlich, einige oder alle diesbezüglichen Patentrechte zu identifizieren. Details zu allen während der Entwicklung des Dokuments identifizierten Patentrechten finden sich in der Einleitung und/oder in der ISO-Liste der erhaltenen Patenterklärungen (siehe www.iso.org/patents) oder in der IEC-Liste der erhaltenen Patenterklärungen (siehe https://patents.iec.ch).

Jeder in diesem Dokument verwendete Handelsname dient nur zur Unterrichtung der Anwender und bedeutet keine Anerkennung.

Für eine Erläuterung des freiwilligen Charakters von Normen, der Bedeutung ISO-spezifischer Begriffe und Ausdrücke in Bezug auf Konformitätsbewertungen sowie Informationen darüber, wie ISO die Grundsätze der Welthandelsorganisation (WTO, en: World Trade Organization) hinsichtlich technischer Handelshemmnisse (TBT, en: Technical Barriers to Trade) berücksichtigt, siehe www.iso.org/iso/foreword.html. Diesbezügliche Informationen der IEC sind unter www.iec.ch/understanding-standards verfügbar.

Dieses Dokument wurde vom gemeinsamen Technischen Komitee ISO/IEC JTC 1, *Information technology*, Unterkomitee SC 27, *Information security, cybersecurity and privacy protection*, erarbeitet.

Diese dritte Ausgabe ersetzt die zweite Ausgabe (ISO/IEC 27001:2013), die technisch überarbeitet wurde. Sie enthält auch die Technischen Berichtigungen ISO/IEC 27001:2013/Cor 1:2014 und ISO/IEC 27001:2013/Cor 2:2015.

Die wesentlichen Änderungen sind folgende:

— der Text wurde an die harmonisierte Struktur für Managementsystemnormen und an ISO/IEC 27002:2022 angepasst.

Rückmeldungen oder Fragen zu diesem Dokument sollten an das jeweilige nationale Normungsinstitut des Anwenders gerichtet werden. Eine vollständige Auflistung dieser Institute ist unter www.iso.org/members.html und www.iec.ch/national-committees zu finden.

DIN EN ISO/IEC 27001:2024-01
EN ISO/IEC 27001:2023 (D)

Einleitung

0.1 Allgemeines

Dieses Dokument wurde erarbeitet, um Anforderungen für die Einrichtung, Umsetzung, Aufrechterhaltung und fortlaufende Verbesserung eines Informationssicherheitsmanagementsystems (ISMS) festzulegen. Die Einführung eines Informationssicherheitsmanagementsystems stellt für eine Organisation eine strategische Entscheidung dar. Erstellung und Umsetzung eines Informationssicherheitsmanagementsystems innerhalb einer Organisation richten sich nach deren Bedürfnissen und Zielen, den Sicherheitsanforderungen, den organisatorischen Abläufen sowie nach Größe und Struktur der Organisation. Es ist davon auszugehen, dass sich alle diese Einflussgrößen im Laufe der Zeit ändern.

Das Informationssicherheitsmanagementsystem wahrt die Vertraulichkeit, Integrität und Verfügbarkeit von Informationen unter Anwendung eines Risikomanagementprozesses und verleiht interessierten Parteien das Vertrauen in eine angemessene Steuerung von Risiken.

Es ist wichtig, dass das Informationssicherheitsmanagementsystem als Teil der Abläufe der Organisation in deren übergreifende Steuerungsstruktur integriert ist und die Informationssicherheit bereits bei der Konzeption von Prozessen, Informationssystemen und Maßnahmen berücksichtigt wird. Es wird erwartet, dass die Umsetzung eines Informationssicherheitsmanagementsystems entsprechend den Bedürfnissen der Organisation skaliert wird.

Dieses Dokument kann von internen und externen Parteien dazu eingesetzt werden, die Fähigkeit einer Organisation zur Einhaltung ihrer eigenen Informationssicherheitsanforderungen zu beurteilen.

Die Reihenfolge, in der die Anforderungen in diesem Dokument aufgeführt sind, spiegelt nicht deren Bedeutung wider noch die Abfolge, in der sie umzusetzen sind. Die Listeneinträge sind lediglich zu Referenzierungszwecken nummeriert.

ISO/IEC 27000 liefert einen Überblick und die Begrifflichkeiten von Informationssicherheitsmanagementsystemen und verweist auf die Informationssicherheitsmanagementsystem-Normenfamilie (einschließlich ISO/IEC 27003 [2], ISO/IEC 27004 [3] und ISO/IEC 27005 [4]), einschließlich deren Begriffe.

0.2 Kompatibilität mit anderen Managementsystemnormen

Dieses Dokument wendet die übergeordnete Struktur, die identischen Unterabschnittsnummern, den einheitlichen Basistext, die gemeinsamen Benennungen und die Basisdefinitionen an, die in Anhang SL der ISO/IEC Directives, Teil 1, „Consolidated ISO Supplement“ festgelegt sind, und stellt so die Übereinstimmung mit anderen Managementsystemnormen her, die ebenfalls den Anhang SL anwenden.

Diese in Anhang SL festgelegte gemeinsame Herangehensweise nützt jenen Organisationen, die sich für den Betrieb eines einzigen Managementsystems entscheiden, das die Anforderungen von zwei oder mehr Normen für Managementsysteme erfüllt.

1 Anwendungsbereich

Dieses Dokument legt die Anforderungen an die Einrichtung, Umsetzung, Aufrechterhaltung und fortlaufende Verbesserung eines Informationssicherheitsmanagementsystems im Kontext der Organisation fest. Darüber hinaus beinhaltet dieses Dokument Anforderungen an die Beurteilung und Behandlung von Informationssicherheitsrisiken entsprechend den individuellen Bedürfnissen der Organisation. Die in diesem Dokument festgelegten Anforderungen sind allgemein gehalten und dazu vorgesehen, auf alle Organisationen, ungeachtet ihrer Art und Größe, anwendbar zu sein. Wenn eine Organisation Konformität mit diesem Dokument für sich beansprucht, darf sie keine der Anforderungen in Abschnitt 4 bis Abschnitt 10 ausschließen.

2 Normative Verweisungen

Die folgenden Dokumente werden im Text in solcher Weise in Bezug genommen, dass einige Teile davon oder ihr gesamter Inhalt Anforderungen des vorliegenden Dokuments darstellen. Bei datierten Verweisungen gilt nur die in Bezug genommene Ausgabe. Bei undatierten Verweisungen gilt die letzte Ausgabe des in Bezug genommenen Dokuments (einschließlich aller Änderungen).

ISO/IEC 27000, *Information technology — Security techniques — Information security management systems — Overview and vocabulary*

3 Begriffe

Für die Anwendung dieses Dokuments gelten die Begriffe nach ISO/IEC 27000.

ISO und IEC stellen terminologische Datenbanken für die Verwendung in der Normung unter den folgenden Adressen bereit:

— ISO Online Browsing Platform: verfügbar unter https://www.iso.org/obp

— IEC Electropedia: verfügbar unter https://www.electropedia.org/

4 Kontext der Organisation

4.1 Verstehen der Organisation und ihres Kontextes

Die Organisation muss externe und interne Themen bestimmen, die für ihren Zweck relevant sind und sich auf ihre Fähigkeit auswirken, die beabsichtigten Ergebnisse ihres Informationssicherheitsmanagementsystems zu erreichen.

ANMERKUNG Die Bestimmung dieser Themen bezieht sich auf die Festlegung des externen und internen Kontexts des Unternehmens, wie in ISO 31000:2018 [5], 5.4.1, beschrieben.

4.2 Verstehen der Erfordernisse und Erwartungen interessierter Parteien

Die Organisation muss Folgendes bestimmen:

a) die interessierten Parteien, die für ihr Informationssicherheitsmanagementsystem relevant sind;

b) die relevanten Anforderungen dieser interessierten Parteien;

c) welche dieser Anforderungen durch das Informationssicherheitsmanagementsystem behandelt werden.

ANMERKUNG Die Anforderungen interessierter Parteien können gesetzliche und regulatorische Vorgaben sowie vertragliche Verpflichtungen beinhalten.

4.3 Festlegen des Anwendungsbereichs des Informationssicherheitsmanagementsystems

Die Organisation muss die Grenzen und die Anwendbarkeit des Informationssicherheitsmanagementsystems bestimmen, um dessen Anwendungsbereich festzulegen.

Bei der Festlegung des Anwendungsbereichs muss die Organisation Folgendes berücksichtigen:

a) die unter 4.1 genannten externen und internen Themen;

b) die unter 4.2 genannten Anforderungen;

c) Schnittstellen und Abhängigkeiten zwischen Tätigkeiten, die von der Organisation selbst durchgeführt werden, und Tätigkeiten, die von anderen Organisationen durchgeführt werden.

Der Anwendungsbereich muss als dokumentierte Information verfügbar sein.

4.4 Informationssicherheitsmanagementsystem

Die Organisation muss entsprechend den Anforderungen dieses Dokuments ein Informationssicherheitsmanagementsystem aufbauen, verwirklichen, aufrechterhalten und fortlaufend verbessern, einschließlich der benötigten Prozesse und ihrer Wechselwirkungen.

5 Führung

5.1 Führung und Verpflichtung

Die oberste Leitung muss in Bezug auf das Informationssicherheitsmanagementsystem Führung und Verpflichtung zeigen, indem sie

a) sicherstellt, dass die Informationssicherheitspolitik und die Informationssicherheitsziele festgelegt und mit der strategischen Ausrichtung der Organisation vereinbar sind;

b) sicherstellt, dass die Anforderungen des Informationssicherheitsmanagementsystems in die Prozesse der Organisation integriert werden;

c) sicherstellt, dass die für das Informationssicherheitsmanagementsystem erforderlichen Ressourcen zur Verfügung stehen;

d) die Bedeutung eines wirksamen Informationssicherheitsmanagements sowie die Wichtigkeit der Erfüllung der Anforderungen des Informationssicherheitsmanagementsystems vermittelt;

e) sicherstellt, dass das Informationssicherheitsmanagementsystem sein beabsichtigtes Ergebnis bzw. seine beabsichtigten Ergebnisse erzielt;

f) Personen anleitet und unterstützt, damit diese zur Wirksamkeit des Informationssicherheitsmanagementsystems beitragen können;

g) fortlaufende Verbesserung fördert; und

h) andere relevante Rollen unterstützt, um deren Führung in ihren jeweiligen Verantwortungsbereichen deutlich zu machen.

ANMERKUNG Wenn in diesem Dokument das Wort „Geschäft" (en: business) verwendet wird, kann dieses im weiteren Sinne verstanden werden und bezieht sich auf Tätigkeiten, die für die Existenz der Organisation entscheidend sind.

5.2 Politik

Die oberste Leitung muss eine Informationssicherheitspolitik festlegen, die:

a) für den Zweck der Organisation angemessen ist;

b) Informationssicherheitsziele (siehe 6.2) beinhaltet oder den Rahmen zum Festlegen von Informationssicherheitszielen bietet;

c) eine Verpflichtung zur Erfüllung zutreffender Anforderungen mit Bezug zur Informationssicherheit enthält;

d) eine Verpflichtung zur fortlaufenden Verbesserung des Informationssicherheitsmanagementsystems enthält.

Die Informationssicherheitspolitik muss:

e) als dokumentierte Information verfügbar sein;

f) innerhalb der Organisation bekanntgemacht werden;

g) soweit angemessen für interessierte Parteien verfügbar sein.

5.3 Rollen, Verantwortlichkeiten und Befugnisse in der Organisation

Die oberste Leitung muss sicherstellen, dass die Verantwortlichkeiten und Befugnisse für Rollen mit Bezug zur Informationssicherheit zugewiesen und innerhalb der Organisation bekanntgemacht werden.

Die oberste Leitung muss die Verantwortlichkeit und Befugnis zuweisen für:

a) das Sicherstellen, dass das Informationssicherheitsmanagementsystem die Anforderungen dieses Dokuments erfüllt;

b) das Berichten an die oberste Leitung über die Leistung des Informationssicherheitsmanagementsystems.

ANMERKUNG Die oberste Leitung kann auch Verantwortlichkeiten und Befugnisse für das Berichten über die Leistung des Informationssicherheitsmanagementsystems innerhalb der Organisation zuweisen.

6 Planung

6.1 Maßnahmen zum Umgang mit Risiken und Chancen

6.1.1 Allgemeines

Bei Planungen für das Informationssicherheitsmanagementsystem muss die Organisation die in 4.1 genannten Themen und die in 4.2 genannten Anforderungen berücksichtigen sowie die Risiken und Chancen bestimmen, die behandelt werden müssen, um

a) sicherzustellen, dass das Informationssicherheitsmanagementsystem seine beabsichtigten Ergebnisse erzielen kann;

b) unerwünschte Auswirkungen zu verhindern oder zu verringern;

c) fortlaufende Verbesserung zu erreichen.

Die Organisation muss planen:

d) Maßnahmen zum Umgang mit diesen Risiken und Chancen; und

e) wie

   1) die Maßnahmen in die Informationssicherheitsmanagementsystemprozesse der Organisation integriert und dort umgesetzt werden; und

   2) die Wirksamkeit dieser Maßnahmen bewertet wird.

6.1.2 Informationssicherheitsrisikobeurteilung

Die Organisation muss einen Prozess zur Informationssicherheitsrisikobeurteilung festlegen und anwenden, der:

a) Informationssicherheitsrisikokriterien festlegt und aufrechterhält, die Folgendes beinhalten:

   1) die Kriterien zur Risikoakzeptanz; und

   2) Kriterien für die Durchführung von Informationssicherheitsrisikobeurteilungen;

b) sicherstellt, dass wiederholte Informationssicherheitsrisikobeurteilungen zu konsistenten, gültigen und vergleichbaren Ergebnissen führen;

c) die Informationssicherheitsrisiken identifiziert:

   1) Anwendung des Prozesses zur Informationssicherheitsrisikobeurteilung, um Risiken im Zusammenhang mit dem Verlust der Vertraulichkeit, Integrität und Verfügbarkeit von Informationen innerhalb des Anwendungsbereichs des ISMS zu ermitteln; und

   2) Identifizierung der Risikoeigentümer;

d) die Informationssicherheitsrisiken analysiert:

   1) Abschätzung der möglichen Folgen bei Eintritt der nach 6.1.2 c) 1) identifizierten Risiken;

   2) Abschätzung der realistischen Eintrittswahrscheinlichkeiten der nach 6.1.2 c) 1) identifizierten Risiken; und

   3) Bestimmung der Risikoniveaus;

e) die Informationssicherheitsrisiken bewertet:

   1) Vergleich der Ergebnisse der Risikoanalyse mit den nach 6.1.2 a) festgelegten Risikokriterien; und

   2) Priorisierung der analysierten Risiken für die Risikobehandlung.

Die Organisation muss dokumentierte Information über den Informationssicherheitsrisikobeurteilungsprozess aufbewahren.

6.1.3 Informationssicherheitsrisikobehandlung

Die Organisation muss einen Prozess für die Informationssicherheitsrisikobehandlung festlegen und anwenden, um:

a) angemessene Optionen für die Informationssicherheitsrisikobehandlung unter Berücksichtigung der Ergebnisse der Risikobeurteilung auszuwählen;

b) alle Maßnahmen, die zur Umsetzung der gewählten Option(en) für die Informationssicherheitsrisikobehandlung erforderlich sind, festzulegen;

ANMERKUNG 1 Organisationen können Maßnahmen nach Bedarf gestalten oder aus einer beliebigen Quelle auswählen.

c) die nach 6.1.3 b) festgelegten Maßnahmen mit den Maßnahmen in Anhang A zu vergleichen und zu überprüfen, dass keine erforderlichen Maßnahmen ausgelassen wurden;

ANMERKUNG 2 Anhang A enthält eine Liste von möglichen Informationssicherheitsmaßnahmen. Anwender dieses Dokuments werden auf Anhang A verwiesen, um sicherzustellen, dass keine wichtigen Informationssicherheitsmaßnahmen übersehen wurden.

ANMERKUNG 3 Die in Anhang A aufgeführten Informationssicherheitsmaßnahmen sind nicht erschöpfend und können bei Bedarf durch zusätzliche Informationssicherheitsmaßnahmen ergänzt werden.

d) eine Erklärung zur Anwendbarkeit zu erstellen, die Folgendes enthält:

— die erforderlichen Maßnahmen [siehe 6.1.3 b) und c)];

— Gründe für deren Einbeziehung;

— ob die erforderlichen Maßnahmen umgesetzt sind oder nicht; sowie

— Gründe für die Nichteinbeziehung von Maßnahmen aus Anhang A;

e) einen Plan für die Informationssicherheitsrisikobehandlung zu formulieren; und

f) bei den Risikoeigentümern eine Genehmigung des Plans für die Informationssicherheitsrisikobehandlung sowie ihre Akzeptanz der Informationssicherheitsrestrisiken einzuholen.

Die Organisation muss dokumentierte Information über den Informationssicherheitsrisikobehandlungsprozess aufbewahren.

ANMERKUNG 4 Der in diesem Dokument genannte Prozess für die Informationssicherheitsrisikobeurteilung und -behandlung steht im Einklang mit den Grundsätzen und allgemeinen Leitlinien in ISO 31000 [5].

6.2 Informationssicherheitsziele und Planung zu deren Erreichung

Die Organisation muss Informationssicherheitsziele für relevante Funktionen und Ebenen festlegen.

Die Informationssicherheitsziele müssen:

a) im Einklang mit der Informationssicherheitspolitik stehen;

b) messbar sein (sofern machbar);

c) anwendbare Informationssicherheitsanforderungen sowie die Ergebnisse der Risikobeurteilung und Risikobehandlung berücksichtigen;

d) überwacht werden;

e) vermittelt werden;

f) soweit erforderlich aktualisiert werden;

g) als dokumentierte Information verfügbar sein.

Die Organisation muss dokumentierte Information zu den Informationssicherheitszielen aufbewahren.

Bei der Planung, wie die Informationssicherheitsziele erreicht werden, muss die Organisation bestimmen:

h) was getan wird;

i) welche Ressourcen erforderlich sind;

j) wer verantwortlich ist;

k) wann es abgeschlossen wird; und

l) wie die Ergebnisse bewertet werden.

6.3 Planung von Änderungen

Wenn die Organisation die Notwendigkeit von Änderungen am Informationssicherheitsmanagementsystem ermittelt, müssen diese in geplanter Weise durchgeführt werden.

7 Unterstützung

7.1 Ressourcen

Die Organisation muss die erforderlichen Ressourcen für den Aufbau, die Verwirklichung, die Aufrechterhaltung und die fortlaufende Verbesserung des Informationssicherheitsmanagementsystems bestimmen und bereitstellen.

7.2 Kompetenz

Die Organisation muss:

a) für Personen, die unter ihrer Aufsicht Tätigkeiten verrichten, welche die Informationssicherheitsleistung der Organisation beeinflussen, die erforderliche Kompetenz bestimmen;

b) sicherstellen, dass diese Personen auf Grundlage angemessener Ausbildung, Schulung oder Erfahrung kompetent sind;

c) sofern anwendbar, Maßnahmen einleiten, um die benötigte Kompetenz zu erwerben, und die Wirksamkeit der getroffenen Maßnahmen bewerten; und

d) angemessene dokumentierte Information als Nachweis der Kompetenz aufbewahren.

ANMERKUNG Geeignete Maßnahmen können zum Beispiel sein: Schulung, Mentoring oder Versetzung von gegenwärtig angestellten Personen oder Anstellung oder Beauftragung kompetenter Personen.

7.3 Bewusstsein

Personen, die unter Aufsicht der Organisation Tätigkeiten verrichten, müssen sich des Folgenden bewusst sein:

a) der Informationssicherheitspolitik;

b) ihres Beitrags zur Wirksamkeit des Informationssicherheitsmanagementsystems, einschließlich der Vorteile einer verbesserten Informationssicherheitsleistung; und

c) der Folgen einer Nichterfüllung der Anforderungen des Informationssicherheitsmanagementsystems.

7.4 Kommunikation

Die Organisation muss die Erfordernis einer internen und externen Kommunikation in Bezug auf das Informationssicherheitsmanagementsystem bestimmen, einschließlich:

a) worüber kommuniziert wird;

b) wann kommuniziert wird;

c) mit wem kommuniziert wird;

d) wie kommuniziert wird.

7.5 Dokumentierte Information

7.5.1 Allgemeines

Das Informationssicherheitsmanagementsystem der Organisation muss beinhalten:

a) die von diesem Dokument geforderte dokumentierte Information; und

b) dokumentierte Information, welche die Organisation als notwendig für die Wirksamkeit des Managementsystems bestimmt hat.

ANMERKUNG Der Umfang dokumentierter Information für ein Informationssicherheitsmanagementsystem kann sich von Organisation zu Organisation unterscheiden, und zwar aufgrund:

1) der Größe der Organisation und der Art ihrer Tätigkeiten, Prozesse, Produkte und Dienstleistungen;

2) der Komplexität der Prozesse und deren Wechselwirkungen; und

3) der Kompetenz der Personen.

7.5.2 Erstellen und Aktualisieren

Beim Erstellen und Aktualisieren dokumentierter Information muss die Organisation Folgendes sicherstellen:

a) angemessene Kennzeichnung und Beschreibung (z. B. Titel, Datum, Autor oder Referenznummer);

b) angemessenes Format (z. B. Sprache, Softwareversion, Graphiken) und Medium (z. B. Papier, elektronisches Medium); und

c) angemessene Überprüfung und Genehmigung im Hinblick auf Eignung und Angemessenheit.

7.5.3 Steuerung dokumentierter Information

Die für das Informationssicherheitsmanagementsystem erforderliche und von diesem Dokument geforderte dokumentierte Information muss gesteuert werden, um sicherzustellen, dass sie:

a) verfügbar und für die Verwendung geeignet ist, wo und wann sie benötigt wird; und

b) angemessen geschützt wird (z. B. vor Verlust der Vertraulichkeit, unsachgemäßem Gebrauch oder Verlust der Integrität).

Zur Steuerung dokumentierter Information muss die Organisation, falls zutreffend, folgende Tätigkeiten berücksichtigen:

c) Verteilung, Zugriff, Auffindung und Verwendung;

d) Ablage/Speicherung und Erhaltung, einschließlich Erhaltung der Lesbarkeit;

e) Überwachung von Änderungen (z. B. Versionskontrolle); und

f) Aufbewahrung und Verfügung über den weiteren Verbleib.

Dokumentierte Information externer Herkunft, die von der Organisation als notwendig für Planung und Betrieb des Informationssicherheitsmanagementsystems bestimmt wurde, muss angemessen gekennzeichnet und gesteuert werden.

ANMERKUNG Zugriff kann eine Entscheidung voraussetzen, mit der die Erlaubnis erteilt wird, dokumentierte Information lediglich zu lesen, oder die Erlaubnis und Befugnis zum Lesen und Ändern dokumentierter Information usw.

8 Betrieb

8.1 Betriebliche Planung und Steuerung

Die Organisation muss die notwendigen Prozesse zur Erfüllung der Anforderungen und zur Durchführung der in Abschnitt 6 bestimmten Maßnahmen planen, verwirklichen und steuern, indem sie

— Kriterien für die Prozesse festlegt;

— die Steuerung der Prozesse in Übereinstimmung mit den Kriterien verwirklicht.

Dokumentierte Information muss im erforderlichen Umfang verfügbar sein, damit darauf vertraut werden kann, dass die Prozesse wie geplant durchgeführt wurden.

Die Organisation muss geplante Änderungen steuern sowie die Folgen unbeabsichtigter Änderungen überprüfen und, falls notwendig, Maßnahmen ergreifen, um jegliche negativen Auswirkungen zu vermindern.

Die Organisation muss sicherstellen, dass extern bereitgestellte Prozesse, Produkte oder Dienstleistungen, die für das Informationssicherheitsmanagementsystem relevant sind, gesteuert werden.

8.2 Informationssicherheitsrisikobeurteilung

Die Organisation muss in geplanten Abständen Informationssicherheitsrisikobeurteilungen vornehmen oder immer dann, wenn erhebliche Änderungen vorgeschlagen werden oder auftreten; dabei sind die in 6.1.2 a) festgelegten Kriterien zu berücksichtigen.

Die Organisation muss dokumentierte Information über die Ergebnisse der Informationssicherheitsrisikobeurteilungen aufbewahren.

8.3 Informationssicherheitsrisikobehandlung

Die Organisation muss den Plan für die Informationssicherheitsrisikobehandlung umsetzen.

Die Organisation muss dokumentierte Information über die Ergebnisse der Informationssicherheitsrisikobehandlung aufbewahren.

9 Bewertung der Leistung

9.1 Überwachung, Messung, Analyse und Bewertung

Die Organisation muss bestimmen:

a) was überwacht und gemessen werden muss, einschließlich der Informationssicherheitsprozesse und Maßnahmen;

b) die Methoden zur Überwachung, Messung, Analyse und Bewertung, sofern zutreffend, um gültige Ergebnisse sicherzustellen. Die ausgewählten Methoden sollten zu vergleichbaren und reproduzierbaren Ergebnissen führen, um als gültig betrachtet zu werden;

c) wann die Überwachung und Messung durchzuführen ist;

d) wer überwachen und messen muss;

e) wann die Ergebnisse der Überwachung und Messung zu analysieren und zu bewerten sind;

f) wer diese Ergebnisse analysieren und bewerten muss.

Dokumentierte Information muss als Nachweis der Ergebnisse verfügbar sein.

Die Organisation muss die Informationssicherheitsleistung und die Wirksamkeit des Informationssicherheitsmanagementsystems bewerten.

9.2 Internes Audit

9.2.1 Allgemeines

Die Organisation muss in geplanten Abständen interne Audits durchführen, um Informationen darüber zur Verfügung zu stellen, ob das Informationssicherheitsmanagementsystem:

a) folgende Anforderungen erfüllt:

   1) die eigenen Anforderungen der Organisation an ihr Informationssicherheitsmanagementsystem;

   2) die Anforderungen dieses Dokuments;

b) wirksam verwirklicht und aufrechterhalten wird.

9.2.2 Internes Auditprogramm

Die Organisation muss ein oder mehrere Auditprogramme planen, aufbauen, verwirklichen und aufrechterhalten, einschließlich der Häufigkeit von Audits Methoden, Verantwortlichkeiten, Anforderungen an die Planung und Berichterstattung.

Beim Aufbau des/der internen Auditprogramms/Auditprogramme muss die Organisation die Bedeutung der betroffenen Prozesse und die Ergebnisse vorheriger Audits berücksichtigen.

Die Organisation muss:

a) für jedes Audit die Auditkriterien sowie den Umfang festlegen;

b) Auditoren so auswählen und Audits so durchführen, dass die Objektivität und Unparteilichkeit des Auditprozesses sichergestellt sind;

c) sicherstellen, dass die Ergebnisse der Audits gegenüber der zuständigen Leitung berichtet werden.

Dokumentierte Information muss als Nachweis der Umsetzung des Auditprogramms/der Auditprogramme und der Auditergebnisse verfügbar sein.

9.3 Managementbewertung

9.3.1 Allgemeines

Die oberste Leitung muss das Informationssicherheitsmanagementsystem der Organisation in geplanten Abständen bewerten, um dessen fortdauernde Eignung, Angemessenheit und Wirksamkeit sicherzustellen.

9.3.2 Eingaben für die Managementbewertung

Die Managementbewertung muss folgende Aspekte behandeln:

a) den Status von Maßnahmen vorheriger Managementbewertungen;

b) Veränderungen bei externen und internen Themen, die das Informationssicherheitsmanagementsystem betreffen;

c) Veränderungen bei den Erfordernissen und Erwartungen von interessierten Parteien, die das Informationssicherheitsmanagementsystem betreffen;

d) Rückmeldung über die Informationssicherheitsleistung, einschließlich Entwicklungen bei:

  1) Nichtkonformitäten und Korrekturmaßnahmen;

  2) Ergebnissen von Überwachungen und Messungen;

  3) Auditergebnissen;

  4) Erreichung von Informationssicherheitszielen;

e) Rückmeldung von interessierten Parteien;

f) Ergebnissen der Risikobeurteilung und Status des Risikobehandlungsplans;

g) Möglichkeiten zur fortlaufenden Verbesserung.

9.3.3 Ergebnisse der Managementbewertung

Die Ergebnisse der Managementbewertung müssen Entscheidungen zu Möglichkeiten der fortlaufenden Verbesserung sowie jeglichen Änderungsbedarf am Informationssicherheitsmanagementsystem enthalten.

Dokumentierte Information muss als Nachweis der Ergebnisse von Managementbewertungen verfügbar sein.

10 Verbesserung

10.1 Fortlaufende Verbesserung

Die Organisation muss die Eignung, Angemessenheit und Wirksamkeit des Informationssicherheitsmanagementsystems fortlaufend verbessern.

10.2 Nichtkonformität und Korrekturmaßnahmen

Wenn eine Nichtkonformität auftritt, muss die Organisation:

a) darauf reagieren und, falls zutreffend:

  1) Maßnahmen zur Überwachung und zur Korrektur ergreifen;

2) mit den Folgen umgehen;

b) die Notwendigkeit von Maßnahmen zur Beseitigung der Ursachen von Nichtkonformitäten bewerten, damit diese nicht erneut oder an anderer Stelle auftreten, und zwar durch:

1) Überprüfen der Nichtkonformität;

2) Bestimmen der Ursachen der Nichtkonformität; und

3) Bestimmen, ob vergleichbare Nichtkonformitäten bestehen oder möglicherweise auftreten könnten;

c) jegliche erforderliche Maßnahme einleiten;

d) die Wirksamkeit jeglicher ergriffener Korrekturmaßnahme überprüfen; und

e) sofern erforderlich, das Informationssicherheitsmanagementsystem ändern.

Korrekturmaßnahmen müssen den Auswirkungen der aufgetretenen Nichtkonformitäten angemessen sein.

Dokumentierte Information muss verfügbar sein als Nachweis:

f) der Art der Nichtkonformität sowie jeder daraufhin getroffenen Maßnahme;

g) der Ergebnisse jeder Korrekturmaßnahme.

Anhang A
(normativ)

Verweisung auf Informationssicherheitsmaßnahmen

Die in Tabelle A.1 aufgeführten Informationssicherheitsmaßnahmen[N1] sind aus denjenigen, die in ISO/IEC 27002:2022 [1], Abschnitt 5 bis Abschnitt 8, genannt sind, direkt abgeleitet, daran ausgerichtet und müssen im Kontext mit 6.1.3 angewendet werden.

Tabelle A.1 — Informationssicherheitsmaßnahmen

5	**Organisatorische Maßnahmen**	
5.1	Informationssicherheitspolitik und -richtlinien	**Maßnahme** Informationssicherheitspolitik und themenspezifische Richtlinien müssen definiert, von der Geschäftsleitung genehmigt, veröffentlicht, dem zuständigen Personal und den interessierten Parteien mitgeteilt und von diesen zur Kenntnis genommen sowie in geplanten Abständen und bei wesentlichen Änderungen überprüft werden.
5.2	Informationssicherheitsrollen und -verantwortlichkeiten	**Maßnahme** Die Aufgaben und Zuständigkeiten im Bereich der Informationssicherheit müssen entsprechend den Erfordernissen des Unternehmens definiert und zugewiesen werden.
5.3	Aufgabentrennung	**Maßnahme** Sich widersprechende Aufgaben und Verantwortungsbereiche müssen voneinander getrennt werden.
5.4	Verantwortlichkeiten der Leitung	**Maßnahme** Die Leitung muss vom gesamten Personal verlangen, dass es die Informationssicherheit im Einklang mit der eingeführten Informationssicherheitspolitik, und den themenspezifischen Richtlinien und Verfahren der Organisation umsetzt.
5.5	Kontakt mit Behörden	**Maßnahme** Die Organisation muss mit den zuständigen Behörden Kontakt aufnehmen und halten.
5.6	Kontakt mit speziellen Interessensgruppen	**Maßnahme** Die Organisation muss mit speziellen Interessensgruppen oder sonstigen sicherheitsorientierten Expertenforen und Fachverbänden Kontakt aufnehmen und halten.
5.7	Informationen über die Bedrohungslage	**Maßnahme** Informationen über Bedrohungen der Informationssicherheit müssen erhoben und analysiert werden, um Erkenntnisse über Bedrohungen zu gewinnen.
5.8	Informationssicherheit im Projektmanagement	**Maßnahme** Die Informationssicherheit muss in das Projektmanagement integriert werden.
5.9	Inventar der Informationen und anderen damit verbundenen Werte	**Maßnahme** Ein Inventar der Informationen und anderen damit verbundenen Werte, einschließlich der Eigentümer, muss erstellt und gepflegt werden.

N1 Nationale Fußnote: Die hier im Zusammenhang genannten Maßnahmen können als Maßnahmen im Sinne der Steuerung des ISMS verstanden werden.

Tabelle A.1 (*fortgesetzt*)

5.10	Zulässiger Gebrauch von Informationen und anderen damit verbundenen Werten	**Maßnahme** Regeln für den zulässigen Gebrauch und Verfahren für den Umgang mit Informationen und anderen damit verbundenen Werten müssen aufgestellt, dokumentiert und angewendet werden.
5.11	Rückgabe von Werten	**Maßnahme** Das Personal und gegebenenfalls andere interessierte Parteien müssen alle Werte der Organisation, die sich in ihrem Besitz befinden, bei Änderung oder Beendigung ihres Beschäftigungsverhältnisses, Vertrags oder ihrer Vereinbarung zurückgeben.
5.12	Klassifizierung von Informationen	**Maßnahme** Informationen müssen entsprechend den Informationssicherheitserfordernissen der Organisation auf der Grundlage von Vertraulichkeit, Integrität, Verfügbarkeit und relevanten Anforderungen der interessierten Parteien klassifiziert werden.
5.13	Kennzeichnung von Informationen	**Maßnahme** Ein angemessener Satz von Verfahren zur Kennzeichnung von Informationen muss entsprechend dem von der Organisation eingesetzten Informationsklassifizierungsschema entwickelt und umgesetzt werden.
5.14	Informationsübermittlung	**Maßnahme** Für alle Arten von Übermittlungseinrichtungen innerhalb der Organisation und zwischen der Organisation und anderen Parteien müssen Regeln, Verfahren oder Vereinbarungen zur Informationsübermittlung vorhanden sein.
5.15	Zugangssteuerung	**Maßnahme** Regeln zur Steuerung des physischen und logischen Zugriffs auf Informationen und andere damit verbundene Werte müssen auf der Grundlage von Geschäfts- und Informationssicherheitsanforderungen aufgestellt und umgesetzt werden.
5.16	Identitätsmanagement	**Maßnahme** Der gesamte Lebenszyklus von Identitäten muss verwaltet werden.
5.17	Authentisierungsinformationen	**Maßnahme** Die Zuweisung und Verwaltung von Authentisierungsinformationen muss durch einen Managementprozess gesteuert werden, der auch die Beratung des Personals über den angemessenen Umgang mit Authentisierungsinformationen umfasst.
5.18	Zugangsrechte	**Maßnahme** Zugangsrechte zu Informationen und anderen damit verbundenen Werten müssen in Übereinstimmung mit der themenspezifischen Richtlinie und den Regeln der Organisation für die Zugangssteuerung bereitgestellt, überprüft, geändert und entfernt werden.
5.19	Informationssicherheit in Lieferantenbeziehungen	**Maßnahme** Es müssen Prozesse und Verfahren festgelegt und umgesetzt werden, um die mit der Nutzung der Produkte oder Dienstleistungen des Lieferanten verbundenen Informationssicherheitsrisiken zu beherrschen.
5.20	Behandlung von Informationssicherheit in Lieferantenvereinbarungen	**Maßnahme** Je nach Art der Lieferantenbeziehung müssen die entsprechenden Anforderungen an die Informationssicherheit festgelegt und mit jedem Lieferanten vereinbart werden.
5.21	Umgang mit der Informationssicherheit in der Lieferkette der Informations- und Kommunikationstechnologie (IKT)	**Maßnahme** Es müssen Prozesse und Verfahren festgelegt und umgesetzt werden, um die mit der IKT-Produkt- und Dienstleistungslieferkette verbundenen Informationssicherheitsrisiken zu beherrschen.

Tabelle A.1 (*fortgesetzt*)

5.22	Überwachung, Überprüfung und Änderungsmanagement von Lieferantendienstleistungen	**Maßnahme** Die Organisation muss regelmäßig die Informationssicherheitspraktiken der Lieferanten und die Erbringung von Dienstleistungen überwachen, überprüfen, bewerten und Änderungen steuern.
5.23	Informationssicherheit für die Nutzung von Cloud-Diensten	**Maßnahme** Die Verfahren für den Erwerb, die Nutzung, die Verwaltung und den Ausstieg aus Cloud-Diensten müssen in Übereinstimmung mit den Informationssicherheitsanforderungen der Organisation festgelegt werden.
5.24	Planung und Vorbereitung der Handhabung von Informationssicherheitsvorfällen	**Maßnahme** Die Organisation muss die Handhabung von Informationssicherheitsvorfällen planen und vorbereiten, indem sie Prozesse, Rollen und Verantwortlichkeiten für die Handhabung von Informationssicherheitsvorfällen definiert, einführt und kommuniziert.
5.25	Beurteilung und Entscheidung über Informationssicherheitsereignisse	**Maßnahme** Die Organisation muss Informationssicherheitsereignisse beurteilen und entscheiden, ob sie als Informationssicherheitsvorfälle eingestuft werden müssen.
5.26	Reaktion auf Informationssicherheitsvorfälle	**Maßnahme** Auf Informationssicherheitsvorfälle muss entsprechend den dokumentierten Verfahren reagiert werden.
5.27	Erkenntnisse aus Informationssicherheitsvorfällen	**Maßnahme** Aus Informationssicherheitsvorfällen gewonnene Erkenntnisse müssen zur Verstärkung und Verbesserung der Informationssicherheitsmaßnahmen genutzt werden.
5.28	Sammeln von Beweismaterial	**Maßnahme** Die Organisation muss Verfahren für die Ermittlung, Sammlung, Beschaffung und Aufbewahrung von Beweismaterial im Zusammenhang mit Informationssicherheitsereignissen einführen und umsetzen.
5.29	Informationssicherheit bei Störungen	**Maßnahme** Die Organisation muss planen, wie die Informationssicherheit während einer Störung auf einem angemessenen Niveau gehalten werden kann.
5.30	IKT-Bereitschaft für Business-Continuity	**Maßnahme** Die IKT-Bereitschaft muss auf der Grundlage von Business-Continuity-Zielen und IKT-Kontinuitätsanforderungen geplant, umgesetzt, aufrechterhalten und geprüft werden.
5.31	Juristische, gesetzliche, regulatorische und vertragliche Anforderungen	**Maßnahme** Rechtliche, gesetzliche, behördliche und vertragliche Anforderungen, die für die Informationssicherheit relevant sind, und die Vorgehensweise der Organisation zur Erfüllung dieser Anforderungen müssen ermittelt, dokumentiert und auf dem neuesten Stand gehalten werden.
5.32	Geistige Eigentumsrechte	**Maßnahme** Die Organisation muss geeignete Verfahren zum Schutz der Rechte an geistigem Eigentum einführen.
5.33	Schutz von Aufzeichnungen	**Maßnahme** Aufzeichnungen müssen vor Verlust, Zerstörung, Fälschung, unbefugtem Zugriff und unbefugter Veröffentlichung geschützt sein.

Tabelle A.1 (*fortgesetzt*)

5.34	Datenschutz und Schutz von personenbezogenen Daten (PbD)	**Maßnahme** Die Organisation muss die Anforderungen an die Wahrung der Privatsphäre und den Schutz personenbezogener Daten nach den geltenden Gesetzen und Vorschriften sowie den vertraglichen Anforderungen ermitteln und erfüllen.
5.35	Unabhängige Überprüfung der Informationssicherheit	**Maßnahme** Die Vorgehensweise der Organisation für die Handhabung der Informationssicherheit und deren Umsetzung einschließlich der Mitarbeiter, Prozesse und Technologien müssen auf unabhängige Weise in planmäßigen Abständen oder jeweils bei erheblichen Änderungen überprüft werden.
5.36	Einhaltung von Richtlinien, Vorschriften und Normen für die Informationssicherheit	**Maßnahme** Die Einhaltung der Informationssicherheitspolitik der Organisation und ihrer themenspezifischen Richtlinien, Regeln und Normen muss regelmäßig überprüft werden.
5.37	Dokumentierte Betriebsabläufe	**Maßnahme** Die Betriebsverfahren für Informationsverarbeitungsanlagen müssen dokumentiert und dem Personal, das sie benötigt, zur Verfügung gestellt werden.
6	**Personenbezogene Maßnahmen**	
6.1	Sicherheitsüberprüfung	**Maßnahme** Alle Personen, die in die Belegschaft aufgenommen werden, müssen vor dem Eintritt in die Organisation und fortlaufend unter Berücksichtigung geltender Gesetze, Vorschriften und ethischer Grundsätze einer Sicherheitsüberprüfung unterzogen werden und diese Überprüfung muss in einem angemessenen Verhältnis zu den geschäftlichen Anforderungen, der Einstufung der einzuholenden Informationen und den wahrgenommenen Risiken stehen.
6.2	Beschäftigungs- und Vertragsbedingungen	**Maßnahme** In den arbeitsvertraglichen Vereinbarungen müssen die Verantwortlichkeiten des Personals und der Organisation für die Informationssicherheit festgelegt werden.
6.3	Informationssicherheits-bewusstsein, -ausbildung und -schulung	**Maßnahme** Das Personal der Organisation und relevante interessierte Parteien müssen ein angemessenes Bewusstsein für die Informationssicherheit, eine entsprechende Ausbildung und Schulung sowie regelmäßige Aktualisierungen der Informationssicherheitspolitik der Organisation, themenspezifischer Richtlinien und Verfahren erhalten, die für ihr berufliches Arbeitsgebiet relevant sind.
6.4	Maßregelungsprozess	**Maßnahme** Ein Maßregelungsprozess muss formalisiert und kommuniziert werden, um Schritte gegen Mitarbeiter und andere interessierte Parteien zu ergreifen, die einen Verstoß gegen die Informationssicherheitspolitik begangen haben.
6.5	Verantwortlichkeiten bei Beendigung oder Änderung der Beschäftigung	**Maßnahme** Verantwortlichkeiten und Pflichten im Bereich der Informationssicherheit, die auch nach Beendigung oder Änderung von Beschäftigungsverhältnissen bestehen bleiben, müssen festgelegt, durchgesetzt und den betreffenden Mitarbeitern und anderen interessierten Parteien mitgeteilt werden.

Tabelle A.1 (*fortgesetzt*)

6.6	Vertraulichkeits- oder Geheimhaltungsvereinbarungen	**Maßnahme** Vertraulichkeits- oder Geheimhaltungsvereinbarungen, welche den Bedarf der Organisation am Schutz von Informationen widerspiegeln, müssen identifiziert, dokumentiert, regelmäßig überprüft und von den Mitarbeitern und anderen interessierten Parteien unterzeichnet werden.
6.7	Remote-Arbeit	**Maßnahme** Es müssen Sicherheitsmaßnahmen ergriffen werden, wenn Mitarbeiter aus der Ferne arbeiten, um Informationen zu schützen, die außerhalb der Räumlichkeiten des Unternehmens abgerufen, verarbeitet oder gespeichert werden.
6.8	Meldung von Informationssicherheitsereignissen	**Maßnahme** Die Organisation muss einen Mechanismus bereitstellen, der es den Mitarbeitern ermöglicht, beobachtete oder vermutete Informationssicherheitsereignisse über geeignete Kanäle rechtzeitig zu melden.
7	**Physische Maßnahmen**	
7.1	Physische Sicherheitsperimeter	**Maßnahme** Zum Schutz von Bereichen, in denen sich Informationen und andere damit verbundene Werte befinden, müssen Sicherheitsperimeter festgelegt und verwendet werden.
7.2	Physischer Zutritt	**Maßnahme** Sicherheitsbereiche müssen durch eine angemessene Zutrittssteuerung und Zutrittsstellen geschützt werden.
7.3	Sichern von Büros, Räumen und Einrichtungen	**Maßnahme** Die physische Sicherheit von Büros, Räumen und Einrichtungen muss konzipiert und umgesetzt werden.
7.4	Physische Sicherheitsüberwachung	**Maßnahme** Die Räumlichkeiten müssen ständig auf unbefugten physischen Zugang überwacht werden.
7.5	Schutz vor physischen und umweltbedingten Bedrohungen	**Maßnahme** Der Schutz vor physischen und umweltbedingten Bedrohungen wie Naturkatastrophen und anderen absichtlichen oder unabsichtlichen physischen Bedrohungen der Infrastruktur muss geplant und umgesetzt werden.
7.6	Arbeiten in Sicherheitsbereichen	**Maßnahme** Es müssen Sicherheitsmaßnahmen für die Arbeit in Sicherheitsbereichen konzipiert und umgesetzt werden.
7.7	Aufgeräumte Arbeitsumgebung und Bildschirmsperren	**Maßnahme** Es müssen klare Regeln für eine aufgeräumte Arbeitsumgebung hinsichtlich Unterlagen und Wechseldatenträgern und klare Regeln für Bildschirmsperren für informationsverarbeitende Einrichtungen festgelegt und angemessen durchgesetzt werden.
7.8	Platzierung und Schutz von Geräten und Betriebsmitteln	**Maßnahme** Geräte und Betriebsmittel müssen sicher und geschützt aufgestellt werden.
7.9	Sicherheit von Werten außerhalb der Räumlichkeiten	**Maßnahme** Werte außerhalb des Standorts müssen geschützt werden.

Tabelle A.1 (*fortgesetzt*)

7.10	Speichermedien	**Maßnahme** Speichermedien müssen während ihres gesamten Lebenszyklus – Erwerb, Verwendung, Transport und Entsorgung – in Übereinstimmung mit dem Klassifizierungsschema und den Handhabungsanforderungen der Organisation verwaltet werden.
7.11	Versorgungseinrichtungen	**Maßnahme** Informationsverarbeitungseinrichtungen müssen vor Stromausfällen und anderen Störungen, die durch Ausfälle von unterstützenden Versorgungseinrichtungen verursacht werden, geschützt werden.
7.12	Sicherheit der Verkabelung	**Maßnahme** Kabel, die Strom, Daten oder unterstützende Informationsdienste transportieren, müssen vor Abhören, Störung oder Beschädigung geschützt werden.
7.13	Instandhaltung von Geräten und Betriebsmitteln	**Maßnahme** Geräte und Betriebsmittel müssen ordnungsgemäß gewartet werden, um die Verfügbarkeit, Integrität und Vertraulichkeit der Informationen sicherzustellen.
7.14	Sichere Entsorgung oder Wiederverwendung von Geräten und Betriebsmitteln	**Maßnahme** Arten von Geräten und Betriebsmitteln, die Speichermedien enthalten, müssen überprüft werden, um sicherzustellen, dass jegliche sensiblen Daten und lizenzierte Software vor ihrer Entsorgung oder Wiederverwendung entfernt oder sicher überschrieben worden sind.
8	**Technologische Maßnahmen**	
8.1	Endpunktgeräte des Benutzers	**Maßnahme** Informationen, die auf Endpunktgeräten der Benutzer gespeichert sind, von ihnen verarbeitet werden oder über sie zugänglich sind, müssen geschützt werden.
8.2	Privilegierte Zugangsrechte	**Maßnahme** Zuteilung und Gebrauch von privilegierten Zugangsrechten müssen eingeschränkt und verwaltet werden.
8.3	Informationszugangsbeschränkung	**Maßnahme** Der Zugang zu Informationen und anderen damit verbundenen Werten muss in Übereinstimmung mit der festgelegten themenspezifischen Richtlinie zur Zugangssteuerung eingeschränkt werden.
8.4	Zugriff auf den Quellcode	**Maßnahme** Lese- und Schreibzugriff auf den Quellcode, die Entwicklungswerkzeuge und die Softwarebibliotheken müssen angemessen verwaltet werden.
8.5	Sichere Authentisierung	**Maßnahme** Sichere Authentisierungstechnologien und -verfahren müssen auf der Grundlage von Informationszugangsbeschränkungen und der themenspezifischen Richtlinie zur Zugangssteuerung implementiert werden.
8.6	Kapazitätssteuerung	**Maßnahme** Die Nutzung von Ressourcen muss überwacht und entsprechend den aktuellen und erwarteten Kapazitätsanforderungen angepasst werden.
8.7	Schutz gegen Schadsoftware	**Maßnahme** Schutz gegen Schadsoftware muss umgesetzt und durch angemessene Sensibilisierung der Benutzer unterstützt werden.

DIN EN ISO/IEC 27001:2024-01
EN ISO/IEC 27001:2023 (D)

Tabelle A.1 (*fortgesetzt*)

8.8	Handhabung von technischen Schwachstellen	**Maßnahme** Es müssen Informationen über technische Schwachstellen verwendeter Informationssysteme eingeholt, die Gefährdung der Organisation durch derartige Schwachstellen bewertet und angemessene Maßnahmen ergriffen werden.
8.9	Konfigurationsmanagement	**Maßnahme** Konfigurationen, einschließlich Sicherheitskonfigurationen, von Hardware, Software, Diensten und Netzwerken müssen festgelegt, dokumentiert, umgesetzt, überwacht und überprüft werden.
8.10	Löschung von Informationen	**Maßnahme** Informationen, die in Informationssystemen, Geräten oder auf anderen Speichermedien gespeichert sind, müssen gelöscht werden, wenn sie nicht mehr benötigt werden.
8.11	Datenmaskierung	**Maßnahme** Die Datenmaskierung muss in Übereinstimmung mit den themenspezifischen Richtlinien der Organisation zur Zugangssteuerung und anderen damit zusammenhängenden themenspezifischen Richtlinien sowie den geschäftlichen Anforderungen und unter Berücksichtigung der geltenden Rechtsvorschriften eingesetzt werden.
8.12	Verhinderung von Datenlecks	**Maßnahme** Maßnahmen zur Verhinderung von Datenlecks müssen auf Systeme, Netzwerke und alle anderen Geräte angewendet werden, die sensible Informationen verarbeiten, speichern oder übermitteln.
8.13	Sicherung von Informationen	**Maßnahme** Sicherungskopien von Informationen, Software und Systemen müssen in Übereinstimmung mit der vereinbarten themenspezifischen Richtlinie zu Datensicherungen aufbewahrt und regelmäßig geprüft werden.
8.14	Redundanz von informationsverarbeitenden Einrichtungen	**Maßnahme** Informationsverarbeitende Einrichtungen müssen mit ausreichender Redundanz für die Einhaltung der Verfügbarkeitsanforderungen realisiert werden.
8.15	Protokollierung	**Maßnahme** Protokolle, die Aktivitäten, Ausnahmen, Fehler und andere relevante Ereignisse aufzeichnen, müssen erstellt, gespeichert, geschützt und analysiert werden.
8.16	Überwachung von Aktivitäten	**Maßnahme** Netzwerke, Systeme und Anwendungen müssen auf anormales Verhalten überwacht und geeignete Maßnahmen müssen ergriffen werden, um potentielle Informationssicherheitsvorfälle zu bewerten.
8.17	Uhrensynchronisation	**Maßnahme** Die Uhren der von der Organisation verwendeten Informationsverarbeitungssysteme müssen mit zugelassenen Zeitquellen synchronisiert werden.
8.18	Gebrauch von Hilfsprogrammen mit privilegierten Rechten	**Maßnahme** Der Gebrauch von Hilfsprogrammen, die fähig sein können, System- und Anwendungsschutzmaßnahmen zu umgehen, muss eingeschränkt und streng überwacht werden.
8.19	Installation von Software auf Systemen im Betrieb	**Maßnahme** Es müssen Verfahren und Maßnahmen umgesetzt werden, um die Installation von Software auf in Betrieb befindlichen Systemen sicher zu verwalten.

Tabelle A.1 (*fortgesetzt*)

8.20	Netzwerksicherheit	**Maßnahme** Netzwerke und Netzwerkgeräte müssen gesichert, verwaltet und kontrolliert werden, um Informationen in Systemen und Anwendungen zu schützen.
8.21	Sicherheit von Netzwerkdiensten	**Maßnahme** Sicherheitsmechanismen, Dienstgüte und Dienstanforderungen für Netzwerkdienste müssen ermittelt, umgesetzt und überwacht werden.
8.22	Trennung von Netzwerken	**Maßnahme** Informationsdienste, Benutzer und Informationssysteme müssen in Netzwerken der Organisation gruppenweise voneinander getrennt gehalten werden.
8.23	Webfilterung	**Maßnahme** Der Zugang zu externen Websites muss verwaltet werden, um die Gefährdung durch bösartige Inhalte zu verringern.
8.24	Verwendung von Kryptographie	**Maßnahme** Es müssen Regeln für den wirksamen Einsatz von Kryptographie, einschließlich der Verwaltung kryptographischer Schlüssel, festgelegt und umgesetzt werden.
8.25	Lebenszyklus einer sicheren Entwicklung	**Maßnahme** Regeln für die sichere Entwicklung von Software und Systemen müssen festgelegt und angewendet werden.
8.26	Anforderungen an die Anwendungssicherheit	**Maßnahme** Die Anforderungen an die Informationssicherheit müssen bei der Entwicklung oder Beschaffung von Anwendungen ermittelt, spezifiziert und genehmigt werden.
8.27	Sichere Systemarchitektur und Entwicklungsgrundsätze	**Maßnahme** Grundsätze für die Entwicklung sicherer Systeme müssen festgelegt, dokumentiert, aufrechterhalten und bei allen Aktivitäten der Informationssystemsentwicklung angewendet werden.
8.28	Sichere Codierung	**Maßnahme** Bei der Softwareentwicklung müssen die Grundsätze der sicheren Codierung angewandt werden.
8.29	Sicherheitsprüfung bei Entwicklung und Abnahme	**Maßnahme** Sicherheitsprüfverfahren müssen definiert und in den Entwicklungslebenszyklus integriert werden.
8.30	Ausgegliederte Entwicklung	**Maßnahme** Die Organisation muss die Aktivitäten im Zusammenhang mit der ausgegliederten Systementwicklung leiten, überwachen und überprüfen.
8.31	Trennung von Entwicklungs-, Test- und Produktionsumgebungen	**Maßnahme** Entwicklungs-, Test- und Produktionsumgebungen müssen getrennt und gesichert werden.
8.32	Änderungssteuerung	**Maßnahme** Änderungen an Informationsverarbeitungseinrichtungen und Informationssystemen müssen Gegenstand von Änderungsmanagementverfahren sein.

Tabelle A.1 (*fortgesetzt*)

8.33	Testdaten	**Maßnahme** Die Testdaten müssen in geeigneter Weise ausgewählt, geschützt und verwaltet werden.
8.34	Schutz der Informationssysteme während Tests im Rahmen von Audits	**Maßnahme** Tests im Rahmen von Audits und andere Sicherheitstätigkeiten, die eine Beurteilung der in Betrieb befindlichen Systeme beinhalten, müssen zwischen dem Prüfer und dem zuständigen Management geplant und vereinbart werden.

Literaturhinweise

[1] ISO/IEC 27002:2022, *Information security, cybersecurity and privacy protection — Information security controls*

[2] ISO/IEC 27003, *Information technology — Security techniques — Information security management systems — Guidance*

[3] ISO/IEC 27004, *Information technology — Security techniques — Information security management — Monitoring, measurement, analysis and evaluation*

[4] ISO/IEC 27005, *Information security, cybersecurity and privacy protection — Guidance on managing information security risks*

[5] ISO 31000:2018, *Risk management — Guidelines*

DEUTSCHE NORM **November 2024**

	DIN EN ISO/IEC 27001/A1	DIN

ICS 03.100.70; 35.030

Änderung von
DIN EN ISO/IEC 27001:2024-01

Informationssicherheit, Cybersicherheit und Datenschutz – Informationssicherheitsmanagementsysteme – Anforderungen – Änderung 1: Ergänzungen zu klimabezogenen Maßnahmen (ISO/IEC 27001:2022/Amd 1:2024); Deutsche Fassung EN ISO/IEC 27001:2023/A1:2024

Information security, cybersecurity and privacy protection –
Information security management systems –
Requirements –
Amendment 1: Climate action changes (ISO/IEC 27001:2022/Amd 1:2024);
German version EN ISO/IEC 27001:2023/A1:2024

Sécurité de l'information, cybersécurité et protection de la vie privée –
Systèmes de management de la sécurité de l'information –
Exigences –
Amendement 1: Actions relatives aux changements climatiques
(ISO/IEC 27001:2022/Amd 1:2024);
Version allemande EN ISO/IEC 27001:2023/A1:2024

Gesamtumfang 6 Seiten

DIN-Normenausschuss Informationstechnik und Anwendungen (NIA)

www.din.de
www.dinmedia.de

3570420

DIN EN ISO/IEC 27001/A1:2024-11

Nationales Vorwort

Der Text von ISO/IEC 27001:2022/Amd.1:2024 wurde vom Technischen Komitee ISO/IEC JTC 1 „ISO/IEC Gemeinschaftskomitee für Informationstechnik" der Internationalen Organisation für Normung (ISO) erarbeitet und als EN ISO/IEC 27001:2023/A1:2024 vom Technischen Komitee CEN/CLC/JTC 13 „Cybersicherheit und Datenschutz" übernommen, dessen Sekretariat von DIN (Deutschland) gehalten wird.

Das zuständige nationale Normungsgremium ist der Gemeinschaftsarbeitsausschuss NA 043-04-13 GA „DIN/DKE Gemeinschaftsgremium Cybersecurity" im DIN-Normenausschuss Informationstechnik und Anwendungen (NIA).

Aktuelle Informationen zu diesem Dokument können über die Internetseiten von DIN (www.din.de) durch eine Suche nach der Dokumentennummer aufgerufen werden.

EUROPÄISCHE NORM

EUROPEAN STANDARD

NORME EUROPÉENNE

EN ISO/IEC 27001:2023/A1

September 2024

ICS 03.100.70; 35.030

Deutsche Fassung

Informationssicherheit, Cybersicherheit und Datenschutz — Informationssicherheitsmanagementsysteme — Anforderungen — Änderung 1: Ergänzungen zu klimabezogenen Maßnahmen (ISO/IEC 27001:2022/Amd 1:2024)

Information security, cybersecurity and privacy protection —
Information security management systems -
Requirements —
Amendment 1: Climate action changes
(ISO/IEC 27001:2022/Amd 1:2024)

Sécurité de l'information, cybersécurité et protection de la vie privée —
Systèmes de management de la sécurité de l'information —
Exigences —
Amendement 1: Actions relatives aux changements climatiques (ISO/IEC 27001:2022/Amd 1:2024)

Diese Änderung A1 modifiziert die Europäische Norm EN ISO/IEC 27001:2023. Sie wurde vom CEN am 2. September 2024 angenommen.

Die CEN und CENELEC-Mitglieder sind gehalten, die CEN/CENELEC-Geschäftsordnung zu erfüllen, in der die Bedingungen festgelegt sind, unter denen diese Änderung in der betreffenden nationalen Norm, ohne jede Änderung, einzufügen ist. Auf dem letzten Stand befindliche Listen dieser nationalen Normen mit ihren bibliographischen Angaben sind beim CEN-CENELEC-Management-Zentrum oder bei jedem CEN und CENELEC-Mitglied auf Anfrage erhältlich.

Diese Änderung besteht in drei offiziellen Fassungen (Deutsch, Englisch, Französisch). Eine Fassung in einer anderen Sprache, die von einem CEN und CENELEC-Mitglied in eigener Verantwortung durch Übersetzung in seine Landessprache gemacht und dem CEN-CENELEC-Management-Zentrum mitgeteilt worden ist, hat den gleichen Status wie die offiziellen Fassungen.

CEN- und CENELEC-Mitglieder sind die nationalen Normungsinstitute und elektrotechnischen Komitees von Belgien, Bulgarien, Dänemark, Deutschland, Estland, Finnland, Frankreich, Griechenland, Irland, Island, Italien, Kroatien, Lettland, Litauen, Luxemburg, Malta, den Niederlanden, Norwegen, Österreich, Polen, Portugal, der Republik Nordmazedonien, Rumänien, Schweden, der Schweiz, Serbien, der Slowakei, Slowenien, Spanien, der Tschechischen Republik, der Türkei, Ungarn, dem Vereinigten Königreich und Zypern.

CEN-CENELEC Management Centre:
Rue de la Science 23, B-1040 Brussels

Ref. Nr. EN ISO/IEC 27001:2023/A1:2024 D

DIN EN ISO/IEC 27001/A1:2024-11
EN ISO/IEC 27001:2023/A1:2024 (D)

Europäisches Vorwort

Der Text von ISO/IEC 27001:2022/Amd 1:2024 wurde vom Technischen Komitee ISO/IEC JTC 1 „ISO/IEC Gemeinschaftskomitee für Informationstechnik" der Internationalen Organisation für Normung (ISO) erarbeitet und als EN ISO/IEC 27001:2023/A1:2024 vom Technischen Komitee CEN/CLC/JTC 13 „Cybersicherheit und Datenschutz" übernommen, dessen Sekretariat von DIN gehalten wird.

Diese Änderung zur Europäischen Norm EN ISO/IEC 27001:2023 muss den Status einer nationalen Norm erhalten, entweder durch Veröffentlichung eines identischen Textes oder durch Anerkennung bis März 2025, und etwaige entgegenstehende nationale Normen müssen bis März 2025 zurückgezogen werden.

Es wird auf die Möglichkeit hingewiesen, dass einige Elemente dieses Dokuments Patentrechte berühren können. CEN und CENELEC sind nicht dafür verantwortlich, einige oder alle diesbezüglichen Patentrechte zu identifizieren.

Rückmeldungen oder Fragen zu diesem Dokument sollten an das jeweilige nationale Normungsinstitut des Anwenders gerichtet werden. Eine vollständige Liste dieser Institute ist auf den Internetseiten von CEN und CENELEC abrufbar.

Entsprechend der CEN-CENELEC-Geschäftsordnung sind die nationalen Normungsinstitute der folgenden Länder gehalten, diese Europäische Norm zu übernehmen: Belgien, Bulgarien, Dänemark, Deutschland, die Republik Nordmazedonien, Estland, Finnland, Frankreich, Griechenland, Irland, Island, Italien, Kroatien, Lettland, Litauen, Luxemburg, Malta, Niederlande, Norwegen, Österreich, Polen, Portugal, Rumänien, Schweden, Schweiz, Serbien, Slowakei, Slowenien, Spanien, Tschechische Republik, Türkei, Ungarn, Vereinigtes Königreich und Zypern.

Anerkennungsnotiz

Der Text von ISO/IEC 27001:2022/Amd 1:2024 wurde von CEN-CENELEC als EN ISO/IEC 27001:2023/A1:2024 ohne irgendeine Abänderung genehmigt.

Vorwort

ISO (die Internationale Organisation für Normung) und IEC (die Internationale Elektrotechnische Kommission) bilden das auf die weltweite Normung spezialisierte System. Nationale Normungsorganisationen, die Mitglieder von ISO oder IEC sind, beteiligen sich an der Entwicklung von Internationalen Normen in Technischen Komitees, die von der jeweiligen Organisation eingerichtet wurden, um spezifische Gebiete technischer Aktivitäten zu behandeln. Auf Gebieten von beiderseitigem Interesse arbeiten die Technischen Komitees von ISO und IEC zusammen. Weitere internationale staatliche und nichtstaatliche Organisationen, die in engem Kontakt mit ISO und IEC stehen, nehmen ebenfalls an der Arbeit teil.

Die Verfahren, die bei der Entwicklung dieses Dokuments angewendet wurden und die für die weitere Pflege vorgesehen sind, werden in den ISO/IEC Directives, Teil 1, beschrieben. Im Besonderen sollten die für die verschiedenen ISO-Dokumentenarten notwendigen Annahmekriterien beachtet werden. Dieses Dokument wurde in Übereinstimmung mit den Gestaltungsregeln der ISO/IEC Directives, Teil 2, erarbeitet (siehe www.iso.org/directives oder www.iec.ch/members_experts/refdocs).

ISO und IEC weisen auf die Möglichkeit hin, dass die Anwendung dieses Dokuments mit der Verwendung eines oder mehrerer Patente verbunden sein kann. ISO und IEC beziehen jedoch in dieser Hinsicht keinerlei Stellung bezüglich Nachweis, Gültigkeit oder Anwendbarkeit jeglicher beanspruchten Patentrechte. Zum Zeitpunkt der Veröffentlichung dieses Dokuments lag ISO und IEC keine Mitteilung über ein Patent bzw. mehrere Patente vor, welche/s zur Umsetzung dieses Dokuments erforderlich sein könnte/n. Anwender werden jedoch darauf hingewiesen, dass dies möglicherweise nicht der aktuelle Informationsstand ist. Dieser kann jedoch der Patentdatenbank unter www.iso.org/patents und https://patents.iec.ch entnommen werden. ISO und IEC sind nicht dafür verantwortlich, einige oder alle diesbezüglichen Patentrechte zu identifizieren.

Jeder in diesem Dokument verwendete Handelsname dient nur zur Unterrichtung der Anwender und bedeutet keine Anerkennung.

Für eine Erläuterung des freiwilligen Charakters von Normen, der Bedeutung ISO-spezifischer Begriffe und Ausdrücke in Bezug auf Konformitätsbewertungen sowie Informationen darüber, wie ISO die Grundsätze der Welthandelsorganisation (WTO, en: World Trade Organization) hinsichtlich technischer Handelshemmnisse (TBT, en: Technical Barriers to Trade) berücksichtigt, siehe www.iso.org/iso/foreword.html. Für IEC, siehe www.iec.ch/understanding-standards.

Dieses Dokument wurde vom gemeinsamen Technischen Komitee ISO/IEC JTC 1, *Information technology,* Unterkomitee SC 27, *Information security, cybersecurity and privacy protection,* entsprechend ISO Technical Management Board Resolution 75/2023 erarbeitet.

Rückmeldungen oder Fragen zu diesem Dokument sollten an das jeweilige nationale Normungsinstitut des Anwenders gerichtet werden. Eine vollständige Auflistung dieser Institute ist unter www.iso.org/members.html und www.iec.ch/national-committees zu finden.

4.1

Der folgende Satz wird am Ende des Unterabschnitts ergänzt:

Die Organisation muss bestimmen, ob Klimawandel ein relevantes Thema ist.

4.2

Die folgende Anmerkung wird am Ende des Unterabschnitts ergänzt:

ANMERKUNG 2 Relevante interessierte Parteien können Anforderungen in Bezug auf den Klimawandel haben.

Index

E

F

G

H

I

K